Wunderwirtschaft

DDR-Konsumkultur in den 60er Jahren

Wunderwirtschaft
DDR-Konsumkultur in den 60er Jahren

Herausgegeben von
Neue Gesellschaft für Bildende Kunst

Böhlau Verlag Köln · Weimar · Wien

Herausgeber:
Neue Gesellschaft für Bildende Kunst e.V., Oranienstraße 25, 10999 Berlin,
Tel: 030/615 30 31
Präsidium: Rainer Höynck, Bianca Bon, Karin Nottmeyer
Geschäftsführung: Leonie Baumann
Geschäftsstelle: Gisela Gnoss-Yavuz, Jürgen Guderian, Margrit Hohlwein, Matthias Reichelt, Hartmut Reith, Berhard Veitenheimer, Maria Wegner

Das Buch erscheint anläßlich der Ausstellung „Wunderwirtschaft. DDR-Konsumkultur und Produktdesign in den 60er Jahren" der Neuen Gesellschaft für Bildende Kunst in Zusammenarbeit mit dem Institut für Europäische Ethnologie, Humboldt-Universität zu Berlin und der Sammlung industrielle Gestaltung, Stadtmuseum Berlin, vom 17.8.1996 bis 12.1.1997 im Museum im Nordflügel auf der Kulturbrauerei, Knaackstr. 97, 10435 Berlin-Prenzlauer Berg.
Wir danken der Senatsverwaltung für Wissenschaft, Forschung und Kultur für die Förderung und der Stiftung Deutsche Klassenlotterie Berlin für die Finanzierung des Projekts. Wir danken weiterhin allen Personen, die uns geholfen haben, sowie den Leihgebern für die freundliche Unterstützung.

Idee:
Ina Merkel & Felix Mühlberg

Mitglieder der Arbeitsgruppe:
Katrin Böske, Annette Kaminsky, Jakob Kirchheim, Dominique Krössin, Ina Merkel, Felix Mühlberg, Franka Schneider, Falk Schöttler, Simone Tippach-Schneider
Unter Mitarbeit von:
Iris Czak, Anja Dähmlow, Viola Härtel, Andreas Hergeth, Sabine Hödt, Leonhard Maier, Stefan Pahlke, Jeannette Padux, Frank Schirrmeister, Katrin Wolny
Organisation:
Katrin Böske, Dominique Krössin, Ina Merkel, Felix Mühlberg, Simone Tippach-Schneider
Ausstellungsdesign:
Leonhard Maier
Redaktion:
Annette Kaminsky, Dominique Krössin, Ina Merkel, Stefan Pahlke, Franka Schneider
Bildredaktion:
Ina Merkel
Umschlag, Gestaltung, Satz und Repro:
Felix Mühlberg
Belichtung und Beratung:
Michael Pickardt
Druck und Verarbeitung:
Clausen & Bosse, Leck

Die Deutsche Bibliothek - CIP-Einheitsaufnahme
Wunderwirtschaft. DDR-Konsumkultur in den 60er Jahren (Buch zur Ausstellung der NGBK im Stadtmuseum Berlin, Sammlung industrielle Gestaltung vom 17.8.1996 bis 12.1.1997) / hrsg. von der Neuen Gesellschaft für Bildende Kunst e.V. - Köln; Weimar; Wien: Böhlau, 1996
ISBN 3-412-08396-8
2. Auflage 1996
NE: NGBK (Hrsg.); Wunderwirtschaft, Konsumkultur, DDR, 60er Jahre

Printed in Germany
ISBN 3-412-08396-8

Inhalt

Wunderwirtschaft DDR?

Vorbemerkungen

Rückwirkend erscheinen die 60er Jahre in einem seltsamen Glanz. Für viele waren es die besten Jahre, für manche die fetten Jahre, und für wieder andere Jahre des Schlangestehens, Herumrennens und Wartens auf den versprochenen Wohlstand. Ein Wunder war es allemal, wie sich die DDR nach Jahren der Entbehrung und harten Arbeitens aufgerappelt hatte. Ein Wunder auch, daß sie es trotz aller restriktiven und zum Teil überstürzten Maßnahmen gegen die Bauernschaft, das private Handwerk und die letzten verbliebenen Kleinindustriellen, bei aller Krisenanfälligkeit dennoch geschafft hat, zumindest die Grundversorgung der Bevölkerung und einen mit den Jahren wachsenden Wohlstand zu sichern. Ökonomische Entscheidungen waren zumeist ideologisch begründet und folgten nur selten rationalen Erwägungen. Deshalb erscheint es auch wie ein Wunder, daß der DDR in den 60er Jahren der Abschied von der Rationierungswirtschaft und der Aufbruch in die Konsumgesellschaft gelang.

Konsumpolitisch gesehen standen sich in der DDR verschiedene Strategien und Tendenzen teilweise konträr gegenüber: Einerseits schloß sich die Gesellschaft mit dem Mauerbau 1961 nach außen ab, andererseits blieben die westlichen Kulturen Orientierungspunkte, an denen man sich maß und rieb. Die DDR-Konsumkultur läßt sich daher nicht einfach als Ansammlung von DDR-Produkten, als autarkes System, abgeschottet vom Weltmarkt betrachten. Es machte ja gerade ihre Besonderheit aus, daß ein ständiger Ost-West-Diskurs stattfand.

Zum zweiten waren die 60er Jahre von einem unbändigen Willen zur Modernisierung geprägt. Waschmaschinen, Kühlschränke, Auto und Telefon, Plaste und andere neue Stoffe hielten Einzug in die Lebenswelt. In der DDR kämpfte man allenthalben um nicht mehr und nicht weniger als um das „Weltniveau". Für den Handel waren Selbstbedienung, Automatenverkauf und Kaufhalle die Schlagworte der Modernisierung in jenen Jahren. In ihnen drückte sich ein grundsätzlich neues Handelsprinzip aus: Einkaufen ohne Verkäufer. Leuchtschriften wie „Bediene Dich selbst" kündeten weithin von der neuen Mündigkeit der Käufer. Und sie ließen schon erahnen, wie es in der zukünftigen kommunistischen Gesellschaft aussehen würde, in der sich „jeder nach seinen Bedürfnissen" selbst bedienen könnte. Doch diese Modernisierungsversuche bleiben letztlich in einem beschränkten Rahmen. Es wurde eine Moderne der kleinen Leute, die der DDR-Gesellschaft ihren Stempel aufdrückte.

Zum dritten verweist die in sich widersprüchliche Orientierung auf Wohlstand für alle darauf, daß es in dieser Gesellschaft bei aller Konflikthaftigkeit einen Grundkonsens zwischen Bürgern und Staat gegeben haben muß. Staatsmacht und Bevölkerung teilten im Grunde dieselben Vorstellungen von Wohlstand und Zufriedenheit, wobei immer wieder ideal gesetzte egalisierende Tendenzen auf der einen und Zugeständnisse an das Distinktionsbedürfnis und den Individualisierungsdrang auf der anderen Seite aneinandergerieten. Die DDR-Bürger richteten sich ein in diesem Staatswesen, sie arrangierten sich mit den Zuständen, sie hielten sie nicht nur aus, sie lebten sie auch genußvoll. Sie bewegten sich in den ihnen eingeräumten Handlungspielräumen mit Selbstsicherheit, Erfindungsreichtum und schwejkschem Witz.

Konsumkultur wird hier verstanden als das Verhältnis, das die Individuen einer Gesellschaft zu der historisch und regional je spezifischen Ansammlung von Gegenständen eingehen, die als Waren/Konsumgüter auf dem Markt erscheinen. Konsumkultur umfaßt die Formen des Erwerbs von Gegenständen ebenso wie ihren praktisch-aneignenden und symbolisch-kommunikativen Gebrauch. Das mentale Verhältnis, das die Individuen zu diesen sie umgebenden Gegenständen und Räumen ausprägen und die Veränderungen, die dieses Verhältnis im Verlaufe der Besitz- und Gebrauchsbiographie erfährt, werden hier zum Ausgangspunkt der historischen Untersuchung genommen. Für diesen Band wurden bisher unveröffentlichte Quellen und Materialien zur DDR-Konsumkultur zusammengetragen und ausgewertet. (Im Interesse der Lesbarkeit der Beiträge wurde auf die Aufführung aller archivalischen Quellen im einzelnen verzichtet.) Entgegen der weitverbreiteten Stereotypisierung der DDR als Mangelgesellschaft sollen hier nicht nur die Versorgungskrisen und Engpässe behandelt, sondern auch die Farbigkeit und Vielfältigkeit sowohl der Gegenstände wie der Lebensstile aufgezeigt werden. In vielen nach der Wende erschienenen Publikationen gab es die Tendenz, Mangelerfahrungen als Ursache für angeblich DDR-typische mentale Prägungen wie Gier, Genußsucht und Anspruchsdenken zu deuten. Es wurde weiterhin angenommen, daß es aufgrund des beschränkten Angebots an Konsumgütern zu einer weitgehenden Homogenisierung und Egalisierung von Lebensstilen und Lebenslagen in der DDR gekommen sei. Demgegenüber stehen die Selbstbilder der Konsumenten als pfiffige Jäger und Sammler, als Initiatoren komplizierter sozialer Tausch-Netzwerke und als widersetzige und anspruchsvolle Kunden. Mit diesem Band soll daher auf soziale, geschlechts- und generationsspezifische Unterschiede in Lebensstilen und Lebensweisen aufmerksam gemacht werden. Der DDR-spezifische Aufbruch in die Konsumgesellschaft wird hier u.a. am Aufstieg und Fall des Werbefernsehens und des Versandhandels nachgezeichnet. Die Geschichte solcher typischer Produkte wie der des ersten Montagemöbels *MDW*, des *Goldbroilers* und eines Stoffes mit dem Namen *Präsent 20* wird nicht nur nach Aktenlage beschrieben. Die individuellen Gebrauchsweisen und Nutzungskonzepte, der Umbau und die eigenständigen Formen des Sich-Einrichtens sind für das Verständnis der Funktionsweise der DDR-Konsumkultur fast noch wichtiger. Beschrieben wird weiterhin, wie sich mit der Herausbildung einer eigenständigen Jugendkultur und der Erweiterung der Freizeit durch die Einführung der Fünf-Tage-Arbeitswoche neue Felder des Konsums eröffneten. Auch nach dem Mauerbau stießen kulturelle Wertvorstellungen und Ideale von Ost und West aufeinander. Anhand von Ost-West-Briefwechseln läßt sich dieser Diskurs authentisch nachvollziehen. Aber auch die Geschichte solcher Institutionen wie GENEX und Intershop (der von DDR-Bürgern erst 1974 offiziell betreten werden durfte), und von Exquisit- und Delikatläden - in denen Westwaren zu horrenden Preisen verkauft wurden, soll hier erzählt werden. Nicht zuletzt stehen individuelle Strategien des „Wartens auf den Wohlstand" im Mittelpunkt der Aufmerksamkeit. Eingaben schreiben, Horten und Tauschen, Beziehungen zu Verkäufer/innen und Handwerkern knüpfen, Bestechen und Beschweren waren massenhaft praktizierte Formen, um Versorgungsprobleme individuell zu bewältigen.

Konsumkultur konstituiert eine bestimmte Art von Öffentlichkeit, denn Verkaufshandlungen finden, von Schwarzmarktpraktiken abgesehen, im wesentlichen im öffentlichen Raum vor aller Augen statt. In der DDR war sie außerdem von außerordentlichem öffentlichen Interesse. Auf jedem Parteitag wurde darüber nachgedacht, wie man die Bedürfnisse der Bevölkerung wohl besser befriedigen könne. Das machte einen Teil ihrer Besonderheit aus.

Ina Merkel

Ina Merkel

Der aufhaltsame Aufbruch in die Konsumgesellschaft

Als am 29. Mai 1958 nach fast 20 Jahren die letzten Reste der Lebensmittelrationierung in der DDR abgeschafft wurden, war damit symbolisch das Ende der Nachkriegszeit vollzogen. Unter der Bevölkerung löste dies jedoch keinen begeisterten Jubel aus. Ende der 50er Jahre funktionierte die Rationierung schon nicht mehr vordergründig als ein System der gerechten Verteilung von Mangelwaren an alle gleichermaßen Bedürftigen, sondern als Preisregulierungssystem. Zugleich sicherte sie der Bevölkerung ein Mindestmaß an Zuteilung bestimmter Waren. Fast 20 Jahre Rationierungserfahrung hatten im Konsumverhalten tiefe Spuren hinterlassen. Stärker noch als der Mangel selbst wirkten hier vor allem die der Rationierung innewohnende Gerechtigkeit, Durchschaubarkeit und Kontrollierbarkeit der Verteilung und der Anspruch auf eine gewisse Zuteilung prägend. Mit dieser Mentalität mußte die DDR-Regierung bei allen ihren konsumpolitischen Entscheidungen rechnen.

In der damaligen Losung „Handeln statt Verteilen“ wurde der Unterschied von Rationierungswirtschaft und Konsumgesellschaft sinnfällig auf den Punkt gebracht. Dennoch funktionierten bestimmte, dem Rationierungssystem entsprechende Grundprinzipien bis in die 80er Jahre. Dabei handelte es sich zum einen um die Übertragung des Festpreissystems auf alle Waren und Konsumgüter, zum zweiten um die Subventionierung bestimmter Warengruppen, von Mieten, Dienstleistungen und öffentlichem Verkehr, und zum dritten um Formen der Kontingentierung und Zuteilung von Waren, die es nicht der Kaufkraft entsprechend im Angebot gab. Doch auch die ungewollten Nebeneffekte der Rationierungswirtschaft, die Existenz eines Zwei-Klassensystems von Waren und eine vor allem im Dienstleistungsbereich ausufernde Schwarzmarkt- und Schattenwirtschaft blieben in veränderter Form bis zum Ende der DDR bestehen. Seit der Einführung der HO (staatliche Handelsorganisation) im Jahre 1948, d.h. von Läden, in denen rationierte Waren frei verkauft wurden, anfangs völlig überteuert, existierte neben der Rationierungswirtschaft ein zweites Verkaufssystem. Hier kauften vor allem der Mittelstand, private Unternehmer, freischaffende Intelligenz und andere besserverdienende Schichten. Damit befand sich die DDR-Konsumpolitik von Anbeginn im Widerspruch mit den eigenen Idealen, die ja auf gleichmäßige Verteilung des Wohlstandes unter alle Mitglieder der Gesellschaft zielten. Mit der Eröffnung von Exquisitläden 1962 und Delikatläden Ende der 60er Jahre wurde diese Politik fortgesetzt. Egalisierende und differenzierende Verteilungsprinzipien standen sich konträr gegenüber und zugleich ergänzten sie sich auf seltsame Weise.

„Sie müssen sich etwas gedulden, mein Herr, bei uns herrscht nämlich Personalmangel.“

Eulenspiegel 3/1962, S. 2.

Der Gesellschaftscharakter der sechziger Jahre war von dem Versuch bestimmt, eine eigenständige Gesellschaftsform zu gestalten und alternative Lebensweisen im Vergleich zum Westen zu propagieren. Der Mauerbau 1961 eröffnete dafür zunächst einmal die notwendigen Handlungsspielräume. Mit dem Schließen der Grenzen in Richtung Westen wurde dem dauernden Systemvergleich zunächst die Spitze abgebrochen. Doch zugleich wurde damit die Gesellschaft nach innen abgeschlossen. Die Masse der Bevölkerung fand sich mit der Teilung Deutschlands ab und begann, sich in der DDR einzurichten. Sie tat dies nicht widerspruchslos und resigniert, sondern versuchte immer wieder, sich in die Gestaltung der Gesellschaft einzumischen. Das 11. Plenum 1965 und der „Prager Frühling" 1968 zeigten hingegen deutlich die engen, ideologisch gesetzten Grenzen, die jedem Reformierungsversuch von innen entgegenstanden. Die Systemauseinandersetzung verlagerte sich dessenungeachtet auf das Schlachtfeld des Konsums. Hier sahen sich die Kämpfer gegen die Wegwerfgesellschaft und Konsumideologie nicht nur mit dem westlichen Wohlstand konfrontiert, sondern vor allem mit den wachsenden Ansprüchen der eigenen Bevölkerung. Und hier jedenfalls kämpften die führenden Politiker und Wirtschaftsfachleute immer mit dem Rücken an der Wand. Ihren Anspruch, kulturellen Einfluß auf die Lebensweise zu gewinnen, gaben sie dennoch nicht auf, sondern verstärkten ihr paternalistisches Gebaren. In dem von der SED-Führung immer wieder formulierten Anspruch und Willen, die Bedürfnisse der Bevölkerung zu befriedigen, steckte zugleich auch die Idee, man könne diese Bedürfnisse formen und erziehen. Es wäre jedoch ein Mißverständnis zu meinen, daß es letztlich nur darum ging, die Kontrolle und das Diktat über die Bedürfnisse der Menschen zu gewinnen.

Verkäuferin beim Abschneiden von Abschnitten der Lebensmittelkarten. Erst 1958 wurden in der DDR die Lebensmittelkarten abgeschafft.

Konsumverkaufsstelle, 1957.

Konsumkultur in der DDR war von der Vorstellung geprägt, daß das Verhältnis von Produktion und Konsumtion nicht über den Markt, als ein sich selbst vermittels des Preises regulierendes Prinzip von Angebot und Nachfrage, sondern über den Plan geregelt werden könne. Die Vorstellung von der Planbarkeit gesellschaftlicher Prozesse ist eines der wichtigsten Bestandteile der kommunistischen Utopie. Wäre die Gesellschaft planbar, und mit ihr die Bedürftigkeit der Menschen, würden Ressourcen nicht unnötig verschwendet, Arbeitszeit auf ein notwendiges Maß reduziert und die Menschen nur das haben wollen, was sie zu ihrer Existenzsicherung oder freien Entwicklung wirklich brauchen. Mit der Orientierung auf den Gewinn von frei verfügbarer Zeit anstelle von gegenständlichem Reichtum und auf Gebrauchswerte anstelle von kulturell-symbolischer Distinktion ist die Utopie auf eine einfache Formel gebracht. Sie gilt allerdings nur unter den Bedingungen einer entwickelten Bedürftigkeit, in der nicht der „Sinn des Habens" (Lothar Kühne), sondern die Notwendigkeiten des Gebrauchs das Erwerben von Gegenständen bestimmen. Unter den Bedingungen der Nachkriegszeit erfuhr das kommunistische Ideal indessen so manche Veränderung. Der Kommunismus rückte als Daseinsziel in weite Ferne. Der Dichter Bert Brecht sprach von den „Mühen der Ebenen". Die in den 50er Jahren ausgegebene Losung „So wie wir heute arbeiten werden wir morgen leben" verlangte der arbeitenden Klasse auf längere Zeit Konsumverzicht ab und das zu einer Zeit, in der der deutsche Nachbarstaat auch für die Ostdeutschen sichtbar sein Wirtschaftswunder praktizierte. Daraus resultierte ein Interessenkonflikt, der so stark und präsent war, daß er nicht nur den sozialen Frieden gefährdete, sondern die Parteiführung dazu zwang, ökonomische Reformkonzepte immer wieder zu revidieren. Das NÖS (Neues ökonomisches System der Planung und Leitung – Reformversuch von 1963-1970) scheiterte weder an den ökonomischen und politischen Forderungen der Sowjetunion noch an dem Widerstand der Werktätigen, die stabile Preise und höhere

Löhne unabhängig von der Leistung mehr oder weniger erfolgreich einklagten. Die Parteiführung tappte vielmehr in die Falle der eigenen Ideologie, der Wohlstands- und Stabilitätsversprechen.

Konsumpolitik in der DDR – so man unter den Bedingungen ständig wechselnder Engpässe und Versorgungslücken überhaupt davon sprechen kann – wurde in den sechziger Jahren in drei Richtungen versucht. Da wäre erstens eine auf allmählich wachsenden Wohlstand gerichtete Lohn- und Preispolitik, die die Angleichung der Einkommensverhältnisse aller Bevölkerungsschichten zum Ziel hatte. In deren Folge wurden Lohnerhöhungen stets schneller vollzogen, als es die Steigerung der Arbeitsproduktivität zuließ. Die zugleich verfolgte Steuerpolitik zielte außerdem darauf, besserverdienende Schichten zu beschneiden.[1] Zum zweiten war die Parteiführung darauf bedacht, die Bedürfnisse der Bevölkerung „immer besser" zu befriedigen, und zugleich wurden Auseinandersetzungen darüber geführt, welche ihrer Ansprüche und Wünsche überhaupt berechtigt seien. Drittens schließlich bemühte sich die Partei- und Staatsführung, Anschluß an das „Weltniveau" zu finden, und so vollzog sich in den sechziger Jahren eine umfassende Modernisierung der Konsumkultur, der Formen des Einkaufs, des Verhältnisses von Kunden und Verkäufern, von Verbrauch und Genuß. Doch diesen Modernisierungsversuchen war durch die in den 50er Jahren geführten ideologischen Debatten über Formalismus und Dekadenz ästhetisch von vornherein die Spitze abgebrochen. Das, was hier beschrieben werden kann, ist eine Moderne der kleinen Leute, stark durchsetzt von kleinbürgerlichen Zügen. Den Modernisierungsversuchen fehlte der große historische Atem, die provozierende Idee, die überzeugende ästhetische Alternative. Nicht zuletzt darin wird der Ausschluß von der Welt offenbar.

Die Abteilung Rundfunktechnik, Warenhaus in Gera 1963.

„Das hatse nun von ihrer Freundlichkeit." Eulenspiegel 3/1962, S. 2.

Im folgenden soll es darum gehen, anhand einiger ausgewählter historischer Beispiele, auf die Widersprüchlichkeit konsumpolitischer Strategien und Orientierungen aufmerksam zu machen. Aufgrund der hier gebotenen Kürze können nur einige Grundlinien skizziert werden. Die angeführten Beispiele stammen vom Beginn der 60er Jahre, weil hier die Weichen für die Konsumpolitik der folgenden Jahre gestellt wurden. Im Zentrum des Interesses steht die Frage, in welchem Verhältnis idealisch formulierte Gesellschaftskonzepte und pragmatisch an den Notwendigkeiten orientierte Politik zueinander standen.

Der Kampf gegen die Verbraucherideologie

„Der Klassenfeind will uns auch dadurch schaden, daß er den Bedarf der Bevölkerung in die Richtung der sogenannten amerikanischen Lebensweise zu lenken versucht. Diese amerikanische Lebensweise ist in Wirklichkeit nichts anderes als das Luxusleben einer kleinen Minderheit auf Kosten der Mehrheit, ist die Verschwendung materieller Werte, die die Werktätigen geschaffen haben. Wir wollen, daß alle Werktätigen in Wohlstand leben und besonders die werktätigen Frauen von der zeitraubenden Arbeit im Haushalt weitgehend befreit werden. Deshalb sind wir auch dafür, noch viel mehr Waschsalons einzurichten. Wir haben es manchmal auch mit Kunden zu tun, die jetzt schon so leben wollen, wie das erst nach der Bändigung des westdeutschen Militarismus, nach der Erfüllung des Siebenjahrplanes, nach dem Sieg des Sozialismus möglich ist. Ihnen sagen wir: Wenn ihr mehr kaufen wollt, müßt ihr vorher mehr produzieren. Wenn ihr Qualitätswaren wünscht, dann leistet selbst Qualitätsarbeit."[2]

In diesem kurzen Text von 1961 sind die wichtigsten Elemente öffentlichen Verhandelns über die Bedürfnisse der Bevölkerung enthalten: Das Ideal einer besseren Gesellschaft wird in der Auseinandersetzung mit der westlichen Konsumgesellschaft gebildet, deren entscheidender Nachteil darin bestünde, daß sie bestimmte soziale Gruppen vom Konsum ausschließe. Dahinter stehen Gleichheitsvorstellungen in bezug auf die Verteilung des gesellschaftlich produzierten Reichtums unabhängig von Klasse, Stand, Bildung und Leistung. „Jedem nach seinen Bedürfnissen", lautet das Kommunismusversprechen. Unter den Bedingungen der Klassen- und Ständelosigkeit würde Konsum als symbolisches Kapital keinen Sinn mehr machen. Konsumiert werden würde dann nur noch, was auch wirklich gebraucht wird. Die Gegenstände reduzieren sich, auch in ihrer ästhetischen Gestalt, auf ihren Gebrauchswert. Luxus erscheint in dieser idealischen Betrachtungsweise doppelt negativ: einmal, weil er die arbeitenden Massen vom Gebrauch und Genuß ausschließt, und zum anderen, weil zur Produktion von Luxusgütern Kreativität, Arbeitskraft und Material vergeudet werden. Zum zweiten wird in diesem kurzen Zitat die Bevölkerung angehalten, ihre Bedürfnisse aufzuschieben. Zugleich werden die Probleme der Versorgung gleich zweimal an die Bevölkerung zurückverwiesen, und darin wird ein weiteres Grundmuster der Konsumpolitik deutlich: Die Konsumenten seien zugleich auch die Produzenten, und als solche werden sie angesprochen, wenn sie sich über die mangelnde Versorgung beklagen. Darin schwingt der Vorwurf mit, daß die Werktätigen weder ausreichend, noch planmäßig, noch qualitätsgerecht produzieren. Zudem wird ihnen vorgehalten, daß sie in den vergangenen Jahren ihre Bedürfnisse in übertriebener Weise entwickelt hätten. Aber auch als Konsumenten hätten sie eine Verantwortung gegenüber der Gesellschaft und könnten sich nicht so einfach ihren Wünschen hingeben. Die Anerkennung von Bedürfnissen wurde davon abhängig gemacht, ob sie in einem Zusammenhang mit der Reproduktion der Arbeitskraft stehen. „Verbraucherideologie" war in jenen Jahren ein beliebtes Schlagwort. Die Diskussion darum, welche Bedürfnisse legitim und welche übertrieben seien, entzündete sich immer wieder neu.

Standardisierung und Sortimentsbereinigung sind in den 60er Jahren dafür die Schlüsselbegriffe. Um diesen Diskurs näher zu charakterisieren, sei hier der Kommentar eines Ministeriumsmitarbeiters anläßlich der Eröffnung einer Tagung über Standardisierung 1959 zitiert: „Ich habe noch keinen gefunden, der sich darüber aufgeregt hätte, daß der Volkswagen uniformiert ist, obwohl zweieinhalb Millionen Wagen laufen. Warum nicht? Weil das ein ausgereiftes Erzeugnis ist. Ich bin auch nicht der Meinung, daß sich bei uns jemand über einen uniformierten Kühlschrank beschweren würde, wenn er billig und gut ist und seinen Zweck erfüllt, oder einen Staubsauger oder was Sie sonst noch wollen. Voraussetzung ist, daß dieses Erzeugnis wirklich technisch ausgereift ist und daß man dafür den Vorteil hat, es billig kaufen zu können. Wer eine Extrawurst gebraten haben will und es sich leisten kann, – bitte sehr, der soll sich irgendwo bei der Handwerker-Produktions-Genossenschaft sie anfertigen lassen. Ich glaube nicht, daß es solche Narren bei uns gibt, denen es einfallen würde, allen Frauen standardisierte Hüte anzubieten, (Zustimmende Heiterkeit) oder den Männern standardisierte Schlipse oder irgend etwas ähnliches. Das wird keinem Menschen einfallen. ... Viele wünschen sich einen 'Wartburg' und finden gar nichts daran, daß praktisch nur zwei verschiedene Automobile produziert werden. Man kann sich den 'Wartburg' verschieden anstreichen lassen, man kann ihn mit Chromleiste bestellen oder ohne Chromleiste. Ich habe noch keinen gefunden, der sich darüber beschwert hat, daß wir eben nur die zwei Autos herstellen. Es geht nur darum, recht viel davon herauszubringen."[3]

Der damalige Diskurs operiert mit Schlagworten: Uniformisierung/Standardisierung versus Individualität. Aus verschiedenen Gründen sind sich Parteiführung und Intellektuelle darin einig, die Bedürfnisse der Bevölkerung –

Paul Fröhlich, Erster Sekretär der SED-Bezirksleitung Leipzig, argumentierte auf der Handelskonferenz 1962:

„Ich war vor kurzem einmal in Greiz. Da fingen einige an zu schimpfen über bestimmte Qualitätsmerkmale in der Produktion und daß es zu teuer sei. Ich habe gesagt: 'Wo arbeiten Sie? Was erzeugen Sie?' Zum Glück nannte er einen Betrieb, der eine außerordentlich schlechte Qualität liefert.
(Heiterkeit)
Ich habe das Ding an dieser Seite angepackt und habe gesagt: 'Sie schimpfen darüber, daß einige Produkte zu teuer sind. Wo arbeiten Sie denn?' Er nannte mir den Betrieb. 'Was arbeiten Sie dort? Welche Norm haben Sie?' 'Ich hatte erst 280%, jetzt habe ich nur noch 210%'.
(Heiterkeit)
Ich sage: 'Wie ist denn die Qualität?' Es handelte sich um einen Werkzeugmaschinenbaubetrieb. 'Und wie erfüllt Ihr Euren Plan?' Da hat er mich angesehen und gefragt: 'Arbeiten Sie auch bei uns im Betrieb?'
(Heiterkeit)
Ich antworte: 'Nein. Ich stelle nur die Frage. Sie sind doch Käufer. Aber Sie sind doch nicht schlechthin Käufer, Sie sind doch auch ein Produzent. Sie produzieren doch. Es besteht nur der Unterschied, daß Ihre Maschinen nicht hier auf den Ladentisch kommen. Das ist der Unterschied.' Und er schimpft darüber, daß verschiedene Produkte zu teuer sind. Ich sagte: 'Wenn aber Ihre Maschinen mit 40% Nacharbeitsstunden fit gemacht werden müssen, sich das aber im Lohn nicht auswirkt, dann kann man nicht davon sprechen, daß Sie eine Berechtigung haben zu kritisieren, daß einige Produkte zu teuer sind, und daß die Qualität nichts taugt.' Ich bin für das Kritisieren, aber ich muß auch kritisch überprüfen, ob ich meine Arbeit auch richtig mache. ... Das heißt, wir müssen uns alle verantwortlich fühlen. Der eine baut Drehmaschinen und der andere macht Filzpantoffeln, der eine baut Radiogeräte, und der andere arbeitet in der Bekleidungsindustrie und näht die Ärmel verkehrt ein und er schimpft, wenn er etwas kauft, daß es nicht in Ordnung oder zu teuer ist. Aber er ist der Meinung, daß er einwandfreie Qualität geliefert hat."
Stadtarchiv Leipzig, StVuR 7680, Bl.82/83, Stenografisches Protokoll der Handelskonferenz des Rates der Stadt Leipzig am 12.7.1962.

die immer die der anderen sind und nie ihre eigenen – in bestimmte Richtungen lenken und entwickeln zu können. Was aber ist das Beste für den Werktätigen? Alles was billig und zweckvoll ist. In der hier zitierten Tagung über Standardisierung wird vor allem über Sortimentsbereinigung diskutiert. Statt fünf verschiedener Modelle von Kühlschränken soll zukünftig nur noch von einem Produzenten ein Modell – dies allerdings in verschiedenen Benutzergrößen – produziert werden. Von der Standardisierung erhoffte sich die DDR-Führung berechtigterweise eine Verbilligung durch Einsparung von Entwicklungskosten und Material. In einer Planwirtschaft machen solche Überlegungen Sinn. Aber in der Argumentation wird auch deutlich, worin die Vorbehalte der Bevölkerung, der zukünftigen Konsumenten, bestehen könnten, nämlich darin, daß sie in ihren individuellen Wahlmöglichkeiten zu stark eingeschränkt werden. Der mögliche Vorbehalt gegen eine zu starke Uniformierung der Lebensweise, wird hier ironisch vorweggenommen und banalisiert.

„Vorführen? Na hörnse mal, Sie kriegen doch ne Gebrauchsanweisung! Oder könnense nich lesen?"

Eulenspiegel 3/1962, S. 2.

Hintergrund dieser Debatte ist die Tatsache, daß sich die Bedürfnisse der Bevölkerung grundlegend gewandelt hatten: Es gab mehr und bessere Waren auf dem Markt, hochwertige Industriewaren waren billiger geworden, und die Bürger hatten genug Geld, um sie sich leisten zu können. Doch dadurch – und mit diesem Phänomen kämpfte die DDR bis zu ihrem Untergang – gab es auch mehr Kaufwünsche als Waren. Eine solche Konstellation mit dem Label „Mangelgesellschaft" zu versehen, bliebe an der Oberfläche des Phänomens, seiner Erscheinungsweise auf dem Markt verhaftet. Denn der Mangel der einen Waren hatte den Überfluß, das Überquellen der Lager mit nicht gekauften Waren zum Gegenstück. In Versorgungslücken oder Engpässen der einen Waren und in der Überproduktion anderer, die dann als Ladenhüter die Geschäfte füllten, spiegelt sich der Widerspruch zwischen der Orientierung der Planung auf notwendige Gebrauchsgüter und den sich in eine nicht vorhergesehene Richtung entwickelnden Bedürfnissen, die über dieses zum unmittelbaren Leben Notwendige hinausreichten.

Mangel und Verschwendung

In den Debatten, die die Parteiführung immer wieder über die Verbraucherideologie führte, wird ihre Hilflosigkeit deutlich. Da es ihr nicht gelang, mit den Versorgungsproblemen fertig zu werden, diskutierte sie mit dem Rükken an der Wand. „Die Versorgung mit den tausend kleinen Dingen, mit Reparaturen und Dienstleistungen ist ... zu einem Grundproblem im Rahmen der ökonomischen Hauptaufgabe geworden", mußte das Politbüro Anfang der 60er Jahre konstatieren. Örtlich verschieden wurde immer wieder das Fehlen von Glühbirnen, Streichhölzern, Waschmitteln, Windeln, Toilettenpapier, Scheuertüchern, Kernseife, Tapetenkleister usw. beklagt. Mal gab es keine Zahnbürsten, dann wieder keine Zahnpasta. Am 1. Februar 1960 führte die staatliche Zentralverwaltung für Statistik eine repräsentative statistische Erhebung über die Bedarfsdeckung im Einzelhandel durch. Von den Mitarbeitern wurden an diesem Tag insgesamt 195 Verkaufsstellen des sozialistischen Einzelhandels – HO und Konsum – der Branchen Haushaltswaren, Küchengeräte (Wirtschaftswaren) und Eisenwaren persönlich aufgesucht und befragt. Das Ergebnis war erschreckend: „Von den insgesamt 1678 Positionen im Durchschnitt pro Verkaufsstelle waren am 1. Februar 1960 541 Positionen nicht vorrätig. 32% des lt. Sortimentsliste festgelegten Angebots – jede 3. Position – waren also nicht vorhanden. ... Von den im Durchschnitt pro Verkaufsstelle in der Sortimentsliste enthaltenen 296 Positionen des Teilsortiments Metallwaren fehlten am Stichtag 137 Positionen, das sind 46,4% – also fast jede 2. Position. ... Beim Teilsortiment Wirtschaftswerkzeuge konnten am 1.2.1960 von durchschnittlich 134 Positionen 40 Positionen, das sind 30%, nicht angeboten werden."[4] Die Bevölkerung reagierte auf diese unberechenbaren Engpässe mit Vorratswirtschaft und entzog damit dem Handel weitere Waren – ein Teufelskreis. Die Versorgungslage auf dem Gebiet der 1000 kleinen Dinge war von Anfang an problematisch. In der unmittelbaren Nachkriegszeit konzentrierte sich die Wirtschaftspolitik auf den Wiederaufbau der Schwerindustrie und den Ausgleich von Disproportionen im Osten Deutschlands. Leicht- und Lebensmittelindustrie wurden kaum gefördert. Als Hauptproblem aber wurden immer wieder die knappe Materiallage und der Rohstoffmangel angeführt. Durch den starken Zustrom von Umgesiedelten, die oftmals ohne jeden Hausrat eintrafen und ganz von vorn anfangen mußten, entstand aber gerade in bezug auf Konsumgüter ein großer Bedarf.

Die schlechte Versorgungslage auf dem Gebiet der Konsumgüter verschärfte sich noch durch die seit dem Ende der 50er Jahre intensivierte Mittelstandspolitik. Bereits 1956 hatte man mit einer „friedlichen Umwandlung" der Reste des Privateigentums in der Industrie begonnen. Privatbetriebe bekamen staatliche Beteiligungen angeboten und wurden in halbstaatliche Betriebe umgewandelt. Dies lief nicht ohne politischen und ökonomischen Druck auf die Besitzer ab. Auch im Handwerk strebte man eine Veränderung der Eigentumsformen an. Ähnlich der LPG-Gründung wurde hier die Bildung von Produktionsgenossenschaften des Handwerks forciert. Viele kleine Firmen, Handwerker, Gewerbetreibende und Einzelhändler gaben daraufhin ihre Gewerbe auf und gingen in die Industrie, in den Ruhestand oder gleich in den Westen. Dies hatte einen großen Leistungsrückgang insbesondere im Dienstleistungsbereich, aber eben auch bei der Produktion der 1000 kleinen Dinge zur Folge. Die volkseigenen Betriebe waren von diesen Veränderungen insoweit betroffen, als sie auf Zulieferungen aus dem privaten Sektor der Industrie angewiesen waren. Aber auch innerhalb der volkseigenen Industrie funktionierte die Materialbereitstellung oftmals nur sehr unkontinuierlich. Hinzu kam ein gravierender Arbeitskräftemangel. Lieferrückstände gehörten zur Tagesordnung. So wurden Einweckgläser erst im dritten Quartal geliefert, wenn die Ernte bereits vorbei war, und Koffer standen nicht rechtzeitig zur Urlaubssaison bereit, sondern erst Monate später. Solche Erfahrungen machten die Kunden gewitzt. Man kaufte, wenn es etwas gab und nicht, wenn man etwas brauchte. „Z.B. im Bericht der Stadtleitung Karl-Marx-Stadt wird zum Ausdruck gebracht, daß die Bevölkerung jetzt praktisch so diskutiert, sie gehen nicht mehr einkaufen, sondern wollen sehen, ob sie und was sie 'erwischen'."[5]

Ausstellung über zusätzliche Konsumgüterproduktion im Rahmen der Kampagne „1000 kleine Dinge" (o.O.), 1959.

Eine weitere Ursache für die Verschlechterung der Versorgungslage Anfang der 60er Jahre lag in der Preispolitik. Einerseits sollten die 1000 kleinen Dinge erschwinglich sein, und deshalb wurden 1959 Preisfestsetzungen vorgenommen und einheitliche Verkaufspreise durchgesetzt. Andererseits waren diese Preise oftmals nur knapp kostendeckend oder lagen sogar unter dem Selbstkostenpreis, so daß staatlicherseits Stützungen gezahlt werden mußten. Dies aber machte die Produktion der 1000 kleinen Dinge unattraktiv, und die Betriebe versuchten, sich dem zu entziehen. Schon Mitte der 50er Jahre forderte die Parteiführung von den Betrieben daher die zusätzliche Produktion von Massenbedarfsartikeln. Sie

Das Warensortiment „1000 kleine Dinge" im konsument-Warenhaus Leipzig, um 1960.

„Aushang Nr. 3/1958
Betr.: Zusätzliche Herstellung von Massengebrauchsgütern
Bekanntlich soll in allen Betrieben über den eigenen VEB-Plan hinaus die Herstellung von Gebrauchsartikeln aus Reserven, Resten oder Abfällen erfolgen. Dort, wo irgendwelche bis jetzt nicht verwertbaren Reste aus unserer Fabrikation in den Abfall gelangen, wird die Belegschaft unserer 4 Betriebe aufgerufen, sich darüber Gedanken zu machen, ob eine Herstellung von Gebrauchsartikeln möglich ist. Um ein Beispiel zu nennen, erfolgt jetzt die Herstellung von Schutzhüllen für Thermosflaschen aus Restabschnitten der Schwammgummi-Fabrikation: Dadurch bringen wir einen preisgünstigen Artikel auf den Markt und helfen auch neue Artikel für den Bedarf der Bevölkerung zu schaffen. Ein zweites Beispiel sind unsere Schaumgummi-Flocken; Schaumabfälle werden auf Walzen zerstückelt und in Postermöbel eingearbeitet, eine beispielhaft gute Verwertung von Abfällen. Wir bitten unsere Belegschaft, Vorschläge an unser Büro für Erfindungswesen einzusenden, verwertbare Vorschläge werden je nach Fabrikationsmöglichkeit prämiert.
Kolleginnen und Kollegen, beteiligt Euch an dieser Sache, die im Interesse unseres sozialistischen Aufbaues von Bedeutung ist, denn wenn viele Betriebe aus Restmaterialien neue Produkte bringen, so hilft dies uns wieder ein Stück vorwärts!
BGL Kaufm. Leiter“
STAL Elguwa, o.Sig., o.Pag., Aushang vom 11.1.1958.

Ausstellung über Konsumgüterproduktion im Rahmen der Kampagne „1000 kleine Dinge, o.O. und J.

sollten versuchen, aus Materialresten etwas für den Bevölkerungsbedarf herzustellen. Die Betriebe reagierten auf diesen Aufruf nicht besonders begeistert. Aus heutiger Sicht mutet es manchmal absurd an, daß ein Papierverarbeitungsmaschinenwerk Tragegriffe für Fahrräder und eine Maschinenfabrik Gartenmöbel produzierte. Dennoch darf der Effekt nicht unterschätzt werden. So wurden allein im Bezirk Karl-Marx-Stadt Betriebe beauflagt, zusätzlich zum Plan 1960 17.200 Bestecketuis, 10.000 Kartoffelschäler, 4.500 Bade- und Sanitätsschränke, 14.000 Fleischklopfer, 100.000 Schöpflöffel, 3.000 Kinderstühlchen, 125.000 Reibeisen und vieles andere mehr herzustellen. Doch der Drang, mit Hilfe politischer Kampagnen Engpässe zu bewältigen, schlug auch hier oft genug in den gegenteiligen Effekt um. Die zusätzliche Produktion von Konsumgütern war wegen der kleinen Serien nicht effektiv. Die dazu notwendige Umverteilung von Arbeitskraft, Werkzeug und Energie entzog den Betrieben die Kapazitäten für die eigentliche Produktion. Die vom Politbüro immer wieder neu beschlossenen „Programme zur Verbesserung der Versorgung der Bevölkerung mit den tausend kleinen Dingen des täglichen Bedarfs, Reparaturen und Dienstleistungen“ liefen im wesentlichen darauf hinaus, Material- und Arbeitskräftereserven aufzuspüren. „Die Nationale Front sollte einen Aufruf erlassen, um fachlich gebildete Rentner und Werktätige zu gewinnen, die dazu bereit sind, nach ihrer Arbeitszeit zusätzliche Reparaturen und Dienstleistungen ... auszuführen.“[6] Darüber hinaus sollten die „Selbsthilfe-Bewegung zur Ausführung von Reparaturen unter der Bevölkerung“ gefördert[7] und Handbücher herausgegeben werden, in denen „1000 kleine Ratschläge für den Haushalt“ erläutert werden. Die Wochenzeitungen wurden aufgefordert, in regelmäßigen Abständen Beilagen zu bringen, in denen bestimmte Reparatur- und Bastlerarbeiten beschrieben werden.

Fast noch problematischer als die Versorgungsengpässe stellt sich der Kampf gegen ihr Gegenstück, die Überplanbestände dar. Die Produktion, so mußte immer wieder festgestellt werden, produzierte oftmals an den Wünschen der Bevölkerung vorbei. Dadurch wurden in großen Massen Lagerbestände erzeugt. Die Läden waren voll, aber man fand oftmals trotzdem nicht, wonach man gerade suchte. Bei Textilien und anderen dem modischen Wechsel stärker ausgesetzten Erzeugnissen, wie Polstermöbeln, engte der einmal beschlossene und damit verbindliche Plan die Handlungsspielräume für die Industrie sehr stark ein und erschwerte ein flexibles Reagieren auf die sich verändernde Nachfrage. Doch auch langlebige Konsumgüter wie Staubsauger, Mopeds, Fahrräder, Bügeleisen und Küchenmaschinen sammelten sich in den Lagern, weil sie im technischen Niveau zurückgeblieben waren, trotzdem aber zum gleichen Preis weiter gehandelt wurden. Nachdem 1961 eine ganze Reihe von Industriewaren, die bis dahin auf Teilzahlung erworben werden konnten, von der Liste gestrichen wurden, nahmen die Lagerbestände (insbesondere bei Textilien und Möbeln) ein beängstigendes Ausmaß an.

Während dies bei Möbeln noch positiv insofern gedeutet wurde, daß der Käufer nun endlich einmal aus der Fülle auswählen könne, wurden für Textilien Preisherabsetzungen bis unter den Selbstkostenpreis und sogar das Verschenken an die Volkssolidarität, LPGen und den Altstoffhandel vorgeschlagen. Doch als Walter Ulbricht davon Wind bekam, wurden die Verantwortlichen für die „Verschleuderung von Volkseigentum“ massiv kritisiert. Dennoch entstanden immer wieder neue Warenansammlungen, die vom Handel zunächst noch sehr effektiv in den Sommer- und Winter-Schlußverkäufen abgesetzt werden konnten, zumindest was Textilien betrifft. 1957 wurde sogar eine Ladenkette in Berlin unter dem Namen Biwa (Läden für billige Waren) erfolgreich eingeführt. Doch die Abneigung gegen derartige Veranstaltungen ist trotz ihres Erfolges den Kommentaren deutlich anzumerken. Das Vorhandensein von Überplanbeständen rührte an den Wertvorstellungen einer in Armut und unter Entbehrungen großgewordenen Politikergeneration, die nicht mit ansehen konnte, wie brauchbare Gegenstände einfach weggeworfen wurden. Das Unbehagen mündete in die Forderung: „Es sind solche Muster und Standards in die Produktion zu nehmen, die sich auch in den nächsten Jahren noch ohne Preisnachlass verkaufen lassen. ... Die Ideologie, es hat immer Schlussverkäufe gegeben, darf nicht länger geduldet werden. ... Die Abteilung Handel, Versorgung und Aussenhandel veranlasst eine grundsätzliche Stellungnahme zu dem Problem der Schlussverkäufe in der Handelspresse, verbunden mit einer prinzipiellen Diskussion, mit dem Ziel, in Zukunft von der Durchführung von Schlussverkäufen abzukommen.“[8]

Solche Forderungen zielten an den Grundprinzipien jeder Handelstätigkeit vorbei. Wollte der Handel seinen Umsatzplan erfüllen und nicht den vollständigen Verlust hinnehmen, mußte ihm ein gewisses Handelsrisiko gestattet bleiben. Dennoch beschloß das Politbüro am 21.9.1961, daß künftig keine Schlußverkäufe mehr stattfinden dürfen. Dessenungeachtet startete das Ministerium für Handel und Versorgung im Juni 1962 eine großangelegte Verkaufsaktion unter der Losung „Kleide Dich neu“. Als jedoch Paul Fröhlich, Erster Sekretär der SED-Bezirksleitung Leipzig, über die Werbung für den Verkauf stolperte und sich mörderlich im Politbüro darüber aufregte, wurde die Aktion abgebrochen und alle Handelsfunktionäre dem Vorwurf der Konsumentenideologie ausgesetzt. Hinter diesem Schlagwort stand nicht nur eine Idealvorstellung von Bedürfnisbefriedigung unter sozialistischen Verhältnissen, die von der Planbarkeit der Produktion bis in das letzte Detail und von der Lenkbarkeit der Bedürfnisse ausging. Außerdem waren Aversionen gegen schnelle Vermodung so fest in die biographischen Erfahrungen dieser Generation eingeschrieben, daß sie die Lockungen der Konsumgesellschaft nur als teuflisches Blendwerk verdammen konnten. Daß dieses asketische Ideal in der Wirklichkeit nur höchst fragmentarisch umgesetzt wurde, hat auch damit zu tun, daß ästhetische Konzepte, in denen sich die Forderungen nach Funktionalität, Langlebigkeit und Billigkeit vereinten, nicht geeignet waren, die Überlegenheit des Sozialismus zu symbolisieren.

BIllig-WAren-Läden gab es von 1957 bis 1962. Hier wurden überlagerte Waren stark verbilligt angeboten.

1957, o.O.

Die Verkaufsaktion „kleide dich neu“ sollte dem Abbau von Lagerbeständen dienen. Doch die Verantwortlichen im Ministerium für Handel und Versorgung wurden der „Konsumentenideologie“ bezichtigt und streng gerügt.

Bad Saarow, 1962.

Warten auf den Wohlstand

Soziale Unterschiede in der DDR ließen sich, wie überall, leicht an den Statussymbolen der Moderne festmachen: Wer hatte zuerst einen Fernseher, eine Waschmaschine, einen Kühlschrank oder ein Auto. Anfang der 60er Jahre ließen sich schon enorme Unterschiede zwischen dem knappen Haushaltsbudget einer vierköpfigen Arbeiterfamilie, in der jahrelang mühsam auf eine Waschmaschine, den Fernseher und das Auto gespart wurde, und dem Einkommen eines Handwerkers, Arztes oder Erfinders, die ihre Frauen zum Einkauf in den Exquisitladen schicken konnten, feststellen. Da diese Statussymbole der Moderne zugleich nie ausreichend für den Verkauf zur Verfügung standen, mußte, wollte man seinem Grundsatz von der Gleichheit aller Bürger nicht untreu werden, regulierend eingegriffen werden. Die Partei- und Staatsführung bediente sich hier zweier Strategien: Sie verteuerte diese Waren und beschränkte somit die Nachfrage, und sie verteilte sie andererseits bevorzugt an Industriearbeiter, verkürzte also deren Wartezeit.

Der allen Bevölkerungsschichten gleichermaßen, den Arbeitern und Bauern aber ganz besonders versprochene Wohlstand stellte sich mit großen zeitlichen Verschiebungen erst allmählich und schrittweise ein. Bestimmte soziale Gruppen, wie Rentner, Witwen, Kriegsinvaliden, Umgesiedelte, alleinstehende Frauen mit Kindern, Arbeiter/innen in Niedriglohngruppen fielen über Jahre aus dem allgemeinen Wohlfahrtstrend heraus. Andere Gruppen, wie die technische und medizinische Intelligenz, Handwerker, Bauern und zum Teil auch Künstler konnten sich schon Ende der fünfziger Jahre vieles leisten. Im breiten Mittelfeld aber erschien die Nachkriegsjugend mit neuen Konsumwünschen und Bedürfnissen auf dem Markt. Mit ihr etablierte sich ein neuer Konsumententyp, mit Lust am Kaufen und Sinn für das Vergnügen.

In bezug auf diese drei, hier nur grob unterschiedenen Gruppen lassen sich unterschiedliche Strategien der Konsumpolitik ausmachen. Während in bezug auf die ärmeren sozialen Schichten ein Programm der Sicherung von Grundbedürfnissen mit hohen Subventionierungen gefahren wurde, versuchte man die Kaufkraft der zweiten Gruppe mit allen Mitteln abzuschöpfen. Die dritte Gruppe aber etablierte sich als eigentlicher DDR-Konsument, dessen Bedürfnisse gesellschaftlich unterschiedlich bewertet wurden: Als legitim galten diejenigen Konsumwünsche, die auf die Reproduktion der Arbeitskraft und die Erleichterung der Hausarbeit gerichtet waren wie Waschmaschine und Kühlschrank. Anerkannt wurde auch das Informations- und Unterhaltungsbedürfnis: Radio und Fernseher, Musiktruhen, Schallplatten, Kino, Tanz und Bar, obwohl die Preisgestaltung hier schon erkennen ließ, wo der Staat die Prioritäten setzte. Problematischer war es mit dem Wunsch nach einem Motorrad oder Auto, nach Reisen, Camping und Wochenendhaus, modischer Kleidung und delikaten Speisen. Sie galten als Luxusbedürfnisse, bei denen der Staat noch eins mehr drauflegte, um die Kaufkraft abzuschöpfen. Die hier angedeuteten Strategien sozialistischer Konsumpolitik sollen im folgenden anhand der Praktiken zur Verteilung von hochwertigen Konsumgütern genauer untersucht werden.

Nach einer Anweisung des Ministers für Handel und Versorgung von 1958 waren alle Verkaufsstellen und Gaststätten verpflichtet, Kundenbücher zu führen in die Lob und Beschwerden eingetragen werden konnten. Jedoch wurden oft zwei Bücher geführt, eins für die „guten Einträge" und eins für die Kritiken.

Waren-Müritz, 1971.

„Sie wissen es genau wie ich: Wollten Sie heute ein Fernsehgerät oder gar einen 'Trabant' kaufen, gegen bar oder mit Scheck, Sie bekämen beide Waren nicht sofort. Voranmeldelisten und mehr oder minder lange Wartezeiten künden davon, daß der Bedarf an bestimmten hochwertigen Gebrauchsgütern höher ist als das Angebot. ... In vielen Orten führen Geschäfte Voranmeldungslisten ohne Rechtsverbindlichkeit für beide Seiten; an anderen Orten haben sich die örtlichen Organe der Staatsmacht in die Verteilung eingeschaltet. Das führt dazu, daß sich viele Interessenten an verschiedenen Stellen doppelt und dreifach anmelden, daß sich aber auch bei Benachrichtigung der in der Liste vorgemerkte Käufer nicht als zahlungsfähig erweist, weil er noch nicht mit der Lieferung rechnete, und was dergleichen Unzuträglichkeiten mehr sind. Alles in allem fehlt eine klare, auf die Deckung des s o f o r t kauffähigen Bedarfs gerichtete Ordnung – zum Nachteil der Werktätigen ebenso wie der Handelsorgane und zur Freude einiger spekulativer Elemente vor und hinter dem Ladentisch."

Gerhard Kelm, der spätere Leiter des Amtes für industrielle Formgestaltung, beschrieb hier in der *Berliner Zeitung* vom 13.4.1962 den Zustand des Bestellwesens in der DDR, wie es sich 1962 darstellte. Er unterbreitete in dem Artikel den Vorschlag, daß zukünftig die Eintragung in die Bestelliste von der Vorabeinzahlung des Kaufbetrages auf ein Sperrkonto (Akkreditiv) abhängig gemacht werden solle. Dies hätte den Vorteil, daß Mehrfachbestellungen und Spekulationen durch die Verkaufskräfte ausgeschaltet werden würden. Zum Abschluß forderte der Autor die Minister der Finanzen und für Handel und Versorgung auf, sich zu dem Vorschlag zu äußern. Dieser in der *Berliner Zeitung* veröffentlichte Artikel war vermutlich ein bestellter Testballon der Regierung. Seit mehreren Jahren schon wurde mit den unterschiedlichsten Bestellsystemen herumexperimentiert. Sie hatten alle den Nachteil, daß das der Bestelliste innewohnende Gerechtigkeitsprinzip – wer zuerst kommt, mahlt zuerst – auf die unterschiedlichste Weise durchbrochen werden konnte. Seit Ende der 50er Jahre sahen sich Regierung und örtliche Organe verstärkt mit

Beschwerden aus der Bevölkerung konfrontiert, in denen eine gerechtere Verteilung hochwertiger Industriewaren eingeklagt wurde. Manipulationen der Verkaufskräfte an der Reihenfolge der Besteller, private Verkäufe außerhalb der Bestellisten und Entscheidungen von betrieblichen, gewerkschaftlichen oder staatlichen Organen nach irgendwelchen Dringlichkeiten erregten immer wieder die Gemüter. 1960 wurden Kundenlisten eingeführt. „Die Anzahl der quotierten Waren nimmt ständig zu. Schlechte Diskussionen sind in der ganzen Republik im Zusammenhang mit der Einführung der Kundenlisten für Fernsehapparate, Waschmaschinen, Kühlschränke und Autos entstanden. Weil durch das Verkaufspersonal ganz allgemein jahrelange Lieferfristen angegeben werden, lassen sich erstens viel mehr Menschen eintragen als tatsächlich für die nächsten Monate materiell gesicherte Kaufabsichten haben und zweitens werden die genannten langen Lieferfristen im negativen Sinne zur Frage 'Lösung der ökonomischen Hauptaufgabe' bei Diskussionen ins Feld geführt."[9]

Kurz vor der Öffnung eines Schweriner Kaufhauses, um 1963.

Es wurde immer wieder neu überlegt, wie die Einhaltung der Reihenfolge bei Bestellisten wirksamer kontrolliert werden könne. Obwohl die Verkaufsstellen Listen führten, auf denen alle Ein- und Ausgänge verzeichnet waren und die Bürger bei der Bestellung umfangreiche Angaben zur Person machen mußten (sogar der Betrieb und die Tätigkeit wurden abgefragt) konnten Verkäufe unter dem Ladentisch und Mehrfachbestellungen nicht wirklich nachgeprüft werden. Solche Mehrfachbestellungen aber öffneten dem Weiterverkauf mit Gewinn offenbar Tür und Tor. Die Idee, die Kaufkraft per Akkreditiv zu binden, würde demnach zwei Fliegen mit einer Klappe schlagen. Als der Vorschlag Ende 1961 das erste Mal im Politbüro auf den Tisch kam, gab es seitens der Gewerkschaft starke Vorbehalte: „Wie sollen wir solch eine Regelung begründen, wenn uns die Arbeiter die Frage stellen, ich habe mir das Geld zwar zusammengespart, in der Zwischenzeit brauche ich es aber z.B. für die Einrichtung einer neuen Wohnung oder im Falle einer Krankheit. Nehme ich das Geld in Anspruch, dann geht mir die Bestellzeit verloren, d.h., ich muss wieder von vorn anfangen." Auch Edith Baumann, damals in der ZK-Abteilung für Handel, Versorgung und Außenhandel, sprach sich gegen die Kaufkraftbindung per Sperrkonto aus, weil dies zu problematischen Diskussionen in der Bevölkerung führen würde. „Außerdem hätten wir dadurch kein Stück Ware mehr. Das einzige ökonomische Resultat wäre die Bindung großer Geldbe-

Gemüsemarkt in Leipzig um 1963.

träge, und optisch würde eine Verkürzung der Wartezeiten eintreten, aber das geht im wesentlichen auf Kosten ... bestimmter Teile der Arbeiterklasse."[10] Nach diesen Diskussionen war der Vorschlag erst einmal vom Tisch. Erst 1966 konnte sich die Staatsführung in bezug auf die Bestellung von Pkws zu einer Regelung entschließen, die Anzahlungen von 40% bis 80% des Kaufpreises, je nach Auslieferungsjahr vorsah. Diese Anzahlungen wurden verzinst. Außerdem wurden die Vergabekommissionen bei den örtlichen Organen abgeschafft und das Vorkaufsrecht bei Gebrauchtwagen durch ein staatliches Kontor

„Wenn sich der (Kunde) wohlfühlt, Vertrauen zum Verkäufer hat und gern wiederkommt, das ist Verkaufskultur.

Schaufenstergestaltung anläßlich der Handelskonferenz 1959.

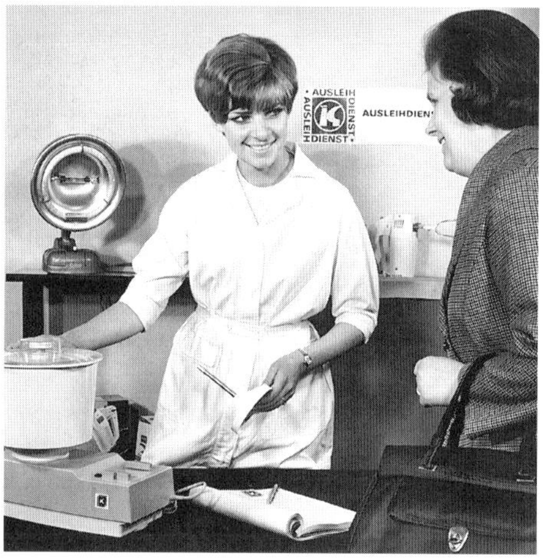

Konsum-Ausleihdienst für Haushaltsgeräte, 1967.

eingeführt. Insbesondere die letztere Regel war vermutlich ein schwerer Schlag, denn obwohl die Wartezeiten damals noch bei 3 bis 5 Jahren lagen, hatten Gebrauchstwagen auf dem freien Markt einen höheren Preis als sie wert waren.

Neben dem regulären Verteilungssystem über Verkaufsstellen und der Sonderzuteilung über die örtliche Staatsmacht gab es noch eine dritte Möglichkeit, sich um hochwertige Konsumgüter zu bewerben: den sozialistischen Großbetrieb. Zwar hatte das Ministerium für Handel und Versorgung im Mai 1959 schon einmal beschlossen, daß der Verkauf bspw. von Fernsehapparaten nur noch über den Handel, aber nicht mehr durch die Betriebe erfolgen solle. Doch die Praxis, daß Betriebe bestimmte Kontingente an Waren zur eigenständigen Verteilung zugeteilt bekamen, wurde binnen kurzem wieder eingeführt. Auch die örtlichen Organe verfügten über solche Kontingente, die sie nach eigenem Ermessen, meist aufgrund von Eingaben und Beschwerden, aber auch nach Bedürftigkeit verteilen konnten. Die Eingriffe in die Warteliste von Seiten der HO- und Konsum-Betriebsleitungen und der örtlichen Organe in den sogenannten „Verteilerkommissionen" stellten jedoch ein ernsthaftes Problem dar: „Wir wissen, daß es in der Bevölkerung die verschiedensten Argumente gibt, wie 'die leitenden Mitarbeiter versorgen sich immer zuerst mit hochwertigen Apparaten' oder – 'die Mangelware wird zuerst an die Mitarbeiter des Handels verteilt, dann der Rest an die Bevölkerung.' Dies sind ernst zu nehmende Dinge, über die wir uns auseinandersetzen müssen."[11] Doch geändert wurde an dieser Praxis nichts. Zwar schrieben die am 5.1.1961 formulierten Grundsätze für die Vergabekommissionen die „vorrangige Belieferung von sozialistischen Kollektiven oder Einzelpersonen ... infolge besonderer Dringlichkeit" vor, doch war dies oftmals eine Ermessensfrage.[12] Im Unterschied zur Vergabe durch die örtlichen Organe war die Verteilung durch den Betrieb öffentlich. Auch hier gab es Wartelisten, nach denen die Zuteilung erfolgte. Dem Betrieb war es jedoch freigestellt, besondere Leistungen entsprechend zu honorieren. Hier lag das Konfliktpotential woanders: „Ein Teil unserer Bevölkerung versteht nicht, daß einige volkseigene Betriebe, die als Schwerpunktbetriebe erklärt worden sind, Zuteilungen von Waren erhalten, die noch nicht in genügendem Umfange im Angebot zum Verkauf stehen, und diese dort beschäftigten Werktätigen ausserdem noch in den Verkaufsstellen ihres Wohngebietes die gleichen Waren einkaufen können."[13] Dieses Unverständnis richtete sich nicht nur auf die Verteilung hochwertiger Konsumgüter, sondern auch auf Sonderverkäufe von Südfrüchten, nahtlosen Strümpfen u.a.m. Die bevorzugte Versorgung von Arbeitern war schon 1960 beschlossen und sogar im Gesetzblatt der DDR verankert worden. Es wurde eine Liste der wichtigsten Industriebetriebe erstellt, die von nun an besondere Zuteilungen erhielten. Dazu gehörten die Werften, Stahl- und Walzwerke, Bergbaubetriebe, Chemiekombinate und Spinnereien. Produzenten von Konsumgütern gehörten in der Regel nicht dazu. In den Bezirken wurden über diese republikweite Liste hinaus Schwerpunkte gesetzt. Daran läßt sich zeigen, daß die Bevorzugung der Arbeiterklasse nicht nur ein wichtiges propagandistisches Mittel war, sondern ein durchaus ernstgemeintes Anliegen der Staats- und Parteiführung. Sie stellte aber nicht nur die Arbeiterklasse über den Mittelstand und andere „zwielichtige Elemente", sondern unterschied darüber hinaus innerhalb der Werktätigen zwischen wichtigen und weniger wichtigen Industriezweigen, zwischen Schwerindustrie und Konsumgüterindustrie, zwischen Männer- und Frauenarbeit.

Diese Politik läßt sich auch anhand von Losungen wie „Ich bin Bergmann (später Bauarbeiter) – wer ist mehr!" und am zum Teil enormen Lohngefälle nachweisen.

Luxus und Moderne

In dem oben geschilderten Bemühen der Parteiführung, den Bedürfnissen des werktätigen Volkes, wie es hieß, Rechnung zu tragen, drückte sich eine gewachsene Akzeptanz gegenüber veränderten konsumtiven Bedürfnissen aus. Waschmaschine und Kühlschrank, die noch in den 30er Jahren als Luxusgüter galten, waren nun zu einer Selbstverständlichkeit auch für die ehemaligen Unterschichten geworden. In dem von der Parteiführung benutzten Begriff von Wohlstand – z.B. in der Losung des V. Parteitages: „Für Wohlstand, Glück und Frieden“ – spiegelte sich eine bürgerliche Vorstellung von materiellem Reichtum. Sie bildete letztlich auch das Maß und das Ziel sozialistischer Politik. Scharf abgegrenzt davon wurden Luxus und Vergeudung. Dennoch schuf sich die DDR eigene Einrichtungen, die Ladenketten „Exquisit“ (Bekleidung) und „Delikat“ (Nahrungs- und Genußmittel), in denen Waren – auch aus dem westlichen Ausland importierte – für den verfeinerten Geschmack zu völlig überteuerten Preisen angeboten wurden.

Die Kleider und Schuhe, Blusen, Stiefel und Krawatten, die in Exquisit-Läden zum Verkauf kamen, waren mit dem Etikett „hochmodisch“ versehen. Mode und Moderne stehen hier in einem Bedeutungszusammenhang. Exklusiver Geschmack war legitimiert, weil er den Anschluß an den Zeitgeist, das vielzitierte Weltniveau symbolisierte. Ladenbezeichnungen wie „Modesalon“ und „Boutique“ und Geschäftsnamen wie „Yvonne“, „Jeannette“, „Chic“, „Charmant“ oder „Madeleine“ assoziierten die Nähe zur Pariser Modeszene und damit den Anschluß an die Welt. 1957 eröffnete in Berlin die erste Modeboutique „Sybille“. Hier zeigte sich das „reinseidene Nachmittagskleid aus Polen neben dem seegrünen Leinenkleid vom VEB Kunst und Mode. In den Vitrinen hing der holländische Mohairmantel neben dem geradezu mondänen Nachmittagsmantel mit großem Pelzbesatz vom VEB Elegant in Berlin. ... Lederne Westen und kirschrote Wäsche, goldene Abendpantoffeln und Petticoats aus Batist und Perlon, sie alle gehören mit Fug und Recht ins Sortiment einer richtigen Boutique. ... Bis jetzt ist das meiste in der Boutique leider noch zu teuer, denn Einzelanfertigungen und hochwertige Importe sind nun einmal kostspielig. Aber nicht alles, was teuer ist, hat Boutique-Charakter. Jeder Geldbeutel soll hier gern einkaufen gehen. Dann würden vielleicht auch die Schaufensterpuppen nicht mehr ganz so vom Schreck erstarrt auf die Linden blicken. Sie müssen die Preise ihrer Modelle gelesen haben.“, so das *Neue Deutschland* am 16.8.1958 Dennoch stürmten die Berlinerinnen begeistert das Geschäft.

Bei Preisen, die weit über dem allgemeinen Preisniveau lagen, kam es darauf an, exakt zu definieren, was unter „hochmodisch“ zu verstehen sei. Die im Exquisit angebotenen Waren stammten zum größten Teil aus der eigenen Produktion und nur zum geringeren Teil aus Importen. Geringe Stückzahlen und ausgewählte oder neuartige Gewebe zeichneten sie aus. Die Parteiführung wollte außerdem, „daß sie die Modelinie der DDR hinsichtlich der Musterung, in der Farbe, im Schnitt sowie in der Form besonders ~~konzentriert~~ ausdrückt, ~~und gut verarbeitet ist.~~“[14] Später verwischten diese Kriterien, und es wurden auch „Artikel des Massenbedarfs, die von der Bevölkerung sehr gefragt waren, aber nur ungenügend bereitgestellt werden konnten, zu hohen Preisen in das Exquisit-Sortiment aufgenommen (z.B. Silastikhosen, Anoraks, Dederon-Hemden).“[15] Wie vorauszusehen war, „zählen besonders zahlungsfähige Bevölkerungsschichten zu den Kunden dieser Exquisit-Verkaufsstellen. In relativ hohem Masse kaufen auch Bürger mit durchschnittlichen Einkommen dort ein, die sich ‘einmal etwas Besonderes leisten wollen.’“[16] Obwohl die Exquisit-, genauso wie später die Delikat-Läden, von der Bevölkerung angenommen wurden, blieben gewisse Zweifel an der Richtigkeit einer

Ab Mitte der 60er Jahre wurden verstärkt Ausleihdienste für hochwertige Konsumgüter eingerichtet, die teuer und schwer erhältlich waren. Hier zwei Tafeln mit Gebührenlisten.

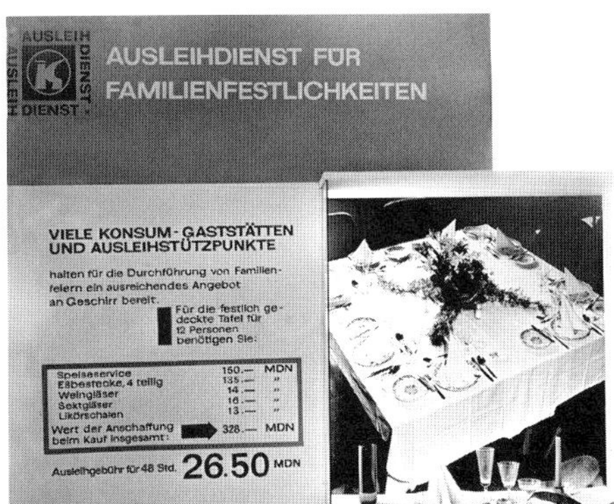

solchen Einteilung der Waren in verschiedene Klassen bestehen. Zurecht, spiegelten sich doch in ihnen die sozialen Unterschiede innerhalb der DDR-Bevölkerung, um deren Beseitigung es ja gerade ging. Sie waren ein Zugeständnis an das Distinktionsstreben, das dem Gleichheitsanspruch entgegenstand.

Zusammengefaßt läßt sich feststellen, daß die Orientierung auf soziale Sicherheit und einen stetig wachsenden Wohlstand von der Bevölkerung nicht nur angenommen, sondern auch zunehmend eingefordert wurde. Doch das selbstgeschneiderte ideologische Korsett machte es den Regierenden fast unmöglich, auf die sich verändernden Bedürfnisstrukturen angemessen zu reagieren. Für den in den 60er Jahren stattfindenden mentalen Wandel von der Langlebigkeit zum modischen Wechsel, von der Sparsamkeit zum lustvollen Kauf, von der Vorratswirtschaft zum spontanen Einkauf, erwies sich der sozialistische Slogan von Arbeit, Brot und Wohnen für alle als zu eng und zu kurz gegriffen. Dennoch stellen gerade die 60er Jahre im Rückblick oftmals noch eine Periode dar, die von wachsendem Wohlstand und einem enormen Modernisierungsschub geprägt war.

Seit dem Ende der 50er Jahre waren auch die DDR-Läden voller Waren. Im Fernsehen lief allabendlich eine 20minütige Werbesendung, die Einkaufsnetze waren gefüllt, die Menschen modern angezogen, die Wohnungen gemütlich eingerichtet, und auf den Familienfeiern bogen sich die Tische. Dennoch war das DDR-Volk ewig unzufrieden, immer auf der Suche nach dem Besonderen, mit der ungestillten Sehnsucht nach etwas anderem. Nicht sprichwörtliche Bescheidenheit und Geduld zeichnete die DDR-Konsumenten aus, sondern die lautstark geäußerte Unzufriedenheit. Dabei muß bedacht werden, daß die westdeutsche Gesellschaft, die nach dem Mauerbau nicht mehr unmittelbar, sondern nur noch stark verkürzt über private Kontakte und das Fernsehen wahrgenommen werden konnte, in eben dieser Verkürztheit das Maß für die eigene Unzufriedenheit bildete. Der Unmut der DDR-Bürger läßt sich nicht allein aus den Zuständen im eigenen Lande erklären, er resultierte vielmehr zu großen Teilen aus diesem permanent stattfindenden Vergleich. Die DDR-Führung gab dabei selbst dem Affen immer wieder Zucker, wenn sie propagandistisch darauf bestand, das fortschrittlichere und überlegenere System zu sein.

[1] Zur Lohn- und Preispolitik siehe den Aufsatz von André Steiner in diesem Band.
[2] Vorlage für das Politbüro vom 16.9.1961, SAPMO Dy 30/IV 2/610/14.
[3] Pressekonferenz zur Tagung über Standardisierung am 11.2.1959, SAPMO Dy 30/IV 2/607/65.
[4] SAPMO Dy 30/IV2/608/10, Bericht der Staatlichen Zentralverwaltung für Statistik vom 24.3.1960.
[5] SAPMO Dy 30/IV2/610/71, Bl.269, Fernschreiben vom 5.6.1961.
[6] SAPMO Dy 30/IV2/608/27, Vorlage für das Politbüro vom 13.1.1960.
[7] SAPMO Dy 30/IV2/608/27, Vorlage für das Politbüro vom 13.1.1960.
[8] SAPMO Dy 30/IV 2/610/129, Bl. 73 f, Information vom 31.8.1961.
[9] SAPMO Dy 30/IV2/610/83, Bl. 226, Mitteilung vom 7.11.1960.
[10] SAPMO Dy 30/IV2/610/130, Bl. 119, Brief vom 26.4.1962.
[11] SAPMO Dy 30/IV2/610/69, Bl.217, Protokoll vom 29.3.1962.
[12] SAPMO Dy 30/IV2/610/130, Bl. 211, Brief vom 27.11.1961. Vgl. auch den Aufsatz von Felix Mühlberg in diesem Band.
[13] Stadtarchiv Chemnitz, 05.1.8.10775, Brief vom 18.12.1964.
[14] SAPMO Dy 30/IV2/610/130, Bl. 114, o.D. (um 1962, Streichungen im Original).
[15] SAPMO vorl. Signatur SED 17018, unpag., o.D. (um 1970) „Wie lange gibt es den Exquisit-Handel und warum wurde der Exquisit-Handel gebildet?“ S.18.
[16] SAPMO Dy 30/IV2/610/130, Bl. 168, Brief vom 28.9.1962.

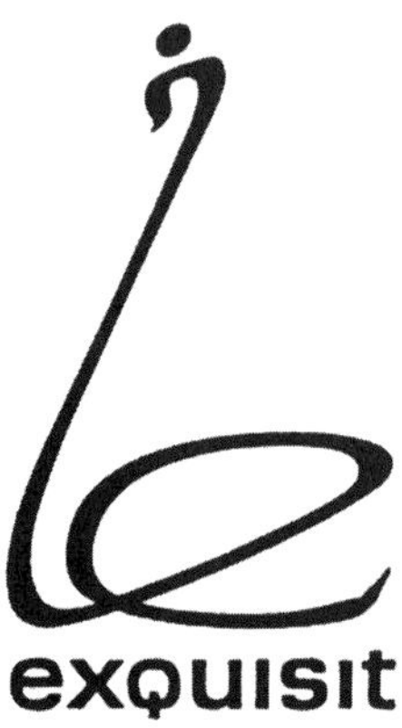

Das Warenzeichen für Exquisit-Läden von 1962.

André Steiner

Zwischen Frustration und Verschwendung

Zu den wirtschaftlichen Determinanten der DDR-Konsumkultur

Zweifellos ist es trivial festzustellen, daß die Konsumkultur einer Gesellschaft in hohem Maße auch ein Spiegelbild ihres wirtschaftlichen Systems und seiner Entwicklung ist. Dabei sind in einem engeren ökonomischen Verständnis die Einkommen, die Breite und Qualität des Angebots sowie dessen Preise von besonderem Gewicht. Der hier interessierende Gesellschaftstyp des Staatssozialismus trat mit dem Anspruch an, die Utopie sozialer Gerechtigkeit und Gleichheit zu verwirklichen. Ein besonderer Stellenwert wurde dabei einer Wirtschaftsentwicklung ohne Krisen und der Beseitigung der Arbeitslosigkeit beigemessen. Dazu war die Wirtschaft auf der Makroebene ex ante zu koordinieren. Das volkswirtschaftliche Gleichgewicht sollte nicht – wie im westlichen System – ex post über Markt und Preis, sondern über einen Plan transparent gemacht und bewußt im vorhinein hergestellt werden. Markt und Preissystem wurden als unabhängige Informationsquelle und dezentrales Regulierungsinstrument überflüssig. Unwägbarkeiten in der wirtschaftlichen Entwicklung sowie in ihren einzelnen Faktoren und deren Bewertung sollten ausgeschlossen werden. Da aber eine naturale Planung in Stück oder nach Gewicht (mit einem vertretbaren Aufwand) nicht durchgängig möglich und Naturalaustausch angesichts der gesellschaftlichen Ausdifferenzierung und des wirtschaftlichen Entwicklungsstandes nicht wünschenswert war (was aber nicht ausschloß, daß er trotzdem stattfand), benötigte man Preise als Recheneinheit. Darüber hinaus waren sie erforderlich, um für zentral erwünschte wirtschaftliche Resultate die Anreize zu setzen. Die an die Preise gestellten Anforderungen resultierten aus diesen beiden Funktionen. Erstens waren sie einerseits konsistent und andererseits möglichst lange konstant zu halten. Angesichts der Veränderlichkeit des Wirtschaftsprozesses stellte dies bereits einen Widerspruch dar, der jedoch für prinzipiell lösbar gehalten wurde. Zweitens waren die von der Wirtschaftszentrale erwünschten Effekte in den verschiedenen Bereichen ganz unterschiedlich, so daß die mit den Preisen zu setzenden Anreize ebenfalls zu differenzieren waren. Daher schuf man ein relativ kompliziertes System verschiedener, administrativ festgelegter Preise für gleiche Güter in Abhängigkeit davon, wo sie ver- oder gekauft wurden. Hier ist wichtig, daß die innerhalb der Industrie genutzten Preise anders strukturiert waren als die von der Bevölkerung im Einzelhandel zu zahlenden Preise. Die wirtschaftlich trotzdem unerläßliche Verbindung zwischen beiden Preissystemen wurde mit umfangreichen Abgaben bzw. Subventionen über den Staatshaushalt gewährleistet.

Da das volkswirtschaftliche Gleichgewicht planvoll und im vorhinein bestimmt werden sollte, wurde über den Gesamtumfang der Konsumtion im Staatssozialismus zentral entschieden. Dabei konkurrierte der Konsum immer mit den Investitionen. Aus hier nicht näher zu erläuternden Gründen neigten die Verantwortlichen in diesem System dazu, die Investitionen auf Kosten der Konsumtion auszudehnen. Infolge des Anspruches, eine gerechtere Gesellschaft mit sozialer Sicherheit für alle zu schaffen, mußten sie aber einen bestimmten Mindeststandard gewährleisten. Der Umfang der Konsumtion realisierte sich in Einkommen und Warenangebot zu bestimmten Preisen, die sich in der Summe (unter Abstraktion von der Sparquote) beide im Gleichgewicht befinden sollten. Darüber hinaus hatten die Löhne und Gehälter auch als Anreiz für weitere Leistungssteigerungen der Beschäftigten in der Produktion zu dienen, damit später wiederum die Konsumtion gesteigert werden konnte, was letztlich ebenfalls Ziel dieses Gesellschaftstyps war. Um das Gleichgewicht von Nachfrage und Angebot zu gewährleisten, sollten daher sowohl die Löhne und Preise als auch das Güterangebot in seiner physischen Struktur zentral festgelegt werden. Die spezifische Struktur dieser Gesellschaft entzog solche Entscheidungen aber in hohem Maße den Kriterien wirtschaftlicher Rationalität und ordnete sie politischen Zielen und Opportunitäten unter. Jedoch gelang es bereits aus technischen Gründen nicht und wurde wohl weithin auch nicht für sinnvoll gehalten, diese Faktoren vollständig zentral zu kontrollieren. Außerdem konnten sich die Zentralbehörden im Interesse der Machtstabilität auch nicht ganz und gar den Bedürfnissen und Interessen der Bevölkerung verweigern. Sie versuchten diese zu beeinflussen und zu „lenken". Der Staat, d.h. an erster Stelle die in ihm das Machtmonopol ausübende Partei, legte mit diesen, nicht vollkommen von ihm determinierten Faktoren mehr oder weniger eng gezogene Grenzen für den Konsum fest. Darin blieben aber Freiheitsgrade enthalten.[1]

Eulenspiegel 49/1961, S. 3.

Die Bedingungen für die Konsumtion im Staatssozialismus differierten natürlich entsprechend den historischen Voraussetzungen und Entwicklungen von Land zu Land. Auf Grund des vergleichsweise hohen Industrialisierungsgrades lag der Lebensstandard in der DDR höher als in den meisten anderen Ländern dieses Gesellschaftstyps. Infolge der spezifischen Situation eines geteilten Landes bildeten die anderen Ostblockländer für die ostdeutsche Bevölkerung aber nie den Vergleichsmaßstab. Dieser lag vielmehr im westdeutschen Niveau, und dem trug die SED-Spitze ebenfalls Rechnung. Um die für den Verbrauch der Bevölkerung zur Verfügung stehenden Mittel zu bestimmen, bildete auch der direkte Vergleich mit den Verhältnissen in der Bundesrepublik ein wichtiges Kriterium. Dabei blieb die Entscheidung zwischen Investitionen und Konsumtion eine Gratwanderung zwischen den Erfordernissen für die langfristige Sicherung des Wirtschaftswachstums und der Befriedigung der von außen zusätzlich forcierten konsumtiven Bedürfnisse. Der hier betrachtete Zeitraum von Ende der fünfziger bis Anfang der siebziger Jahre wird begrenzt von zwei unterschiedlich gelagerten, aber vordergründig politisch motivierten Versuchen der SED-Führung, die Entwicklung des Lebensstandards – zumindest vorgeblich – in den Mittelpunkt ihrer Wirtschaftspolitik zu stellen. Nachdem der erste Versuch in der Krise 1960/61 endete, wurde ab 1963 eine umfassende Wirtschaftsreform eingeleitet. Sie zielte unter anderem darauf, die Wirtschaft stärker an eigenen Rationalitätskriterien zu messen. Nachdem 1969/70 bestimmte volkswirtschaftliche Diskrepanzen wieder stärker hervortraten und diese neben anderem dazu benutzt wurden, einen Machtwechsel innerhalb der SED-Spitze herbeizuführen, änderte sich auch die Wirtschaftspolitik. Im folgenden soll der Frage nachgegangen werden, wie sich die Funktion vor allem der Einkommen und Preise sowie diese selbst während dieser Politikwechsel entwickelten.[2]

Einholen und überholen

Ende der fünfziger, Anfang der sechziger Jahre sah sich die SED-Spitze vor verschiedenen tiefgreifenden Problemen. Das für sie bis zu ihrer Abwahl im Jahr 1989 prägende Erlebnis, der Aufstand vom 17. Juni 1953, sowie die bis 1961 offene Grenze nach Westen sorgten dafür, daß die Versuche, die Löhne konsequent leistungsbezogen zu gestalten, halbherzig blieben und von den Beschäftigten, vor allem der Industrie, unterlaufen wurden. Deshalb konnten diese ihre Einkommen wesentlich schneller als geplant steigern.[3] Trotzdem hatte nach DDR-internen Angaben der Reallohn 1959 in Ostdeutschland erst 124,8% des Vorkriegsniveaus (1938) erreicht; in Westdeutschland hingegen bereits 153,1%. Unterstellt man für 1938 ein einheitliches Niveau, lag der Reallohn im Osten 18,5% unter dem im Westen Deutschlands. Das war in erster Linie eine Folge der höheren Preise in Ostdeutschland, da für Waren im Einzelhandel und für Dienstleistungen durchschnittlich 20% mehr als in Westdeutschland bezahlt werden mußten. Die Preise für Butter, Fleisch, Roggenbrot, Süß- und Dauerbackwaren, Fisch und andere Lebensmittel sowie die Wohnungsmieten, Energie- und Verkehrstarife blieben dagegen deutlich unter ihren Kosten. Und diese Güter und Leistungen waren weit billiger als im Westen. Die Preise für Industriewaren, wie beispielsweise Benzin, Autos, Fernsehgeräte, Waschmittel, Kühlschränke und Textilien, lagen hingegen vielfach weit über ihren Kosten. Die ostdeutschen Konsumenten mußten deutlich mehr als die westdeutschen vor allem für Textilien und Bekleidungsgegenstände sowie Genußmittel aufwenden.

Plakat 1959.

Die Preise für Nahrungsmittel wurden bei Aufhebung der Rationierung 1958 aus politischen Gründen auf einem möglichst niedrigen Niveau festgelegt. Sie erforderten steigende Subventionen und begünstigten den extrem hohen Verbrauch bestimmter Nahrungsmittel. Aufgrund der niedrigen Mieten und Dienstleistungstarife erhöhte sich außerdem die Nachfrage nach Lebensmitteln und Industriewaren. Die hohen Verbraucherpreise für technische Konsumgüter und Textilien basierten zum Teil darauf, daß bei ihnen ein häufigerer Produktwechsel stattgefunden hatte. Die Preise von neuen Erzeugnissen konnten weitestgehend auf Grundlage der wirklichen Gestehungskosten kalkuliert werden, wobei die mangelnde staatliche Kontrolle nicht unbeträchtliche Möglichkeiten zur Manipulation bot. Außerdem machten der Nachfrageüberhang und das unzureichende Warenangebot neue Produkte auch dann noch absetzbar, wenn sie relativ teuer waren. Darüber hinaus erhob der Staat bei diesen Gütern hohe Abgaben, die faktisch die Subventionen für die Nahrungsmittel, Mieten und Tarife erbringen sollten. Jedoch blieb auch das Preisniveau der verschiedenen Industriewarengruppen in sich widersprüchlich. Bei einem Teil der Industriewaren, vor allem Kinderbekleidung, wurde aus sozialen Gründen der Preis ebenfalls gestützt. Viele dieser Preise standen in keiner Beziehung mehr zu den Kostenentwicklungen bei der Herstellung der betreffenden Waren. Daraus erwuchsen die Vielfalt und der Umfang der Subventionen. Den West-Ost-Vergleich konnten die Verbraucher damals gerade in Berlin nach wenigen S-Bahnstationen noch selbst durchführen. Das Ergebnis solcher Konsumvergleiche ließ die Masse der Bevölkerung verständlicherweise auch an der politischen Legitimität des ostdeutschen Teilstaates zweifeln. Dies verführte die SED-Spitze 1958 dazu, als „ökonomische Hauptaufgabe" zu verkünden, Westdeutschland bis 1961 im Pro-Kopf-Verbrauch aller wichtigen Lebensmittel und Konsumgüter zu überholen. Damit erhielt die Konsumtion in der Gesellschaftspolitik der SED einen wesentlich höheren Stellenwert. Zur Realisierung dieses Ziels mußten aber zunächst wiederum die Investitionen enorm gesteigert werden. Allein in der Industrie wuchsen sie 1958 um 10,5%, 1959 um 29,8% und 1960 noch einmal um 13,1%, was die dabei zwangsläufig auftretenden Zielkonflikte verdeutlicht. Selbst SED-Chef Walter Ulbricht mußte in einer entsprechenden internen Beratung im Sommer 1960 zugeben, daß die perspektivische Erhöhung von Investitionen und Konsumtion gleichzeitig ein „sehr schwieriges Problem" darstelle. Diese Investitionsprogramme, die nicht in erhofftem Umfang eintreffenden Lieferungen aus der Sowjetunion und die zur gleichen Zeit vorangetriebene Kollektivierung der Landwirtschaft führten 1960/61 in eine Wirtschaftskrise, die für die Bevölkerung in großen Angebotslücken spürbar wurde. Diskussionen und Unmut gab es insbesondere über den Mangel bei Fleisch, Wurst, Butter, Käse, Schuhen, Untertrikotagen und Waschmitteln. Dieser stand in Wechselwirkung mit der Entwicklung der Geldeinnahmen der Bevölkerung. Sie stiegen 1960 außerplanmäßig um ca. 1,2 Mrd. DM, wovon fast die Hälfte auf dem mit der Vergenossenschaftlichung im Zusammenhang stehenden Einkommenszuwachs in der Landwirtschaft und ein Viertel auf Überziehungen der Lohnmittel in der Industrie beruhte. Die durchgängige Bildung von Genossenschaften in der Landwirtschaft führte außer dem Einbruch in der Lebensmittelbereitstellung und den gewachsenen Einkommen auch dazu, daß die Landbevölkerung mehr Industriewaren und Nahrungsmittel im Einzelhandel kaufte, was die Versorgungslage tendenziell weiter zuspitzte. Das sich verschlechternde Warenangebot gewann in der Krise 1960/61 einen besonderen Stellenwert, da es in vielen Fällen den letzten Auslöser für die Flucht aus der DDR bildete.

In gewisser Weise verstärkte auch die Fluchtbewegung den Mangel, da in dieser Situation weder die zentralen Behörden noch die Betriebsleitungen versuchen konnten, die Einkommen stärker an die Leistung zu binden. Damit vergrößerte sich die Diskrepanz zwischen den Löhnen als Nachfrage und dem verteilbaren Produkt als Angebot. Daher sah man sich Ende 1960 bereits gezwungen, die Mittel für vorgesehene Lohnerhöhungen und Preissenkungen im Staatshaushalt zu sperren. Darüber hinaus hatte die Abwanderung in den Westen solche Ausmaße angenommen, daß in der Produktion einfach die Arbeitskräfte fehlten. Lösungen suchten die SED-Spitze und die zentralen Wirtschaftsinstanzen in einer Stärkung des Angebots, denn eine durchgreifende Beschränkung der Nachfrage – wie beispielsweise durch Lohnstopp – war politisch nicht opportun. Die Produktion und Verteilung der als politisch brisant geltenden Grundnahrungsmittel sollten weiter voll zentral vorgeschrieben werden. Für andere Versorgungsgüter diskutierte man jedoch auch, ob die Preise nicht eher von Angebot und Nachfrage diktiert werden müßten. Zwar lagen noch keine Vorstellungen darüber vor, wie dies innerhalb des geltenden ordnungspolitischen Rahmens praktisch realisiert werden sollte. Aber allein der Gedanke mußte bei der herrschenden Dogmatik als – freilich nur interne – Sensation gelten. Allerdings blieben diese und andere Überlegungen fragmentarisch und galten in der gegebenen politischen Situation als nicht umsetzbar, da sie zwingend mit Preiserhöhungen verbunden gewesen wären. Daher erwog man in der Plankommission im Juni 1961, aufwendige Investitionsprogramme zum Aufbau neuer und zur Modernisierung vorhandener Industrien zugunsten kurzfristiger Lohnerhöhungen und Preissenkungen aufzugeben. Das Warenangebot in den Geschäften blieb neben der Fluchtbewegung Hauptdiskussionspunkt im engeren Führungszirkel der SED. Ulbricht kümmerte sich mit unverhohlenem Paternalismus darum und verlangte in einer Beratung im Mai 1961: „Es muß gesichert werden, daß die Versorgung der Bevölkerung mit Zitrusfrüchten, wenn nötig, auf Kosten von Bananen usw. wesentlich verbessert wird, weil das für die Gesundheit der Bevölkerung notwendig ist." Aber auch das würde nach seiner Einschätzung, die Fluchtbewegung nicht eindämmen, sondern diese werde trotzdem weiter ansteigen. Damit war ein wirtschaftlicher Ausweg aus der Krise nicht in Sicht. Sie er-

„Endlich einmal ein origineller Knüller unserer Konfektionsindustrie, der nicht im Ausland abgeguckt ist."

Eulenspiegel 15/1968, S. 9.

forderte zunächst eine politische und erst dann eine ökonomische Lösung. Angesichts dieser Einsicht traf die SED-Spitze in Abstimmung mit der Sowjetunion die Entscheidung zum Mauerbau.

Im Schutz der Mauer traute sich die SED dann neben anderen Demonstrationen ihrer Macht (Verschärfung der Strafjustiz, FDJ-Aktion gegen „Westfernsehen“: „Blitz contra NATO-Sender“), sowohl die Einkommen zu begrenzen als auch die Einzelhandelspreise zu erhöhen, um Angebot und Nachfrage in Übereinstimmung zu bringen. Zum einen wurden die Beschäftigten – in erster Linie die der Industrie – in einer Kampagne („Produktionsaufgebot“) dazu aufgefordert, in der gleichen Zeit für das gleiche Geld mehr zu leisten. Verständlicherweise erzeugte das Unmut bis hin zu passiver Resistenz bei den Arbeitern. Die Ziele dieser Aktion konnten daher auch nur begrenzt erreicht werden. Immerhin stiegen die Arbeitseinkommen der Arbeiter und Angestellten 1962/63 mit 1,4 bzw. 1,5% deutlich langsamer als in den Jahren zuvor an. Gleichzeitig sanken aber 1962 die Einkommen der LPG-Bauern um mehr als 10%, weil diese rigoros an die Erfüllung der Produktionspläne gebunden wurden. Dadurch ging die Kaufkraft der Bevölkerung insgesamt leicht zurück. In die gleiche Richtung sollte auch die Einschränkung der Möglichkeiten für Ratenkäufe wirken. Deutlichere Effekte versprachen sich die Wirtschaftsbehörden aber von Preiserhöhungen für Schuhe, Kurzwaren und Textilien, vor allem für modische Kleidungsstücke, die in den „Exquisitläden“ angeboten wurden. Im Zusammenhang mit technischen Verbesserungen, wie es hieß, sollte auch für Autos, Waschmaschinen, Radio- und Fernsehgeräte mehr bezahlt werden. Obst, Gemüse und Kartoffeln wurden teurer. Bei Fleisch, Fisch und Kaffee verschob sich das Angebot zu den kostspieligeren Warengruppen. Auch für einige Dienstleistungen hob man die Preise an. Die Auswirkungen für die Bevölkerung der von Herbst 1961 bis Mitte 1962 in Kraft gesetzten Preiserhöhungen machten insgesamt mindestens 15% des Zuwachses des Einzelhandelsumsatzes von 1961 gegenüber dem Vorjahr aus. Die Brisanz dieser Preissteigerung ergab sich daraus, daß sie den langjährigen Versprechen der Parteispitze widersprach, daß die Verbraucherpreise stabil bleiben oder bestenfalls sinken würden.

Der Reformversuch

„Um entsprechend der Einstellung der Bevölkerung zur Versorgung das Bild im Angebot positiv zu beeinflussen“, regte die ZK-Abteilung für Planung und Finanzen an, durch den Export von industriellen Konsumgütern den Import von Kakao, Kaffee und Südfrüchten zu ermöglichen. Damit mußte aber das Angebot an industriellen Konsumgütern zurückgehen. Ohnehin konnte der Handel viele Kundenwünsche nicht erfüllen, da die entsprechenden Waren überhaupt nicht produziert wurden. Solche Lücken im Sortiment erstreckten sich von hochwertigen technischen Konsumgütern über bestimmte Größen bei Konfektion und Töpfen bis hin zu Geflügelscheren und Anbaumöbeln. Dem standen aber große Lagerbestände von – selbst in dieser Situation nicht absetzbaren – Industriewaren gegenüber. Trotz der Preiserhöhungen sank der Einzelhandelsumsatz von Industriewaren 1962 um 3,4% und 1963 noch einmal um 0,9% gegenüber dem Vorjahr. Dadurch verlagerte sich die Nachfrage stärker zu dem ohnehin durch die Mißernte 1961 verminderten Angebot an Nahrungsmitteln. Mit der Einführung von Kundenkarten mußten Fleisch und Butter praktisch wieder rationiert werden. Alles in allem sank in dem Jahr zwischen Mauerbau und August 1962 durch die Einkommensbegrenzungen und Preissteigerungen das Realeinkommen der Bevölkerung um ca. 2,5%. Auch in der SED-Spitze wuchs die Einsicht, daß die für sie le-

„Bedarfsforschung“
Eulenspiegel 15/1968, S. 8.

bensnotwendige Verbesserung der wirtschaftlichen Resultate nur mit einer Reform des Wirtschaftssystems zu erreichen war. Nach langwierigen Diskussionen und ersten Experimenten wurde im Sommer 1963 das Gesamtkonzept der Reform verabschiedet.[4] Die Reform – zunächst als „Neues Ökonomisches System der Planung und Leitung der Volkswirtschaft" (NÖS) bezeichnet – sollte Eigenverantwortung und Selbständigkeit der Industriebranchen und Betriebe erhöhen. Sie waren mittels wirtschaftlicher Anreize und eines nur noch den Rahmen vorgebenden perspektivischen Plans zu steuern. Die Branchenleitungen hatten als Zentralen „sozialistischer Konzerne" – auf der Basis nur noch weniger Vorgaben von oben – ihre finanziellen Mittel selbst zu erwirtschaften und sollten diese nicht mehr aus dem Staatshaushalt zugeteilt bekommen. Die Planung wurde dezentralisiert. Ganz entscheidend war auch, daß die Leistungen der Branchen und Betriebe nicht mehr an Hand der Kennziffer Bruttoproduktion bewertet werden sollte. Dies hatte in der Vergangenheit dazu geführt, daß die Betriebe dafür belohnt wurden, wenn sie viel Material und andere Vorleistungen verbrauchten. Zum zentralen Leistungsmaßstab erklärte man jetzt den Gewinn. Seine Höhe sollte wesentlich über die Prämien sowohl für die Belegschaft als auch für das Leitungspersonal entscheiden. Damit der Gewinn diese Rolle aber überhaupt spielen konnte, mußten die Grundlagen für eine unverzerrte Kostenrechnung geschaffen werden. Sowohl die Industriepreise als auch die Bewertung des Anlagevermögens war bis dahin mit verschiedenen Prinzipien erfolgt, so daß eine einheitliche Neubestimmung erforderlich war. Jedoch sollten die von der Bevölkerung zu zahlenden Einzelhandelspreise von dieser Umgestaltung der Industriepreise unberührt bleiben, was neue Probleme nach sich ziehen mußte. Die geforderte Stabilität der Einzelhandelspreise beanspruchte somit neue Subventionen, da im Zuge der Industriepreisreform vor allem die Preise für Grundstoffe und nachfolgend die aller Industriegüter steigen sollten. Die Betriebe neigten aber dazu, die Produktion solcher Waren einzustellen, die staatlich gestützt wurden. Wahrscheinlich fürchteten sie die damit verbundenen stärkeren Kontrollen der Kosten und die Auflagen zum Abbau der Stützungen. Daher vermutete die Parteispitze negative Wirkungen auf das Angebot von Industriewaren und beschloß zunächst, daß im Zusammenhang mit der Industriepreisreform weder Verbraucherpreise für die Bevölkerung erhöht noch die Produktion von Konsumgütern eingestellt werden dürften. Ob allerdings solche administrativen Festlegungen viel bewirken würden, bezweifelte selbst die zuständige Abteilung der Parteizentrale.

Plakat um1963.

Fragen der Konsumtion blieben zwar in dem instrumentell angelegten Reformprogramm etwas Sekundäres, aber letztlich sollten das modernere Wirtschaftssystem und die erzielten Produktivitätsfortschritte dem Lebensstandard zugute kommen. Jedoch berührte der Reformmechanismus selbst die konstituierenden Faktoren des individuellen Verbrauchs in zweierlei Weise unmittelbar. Zum einen sollten Löhne und Prämien in höherem Maße leistungs- und qualifikationsbezogen eingesetzt werden. Zum anderen erforderte deren Wirkung als Leistungsanreiz über den monetären Aspekt hinaus auch ein bedarfsgerechtes Warenangebot für die Bevölkerung. Dieser Wirkungszusammenhang wurde allerdings von den Reformern nur zurückhaltend thematisiert. Grundsätzlich strebte man nämlich nach einer Erhöhung des Anteils der Investitionen am verteilbaren Produkt. Wirtschaftliche Anreize und rationelle Methoden waren erforderlich, um das Gesamtprodukt so zu steigern, daß die Konsumtion absolut wachsen und gleichzeitig ihr Anteil beschränkt werden konnte. Dazu mußte die Produktivität schneller als die Einkommen steigen. Die andere Frage war, wie das Güterangebot für die Bevölkerung bedarfsgerechter gestaltet werden konnte. Die Möglichkeiten, dafür die Preise zu nutzen, blieben jedoch begrenzt, da mit der Industriepreisreform die Einzelhandelspreise grundsätzlich nicht steigen durften. Jedoch wollte man im Interesse eines besseren Angebots mit ihrer flexibleren Handhabung ein optimales Verhältnis zwischen Preis, Umsatz, Kosten und Gewinn gewährleisten. Ausgehend davon sollte auch die Planung sowohl der Produktion als auch des Handelsumsatzes der Konsumgüter beweglicher gestaltet werden, damit diese den Veränderungen der Kundenwünsche besser folgen könne. Darüber hinaus hatten der Handel und die Produzenten nun Verträge miteinander abzuschließen, wobei der Handel den Lieferanten frei wählen können sollte. Das bis dahin wirksame System der Zwangszuweisungen war abzuschaffen. Es war zum Teil dafür verantwortlich, daß sich beim Handel große Bestände nicht absetzbarer Waren ansammelten, da er die Lieferungen der Produzenten faktisch abnehmen mußte. Zwar sollte der Handel die Wünsche der Kunden an die Industrie vermitteln und außerdem die Bedarfsforschung aufgebaut werden, aber eigentlich strebte man danach, wie es in einem Grundsatzpapier aus der Parteizentrale hieß, „den Bedarf der Bevölkerung auf die volkswirtschaftlichen Möglichkeiten zu lenken. Durch *vielseitige Maßnahmen* sollte der Absatz solcher Waren angeregt werden, die aus ausreichend vorhandenen Rohstoffen hergestellt werden, stets vorhanden sind und deren Verbrauch mit der Entwicklung sozialistischer Lebensgewohnheiten übereinstimmt." Die geforderte Beschränkung des Konsumtionsanteils am verteilbaren Produkt zwang natürlich auch zu Überlegungen über den effizienten Einsatz der vorhandenen Mittel. Daher faßte die Parteispitze beispielsweise ins Auge, die Wohnungsmieten zielgerichteter zu subventionieren. Über- und Unterbelegung sollten in den Mieten berücksichtigt werden. Aber auch andere staatliche Sozialleistungen wollte sie von der Bevölkerung bezahlen lassen. Doch diese Vorschläge fanden zunächst keinen Eingang in die Reformkonzeption oder die Politik. Man fürchtete nach wie vor die möglichen politischen Konsequenzen, denn die Bevölkerung hatte durchaus registriert, daß vom Überholen Westdeutschlands im Pro-Kopf-Verbrauch öffentlich nicht mehr gesprochen wurde. Zwar versuchte die ostdeutsche Führung die Preisvorteile gegenüber Westdeutschland, vor allem bei den Grundnahrungsmitteln, den Mieten oder Energiepreisen, immer wieder propagandistisch auszunutzen. Jedoch hatte die SED-Führung – wie aus einer an die Sowjetspitze nach Moskau gesandten Stellungnahme ersichtlich – ein sehr realistisches Bild davon, wie die Position ihres Landes im Lebensstandardvergleich war und wie weit sie öffentlich gehen konnte, wenn sie ausführte: „Außerdem dürfen wir in unserer Propaganda nicht einseitig die für die DDR günstigen Faktoren auswerten und die höheren Preise für viele Konsumgüter einfach umgehen. Wir dürfen auch bei der Argumentation nicht mit den Prozentsätzen der Entwicklung prahlen, wenn das Niveau gegenwärtig bei zahlreichen Erzeugnissen noch für die Bevölkerung der DDR ungünstig ist. Die Menschen in der DDR haben im wesentlichen einen realen Vergleich des Lebensniveaus in beiden deutschen Staaten."

Plakat 1964.

Die Lebenslage verbesserte sich für die Bevölkerung langsam, blieb jedoch insgesamt zunächst angespannt. Die angestrebte Neuordnung des Lohngefüges in der Industrie, mit der Einkommen und Leistung stärker gekoppelt werden sollten, gelang bestenfalls in Ansätzen, da die Löhne dabei nicht sinken durften. Der damit absehbare Trend zu allgemeinen Lohnsteigerungen war einer der Gründe, der die durchgreifende Umgestaltung des Lohnsystems verhinderte. Obwohl teilweise neue Arbeitsnormen eingeführt wurden, konnten die Arbeiter ihre bisherigen Strategien fortführen und ihre Löhne steigern. Diese wuchsen auch wieder deutlich schneller als während des „Produktionsaufgebotes". Darüber hinaus nahmen 1964/65 die Prämien in der staatlichen Industrie und dem Bauwesen stark zu, was zum guten Teil aus der etappenweisen Einführung verschiedener Reformschritte resultierte. Das Nebeneinander alter und neuer Mechanismen erlaubte den Betrieben zunächst einen überhöhten Gewinnausweis, auf dem wiederum die Prämienzuweisung beruhte. Mit der Aussicht auf weitere Lohnsteigerungen und höhere Prämien – bei wachsenden Leistungsforderungen – konnten viele Beschäftigte dem Reformkonzept erst einmal zustimmen. Der Einkommenszuwachs der Arbeiter und Angestellten in der gesamten staatlichen Wirtschaft hatte sich denn auch in den ersten beiden Reformjahren gegenüber den Vorjahren mehr als verdoppelt. Noch schneller entwickelten sich aber die Einkommen von PGH-Mitgliedern, und geradezu rasant stiegen die der LPG-Mitglieder 1964/65 mit 15 bzw. 14% an. In diesen ersten beiden Reformjahren verschlechterte sich die relative Einkommensposition der Industriebeschäftigten. Deutliche Gewinner dieser Prozesse waren hingegen die in der Landwirtschaft und im Bauwesen Tätigen. Jedoch standen dahinter in allen Bereichen absolute Einkommenserhöhungen. Gleichzeitig stiegen aber – wenn auch zentral nicht genehmigt – die Einzelhandelspreise weiter an, da die Betriebe natürlich alle Lükken in den – nie vollständigen – Preisregelungen ausnutzten. Außerdem mußten sie bei dem sogar verstärkten Nachfrageüberhang an Preissenkungen nicht interessiert sein.

Plakat um 1962.

Zwar konnte der Handel 1964/65 merklich mehr industrielle Konsumgüter als in den Vorjahren anbieten, weil sich Investitionen früherer Jahre auszuwirken begannen. Trotzdem traten immer wieder, örtlich und temporär verschieden, Lücken im Angebot auf. Gerade bei einigen statusbestimmenden Konsumgütern, wie Autos, Kühlschränken, Waschmaschinen, blieb das Angebot deutlich hinter der Nachfrage zurück. Außerdem mußte man sich eingestehen, daß bei den hochwertigen Industriewaren der technische Stand und Bedienkomfort sowie die Aufmachung und Verpackung mit den westlichen nicht Schritt hielten. Aber auch die wirtschaftlichen Verbindungen und Informationen zwischen Kunden, Handel und Industrie kamen nicht im erhofften Maße zum Tragen. So wie die Industrie gegenüber dem Handel gebärdete sich dieser gegenüber den Kunden nach wie vor als Monopolist, was im großen und ganzen eben den Angebotsstrukturen entsprach. Der Handel scheute davor zurück, mögliche Sanktionen gegenüber der Industrie anzuwenden. Die Industrie ignorierte die Forderungen des Handels. Die Kunden hatten kaum eine Wahl und daher auch keine wirtschaftliche Macht. Ihre Möglichkeiten erschöpften sich in der „Eingabe“[5], die punktuelle Verbesserungen, aber keine Änderung der wirtschaftlichen Strukturen zu erbringen vermochte. Neben den „traditionellen“ Lösungswegen für diese den zentralen Wirtschaftsinstanzen durchaus bekannten Probleme, wie Bedarfsforschung und -planung, erwogen die Reformer, die Einzelhandelspreise zukünftig im Zusammenhang mit der Entwicklung des Warenangebots und der Einkommensentwicklung zu bestimmen. Damit hätten dann praktisch Angebot und Nachfrage die Preise bestimmt. Die Sachzwänge führten zu solchen, im damaligen theoretischen und politischen Umfeld geradezu ketzerischen Überlegungen. Praktische Konsequenzen hatten sie jedoch nicht. Trotz verschiedenster Vorschläge im Rahmen der Reformbemühungen blieb die wirtschaftliche Verbindung zwischen Industrie, Handel und Kunden auch während der gesamten sechziger Jahre weiter unzureichend. Daher konnte der Bedarf der Bevölkerung in vielen Positionen fürderhin weder qualitativ noch quantitativ befriedigt werden.

Im Verlauf der Jahre 1964/65 zeichnete sich in mehreren Schüben ab, daß die ursprünglich vorausgesetzten und zum Teil auch schon vereinbarten Lieferungen aus der Sowjetunion für den Zeitraum bis 1970 nicht in diesem Umfang zur Verfügung stehen würden. Dadurch mußten die erforderlichen Importe anderweitig und in der Regel zu ungünstigeren Bedingungen beschafft werden. Das engte den Spielraum für die eigentlich vorgesehenen Schritte zur

Erhöhung des Lebensstandards ebenso ein wie die Tatsache, daß sich die Einkommen bereits schneller als geplant entwickelt hatten. Daraufhin wurden Forderungen laut, die Einkommen der Bevölkerung wieder stärker zentral zu kontrollieren. Außerdem erhob man seit Mitte 1965 immer öfter den Vorwurf, daß die Einkommen der Arbeiter und Angestellten relativ zu anderen Schichten zurückgeblieben seien.

Erste Überlegungen vom Herbst 1965, wie dem Staat wieder mehr finanzieller Spielraum verschafft werden könnte, um vor allem die soziale Lage von Familien mit Kindern und Rentnern zu verbessern, sahen vor, die Selbständigen mit neuen bzw. höheren Steuern stärker zu belasten, was man 1966 zumindest für die Handwerksbetriebe mit ambivalenten Folgen realisierte. Die Masse der erwogenen Sparschritte im konsumtiven Bereich belasteten zwar die gesamte Bevölkerung, waren aber wirtschaftlich durchaus vernünftig. Vor allem die Subventionen bei Lebensmitteln und Konsumgütern, aber auch Mieten sollten bei gleichzeitiger Wahrung sozialer Grundstandards eingeschränkt werden. Im Frühjahr 1966 verabschiedete die Regierung eine halbherzige Regelung zur Festsetzung kostendeckender Mieten für Neubauwohnungen, die aber vor allem wegen ihrer Stichtagsregelung und der sozialpolitischen Widersprüchlichkeit der Bevölkerung unverständlich blieb und selbst bei den Verantwortlichen in der SED-Zentrale Unzufriedenheit hinterließ. Nicht zuletzt befürchtete die Bevölkerung sofort allgemeine Mieterhöhungen, weshalb man zunächst auch von weiteren derartigen Schritten absah. Außerdem hatte die DDR-Führung inzwischen auch bei dem Versuch, die Einzelhandelspreise ansatzweise neu zu gestalten, nicht gerade ermutigende Erfahrungen gemacht. Der Zwang dazu ergab sich aus der Industriepreisreform. Als die Ausarbeitung der Industriepreise für Konsumgüter begann, stellte sich die Frage, ob der bisherige Grundsatz, die Einzelhandelspreise unverändert zu lassen, tatsächlich aufrecht zu halten war. Die Betriebe fanden nämlich Wege, die bereits in Kraft getretenen höheren Preise für Grundstoffe, Materialien und Energie zumindest teilweise auf die Verbraucherpreise umzulegen. Darüber hinaus zeigte sich bei der Festsetzung der neuen Industriepreise für Konsumgüter deren wachsende Diskrepanz zu den Einzelhandelspreisen. Deshalb stieg die Zahl der Waren, für die staatliche Stützungen erforderlich waren. Bei der Diskussion dieser Fragen fühlte sich die Regierung vordergründig unter politischem Druck, da öffentlich immer wieder versprochen worden war, daß die Industriepreisreform keine Auswirkungen für die Bevölkerung haben werde. Aber sie mußte sich auch eingestehen, daß es ein Gebot wirtschaftlicher Vernunft war, eine solche Praxis nicht zu etablieren. Ulbricht selbst argumentierte damit, daß erstens die Herstellung subventionierter Waren erfahrungsgemäß von den Betrieben eingestellt werden würde, zweitens die damit verbundenen Signale wirtschaftlich rationale Beziehungen zwischen Produzenten und Handel erheblich erschweren würden und drittens die Vielzahl notwendiger administrativer Schritte sowie die Subventionen durch die Zentrale nicht zu kontrollieren waren. Aus Gründen der politischen Räson wollte er diese Probleme erst nach Abschluß der Industriepreisreform lösen.

Die Reformer in der zentralen Planbehörde forderten jedoch eine schnelle Antwort auf diese Fragen, da ansonsten eine wirtschaftlich konsistente Preisstruktur nicht zu erreichen war. Um die Auswirkungen für die Bevölkerung in Grenzen zu halten, schlugen sie vor, nicht jeden einzelnen Verbraucherpreis, sondern den Durchschnittspreis von Warengruppen beizubehalten. Außerdem sollten nach ihrer Vorstellung eine bestimmte Anzahl von Erzeugnisgruppen teurer und zum Ausgleich andere billiger werden. Gleichzeitig warf die Planbehörde erstmalig die nur langfristig zu lösende Frage der Diskrepanzen zwischen den Verbraucherpreisen für Nahrungsmittel und Industriewaren sowie Textilien und technischen Konsumgütern auf. Der Verbrauch wichti-

Entwicklung der durchschnittlichen monatlichen Bruttoeinkommen pro Kopf nach Schichten in Mark

	1959	1963	1965
Arbeiter u. Angestellte	*551*	*596*	*631*
LPG-Mitglieder	*303*	*435*	*572*
PGH-Mitglieder	*542*	*675*	*730*
Freischaffende	*2441*	*3045*	*3537*
Komplementäre u. Kommissionshändler	*760*	*1592*	*1775*
Altersrentner	*134*	*147*	*165*

Zusammengestellt aus Unterlagen der Staatlichen Plankommission und des SED-Parteiapparates.

Plakat 1960.

ger Nahrungsmittel pro Kopf der Bevölkerung lag inzwischen deutlich höher als der Vorkriegsstand und teilweise auch als im Westen Deutschlands, so daß sich Ulbricht angesichts des hohen Butterverbrauches bereits öffentlich über die Gesundheit der Bevölkerung Sorgen machte. Hier spiegelte sich ebenfalls der große Kaufkraftüberschuß wider, da Industriewaren entweder nicht zu bekommen oder zu teuer waren. Ein Fernseher kostete 1965 noch 2050 Mark, ein Kühlschrank 1350 Mark und eine Waschmaschine 1350 Mark. Das Bruttoeinkommen eines durchschnittlichen Arbeitnehmers belief sich gleichzeitig auf 633 Mark. Dabei hatte bei Fernsehgeräten die staatliche Abgabe einen Anteil von 42% an dem Preis, den der Handel an den Produzenten zu zahlen hatte. Dazu kam dann noch eine Handelsspanne von ca. 8%. Bei Kühlschränken belief sich der Gewinnanteil am Einzelhandelspreis auf 40%, der ganz überwiegend an den Staatshaushalt abgeführt wurde. Daher überlegte man in der Parteizentrale, ob es nicht günstiger wäre, die umfangreichen Subventionsmittel direkt für die Erhöhung der unteren Einkommen einzusetzen. Auch die Stützungen für Kinderbekleidung und -schuhe wurden in Frage gestellt, da nicht zu garantieren war, daß sie den eigentlich gedachten Empfängern wirklich zugute kamen. Statt dessen wollte man das Kindergeld erhöhen. Jedoch betonten die SED-Mitarbeiter gleichzeitig, daß Veränderungen „auf einem solchen neuralgischen Gebiet" nur langfristig und schrittweise erfolgen könnten. Um die Probleme der Preisstruktur zu lösen, benötigte man aber in erster Linie ein entsprechendes Warenangebot. Die Preisbehörde arbeitete im Sommer 1965 Vorschläge aus, nach denen vor allem für Erzeugnisse, die sowohl in der Industrie als auch von der Bevölkerung genutzt wurden, wie Nägel, Schrauben oder Werkzeug, die Industrie- und die Einzelhandelspreise angeglichen werden sollten. Dies war erforderlich, weil die Betriebe beispielsweise bei Zinn auf Grund des niedrigeren Preises ihren Bedarf im Einzelhandel deckten. Von den Erzeugnissen, die ausschließlich als Konsumgüter betrachtet wurden, sollten nur solche mit „Luxus- und Liebhabercharakter", wie Segelboote, Campinganhänger oder Meißner Porzellan, teurer werden. Ansonsten waren grundsätzlich die Güter, bei denen die Industriepreise infolge der Verteuerung der Produktionsvorleistungen höher als die Einzelhandelspreise lagen, weiter zu subventionieren. Diese Vorstellungen fanden unter der Bedingung Zustimmung, daß damit die Realeinkommen nicht gesenkt würden. Trotzdem überlegten führende Regierungsvertreter immer wieder, die Sub-ventionen im Rahmen eines Gesamtkonzepts zur Entwicklung des Lebensstandards völlig zu beseitigen. Für eine solche grundsätzliche Lösung fehlten aber genaue Berechnungen über die erforderlichen Mittel und den eintretenden Nutzen, so daß darüber nicht beraten werden konnte. Darüber hinaus kam es im Herbst 1965 in der DDR-Führung zu Auseinandersetzungen über das anzustrebende zukünftige Wirtschaftswachstum und seine Voraussetzungen sowie über die weiteren Reformschritte. Aus diesem Grund war es durchaus verständlich, daß der Regierungschef im November 1965 die weitere Diskussion über die Verbraucherpreise intern und öffentlich strikt unterband.

Aufruf an die Genossenschaftsbauern, mehr zu produzieren. Erfurt 1960.

„Verdeckte" Inflation

In der ersten Julihälfte 1966 erschien eher unauffällig auf der zweiten Seite des *Neuen Deutschland* die Regierungsmitteilung, daß ab dem 11. Juli 1966 die Preise für Dederonstrümpfe (westlicher Handelsname: Nylon) um durchschnittlich 35% gesenkt würden. Für Waren, die gleichzeitig von Industrie und Bevölkerung verwendet wurden, kündigte man Preissenkungen und -erhöhungen an. Bei den im Vorjahr als Konsumgüter mit „Luxus- und Liebhabercharakter" bezeichneten Waren beseitigte man die Subventionen. Unterm

Strich sollte all dies laut Ankündigung die Preise senken. Mit diesem Schritt wurden die im Vorjahr diskutierten Preisveränderungen zum großen Teil umgesetzt. Allerdings geschah dies überstürzt, weil man sie als Voraussetzung für den Abschluß der Industriepreisreform betrachtete. Offensichtlich überblickten die Verantwortlichen auch die wirtschaftlichen Konsequenzen nicht vollständig. Schon im Vorfeld kritisierte die Parteizentrale die mangelnde politische Sensibilität der Aktion. Die wirtschaftlich durchaus sinnvollen Veränderungen stießen angesichts der langjährigen Versprechen, die Preise stabil zu halten, in der Bevölkerung auf beträchtliches Unverständnis. Es kam zu heftigen Diskussionen und Unmutsäußerungen, und es wurden weitere Preiserhöhungen befürchtet. Die in dem Paket enthaltenen Preissenkungen wurden nicht in dem Maße gewürdigt, weil sie, wie bei den Damenstrümpfen, seit langem öffentlich gefordert und als überfällig angesehen wurden. Darüber hinaus brachte die Bevölkerung die Veränderungen in Zusammenhang mit der Industriepreisreform, was die Parteispitze gerade vermeiden wollte. Und nicht zuletzt verglich man – wenn auch recht undifferenziert – mit der Bundesrepublik. Hier wirkte sich offenbar auch aus, daß die Entwicklungen im Westen Deutschlands in der DDR nur noch vermittelt wahrgenommen werden konnten. Es ist nur vor dem westdeutschen Hintergrund – mit dem Auto als dem Symbol des wachsenden Wohlstands – zu verstehen, daß gerade um verteuerte Autoteile am heftigsten gestritten wurde. In der DDR verfügten zu dieser Zeit gerade 9,4% der Haushalte über ein Auto. Die SED-Führung und die Regierung wurden von dieser Reaktion in der Urlaubszeit offenbar völlig überrascht. Die Ursache sahen sie in erster Linie in der unzureichenden Information der Bevölkerung. Sie erkannten nicht, daß sie im Grunde Gefangene ihrer eigenen Politik waren.Ein bezeichnendes Licht auf die Fähigkeit der zentralen Wirtschaftsinstanzen, die Entwicklung wirklich zu kontrollieren, wirft die Tatsache, daß diese Preisveränderungen nicht als einmalige Aktion – so wie gedacht –, sondern selbst dann noch weiter als Korrektur einzelner Warenpreise lief, als diese in der Regierung bereits längst heftig kritisiert worden waren. Erst im September bemerkte man dies, weil drei ZK-Mitarbeiter einige Geschäfte besuchten. Ende September wurde dann ein genereller Preisstop ausgesprochen. Bis dahin hatte man etwa 26.000 Preise geändert.

Der gesamte Vorgang wirkte auf die Parteispitze anscheinend so traumatisierend und rief derartige Ängste wach, daß sie jede Änderung von Einzelhandelspreisen im Zusammenhang mit der letzten Etappe der Industriepreisreform zum 1. Januar 1967 strikt untersagte. Damit war auch der Kompromiß zwischen den wirtschaftlichen Erfordernissen und dem politischen Gebot der Beibehaltung der Verbraucherpreise wieder vom Tisch. Dabei hatte man seit einem Jahr daran gearbeitet, die Durchschnittspreise für Warengruppen konstant zu halten und die Preise der einzelnen Güter entsprechend den Kostenverhältnissen der Industriepreisreform zu differenzieren. Auf diesem Wege sollte verhindert werden, daß die Unterschiede zwischen den Industriepreisen und den Verbraucherpreisen für die einzelnen Konsumgüter zu groß werden. Mit einem immensen administrativen Aufwand kontrollierten die zentralen Instanzen, daß mit der letzten Stufe der Industriepreisreform weder Veränderungen der Verbraucherpreise noch Produktionseinschränkungen bei Konsumgütern vorgenommen wurden. Bereits 1966 hatte die Staatliche Plankommission intern darauf verwiesen, daß die offiziell ausgewiesenen Preisindizes für Konsumgüter, die die Bevölkerung – aber möglicherweise auch die Parteispitze – in dem Glauben an die Preisstabilität bestärken sollte, verfälscht seien, da in sie keine neuen Erzeugnisse aufgenommen würden. Diese „verdeckte" Inflation war natürlich auch der Bevölkerung nicht verborgen geblieben. Im letzten Drittel der sechziger Jahre machte sich in wachsendem

„'Was darfs denn sein?' – 'Moment, ich muß erst mal hören, was der RIAS mir rät einzulagern.'"

Eulenspiegel 49/1961, S. 2.

Maße bemerkbar, daß zwar entsprechend den Festlegungen der Parteispitze die Einzelpreise weitestgehend konstant blieben, aber die Durchschnittspreise einer ganzen Reihe von Warengruppen immer schneller stiegen. Von 1962 bis 1967 wuchsen die Durchschnittspreise von Industriewaren über den gesamten Zeitraum um 2,5%. Allein im Jahr 1968 erhöhten sie sich um 3,3%. Vor allem die Durchschnittspreise von Textilien waren dafür verantwortlich, die in den ersten fünf Jahren um 4,6% und 1968 allein um 10,6% anstiegen, was auf den vermehrten Einsatz synthetischer Fasern zurückgeführt wurde. Die Steigerung der Durchschnittspreise setzte sich bis 1970 fort und erfaßte fast alle Gruppen von Industriewaren und teilweise auch Nahrungsmittel. Bis Anfang 1970 verteuerten sich gegenüber 1967 beispielsweise Herrenmäntel im Mittel um 65% und Kühlschränke um 10%. Dagegen blieben bei einem großen Teil des Warenangebots die Durchschnittspreise konstant oder sanken sogar. Die Steigerungen folgten in erster Linie daraus, daß der Handel immer mehr höherwertigere Konsumgüter anbieten konnte, die auch mehr kosteten. Die Preise für neue Erzeugnisse wurden fast durchgängig höher festgelegt als die alter Güter, zuzüglich einer prinzipiell größeren staatlichen Abgabe. Da die Betriebe gleichzeitig kaum ein Interesse daran hatten, die billigeren Sortimente weiter herzustellen, verschwanden diese aus dem Warenangebot, und die Durchschnittspreise stiegen an. Jedoch standen dahinter auch teilweise Manipulationen der Betriebe. Neue Erzeugnisse wiesen nur scheinbare oder geringfügige Verbesserungen der Qualität auf, was die Diskussionen über die Preissteigerungen in der Bevölkerung noch zusätzlich anheizte. Selbst eine Arbeitsgruppe der Parteispitze stellte fest, daß „man trotz stabiler Einzelpreise nicht von einer Stabilität des Preisniveaus sprechen" konnte. Eigentlich hätte dies den Verantwortlichen für die Wirtschaft durchaus gefallen müssen, da auf diesem Wege der Kaufkraftüberhang eingedämmt wurde. Jedoch störte die SED-Spitze, daß die Bevölkerung dies als schleichende Preiserhöhung und somit als Wortbruch wahrnahm. Außerdem schränkten die hohen Preise den Verbrauch dieser Güter ein, da viele sie sich nicht leisten konnten. Daher erschien der Markt gesättigt, und die bestehende Konsumstruktur wurde konserviert. Folgerichtig war die bereits angeführte Arbeitsgruppe der Auffassung, daß das Verhältnis von Nachfrage und Angebot vor allem über letzteres zu beeinflussen sei. Darüber hinaus meinte sie, daß man die Verbraucherpreise flexibilisieren und vor allem für die niedrigen Einkom-mensgruppen einen Teuerungsausgleich schaffen müsse. Dazu kam aus der Sicht der SED-Führung noch der verteilungspolitische Aspekt, daß diejenigen Bevölkerungsteile, deren Einkommen schneller als die Durchschnittspreise wuchsen, an der Verbesserung des Lebensstandards am meisten partizipierten. Das waren aber in erster Linie die restlichen privaten Unternehmer, Inhaber halbstaatlicher Betriebe und selbständige Handwerker, was nicht den Zielen der Gesellschaftspolitik der SED entsprach und sie faktisch zu neuen Schritten gegen diese Gruppe herausfordern mußte.

Der konsumtive Verbrauch der Bevölkerung wuchs in der zweiten Hälfte des Jahrzehnts doppelt so schnell wie in den vorhergehenden fünf Jahren. Allerdings stieg der Verbrauch rascher als die Geldeinnahmen der Bevölkerung. Geplant war eine gleichgewichtige Zunahme. Ohnehin entwickelte sich die Konsumtion stärker als eigentlich vorgesehen. Als die SED-Spitze im letzten Drittel der sechziger Jahre jährliche Zuwachsraten von 10% und mehr ins Auge faßte, sah bereits die Planung steigende Diskrepanzen zwischen der Entwicklung der Investitionen und der Konsumtion vor, die selbst in der Plankommission teilweise für problematisch gehalten wurden. Trotzdem hatte sich das Angebot insgesamt verbessert und damit wurde ein Teil des Nachfrageüberhangs „abgeschöpft". So erhöhte sich die durchschnittliche Ausstattung der Haushalte mit bestimmten technischen Konsumgütern im Verlaufe des Jahr-

Entwicklung der durchschnittlichen monatlichen Nettoeinkommen pro Kopf nach Schichten in Mark

	1965	*1970*	*1971*
Arbeiter u. Angestellte	*491*	*595*	*619*
LPG-Mitglieder	*571*	*612*	*k.A.*
PGH-Mitglieder	*628*	*752*	*730*
Privathandwerker	*942*	*1175*	*1165*
Komplementäre	*1794*	*2205*	*2192*
Kommissionshändler	*973*	*1191*	*1147*
Privatindustrielle	*1940*	*2312*	*2269*

Zusammengestellt aus Unterlagen der Staatlichen Plankommission und der Zentralverwaltung für Statistik.

zehnts deutlich, obwohl diese in Relation zu den durchschnittlichen Einkommen teuer waren. Aber bestimmte Güter wurden nach wie vor nicht im ausreichenden Umfang und in manchen Gebieten auch gar nicht angeboten, was vor allem 1970 für die Bevölkerung wieder deutlich zu spüren war. Selbst in der Staatlichen Plankommission mußte man sich eingestehen, daß die in erster Linie strukturellen Diskrepanzen zwischen Nachfrage und Angebot während des Jahrfünfts nicht vermindert werden konnten. Ein beträchtlicher Teil des Verbrauchszuwachses beruhte lediglich auf den gestiegenen Preisen. Im Jahr 1970 betraf dies nahezu die Hälfte. Zum anderen war er darauf zurückzuführen, daß ab 1968 der Umsatz von industriellen Konsumgütern schneller stieg als der von Lebens- und Genußmitteln. Damit meinte man, endlich Anschluß an einen in den entwickelten Industrieländern bereits länger zu beobachtenden Trend in der Verbrauchsentwicklung gefunden zu haben.

Bestand ausgewählter industrieller Konsumgüter je 100 Haushalte

	1960	1965	1970
PKW	3,2	8,2	15,6
Fernsehgeräte	16,7	48,5	69,1
Kühlschränke	6,1	25,9	56,4
Waschmaschinen	6,2	27,7	53,6

Statistisches Jahrbuch der DDR 1976, S. 312.

In der Reformzeit standen alle Vorstellungen zur Konsumtionsentwicklung unter dem Vorbehalt, daß die Investitionen Vorrang hätten. Als aber 1969/70 die Produktion besonders schnell gesteigert werden sollte, suchte die Parteispitze nach neuen Wegen, um Mittel gerade im Bereich der Konsumtion zu sparen. Eine erste Konzeption sah u.a. vor, die verbliebenen Privatunternehmer, selbständige Handwerker und Freiberufler stärker zu besteuern. Die Hauptrichtung dieses Maßnahmepakets zielte aber auf eine durchgreifende Verringerung der Subventionen bei Mieten, Dienstleistungen und Einzelhandelspreisen sowie stärkere Preiserhöhungen bei qualitativ besseren und neuen Waren für die Bevölkerung. Diese Prinzipien für die Bestimmung der Konsumgüterpreise wollte man „einsickern" lassen, ohne sie groß anzukündigen. Das Maßnahmebündel sah jedoch auch sozial orientierte Differenzierungen mit einer deutlichen Bevorzugung der Industriearbeiter vor. Anfang April 1970 billigte das Politbüro das ausgearbeitete Programm und schlug noch einige Änderungen vor. Regierungschef Willi Stoph bestand darauf, die Subventionen schrittweise zu beseitigen. Erich Honecker hingegen wollte Zinsen, Energiepreise und Mieten von den Erhöhungen ausnehmen. Ulbricht wies darauf hin, daß der große Teil der Partei auf solche Fragen nicht eingestellt sei. Ideologisch habe man die Identifikation des Sozialismus mit einem niedrigen Niveau und der Stabilität der Preise vertreten. Er meinte zwar, diese „Propaganda (ist) primitiv". Aber damit gab er zu, daß auch er letztlich Gefangener der eigenen Ideologie und Propaganda blieb. In den folgenden Monaten präzisierten die zuständigen Wirtschaftsinstanzen diese Vorstellungen. Sie berechneten die volkswirtschaftlichen Auswirkungen genauer. Anfang Juni beriet die Regierung die Ergebnisse. Neben erhöhten Steuern u.ä. für die verbliebenen Selbständigen sollten bei gleichzeitiger Erhöhung des Kindergeldes die Subventionen für Kinderbekleidung und -schuhe wegfallen. Darüber hinaus waren auch bei ausgewählten, vor allem qualitativ hochwertigeren Waren aus dem gesamten Angebot die Subventionen zu beseitigen. Außerdem sollten die teureren Sortimente in größerem Umfang angeboten werden. Dafür plante man, die niedrigeren Einkommen anzuheben. Grundsätzlich war vorgesehen, die Preisbildung für Konsumgüter flexibler zu handhaben. So wurde überlegt, bereits bei der Planausarbeitung festzustellen, bei welchem Verbraucherpreis das materiell vorhandene Angebot mit der Nachfrage in Übereinstimmung zu bringen war. Diese Idee bot zwar einen interessanten Ansatz, den Bereich der Konsumtion eher wirtschaftlich zu steuern. Aber zunächst warf sie mehr neue Fragen auf und war nicht im Handumdrehen zu realisieren.

Diese Schritte wurden zwar zunächst in die Wege geleitet, um Finanzmittel für das ambitionierte Investitionsprogramm zur Modernisierung der Industriestruktur frei zu machen. Als sich die SED-Spitze im Sommer 1970 aber eingestehen mußte, daß man sich übernommen hatte, sollten diese Mittel zur Eindäm-

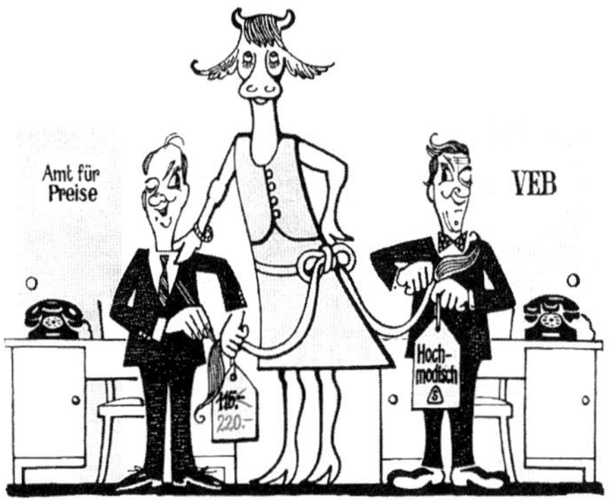

„Kuhhandel", Eulenspiegel 15/1968, S. 8.

mung der akuten wirtschaftlichen Schwierigkeiten genutzt werden. Diese zeigten sich für die Bevölkerung in zunehmenden Lücken im Warenangebot, die weniger die repräsentativen Industriegüter, wie Fernseher, Waschmaschinen u.ä., sondern mehr die kleinen, aber nicht minder wichtigen Dinge, wie Zahnbürsten und Toilettenpapier, betrafen. Daher beschloß das Politbüro im September 1970 eine Erhöhung der Mindestlöhne, verschiedene Schritte zur Einkommenseinschränkung bei Inhabern von nichtstaatlichen Unternehmen und Selbständigen, die Erweiterung des Angebots hochwertiger und damit teurerer Konsumgüter sowie die Beseitigung von Subventionen bei ausgewählten Industriewaren. Aber auch dies reichte noch nicht aus, um das Angebot und die Nachfrage in Übereinstimmung zu bringen. Daher erwog die SED-Spitze im November 1970 erstmals ernsthaft, die Preise von Grundnahrungsmitteln wie Fleisch, Wurst und Butter sowie den von der Bevölkerung zu zahlenden Tarif für Elektroenergie anzuheben, da bei diesen Gütern der Bedarf in erheblichem Umfang nicht gedeckt werden konnte. Gleichzeitig waren finanzielle Ausgleiche für einkommensschwache Gruppen vorgesehen. Bei Industrieerzeugnissen mit ausreichendem Angebot (z.B. Kühlschränken und Waschmaschinen) sollten gezielt die Preise gesenkt werden, um sie für breitere Käuferschichten attraktiv zu machen und auf diese Weise die Diskrepanz von Nachfrage und Warenbereitstellung zu entspannen. Mieten sowie Tarife für Dienstleistungen und Verkehr klammerte man noch aus, da ihre Erhöhung „sozial und volkswirtschaftlich nicht (zu) beherrschen" war. Ende November entschied das Politbüro dann aber, die Preise für Grundnahrungsmittel nicht zu erhöhen. Damit blieb dieses Tabu unangetastet. Dafür sollten nun zusätzlich zu den im September bereits beschlossenen Schritten die Beitragsgrenze der Sozialversicherung angehoben, Spirituosen um durchschnittlich 20% teurer und das Angebot von Nahrungsmitteln in den höheren Preisklassen ausgeweitet werden. Darüber hinaus wurden zum Ausgleich noch einige Einkommens- und Leistungsverbesserungen sowie Preissenkungen bei Textilien beschlossen. Der gesamte Komplex sollte gestaffelt im I. Quartal 1971 in Kraft gesetzt werden. Dabei war man sich durchaus bewußt, daß solche grundsätzlichen Probleme wie die Diskrepanzen zwischen den Verbraucherpreisen für Industriewaren und Nahrungsmittel damit nicht beseitigt wurden. Wiederum hatte die SED-Spitze aus Angst vor den Konsequenzen ihrer eigenen langjährigen Politik wirtschaftliche Erfordernisse hintangestellt.

Dieses Maßnahmepaket wurde auf der 14.Tagung des SED-Zentralkomitees im Dezember 1970 erstmals einem größeren Kreis, aber noch nicht der Öffentlichkeit vorgestellt. Dort sprach sich der der SED-Chef von Dresden gegen die Erhöhung der Beitragsgrenze für die Sozialversicherung zum 1. Januar 1971 aus, da niemand auf einen solchen Schritt vorbereitet wurde und noch dazu seine Bekanntmachung kurz vor Weihnachten denkbar ungünstig sei. Daraufhin zog das Politbüro diese Erhöhung ohne Umstände zurück. Von dem Referat des Regierungschefs auf der ZK-Tagung wurde nicht nur die Passage über die vorgesehene Anhebung der niedrigen Einkommen, sondern auch jene veröffentlicht, wo er mitteilte, daß die Preise von Butter, Fleisch und anderen Grundnahrungsmitteln nicht erhöht werden würden. Daraus zog die Bevölkerung den Schluß, daß nur Butter, Fleisch und andere Grundnahrungsmittel nicht teurer werden würden, was wiederum Anlaß zu vielfältigsten Gerüchten, Diskussionen und Unmutsäußerungen bot. Dies, die fehlenden Zulieferungen in der Produktion und auch damit zusammenhängende Lohnkonflikte führten im Herbst 1970 bis in das Frühjahr 1971 hinein zu einer deutlich steigenden Zahl von Arbeitsniederlegungen in den Betrieben. Zu dieser unerwarteten Mißstimmung im eigenen Land kamen ab Mitte Dezember 1970 noch die in Polen als Folge von Preiserhöhungen entstandenen Demonstrationen, Streiks und Unruhen. Dort lag wohl auch primär die Ursache dafür, daß Parteispitze und Regierung im Januar 1971 eine Reihe von ursprünglich ins Auge gefaßten Preiserhöhungen aufgaben. Der Verzicht fiel ihnen relativ leicht, da „es sich um eine Vielzahl von Einzelerzeugnissen mit politischer Breitenwirkung ohne nennenswerte ökonomische Auswirkungen" handelte. Den größten Effekt sollten die nach wie vor zu realisierenden Preissteigerungen bei Spirituosen bringen. Saldiert mit den beschlossenen Preissenkungen erbrachten sie jährlich zusätzlich 79 Mill. Mark. Wenn jedoch alle kaufkrafterhöhenden und -mindernden Schritte einander gegenüber gestellt wurden, ergab sich unter dem Strich eine Steigerung der Kaufkraft um 1,3 Mrd. Mark. Das zunächst angestrebte Ergebnis hatte sich in sein Gegenteil verkehrt. Überwiegend wurden die Nachfrage gestärkt und die Subventionen weiter ausgedehnt. Nach dieser Entwicklung verwunderte es auch nicht, daß die Bevölkerung die Maßnahmen schließlich im großen und ganzen begrüßte. Preissenkungen in diesem Ausmaß hatte sie nicht erwartet, sondern eher mit noch größeren Anhebungen der Preise bei Spirituosen und Industriewaren gerechnet.

Wechsel auf die Zukunft

Neben den polnischen Unruhen dürfte die Kehrtwende zu einer mehr konsumorientierten Wirtschaftspolitik auch von den Machtkämpfen in der SED-Spitze verursacht worden sein. Honecker – als der intern designierte neue Parteichef – setzte hier bereits Akzente einer Politik, wie sie für seine Ära kennzeichnend werden sollte. Dabei suchte er, der nur mit Unterstützung der Sowjetspitze Ulbricht so schnell von der Macht verdrängen konnte, auch inhaltlich im Gegensatz zu seinem Vorgänger wieder stärker den Schulterschluß mit der östlichen Hegemonialmacht. In Anlehnung an sowjetische Konzepte wurde im Februar 1971 im Politbüro erstmals die neue Hauptaufgabe formuliert. Diese sollte in einer weiteren Verbesserung des Lebensstandards der Bevölkerung auf der Basis eines hohen Wirtschaftswachstums bestehen. Anders als Ulbricht, der zunächst mit einer gewaltigen Anstrengung die Effektivität und nachfolgend den Lebensstandard erhöhen wollte, nahm Honecker einen Wechsel auf die Zukunft. Die Erhöhung des Lebensstandards und umfangreiche sozialpolitische Maßnahmen sollten faktisch einen Anreiz für erhöhte und verbesserte wirtschaftliche Leistung bieten. Dabei wollte man die Bevölkerung mit Hilfe der propagandistisch noch aufgewerteten Verbesserungen ihrer sozialen Lage auch stärker am System interessieren und zugleich ruhig stellen. Ganz im Sinne dieser Politik verlangte Honecker im März 1971 in einer Politbüroberatung, keine Erhöhungen der Einzelhandelspreise mehr zuzulassen. Damit sollte seiner Auffassung nach Vertrauen geschaffen werden, wie er formulierte: „Man kann nie gegen die Arbeiter regieren!" Die logische Konsequenz war, daß die SED-Führung Anfang August 1971 auch formal beschloß, die Verbraucherpreise stabil zu halten.

„Kleider machen heute"
Eulenspiegel 15/1968, S. 9.

In der Honecker-Ära verbesserte sich zwar zunächst nach und nach das Angebot an Konsumgütern, und mit umfangreichen sozialpolitischen Maßnahmen erhöhten sich direkt und indirekt auch die Einkommen. Auf dieser Basis konnten die Konsumenten ihre Bedürfnisse – zumindest quantitativ – besser befriedigen. Das gesellschaftliche Klima wurde günstiger für den Konsum. Jedoch ging das Kalkül der Parteiführung nicht auf. Die erhoffte langfristige Steigerung der wirtschaftlichen Resultate trat nicht ein, da die Leistungsanreize im Wirtschaftssystem begrenzt blieben und vor allem nicht konkret mit den Verbesserungen der Konsummöglichkeiten verbunden waren. Im Gegenteil: Die nicht mit eigener Leistung verbundene Zunahme sozialer Sicherheit wirkte langfristig negativ auf die Leistungsmotivation. Daher war gerade für die siebziger Jahre charakteristisch, daß in wachsendem Maße mehr verbraucht als produziert wurde. Es stieg die Außenverschuldung. Besseres Konsumangebot und Sozialpolitik wurden in hohem Maße durch Auslandskredite finanziert. In diesem Konsum „auf Pump" lag eine der Ursachen für den späteren Systemzusammenbruch.

Zusammenfassend bleibt festzuhalten, daß der Lebensstandard in der DDR während der sechziger Jahre stieg. Dies zeigt sich besonders deutlich in der schnell wachsenden Ausstattung der Haushalte mit technischen Konsumgütern. Hier und in dem mit der Wirtschaftsreform demonstrierten Veränderungswillen, der tatsächlich aber begrenzt blieb, sind wohl auch die Ursachen dafür zu suchen, daß die sechziger Jahre in der DDR im nachhinein ein eher positives Bild annahmen. Allerdings läßt sich die hier besonders interessierende Entwicklung des Reallohns auf Grund der unzuverlässigen Preisindizes nicht genau bestimmen. Nach westlichen Berechnungen blieben die kaufkraftbereinigten Einkommen hinter denen in der Bundesrepublik im Verlauf der sechziger Jahre weiter zurück.[7] In der Industrie, dem Bauwesen und teilweise im Handel, wo die Wirtschaftsreform wirksam wurde, gelang es zwar etwas besser als in den Jahren davor, die Einkommen an die Leistungsentwicklung zu koppeln. Aber die diesbezüglich hochgesteckten Erwartungen, die mit dieser Umgestaltung verbunden wurden, verfehlte man bei weitem. Die Reform begünstigte jedoch Erwägungen, die Struktur der Einzelhandelspreise entsprechend wirtschaftlicher Vernunft zu gestalten. Allerdings blieben auch diese Vorstellungen immer in dem vom System gesteckten Rahmen. Vorherrschend blieb allemal das Bestreben, die Einzelhandelspreise möglichst konstant zu halten. Preisänderungen wurden erst dann auch praktisch in Betracht gezogen, wenn es wirtschaftliche Zwänge oder Notsituationen dringend geboten erscheinen ließen.

Das konkrete Vorgehen bestimmte in diesem Moment aber politisches Kalkül. Von Preiserhöhungen sollten möglichst Gruppen betroffen sein, die sich nicht in dem Maße wehren konnten, wie dies die Arbeiter bereits gezeigt hatten und in kleinen, lokal begrenzten Arbeitsniederlegungen immer wieder demonstrierten. Daher waren es meist Waren mit „Luxus- und Liebhabercharakter", die teurer werden sollten. Nicht ungeschickt wurde von der SED auf diese Weise auch der Neid mobilisiert. War die ostdeutsche Bevölkerung ohnehin auf den westdeutschen Lebensstandard „neidisch", so betrachtete sie es nur als gerecht, daß diejenigen, denen es im eigenen Land besser ging, dafür mehr bezahlen sollten. In der gleichen Weise ließ sich die Einkommensentwicklung der verbliebenen Selbständigen instrumentalisieren. Der von der SED in der Ideologie immer wieder vertretene Egalitarismus, der der ebenso geforderten verstärkten Kopplung von Leistung und Einkommen widersprach, hatte inzwischen seine Spuren hinterlassen. Allerdings wurden damit auch die Bemühungen der Reformer um verstärkte Leistungsanreize konterkariert. Vergünstigungen, wie Preissenkungen, sollten dagegen vor allem breiteren Bevölkerungsgruppen zugute kommen. Vor einer weitgehenden Beseitigung der Subventionswirtschaft und der Umschichtung der frei werdenden Mittel zugunsten einkommensschwacher Bevölkerungsteile scheute man angesichts der nicht vollständig abzuschätzenden Risiken zurück. So blieb es dabei, daß die Struktur der Einzelhandelspreise auf der einen Seite Verschwendung und auf der anderen Seite Frustrationen erzeugte. Damit wirkten auch die Einkommen weiter nur begrenzt als Leistungsanreiz, und auf dieser Basis konnte sich das Angebot auch nur langsam verbessern.

[1] Zur Struktur und Charakterisierung des Systems siehe: János Kornai, The Socialist System. The Political Economy of Communism, Oxford 1992. Zur Rolle der Konsumtion vgl. auch: Ferenc Fehér, Ágnes Heller, György Márkus, Dictatorship over Needs, Oxford u.a. 1983.

[2] Der Beitrag beruht zum großen Teil auf Untersuchungen in den staatlichen und dem SED-Archiv, deren Resultate bisher noch nicht veröffentlicht sind. Auf die Dokumentation der Vielzahl einzelner Archivquellen wird hier verzichtet.

[3] Vgl. Peter Hübner, Konsens, Konflikt und Kompromiß. Soziale Arbeiterinteressen und Sozialpolitik in der SBZ/DDR 1945-1970, Berlin 1995.

[4] Vgl. Gert Leptin/Manfred Melzer, Economic Reform in East German Industry, Oxford u.a. 1978; Jörg Roesler, Zwischen Plan und Markt: Die Wirtschaftsreform 1963-1970 in der DDR, Berlin 1990. Der Autor selbst wird in Kürze eine ausführliche Untersuchung zu dieser Reform vorlegen, die auf den relevanten Akten der DDR-Archive beruht.

[5] Siehe dazu den Aufsatz von Felix Mühlberg in diesem Band.

[6] Vgl. zur Problematisierung Heinz Vortmann, Geldeinkommen in der DDR von 1955 bis zum Beginn der achtziger Jahre. Funktionelle und personelle Verteilung, Einkommensbildung und Einkommenspolitik, Berlin (West) 1985, S. 122-129.

[7] Vgl. die Angaben bei Oskar Schwarzer, Der Lebensstandard in der SBZ/DDR 1945-1989. In: Jahrbuch für Wirtschaftsgeschichte 1995, Teil 2, S. 134.

Gerlinde Irmscher

„Arbeitsfrei mit Küßchen drauf"

Zeit und Leben in den Sechzigern[1]

Tägliche und wöchentliche Arbeitszeit, Lebensarbeitszeit und in ihrem Gefolge Urlaub und Freizeit, überhaupt die Zeitverhältnisse, waren bis zum Ende der DDR Gegenstand eines hartnäckigen Aushandlungsprozesses zwischen den politisch Herrschenden auf der einen Seite und dem werktätigen Volk auf der anderen. Noch 1989/90 errang letzteres einen Sieg und setzte durch, was ihm seiner Meinung nach zustand: Mit dem Druck der Straße wurde die schon seit den sechziger Jahren geforderte fünftägige Unterrichtswoche in Schulen eingeführt. Die Gründe, die stets gegen eine Reduzierung der Arbeitszeit ins Feld geführt wurden und zu einer Politik der kleinen Schritte führten, haben sich im Laufe der Zeit wenig geändert. Sie lassen sich nicht einfach als stures Machtgebaren abtun, jedenfalls nicht aus der Perspektive volkswirtschaftlicher Existenzsicherung. Tatsächlich wurde gegen drastische Verkürzungen der Arbeitszeit immer mit dem Hinweis argumentiert, daß dann – bei gegebenem Produktivitätsniveau – weniger produziert werden könne und eine Senkung der Arbeitszeit nur im Gefolge von Produktivitätssteigerungen vertretbar sei. Diese seien auf verschiedene Weise erreichbar, durch Einsparung lebendiger Arbeit mittels Mechanisierung und Rationalisierung, durch längere Maschinenlaufzeiten, die produktive Nutzung der Arbeitszeit, Verhinderung von Stillstandszeiten, Senkung der Fehlzeiten, Abbau unproduktiver Arbeit der „Wasserköpfe" usw. Jeder weiß um den Produktivitätsrückstand der DDR. Aufgrund reparaturbedürftiger und unmoderner Maschinen, Problemen beim Materialnachschub war die Lage auf der Seite der Produktionsmittel mehr oder weniger immer prekär. Da nicht gesichert war, daß während der Arbeitszeit auch tatsächlich produziert werden konnte, mußte diese gleichsam künstlich verlängert werden, um den notwendigen Warenausstoß zu erreichen, der nicht zuletzt den konsumtiven Bedürfnissen der Bevölkerung diente. Arbeitskraft und Arbeitszeit wurden also immer im Überfluß bereitgehalten, um eintretende Engpässe im Produktionsablauf auszugleichen. Dem dienten auch die nicht unbeliebten Überstunden, die zwar das Geldbudget aufbesserten, das Zeitbudget jedoch belasteten. Damit gab es aber keinen Anreiz zur Rationalisierung, d.h. zur Einsparung lebendiger Arbeit.

Zuviel Hausarbeit?
NBI 8/1971, S. 7.

Vom Kapitalismus ist bekannt, daß eine Verknappung lebendiger Arbeit (etwa als Folge ihrer Verteuerung) Rationalisierungseffekte auslöst. Ähnliches läßt sich, zumindest proklamativ, auch für die DDR nachweisen. Es gab wichtige, aus dem gesellschaftlichen Entwicklungsprogramm resultierende Impulse ökonomischer, sozialer, kultureller und politischer Natur zur Verkürzung der Arbeitszeit. Die sozialen Impulse für die Arbeitszeitpolitik in der DDR erwuchsen aus der vom Staat übernommenen Fürsorgefunktion für die arbeitenden Menschen. Hier war die Gewerkschaft eine entscheidende politische Institution. Sie war zusammen mit dem Ministerrat jeweils für die Umsetzung sozialpolitischer Maßnahmen zuständig, die stets zuerst von der SED verkündet wurden. In bezug auf das Arbeitszeitregime überwog die Sorge um

Zeit für Erholung der Arbeitskraft, aber auch für Zeit zur „geistig-kulturellen" Entwicklung – ganz in den Traditionen der deutschen Gewerkschaftsbewegung. Neben der Verkürzung der täglichen und wöchentlichen Arbeitszeit war vor allem der Urlaub gewerkschaftliche Handlungsmasse. In der DDR wurde der FDGB ein großes Ferienunternehmen und wurde von den Arbeitenden vor allem in dieser reduzierten Form wahrgenommen. In den sechziger Jahren erwarteten die Mitglieder aber noch mehr von ihr: Sie sollte Arbeitszeitverkürzungen auf eigene Initiative durchsetzen und nicht nur passiver Erfüllungsgehilfe sein.

Das Parteiprogramm der KPdSU von 1961 war, durchaus dem Zeitgeist entsprechend, besonders visionär: „In den bevorstehenden 10 Jahren vollzieht sich der Übergang zum Sechsstundentag bei einem freien Tag in der Woche oder zur 35-Stunden-Woche bei zwei freien Tagen ... Im zweiten Jahrzehnt beginnt auf Grund der entsprechenden Steigerung der Arbeitsproduktivität der Übergang zu einer noch kürzeren Arbeitswoche." Freie Zeit galt als „Maß des Reichtums".

„Kollege Richter hilft Zeit sparen. Jeden Morgen, bevor die Mieter des Hochhauses zur Arbeit gehen, versorgt er sie mit Milch und Brötchen. Kundendienst der neuen Kaufhalle..."

NBI 10/1966, S. 14.

Wenn auch in der DDR aus guten Gründen vorsichtiger argumentiert wurde: Freie Zeit zur Persönlichkeitsentwicklung war ein Wert an sich. Diese Programmatik konvergierte als Fortsetzung traditioneller Arbeiterpolitik mit den Bedürfnissen des werktätigen Volkes, aber nur im Prinzip. Die ökonomischen Gegebenheiten, aber auch ideologische Vorbehalte gegenüber selbstgestalteten zeitlichen Freiräumen bewirkten, daß die Wünsche der Menschen stets dem vorauseilten, was ihnen gewährt wurde. Darauf gründete sich der erwähnte Aushandlungsprozeß, dessen beiderseitige Prämissen hier darzulegen sind. In einem Ausstellungskatalog über Konsumkultur ist es angemessen, den Schwerpunkt auf die Seite der Konsumenten zu legen und aus ihrer Perspektive zu argumentieren. Ihr Zeitbudget bestimmte neben dem Einkommen und dem Warenangebot die Konsummöglichkeiten. Konsumenten waren zwar alle, aber der Distributionsprozeß war weiblich dominiert: Frauen verkauften und kauften. Doch waren sie – volkswirtschaftlich erwünscht – auch zunehmend Produzentinnen. Das Ringen um Zeit war ein Ringen der Frauen um Zeit für alles, was zu tun war, einschließlich zaghafter Versuche, Zeit für sich selbst einzufordern. Dazu wurden sie gesellschaftlich ermuntert, obwohl ihnen eben andererseits Zeit für Berufstätigkeit, gesellschaftliche Arbeitszeit, abverlangt wurde.

Arbeitszeit, Reproduktionszeit, Freizeit

Wie waren die Zeitverhältnisse um die Mitte der sechziger Jahre beschaffen? Für einen großen Teil der Werktätigen war die Arbeitswoche 48 Stunden lang. Ende der fünfziger Jahre war die Arbeitszeit jedoch für ArbeiterInnen mit körperlich schwerer Arbeit schon auf 45 Stunden verkürzt worden. Das heißt, als 1966 mit der Einführung der 5-Tage-Arbeitswoche auch die 45-Stunden-Woche so vollmundig verkündet wurde, war sie für viele schon Realität. Auch einen arbeitsfreien Sonnabend hatten sich Arbeiter/innen schon lange vor seiner offiziellen Einführung im Jahre 1966 organisiert. Außerdem gab es auch eine Grauzone betrieblicher Regelungen, die den Bedürfnissen und Forderungen der Arbeitskräfte angepaßt waren, die man ja schließlich halten wollte. So wurde in einem Protokoll über die Sitzung der Wirtschaftskommission unter Leitung von Erich Apel auf die schlechte Arbeitsdisziplin im Bauwesen hingewiesen, teilweise werde nur 4 oder 4 ½ Tage in der Woche gearbeitet.[2]

Dennoch waren die sechziger Jahre ein Jahrzehnt der absoluten Ausdehnung, Vergrößerung der gesellschaftlichen Arbeitszeit. Mit der vorherrschenden extensiv erweiterten Reproduktion war ein nie gestillter Bedarf nach zusätzlichen Arbeitskräften gegeben. Verschärft wurde die Lage durch die demografische Situation: Vor allem die männliche Bevölkerung im arbeitsfähigen Alter war infolge der Kriegsverluste und der Abwanderung in den Westen zurückgegangen. Der Geburtenknick nach dem Kriege ließ für die nahe Zukunft keine Besserung erwarten. Zum Ausgleich wurden Frauen als Arbeitskräfte umworben; jene, die wegen der Kinder nicht mehr arbeiteten oder traditionell Hausfrauen waren. Für das neue Eisenhüttenkombinat Ost etwa wurde bis 1972 ein zusätzlicher Bedarf an 3500 Arbeitskräften prognostiziert, davon sollten allein 1000 unter den Hausfrauen rekrutiert werden. Sie waren aber nicht ohne zeitliche Zugeständnisse zu gewinnen. Deshalb unterhielten die Betriebe Handels- und Dienstleistungseinrichtungen von der Wäscherei über den Lebensmittelhandel und den Betriebskindergarten bis zum Arzt, zur Friseuse und Kosmetikerin. Zudem fand die Qualifizierung der Frauen oft in der Arbeitszeit statt.

Frauen unterliefen durch ihre Forderungen und ihr Verhalten das starre, an männlicher, von Reproduktionsarbeit freier Arbeitskraft orientierte Arbeitszeitregime. Insbesondere unqualifizierte Frauen, die zudem schlecht bezahlt waren, stellten ihre Pflichten aus dem häuslichen Bereich, die ihnen schließlich niemand abnahm, an die erste Stelle. Danach richteten sie sich ihre berufliche Arbeit im weitesten Sinn ein. Zunächst aber wurde das Familienzeitbudget durch die Berufstätigkeit der Frauen erheblich belastet. Nach wie vor waren die häuslichen Reproduktionsarbeiten sehr zeitintensiv. Erste Vorstellungen vom Umfang dieser Belastungen bildeten sich um die Mitte der sechziger Jahre heraus. Angeregt wurde das politische und wissenschaftliche Interesse daran durch ökonomische wie soziale und kulturelle Motive, die wiederum nicht nur aus tagespolitischen Notwendigkeiten resultierten, sondern auch aus längerfristigen Vorstellungen über Lebensweise und Lebensmöglichkeiten in einer sozialistischen Gesellschaft. Vor allem die Bedarfsforschung, die schließlich Vorgaben für eine bessere Befriedigung der Bedürfnisse erarbeiten sollte, widmete sich dem Zusammenhang von Hausarbeitszeit, Freizeit und Konsum. Frauen wurden als Hauptakteurinnen der Hausarbeit und als Benachteiligte im Freizeitbereich zum Mittelpunkt entsprechender empirischer Untersuchungen, die der Erleichterung und Verringerung der Hausarbeit ebenso dienen sollten wie verbesserte Freizeitmöglichkeiten.

Freizeitspiele, ausgestellt auf der technischen Messe in Leipzig, 1969.

FDGB-Urlaubsbungalows in Klink an der Müritz, 1968.

Der Zusammenhang von Freizeit und Konsum war evident. Freizeit werde zu etwa 75% „mit Hilfe von Waren und Dienstleistungen gestaltet", vor allem in den Bereichen Qualifizierung, Erholung im Freien und Kultur und Unterhaltung. Gebrauchswerte aus den Sphären der individuellen und gesellschaftlichen Konsumtion beeinflußten Inhalte und Umfang der Freizeit.[3] Wie die konsumtiven Möglichkeiten in der Freizeit verbessert werden könnten, was für die freien Stunden gebraucht würde, war besonders nach der Einführung des arbeitsfreien Wochenendes ein wichtiges Thema in der Presse. Von „praktischen Neuheiten für Wochenende und Urlaub" berichtete das *Neue Deutschland*: „Baudenbettwäsche" für den Bungalow, den Wohnwagen oder das Zelt, „zerlegbare Schalensessel" und ein Kofferset für den Trabant 601, das für eine vierköpfige Familie ausgelegt war. Gemeinsam mit den Lebensstandardforschern betonten Marktforscher auch Abhängigkeiten, die zwischen Länge und Schwere der Hausarbeit einerseits und der Ausstattung der Haushalte sowie der Verlagerung reproduktiver Arbeiten in den gesellschaftlichen Dienstleistungsbereich (aber auch dem Einkommen, der Kinderzahl, der sozialen Zugehörigkeit) andererseits vermutet und nachgewiesen wurden. Den hier in der Verantwortung stehenden Staat auf seine Pflichten aufmerksam zu machen und konkrete Maßnahmen vorzuschlagen, wurde immer wieder als Aufgabe formuliert.

Doch nicht nur berufliche und Hausarbeit zehrten am individuellen Zeit-

„Flinke Jette", ein neu eröffneter Reinigungs- und Reparaturservice am Alexanderplatz in Berlin.

NBI 34/1960, S. 30.

Grafik 3: Umfang und Verteilung der wöchentlichen Hausarbeitszeit der Frau bei unterschiedlichem Grad der Berufstätigkeit

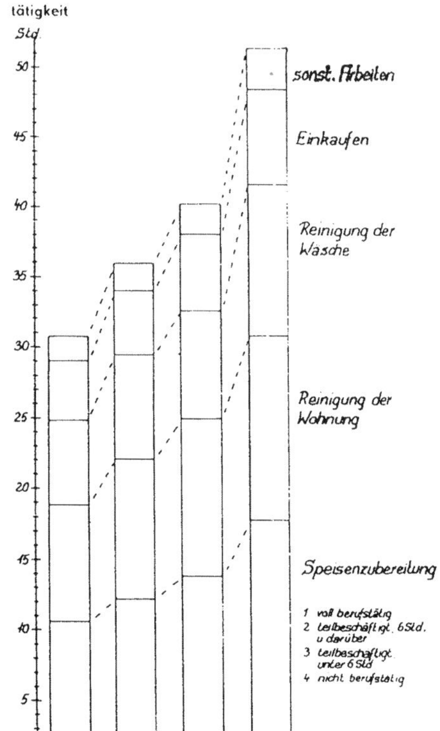

Annelis Albrecht, 15 Milliarden Stunden für die Hausarbeit in der DDR, Institut für Marktforschung, 1970, S. 10.

budget. Wegezeiten belasteten trotz vieler Bemühungen im Berufsverkehr vor allem die Männer. Für berufstätige Mütter blieb kaum freie Zeit übrig. Familien mit zwei Kindern kostete die Hausarbeit wöchentlich fast 51 Stunden. Waschen war angesichts fehlender Maschinen ebenso wie die Pflege der Wohnraumtextilien eine zeit- und kraftaufwendige Angelegenheit. Daß öffentliche Dienstleistungen hier keine wesentliche Entlastung bringen würden, lassen Studien zur Hausarbeit erkennen. Reinigung und Pflege der Wäsche nahmen danach nur 16,6% der Zeit für Hausarbeit in Anspruch und wurden fast ausschließlich von Frauen vollbracht (zu 89,7%), wobei der absolute Zeitaufwand für eine vierköpfige Familie bei 6,5 Stunden wöchentlich lag. Nur ein Viertel der Haushalte gab die „große" Wäsche in eine öffentliche Wäscherei, die „kleine" Wäsche wurde fast ausschließlich zu Hause abgearbeitet. Im Winter mußte geheizt werden, 1965 hatten noch 93,9% der Haushalte Einzelofenheizung. Das Einkaufen wollte ebenfalls erledigt sein – Frischmilch wurde sogar noch sonntags geholt. Ein Kühlschrank eröffnete hier möglicherweise zeitliche Dispositionsmöglichkeiten, die aber durch ein mangelhaftes Warenangebot wieder zunichte gemacht wurden. Dazu kam die Betreuung der Kinder; Kriegerwitwen mußten sie ganz allein großziehen. Zeit forderte auch der Bau des eigenen Hauses; für eine Wohnung in den Siedlungen der Arbeiterwohnungsbaugenossenschaften (AWG) waren mehrere Hundert Arbeitsstunden aufzubringen. Dem Nationalen Aufbauwerk (NAW) mußte mancher freie Sonnabendnachmittag geopfert werden. Nicht zu vergessen sind die Zeitaufwendungen für Weiterbildung – Frauen qualifizierten sich noch im vorgerückten Alter, wurden Facharbeiterinnen, Meisterinnen, Technikerinnen. Ebenso die Männer. Die sechziger Jahre waren die Zeit des Fernstudiums. Leider erwarben sie oftmals nur die formale Qualifikation für eine Stelle, die sie bereits innehatten.

Nach den ersten Untersuchungen dieser Zeitbudgets findet sich der Stoßseufzer: „16 Milliarden Stunden Hausarbeit" wiederholt in der Presse. Damit ist je nach Blickwinkel Unterschiedliches gemeint: Volkswirtschaftler dachten daran, diese Zeit zumindest teilweise in Arbeitszeit umzuwandeln, sie sei ein Minus in der gesellschaftlichen Arbeitszeitbilanz. Aus der Perspektive der ebenfalls ökonomisch dominierten Lebensstandard- bzw. Bedarfsforschung ist diese Zahl ein Zeichen für Defizite: Wer soviel im Haushalt zu tun hat und dann noch im Betrieb arbeitet, hätte so gut wie keine Zeit für andere Dinge. Sogar die elementare Rekreation sei dann gefährdet, fürchteten Sozialhygieniker und Sportwissenschaftler, nicht zu reden von den kulturellen Verlusten. In einer für das Sommerhalbjahr 1965 repräsentativen Freizeituntersuchung wurde ermittelt, daß Frauen nicht nur bedeutend weniger Freizeit haben als Männer, sondern daß das nicht ohne Folgen für das Verhalten bleibe: Passive Erholung nehme bei allen Frauen die zweite Position nach Kultur/Unterhaltung ein. Das sei ein Zeichen dafür, daß der Schlaf für die einfache physische Regeneration nicht ausreiche und wesentliche Teile der Freizeit zusätzlich benötigt würden, um die Kräfte zu regenerieren.

Der Staat, die Betriebe reagierten auf die Zeitprobleme werktätiger Menschen, die nicht zuletzt im Gefolge empirische Untersuchungen offenkundig wurden. Um neue Arbeitskräfte zu gewinnen, die vorhandenen zu qualifizieren und zeitlich zu entlasten, wurden politisch die Weichen für ein verbessertes Konsumgüterangebot und angemessene Öffnungszeiten im Handel und in Dienstleistungseinrichtungen gestellt, für zeitlich effektivere Einkaufsmöglichkeiten, für ein Netz von Einrichtungen zur Kinderbetreuung. Doch änderte dies wenig am riesigen zeitlichen Umfang privater Reproduktionsarbeit, was ebenso an eingefleischten Gewohnheiten lag wie an der Unfähigkeit, bedürfnisgerecht zu produzieren und zu verteilen. Außerdem änderten sich die Bedürfnisse, und damit die Anforderungen an die Hausarbeit:

die besser ausgestatteten Haushalte bedurften auch einer anderen Pflege. Teilerfolge waren aber zu verzeichnen. So änderte sich bis 1970 zwar nichts am Gefüge der Hausarbeit, aber es wurde festgestellt, daß vollberufstätige Frauen für alle Positionen weniger Zeit aufwandten. Es gelang, einen Teil der privaten Reproduktionsarbeit durch akzeptierte öffentliche Dienstleistungen zu vergesellschaften – Kindergärten, Betriebs- und Schulessen sind Beispiele dafür.

5-Tage-Arbeitswoche – aber wie?

Die Einführung der fünftägigen Arbeitswoche in jeder zweiten Woche, mit einer moderaten Arbeitszeitverkürzung von 48 auf 45 bzw. 44 Stunden und einer Urlaubsverlängerung zum 9.4.1966 war nicht nur ein einschneidendes Ereignis für die Gestalt der Zeitverhältnisse und Lebensweise. An ihr kann beispielhaft abgehandelt werden, wie diese Zeitverhältnisse beschaffen waren, welche Bedürfnisse von der Bevölkerung geäußert und mehr oder weniger durchgesetzt wurden. Auf der anderen Seite verdeutlichen die anläßlich dieses Ereignisses vorgebrachten Argumente der Politiker und die in den Massenmedien geführten Diskussionen das Spannungsfeld, in dem sich die Zeitpolitik in der DDR immer bewegt hat – ein Spannungsfeld, das aus dem Widerspruch zwischen Ökonomie und Ideologie, Realität und Utopie erwuchs und durch das allgegenwärtige Beispiel der Bundesrepublik verschärft wurde.

Freizeitspiele, ausgestellt auf der technischen Messe in Leipzig, 1969.

Die Absicht, den Zeitbedürfnissen der Werktätigen gerecht zu werden, aber andererseits auch den ökonomischen Realitäten entsprechend zu agieren, konnte nur in eine widersprüchliche Politik münden. Dies soll nun an den arbeits-zeitpolitischen Maßnahmen um die Mitte der sechziger Jahre gezeigt werden. Schon die Art, wie diese Veränderungen auf den Weg gebracht wurden, führt ins Zentrum der Widersprüche.

Walter Ulbricht hatte diese Maßnahmen bereits auf dem 11. Plenum des ZK der SED am 17.12.1965 folgendermaßen begründet: „Die wirtschaftlichen Fortschritte, die dank der Leistungen der Werktätigen erreicht wurden, machen es möglich, einige wichtige Verbesserungen in den Arbeits- und Lebensbedingungen durchzuführen." Wer genauer hinschaut, gewinnt allerdings den Eindruck, daß die wirklichen Beweggründe für die Veränderung des Arbeitszeitregimes kaum etwas mit den von Ulbricht genannten zu tun haben. Ökonomisch wurden eher Strategien für eine weitere Ausdehnung bzw. Ausschöpfung der gesellschaftlich zur Verfügung stehenden Arbeitszeit entwickelt. Zwar gibt es Hinweise in der Presse, etwa eine Anfrage zur „rollenden 5-Tage-Woche" im *Neuen Deutschland* vom März 1965, doch läßt die Antwort erkennen, daß damit etwas anderes gemeint war, als dann vom 11. Plenum angekündigt wurde. Es handelte sich hierbei um eine 5-Tage-Woche, die rein betriebswirtschaftlichen Erwägungen folgte, also etwa in bestimmten Industriezweigen eine kontinuierliche Produktion sichern sollte. Soziale und kulturelle Aspekte eines *arbeitsfreien Wochenendes, von Freizeit und Muße* spielten dabei keine Rolle. Auch in den wenigen wissenschaftlichen Publikationen zum Verhältnis von Arbeitszeit und Freizeit, die Anfang der sechziger Jahre erschienen sind, wurde zwar begründet und betont, wie wichtig es sei, die Freizeit zu verlängern. Es gab jedoch keine konkreten Vorschläge zur Veränderung des Arbeitszeitregimes. Erst recht nicht wurde über Fristen und Termine gesprochen.

In einer Information über den Wahlverlauf unter der Rubrik „Feindarbeit und besondere Vorkommnisse" vom 9.9.1965 heißt es:

„In der HO-Gaststätte 'Burg Ranis', Kreis Pößneck, wurde auf eine Tischkarte, auf der die Namen der Kandidaten standen, folgende Losung geschrieben: '18 Tage Grundurlaub - 5-Tage-Woche und höhere Renten wie in Westdeutschland, dann wählen wir die Kandidaten der Nationalen Front.'"

SAPMO Dy30/IV 2/610/71.

Außerdem sind auch keine wirtschaftlichen Fortschritte erkennbar, die gerade zu diesem Zeitpunkt eine Veränderung und Verkürzung der Arbeitszeit nahegelegt hätten. Ulbricht sagte es eigentlich auch selbst: Die ökonomischen Bedingungen für das in Aussicht gestellte Arbeitszeitregime müssen erst noch geschaffen werden. Zudem wurde die Einführung der 5-Tage-Arbeitswoche in der Sowjetunion vom XXIII. Parteitag der KPdSU erst für das Jahr 1967 beschlossen – die DDR war dabei, voranzupreschen und nicht, wie sonst üblich, auf das große Vorbild zurückzugreifen. Es scheint, als ob die Einführung der 5-Tage-Arbeitswoche mit entsprechenden Arbeitszeitverkürzungen erst für das Jahr 1967 vorgesehen war, für einen Zeitpunkt nach dem VII.Parteitag der SED, der sie ankündigen sollte. Das wäre im Vergleich zur Sowjetunion der richtige Zeitplan gewesen. Für diese Auffassung spricht auch die Halbherzigkeit der Regelung von 1966 – eine 5-Tage-Arbeitswoche alle 14 Tage bringt den Lebensrhythmus eher durcheinander.

Mißhelligkeiten gab es auch angesichts des durch eine Neuregelung veränderten Kreises der Frauen, die einen Haushaltstag in Anspruch nehmen konnten. Er wurde zum Tag für Mütter, denn verheiratete Frauen ohne Kinder verloren ihn, Alleinerziehende dagegen bekamen ihn zugesprochen – übrigens mit dem Hinweis, die Männer könnten, im Gegensatz zu den Kindern, ja selbst mit zupacken im Haushalt. Dieses Argument ging zwar an der weitgehend geübten Praxis vorbei, zeigt aber an, daß trotz aller Sondermaßnahmen für Frauen und Mütter an der Forderung festgehalten wurde, die Männer sollten ihren Teil im Haushalt tun.

Die Gründe für die Umstellung des Arbeitszeitregimes schon im Jahre 1966 dürften also weniger in den zweifellos vorhandenen langfristigen Strategien zur Verbesserung des Lebensstandards gelegen haben, zu dessen Kennziffern auch das Zeitbudget gehörte. Eher wurde wohl kurzfristig taktiert, und die Ursachen lagen im nicht zu überhörenden Unwillen des Volkes, in seiner Unzufriedenheit mit den bestehenden Zeitverhältnissen. Archivmaterial mit Stimmungsberichten im Zusammenhang mit den Kommunalwahlen des Herbstes 1965 zeigt eine explosive Situation an. Bereits Ende der fünfziger Jahre hatten die Gewerkschaften in der Bundesrepublik die Gunst der Stunde genutzt und nicht nur weitgehend die 5-Tage-Arbeitswoche in der Industrie mit dem Slogan „Samstags gehört Vati mir" durchgesetzt, sondern unter der Parole „40 Stunden sind genug" auch eine wöchentliche Arbeitszeit von 40 Stunden in vielen Tarifverträgen verankert. Das war ein ebenso wichtiger Ausdruck des Nachkriegs-Wirtschaftswunders wie Lohnsteigerungen und Konsumgesellschaft. Natürlich erfuhren auch die DDR-Bürger davon. So schrieb der Bürgermeister von Forst, wo es in einem Betrieb Beschwerden über die Einführung der 45-Stunden-Woche gab, die den Arbeiterinnen wieder eine Spätschicht am Sonnabend bescherte: „Ein gewisser Einfluß besteht durch einen Teil westdeutscher Besucher, die bei Bürgern der Stadt Forst als Gast weilen, indem diese von ihrer sogenannten 5-Tage-Woche schwärmen, die ja in Westdeutschland unter der Losung propagiert wird: Der Sonnabend gehört dem Vati und der Familie! Aber irgendwelche konkreten Beweise dafür fehlen."[4] In der DDR waren die zeitlichen Lebensverhältnisse vergleichsweise prekärer. Nicht nur der „Vati", auch die „Mutti" wollte sonnabends der Familie gehören – angesichts der höheren Erwerbsbeteiligung von Frauen eine verständliche Forderung. Es scheint zudem, daß sich mit dem Ende der Nachkriegsphase in der DDR zum Ausgang der fünfziger Jahre und bestärkt durch das westdeutsche Beispiel eine neue Bedürftigkeit herausgebildet hatte, die auf ein verändertes Selbstverständnis schließen läßt. „Lohn der Arbeit", das kann neben Geld eben auch Zeit sein, Zeit für die Familie, für die schönen Dinge des Lebens, für einen gemütlichen Einkaufsbummel.

In dieser Situation nahmen die Werktätigen die Regierenden beim Wort: Ihnen war versprochen worden, daß es ihnen besser gehen sollte, als ihren Klassenbrüdern in den kapitalistischen Ländern. Wahlen waren in der DDR immer eine gute Gelegenheit, der Macht etwas abzupressen – Proteste drückten sich in der Nichtteilnahme aus, die Gründe wurden den herbeieilenden Wahlhelfern erläutert. Aus solchen Stimmungsberichten geht hervor: Das Volk forderte eine Verkürzung der wöchentlichen Arbeitszeit, die Verlänge-

Umschlagwerbung aus „Das Magazin", 8/ 1965.

„Wohin mit dem Mann? Sie werden bemerkt haben, daß der arbeitsfreie Sonnabend nicht nur eitel Freude, sondern auch eine gewisse Problematik mit sich brachte. Denken wir nur an die Frauen, die sich für diesen Tag vorgenommen haben, einmal ganz im Haushalt aufzugehen und ihn einer gründlichen Restauration zu unterziehen. Hier entsteht sofort die Frage: Wohin mit dem Mann? Der Mann steht unglücklich in eben diesem Haushalt herum und kann - in Unkenntnis der elementarsten Arbeitsschutzbestimmungen - leicht Schaden nehmen. Er tritt beispielsweise auf einen Schrubber, es schlägt ihm der Schrubberstiel an den Kopf ... Kurz: die Anwesenheit einer unbefugten Person im Haushalt zerrt an den Nerven und hemmt die volle Entfaltung der weiblichen Initiative beim Saubermachen. Selbstverständlich hat man sich vielerorts bereits mit diesem Problem beschäftigt und verschiedene Lösungen vorgeschlagen. Wenig glücklich scheint uns dabei allerdings die Idee, den Mann am arbeitsfreien

rung des Urlaubs und den arbeitsfreien Sonnabend. Im Wahljahr 1965 gab es nach einer „Information über die Ergebnisse der Wählervertreterkonferenzen und Wählerversammlungen“ Diskussionen über die Einführung der 5-Tage-Woche besonders bei Frauen. „Vor allem verheiratete Frauen äußern den Wunsch bzw. stellen offiziell den Antrag, verkürzt zu arbeiten. Sie begründen dies mit zu langem Anmarschweg zur Arbeit, mit unzureichenden Einkaufsmöglichkeiten und kommunalen Einrichtungen zur Erleichterung der Hausarbeit...“[5] In allen Bezirken wurden Forderungen zur Einführung der 5-Tage-Arbeitswoche, zur Erhöhung des Grundurlaubs und der Löhne geäußert. Gewerkschafts- und Betriebsfunktionäre machten sich zu Sprechern dieser Forderungen, teilweise hätten die Betriebe die 5-Tage-Arbeitswoche bereits eingeführt und die Arbeitszeit verkürzt. Drohungen wurden laut, für die 5-Tage - Arbeitswoche zu demonstrieren und Unterschriften zu sammeln oder aus der Gewerkschaft auszutreten.[6] Unmittelbar nach den Wahlen wurde an die SED-Führung berichtet: „Unter Teilen der Arbeiterklasse, auch in wichtigen Großbetrieben, gibt es die Auffassung, daß wir ökonomisch stagnieren und Westdeutschland auf diesem Gebiet nie einholen werden. Fragen des Lebensstandards wie die Einführung der 5-Tage-Woche, die Erhöhung des Grundurlaubs und der Renten sowie Preisvergleiche mit Westdeutschland spielen in der Diskussion eine große Rolle.“[7] Das neue Arbeitszeitregime war auch nicht für alle Bedürfnisse funktional – dies verdeutlichen Meinungsäußerungen von Frauen, die sogar im *Neuen Deutschland* nachzulesen sind.

Die Maßnahmen von 1966 hatten eine Ventilfunktion, der sie nur bedingt gerecht wurden, so blieb die Forderung nach mehr Urlaub unbeantwortet. „Der freie Sonnabend in jeder zweiten Woche wird von vielen Arbeitern, die bereits 45 Stunden arbeiten, als eine Verlängerung der Arbeitszeit an den übrigen Wochentagen betrachtet.“[8] Ulbricht wertete die 5-Tage-Arbeitswoche im *Neuen Deutschland* vom 18.12.1965 als „großen politischen und kulturellen Fortschritt“ in der DDR, besonders für die Frauen. Er fügte jedoch hinzu, daß „einige“ mehr erwartet hätten, doch „weitere Schritte sind erst von einem bedeutend höheren Niveau der Entwicklung von Wissenschaft, Technik und Produktion aus möglich.“

Dieses Niveau mußte nun erreicht werden, und im Umfeld der Diskussion um die Einführung der 5-Tage-Arbeitswoche quollen die Zeitungen und Zeitschriften geradezu über von diversen Hinweisen, wie in Betrieben und Verkaufsstellen ein Rückgang der Produktion und eine Verschlechterung der Versorgung vermieden werden könne. Einige Schlagzeilen aus dem *Neuen Deutschland*, sämtlich vorne plaziert, mögen die Richtung der Argumentation verdeutlichen: „Automobilwerker im Wettbewerb um hohe Qualität. Steigende Produktivität – der Beitrag der Eisenacher Neuerer zur Vorbereitung der 5-Tage-Woche in jeder zweiten Woche“ (27.1.1966). „Planerfüllung bei kürzerer Arbeitszeit durch zielstrebige Rationalisierung“ (30.1.1966), „Mehr Freizeit und doch zwei 1000-Tonner mehr. Was ND-Volkskorrespondenten in der Warnowwerft über den Wettbewerb und die Vorbereitung der 5-Tage-Woche in jeder 2. Woche erfuhren“ (17.2.1966), „Neue Tourenpläne werden erprobt. Groß- und Einzelhandel bereiten die 45-Stunden-Woche vor“ (23.2.1966). Es fehlte nicht an einsichtigen Kommentaren, die dem Volk in den Mund gelegt wurden, so der Brigadierin aus dem VEB Molkerei- und Dauermilchwerk Schwerin, die im *Neuen Deutschland* vom 23.2.1966 erklärte: „5-Tage-Kühe gibt es nicht!“ und damit die Probleme der Arbeitsorganisation in ihrem Betrieb ansprach.

Es stellte sich heraus, daß mit dem neuen Arbeitszeitregime nicht nur eine veränderte Organisation der Infrastruktur verbunden war (Berufsverkehr, Wochenendfahrpläne, Öffnungszeiten der Läden und anderer Dienstleistungseinrichtungen), sondern eine entsprechende Infrastruktur erst noch zu schaf-

Sonnabend im Kindergarten abzugeben, der Mann würde dort natürlich die Disziplin stören ... Beispielgebend daher die Initiative eines Dorfklubs im Süden unserer Republik, der schon am ersten freien Sonnabend den Nachweis erbrachte, daß der Mann an diesem Tag nicht unbedingt störend in Erscheinung zu treten braucht. Vermittels bunter Plakate waren die Männer der Ortschaft zum Frühschoppen in die Dorfschenke eingeladen, so daß manche Frau, die zuvor nicht gewußt hatte, wie der Sonnabend zu verbringen wäre, rechtzeitig den großen Hausputz ins Auge zu fassen vermochte. ... Es wurde ein gelungener Vormittag ... Eine bedauerliche Panne ereignete sich lediglich im Haus Nr. 7, wo die Frau noch beim Aufwischen war, als der Mann in bester Laune heimkehrte und sich ins Bett legen wollte. In dem Bemühen, den schlechten Eindruck zu verwischen, den die offenbar mangelhafte Arbeitsorganisation der Hausfrau auf den Ehegatten machen mußte, wurde diesem ein Eimer Wasser ins Bett gegossen. Mit Recht fragte dieser Ehemann später beim Rat der Gemeinde an, wozu es einen arbeitsfreien Sonnabend gebe, wenn er sich nicht nach Belieben ins Bett legen dürfte. Wir hoffen, daß die Ehefrau inzwischen eingehend belehrt worden ist. ... „

HELI, für dich 23/1966, S. 15.

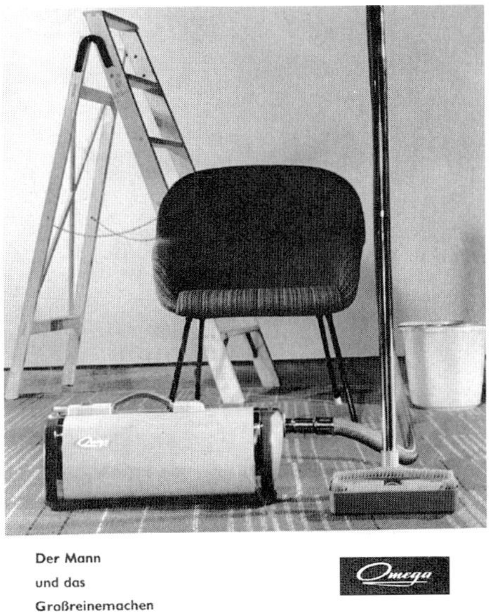

Umschlagwerbung aus Das Magazin, 2/1964.

fen war (Naherholungsmöglichkeiten und die entsprechenden Requisiten, die ein Mensch für Wochenendausflüge braucht). Ausflugslokale stellten auf Selbstbedienung um, Zelte mit kompletter Einrichtung wurden bereitgestellt, das Reisebüro nahm mehr Halbtags- und Tagesausflüge in sein Programm auf. Weitgehend ungelöst blieb die Frage, wo die Wochenendausflügler übernachten sollten.

Werbetafel für den Minuteneinkauf, 1967.

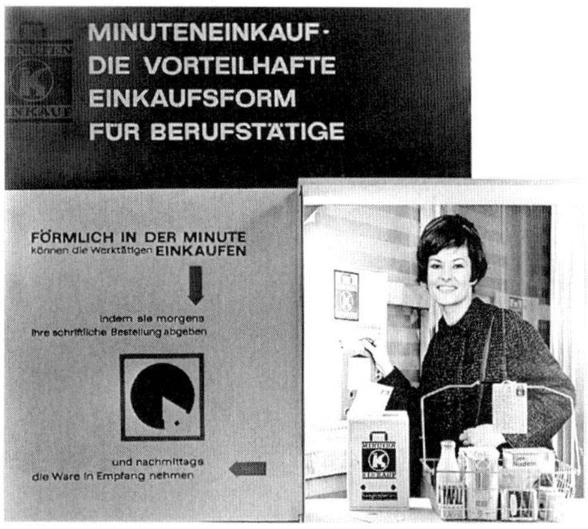

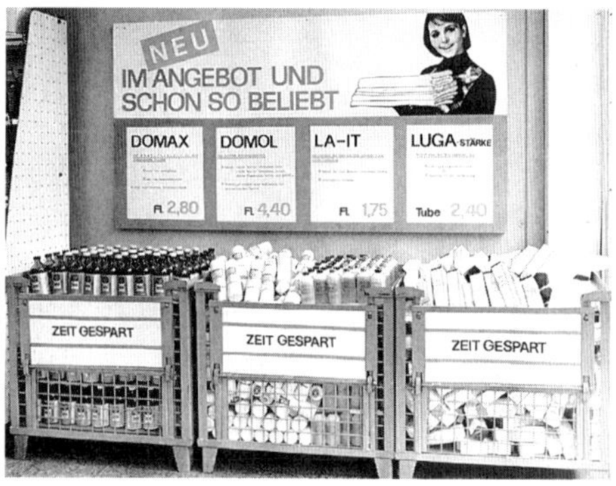

Zeitsparende Haushaltsreiniger in einer KONSUM-Verkaufsstelle, 1971.

Weit mehr Probleme bereitete jedoch die Frage, wie mehr Freizeit für Verkäufer und Kunden gesichert werden könne. Über die Ladenöffnungszeiten gab es bei Kundinnen und Verkäuferinnen unterschiedliche Meinungen und dies in einer Situation, wo der arbeitsfreie Sonnabend vor allem für Einkäufe genutzt wurde. Von den ersten freien Sonnabenden vermeldete das *Neue Deutschland*, es habe ein Käuferandrang wie am Goldenen Sonntag vor Weihnachten geherrscht, 3000 Menschen hätten das neue Konsument-Warenhaus in Leipzig besucht. Die ersten arbeitsfreien Sonnabende seien weniger für den erwarteten Wochenendausflug ins Naherholungsgebiet genutzt worden, als zu Einkaufsfahrten in die Städte, zur Erledigung bestimmter Arbeiten in Haushalt, Hof und Garten. Dies sei nicht nur auf das schlechte Wetter zurückzuführen, sondern die Werktätigen müßten erst lernen, das neugestaltete Wochenende optimal zu nutzen. „Sonnabends Großeinkauf?" fragte die *Für Dich* 1967 und erkundigte sich beim Handel nach den Möglichkeiten, auch den Donnerstag oder Freitag als Haupteinkaufstag nutzen zu können. Angesichts der Erwartungen von Politikern und Ideologen, die Menschen würden mehr Zeit für Bildung, Kultur und Erholung verwenden, bezeugt der Run auf die Einkaufszentren noch einmal das beengte Zeitbudget der werktätigen Bevölkerung. Freie Zeit war zunächst einmal Konsumzeit – verständlich für eine Lebensweise, die auf *den Kauf* der zur Reproduktion der Arbeitskraft, aber auch der für erweiterte Bedürfnisse notwendigen Waren und Dienstleistungen angewiesen war.

Doch die 5-Tage-Arbeitswoche in jeder zweiten Woche war mehr ein Probelauf. Viel sorgfältiger wurde in der Presse, beispielsweise im *Neuen Deutschland*, die durchgängige 5-Tage-Arbeitswoche vorbereitet, die nun im legitimen Ambiente des VII. Parteitages im April 1967 angekündigt wurde. Mit ihr sank zudem die wöchentliche Arbeitszeit auf 43 ¾ bzw. 42 Stunden. Der Mindesturlaub wurde von 12 auf 15 Tage angehoben, doch blieb der arbeitsfreie Sonnabend Urlaubstag, woran viele Anstoß nahmen. Um zu verhindern, daß in manchen Wochen nur an 4 Tagen gearbeitet wird, strich man alle in der Woche liegenden Feiertage, bis auf den Karfreitag und den Pfingstmontag, hinter denen eine starke kulturelle Legitimation stand. Was die wirkliche Verkürzung der Arbeitszeit betraf, machte das „Volk" seine eigene Rechnung auf und meinte, durch den Wegfall der Feiertage, durch die Verlängerung des Arbeitstages auf 8 ¾ Stunden habe es gar keine Verbesserung gegeben. Der Grundurlaub habe sich real nur um einen Tag erhöht, für die Beschäftigten im Handel gebe es nicht einmal die 5-Tage-Arbeitswoche. Weil die Rationalisierung eben doch nicht klappe, würden die Überstunden zunehmen, wird der SED-Führung gemeldet und: manche Gaststätten hätten einen zweiten Ruhetag eingeführt – angesichts der wenigen Restaurants eine schwerwiegende Verschlechterung der Versorgung. Die Arbeitenden fanden eine Lösung und verkürzten in eigener Regie die Arbeitszeit an Freitagen – der Beginn jener Praxis, die später vom Volksmund mit dem Slogan: „Freitag nach eins macht jeder seins!" bedacht wurde.

An den unterschiedlichen Erwartungen, die von Politikern, Ökonomen, Wissenschaftlern und den Werktätigen selbst an die Folgen der durchgehenden 5-Tage-Arbeitswoche geknüpft wurden, lassen sich die differenzierten politischen und ideologischen Strategien ebenso ablesen wie das Verhältnis (oder Mißverhältnis) von Ideologie und Realität. Es gibt zunächst das sozialpolitisch motivierte Bemühen, alle Bedingungen so zu gestalten, daß die zeitlichen Effekte auch wirklich zum Tragen kommen – nicht zuletzt, um die Wogen des Unmuts zu glätten und im Vergleich zur Bundesrepublik besser abzuschneiden. Dazu bedurfte es entsprechender Veränderungen im Handel, im Verkehrswesen, im Erholungswesen und im engeren kulturellen Bereich. Es ist die große Zeit von Bemühungen, die temporären Parameter der individuellen Reproduktion durch entsprechende gesellschaftliche Angebote zu verbessern, aber auch die Lebensweise zu verändern, das Einkaufsverhalten genauso wie die Freizeitnutzung. Gedanken über den „Haushalt der Zukunft" wurden angestellt. „Entrümpelt" sollte er werden, um aus dem „Zwergbetrieb Haushalt" einen „modernen Großbetrieb" zu machen.

Vorführung von zeitsparenden Küchengeräten in einem Leipziger Warenhaus, 1964.

Aus anderer Perspektive hatten bereits seit Beginn der sechziger Jahre Ökonomen und Philosophen auf die Notwendigkeit von mehr freier Zeit für den einzelnen hingewiesen. Die wissenschaftlich-technische Revolution und der mit ihr imaginierte Produzententyp war wohl in diesen Vorstellungen nicht ohne zeitliche Spielräume denkbar. Diese Gedanken wurden fortgeführt zu der Diskussion, was in der frei werdenden Zeit passieren solle. Wenn nun mehr Freizeit vorhanden war, als für Rekreation und Reproduktion der Arbeitskraft und die damit verbundenen einschlägigen Vergnügungen notwendig sei – würde dieser Überschuß dem „neuen Menschen" zum Leben verhelfen? Einem Menschentyp, bei dem Leben Arbeit ist und Arbeit Leben und beide in einem neuen Sinn eine Einheit bilden; einem Produzenten, den die „freie Zeit... in ein andres Subjekt verwandelt" hat, und der „als dies andre Subjekt... dann auch in den unmittelbaren Produktionsprozeß" eintritt?[9]

Die „Einheit des Lebens" sollte jedoch auch noch in einem anderen Zusammenhang konstituiert werden, der zum frühen Ideengut linker Bewegungen gehört: durch Rationalisierung, durch Ökonomie der Zeit in allen Bereichen, in der Produktion wie im übrigen Leben. Davon zeugt das Konzept *RATIO 67*, zu dem auch eine Küche der kurzen Wege und effektiver Arbeitsabläufe gehörte, die in anderer Form als „Frankfurter Küche" bereits in den zwanziger Jahren vorgestellt worden war. *RATIO 67*, das war aber auch ein neues Verkaufskonzept („Viele Waren unter einem Dach") und brachte neue Konsumgüter auf den Markt: Geschirrspülmittel, die das Abtrocknen ersparen, und Bohnerwachs, das vier Wochen hält.

Vorführecke einer „Ratioküche" in einem Kaufhaus, 1968.

Allerdings (sollte man sagen: glücklicherweise?) wurde die Strenge des ursprünglichen Konzepts in der DDR einerseits durch einen ökonomischen Pragmatismus gebrochen, der letztlich das konkrete Handeln bestimmte. Andererseits stand ihm ein dem Rationalisierungsprinzip nicht gänzlich unterzuordnendes Ideal der Menschenbildung entgegen, wie es besonders in der kulturpolitisch motivierten Freizeitdiskussion zum Ausdruck kam. Hier argumentierte man allerdings auch besonders realitätsfern. Man sah nicht gern und wollte es nicht so recht wahrhaben, daß viele Menschen für „höhere Tätigkeiten" nach beruflicher und reproduktiver Arbeit einfach zu müde sind. Unter der Überschrift „Was gibt uns der freie Sonnabend? Aristoteles und Muße für die Musen" wertete Harald Wessel 1967 im *Neuen Deutschland* eine Untersuchung des Freizeitverhaltens von 2000 Werktätigen aus. Immerhin 38% der Befragten (vor allem Frauen) hatten dabei angegeben, sie seien nach der Arbeit zu müde, um das zu tun, was sie in ihrer Freizeit eigentlich tun möchten. Wessels Kommentar: „Wir möchten die Müdigkeit keineswegs in Abrede stellen. Doch Entspannung bietet eben nicht nur der Lehnstuhl vor dem Fernsehschirm. Theater- oder Konzertbesuche können genauso gut oder gar noch eher zur notwendigen Regeneration der Kräfte beitragen"[10] „Schlagt eure Zeit nicht tot!" ist sicher eine ehrenwerte Forderung, aber manche Leserin der *für dich* wird sich wohl gefragt haben, welche Zeit damit gemeint sein könnte.

Eine Leserdiskussion

Werbung für KUrz-KOch-Reis, an einem Kaufhallen-Schaufenster, 1971.

Die *für dich* hatte bereits 1965 eine Leserdiskussion über die Frage „Was machen Sie in Ihrer Freizeit?" initiiert. Sie führte näher als das *Neue Deutschland* an die Probleme der Menschen heran, vor allem die der Frauen, deren Lebenszuschnitt sich wohl am meisten geändert hatte. Auch wenn die Quelle selbstverständlich mit kritischem Abstand betrachtet werden muß: Was dort verhandelt wurde, hat zumindest eine Rolle gespielt und zeugt von Umbrüchen und Kollisionen, die von den Handelnden zwar nicht intendiert waren, aber letztlich doch ausgetragen werden mußten. Die Leserdiskussion begann im Herbst 1965, also schon vor der Ankündigung der 5-Tage-Arbeitswoche. Zeitprobleme, wie sie in einer Untersuchung im Stahl- und Walzwerk Brandenburg deutlich wurden, könnten der Anlaß gewesen sein. Zunächst wurde vorgerechnet, unter welchen Bedingungen Leute mehr oder weniger Freizeit haben. *für dich* stellte die Frage , ob jeder aus dieser knappen Zeit schon das Beste mache und ließ von Menschen erzählen, was sie in ihrer Freizeit gern tun.[11] Frau Lange umhäkelte am liebsten Taschentücher. „Es macht mir einfach Spaß, wenn sie dann alle so schön beieinander liegen... Im Sommer fahren wir viel mit unserem Roller raus. Mein Mann angelt dann, und ich häkle." Viele Frauen erzählen, daß sie gern stricken, häkeln, Zimmerpflanzen züchten oder sich mit ihrem Haushalt beschäftigen. Man könnte meinen, hier würde umständehalber das Nützliche mit dem Angenehmen verbunden. Doch das ist nicht so, die Frauen unterscheiden da sehr genau. Stricken in der Freizeit heißt mit Farben und Mustern zu experimentieren und nicht einen Pullover für das Kind herzustellen.

Von der *für dich* wurden folgende Themen in die Diskussion geworfen: „Sind Arbeit und Freizeit zwei unverträgliche Schwestern? Freizeit auf Kosten des anderen? Gemeinsame Stunden – aber wie? Wer hat am meisten Freizeit?" Besonders bei der ersten Frage gingen die Meinungen auseinander – manche verteidigten ihre Freizeit gegen alle gesellschaftlichen Übergriffe, andere zählten einsichtig berufliche Weiterbildung zur Freizeit dazu. Bei der zweiten Frage ging es nicht nur um eine gerechtere Verteilung der Hausarbeit, sondern vor allem Frauen kritisierten die Praxis von Geschlechtsgenossinnen. Zu viele wollten im Haushalt lieber alles selbst machen, wie bei Frau Wanckel die das Verhalten ihres Mannes nicht gutheißt, ihn aber zu keiner Hausarbeit heranzieht und außerdem sagt: „Mit meiner Wäsche bin ich eigen – die will ich mir allein waschen..." Nichts läßt den Umbruch im weiblichen Lebenszuschnitt in den Sechzigern deutlicher werden, als die in dieser Leseraussprache geführte Auseinandersetzung der Frauen untereinander. Für die Mehrheit von ihnen war Hausarbeit keine Last, sondern Lebensinhalt – ein Problembewußtsein mußte überhaupt erst noch entstehen. Nur auf dieser Basis würden Frauen aber ihre Lebensweise ändern wollen, Dienstleistungen annehmen, den anderen Mitarbeit abfordern. Eine Frage wie „Gibt es im Haushalt Zeitreserven?" ging deshalb an den Intentionen vieler Leserinnen noch völlig vorbei – Hausarbeitszeit war für sie keine Verhandlungsmasse.

Ängste wurden artikuliert – wird man mich für eine schlechte Hausfrau halten, wenn ich nicht selbst backe? – oder hinter einer forschen Behauptung versteckt. Selbst den kraftsparenden Waschmaschinen mißtrauten die „eisernen" Hausfrauen: Wird die Wäsche auch richtig sauber, wird die Wäsche nicht verfärben? Diese Fraktion ist recht zahlreich vertreten, eine Leserin erklärte unumwunden: „Sie fragen 'Was soll man tun, was lassen?'. Ich habe den Eindruck, Sie wollen, daß ich bohnern, fensterputzen, Blumenpflege und dergleichen lassen, aber alles für Qualifizierung und gesellschaftliche Arbeit tun soll. Nein, bei mir nicht! Ein tipptopp gepflegter Haushalt war schon immer der Stolz einer Frau." Andere stellten fest, wer als Frau keine Freizeit habe, weil Mann und Kinder nichts im Haushalt machen müssen, sei selbst schuld. Den Anspruch von Kindern auf gemeinsame Freizeit mit der Mutter oder den Eltern betonten viele Frauen, aber auch Männer. Dies sei ein wichtiges Motiv, die Hausarbeit in der Familie aufzuteilen oder gemeinsam zu erledigen, um Zeit füreinander zu haben.

für dich stand auch am Werktor des VEB Werk für Fernsehelektronik Berlin und fragte die herausströmenden Arbeiter/innen, was sie nun als nächstes tun würden. Sie beauftragte die Schriftstellerin Gisela Karau, „Zeittagebücher" auszuwerten, die 15 Familien an neun Tagen (zwei Sonnabenden, zwei Sonntagen und fünf Werktagen) angefertigt hatten. Die Ergebnisse, besonders über den Abstand der Geschlechter im Freizeitumfang, entsprechen denen der einschlägigen Untersuchungen. Frauen, auch hochqualifizierte, fühlten sich für Haushalt und Kinder allein verantwortlich – bis hin zur „Manie". Sie könnten schmutzige Teller, ein unaufgeräumtes Zimmer nicht ertragen. Frau Karau empfiehlt mehr „Unbekümmertheit".

Auch nach ihrem „Hobby" (damals oft noch ein „amerikanisches" Unwort) befragten *für dich*-Reporter die Menschen im Lande und baten den Schriftsteller Heinz Knobloch zu einem Kommentar. Der wies dem Phänomen seinen gebührenden Platz zu: „Der Mensch soll in seinem Hobby aufgehen, nicht untergehen" und ansonsten „Wer möchte – der kann".

Die Diskussion endete, indem sie ihr Hauptthema noch einmal aufnahm: Lesermeinungen über die Verantwortung für den Haushalt. Der Ausblick war optimistisch – Frauen und Männer machen sich Sorgen um eine gerechte Verteilung der Lasten. Zwei Leserinnen, die anonym blieben, führten jedoch mit ihren Briefen ins Zentrum der neuen Konflikte. Sie wollten den Haushalt nicht mehr allein bestreiten und stießen auf den hartnäckigen Widerstand ihrer Männer. Das aus soziologischen Untersuchungen hinlänglich bekannte Phänomen der gespaltenen Meinung von Männern trat zutage: Sie befürworten die Arbeitsteilung im Haushalt und die Gleichberechtigung der Frauen, solange sie ihren Lebensstil nicht ändern müssen. Mit der pragmatischen Aufforderung „Das Beste draus machen, um schöner zu leben" und einem Interview mit der Frauenforscherin Anita Grandke schloß *für dich* die Leseraussprache ab.

Tatsächlich war es in den Sechzigern noch schwer, angesichts der Haltung führender Politiker, vor allem auch Kulturpolitiker, eine sachliche, positive Diskussion über Freizeit in der DDR in Gang zu setzen. Zugeständnisse wie die Kritik des amerikanischen Lebensstils waren notwendige Voraussetzungen, um zur Sache kommen zu können. Am leichtesten konnten die Vorbehalte der Politiker noch ausgeräumt werden, wenn ein Wachsen geistig-kultureller Interessen in der Freizeit nachgewiesen werden konnte. Die Freizeit der Menschen in der DDR blieb immer „Lohn der Arbeit" und wurde von der Arbeit her bestimmt. Dennoch wurde der Kreis des Möglichen, vor allem des Privaten um die Mitte der sechziger Jahre tatsächlich erweitert.

Ausstattung der Haushalte der DDR mit langlebigen Konsumgütern 1967

1967	*in %*
Kühlschrank	*34,8*
Waschmaschinen	*46,3*
Wäscheschleudern	*24,5*
Heißwasserbereiter	*20,3*
mechanische Nähmaschinen	*56,5*
elektrische Nähmaschinen	*6,9*
Kaffeemühlen	*37,7*

Herbert Koch und Jutta Schmutzler: Die Ausstattung der Haushalte der DDR mit langlebigen Konsumgütern, in: Mitteilungen des Instituts für Marktforschung (1967)3, S.16f. und 19.

[1] Der Titel ist der für dich 23/1966 entnommen.
[2] SAPMO Dy 30/IV 2/2.029/12.
[3] Horst Scholz, „Freizeit" – Gegenstand ökonomischer Forschung in der DDR, in: Die Wirtschaft 23/1967, S.18f.
[4] Aus einem Schreiben der Präsidialkanzlei an das ZK der SED vom 5.8.1957, SAPMO BA Dy 30/IV 2/5/252.
[5] In Textilbetrieben in Berlin und Karl-Marx-Stadt seien Arbeitsverträge schon dahingehend geändert worden, daß die Frauen nicht mehr sonnabends arbeiten. SAPMO Dy 30/IV A2/5/99, Bericht vom 4.10.1965.
[6] Ebd. Bericht vom 9.9.1965
[7] Ebd. Bericht vom 10.10.1965.
[8] SAPMO Dy 30/IV A2/5/25, Bericht vom 14.1.1966.
[9] Karl Marx, Grundrisse der Kritik der politischen Ökonomie, Berlin 1953, S. 599.
[10] Neues Deutschland vom 19.2.1967, S.7.
[11] Die Leserdiskussion in der Für Dich ist in Heften ab 44/1965 bis 4/1966 dokumentiert. Auch hier wird nicht jeweils einzeln zitiert.

Heinz Hirdina

Gegenstand und Utopie

Das Wiederlesen von Texten, die in den Sechzigern vom Institut für angewandte Kunst und seinen Nachfolgern[1] herausgegeben worden sind, verhilft zu einer Erfahrung: Es fehlt heute die Gelassenheit, mit der man einst die Phrasen zur „Rolle der Bedeutung" überlesen hat, es liest sich anders zwischen den Zeilen und es fehlt die Motivation, möglichst schnell zu einem konkreten Thema vorzustoßen, das, wenn es überhaupt vorkam, oft nur als Beispiel existierte oder eingeklemmt war zwischen Autoritätenverweis (Wie Genosse Ulbricht auf dem ... sagte...) und praktischen Empfehlungen (Deshalb sollte auch der Formgestalter...). Bekenntnisse am Anfang und der Appell am Ende sind aus der Distanz deutlicher als das Eigentliche zu sehen, als Vermittlungen zwischen Teil und Ganzem, Einzelnem und Gesellschaft, Rädchen und Getriebe, die auch in gegenständlichen Formen sichtbar werden.

In diesen Vermittlungen „wächst die Bedeutung von...", „kommt es darauf an, daß...", „müssen wir erreichen (durchsetzen), daß...". Die Texte transportieren neben Forderungen vor allem Versprechungen. Aber von den Versprechungen der Warenästhetik unterscheiden sie sich, weil das versprochene Objekt, die versprochene Funktion, der versprochene Gebrauchswert erst in der Zukunft zu haben sein werden. Theorie, hier in Gestalt ästhetischer Aussagen zum Gegenstand, war der Praxis nicht auf den Fersen, sondern lief ihr davon, die erwerbbaren Dinge reflektierten meist zurückbleibendes Sein (... ist es noch nicht überall gelungen...). Das ist für jenes Gebiet gesagt, auf dem der industriell produzierte Gegenstand zum ästhetischen Projekt wird, für das Design.

Im benannten Sprachgestus kommt es nun darauf an, hinter der Überzeugung von der wachsenden Übereinstimmung die Differenzen zu sehen. Das sind die Texte zur Ästhetik der Gegenstände. Und die Gegenstände selbst? Sie sind gespalten. Mehrfach. Sie sollen exportfähig und gleichzeitig für sozialistische Lebensweise geeignet sein, die Ideologen zerren an ihnen, und die Produktionsbedingungen prägen sie, die Entwürfe zeigen Denkbares, die Serienprodukte Machbares, die Konsumgüter folgen diesen, Arbeitsmittel jenen Maßstäben.

Letztere kommen in der heutigen Rezeption von DDR-Kultur kaum vor, obwohl sie als Geräte und Apparate, Maschinen und Anlagen Arbeitsplätze in der Produktion gebildet haben und nicht nur als Küchenwunder existent gewesen sind. Was sich dagegen größerer Aufmerksamkeit erfreut, sind jene Dinge, die – zumindest potentiell – zum symbolischen Konsum geeignet sind, deren Formen also Mittel sozialer Distinktion werden können. Dem fremden Blick sind sie nach 1990 als Folterinstrumente des Konsums erschienen, man hat in ihnen brutale Nacktheit (sex and crime) gesehen, aber andererseits schienen sie geschlechtslos – den Schreibmaschinen und Zigarettenschachteln fehlte die erotische Ausstrahlung, was nicht verwunderlich ist, denn sie sahen aus, als wären sie mit dem Handlineal zu Hause entworfen worden. (Hatte Clauss Dietel, Gestalter eines solchen Schreibgeräts, überhaupt ein Handlineal?)

Es geht hier um die gleiche Gruppe von Gegenständen, die vom Formalismusplenum 1952 bis zum Ende der DDR eine Spur zum Teil heftiger Auseinandersetzungen hinter sich gelassen hat. Diese Kämpfe wurden selten direkt ausgefochten, sie vollzogen sich vor allem durch das Aufstellen monolithischer Statements. Hinter den Kulissen stellten sich die Kontrahenten dann gern die Beine, wenn sie im Partei- oder Staatsapparat die Macht dazu hatten. Öffentlich wurde immer nur die Spitze des Eisbergs.

In diesen Auseinandersetzungen stehen auf der einen Seite die „Künstler", auf der anderen Seite die „Industriellen". Die Kennzeichnung ist in Anlehnung an den Typisierungsstreit von 1914 im Deutschen Werkbund gewählt. An den Deutschen Werkbund erinnert der Ruf nach materialgerechten, fertigungsgerechten und funktionsgerechten Formen, aber die Situation in den sechziger Jahren ist anders: Unter „Künstlern" sollen hier jene verstanden werden, die mit dem sozialistischen Realismus argumentieren, unter „Industriellen" jene, die sich an den harten Fakten von Wirtschaft in der sogenannten wissenschaftlich-technischen Revolution orientieren.

Der reale Gegenstand ist wiederum gespalten. Im Laden folgte er den Moden. Oder aber er hielt sich dort unangefochten von den Moden als bewährter, weil billiger und brauchbarer Gegenstand über Jahre und Jahrzehnte. Oder aber er entkräftete die Argumente für professionelles Design durch eine Ästhetik des Selbstmachens, durch Dilettantismus und Nachempfindung also. Oder – und das war am auffälligsten – er zeigte die noch immer normbildende Macht des Kunstgewerbes, indem er sich als Industrieprodukt mit Zeichen des Handwerklichen schmückte. Herausragend dabei die Wellen nostalgischer Leuchten, die dem Chefgestalter der Leuchtenindustrie noch in den achtziger Jahren den Designpreis der DDR einbrachten.[2] Diese ästhetisch verschiedenen Typen von Gegenständen verwiesen immer auf Vergangenes, auch in den Moden, die ständig zu spät kamen. Aber nur beim ersten Hinsehen erscheint die Vergangenheit als homogener Block in der Einheit des Vergangenseins, beim zweiten wird sie lesbar, wie Jahresringe etwa. Zwischen den Zeichen des Vergangenen stand unauffällig, was durch die Hände der Designer gegangen war: Gegenwart, Zukunft in Spuren.

Gestaltung von Theatergläsern im Vergleich zum Bausteinsystem Unistar, 1965.

Es wird im folgenden um Designobjekte gehen, um gedachte (die meisten), entworfene (weniger), produzierte (noch weniger). Das liegt an der thematischen Verbindung von Ästhetik und Utopie. Sie ist kein neuer Zusammenhang, sondern begleitet die Geschichte von Gegenständen und Räumen; mit wechselnden Akzenten deren Gebrauch und Entwurf. Seit Ende des 18. Jahrhunderts verweisen die Möbel und Häuser der Shaker auf den Shakerhimmel als Ort der Gleichheit und ebenso auf einen rohen Kommunismus als Form von Askese. Vor Ende des 19. Jahrhunderts beruhte das Bauen der Chikagoer Schule auf der Gewißheit, produzierte Formen könnten wie gewachsene in der Natur entstehen, nur ihrer gesetzmäßigen und praktischen Funktion folgend . In der Reformästhetik nach 1900 repräsentiert sich im Gesamtkunstwerk die Aufhebung der Arbeitsteilung, allerdings nur im Werk des Künstlers. Am Bauhaus ist der Gegenstand in seiner Form als Typ von distinktiven Funktionen befreit, und schließlich transportieren die Elementeprogramme und Baukästen der Ulmer Hochschule für Gestaltung das Programm von der Gestaltbarkeit der Umwelt in einer Kooperation von Designer und Nutzer. Gerade in der Verbindung von Ästhetik und Utopie liegt der Grund für ein weiterreichendes Interesse an deren historischen Trägern. Diese Verbindung von Ästhetik und Utopie für die DDR ist keine Antwort, sondern sie ist ein Motiv heutigen Fragens und folgt Lothar Kühne, der zwischen der zweiten Hälfte der siebziger Jahre und seinem Tod (1985) ein Pro-

Schalen und Tabletts aus Meladur: Gehören zur Ausstattung von Kantinen in Betrieben und Ferienheimen und waren mindestens 27 Jahre in Produktion. Gestalter: Albert Krause, 1959 Hersteller: VEB Preßwerk Auma, 1960.

Eßbesteck Form E 4 *: Essen wie mit Stäbchen Gestalter: Lutz Rudolph, 1961 Hersteller: VEB Auer Besteck- und Silberwarenwerke, 1962.*

gramm gegenständlichen Verhaltens entwickelt hat, in dem Behutsamkeit, Solidarität und Staunen Schlüsselworte sind.[3]

Ein behutsames Verhalten dem praktischen Gegenstand gegenüber sollte diesen, entgegen der Macht der Moden, dauern lassen. Durch solidarisches Verhalten sollten jene Gegenstände aussterben, die ihre Existenz, ihre Gestalt und die Art ihres Gebrauchs weniger dem praktischen Brauchen als vielmehr dem neidvollen Vergleichen verdanken. Ein Verhalten des Staunens und der Ehrfurcht gegenüber der Natur war für Kühne Voraussetzung für eine Vergegenständlichung, in der die Aneignung der Natur nicht gleichbedeutend mit ihrer Zerstörung ist. Das utopische Potential entwickelte Kühne aus der Kritik vorgefundener Praxis in Kapitalismus wie Sozialismus, zu der er eine Alternative kommunistischen Verhaltens sah, dabei anknüpfend an die Avantgarde der Zwanziger. Nimmt man die sechziger Jahre, gibt es auch hier Kapitalismuskritik und Avantgarderezeption, aber der Denkansatz war ein anderer. Vorgriffe auf die Zukunft entspringen nicht der Kritik von Gegenwart, sondern der Hoffnung auf eine Zukunft, die lediglich als Verlängerung von Gegenwart gesehen wird, nur besser, weil sie gesellschaftlich gestaltet ist, wo Spuren von Spontaneität durch Leitung und Planung ebenso beseitigt sind wie Reste von Bürgerlichkeit. Was die damalige Gegenwart im Denken und Gestalten überschreitet, bleibt auf der Ebene der Übereinstimmung mit den Trägern von Politik und Wirtschaft, wenn sie nicht selbst die Überschreitenden sind. Je intimer das Verhältnis von Macht und Utopie, desto mehr zerstört die Utopie sich selbst und entfaltet in der Aufhebung von Differenz zur Realität ihr Potential zur Erstarrung. In den sechziger Jahren ist ein Teil dieses Weges zu besichtigen.

Die Zeit, um die es gehen soll, sind zwar die Sechziger, aber Kalender und Zeitrechnung im Design stimmen nicht überein. Die sechziger Jahre sollen hier vor 1960 mit einem Modernisierungsschub in der Wirtschaft beginnen, verbunden mit „Chemisierung der Volkswirtschaft", Standardisierungskampagnen (Lehrschau für Standardisierung 1959), Designoffensiven (Sortimentsbereinigungen, Integration von Design und Designern in die ersten Industriezweige 1957 – 1960). Die sechziger Jahre sind spätestens mit einem politischen Datum zu Ende, mit Prag 1968. Für die genannten Jahre lassen sich thesenhaft drei Tendenzen benennen:

1. Als Alternative zu Formen von Distinktion ist nach Formen von Übereinstimmung gesucht worden. Der Gegenstand ist als „Einheit der Form in sich und Einheit der Form mit der Gesellschaft" (Horst Redeker) und schließlich mit anderen Formen gesehen worden. Unterschiede bestehen darin, was diese Einheit durch Übereinstimmung stiften soll: die Kunst, ein Stil, Standardisierung und Typisierung, die räumliche Umwelt, die Wissenschaftlichkeit des Entwurfs und schließlich Gemeinschaftsarbeit auf allen Ebenen.

2. Der einzelne Gegenstand bedarf einer Legitimation durch größere Zusammenhänge, in die er sich einordnen läßt, und die, wenn praktische Brauchbarkeit überhaupt zum Kriterium wird, über diese hinausgehen, hinein in gesellschaftliche Bedeutsamkeit, hinein in seine Symbolfunktion. Die Spanne der Differenzen reicht hier von Humanisierung der Technik über Zugehörigkeit zum sozialistischen Realismus bis zur Herausbildung einer Menschengemeinschaft und ihrer sozialistischen Lebensweise.

3. Die Zeitdimensionen des Gegenstandes weisen gegensätzlich sowohl in die Vergangenheit als auch in die Zukunft: Es werden einerseits Traditionen beschworen, andererseits reicht der Gegenstand durch ein Programm von Dauer, Beständigkeit, Langlebigkeit in die Zukunft hinein. Die durchgängig antimodische Haltung folgt sowohl aus ökonomischen wie aus moralischen Begründungen und in ihr ist der Gegensatz zu modischem Wechsel in der kapitalistischen Warenproduktion betont.

Zwischen Chemieprogramm und sozialistischem Realismus (1959 – 1962)

Wenn man nach Maßstäben für das industrielle Serienprodukt sucht, erwartet man eine Linie, zumindest ein Schwanken um sie, was man dagegen vorfindet, ist ein Nebeneinander von Handwerk, Kunst und Funktionalität als Maßstäbe, die wenig miteinander zu tun haben oder einander ausschließen.

Volkskunst, Handwerk und Kunsthandwerk sind dabei auslaufende Modelle. Als Formenreservoir verlieren sie jene Bedeutung, die sie in den frühen Fünfzigern als Alternative zum Bauhaus noch hatten, aber vorbildlich bleiben die Handwerker mit ihrer sauberen, ehrlichen und gekonnten Arbeit. Deren Resultate in den Museen zu besehen, bringe mehr, als nach dem Westen zu schielen.

Hochkonjunktur dagegen hat das Kunstmodell, von Hans W. Aust, Eberhard Bartke und Horst Redeker im besonderen entwickelt. Die „neue Zeit erfordert neue Formen", schreibt Aust, was nun die Traditionen des Handwerks nicht mehr zu leisten vermögen, sollen Geschmack und Wahrheit als Maßstäbe vollbringen. Guter Geschmack ist lehrbar, denn es gibt nur einen davon, und nötig wird das „Streben nach Wahrheit und Aufrichtigkeit in der angewandten Kunst". Es mündet – unter Berufung auf Brecht – im Realismus: Er zeigt das Gesetz, die Wahrheit nämlich, statt bloß Formen, wie der Formalismus, oder bloß Funktionen, wie der Funktionalismus.[4]

Ähnlich Bartke. Er rückt die Erkenntnisfunktion der Kunst ins Zentrum, deshalb ist das „ästhetische Verhältnis des Menschen zum Leben [...] kein praktisches, sondern ein geistiges Verhältnis".[5] Wer das Erkennen und das Geistige aus der Kunst vertreibt, spaltet sie in eine angewandte und eine bildende, wovor er alle Leser und besonders Redeker warnt, mit dem Bartke sich auseinandersetzt: Redeker hatte 1957 formuliert „Kunst ist eine Form der Praxis, der praktischen Aneignung der Wirklichkeit".[6]

Von der Kunst will sich auch Redeker nicht trennen. In einem programmatischen Text zur angewandten Kunst von 1962 – er folgt im gleichen Heft von *Form und Zwec k* unmittelbar auf Bartke – interessiert ihn das Ornament aus zwei Gründen: Es verweist auf jene Praxis zweckgerichteter Arbeit (ihr Material, ihre Technologie), die Bartke negiert, und was noch entscheidender ist, es schafft einen Stil. Stil aber ist Einheit: Der historische Anfang der Kunst ist die Vermittlung von Material und Zweck „durch die Technik zur harmonischen Einheit". Und dieser Kunstanfang zeigt sich „noch in der Einheit der vollendeten Form; und der Einheit der Form in sich und Einheit der Form mit der Gesellschaft". – „Es wieder zur Praxis und zum Bewußtsein dieser Einheit zu bringen, entspricht dem Wesen der sozialistischen Gesellschaft – wie die Partikularität, ja der Widerstreit der Interessen und Funktionen der bürgerlichen Gesellschaft entsprechen – und ist ihre Aufgabe."[7]

Als 1914 die „Künstler" gegen das pragmatische Ansinnen von Hermann Muthesius revoltierten, weltmarktfähige Formen zu entwickeln und sich mit der Typisierung anzufreunden, geschah dies, um die Autonomie der Kunst und das Recht auf individuelle Formen zu verteidigen. Wie sich im Design aber Kunstautonomie nicht retten läßt, greift ebenso wirtschaftlicher Pragmatismus zu kurz. Die Argumente der Künstler bezogen sich auf das Hervorbringen von Formen, Muthesius betonte das Wirken von Formen im gesellschaftlichen Kontext, und das war zumindest eine neue Frage. Gegenüber 1914 ist bei den „Künstlern" zu Beginn der sechziger Jahre der Wirkungszusammenhang von Gebrauchsformen nur innerhalb der Kunst denkbar. Die jetzige Gemeinsamkeit der Argumente für Kunst liegt im Kampf gegen ein Ausdifferenzieren von ästhetischen Funktionen, die der gesellschaftlichen Kon-

Campinggeschirr aus Meladur: Leicht, pflegeleicht, unzerbrechlich – und raumökonomisch lassen sich alle Teile in der Kanne verstauen. Gestalter: Hans Merz, 1958 Hersteller: VEB Preßwerk Tambach, Tambach- Dietharz, 1959.

Nivellierte Unterschiede zwischen handlicher Sucherkamera und hochwertiger Spiegelreflexkamera

Spiegelreflexkamera PENTINA: Gestalter: Jürgen Peters, Diplomarbeit an der Hochschule für bildende und angewandte Kunst, Berlin, 1958 Betreuer: Rudi Högner Hersteller: VEB PENTACON Dresden, 1960.

Das Material wechselt, die Form bleibt. Ventilator aus Metall: Werksentwurf Hersteller: VEB Elektromotorenwerk Dessau, fünfziger Jahre.

trolle entgleiten können: Die praxisorientierte Gesellschaft steht der Praxis mißtrauisch gegenüber, wenn es um Formen geht, in denen sich die Praxis des Gebrauchs artikuliert. Die Rede ist dann von „Reduktion der Form auf die rein funktionelle Seite des Gegenstandes" als „Ausdruck eines asketisch, nüchtern rationalen Verhältnisses zum Leben"[8] oder von „nacktem Mechanismus und kaltem Funktionalismus", in die der „zu Ende gehende, absterbende Kapitalismus [...] ausmündet".[9]

Andererseits interpretieren Gestalter ihre Arbeiten fern von allgemeinen Maßstäben und kümmern sich wenig um Kunst, Stil, Geschmack und Funktionalismusschelte. Zuerst bei technischen Gebilden setzen sie die Konkretheit einer Gestaltungsaufgabe an die Stelle eines Kanons: „Von einem Gerät verlangt man in erster Linie, daß es funktioniert und seinem Aufgabenbereich möglichst gut entspricht."[10] Daß diese kühle Rationalität andere Grenzen hatte, zeigte sich Anfang der sechziger Jahre, als Manfred Claus dieses Denken auf Apparate übertrug, die nicht während der Arbeitszeit, sondern während der Freizeit benötigt werden – auf Fotoapparate, die er in ihrer Allgemeinheit als optische Geräte beschrieb: „In erster Linie dienen optische Geräte der Beobachtung oder Wiedergabe eines Objekts, das sind seine(!) Hauptfunktionen." Und weiter vorn: „Es sind also Gesichtssinn und Tastempfindlichkeit, die die wesentlichen funktionellen Bedingungen ausmachen. Innerhalb des Tastsinns spielen Grifftauglichkeit und Oberflächenstruktur eine große Rolle."[11] Für eine weltanschauliche Verallgemeinerung war das sichere Fassen eines Apparates und die angenehme Berührung einer strukturierten Oberfläche wenig geeignet. Aber wie dem Denken der Ideologen der praktische Gebrauch suspekt war, traf hier der symbolische Gebrauch auf eine Leerstelle, was auf realisierte Kameraentwürfe zurückschlagen sollte: Beim Redesign der Kamera Penti I waren die Gestalter auf die Rahmenbauweise gestoßen. Ein umlaufender Rahmen, vorn und hinten mit einem Deckel verschlossen, der vordere Deckel durchbrochen von Objektiv, Sucher und Belichtungsmesser, der hintere geschlossen, im Rahmen der Auslöser. Die Penti I war eine Ingenieurentwicklung und als Kompaktkamera eine Billigkamera, einfach montierbar durch das Zudeckeln des Innenlebens. Nun übernahmen die Gestalter das Prinzip nicht nur für die Penti II, sondern für die hochwertige Spiegelreflexkamera Pentina. Damit verschwand das Dachkantprisma im Rahmen und mit ihm dessen Zeichenhaftigkeit: der Hinweis auf eine hochwertige Kamera für mehr als Urlaubsfotos. Mit dem Verschwinden des modernsten Bauteils durch Integration schwanden auch die Verkaufschancen auf dem Markt. Die kleine Penti für die Damenhandtasche und die große Pentina für den zum Profi neigenden Amateur, ernsthaft und vielleicht im Kulturbund organisiert, ließen sich nicht mehr so recht voneinander unterscheiden. Hatten die Gestalter geglaubt, sie könnten im Sozialismus auf Formen der Distinktion als Formen konkurrierenden Verhaltens verzichten? Oder übersahen sie symbolische Funktionen, weil sie sich auf konstruktive (Rahmenbauweise) und ökonomische Lösungen (Verringerung des Montageaufwandes) konzentrierten? Oder transportierte die geschlossene Form mehr an Vorstellungen von Gesellschaft, als man ihr ansehen konnte? 1959 hatte Rudi Högner, von dem der größte Teil junger Designer geprägt worden ist, auf einem „Lehrgang Formgebung" gesagt: „Wie in einer Staatsform sich alle Glieder dem Ganzen unterordnen und dienen, so kann sich auch eine moderne Maschine nicht leisten, daß jeder Teil ein Staat für sich ist, sondern die Maschine muß in ihrer Gesamtheit den Staat bilden. [...] Der Geist unserer Zeit ist das soziale Gesetz, alle kleinen Funktionen dienen einem großen Zweck und ordnen sich diesem unter."[12]

Die geschlossene Form ist die Voraussetzung für Zweckerfüllung, aber sie resultiert aus dem Dienen und Unterordnen ihrer Teile. Der Vergleich zwischen einer modernen Staatsform und einer modernen Maschine lag lange vor dem „Abendlicht", in dem Stephan Hermlin beschrieb, wie er das Marx-Zitat von der Entwicklung des einzelnen als Voraussetzung für die Entwicklung aller stets umgekehrt gelesen hatte.

Es ist wohl kaum zu entscheiden, wie das Verhältnis von utopischen und pragmatischen Anteilen in den Entwürfen gewesen sein mag. Auf jeden Fall hatte sich die Macht von Distinktionsformen gezeigt. Man kann es auch anders sagen: Hier offenbarte sich ein Widerspruch, der die Tücke der Warenproduktion innerhalb der Planwirtschaft zeigte, verschärft durch die Doppelfunktion solcher Waren wie Kameras: Sie mußten schon ihrer Stückzahlen wegen auf dem Weltmarkt exportierbar sein, aber sie waren in einer Gesellschaft entworfen, die sich als Gemeinschaft definierte. Sehr viel deutlicher als bei umrahmten und zugedeckelten Kameras zeigen sich solche Widersprüche in theoretischer Programmatik, weil dort die eine Seite des Widerspruchs, die Existenzform eines Produktes als Ware, in der Regel weggeschnitten worden ist. Waren und Warenästhetik blieben jenseits der Staatsgrenze.

Kleinbildkamera PENTI II:
Gestalter: Manfred Claus, 1959
Hersteller: VEB PENTACON Dresden, 1959.

1959 zitiert Horst Redeker, wie viele andere seit 1945, Goethe als humanistische Instanz herbei. Einmal mit einem der Eckermannschen Gespräche und einmal mit der Schlußvision aus dem „Faust". Goethe hatte 1822 in einer der abendlichen Unterhaltungen über „die damals aktuellen Fortschritte der Chemie" gesprochen und nach Eckermann/Redeker „für die neuesten Entdeckungen auf diesem Gebiet große Anteilnahme und Bewunderung gezeigt". Redeker bringt das in Verbindung zu Friedrich Wöhler, dem 1822 „die erste Synthese eines organischen Stoffes durch den Menschen, die Herstellung der Oxalsäure" gelungen war, und verbindet es außerdem mit der Schlußvision von „Faust": „Und dieser Zusammenhang wird uns erst heute bewußt angesichts der Verwirklichung einer solchen Vision in unserer Gesellschaft" im allgemeinen und durch das Chemieprogramm von 1958 im besonderen.[13] Unter dem Motto „Chemie gibt Brot – Wohlstand – Schönheit" war letzteres von Walter Ulbricht auf der Chemiekonferenz propagiert worden. Heute kann man sich Faust vorstellen, wie er am Ende auf Müllbergen steht, und das freie Volk ist ein Volk von Allergikern, abhängig von der Pharmaindustrie und den Preisen im Naturkostladen. In der Verbindung von Emanzipation, Wissenschaft, Wirtschaft und Politik zeigt sich eine Konstruktion, die nicht nur für jene Jahre charakteristisch ist. Denken solchen Zuschnitts konnte sich lange halten, weil es eine merkwürdige Verbindung zwischen Utopien und Kampagnen gegeben hat. Letztere boten dem utopischen Potential die Initialzündung, und die Kurzlebigkeit der Kampagnen erfaßte so auch die Utopien. Sie erinnern an Silvesterraketen, die, wenn sie aufleuchten, schon im Verglühen begriffen sind. Aber vielleicht kann man gar nicht von Utopien sprechen, vielleicht geht es einfach um die ideologische Aufwertung von wirtschaftlichen Strukturentscheidungen: Dem Chemieprogramm lag der geplante Import von sowjetischem Erdöl zugrunde und der geplante Export von Finalprodukten aus Plast – besonders in die sozialistischen Länder im Rahmen der Arbeitsteilung innerhalb des RGW. Letztendlich verdanken die Plastartikel ihre Existenz weniger der Vision im Faust als vielmehr dem Bedarf an verschleißarmen Werkstoffen, der Haushaltsmodernisierung mit dem Bevorzugen des Leichten und Unzerbrechlichen, dem Bedarf der Campingfreunde und der Vergesellschaftung des Essens in den Betriebskantinen, den Ferienheimen und Selbstbedienungsgaststätten sowie dem Mangel an natürlichen Rohstoffen, den chemische Fasern, Folien und andere Flächenwerkstoffe ausgleichen sollten.

Tischventilator aus Plast:
Gestalter: Hans Merz
Hersteller: VEB Elektrowärme Altenburg, 1959.

Nach Martin Kelm sind innerhalb von zwei Jahren (gemeint sind wahrscheinlich 1959 und 1960) ungefähr 250 Plasterzeugnisse durch die Hand eines Designers gegangen, die meisten davon an der Hallenser Hochschule für industrielle Formgestaltung, einige von ihnen waren bis zur Wende im Handel – ihrer antimodischen Gestalt wegen, die es vermochte, die ökologischen Folgen wenigstens durch Dauerhaftigkeit der Produkte zu bremsen, wenn sie der Gebrauch nicht vorzeitig zerschrammte und mattierte. Was an ihnen interessant ist, sah schon Redeker, aber wie er es sah, zeigt die Macht der ideologischen Bandagen im Stil von Sätzen, in denen ein Stil vorsichtig relativiert wird: „Und wenn kein Zweifel daran sein kann, daß sich in der Entwicklung ein sozialistischer Stil der gegenständlichen Kultur herausbilden wird (der zwar immer noch, wenn auch in Grenzen, national beeinflußt, aber nicht mehr schlechthin national sein kann, weil die äußere Gestaltung im wesentlichen ein Resultat utilitaristischer und sozialer Zwecksetzungen ist), so wird dabei den Industrieformgestaltern der DDR eine besonders verantwortungsvolle Aufgabe zufallen."[14] Mit dem Chemieprogramm war das Ende von Stil- und Realismusdiskussionen zumindest abzusehen, aber mit der V. Deutschen Kunstausstellung im Jahre 1962 gibt es noch einmal ein Aufflackern: „Wie zauberhaft die Farbe Weiß sein kann, beweist Reinhard Kretzschmar mit seinem Winterlandschaftsbild, das im Albertinum bewundert wird. Das Weiß von Petras – ohne jedes Dekor [auf dessen zylindrischen Vasen – H.H.] – ist nichts weiter als die physikalische Summierung sämtlicher Farben, kalt, glatt, nichtssagend. Diese Vasen haben mit Kunst nichts mehr zu tun."[15] Dieses Zitat aus der Rezension der V. Deutschen Kunstausstellung im *Neuen Deutschland* ist in mehrfacher Weise interessant: Der Rezensent Karl-Heinz Hagen benennt damit einen wesentlichen Unterschied von Kunst und Design: Das Weiß bei Kretzschmar ist Ausdruck einer autonomen Künstlerindividualität, das Weiß bei Petras Ausdruck eines Materials und des Funktionsverständnisses einer Vase, von etwas sehr Allgemeinem eben. Aber das Allgemeine wird am Individuellen gemessen und fällt durch. Nach Kunst zu rufen, hieß, nach Formen zu rufen, die man als Distinktionsformen zutiefst ablehnte, gleichzeitig aber als Gefäße eines geistigen Gehalts dringend brauchte.

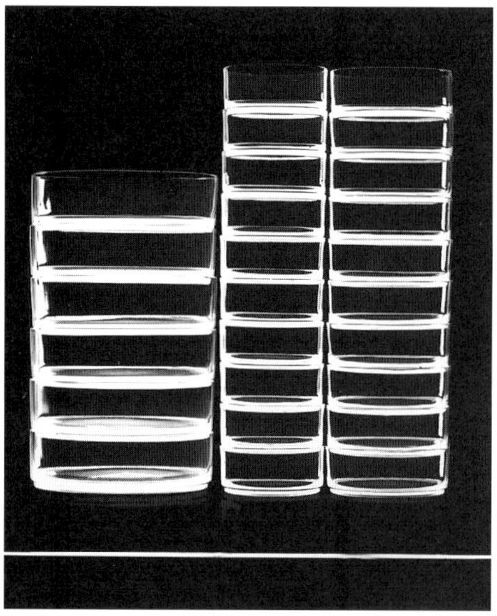

Schalen aus dem Preßglassortiment EUROPA:
Platzsparend im Hotelbetrieb
Gestalter: Margarete Jahny, Erich Müller, 1964
Hersteller: VEB Glaswerk Schwepnitz, 1965.

Was zu sehen war, ist eine Umbruchsituation, in der ein letztes Mal in großem Maßstab versucht worden ist, über den Bezug zur Kunst die Normen einer vorindustriellen Ästhetik in die Industrie hinüberzuretten. Mit dem Verweis auf realistische Kunst endete, was zu Beginn der Fünfziger mit der Anrufung von bürgerlicher Aufklärung begonnen hatte und schon Mitte der Fünfziger an der Beschränkung von Tradition aufs Nationale und Handwerkliche sowie der Beschränkung von Emanzipation aufs Geistige gescheitert war. Es blieb dennoch die immer wieder reflektierte Frage, wie denn nun der Sozialismus in den Gegenstand kommt. Aber es ist eine Frage, der jetzt die Erfahrung zugrunde liegt, wie wenig das mit einem Stil oder dem (sozialistischen) Realismus zu leisten ist. Bis Mitte der sechziger Jahre erfolgt nun eine langsame Abwendung vom Modell der Kunst bei gleichzeitiger Hinwendung zum Modell von Wissenschaft. Entwürfe und Serienprodukte waren diesem Denken schon zuvorgekommen, was moderne Materialien, Konstruktionen und Gestaltqualitäten gezeigt hatten.

Raster, Baukästen, Standardisierung (1963 – 1968)

1963 beschreibt Erich John im Jahrbuch „Form und Zweck" den Entwurfsprozeß einer Maschine. Die von ihm gestaltete *neosupan* (die spätere *minosupan*) ist eine neuentwickelte Anschliffmaschine für mineralische Proben. Sie besteht aus vier Quadern, einer stehend, drei liegend, alle vier gestapelt. Der vertikale Aufbau, die wenigen Vor- und Rücksprünge assoziieren die architektonische Form eines fensterlosen Hochhausmodells – eine geschlossene Form. John wollte, wie er sinngemäß schreibt, weder Vorbildern noch geschmacklichen Vorurteilen folgen. Statt dessen „kam es darauf an, die Baugruppen so anzuordnen, daß sie eine möglichst günstige und charakteristische Form ermöglichen“ und selbst „die kleinste Detaillösung“ sollte noch objektiv begründbar sein. Die gefundene Form erschien dem „technischen Kollektiv“, mit dem er zusammenarbeitete, zwar „zu straff und zu kantig“, er hatte aber gute Argumente für sie, denn „gerade diese Form gestattet eine präzise und einfache, spanabhebende Bearbeitung der Oberfläche. Die Gußformen sind [...] ohne großen Aufwand herzustellen“.[16]

Zwanzig Jahre danach ergänzte John lachend: Was den Technikern „zu straff und zu kantig“ war, ließ sich nicht nur mit gewollter Präzision und Produktionsökonomie erklären, sondern auch Mies van der Rohe habe bei der Proportionierung und Gliederung des Maschinenkörpers Pate gestanden.[17] Text wie Ergänzung sind in mehrfacher Weise interessant:

– Eine geschlossene Form wie diese ist zwar bestens überschaubar, aber sie ist nicht durchschaubar. Gleichzeitig zeigt sich in der Vereinfachung ihres Aufbaus und der Wiederholung umbauender Formen – es gibt nur rechtwinklige Flächen und zwischen ihnen nur horizontale Trennfugen – eine zeichenhafte Andeutung des Kommenden: die Offenheit von Baukästen.

– Die Rezeption der gestaltenden Avantgarde hatte praktisch begonnen, ehe sie mit dem Bauhaus beim Namen genannt wurde. Noch 1965 bezog sich ein programmatischer Text zur Standardisierung via Giulio Argan unverkennbar auf das Bauhaus, aber der Name fiel nicht. Seine Annahme als Erbe zog sich über Jahre hin, denn schon 1963 war die erste Publikation zum Bauhaus erschienen, als legitimierender Wegbereiter eine sowjetische von L. Pazitnov, gefolgt von Lothar Lang 1965 und Diether Schmidt 1966. Weniger Glück hatte Karl-Heinz Hüter, dessen Darstellung des Weimarer Bauhauses jahrelang liegenblieb und erst 1976 erschienen ist.

– Die *neosupan* steht innerhalb einer Entwicklung, die um 1957 mit dem „Saubermachen“ konglomerierter technischer Gestalten beginnt, in der seit Mitte der sechziger Jahren das „Wohlbefinden am Arbeitsplatz“ thematisiert wird und die während der frühen siebziger Jahre in „komplexe Arbeitsumweltgestaltung“ mündet, was sowohl die Organisation technologischer Prozesse wie des Verhältnisses von Anspannung und Entspannung während der Arbeitszeit einschließt. Je komplexer allerdings die Gestaltungsaufgaben werden, desto weniger entsprechen ihnen vorzeigbare Resultate. Rationalisierungsvorhaben und Rekonstruktionsprojekte erreichen selten die zeitliche Dimension ganzer Produktionsprozesse und räumlich noch seltener das ganze Betriebsgelände. Die größten Realisierungschancen für Entwürfe liegen dagegen bei technischen Gebilden (Geräten, Apparaten, Maschinen und Anlagen), Arbeitsplätze bleiben beispielhafte Ausnahmen.

John ist im Bestehen auf einer konstruktiv und technologisch begründeten Form konsequenter als die Techniker, so, als hätte es ein Jahr zuvor keine V. Deutsche Kunstausstellung mit der Kritik am Technizismus gegeben, und noch darüber hinaus so, als würde Martin Kelm nicht im gleichen Heft noch einmal alle kritisierten Eigenarten der Formgestaltung rekapitulieren: die überbetonte Sachlichkeit und Strenge, die überbetonte Grau-Tendenz (das beschriebene Maschinengehäuse ist hellgrau), die Enge und Einseitigkeit des technischen Charakters und der absoluten Funktionsform, die Fetischisierung der Vertechnisierung, die Tendenz des Uniformismus und zu guter letzt noch die Zweckmäßigkeitsästhetik des Bauhauses. Hier waren ästhetische Qualitäten rationellen Produzierens und Gebrauchens abgelehnt worden, weil sie das Vorurteil vom grauen und monotonen Sozialismus zu bestätigen schienen. Statt dessen sollte es nun farbiger zugehen, verschiedene Oberflächen und Formvarianten wurden angemahnt[18] und so blieb die Alternative zum vermeintlich Uniformen im Formalen stecken.

Installationsgerätesystem ICA-S80 (System 80) *:*
Unauffällig an der Wand und bündig kombinierbar
Gestalter: Wolfgang Dyroff, 1966
Hersteller: VEB Elektroinstallation Oberlind und VEB Elektroinstallation

Kaffeegeschirr Daphne *:*
Geometrisch und technoid mit plastischem Rasterdekor + ein hochwertiges Porzellan
Gestalterin: Ilse Decho, 1963
Hersteller: VEB Porzellanwerk „Graf von Henneberg" Ilmenau, 1964.

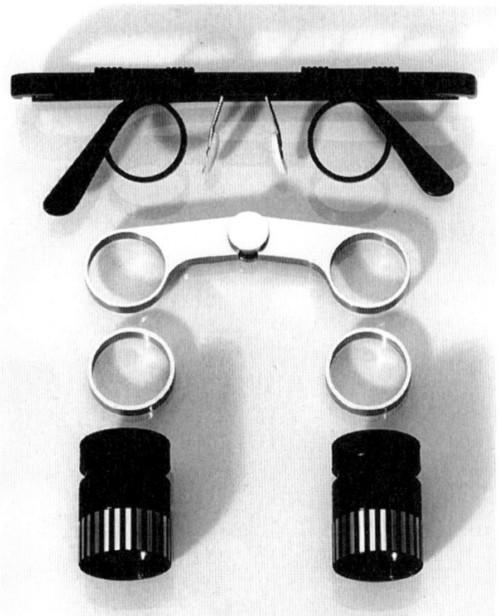

Theaterglaskombination Unistar*:*
Auch wie eine Brille aufsetzbar oder als Okular zu benutzen
Gestalter: Erich John, 1964
Hersteller: VEB Rathenower Optische Werke, 1965.

John scheint das nichts anzugehen, wohl aus zwei Gründen: Er kümmert sich nicht um kritisierte Konsumgüter für das Wohnen, sondern um eine Maschine. Und die Kooperation mit Technikern, die sich immerhin durch nachvollziehbare Argumente überzeugen lassen, scheint ihm wichtiger als die Übereinstimmung mit Trägern von Ideologie – und dies, obwohl er sich selbst im Zentrum der Ideologiebildung befindet, denn er ist weder freischaffend noch im Betrieb angestellt, sondern Mitarbeiter des damaligen Zentralinstitutes für angewandte Kunst. Dessen Leiter ist Martin Kelm.

Wie war das möglich? Es gab nicht nur einen Text, der verschieden auslegbar war, es gab schon verschiedene Texte und für sie unterschiedliche Kontexte: die Produktentwicklung in den Betrieben, die Leitung und Planung kultureller Prozesse, die individuellen Programme des Gestaltens.

Und entgegen den offiziellen Verlautbarungen, wie etwas aussehen sollte, war entscheidender, daß jeder realisierte Entwurf einen Platz in der Industrie besetzte, denn noch 1963 „fehlt die zentrale Lenkung, die Einbeziehung der Formgestalter in die Plansystematik der Wirtschaft!"[19] Das wird sich in den folgenden Jahren ändern und beginnt – was auch Folgen für die Ästhetik des Gegenstandes hat – 1964 mit dem Etablieren von „Gestaltung als Qualitätsfaktor". Gutachterurteile zur ästhetischen Qualität gehören jetzt mit einiger Verbindlichkeit zur Bestimmung staatlich geprüfter Erzeugnisqualität. Als Folge davon wird das nunmehrige Zentralinstitut für Formgestaltung[20] 1965 dem „Hüter der Qualität", dem Deutschen Amt für Meßwesen und Warenprüfung angegliedert. Was sich später als Zentralisierung, Bevormundung und Kontrolle auch gegen die Designer richten wird, ist zunächst eine Befreiung von den Maßstäben der Kunst und andererseits die Verpflichtung, innerhalb des mit Meßgeräten und Prüfanordnungen ausgestatteten Amtes an Kriterien zu arbeiten, die überprüfbar sind. Schlechte Karten für Stil, sozialistischen Realismus und angewandte Kunst (deshalb die Wandlung von angewandter Kunst zu Gestaltung im Institutsnamen) und bessere für Psychologie, Physiologie, Anatomie, Ergonomie und schließlich die exakte Ästhetik von Max Bense, von Rolf Garnich für das Design aufbereitet. Die Häufigkeit, mit der man sich bis 1968 auf exakte Wissenschaften berief, widersprach der Verfügbarkeit ihrer Resultate, aber sie entsprach einem Verständnis von Ästhetik, dem die subjektive Seite und damit das Ästhetische als Verhältnis verlorengegangen war. Weil exakte Ergebnisse zwangsläufig fehlen mußten, bemühten sich die Gestalter selbst um mehr Objektivität durch historische Vergleiche, Kontextanalysen und Visionen neuartigen, sozialen Gebrauchs. Man begab sich auf die Suche nach der objektiven Form. Gerade hinter ihr schimmerten die Utopien hervor.

1964 ging die erwähnte *minosupan* als Teil einer Baureihe in Produktion, im gleichen Jahr das Porzellangeschirr *Daphne* mit dem Rasterdekor und ein Baukasten von Elektrowerkzeugen, hervorgegangen aus einzelnen Bohr-, Schleif- und anderen Handwerkzeugen. 1965 begann die Serienproduktion des stapelbaren Preßglassortiments *EUROPA*. Für Hotels entworfen, waren ihm umfangreiche Analysen gastronomischer Bedingungen vorausgegangen. Gleichzeitig gehörte *EUROPA* zu jenen individuell schwer beschaffbaren Gläsern, die in einem dekorierten Umfeld schon distinktiv durch die reine Funktionsform wirkten. Weder Hotels unterschieden sich nun voneinander, noch Hotels von Haushalten. Ebenfalls 1965 ging der *Wartburg* 353 in Serie, dem 1967 der *Tourist* folgte. Besonders letzterer beruhte auf dem Konzept, die beanspruchte Verkehrsfläche zu minimieren und den Nutzraum zu vergrößern. Im gleichen Jahr ging ein Theaterglas in Produktion, das im Entwurf die Theaterglaskombination *Unistar* gewesen war: ein Theaterglas, das auch als Okular oder wie eine Brille zu benutzen sein sollte. 1966 wurden im VEB Carl Zeiss JENA die ersten Mikroskope der Mikrovalreihe gebaut – als Teile eines

Baukastens, was weltweit einmalig war. Im gleichen Jahr begann in einem halbstaatlichen Betrieb die Produktion der *HELIRADIO*-Bausteinserie *rk 3*. Sie führte zwei Ideen zusammen, die an der Ulmer Hochschule für Gestaltung realisiert worden waren. 1956 hatte Hans Gugelot den „Schneewittchensarg", das Thermogerät *SK 4* gestaltet, 1959 Herbert Lindinger seine Diplomarbeit in Gestalt eines Baukastens für Radio, Tonbandgerät und Plattenspieler abgeschlossen. Noch verbreitet ist das *System 80*, ein antimodisches, unauffälliges Sortiment kombinierbarer Schalter und Steckdosen, das 1967 in Produktion ging. Zeitgleich mit diesem kleinsten Baukasten entstand der größte mit der *R 300* als erster Datenverarbeitungsanlage von VEB Robotron. Im gleichen Jahr beginnt auch die Produktion des flammfesten Porzellangeschirrs *CORDOflam*. 1968 schließlich geht in Hellerau das MDW-Programm in Serie. (Diesen neuartigen Produkttyp eines Elementeprogramms für raumbildende Behältnismöbel hatte Hans Gugelot – zunächst noch in der Schweiz, später an der Hochschule für Gestaltung – in der ersten Hälfte der Fünfziger entwickelt.)

Datenverarbeitungsanlage R 21 *: Modular aufgebaute Schränke für raumfüllende Elektronik, exakt: ein Gefäßsystem und darin Nachfolger der ersten Anlage, der* R 300 *, die 1967 in Produktion gegangen war*
Gestalter: Christian Berndt, Jürgen Böttger, Clauss Dietel, Gerhard Jahnel, Lothar Krannich. Wilhelm Markmann, Klaus Nietzold, Werner von Strauch, 1969
Hersteller: VEB Kombinat Robotron, 1970.

Nach 1968 endet die erfolgreichste Zeit im DDR-Design. Sie hatte etwa zwölf Jahre gedauert, wenn man sie um 1957 beginnen läßt. Was bleibt, sind die relativ großen Realisierungschancen für Arbeitsmittel, was mit dem Aufbau von Wohngebieten und Stadtzentren sowie stadtzerstörenden Fußgängerachsen hinzukommt, sind Sekundärarchitektur und Straßenmobiliar.

Die Aufzählung von Entwürfen, die bis zur Serie gelangt sind (mit Ausnahme des *Unistar*), ist einseitig, weil sie sich auf jene Dinge konzentriert, die für diese Jahre charakteristisch sind: Maschinen und Geräte werden Teile einer Baureihe, Möbel bilden ein Programm, Schalter und Steckdosen ein System, Gefäße kein Service, sondern ein Sortiment, Bausteine assoziieren den Baukasten und der *Wartburg 353* zeigt in montagefreundlichen Toleranzfugen und seinem kubischen Aufbau noch die Idee des Rasters, ebenso wie der plastische Dekor von *Daphne* oder *CORDOflam*.

Das Konzept des Teilens und Elementarisierens, um kombinieren und variieren zu können, war natürlich nicht neu, von Fröbelschem Spielzeug bis zu Militärtechnik reichen die historischen Vorarbeiten, mit dem Containertransport bestand schon das System wohl höchster Komplexität, an der Ulmer Hochschule für Gestaltung entwickelte Hans Gugelot das Systemdesign und verglich den Designer nicht mit einem Architekten, sondern dem Städtebauer: Die Stadt, ihre Häuser, deren Wohnungen, die Zimmer in ihnen, darin die möbelhaften Behältnisse mit ihren Fächern sind als Schachteln gesehen worden, die zu- und ineinanderpassen sollen – semiotisch eine Reduktion von Information, ökonomisch Ersparnis von Raum und Energie, historisch eine Leerstelle voraussetzend. Während der Sechziger ist Geschichte in Ost und West in einem Programm von Modernisierung gleichermaßen beseitigt worden, für die Siedlungsräume ein Unglück, für die Gebrauchsgegenstände ein Glück, denn was in ihnen Geschichte war, ging höchstens auf die Neostile des 19. Jahrhunderts zurück. So sieht Siegfried H. Begenau (als Gerhard Dunkel) eine allgemeine Tendenz, wenn er schreibt: „Es läßt sich das auch so formulieren, daß sich die Welt technischer Erzeugnisse in Richtung zu einem Problem der Kombinationslehre entwickelt, zu einer neuen Lö-

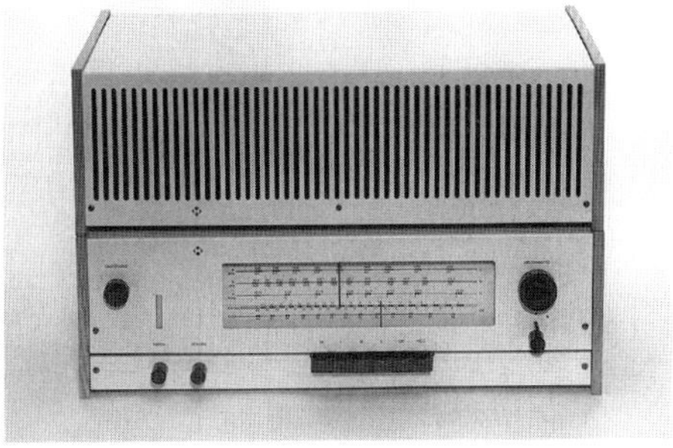

HELIRADIO-Bausteinserie rk 3 *: Nicht Tonmöbel, sondern Bausteine einer Anlage mit Verweis auf furnierte Möbel*
Gestalter: Clauss Dietel, Lutz Rudolph, 1965
Hersteller: Gerätebau Hempel KG, Limbach-Oberfrohna, 1966.

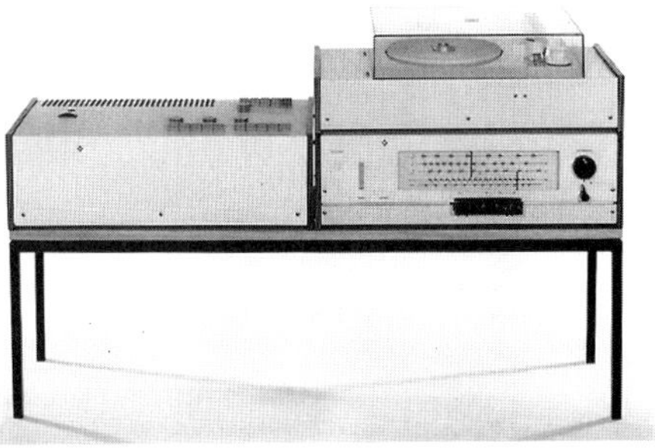

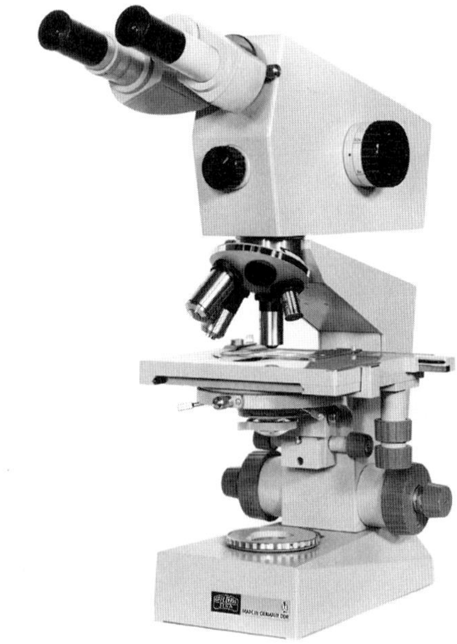

Mikroskop Ergaval der MIKROVAL-Serie: Weltweit die ersten Mikroskope aus dem Baukasten
Hersteller: VEB Carl Zeiss Jena, um 1965.

sung der Einheit in der Verschiedenheit. Die Standardisierung entwickelt sich zu einem universalen Baukastensystem."[21] Die „Einheit in der Verschiedenheit" weist auf historische Versuche, die Welt als Ganzes zu fassen und zu gestalten, etwa in der Idee des horizontal-vertikalen Raumgitters von Piet Mondrian, in dessen Universalität alle Gegenstände der Welt einzuordnen waren, sobald sie dieser horizontal-vertikalen Struktur folgten. Neu ist jedoch die Verknüpfung mit Standardisierung und die Steigerung zu einem „universalen Baukastensystem".

Ähnlich wie der Text von Begenau verweisen Entwürfe und Serienprodukte auf Utopien der Avantgarde, und sie sind gleichzeitig Vorgriffe auf eine Zukunft, die nicht stattfinden wird. Die gemeinten Dinge sind blaß in der Farbe, in den Formen neutral, und sie rastern den Raum als Reihe, Stapel oder beides. Später werden sie mit „grau, rechteckig und stapelbar" ironisiert. Was entfärbend, neutralisierend und gleichzeitig ordnend durch Ähnlichkeiten wirkt, ist das Aufscheinen eines fernen Ideals, auffindbar im Selbstverständnis der Formgestalter, in den Vorstellungen von Arbeit in der industriellen Produktion und ebenso im Gebrauch der Dinge, wie er war oder sein sollte. In Korrespondenz zum „Leiter und Planer gesellschaftlicher Prozesse" jener Jahre in der DDR sieht sich der Gestalter von Gegenständen nicht als arbeitsteiliger Spezialist, schon gar nicht als autonomer Künstler, sondern als Koordinator, der die Spezialisten zusammenführt und das Separierende in der Ganzheit einer Gebrauchsform aufhebt. Gestaltung ist die ästhetische Aufhebung von Arbeitsteilung im praktischen Gebrauchswert.

Sein Selbstverständnis als Koordinator beruht auf dem Verständnis von Leitungs- und Planungsgremien, besonders aber von Industriebetrieben als Orten von Kooperation, spezifischer von Orten „vertrauensvoller Zusammenarbeit" und „sozialistischer Gemeinschaftsarbeit". Dem widersprach das immer wieder beklagte Ressortdenken, aber es schien aufhebbar, weil die in ihm ausgedrückten Interessenunterschiede nicht gesehen oder verdrängt worden sind. Gleichzeitig entsprachen einer erwünschten Kooperation Entwurfskonzepte ohne Realisierungschancen. Schon 1961 zieht Jürgen Peters eine Linie vom Wohnungsbau über Einbauküchen bis zu Einbaugeräten in Gestalt von Radios und Fernsehgeräten von „absolut technischem Charakter", wodurch die „Rundfunk- und Fernsehindustrie zu einem Zubringer für die Möbelindustrie werden" müsse.[22] Ein Jahr später scheint die Ausstellung „neues leben – neues wohnen" eine solche Entwicklungsmöglichkeit zu bestätigen: Paßgerecht für den neuen Wohnbau P2 – mit Durchreiche zur Küche – hatten mehrere Gestalterkollektive Varianten des Interieurs entwickelt. Dabei blieb es allerdings, und erst 1968 schlossen sich neun Industriezweige zunächst zum Werbeverbund „intecta" zusammen, ab 1969 beteiligten sich auch Handelspartner. Was mit ihm erreicht wurde, war zunächst nicht mehr als eine Modernisierung der Angebote für die Wohnung, nach und nach kamen abgestimmte Maße und Materialien und Formen hinzu. Der Realität allerdings waren Vorstellungen von einer neuen Gemeinschaft vorausgeeilt. 1963 hatte Gerhart Müller das Bild einer neuen Kameradschaft zwischen Gestaltenden und Produzierenden entwickelt: „...die Menschen im wirtschaftlichen Bereich beginnen, den fundamentalen Zusammenhang zwischen Ökonomie und Ästhetik zu erkennen. So wird sich – wenn diese Formulierung erlaubt ist – ihre passive Rolle als Empfänger der Form aus der Hand des Künstlers in eine aktive wandeln: in dem Bestreben, das sozialistische Menschenbild zu entwickeln und überall in der sozialistischen Gestalt unserer Umwelt erkennbar zu machen, wird der Produzent zum Kameraden, zum Weggenossen und Mitarbeiter des Künstlers."[23] Woher 1963 soviel utopische Hoffnung? Als Gropius im Bauhausmanifest von 1919 von aller künstlichen Umwelt als dem Bau der Zukunft schrieb, an dessen Errichtung

Millionen Hände in gemeinsamer Arbeit beteiligt sein würden, beflügelte ihn die Hoffnung auf eine neue Welt. Als Gui Bonsiepe als Leiter einer Entwicklungsgruppe[24] bis 1973 im Chile der Unidad Popular landwirtschaftliches Gerät entwarf, dessen Re-alisierung auf solcherart Kooperation angewiesen war, nahm er an einem sozialistischen Experiment teil, aber worauf stützte sich Gerhart Müller, Chefredakteur von *Kultur im Heim*, 1963 in der DDR? Sah er nach dem Mauerbau die Chance, nun den eigentlichen Sozialismus aufzubauen, war für ihn die Harmonisierung der Interessen nur eine Frage von Zeit und Überzeugungsarbeit, glaubte er, dem Design als Inbegriff moderner Schönheitsvorstellungen könnten die Arbeiter nicht widerstehen?

Das sozialistische Menschenbild konkretisierte sich im Programm einer sozialistischen Menschengemeinschaft, was den Bedarf an Übereinstimmung zwischen Individuum und Gesellschaft sprunghaft steigen ließ. Ihr schienen typisierte und standardisierte Formen schon zu entsprechen: Sie sind Ausdruck einer vergesellschafteten Produktion, und dieser Ausdruck muß auch in der individuellen Konsumtion nicht durch Diversifikation kaschiert werden, weil ihm die private Aneignung des gesellschaftlich Produzierten nicht mehr widersprechen kann. Das hat allerdings, wie Reflexionen und Entwürfe zeigen, das Fragen nach dem Verhältnis von Individuum und Gesellschaft in den Gegenständen und ihrem Gebrauch nicht beendet.

Zunächst noch zaghaft begann das Erkunden individueller Spielräume: Das Atmosphärische im individuellen Wohnraum könnte es sein oder die Accessoires in Gestalt von Büchern, Blumen und Bildern. Träger solcher Erkundungen waren die Gestalter. Mehr an Individualität schienen Typen, Standards und vor allem die Herstellerbaukästen als Bastionen von Dauer und Stabilität nicht zu erlauben. Sie entsprachen den starren Planungsinstrumenten ebenso wie der durch Zentralisations- und Konzentrationsprozesse unbeweglich werdenden Produktion, aber interpretiert wurden sie als Bollwerke gegenüber dem Wechsel der Moden. Wahrheit liegt in beidem. Was allerdings in den sechziger Jahren noch nicht gesehen oder schon verdrängt worden ist, waren die Tendenzen zu Erstarrung und Entwicklungslosigkeit in Standards, die sich auch dann nicht von der Stelle bewegten, wenn sie historisch überholt waren.

Motor „M 53" für die „Simson S 50", 1974-1978 gebaut.

Als der Blick nicht mehr von den Herstellerbaukästen gefesselt wird, sondern sich auch auf Nutzerbaukästen zu richten begann, wurde die Probe auf das Exempel schon im MDW-Programm von 1968 realisiert: Das Möbel ist soweit elementarisiert und seine Montage soweit vereinfacht, daß es die raumgreifende Individualität seiner Nutzer auszudrücken vermag. Im Grad seiner Verbreitung hatte das MDW-Programm, weil es das modernste war, eine unangefochtene Monopolstellung und vermochte zeichenhaft sowohl Distinktion wie Übereinstimmung zu transportieren: Übereinstimmung mit den Formen einer modernen Produktion und im Bedürfnis nach Zeigen und Verstecken. Was in den offenen Behältnissen gezeigt und was in den geschlossenen versteckt worden ist, machte die Distinktion aus. Oder genereller: Das Distinktive zeigt sich schon im Verhältnis geschlossener und offener Bauteile.

Das MDW-Programm befindet sich an einem historisch interessanten Punkt, zu dem ein Weg hin- wie ein anderer wegführt. Der hinführende Weg beginnt bei Anbaumöbeln, die 1953 als unkünstlerisch abgelehnt worden sind. Kurt Liebknecht, damals Präsident der Deutschen Bauakademie, meinte, daß die beliebige Anordnung von Funktionsteilen die Komposition zerstöre, aber dahinter stand, was unausgesprochen blieb: Das Möbel entzog sich der gesellschaftlichen Kontrolle, und es bestand die Gefahr, daß es nicht mehr Übereinstimmung, sondern die individuelle Besonderheit ausstellte. Das Möbel wurde aber als künstlerische Komposition benötigt, die auch im familiären

Mokick Simson S 50, Grundentwurf: Der im offenen Prinzip aufgelöste Konflikt zwischen Standard und Mode Gestalter: Clauss Dietel, Lutz Rudolph, 1967/1968.

Wohnzimmer von gesellschaftlichen Aufbauerfolgen künden sollte. Während die Experimente mit der Variabilität bis zur Wohnung geführt worden sind, aber erfolglos blieben, endet der wegführende Weg im durchschlagenden Erfolg der Schrankwand. Sie, deren Verbreitung durch das Wohnungsbauprogramm von 1972 kräftig stimuliert worden ist, mutet wie ein provinzieller Kommentar zu den feinen Unterschieden an: Ihre Differenzen sollten zur Distinktion taugen, aber es reichte nur zu deren Illusion durch die Varianten ihrer Dekorfolien und aufgesetzten Profile. Wer über die Schrankwand verfügte, stand weniger im Verdacht, wider die Ordnung zu sündigen. Sie steht für den falschen Ausweg aus der Standardisierung: Typen und Standards durch eine unbegrenzte Vielfalt von Dekorvarianten zu kaschieren und dies als Veredelung der Produktion zu deklarieren. Entscheidender Förderer dieser provinziellen Warenästhetik war das Amt für Preise, dem die Betriebe folgten, weil das Variieren durch bloße Dekoration aufwendige Innovationen ersetzte und weil solcherart „Veredeln", wie man es nannte, den Betriebsgewinn erhöhte. Ebenso in Richtung von Stagnation entwickelte sich die Standardisierung: Sie beschränkte sich immer weniger auf Maße und Leistungsforderungen an Materialien und Halbzeuge und erfaßte immer mehr komplexe Gebilde. Zwischen steilen Stühlen und dicken Polstersesseln nichts drittes zuzulassen und später das Barfach in der Schrankwand zum verbindlichen Standard zu erklären, zeigt, daß unreflektiert beschränkte Lebensauffassungen standardisiert worden sind. Es wäre interessant zu fragen, welche Vorstellungen es im einzelnen waren, wenn man nicht beim bloßen (und berechtigten) Verdacht der Kleinbürgerlichkeit stehen bleiben will.

Epilog: Am Ende doch noch eine Utopie

1974 geht in Suhl das von Clauss Dietel und Lutz Rudolph gestaltete Mokick *S 50* in Produktion. Von ihm sind bis 1985 1,75 Millionen Exemplare hergestellt worden; in veränderter Ausführung wird es bis heute gebaut. Durch Farbe und/oder Plastizität auffällige Teile befinden sich in einem Umfeld technischer Einzelformen, die nicht eine formschlüssige Gesamtheit bilden, sondern ästhetisch einzeln ihren technischen und praktischen Funktionen folgen – nicht gerade ein Konglomerat, aber schon gar keine geschlossene

[1] Von diesem Institut ging in der DDR die theoretische Beschäftigung mit dem industriell produzierten Gegenstand als Thema der Ästhetik aus. Neben dem Jahrbuch Form und Zweck (1956 – 1963), der Halbjahrespublikation Form und Zweck (1964), form und zweck 1/1965, form + zweck 2/1965 – 1/1968 und der Zeitschrift form + zweck ab 2/68, erster Jahrgang 1969 ist für die sechziger Jahre besonders zu nennen: Siegfried H. Begenau, Funktion, Form, Qualität. Zur Problematik einer Theorie der Gestaltung (des Design), Berlin 1967.

[2] In einer Studienarbeit von Silke Rothkirch an der Kunsthochschule Berlin sind diese Gruppen 1989/90 im Angebot von Kaufhallen dokumentiert worden.

[3] Besonders in: Lothar Kühne, Gegenstand und Raum, Dresden 1981. Und: derselbe, Haus und Landschaft, Dresden 1985.

[4] Hans W. Aust, Über guten und schlechten Geschmack in der angewandten Kunst, in: Form und Zweck. Jahrbuch 1959, Berlin 1959, S. 9ff.

[5] Eberhard Bartke, Gegen die Trennung des Spezifikums der Kunst von ihrer Erkenntnisfunktion, in: Form und Zweck. Jahrbuch 1962, Berlin 1962, S. 9.

[6] Horst Redeker, Friedmund Krämer, Über das Wesen der Form. Form und Norm, Berlin 1957, S. 13.

[7] Horst Redeker, Technik und Ornament, in: Form und Zweck. Jahrbuch 1962, Berlin 1962, S. 21.

[8] Eberhard Bartke, Gegen die Trennung, S. 12.

[9] Horst Redeker, Technik, S. 20.

[10] Erich John, Zum Problem der Formgebung von Geräten und Maschinen, in: Form und Zweck. Jahrbuch 1960, Berlin

Form, sondern das von den Gestaltern so genannte „offene Prinzip". Offen liegen nicht nur Bauteile, sondern eine Struktur und die Art und Weise ihres Entstehens. Diese räumliche Offenheit kommt aus einer zeitlichen: Das Mokick vereint Bauteile langer, mittlerer und kürzerer Lebensdauer. So wird es möglich, technischen Neuerungen, praktischen Verbesserungen und ebenso modischen Wellen zu folgen, ohne das Modell wechseln zu müssen. Träger kontinuierlichen Erneuerns sollten nicht nur Ingenieure und Marktstrategen, sondern vor allem jene Nutzer sein, die sich selbst als Finalproduzenten, Individualisten oder einfach Technikfreaks begreifen. Wenn eine bleibende Grundstruktur nicht nur Träger von Bauteilen, sondern gleichzeitig Gerüst für Veränderungen ist, folgt dem Dauern nicht mehr die Stagnation, wie dem Modewechsel nicht mehr das komplette Wegwerfen folgt.

Das Mokick *S 50* ist keine Utopie, weil sie sich dann regelwidrig in Realität aufgelöst hätte. Das Utopische liegt in der Verallgemeinerung zu einem neuartigen Produkttyp, in dem Standards und Mode nicht mehr einander ausschließen, sondern miteinander vermittelt sind. Produzenten, Händler und Nutzer befänden sich in einem kontinuierlichen Prozeß von Produkterneuerung statt Produktwechsel – vorausgesetzt, sie würden sich als Kooperierende in einem zeitlich unbegrenzten Prozeß des Gestaltens begreifen und nicht als dessen Herrscher oder arbeitsteilige Verwalter. Eine Vorstellung, die in einer geschlossenen Gesellschaft nicht zu realisieren ist und eine offene nicht nur als Selbstverständnis, sondern Realität voraussetzt.

MokickS 50:
Hersteller: VEB Suhler Fahrzeug- und Jagdwaffenwerk „Ernst Thälmann", Betrieb des IFA-Kombinates für Zweiradfahrzeuge, 1975.

1960, S. 34.
[11] *Manfred Claus, Formgebung in der Kamera- und Kinoindustrie, in: Form und Zweck. Jahrbuch 1961, Berlin 1961, S. 22.*
[12] *Rudi Högner, Die Ausbildung der Formgeber, Kaderentwicklung, in: Lehrgang Formgebung der VVB-EBM. An der Hochschule für bildende und angewandte Kunst Berlin-Weißensee, Juni 1959, Berlin 1959,*
S. 110 f.
[13] *Horst Redeker, Chemie gibt Schönheit, Berlin 1959, S. 5 f.*
[14] *Ebd., S. 12.*
[15] *Karl-Heinz Hagen, Hinter dem Leben zurück. Bemerkungen zur „Industriellen Formgestaltung" auf der V. Deutschen Kunstausstellung, in, Neues Deutschland. 4. 9. 1962.*
[16] *Erich John, Analyse des Gestaltungsweges einer Maschine, in: Form und Zweck. Jahrbuch 1963, Berlin 1963, S. 77 -79.*
[17] *Siehe Heinz Hirdina, Gestalten für die Serie. Design in der DDR 1949-1985, Dresden 1988, S. 139.*
[18] *Martin Kelm, Zur kulturpolitischen Bedeutung der Formgestaltung beim Aufbau des Sozialismus, in: Form und Zweck. Jahrbuch 1963, Berlin 1963, S. 7 ff.*
[19] *Friedrich Engemann, Gründung des Rates für Industrieform am 12. September 1962, in: Form und Zweck. Jahrbuch 1963, Berlin 1963, S. 30.*
[20] *Die Namensänderungen transportieren einen Kurswechsel von der Kunst zur Wissenschaft und von der Kultur zur Wirtschaft mit dem Wechsel vom Institut für angewandte Kunst (1952-1964) zum Zentralinstitut für Formgestaltung (1964/65) bzw. Zentralinstitut für Gestaltung (1965-1971), ebenso eine Zentralisierungstendenz mit dem Wechsel von Institut zu Zentralinstitut und schließlich staatlichen Machtzuwachs mit der Bildung des Amtes für industrielle Formgestaltung im Jahre 1972, geleitet von einem Staatssekretär.*
[21] *Gerhard Dunkel, Es geht um die Standardisierung, in: Form und Zweck (1966)1, S. 7.*
[22] *Jürgen Peters, Die Entwicklung der Rundfunk- und Fernsehindustrie aus der Sicht des Formgebers, in: Form und Zweck. Jahrbuch 1961, Berlin 1961, S. 34.*
[23] *Gerhart Müller, Das ästhetische Prinzip im wirtschaftlichen Bereich, in: Form und Zweck. Jahrbuch 1963, Berlin 1963, S. 4.*
[24] *Gui Bonsiepe gehörte bis zur Schließung der Hochschule für Gestaltung Ulm zu deren Lehrern.*

Simone Tippach-Schneider

Moderner Einkauf, moderner Verbraucher und das Verschwinden der Waren

Das Werbefernsehen in der DDR von 1959 bis 1976

Letzte Woche erzählte ich einer Bekannten, woran ich seit einiger Zeit arbeite. Dabei stieß ich, wie so oft bei dieser Thematik, auf eine gute Zuhörerin und gesprächige Zeitzeugin: „Ach ja, die *tausend teletips*[1] damals, *Baden in Badusan* und *Malimo macht Mode* und *Mini-Kino* mit *Arthur dem Engel...*" Und diesem Schwärmen folgte eine von den unverwechselbaren Geschichten, bei der ein scheinbar belangloser Gegenstand in die Erfahrungsbiografie eingebaut und so auch neu mit Bedeutungen besetzt und vielleicht erst in diesem Alltagskontext für eine persönliche Bewältigung modelliert wird.

So Mitte der sechziger Jahre war das wohl, meine Bekannte Anne war gut sechs Jahre alt und kam eines Tages ganz aufgeregt zu ihren Eltern gerannt. Kurz und entschlossen teilte sie ihnen mit, daß sie sich einen neuen Fernseher kaufen müßten. Und zwar so einen, wie er auch bei den Nachbarn stehe. „Denn die tausend teletips sind in dem anderen Fernseher viel schöner." Solche oder ähnliche Erzählungen können Anhaltspunkte liefern, wenn es darum geht, die Bedeutung des Werbefernsehens in der DDR zu beschreiben. Ich möchte sie als Fragen formulieren: Warum zeigte das DDR-Fernsehen in den sechziger Jahren Werbesendungen? Was machte das Werbefernsehen der DDR so unverwechselbar? Warum waren die *tausend teletips* nicht „so schön" wie im Westfernsehen? Bei dem Versuch, die Struktur und die Formen des Werbefernsehens in der DDR als ein System zur Produktion von Konsumleitbildern zu deuten, stieß ich mehr und mehr auf Zeugnisse einer komplexen und differenzierten Wirklichkeit. Die Bilder und Filme, die das Werbefernsehen produzierte und in Sendungen immer und immer wieder abspielte, waren weder in der Herstellung noch als fertiges Erzeugnis direkte Reproduktionen von elitären Sozialismusvorstellungen. Anders ausgedrückt: „Die da oben" haben die Werbefilme für *tausend teletips* nicht gemacht. Die Führungsspitze in Partei und Regierung hat sich an vielen Filmen ebenso gestoßen wie an anderer Stelle die Auftraggeber oder die Zuschauer. Was also war das für ein Ding, das sich zu keiner Zeit benutzen ließ für eine Idee?

Werbung für Fisch, Das Magazin 7/1962, S. 2.

Um die Vielschichtigkeit dieser Bildproduktionen zu skizzieren, werde ich mich verschiedener Darstellungsformen bedienen. Im ersten Abschnitt sollen die Werbefilme an sich Gegenstand meiner Betrachtung sein. Nicht zuletzt, weil sie allerlei Anlaß zur Kritik, zu Neuschöpfungen und Rechtfertigungen gaben. Finden sich nicht gerade in den filmischen Inszenierungen konkrete Hinweise darauf, was die Spezifik der Werbefilme ausmachte und warum sie nach gut 15 Jahren vom Bildschirm verschwanden? 1976 wurde die Redaktion Werbefernsehen beim Deutschen Fernsehfunk abgewickelt und die *tausend teletips* nicht mehr produziert. Daher geht es im zweiten Abschnitt um die Entwicklung des Werbefernsehens zwischen Gründung und Abwicklung. Dabei interessieren mich vor allem die wirtschaftlichen und kulturellen Strukturen. Eine relativ kleine Gruppe von Filmproduzenten wurde auf der einen Seite bedrängt von politischen und ökonomischen Entscheidungen. Sie boten aber auf der anderen Seite Millionen Fernsehzuschauern kurzweilige Inszenierungen vom Kaufen und Benutzen ausgewählter Alltagsdinge. Deshalb sollen drittens die Motive der Zuschauer, soweit dies heute noch möglich ist, genauer betrachtet werden. Hat das Werbefernsehen die Zuschauer wirklich erreicht? Hier möchte ich zumindest den Versuch wagen und die Annahme der Werbesendungen im DDR-Fernsehen seitens der Bevölkerung deuten. Auch deshalb, weil ich mir immer wieder emotionsgeladene Erinnerungen zu den *tausend teletips* anhören darf.

Als Quelle meiner Betrachtung dienen hier vor allem Drehbücher und einige Filme. Ein Ort, ein Archiv für alle Werbefilme aus dieser Zeit existiert heute nicht. Nur vereinzelt tauchen Werbefilme und Musterrollen der Werbesendungen auf. Wieviele Werbefilme im Laufe der Zeit hergestellt wurden, läßt sich heute nur ungefähr einschätzen. Von 1959 bis 1969 wurden beim Werbefernsehen des Deutschen Fernsehfunks insgesamt ca. 3.500 Werbefilme hergestellt und in den folgenden sieben Jahren bis zur Abwicklung weitere 2.000 Werbefilme. Aber weder während des Bestehens des Werbefernsehens noch nach seiner Abwicklung wurde ein Werbefilmarchiv beim DFF eingerichtet. Zwar wurden alle abgedrehten Sendungen über einen gewissen Zeitraum aufbewahrt, doch spätestens nach der Räumung der Werbefilmstudios wurden außer einer Musterrolle alle Filme und Senderollen vernichtet.

Werbefilm „Auslegware, DRA 1964.

Das heißt, die Filme sind heute nicht im Deutschen Rundfunkarchiv zu finden, sondern sie liegen verstreut bei ehemaligen Produzenten und Auftraggebern. Diese Situation macht es erforderlich, weitere Quellen, wie Drehbücher und Produktionsaufträge, hinzuzuziehen. Zudem zeigen gerade die ausführlich angelegten Drehbücher Absichten, Bildbeschreibungen, Umsetzungsvorstellungen und gesprochene Texte. Selbstverständlich besitzt der Film eine andere Authentizität als das Drehbuch, aber zum einen hatte das Drehbuch innerhalb der Produktion im Deutschen Fernsehfunk einen hohen Stellenwert, weil die Texte bereits autorisiert waren, und zum anderen stand hier das technisch und dramaturgisch Umsetzbare im Vordergrund und nicht die Vision. Zwar bleiben die Drehbücher allein verbale Beschreibung von Arrangements, Handlungen und Bildern, doch innerhalb des Produktionsverfahrens sind sie als recht strenge Vorgaben zu verstehen, die darüber hinaus wenig Spielraum ließen.

Die Waren an den Rand gedrängt

Das Jahr 1965: Im Vorabendprogramm des Fernsehens der DDR lief die Programmvorschau, fünf Minuten später der Vorspann für die *tausend teletips*. In dieser Zeit wurde in der Werbesendung des DFF mehrmals der Werbefilm „Troll für Sie" gezeigt. Er beginnt mit dem Gesicht einer jungen Frau. „Ca. 30 Jahre, freundlich, sportlich, sympathisch", so wird sie im Drehbuch beschrieben. Sie trägt einen Sturzhelm und beginnt zu schwärmen: „Er ist wundervoll!" Die Kamera fährt zurück, die Frau sitzt auf einem Motorroller und lehnt sich auf die Lenkstange: „Mein Troll. Sieht gut aus, ist sportlich, luftig und so zuverlässig." Am Lenker baumelt ein Einkaufsnetz. „Beim Einkauf und beim Camping...", auch auf dem Gepäckträger wird eine dicke Einkaufstasche sichtbar, „...sind wir unzertrennlich, mein Troll und ich." Die Frau startet den *Troll*, setzt sich, winkt, lacht – so steht es jedenfalls im Drehbuch. Der Film gilt, wie viele der DDR-Werbefilme, als verloren, ist vielleicht für immer vernichtet. Die Frau aber hat mit Sicherheit gelacht. Lachende junge Frauen waren häufiges Motiv der DDR-Werbung und Werbefilme. Stellvertretend dafür stehen Werbebilder für Haushaltsgeräte „Laß die Technik für Dich arbeiten!" oder für die *Veritas*-Nähmaschinen 1960, für

Feinfrost oder für „Heinzelmännchens Plast-Parade" 1961, für Weißkraut und Chicorée 1964, für Damenstrümpfe aus Thalheim oder für die neuen Blitzgeräte, Plattenspieler und Wecker, für Modeschmuck aus Ribnitz und Uhren aus der Sowjetunion 1965, für *Malimo* und *Spezitex*, für bügelfreie Unterhemden, Schlafdecken aus Streichgarn und Rheumapol, für synthetische Gardinen und Margarine, für *Kontaktring*, den *Volksbuchhandel*, für *Florena* und *Gly-S*-Handcreme. Immer wieder tauchen Frauen in den Bildern der Werbekurzfilme auf – ob als Verkäuferin oder Käuferin, ob als Verbraucherin oder aber als attraktives Requisit, als nettes schmückendes Beiwerk. Der *Troll* fährt in schneller Fahrt an der Kamera vorbei. „Takt für Takt Verläßlichkeit."[2]

Die Texte in den Werbefilmen selbst weisen in den sechziger Jahren recht eindeutige Stereotype auf. Bestimmte Eigenschaftswörter, wie *sportlich*, *sympathisch* oder *zuverlässig*, beschreiben die Leistungsfähigkeit der Produkte und Dienstleistungen ebenso wie ihre Formgestaltung. Ein häufig verwendetes Adjektiv ist auch *schnell* in bezug auf verschiedene Tätigkeiten, wie schnelles Fortbewegen, schnelles Einkaufen, schnelles Kochen, schnelles Reinigen, schnelles Pflegen. 1966 lief im Werbefernsehen ein Film über den Motorroller *Tatran*. „Jung und temperamentvoll – Tatran S 125", so begann der Werbefilm. Ein junges Mädchen in Hosen lehnte am Motorroller. Daneben saßen auf einer Bank zwei junge Mädchen in *legerer Kleidung*. Alles spielte sich am Rande eines Waldes ab. Ein junger Mann kam auf einem *Tatran* dazu – auf dem Gepäckständer einen *Campingbeutel*. Nach einem kurzen Blick auf die in Reihe aufgestellten Motorroller folgte der Kommentar: „Geschwindigkeit, Komfort, Wendigkeit – Tatran S 125." Die Großhandelsgesellschaften der Branche Fahrzeuge standen Anfang 1966 vor dem Problem, den Motorroller *Tatran* publik zu machen und zu verkaufen. Der *Troll* war zu dem Zeitpunkt bereits restlos ausverkauft. Zwar wurde 1966 damit begonnen, die Verkaufsstellen für Fahrzeuge, Fahrzeugersatzteile und -zubehör zu reduzieren, aber 1966 gab es noch in jedem Kreis der DDR ca. fünf Verkaufsstellen für Motorräder und Motorroller. Der Bezirk Karl-Marx-Stadt z.B. hatte in seinen 21 Kreisen insgesamt 28 PKW-Verkaufsstellen, 122 Verkaufsstellen für Motorräder und Motorroller und 170 Verkaufsstellen für Mopeds sowohl im volkseigenen als auch im genossenschaftlichen Handel. Als der *Tatran* aus der ČSSR auf den Markt kam, befand sich der Import von Motorrädern im Rückgang. Die Besitzer von ausländischen Fahrzeugen standen von Anfang an vor dem Problem der Ersatzteilversorgung. So fehlte es z.B. zum gleichen Zeitpunkt an Ersatzteilen für die tschechische *Jawa*.

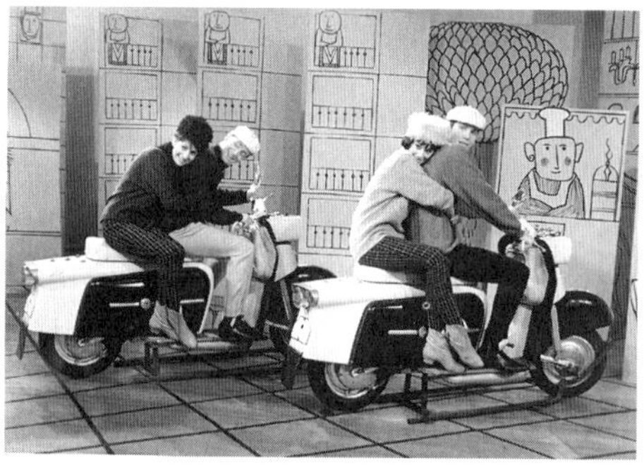

Werbefilm „Jahres-Extra-Knüller". Die Pärchen tanzen zu den Tafeln mit den Gewinnen: Trabant und Motorroller Tatran. DRA 1966.

Der *Tatran*-Werbefilm ließ Landstraße und Wald am Zuschauer vorüberziehen. Von links nach rechts rollte durch das Bild ein *Tatran*: „Für Camping, für den Einkauf – überall hin." Es wurde mit Anzeigen, Prospekten, Dias geworben. In der Presse erschienen Beiträge zu dem neuen Motorroller. Auf der *iga*, der Internationalen Gartenbauausstellung in Erfurt stand eine 25 x 25 Meter Diaprojektion. Zu den Weltmeisterschaftsläufen im Motor-Cross in Gumpelstadt und Apolda hing ein 50 Meter langes Transparent „Tatran S 125 – ein Motorroller der Spitzenklasse aus der ČSSR – sportlich, zuverlässig, komfortabel". In der lokalen Presse erschien eine Anzeige: „Vizeweltmeister Paul Friedrichs sowie die Weltklassefahrer Joachim Helm und Udo von Glowacki fahren mit Ihnen und für Sie den Motorroller der Spitzenklasse...", derweil im Werbefilm die junge Beifahrerin zur Kamera winkt und durch eine Geschäftsstraße zwei junge Mädchen durch den Verkehr rollen: „Überallhin mit Tatran S 125." Nach der *Tatran*-Vorführung sendete das Radio ein Interview mit dem damaligen Vizeweltmeister. Am nächsten Tag wurden in Erfurt 21 Motorroller verkauft, einen Monat später waren es 293 verkaufte *Tatran*, und Paul Friedrich wurde Motor-Cross-Weltmeister

1966. „Nicht nur des Ansehens wert", war dann der letzte Kommentar des Sprechers im Tatran-Werbefilm.[3] Dieses Beispiel zeigt, daß der Werbefilm Teil einer größer angelegten Kampagne war. Dem Werbefilm wurden in diesem Reigen spezielle Funktionen zugewiesen. Auf dieser Ebene unterschied sich die Aktion kaum von westlicher Werbung. Im Werbefilm wurde der Motorroller zum fast beiläufigen Requisit – Menschen und Orte schienen wichtiger, nicht zu vergessen der Campingbeutel auf dem Gepäckständer. Hier wurde Lebensstil vorgeführt – ungezwungene Situationen, bequeme und zwanglose Haltungen, junge Mädchen in Hosen, junge Mädchen auf dem Motorroller, Treffpunkt Waldrand oder Geschäftsstraße – Übersetzungsversuche für modernes Leben.

In vielen der Kurzfilme schwingt mehr oder weniger ein bestimmtes Lebensgefühl mit, eine Interpretation der Befindlichkeit. Dabei ist der Humor bevorzugtes Gestaltungsprinzip. Und die Vorliebe und zugleich finanzielle Notwendigkeit, Tricktechniken einzusetzen, kam dem Gag, dem Reim, der Moritat entgegen. Es waren daher vor allem spaßige Filmstreifen, die in Erinnerung blieben. Wenn zum Beispiel in dem Werbefilm für *badusan* ein Mann das badusan-Liedchen genüßlich in seinem Schaumbad trällerte, dann abtauchte und beim Auftauchen das badusan-Entchen auf dem Kopf trug, es dann noch suchte, bis es wie alles Gute von Oben fiel, dann hatte diese Einstellung nicht nur etwas sehr Komisches, sondern Lied und Tauchaktion wurden in vielen heimischen Badewannen, wenigstens von den Kindern, nachgespielt. Und es war gar nicht so einfach, beim Auftauchen aus dem Wannenbad das Entchen auf dem Kopf zu behalten. Beim Werbefernsehen gab es richtige Spezialisten für heitere Filme, und, so erinnerte sich ein ehemaliger DFF-Mitarbeiter, diese „Spaßvögel" genossen gegenüber anderen Kollegen große Anerkennung. Oft übernahmen Schauspieler, die für spaßige Rollen bekannt waren, den Part in komischen Situationen, z.B. Rolf Herricht, Herbert Köfer oder die vier Brummers, ein populäres Gesangs- und Unterhaltungsquartett.

Werbefilm „Fußball-Toto", DRA 1966.

Die *TV-Information* des Werbefernsehens warb 1965 um neue Auftraggeber: „Im Werbefilm können Sie Ihre Erzeugnisse wie in einem persönlichen Verkaufsgespräch vorstellen, vorführen und empfehlen. Dank der Filmtechnik und Trickgestaltung können Sie in Sekundenschnelle den Gebrauch des Sportgerätes beim Sport, des Haushaltsgerätes im Haushalt, des Fahrzeuges auf Reisen, des Campingartikels im Urlaub – kurz gesagt jeden Gebrauchsgegenstand in seiner Anwendung an verschiedenen Orten und zu verschiedenen Zeiten zeigen." Natürlich wurde in dieser Information auch auf die Möglichkeit verwiesen, daß im Werbefilm der Gebrauch erläutert, die Funktionstüchtigkeit vorgeführt und Qualitätsmerkmale anschaulich gemacht werden können. Aber ihr eigentliches Augenmerk richtete sich auf die Handlung. Mit erhöhter Inlandsproduktion, dem freien Samstag alle 14 Tage und einem gestiegenen Sparaufkommen wurde der Einkauf in der Werbung zum zentralen Thema, angefangen mit vorgeführten Einkaufssituationen über die Darstellung von Verkaufsräumen bis hin zu ausgiebigen Verkaufsgesprächen. So hieß es 1964 in dem Sprechertext zu einem Werbefilm für Sportbogen und Luftgewehre: „Bogenschießen für jung und alt und Schießsport für jedermann. Freude, Erholung, Entspannung und all die Dinge, die dazugehören, erhalten Sie im Sportgeschäft. Für jeden der richtige Bogen oder das passende Luftgewehr. Geschultes Fachpersonal berät Sie gern und ist Ihnen bei der Auswahl behilflich."[4] Zu einer guten Kaufatmosphäre, so läßt sich im *Verkaufshelfer* im Juni 1965 nachlesen, gehören: „Verkaufsgespräch, Warenvorführung, Warenfülle, gutes Licht, moderne Einrichtungen, Ordnung und Sauberkeit."

Eine erste Betrachtung der Werbefilme der DDR läßt also vermuten, daß in den sechziger Jahren ein besonderes Verhältnis der Menschen zum Thema „Einkaufen" bestand. Sprach man in den Filmen vom „schnellen Einkauf", dann bedeutet dieses Schnellsein nicht so sehr Geschwindigkeit. Die eigentliche Bedeutung des Begriffs liegt hier eher auf seiner mittelhochdeutschen Herkunft, im Sinne von „munter, stark und kräftig". Es war nicht das Tempo, das gegen die Langsamkeit antrat, sondern es ging um Tüchtigkeit im Sinne einer freundlichen, einer artigen Beschleunigung. Es ging „flott" zu in der DDR, das wollte sagen „schick und kühn", aber nicht „ruckartig und über alle Maßen", eher „flink und ritterlich". So schreibt 1960 das Institut für Werbemethodik über „die Unterordnung der sozialistischen Werbung unter die Gebote der sozialistischen Moral": „Die ethischen Forderungen nach Wahrheit, Sittlichkeit und Ritterlichkeit stehen in krassem Gegensatz zur kapitalistischen Wirklichkeit."[5]

Werbefilm „Schlafdecken als Reisebegleiter", 1964.
Kommentar im Film: „Im Fachhandel angeboten...
.... Decken im Auto schonen die Sitzbezüge und lassen sich schnell reinigen...
... Wohnlichkeit auch beim Camping – durch strapazierfähige – wärmende Decken."

Eine Auswertung von Filmen und entsprechenden Drehbüchern zeigt, daß „Einkaufen" auf zwei Bedeutungsebenen thematisiert wurde. Auf einer Ebene wurden Anlässe gesetzt, Waren und Warengruppen vorgestellt und auf bestimmte Handelseinrichtungen abgezielt, z.B. Kontaktring, Centrum-Warenhaus, Fachgeschäfte, Konsum usw. 1968 kritisierten Autoren aus dem Institut für Marktforschung die Disproportionen in der Fernsehwerbung: „In einigen Branchen erfolgt die Fernsehwerbung vorrangig, z.T. fast ausschließlich, im Auftrag von Handelsorganisationen und ist dadurch weniger auf den Gebrauchswert der Erzeugnisse, sondern stärker auf das allgemeine Branchensortiment orientiert. Dadurch leidet in den meisten Fällen die Qualität der warenbezogenen Information, der Nutzen für die Konsumenten und der Werbeerfolg verringern sich."[6] Die Handelseinrichtungen boten in ihren Filmen oft gleichzeitig mehrere Waren an, zum Beispiel im Weihnachtsgeschäft. Weihnachten war ein unterhaltsamer Einstieg. Die glückliche Familie tauchte auf, zu der Vater, Mutter und ein bis zwei Kinder gehörten. Es herrschte eine weihnachtliche Atmosphäre so ganz in bürgerlicher Tradition, mit Tannenbaum und Lichterglanz. Die Waren standen dabei relativ separat, um so mehr, wenn es sich um Warengruppen handelte. Ein Werbefilm zum Thema „Weihnachtszeit" begann 1965 mit dem Text „Geschenke von bleibendem Wert – individuell gewählt". Darin wurden auf einer Drehscheibe eingepackte Weihnachtsgeschenke gezeigt und nacheinander auf einem Foto verschiedene Waren, z.B. Schmuck und Uhren vorgestellt. In der ersten Fassung des Drehbuchs zu diesem Werbefilm sollten die Waren real auf der Drehscheibe und später auch unter dem Weihnachtsbaum gezeigt werden. Das wurde in der zweiten Fassung geändert. Das heißt, in der zweiten Drehbuchfassung gab es die Waren nur als Foto und im Trick, und einzig die Rahmenhandlung lief als Realfilm ab. Den Einkauf und die Waren gab es hierbei als reale Situation nicht.[7]

Auf einer zweiten Ebene ist der Einkauf die eigentliche Rahmenhandlung. Verkaufs- und Einkaufshandlungen wurden beschrieben, Verkäuferinnen und Käufer vorgestellt und längere Dialoge geführt. Ein Werbekurzfilm, der im April 1964 im Werbefernsehen lief, begann mit Bildern eines Verkaufsraumes, eines Fachgeschäfts für Damenstrümpfe. Ein Mann, mit Namen Bock, betrat den Raum, in der Hand einen Strauß Rosen, und blickte sich um. Er entdeckte die Verkäuferin, das Fräulein Inge. Sie stand auf einem Podest, suchte etwas in den oberen Regalen. Der Kamerablick, welcher zugleich der Blick von Herrn Bock und der aller Zuschauer war, haftete an den Beinen des Fräulein Inge und ihrem „ca. 15 cm engen Rock" (Vorgabe im Drehbuch). „Oh – auch wenn man schon dreißig Jahre verheiratet ist, nichts geht über die Anmut und Grazie eines schönen Frauenbeines,", usw. Herr Bock wollte Strümpfe kaufen, für seine Frau, zum Hochzeitstag. Fräulein Inge, auch Kopf und Oberkörper wurden jetzt sichtbar, übernahm die Verkaufsberatung. „Für festliche Anlässe sollten Sie einen Monofilzstrumpf 20 oder 30 den tragen und im Beruf..." usw.[8] Die Verkaufshandlungen, wenn sie nachgestaltet wurden, sind in den Filmen eher gediegen und ruhig. Sie laufen fern von irgendwelchen zeitsparenden Bestellsystemen und Wechselkorbmethoden ab. Es scheint also, daß die hier abgebildeten Konsumleitbilder, die den Einkauf zum Thema hatten, weder die tatsächliche Konsumsituation des Handels in der DDR wiedergaben, noch die idealisierten Vorstellungen vom sozialistischen Einkauf vorführten. Immer hat es den Anschein, daß die Geschichten wichtiger sind als die Waren. Man könnte hier auch von Lebensstilwerbung sprechen, denn würden die Waren ausgetauscht, hätte dies kaum Einfluß auf die Filmhandlung.

Die *tausend teletips* im Spannungsfeld der Wirtschaftsentwicklung (1959 – 1962)

Ob Lebensstilwerbung von den Auftraggebern, Regisseuren und Leitern der Hauptabteilung Werbefernsehen beabsichtigt war und warum bzw. unter welchen Bedingungen jahrelang Werbekurzfilme produziert wurden, soll in dem nächsten Abschnitt dargestellt werden. Die Entwicklung des Werbefernsehens der DDR läßt sich in drei wichtigen Phasen beschreiben: die Gründungsphase von 1959 bis 1962, die Integrationsphase von 1963 bis 1970 und die Stagnationsphase ab 1971, die zur Abwicklung des Werbefernsehens 1976 führte.

Werbefilm „Auslegware", 1964.

Die Hauptabteilung Werbefernsehen wurde 1959 beim Deutschen Fernsehfunk eingerichtet mit der vorrangigen Aufgabe, Werbesendungen für das Fernsehen zu produzieren. Es begann mit einer Versuchssendung jeden Montag und wurde ab 1960 als *tausend teletips* zwei- bis dreimal in der Woche ausgestrahlt. Im *Neuen Deutschland* wurde am Ende des Jahres 1959 unter der Überschrift „Sollen wir unser Licht unter den Scheffel stellen?" begründet, warum eine Wirtschaftswerbung notwendig sei. Dabei kehrte als wesentliches Motiv die Abgrenzung vom westdeutschen Markt wieder und bildete den Kern der Argumentation: „Die Kapitalisten in Westdeutschland spielen auf diesem wirksamen Instrument der Meinungsbildung mit Raffinement- sie schufen die Illusion vom 'Wirtschaftswunder'... Die ins rechte Licht gerückte Auslage Westdeutschlands zieht die Blicke auf sich, während wir freiwillig unser Licht unter den Scheffel stellen und die von der Weltpresse anerkannten guten Konsumgüter und die beachtlichen neuen Erzeugnisse des Siebenjahresplanes in einem verhängten Schaufenster verstecken."[9]

Mit dem V. Parteitag der SED begann nach 1958 tendenziell die Modernisierung und Rationalisierung des Wirtschaftslebens. Das hatte unter anderem einen tiefergehenden Wandel im Handel und in der Versorgung zur Folge. Selbstbedienung, Versandhandel und Ratenkauf wurden zum Beispiel verstärkt eingeführt. Mit der Produktion von Werbefilmen wurde in der DDR kein Neuland betreten, denn seit 1949 arbeitete ein Drehstab für Werbefilme bei der DEWAG.[10] 1951 übernahm die DEWAG die Globallizenz für die Herstellung von Werbefilmen, und bereits vier Jahre später versorgte sie 99 Prozent aller Lichtspielhäuser in der DDR mit Dias und Werbefilmen. Anregungen holten sich die Filmemacher vor allem aus der Tschechoslowakei, aber auch von österreichischen und schweizerischen Kollegen. In der einzigen Werbefachzeitschrift der DDR, der *Neuen Werbung*, wurden 1956 die „Erfahrungen mit den Werbefilmen" wiedergegeben, die Gegenstand der 3. Werbewirtschaftlichen Tagung in Wien waren. Großzügig und ohne eine zu dieser Zeit bereits praktizierte Grenzziehung zwischen Ost und West wurden in diesem Beitrag die Besonderheiten des Werbefilms in Herstellung und

Beurteilung besprochen, aber auch Ereignisse und Tendenzen der Werbefilmindustrie reflektiert.

1957 reichte die DEWAG Filme zum Werbefilm-Festival in Cannes ein. Zwar spielten diese Filme im Wettbewerb keine Rolle, dennoch überwog die Euphorie über die Qualität der Siegerfilme. Auch bei den 5. Internationalen Werbefilm-Festspielen 1958 in Venedig war die DEWAG mit drei Werbefilmen vertreten. Den Grand Prix des Festivals gewann ein Zeichentrickfilm aus Italien, und auch die beiden zweiten Plätze für Großbritannien und Frankreich waren Puppentrickfilme. Ein Vergleich der DEWAG-Filme mit den Mitbewerbern konzentrierte sich auf die Darstellungsform: „...jedoch blieb der Puppenfilm, infolge des erst kürzlich neu aufgenommenen Produktionszweiges, gegenüber der Konkurrenz zurück. Auch die Qualität der Farbe erreicht noch nicht das beachtliche Niveau vieler Länder.“[11] Dieses begeisterte Orientieren an Entwicklungen auf dem Gebiet des Werbefilms, ohne Ausgrenzung und Abschottung, trieb am Ende auch die Entscheidung voran, ein eigenes Werbefernsehen einzuführen. Zum einen wurde der Werbefilm als bewährtes Instrument der Meinungsbildung anerkannt. Und zum anderen setzte sich der Trickfilm mehr und mehr als finanzielle und gestalterische Alternative zum Realfilm durch. Vorbild war auch hier das Werbefernsehen der Tschechoslowakei mit seinen international angesehenen Trickfilmen.

Werbefilm „Gly-S-Handpflegemittel mit Glyzerinanteil“, 1966.

Als 1959 das Werbefernsehen in Adlershof ins Leben gerufen wurde, gerieten zwei Generalmotive aneinander. Mit dem Werbefernsehen beim Deutschen Fernsehfunk sollte einerseits gegenüber der westlichen Warenwelt eine offensive Front eröffnet werden, wobei andererseits die Qualität der Filme am internationalen, also westlichen Markt gemessen wurde. Dies war an sich noch kein Widerspruch, es wurde aber der Werbefilmproduktion zum Verhängnis, als die Rechnung nicht aufging. Der politische und wirtschaftliche Druck, der von außen die DDR traf, konnte am Ende kaum ausgehalten werden. Die Umsetzung des Vorhabens, ein Schaufenster nach innen und nach außen zu schaffen, gestaltete sich immer komplizierter. Zum einen erzwang die Beschäftigung mit dem konkreten Verbraucher eine Bild- und Wortwahl, die sich von der Propaganda-Mentalität des „Augenzeugen“ deutlich unterschied. Ein Autor der *Neuen Werbung* stellte 1961 fest: „Die Forderung der Werbefachleute nach komprimierter werbekräftiger Wirkung steht leider manchmal der spielfreudigen Auffassung der Drehbuchautoren oder Regisseure entgegen. Andererseits bereitet alten Filmhasen laienhaftes Unverständnis und Überforderung der inhaltlichen Aussage Verdruß.“[12] Zum anderen mußten Werbefilme über die betrieblichen Werbekosten finanziert werden. Werbung aber war im Finanzhaushalt ebenso wie im Verantwortungsbereich ein relativ separater und untergeordneter Bereich. Sie erhielt nie wirklich Anerkennung als Propagandainstrument. Bereits 1962 und 1963 wurden die Werbekosten per Anordnung um 50 Prozent gekürzt bzw. erheblich eingeschränkt. Das könnte auch bedeuten, daß sich die DDR die Werbung nur dann im größeren Maßstab geleistet hätte, wenn sie gleichbedeutend mit Propaganda im Sinne des „Augenzeugen“ gewesen wäre. Aber die Idee von der Vorführung „anerkannter Konsumgüter“ scheiterte vorerst an der Umsetzung. Und der Autor des 1964 erschienen Buches „Bedarf, Produktionsprogramm, Absatz", Horst Model, lieferte für diese Anordnungen auch die eigentliche Begründung: „Die Kritik... richtete sich nicht gegen die Werbung schlechthin, sondern gegen deren falsche Handhabung. Es ging dabei darum, zu verhindern, daß kleinbürgerliche Verbrauchergewohnheiten propagiert, Wünsche bar jeder volkswirtschaftlichen Realität erweckt, Mittel verschleudert werden... Es geht darum, formale Etatzuteilungen und die unrationelle Organisation auf dem Gebiet der Werbung zu beseitigen." Der Konflikt war vorprogrammiert. Der Werbefilm sollte ein Gegenbild zur westlichen Welt entwerfen. Eigene Produkte wurden in den Händen ihrer Verbraucher vorgeführt. Beim Verbraucher aber schienen sich die Welten zu vereinigen. „Es werden aber tatsächlich Waren angepriesen, Seifen, Suppen, Sorten, und erstaunlicherweise mit den bekannten Mitteln der Übertreibung und anderer dreister Rhetorik, etwa wenn es heißt, Schönheit fange mit den ersten beiden Buchstaben des Patina-VEB (Seifenfabrikation) an, was sich von einem westdeutschen 'Waschgefühl' nicht eben grundsätzlich unterscheidet", beobachtete am 2.12.1964 der *Tagesspiegel.*

Die Werbemittelkürzungen hatten zur Folge, daß das Werbefilmstudio der DEWAG begonnene Arbeiten an Filmaufträgen abbrechen mußte. Im Oktober 1962 wurde das Studio für Werbefilme geschlossen – aus ökonomischen Gründen. Zwangsläufig, um das junge Projekt *tausend teletips* beim Fernsehen nicht zu gefährden, wurde ein Werbefilmstudio für Eigenproduktionen eingerichtet – aus politischen Gründen. Die Frage, weshalb nicht auch die Werbesendung *tausend teletips* eingestellt wurde, läßt sich vielleicht beantworten, wenn der besondere Ort der Produktion, das Fernsehen der DDR, betrachtet wird. Das Fernsehen der DDR hatte einen anderen Auftrag als die DEWAG. 1957 schrieb der Stellvertreter des Ministers für Post- und Fernmeldewesen der DDR, Gerhard Probst: „Neben Presse und Rundfunk gehört das Fernsehen zu den wichtigsten Instrumenten der Agitation und Propaganda. Dabei ist man geneigt, das Fernsehen als das wirksamste zu bezeichnen. Dank der Eigenart der beim Fernsehen verwendeten technischen Mittel, durch die optischen Illustrationen des gesprochenen Wortes und durch die Möglichkeit, einen Vorgang ohne jegliche Zeitverzögerung zu übertragen, entsteht hier der Eindruck des unmittelbaren Erlebens."[13]

Werbefilm „Gly-S-Handpflegemittel mit Glyzerinanteil", 1966.

Nach dem Statistischen Jahrbuch der DDR von 1969 besaßen im Jahr 1959 ungefähr 17 von 100 Haushalten einen angemeldeten Fernsehempfänger, und bereits 1968 betrug die Zahl der angemeldeten Geräte 64 von 100 Haushalten. Mit dem kontinuierlichen Einzug des Fernsehens in das Wohnzimmer wuchsen auch das Programmangebot und das Interesse verschiedener Institutionen, mit Hilfe des Mediums bestimmte Zuschauergruppen zu erreichen. So reihte sich der Beginn des Werbefernsehens in eine Serie von neuen Senderubriken ein, welche über das bloße Unterhaltungsprogramm hinausgingen. 1959 begann die Reihe „Fernsehstudio Naturwissenschaften". 1960 wurde die Senderubrik „Der schwarze Kanal" in das Wochenprogramm aufgenommen. 1963 erfolgte die Aufnahme des innenpolitischen Magazins „Prisma" und 1965 die Aufnahme der außenpolitischen Sendung „Objektiv". Informationspolitische Sendungen, Bildungsprogramme, Sportsendungen und Fernsehpublizistik nahmen ebenso wichtige Sendeplätze ein wie Fernsehdramatik und Unterhaltungsprogramme. Waren es 1953 noch 14 Sendestunden Fernsehen pro Woche, stiegen 1960 die Sendestunden auf 57 pro Woche, und 1970 waren es ca. 116 Sendestunden in der Woche, wovon 8 Stunden in Farbe ausgestrahlt wurden. Im Fernsehen wurde informiert und aufgeklärt – die Bildungs- und Erziehungsaufgabe stand dabei immer im Vordergrund. Ob im „Verkehrsmagazin", „SIE und ER und 1000 Fragen", „Visite", „Fragen Sie Prof. Kaul", „Du und Dein Garten" als Ratgebersendung oder „Knobelwelle", „Schulfernsehen", „English for you", „Wir sprechen Russisch", „Elternsprechstunde", „Von Pädagogen zu Pädagogen" als Bildungsprogramme – das Werbefernsehen sollte sich hier informierend, argumentierend, appellierend und unterrichtend einfügen.

Das Werbefernsehen als gewinnbringende Unterhaltungssendung (1963 – 1970)

Maßnahmen zu einer Wirtschaftsreform, die 1963 vom Staatsrat der DDR als „Neues Ökonomisches System der Planung und Leitung der Volkswirtschaft" (NÖS) verabschiedet wurden, verhinderten dann auch das vorzeitige Ende des Werbefernsehens. Die Auftragslage verbesserte sich zunehmend, der Umsatz stieg fast auf das Doppelte an. Die Hoffnung auf die Realisierung der Wirtschaftsreform verhalf der damals noch vorherrschenden Nachkriegswerbung zu einer der Zeit angepaßten und qualifizierteren Kommunikationsform und damit zu einer Entwicklung als Dienstleistungsunternehmen für die Industrie und den Handel in der DDR. Das NÖS forderte unter anderem von den Betriebsleitern, daß sie sich um die Gewinnung neuer Absatzmöglichkeiten kümmern und eine wirkungsvollere Werbung ihrer Erzeugnisse organisieren sollten. Viele Produktentwicklungen der DDR lassen sich auf diesen Zeitraum zurückführen. „Es war der Aufbruch zum Modernen. Er vollzog sich, beginnend in der zweiten Hälfte der fünfziger Jahre, auch im handelsüblichen Warenangebot – als Aufbruch zum Hellen, Praktischen, Leichten, Transparenten..."[14] Die Werbung rückte als absatzpolitisches Moment ins Blickfeld der Industrie und des Handels. In der Folge wurde beim Volkswirtschaftsrat die Sektion Werbung eingerichtet (1964), gezielt entstanden Einrichtungen für Werbung, publizistische Beiträge und Bücher behandelten die Werbung als Bestandteil der Wirtschaftspolitik, darunter solche Bücher wie „Werbung auf dem Konsumgütermarkt" (1964), „Selbstbedienung – aber wie" (1967), „Konsumentenbefragung" (1967), „Lebensmittel zweckmäßig verpackt" (1967), „Das Handbuch der Werbung" (1968), „Grundfragen einer komplexen Absatzpolitik im Führungsprozeß" (1968), „Verkaufspsychologie" (1968). Nach einer 1967 durchgeführten Erhebung der DEWAG über den Stand der Werbeaufwendungen in der DDR betrugen die „volkswirtschaftlichen Werbeaufwendungen" etwa 0,6 Prozent des Nationaleinkommens. Insgesamt waren das etwa 450 bis 500 Mio. Mark. Von den 383,2 Mio. Mark Gesamtaufwendungen für Medien entfielen 26 Prozent auf Schauveranstaltungen, 23 Prozent auf Druckerzeugnisse , 14 Prozent auf Anzeigen, 38 Prozent auf sonstige Medien, darunter für Fernsehwerbung 1,6 Prozent. Strahlte der DFF 1959 noch sechs Stunden Werbefernsehen im Jahr aus, so waren es laut Statistischem Jahrbuch der DDR 1965 bereits 75 Sendestunden und 1969 dann 109 Stunden. Aus Analysen des Werbefernsehens geht hervor, daß es 1960 noch 307 Filme waren, die in der Werbesendung *ttt* gezeigt wurden, dagegen liefen 1966 bereits 298 Werbesendungen im Deutschen Fernsehfunk mit insgesamt 2.930 Werbekurzfilmen.

Werbefilm „Ein Herz fürs Baby", o.J.

Im Frühjahr und im Herbst bzw. zu bestimmten Feiertagen, wie z.B. Weihnachten, liefen im Fernsehen deutlich mehr Werbekurzfilme, d.h. die Situation der Inlandsproduktion und des Handels und damit die Auftragslage hatten Einfluß auf die Sendegestaltung. Zwar wurde das Werbefernsehen gegenüber anderen Redaktionen des Fernsehens finanziell und technisch relativ kurz gehalten, aber, wie so oft, die Not machte erfinderisch und angefangen bei der Akquisitionsarbeit bis hin zum Filmschnitt wurden auch eigene Wege gegangen. Zum Beispiel erzählen heute ehemalige Mitarbeiter, wie sie manchmal tagelang in der DDR herumreisten, um Aufträge zu akquirieren und mit den Betrieben ins Geschäft zu kommen. Innerhalb der Leitungsstruktur des Fernsehfunks gehörte die Hauptabteilung Werbefernsehen zum Programmbereich „Wirtschaft, Gesellschaftswissenschaft und Bildung", später kurz „Wirtschaft/Wissenschaft" genannt. Im Statut des Werbefernsehens von 1968 hieß es unter anderem: „Das Werbefernsehen hat die Aufgabe ..., durch unterhaltende, ideenreiche Sendungen das Vorfeld des politischen Abendprogramms für viele Zuschauer anziehend zu machen ... und ... die Finanzierung des Programms des Deutschen Fernsehfunks durch größtmögliche Einnahmen zu gewährleisten."[15] Das Fernsehen der DDR wurde neben den staatlichen Einnahmen aus Fernsehgebühren, Einnahmen des Werbefernsehens, dem Filmverkauf und anteilmäßigen Lottoeinnahmen finanziert. Das Ziehkind *tausend teletips* hatte sich mit der Zeit zu einer guten Einnahmequelle entwickelt, das mit 18 Millionen Mark im Jahr genausoviel Gewinne einbrachte, wie das Fernsehen jährlich durch nicht bezahlte Fernsehgebühren von ca. 500 000 Schwarzsehern einbüßte.[16]

Das Werbefernsehen hatte verschiedene Funktionen zu erfüllen, es wurde daran gemessen, wie gut bestimmte Leitbilder vorgeführt wurden, wie hoch die Einnahmen waren und wieviele Zuschauer rechtzeitig für das folgende Abendprogramm gewonnen wurden. Der Leiter der Hauptabteilung Werbefernsehen faßte zusammen: „So entsteht für jede Sendung ein buntes Kaleidoskop aus Real-, Sachtrick-, Fototrick-, Puppentrick-, Zeichentrick- und Flachfiguren-Filmen mit unterschiedlichsten Synchronisationen in Sprache, Geräusch und Musik. Seit einiger Zeit werden einzelne, längere Werbesendungen durch Unterhaltungsbeiträge in Form von Kurzfilmen erweitert und aufgelockert."[17] Auch in dieser Entwicklungsphase stellte das Werbefernsehen gegenüber den anderen Werbemedien eine Ausnahme dar. Es war von allen Medien das teuerste, die Herstellungszeit war die längste, und es war um ein vielfaches schwieriger, den Prozeß der Herstellung zu durchschauen. Das Werbefernsehen in der DDR konnte sich als meinungsbildendes Instrument nie richtig gegenüber den anderen Sendungen durchsetzen, wurde nie richtig anerkannt. Noch 1970 bestand einer der wichtigsten Schwerpunkte bei der Arbeit des Werbefernsehens darin, sich „weiter in das Gesamtsystem des DFF zu integrieren".[18] Mit „Integration" war gemeint, daß andere Sendungen ebenfalls Werbung für Betriebe und Produkte brachten, dafür aber keine Gebühren entrichtet wurden. „Noch gibt es Werbung in vielen Sendungen, wie z.B. '7 treffen sich um 8', 'Wünsch dir was', 'Jugendsendungen' und andere Bereiche, die nicht mit dem Werbefernsehen abgestimmt und koordiniert werden... Manche Mitarbeiter in den Bereichen des Journalismus und der Unterhaltung... meinen, es sei unter ihrem Nivcau, von Werbung oder gar von Geld zu reden..."[19]

Werbefilm „Haushaltstextilien", 1964.

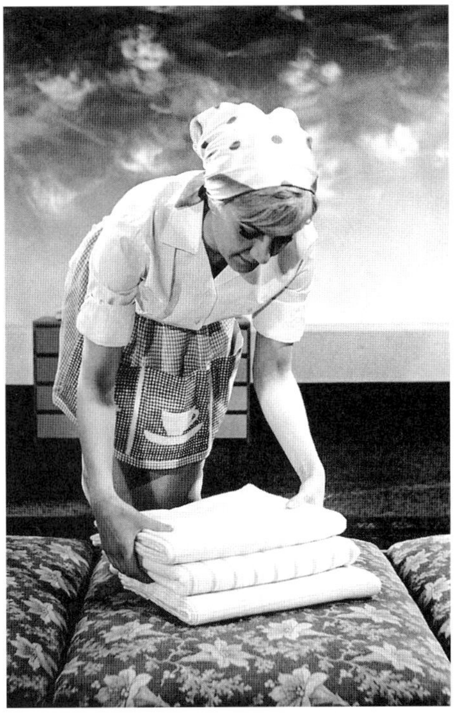

Werbefilm „Handarbeitsgarne", 1964.

Überlebensversuche mit Ratgeberkonzepten (1971 – 1976)

In dem Maße, wie das NÖS aufgegeben und auf der 14. Tagung des ZK der SED 1970 kritisiert wurde, stagnierte auch die Werbung im Inland. Anordnungen über Werbung verringerten deren Spielräume und setzten jegliche Kreativität außer Gefecht. Das wirtschaftlich stagnierende System entließ die Werbung aus ihrer internen kommunikationspolitischen Funktion, es gab wohl nichts mehr zu kommunizieren. An ihre Stelle trat die von Waren und Handel unabhängige Gesundheits-, Arbeitsschutz- und politische Propaganda.

Drei Tendenzen sind ab 1970 in den Diskussionen um das Werbefernsehen zu bemerken. Erstens nimmt die Kritik und Selbstkritik an Werbefilmen zu, man orientiere sich zu sehr am Westen. „Aber genauso unbestreitbar ist, daß wir in politisch-ideologischer Beziehung Versäumnisse zuließen, uns in Form und Inhalt in manchen Fällen von Beispielen der anderen Seite leiten ließen ..." Das betraf in diesem Zusammenhang auch das „Bild der Frau", „Konsum als Sinn des Lebens" und den „Prestigegedanken".[20] Zweitens häuften sich die Wiederholungen von Werbefilmen in den Sendungen. Ab 1971 gingen die Aufträge für Neuproduktionen stark zurück, und drei Monate später wurde festgestellt, daß sich die Verluste durch erhöhte „Wiederholungs-Einschaltungen" zwar auffangen lassen, damit aber die Qualität der Sendungen sinken würde. Drittens nahmen die Versuche zu, als Alternative Ratgebersendungen zu entwickeln. Eine Tendenz, die auf zwei Ebenen zu beobachten ist: zum einen in den Rechenschaftsberichten und Konzeptionen für Sendungen und zum anderen in den Werbefilmen selbst, in denen der Ratgeberstil an Bedeutung gewann.

Es entstanden verschiedene Sendeformen, mit denen das Werbefernsehen versuchte, die offensichtliche Stagnation der Aufträge abzufangen. Um mehr Aktualität zu schaffen, als Reaktion auf die permanenten Schwierigkeiten der Warenbereitstellung, wurde 1971 die kurzweilige Werbesendung „Peng" ins Leben gerufen. Von bekannten Grafikern wurden Trickepis gestaltet. Es entstanden Konzeptionen für Ratgebersendungen. „Gemeint sind dabei gesellschaftliche Anliegen wie – Energiesparen, Hygiene, Arbeitsschutz, Umgang mit kleinen elektrischen Geräten und dgl., auf deren Bedeutung, Sachkenntnis und unbedingtes Wissen in realer, stark appellierender und trotzdem anonymer Form hingewiesen wird." Nicht zuletzt wurden sogenannte 3-5minütige Wirtschaftssendungen gedreht, wie z.B. „Fernsehbuchhändler", „Lexikon der Hauswirtschaft" oder „Fischkoch", in denen „... der Zuschauer über bestimmte Produkte lang und breit informiert" wurde. Zudem liefen Sendungen, die moderiert wurden, wie z.B. „ttt zum Wochenende". Hier wurden „... zusätzliche Informationen über Dienstleistungen, Kundendienste, gesellschaftliche Anliegen, kulturelle Höhepunkte, Ausflugsziele, Neueröffnungen von Ausstellungen ..." geboten.[21] Nach der Anordnung über die Sparsamkeit 1975 reduzierte sich die Werbung im Inland auf die Materialökonomie, Gesundheitserziehung, den Versicherungsschutz, die Kulturpolitik, Lotterie, die Produktionspropaganda, die Verkaufsraum- und Schaufenstergestaltung und auf die Teilnahme an Messen und Ausstellungen. „Als Werbemaßnahme im Inland verboten" war nach dieser Verordnung die Herstellung jeglicher Werbe- und Druckschriften, Werbegeschenke, Muster, Warenproben, Anzeigen, Plakate, DIA- und Filmvorführungen in Lichtspieltheatern und im Fernsehen, Lichtwerbung und Sichtflächenwerbung. Dagegen wurden Werbemaßnahmen für den Export weiter zugelassen.[22]

Diese drastische Reduzierung von Werbeausgaben hatte zur Folge, daß die Produktionen und Einnahmen des Werbefernsehens rückläufig wurden und die angestrebte Qualität mangels neuer Aufträge in keiner Weise realisiert werden konnte. Und gewiß fehlten nun auch die Hoffnungen, die 1962, als es das erste große Werbeverbot gab, die junge Sendung am Leben erhalten hatten. Der Versuch, neue und moderne Konsumleitbilder im Fernsehen zu etablieren, scheiterte nicht allein an der mangelnden Versorgung der Bevölkerung mit gefragten Konsumgütern, sondern daran, daß unzählige Entwicklungen stagnierten. Den Mangel gab es schon vorher. Aber der Werbefilm konnte nicht mehr das Lebensgefühl einer an Veränderung glaubenden Menschengemeinschaft reproduzieren. Und auch als Ratgebersendung hatte das Werbefernsehen keine Perspektive, da sich andere Sendungen lange vor ihm ein Ratgeberprofil zugelegt hatten. Anfang 1976 wurde die Auflösung des Werbefernsehens der DDR auf Ministerebene beschlossen. Ein halbes Jahr später war die Redaktion vollständig aufgelöst und abgewickelt.

Das Gespür der Konsumenten

Haben die Menschen in der DDR das Werbefernsehen des Deutschen Fernsehfunks, die *tausend teletips*, auch so gesehen, wie sie vom Absender gedacht waren? War das Werbefernsehen nicht eher eine „Volksbelustigung“, wie ich heute einige Interviewpartner der älteren DDR-Generation sagen höre? Oder sollte ich mehr meinen eigenen Kindheitserinnerungen trauen und der Beobachtung nachgehen, daß es heute immer wieder Menschen zwischen dreißig und vierzig Jahren sind, die sich hier im Detail genau erinnern und schwärmen können? Von denen, die damals Kind waren und am Fernsehgeschehen der Familie teilnahmen, sind heute die genauesten Erinnerungen einzuholen. Der Zeitraffer, der mit Blick auf alles Gewesene arbeitet, und der Ereignisse und Erfahrungen zusammenzieht kommt im Verlaufe einer Biographie unterschiedlich zum Einsatz. An seine Kindheit kann sich jede und jeder sehr genau erinnern, die Geschichten leben vom feingliedrigen Detail. Je näher aber die Erinnerungen der Gegenwart kommen, desto blasser werden die Erzählungen. Der allgemeine Blick, das Urteil gewinnt Oberhand. Alles löst sich in der Interpretation auf, die einfache Beobachtung scheint unmöglich geworden. Aber der Kindheitserinnerung haftet der Versuch, nichts zu vergessen und vollständig zu sein, nicht an – sie ist bruchstückhaft, aber detailliert. Diese Erinnerungen stellen für mich eine wichtige Quelle dar, wenn es darum geht, die Anwesenheit und die Akzeptanz oder Ablehnung der Werbesendungen im Alltag vor dreißig Jahren nachzuvollziehen. Aber diese Erinnerungen sind nicht die alleinige Quelle. Auch die belustigte oder ablehnende Haltung zum Werbefernsehen im Rückblick ist ein wichtiges Indiz. Die Sendungen müssen für Aufmerksamkeit gesorgt haben – und das, so wird sich im weiteren Verlaufe meiner Ausführungen zeigen, aus den verschiedensten Gründen.

Werbefilm „Haushaltstextilien“, 1964.

Werbefilm „Ein Herz fürs Baby“, o.J.

Ein Vergleich von Umfrageergebnissen von 1967 mit Zuschauerzahlen von 1971 kann erste Aufschlüsse über die unterschiedliche Akzeptanz des Werbefernsehens innerhalb seiner Entwicklung geben. 1966 ließ die Hauptabteilung Werbefernsehen eine Wirkungsanalyse zum Werbefernsehen durchführen, um mehr über den Bekanntheitsgrad der Werbesendungen zu erfahren. Von 17 Mio. DDR-Bürgern und von ca. 9 Mio. Fernsehzuschauern kannten nach der Umfrage ca. 80 Prozent also 7,4 Mio. die Werbesendung des DFF. Die Untersuchung bezog Kinder unter 16 Jahre (4,3 Mio.) nicht mit ein. Nach der Befragung wurden die *tausend teletips* von 6 Mio. Zuschauern tatsächlich gesehen. Die Befragung ergab auch, daß mehr Männer, ca. 6 Prozent, die Werbesendungen sahen. Das läßt vieles vermuten, zum Beispiel, daß Männer früher am Bildschirm saßen und die Frauen eben noch den Abwasch machten, daß Ratgeber- und Nachrichtensendungen die männlichen Zuschauer ansprachen, daß das Fernsehgerät für den Mann eine Art technisches Spielzeug darstellte und er als „Techniker“ das Abendprogramm absicherte. Die Umfrage führte darüber hinaus an, daß vor allem Angestellte, Rentner und Hausfrauen am meisten Werbesendungen sahen. Daß es vor allem Rentner waren, bestätigen auch weitere Ergebnisse, die angeben, daß 16jährige ganz selten, dagegen 60jährige am häufigsten Werbung sahen. Die Aussage, daß die Hausfrauen in der DDR 1967 besonders viel Werbung sahen, ist insofern zu relativieren, als von den ca. 5 Mio. Frauen im erwerbstätigen Alter ca. 3,3 Mio. Frauen berufstätig waren.

Fast beiläufig gibt eine Analyse des Staatlichen Komitees für Fernsehen 1971 Auskunft über die Fernsehbeteiligung im Vorabend- und im Abendprogramm an den Tagen Montag bis Freitag. Danach sahen im DDR-Fernsehen 1,8 Mio. Zuschauer die Werbesendung *tausend teletips*. Damit lag das Werbefernsehen gar nicht so schlecht, es hatte ebensoviele Zuschauer wie die „Aktuelle Kamera". Dagegen sahen den „Schwarzen Kanal" 1,3 Mio. und „Die Umschau aus Sport und Technik" 0,8 Mio. Zuschauer. Allerdings zeigt ein Vergleich mit der Sehbeteiligung an Unterhaltungssendungen, daß das Programm des DFF vor allem dann Akzeptanz fand, wenn es dem Unterhaltungsbedürfnis der Zuschauer nachkam. So sahen die „Rumpelkammer" 5,6 Mio., die „Rostocker Hafenbar" 5,2 und „Mach mit, bleib fit" 3,1 Mio. Zuschauer.[23] Die Zahlen widerspiegeln das gängige Sehverhalten: 18.30 Uhr wurde der Fernseher eingeschaltet, Programmvorschau, Werbung, Sandmann und Wetter leiteten den Abend ein. Es folgten Ratgebersendungen, auch mit der Auflage, Zuschauer für die „Aktuelle Kamera" um 19.30 Uhr zu gewinnen. Und nach 20.00 Uhr begann der unterhaltende Teil. Auch sprachen die einzelnen Programmteile jeweils ein anders Publikum an. Die Befragungen bezogen sich ausnahmslos auf Zuschauer über 16 Jahre, folglich war die tatsächliche Zuschauerzahl der Werbesendung größer, denn der „Sandmann" um 18.50 Uhr richtete sich an die Kinder, und Werbung, Wetter und Programmvorschau waren der verlängerte „Abendgruß". Die Befragungsergebnisse 1966 (6 Mio.) und 1971 (1,8 Mio.) unterscheiden sich erheblich voneinander. Dabei kommt es nicht so sehr auf die Exaktheit der Zahlen an, sondern auf die eindeutige Differenz. Demnach bestand 1966 eine auffallend höhere Sehbeteiligung, und diese kann auch eine größere Akzeptanz des Werbefernsehens gegenüber 1971 bedeuten.

Der Fischkoch Rudolph Kroboth, um 1965.

Die Befragung gibt aber ebenso Auskunft über den Bekanntheitsgrad einzelner Sendungen. Das Werbefernsehen bot die verschiedensten Sendetypen und veränderte diese auch häufig. Damit war die Chance relativ gering, daß sich einzelne Sendungen schnell einprägten. Die mit Abstand bekannteste und beliebteste Sendung, die zudem die längste Zeit lief, war der „Fischkoch". Die von der Hauptabteilung Werbefernsehen 1967 durchgeführte Untersuchung zum Bekanntheitsgrad einzelner ttt-Beiträge zeigte, daß von den 6,3 Millionen Zuschauern über 30 Prozent den „Fischkoch" gerne sahen. Ihm folgte mit 10 Prozent Zustimmung der „Minol-Pirol", eine Werbefigur, die vom Werbefernsehen erschaffen und mit der Zeit sehr populär wurde. Unter dem Motto: „Den Tele-Tip, der helfen soll, gibt Ihnen der Minol-Pirol", erteilte die Figur jeden Dienstag Ratschläge für Kraftfahrer.

Nach dem ersten Auftritt des Fischkochs im Mai 1960 gingen in der Redaktion über 7000 Rezeptanfragen ein. In dieser Sendung wurden Rezepte mit dem „Strömling in Tomate" vorgeführt. Fischdosen aus der Sowjetunion waren importiert worden, lagen in den Geschäften und wurden, wegen der kyrillischen Schrift, weder gelesen noch gekauft. Nach der Sendung, so wird jedenfalls in späteren Erinnerungen legendenhaft erzählt, war der Strömling aus den Läden verschwunden. „Was wäre die Schneiderstube ohne Pittiplatsch... und die Sendereihe Tausend tele-Tips ohne den weltberühmten Fischkoch!?" begann am 27.11.1966 ein Bericht über den Fernsehfunk in der Berliner Zeitung. Der „Fischkoch", Rudolph Kroboth, war eigentlich der Leiter der Werbeabteilung des VVB Hochseefischerei. „Hunderte und manchmal tausende Zuschriften erhält Rudolph Kroboth nach seinen Fernsehsendungen. Diese Bitten der Zuschauerinnen und Zuschauer um Rezepte sprechen für seine in Jahren erworbene Popularität."[24] Die Bekanntheit des Fischkochs rührte allerdings von einer viel breiter angelegten Werbekampagne des VVB Hochseefischerei. Unter dem Werbespruch „Fisch auf jeden Tisch" reiste der „Fischkoch aus dem Fernsehen" durch das Land. Er besaß eine fahrbare Fischküche, führte Schaukochen und Testessen durch und lud verdienstvolle Menschen zum „Gastmahl des Meeres" ein. Die Aufgaben der Werbung faßte Rudolph Kroboth wie folgt zusammen: „Die Eigenart der Erzeugnisse der Hochseefischerei erfordert verschiedene Maßnahmen: Überwindung von Absatzhemmungen, Vorurteilen (z.B. ist noch die Meinung vertreten, in den Monaten ohne R sollte kein Fisch verzehrt werden), Beschleunigung und Stabilisierung des Absatzes, Änderung der Verbrauchergewohnheiten, Bedarfsdeckung und Nutzung der jahreszeitlichen Absatzchancen (z.B. Feste, Urlaub, Camping), Einführung neuer Sortimente und bisher wenig genutzter Fischarten, Verpackungen sowie Verbrauchsverlagerung (z.B. vom Haushalt in die gesellschaftliche Speisung)."[25] Mehr als 40 Fernsehspots im Jahr, Interviews mit Rezepten im Rundfunk, Anzeigen in verschiedenen Zeitschriften und Kinowerbung trugen zur Popularitätssteigerung des Fischkochs bei. Prospekte mit den Titeln „Der Fisch in der neuzeitlichen Küche" und „Der Fisch in der Speisegaststätte" bewarben Großküchen, Kochbücher mit Fernsehrezepten wurden gedruckt, Handzettel und Informationsblätter verteilt. Die Bekanntheit des Fischkochs und seiner Künste war enorm – nicht so der Verbrauch an Fisch. Ein Blick in das Statistische Jahrbuch der DDR von 1969 zeigt, daß der Pro-Kopf-Verbrauch an Fisch- und Fischerzeugnissen von 1955 bis 1968 von 12,2 kg auf 16,4 kg, der Pro-Kopf-Verbrauch von Fleisch- und Fleischerzeugnissen im gleichen Zeitraum aber von 45,0 kg auf 63,0 kg gestiegen war. Kurzfristig, so läßt sich vermuten, hatte die Werbung den Absatz von Fischerzeugnissen bewirkt, auf lange Sicht aber hatten sich die Verbrauchergewohnheiten nicht geändert. Gewiß, das eine oder andere Rezept wurde ausprobiert. Aber das Verhältnis der Zuschauer zu dieser lebenden „Werbefigur" war kein von Nachahmung geprägtes, sondern ein auf Distanz beruhendes. Das Vorkochen im Fernsehen wurde als Unterhaltungssendung angenommen. Die Zuschauer hatten ihren Fernsehliebling, der ihnen regelmäßig seinen Abendgruß mit den Worten „Gutes Gelingen und viel Gaumenfreude" herüberbrachte.

Statistische Zahlen geben nur bedingt wieder, welchen Stellenwert das Werbefernsehen hatte und inwieweit es Akzeptanz fand. Vorab sei vorausgesetzt, daß das Fernsehgerät nicht wegen der *tausend teletips* angeschaltet wurde, sondern Sendungen vorher, z.B. „English for you" oder hinterher, z.B. „Sandmann" oder „Verkehrsmagazin" die Zuschauer interessierten. Neben der ständigen Aufforderung in den Sendungen, die Zuschauer mögen ihre Meinungen schreiben, wurden auch Preisausschreiben durchgeführt. 1966 richtete man sich direkt an die Fernsehzuschauer und forderte sie auf, einen Namen für eine Figur zu finden, die ab 1967 in den Zwischenblenden der Werbesendung auftreten sollte. Der Aufruf wurde in der *Neuen Berliner Illustrierten* Nr. 16/66 veröffentlicht und erhielt 2000 Leserzuschriften. Die Figur, ein Strichmännchen mit Fernseh-Kopf und *ttt*-Bauch bekam schließlich den Namen „Jeremias Teleblick", und der von einer Jury ausgewählte Gewinner aus Leipzig wurde für diesen Namen mit 250,- Mark beglückt. In die engere Wahl kamen aber auch die Namen „Telestilchen", „Telegenchen" und „Informatius". „Scherz, Ironie und tiefere Bedeutung anderer Namensvorschläge bereiteten der Jury teils Kopfzerbrechen, teils Spaß und Freud', drunter Adameckchen, Bildschirm-Scheuche ... Guckischnurps ...".[26] Aber bereits im November 1968 wurde der dünngliedrige „Teleblick" von drei üppigen und farbigen „Spreenixen" abgelöst. Auch diese Figuren gaben genug Anlaß für Veröffentlichungen. Unter der Überschrift „Humor auf dem Bildschirm" stellte die Fernsehzeitschrift „Funk und Fernsehen" im Oktober 1968 die Figuren vor: „... ein bißchen naiv, ein bißchen grotesk. Immer gewitzt und meistens sehr komisch – Spaß, Spott, Spielerei, Mini-Witze im Zeichentrick mit einer Prise Berliner Luft und einem Schuß Spreewasser ..."

[1] *Die Schreibweise der Werbesendung „tausend teletips" (ttt) war in den 15 Jahren ihres Bestehens unterschiedlich. Ich werde die klein geschriebene Variante der beiden Wörter verwenden. In Zitaten erscheinen die jeweils originalen Schreibweisen.*
[2] *Troll für Sie, Produktions-Vormeldung, Akt.-Zeichen GV 13/65, Sendetermin ab Mitte Juli 1965, Privatarchiv.*
[3] *Gerhard Nerger, Drehbuch für Motorroller Tatran, GV 13/65, 30.9.69.*
[4] *Gerhard Nerger, Schießsport. Drehbuch für einen Werbefilm, 1964.*
[5] *Grundzüge der Entwicklung sozialistischer Werbung, Hg. DEWAG Berlin, 1960, S. 26.*
[6] *Annelies Albrecht/Hans Dietrich (Institut für Marktforschung), Fernsehwerbung weist Disproportionen auf, in: Die Wirtschaft, 12. 12.1968, S. 15.*
[7] *Weihnachtseinkauf Technik, Produktions-Vormeldung, Akt.-Zeichen GV 13/65, 1965.*
[8] *Damenstrümpfe, Drehbuch für einen Werbefilm, 1964, Deutsches Rundfunkarchiv – Standort Berlin, HA Werbefernsehen-ttt.*
[9] *Neues Deutschland vom 14.12.59, S. 2.*
[10] *DEWAG: Deutsche Werbe- und Anzeigengesellschaft, 1945 in Dresden gegründet, 1946 in eine GmbH umgewandelt und von 1949 bis 1990 in Berlin.*

Das Verschwinden der Waren oder warum die Werbefilme der DDR nicht so „schön" waren

Im Abschlußbericht zur Einstellung des Werbefernsehens 1976 wurde noch einmal aus den damals formulierten Absichten der Gründung 1959 zitiert. Darin heißt es: „Neben sinnvoller volkswirtschaftlicher Aufklärung und Gebrauchswerterläuterungen sollten sozialistische Lebensformen propagiert, bürgerliche Denk- und Verhaltensweisen überwunden und geschmacksbildende Faktoren beeinflußt werden. Durch die Vielfalt der Formen in der Gestaltung, künstlerisch verdichtet, war beabsichtigt, ein buntes Magazin amüsanter, unterhaltsamer und lebensnaher Empfehlungen zu geben, in dem die Fragen unseres Lebens in wirksamer Weise behandelt werden."[27] Diese Vorstellungen konnte das Werbefernsehen nur bedingt umsetzen. Das heißt, die plakative Darstellung „sozialistischer Lebensweise" gelang nicht. Mehr ungewollt aber waren diese Filme am Ende lebensnaher als andere „meinungsbildende" Programme. Die Werbefilme spielten mit verschiedenen Unterhaltungsformen unmittelbar mit den Konsumleitbildern der 60er Jahre – die Waren mußten gar nicht gegenständlich vorhanden sein. Warum allerdings wurden diese Werbefilme nicht als so „schön" wie im anderen, im „Westsender" empfunden? Wirkten sie konstruiert, weil ihnen der Gegenstand abhanden gekommen war, die Ware? Fehlte den Werbefilmen der Fetisch? Ein Vergleich der Themen, die vorrangig in Ost- bzw. Westwerbefilmen gezeigt wurden, läßt erahnen, was den *tausend teletips* „fehlte". Nach einer 1966 im Heft 3 der *Neuen Werbung* veröffentlichten Untersuchung aus Prag standen in der Bundesrepublik in der Fernsehwerbung die Produkte Kosmetik und Reinigungsmittel an erster Stelle, gefolgt von Lebensmitteln und Textilien bzw. Konfektion. In der Fernsehwerbung der DDR stand die Werbung des Einzelhandels an erster Position, dann folgten Lebensmittel, vor allem Fischwerbung, und verschiedene Dienstleistungen. Das heißt, wie an anderer Stelle bereits erwähnt, orientierten die Filme mehr auf das Branchensortiment als auf den Gebrauchswert einzelner Erzeugnisse. Da ist vom modernen Einkauf die Rede, moderne Verbraucher werden vorgeführt, und so ganz unauffällig, ohne Sang und Klang, treten die Waren ab. Allenthalben in den Werbefilmen mit Ratgebertendenzen spielt der pure Gebrauchswert eine Rolle. Die Warenwelt des westdeutschen Werbefernsehens mußte so eine ganz andere Wirkung zeigen. Das DDR-Werbefernsehen orientierte auf unterhaltsame Lebensstilwerbung, die die Sehnsüchte nach einer bunten Warenwelt in keiner Weise bediente.

Vielleicht war das Werbefernsehen der DDR tatsächlich viel lebensnaher, ergo nicht so „schön". Und vielleicht wurde das unmittelbare Fehlen der Ware durch die Hoffnungen der sechziger Jahre auf eine dauerhafte Konsumgüterentwicklung ersetzt? Vielleicht war der Widerspruch auszuhalten, weil er noch für lösbar und durchaus lebensnah gehalten wurde? Und vielleicht verschwand 1976 das Werbefernsehen von der Bildfläche, weil es ohne diese Lebensnähe nicht existieren konnte, und zwar in wirtschaftlicher und kultureller Hinsicht. Was war denn der größte Vorwurf an das Werbefernsehen? Im Abschlußbericht wurde festgestellt, daß die Entwicklung des Werbefernsehens eine rückläufige ist und sichtbar wird, „daß in kurzer Zeit Inhalt und Umfang der Konsumgüterempfehlungen des Werbefernsehens mit der positiven Bilanz der Wirtschaftsentwicklung der DDR in Widerspruch gelangt."[28] Diese positiven „Bilanzen" hatten allerdings mit den Hoffnungen der Menschen nichts mehr gemein, denn den „positiven Bilanzen" fehlte die Lebensnähe.

[11] *Werbefilm-Festspiele in Venedig, in: Neue Werbung 12/1958, S. 6.*
[12] *Werbefilme des Binnenhandels, in: Neue Werbung 8/1961, S. 24.*
[13] *Gerhard Probst in: Presse-Information, Berlin, 4. 10.1957, Nr. 114.*
[14] *Heinz Hirdina, Gestalten für die Serie. Design in der DDR 1949-1985, Dresden 1986, S. 141.*
[15] *Statut des Werbefernsehens, 29. 3.1968, Deutsches Rundfunkarchiv – Standort Berlin, HA Werbefernsehen.*
[16] *Irene Steyer, Untersuchung des Verhältnisses von Wirkungsgrad zum materiellen Aufwand des gegenständlichen Wirkungselements des Fernsehbildes und die ökonomische Bedeutung der Anwendung fernsehspezifischer Technologien, Abschlußarbeit Berlin 1971, Hochschule der Künste Berlin, Hochschularchiv.*
[17] *Tausend Tele-Tips im Deutschen Fernsehfunk, in: Neue Werbung 2/1966, S. 4.*
[18] *Planangebot des Werbefernsehens 1970, Deutsches Rundfunkarchiv – Standort Berlin, Blätter Vorbereitende Planmaterialien, Propagandistische und Ratgebersendungen, S. 3.*
[19] *Ebd., S. 12.*
[20] *Konzeption für die Darlegung auf dem Werkstattgespräch über die ideologisch-politischen Aspekte der Sendungen des Werbefernsehens, Berlin 12.4. 1971, Privatarchiv.*
[21] *Neue Formen der Fernsehwerbung im Zuge gesellschaftlicher Veränderungen, Berlin 1973, S. 7.*
[22] *Anordnung zur Durchsetzung der sozialistischen Sparsamkeit beim Einsatz materieller und finanzieller Fonds für Werbung und Repräsentation, in: Verfügungen und Mitteilungen des Ministeriums für Handel und Versorgung, Berlin, vom 23.1.1975.*
[23] *Bevölkerungsumfrage des Instituts für Meinungsforschung, in: Maßnahmen des Staatlichen Komitees für Fernsehen zur Verbesserung der Qualität und Wirksamkeit der Fernsehprogramme, 25. 9. 1971, SAPMO DY 30/115 32/2.*
[24] *Eine Million Teletips, In: Fernsehdienst der DDR 4/1966, S. 16.*
[25] *Der Fischkoch berichtet. Über den Werbedienst der VVB Hochseefischerei, in: Neue Werbung 11/1964, S. 26.*
[26] *Neue Berliner Illustrierte 37/1966.*
[27] *Abschlußbericht über die Einstellung des Werbefernsehens, 2. 6.1976, Deutsches Rundfunkarchiv – Standort Berlin, HA Werbefernsehen/Abwicklung, S. 4.*
[28] *Ebd. S. 2.*

Andreas Hergeth

„Wenn die Leute lachen, sind sie bereit zu kaufen"

Ein Interview mit Isabella-Margarete von Oettingen, Autorin und Regisseurin bei *ttt*

WERBEFERNSEHEN

Ich bin insofern vorbelastet, weil mein Mann aus der Werbung kam und in der Bundesrepublik ein Buch veröffentlicht hatte. Zum Thema Werbung in Westdeutschland hatte ich viel gelesen, und in der DDR hatte kein Mensch eine Ahnung davon. Und deshalb haben mich alle als den großen Guru betrachtet, der ich natürlich überhaupt nicht war. Aber, erstens war ich verheiratet, zweitens hatte ich Kinder und drittens kannte ich den Westen – ich hatte ja die erste Hälfte meines Lebens dort verbracht. Ich kannte auch ein bißchen vom westlichen Ausland und hatte deshalb keine Scheuklappen.

Tausend teletips ist eine Produktwerbung gewesen, die unmittelbar mit dem West-Werbefernsehen vergleichbar war. Die Zielgruppen waren so ziemlich die gleichen. Aber wir waren Prämissen unterworfen, die hießen: Keinen Bedarf wecken für etwas, das nicht vorhanden ist. Man mußte sich also erst einmal über die Warendecke informieren.

Der Werbe-Etat richtete sich nach dem Umsatz im vergangenen Jahr und nach der Verfügbarkeit von Rohstoffen. Es gab zum Beispiel so starke Engpässe, daß eine Werbung kurzfristig rausgeschmissen wurde. Ich denke da an die Aufträge für den Fischkoch. Wenn von manchen Lebensmitteln zuviel da war, mußte er die mitverbraten. Oder an den Fernsehkoch. Wenn es eine Schwemme von Äpfeln oder Kohl gab, dann mußte er diese mit in seine Rezepte einbinden. Das klingt zwar kurios, aber es war wirklich so. Ansonsten ist man die ganze Sache ohne große Psychologie, aber doch mit dem Profitgedanken – der bei uns natürlich nicht Profit-, sondern Umsatzsteigerung hieß – angegangen.

Eigentlich war es ja so, daß nur die Idee als Exposé geliefert wurde, in dem der Drehort angerissen war. Der Text wurde streng auf 15 Sekunden limitiert, mehr konnte sich da keiner leisten. Für einen Fünfzehn-Sekunden-Werbespot mit normalem Aufwand betrugen die Herstellungskosten rund 12 000 Mark. Sehr billig. Man mußte sich von vornherein einschränken. Bezahlt wurden für ein Exposé 350 Mark. Das war nicht viel. Aber ich hätte alle Ideen aus dem Ärmel schütteln können, alle, so viele hätte ich gar nicht unterbringen können. Ich habe immer drei eingereicht, obwohl nur eine Idee für einen Spot gefragt war. Manchmal hat man die eine genommen, mal die andere, mal gemischt. Auf alle Fälle war das für DDR-Verhältnisse leicht verdientes Geld. Jedenfalls für den, der auf diesem Gebiet firm war.

Das ging dann so los: Fahr doch mal zu dem und dem und guck, da müßte man Werbung machen. Zum Beispiel vom Ministerium für Leichtindustrie gab es den Auftrag, für dieses Baby-Höschen, das hieß Windelhöschen „Baby-Chick", Werbung zu machen. Das war sehr einleuchtend, es hatte diese Spreizeinlage in Babywindeln. Um diesen Spot zu schreiben, habe ich acht Tage lang alles dazu gelesen, von den Urvölkern bis heute. Um der Verschiebung des Hüftknochens entgegenzuwirken, wurde dieses Windel-

Minol-Pirol: „Stets dienstbereit zu Ihrem Wohl ist immer der Minol-Pirol."

ttt-Werbefernsehen, Fernsehdienst der DDR 1963, S. 3.

höschen bei uns entwickelt, eine Firma in Vorpommern bekam den Auftrag dazu. Drüben gab's das schon, ja! Bei uns wurde eben immer alles nachentwickelt. Wie das neuerfundene Fahrrad. Da habe ich also nachgelesen, mir aus der Bibliothek Literatur geholt, wieso es dieses Problem in Japan zum Beispiel kaum gibt und bei den Naturvölkern überhaupt nicht. Weil diese nämlich die Kinder auf der Hüfte oder auf dem Rücken mit gespreizten Beinchen tragen. Man mußte schon fundiertes Hintergrundwissen haben, um diese Dinge medizinisch richtig zu erklären, und zwar so, daß die Frauen dies auch akzeptierten.

Das Ziel der Werbung war entweder, ein Produkt zu verkaufen, Erinnerungswerbung für das CENTRUM-Warenhaus zu machen oder Aufklärung zu betreiben, die sich darauf beschränkte, den Leuten plausibel zu erklären, dieses oder jenes zu benutzen. Dann gab es auch eine Zeitlang eine halbe Stunde mit größeren Beiträgen, jeweils zehn Minuten lang. Irgendeine Aufklärungssache, sagen wir mal Zahnhygiene bei Kindern im Vorschulalter. Man wollte die Eltern überzeugen, daß man damit nicht früh genug anfangen konnte. Ich würde sagen, das war richtige Volksaufklärung, die allen zugute kam. Das sparte dann später Gelder.

Die reine Produktwerbung bezog sich zumeist auf Konsumgüter, die aufgrund falscher Bilanzzahlen einfach zu viel produziert wurden und so keinen Absatz fanden. Zum Beispiel gab es einen Betrieb im Vogtland, der die Planaufgabe bekam, 150 000 weiße Damenblusen herzustellen. Davon waren je 50 000 in verschiedenen Größen und 50 000 ab Größe 46. Jetzt hatten sie die Blusen in Größe 46/48/50 mit kurzen Ärmeln genäht, damit sie recht viel aus dem Stoff herausholten und noch etwas über dem Plan lagen. Das gab ja eine Prämie. Die saßen aber auf diesen Blusen. Nicht etwa, weil die Frauen die Blusen nicht mochten. Aber erfahrungsgemäß hat ja eine dickere Frau dickere Arme und trägt damit lieber Blusen mit langen Ärmeln. Auf diese Kleinigkeiten mußte man schließlich achten. Die mußten die Dinger also verkaufen, deshalb sollten wir sie anpreisen. Man konnte die jetzt nicht einfach so zeigen, sondern nur als Unterzieher anbieten. Wir machten dann eine Werbung für Pullover.

Interessant war, daß keinerlei Manipulation von Kindern stattfinden sollte. Es gab einen Werbespot, der total durchgefallen ist, leider Gottes erst, nachdem er produziert worden war. Unser Chef hat von oben ganz furchtbar einen auf den Deckel bekommen. Und zwar war das eine Werbung des CENTRUM-Warenhauses zum Frauentag. Zwei Kinder hatten ihr Sparschwein geplündert und gesagt, sie kaufen der Mutti die und die Seife und passendes Eau de Cologne. Daraufhin hieß es, Kinder werden bei uns nicht ermuntert, dies und jenes zu kaufen, Kinder werden nicht manipuliert.

Ich war mal in einem kleinen Betrieb, der hatte Pfennigartikel, Düngemittel und so. Die Mitarbeiter sagten sich nach der Verstaatlichung, jetzt machen wir für unser Düngemittel und für unseren Blattglanz Werbung. Die hatten wirklich nicht viel Geld. Naja, sagten sie sich, wir wollten das so richtig ansprechend machen. Wieviel Geld sie denn hätten, war meine Frage. 15 000 Mark hatten sie. „Wissen sie was", sagte ich denen, „mit 15 000 Mark können sie das Ding gerade mal herstellen und einmal schalten". – „Dann müssen Sie das so machen, daß wir das im nächsten Jahr noch verwenden können, das darf dann nicht so aktuell sein." Da hab ich einen mittelalterlichen Mann in ein Wohnzimmer hingesetzt – eigentlich war nur ein Ausschnitt zu sehen, alles ganz simpel, weil es ja billig sein sollte –, also der saß an einem Tisch, auf dem lagen wahnsinnig viele Zuschriften mit angehefteten Fotos, offensichtlich die Antworten auf eine Heiratsanzeige.Und er hat also ne Menge Pflanzen und sucht da Frauen aus. Guckt die sich an. Da ist ein Bild dabei, eine Frau inmitten von blühenden Pflanzen. Und da zeigt er

„Noch heute bringe ich in meinem Bekanntenkreis viele zum Lachen und manche staunen, daß ich den Spruch noch immer kann. Aber den werde ich wohl nie vergessen. Ich habe keine Unterlagen dazu, aber ich sehe es noch genau vor mir. Es war ein kurzer Zeichentrickfilm und er ging darum, daß man beim Autofahren keinen Alkohol trinkt. Kurz beschrieben ging der Film so: Es kam ein Mann in eine Kneipe, trank Schnaps und Bier, rannte raus, stieg in's Auto, fuhr los und es krachte. Während des Films lief dann folgender Spruch ab:
Schnaps und Bier, Bier und Schnaps.
Kraftgefühl – wer kann mir.
Kein Kraftgefühl, kein Augenmaß, stark enthemmt, feste Gas.
Kurve rechts, Kurve links, dann ein Baum, aus der Traum.
Rettungswagen, Polizei, Krankenlager, Schererei.
Alkohol getrunken, Unglück im Nu, bedenke vorher: Den Schaden hast Du.
Der Kraftfahrzeug- und Fahrzeugführer darf während und vor Antritt der Fahrt nicht unter Einfluß von Alkohol stehen!"
Aus einem Brief von Sonja Matthes, 1996.

„Zwischenblenden"
TV-Information Werbefernsehen, 1969.

drauf und sagt: „Hat sie eine Blumenhand, hat sie Herz und auch Verstand.“ Als sie sich dann später treffen, fragt sie ihn: „Nimmst du denn auch den Dünger?“ – „Ja, den nehm ich auch“, war dann die Antwort. So sah der Spot aus. Das war aber in Reimen gemacht, um die Sache nicht ganz ernst zu nehmen.

Da gab es noch eine Variante. Nächtliche Straße, eine Frau zieht sich aus, man sieht nur ihren Schattenriß hinter einem Blumenfenster. Und ein Mann klettert nach oben und guckt da ins Fenster. Ihr Ehemann sieht das, macht das Fenster auf und meint, „Dir werd ich helfen!“ Da sagt der: „Mir ging's doch nur um die schönen Kakteen.“ So was, ja. Das war die von mir angebotene Variante. Genommen haben sie natürlich den Heiratswilligen. Mit Erotik und so war ja damals nichts zu machen.Ein Blendwerk des Teufels. Ein Busen, das ging nicht, das war nur im Schattenriß möglich. Ich bin ja immer der Meinung, wenn die Leute lachen, sind sie bereit zu kaufen. Deshalb habe ich immer versucht, es ein bißchen humorvoll zu machen. Das ist das Geheimnis der Werbung. Und ganz wichtig ist auch die Musik. Da hatte ich leider nie Einfluß drauf.

Meistens haben wir Realfilme gedreht, denn Atelier kam teurer. Dann haben wir natürlich auch Trick gemacht. Die wurden in Dresden realisiert. Trickfilme wurden oftmals dann eingesetzt, wenn eine Sache peinlich wurde, wie bei Toilettenartikeln, Toilettenpapier oder Binden. „Entpersönlichen“ nannte man das. Das macht man ja im Westen auch, daß man eine Taube nimmt. Ich erinnere mich auch noch an einen Trickfilm über das Papiersparen. Papier war immer knapp. Man hielt die Kinder an, ihre Hefte ordentlich voll zu schreiben, denn dafür müßten Bäume sterben. Dann wurde nicht der sterbende Baum gezeigt, sondern man hat das im Trick gezeigt: Die Bäume waren traurig und wurden abgeholzt. Erzieherische Sachen standen hoch im Kurs.

Irgendwie kommerziell mußte man es schon machen. Aber das Hauptaugenmerk wurde auf die Dinge gelegt, die gesellschaftlich-politisch wichtig waren. Und wenn der Film fertig war – das meiste hab ich ja nicht selbst verfilmt, das machten die festangestellten Regisseure –, kam ich zur Abnahme. Der Film mußte ja abgenommen und vor der Hauptverwaltung Film vertreten werden. Es ging doch kein Film raus ohne einen Stempel. Also zuerst habe ich mir das angesehen. Dann haben wir es den Kunden vorgeführt. Da war ich mit dabei, falls es noch einmal eine Änderung gibt. Der Kunde mußte unterschreiben, daß er den Spot gesehen hat und daß er in der Form zur Sendung kommen kann. Dann wurde ein Vertrag gemacht, wann und wie oft der Film eingesetzt werden sollte. Es gab da auch Preisunterschiede. Wochentags kostete eine Schaltung 9000 Mark und am Samstag 12 000 Mark, wenn ich mich nicht ganz irre. Sonntags gab's ja keine Werbung.

Es wurde nichts dem Zufall überlassen. Aber die Verplanung lag darin, daß keine Marktforschung betrieben wurde. Das Ministerium wußte, wieviel Kinder da waren, aber bei Rollschuhen z. B. hat kein Mensch eine Statistik befragt, und auf einmal hatten wir mehr Rollschuhe als Kinder in der DDR, denn es wurden wie wild Rollschuhe produziert. Und weil die keiner gestoppt hat, haben die immer ihren Plan übererfüllt. – Ja, so was gab's alles. Die erste Glocke läutete immer im Ministerium für Leichtindustrie oder Handel und Versorgung. Und wenn da was geläutet hatte, wurde so ein Werbespot blitzschnell entwickelt, das ging auch kurzfristig auf den Schirm. Es durfte nur acht Tage bis zur Ausstrahlung dauern. Und das klappte auch in den acht Tagen. Wenn ein normaler Kunde kam, dauerte es manchmal bis zu einem Vierteljahr. Der Staatsauftrag hatte Vorrang.

Ich würde auch heute noch sehr gerne arbeiten, aber von uns nimmt ja niemand mehr was. DDR-Leute sind alle doof, denken die...

„Steigen Sie ein ...
denn es ist wie beim Auto: ... wer gut fährt, der kommt sicher ans Ziel.
Steigen Sie ein – denn mit Filmwerbung fahren Sie richtig!
Und es ist im Grunde auch gar kein Problem: Mit einem Anruf, einem Brief, einem ersten Gespräch setzen Sie das bis ins Detail präzisierte Kollektiv der Filmproduktion in Bewegung. Vom zündenden Funken Ihrer Idee, einen Werbefilm herstellen zu lassen, bis zum damit angestrebten ökonomischen Ziel ist es '... wie beim Auto.' Ein perfektes Räderwerk beginnt zu rollen – gesteuert von Ihren Wünschen (ja, gewiß, auch von Ihrem Kraftstoff!)
Die Werbefilmproduktion des Deutschen Fernsehfunks ist Ihr Auto – modern, schnell, sicher und stets einsatzbereit! Es bringt Sie unfallfrei an Ihr weitgestecktes, aber erreichbares Ziel:
Erfolg und Nutzen durch die unserer Zeit entsprechende Fernsehwerbung!“

TV-Information Werbefernsehen, 1969.

Marc Schweska und Markus Witte

Revolution aus Tradition?[1] Das Montagemöbelprogramm Deutsche Werkstätten (MDW)

Dinge haben ein Gedächtnis. Sie haben eine Herkunft und eine Dauer, kennen Umgang, Altern und Verschwinden. Sie wurden gemacht, gehandelt und gebraucht, wurden wahrgenommen und empfunden, begehrt und verdammt. An ihnen entzündete sich Lust und Unlust, Leidenschaft und Erkenntnis. Sie haben einen eigenen Sinn und besitzen eine bestimmte Form. In ihnen bildete Kultur sich aus, an ihnen arbeitete Gesellschaft – Dinge haben ihr Gedächtnis und ihre Geschichte. Will man das erstere lesen, so muß man die letztere erzählen.

Bei dem 'Ding', mit dem wir uns im folgenden befassen wollen, handelt es sich jedoch nicht um ein bestimmtes Einzelstück, sondern um eine ganze Serie von Möbeln: um ein *Montagemöbel-Programm.* Die Geschichte des *Montagemöbels Deutsche Werkstätten* (MDW) soll uns über die Verhältnisse von Produktion und Gebrauch, von Fortschritt und Tradition, über die Ordnungen kultureller Unterscheidung (Distinktion) und das Selbstverständnis konkreter Lebensstile unter den Bedingungen der DDR-Gesellschaft Auskunft geben. Selbstverständlich kann am MDW-Programm nicht die gesamte Breite der Wohnkultur – geschweige denn der Lebensstile überhaupt – ermessen werden. Dennoch glauben wir, durch dieses keineswegs willkürlich gewählte Beispiel zu Erkenntnissen zu kommen, die über das Möbel selbst hinausweisen.

Das Produkt

Das *Montagemöbel Deutsche Werkstätten* (MDW) aus Hellerau wurde 1967 beinahe zeitgleich auf der Leipziger Herbstmesse und auf der VI. Deutschen Kunstausstellung in Dresden der Öffentlichkeit vorgestellt. Das neuartige Möbelprogramm erhielt in Leipzig eine Goldmedaille als „Erzeugnis von hervorragender Qualität“[2], wogegen in Dresden der gelernte Tischler Walter Ulbricht „nur Bretter“ zu sehen vermeinte. In die Öffentlichkeit drang jedoch nur das überaus positive Leipziger Urteil, wogegen die Einschätzung des 1. Sekretärs, die für die Chancen verschiedener Entwürfe alles andere als nebensächlich war, nur den beteiligten Fachleuten bekannt wurde.

In den einschlägigen Zeitschriften erschienen ab Juli 1967 – also bereits vor der Messevorstellung – Artikel über das „Industriemöbel“ MDW[3], das für seine Variabilität in der Verwendung als Ausdruck moderner Zweckmäßigkeit und Schönheit und für die Rationalisierung der Fertigung allseits gelobt wurde. So hieß es 1969 im *Jahrbuch für die Frau* über das MDW: „Die verschiedenen Baugruppen lassen eine so große Zahl von Varianten zu, daß jeder nach seinen Vorstellungen und Bedürfnissen kombinieren kann. Vom einzelnen Regal oder Schrank bis zur kompletten Schrankwand, ja zur Zimmerausstattung reichen die Möglichkeiten."[4] Als ein, für die gestalterischen Tendenzen jener Zeit repräsentativer, industriell realisierter Entwurf war das MDW-Programm auch weiterhin auf nationalen und internationalen Ausstellungen industrieller Formgestaltung der DDR zu sehen.

Das Montageprogramm wurde nicht wie ein Fertig- oder ein Anbaumöbel in einer einheitlichen Form, sondern in Einzelelementen angeboten, die der Käufer selbst zu einem Ganzen zu kombinieren hatte. Dennoch ergab sich aus dem zugrunde liegenden Raster, den Beschlägen und Oberflächen eine typische Gestalt: So betonten die weißen, ein wenig vorstehenden Seiten die vertikalen Linien. Dieser Eindruck wurde durch eine leichte seitliche Einfräsung an den Türen und Schubkästen noch verstärkt. In die hellen Vertikalen ordneten sich die dunkleren Flächen der Türen und Schubkästen und die dünneren, ebenfalls weißen Linien der Regalböden ein. Da die Schränke und Schubkästen eine größere Tiefe hatten als die Regalböden, bekam das gesamte Möbel meist einen plastischen Charakter.

Das MDW verfolgte das Konzept des Elementebaukastens, das durch die Standardisierung von Bauteilen eine erhöhte Produktionsrentabilität ermöglichte und die Einsparung von Material gewährleistete. Damit entsprach das Programm den Vorgaben der DDR-Führung, die schon auf em 5. Plenum des Zentralkomitees die verstärkte Standardisierung von Baureihen und Baukastenlösungen für möglichst viele Produktgruppen gefordert hatte. Auch stand das Konzept des MDW in Zusammenhang mit dem anlaufenden Wohnungsbauprogramm: Im Zuge größerer Vorhaben im Wohnungsbau kam die Frage nach Möbeln in ausreichender Menge und Qualität auf. Das MDW ging jedoch nicht nur auf den Bedarf nach großen Mengen preisgünstiger Möbel ein, sondern nahm auch das Maßsystem der Neubauten auf und verdoppelte deren Prinzip der Baukastenbauweise.

MDW-Anbauwand ausgestellt auf der Leipziger Messe 1968.

Das MDW-Programm ist in seiner Konzeption als Montagemöbel zu dieser Zeit nur mit dem Programm der Firma Kehr KG vergleichbar, das seit 1968 im Handel erhältlich war. Berücksichtigt man jedoch, daß es unter anderem auch als Schrankwand benutzt wurde, so bietet sich der Vergleich mit den Korpusmöbeln dieser Zeit an. Diese charakterisiert Marion Godau: „Das verwendete Material änderte sich jedoch nachhaltig; Holz wurde immer mehr durch künstliche Stoffe ersetzt. Die Schrankwand, die nach und nach zum dominierenden Möbel in den Wohnungen wurde und in die Tiefe, Breite und Höhe wuchs, war beispielsweise aus Sprelacart/Spanplatten gefertigt."[5] Das deckt sich mit der Darstellung Heinz Hirdinas, für den mit den 70er Jahren „die Schrankwand kommt"[6]. Ein ähnliches Bild ergab die Produktkartei des Amts für Industrielle Formgestaltung, die die produzierten DDR-Möbel ab den 70er Jahren dokumentiert. Die früheren 60er Jahre waren jedoch eher durch An- und Aufbautypenmöbel geprägt.

Die Produktion

Die Deutschen Werkstätten in Hellerau sind eine Gründung des Industriellen Karl Schmidt, der unter Mitwirkung des Architekten Hermann Muthesius 1910 die Produktion aus Dresden in die von ihm gegründete Gartenstadt Hellerau verlegte. Der Betrieb arbeitete schon am Anfang des Jahrhunderts mit den Architekten und Gestaltern des *Werkbunds* zusammen und war bestrebt, hohe Qualitätsansprüche mit den Notwendigkeiten moderner Serienfertigung zu verbinden.

MDW-Katalog: MDW-Programm mit Idee, 1970, S. 8-9.

Die *Deutsche Werkstätten AG* wurde nach dem Zweiten Weltkrieg aufgelöst und der Industrieverwaltung *Möbel und Holz, Dresden* zugeordnet. 1951 wurde sie als *VEB Deutsche Werkstätten Hellerau* verstaatlicht. In den 50er und 60er Jahren wurde in Hellerau in erster Linie nach den Entwürfen von Bauhaus- und Werkbund-Gestaltern gefertigt. Neben der Serienfertigung von Typenmöbeln bestand jedoch der Bereich Innenausbau weiter, der, abgelöst von der normalen Produktion, teure Sonderanfertigungen für besondere Kunden lieferte.

Die *Deutschen Werkstätten* bildeten jedoch neben einer bestimmten Gestaltungsrichtung, deren Tradition sich bis in die DDR fortschrieb, im Zusammenhang mit dem sozialreformerischen Ansatz Schmidts ein Selbstverständnis aus, das sich nicht nur auf die Leitungsebene beschränkte, sondern auch von Handwerkern und Arbeitern geteilt und gefördert wurde. Dieses Selbstverständnis, aber auch die reale Besserstellung der in Hellerau Beschäftigten, führte schon in den 50er Jahren zum Vorwurf der Herausbildung einer „Arbeiteraristokratie" (Kurt Liebknecht). Der Vorwurf der ideologischen Abweichung erstreckte sich jedoch auch auf die Gestaltung der produzierten Möbel, die nach dem offiziellen Sprachgebrauch der frühen DDR als formalistisch galten, da sie sich an den Traditionen des Bauhauses und des Werkbundes orientierten.

„Es ist doch einleuchtend, daß es eher der sozialistischen Kultur und der sozialistischen Moral entspricht, wenn zunächst auf allen Gebieten drei gute Standardtypen von verschiedener Größe und Leistungsfähigkeit ständig in unseren Geschäften zu haben sind, als daß planlos und unkontrolliert eine Vielzahl gleichartiger und teilweise wenig preiswerter Erzeugnisse unter Berufung auf unqualifizierte, zumindest unrichtig analysierte Kundenwünsche produziert werden."

Walter Heisig, Ein notwendiger Schritt nach vorn, in: Bildende Kunst, 7, 1959, S. 542

Der Entwurf des MDW-Programms stammte von einem Kollektiv an der Hochschule für industrielle Formgestaltung Halle-Burg Giebichenstein um Rudolf Horn. Er wurde durch Mitarbeiter der Deutschen Werkstätten realisiert und für die Serienproduktion umgesetzt. Dabei wurde das anfänglich wesentlich umfangreichere Projekt an verschiedenen Seiten beschnitten und vereinfacht. Für den Herstellerbetrieb brachte das Programm einige tiefgreifende Veränderungen mit sich: Für die Serienfertigung von Spanplattenteilen mußte der gesamte Maschinenpark der Werkstätten umgestaltet werden. So wurden die Montagetaktstraßen in Maschinenfließreihen und Lacktrockenkanäle umgebaut. „Nicht zu übersehen waren damals ja auch die Materialschwierigkeiten, z.B. stabile, einwandfreie Spanplatten, weißes, stabiles Beschichtungsmaterial, gute Furniere bzw. Folien, feste Lacke und Farben, Verpackungsmaterial und spezielle Beschläge."[7]

Auch brachte die Verlagerung der Montage aus der Produktion in die Kundenhaushalte erhöhte Anforderungen an die Ausführung der Einzelteile mit sich, da bei der herkömmlichen Fertigung im Betrieb Ungenauigkeiten und Produktionsfehler noch ausgeglichen werden konnten, die bei der privaten Montage zu erheblichen Problemen geführt hätten.

Bezeichnend für die Struktur der Planwirtschaft dieser Zeit ist auch die Tatsache, daß die Einsparung von Material, die das MDW mit sich brachte, sich für den Betrieb eher negativ auswirkte: „Bei dem Chaos hinsichtlich der ökonomischen Hebel der damaligen Zeit wirkte sich das (also die Materialeinsparung) hinsichtlich der Optik des Betriebes aus übergeordneter Stellung oft nachteilig aus. Zum Beispiel das Planangebot für das Folgejahr hinsichtlich der IWP (Industrielle Warenproduktion) wurde ja durch das eingearbeitete Material hoch und z.B. bei Prämienfonds stimuliert.“[8]

„Wir haben kein Verständnis dafür, daß im Jubiläumsjahr unserer Republik, wo wir um Höchstleistungen und beste Ergebnisse ringen, uns die Freude an der täglichen Arbeit genommen wird und wir an der Erfüllung der Planaufgaben gehindert werden. Auch die Qualität der angelieferten Platten ist oft mangelhaft und stellt uns täglich vor neue Probleme. Allgemein müssen wir feststellen, daß die gesamte Plattensituation in Qualität und Quantität keinesfalls die Erfolge und die Entwicklung unserer Republik widerspiegelt, sondern rückschrittliche Tendenzen aufweist.“

Beschwerdebrief der Brigade „Weltfrieden“ im VEB Möbelkombinat Deutsche Werkstätten Hellerau, Firmenarchiv der Deutschen Werkstätten Hellerau, W 1/287.

In dem angeführten Zitat bezieht sich der damalige Betriebsdirektor auf das *System der ökonomischen Hebel.* Es handelte sich dabei um monetäre Lenkungsmittel für die Wirtschaft, also um eine indirekte Wirtschaftssteuerung, die den Kern des *Neuen ökonomischen Systems der Planung und Leitung* (NÖS)darstellte.[9]

Auch eine weitere Zeitströmung ist im Zusammenhang mit dem MDW zu berücksichtigen: Wie erwähnt, zeigte sich seit den späten 50er Jahren in der DDR der „Wille zur Standardisierung“. Unter diesem Begriff sammelten sich die Aspekte der Normung, der Optimierung, der „Sortimentsbereinigung“ und der Anhebung des Lebensstandards. In der Diskussion um die Standardisierung trat jedoch schon zu Beginn der 60er Jahre die Befürchtung auf, es könne zur „Uniformierung“ und zu unerwünschter Einheitlichkeit kommen. Dieser Aspekt wurde allerdings unterschiedlich bewertet. Das Baukastensystem, das dem MDW zugrunde lag, sollte diesem Anspruch der Standardisierung und damit der Wirtschaftlichkeit genügen und gleichzeitig Variationen und Vielseitigkeit ermöglichen.

Doch kam es, wie angedeutet, schon bei der Umsetzung des Programms zu einer Verengung der Variationsbreite: „Das ursprüngliche Projekt zum MDW-Programm ist sehr umfassend. Es wurde entsprechend der Möglichkeiten zur damaligen Zeit nicht voll verwirklicht“, schrieb uns der ehemalige Betriebsdirektor.[10] In einem mündlichen Gespräch ergänzte er: „Der Abmagerungsprozeß begann am Projekt ... : Von den zwölf Varianten wurden erst einmal sechs angefahren – irgendwo fängt man ja an.“ Das Programm wurde also zunächst in einer verengten Version produziert, mit dem Ziel, es nach und nach zu erweitern. So wurden Polster- und Skelettmöbel, integrierte Schreibplätze, Fensterumbauten u.ä. nicht in Serie produziert, auch wenn sie z.T. in Ausstellungen und Zeitschriften zu sehen waren. Die geplanten Vervollständigungen stellten sich aber im Verlauf der Produktion wegen Problemen mit der Beschaffung von Grundmaterialien als kaum durchführbar heraus. Statt dessen drohte immer wieder eine weitere Beschränkung des Programms: „Die damals gebotenen Zwänge führten zu ständigem Ringen um Verhinderung von Abmagerungen in der Sortimentsbreite bzw. (von) qualitative(n) Abmagerungen am Modell. (Diese Zwänge) verhinderten wesentliche Weiterentwicklungen.“[11] Besondere Probleme schien die Versorgung mit Spanplatten, Lack und Beschlägen zu verursachen.

MDW-Programm Ausschneidebogen, o.J.

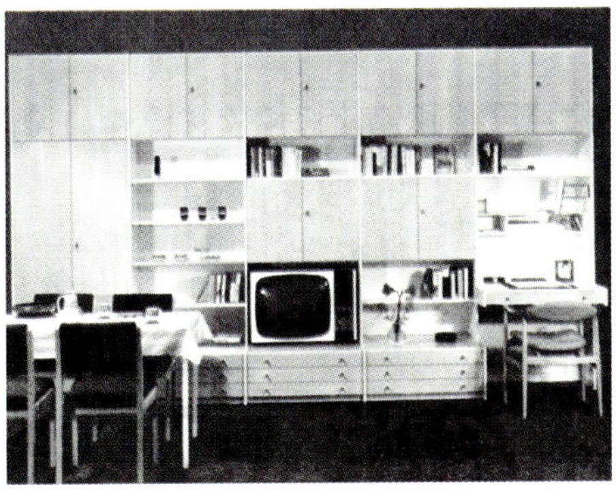

Ausschneidebogen geklebt
(stark verkleinert)

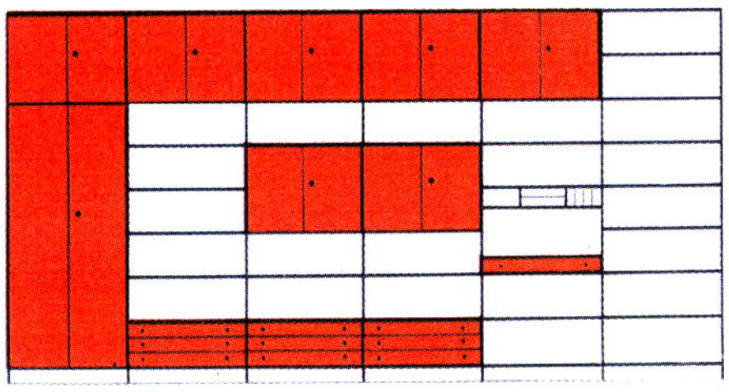

Diese Versorgungsmängel erforderten mitunter unkonventionelle und nicht vorgesehene Problemlösungen. Waren derartige Lösungen nicht möglich, mußte mitunter zu „Abmagerungen“ (Zaunik) gegriffen werden. So schrieb im Januar 1971 ein Betriebsdirektor an den Kombinatsdirektor des Möbelkombinats Hellerau: „Da der Bedarf an Dekorfolie (bedruckt) auf Grund der fehlenden Druckkapazität nicht abgedeckt werden kann, schlagen wir vor, daß alle Betriebe der VVB, die Dekorfolie verarbeiten, die Innenflächen nur noch mit unbedruckter Folie und Pigmentlack beschichten. So könnte eine bessere Versorgung mit Dekorfolie erreicht werden, da ja der Engpaß in der Druckerei liegt...“.[12]

In den 70er Jahren wurden infolge derartiger „Abmagerungen“ die Holzfurniere an den Türen und Schubkästen des MDW durch Dekorfolie ersetzt, um den Produktionsablauf weiter zu vereinfachen. Da die Folien aber zu einem Teil aus Westdeutschland bezogen wurden und somit Valuta-Mittel erforderten, kam es auch hier immer wieder zu Engpässen.

Dennoch war dem MDW-Programm ein beachtlicher Erfolg beschieden: Es wurde in verschiedenen Ausführungen bis zum Ende der DDR produziert und auch danach noch einmal aufgelegt. Insgesamt ergab sich eine Warenproduktion von über fünfhundert Millionen Mark, wovon schon auf das erste Jahr der Serienproduktion zwanzig Millionen entfielen. Trotz dieser großen Menge blieb das MDW in der gesamten Möbelproduktion quantitativ ein Produkt unter vielen anderen.

Handel und Erwerb

Mit dem Konzept des MDW-Programms ging eine Verschiebung im Verhältnis zwischen Produktion, Verteilung und Gebrauch einher. Im Gegensatz zur gebräuchlichen Fertiglieferung von Möbeln bekam der Käufer nicht nur in Kartons verpackte Einzelteile geliefert, die erst in seiner Wohnung zum Möbel zu montieren waren, sondern er mußte die Gestalt des Möbels vorher selbst aus den gegebenen Elementen zusammenstellen. Dabei sollten ihm erläuternde Prospekte und vorgedruckte Bildbogen helfen, aus denen er die einzelnen Bauteile ausschneiden und zum Möbel zusammenfügen konnte, indem er die ausgeschnittenen Elemente in ein beigefügtes Raster einklebte. So sollte der Käufer in die Lage versetzt werden, seine Vorstellungen halbwegs anschaulich zu entwickeln und die benötigten Teile zu bestellen. Einer unserer Gesprächspartner beschrieb diese Verkaufssituation folgendermaßen: "Dann war eben ein Beratungsplatz, wo man die Unterlagen kriegte, dieses Montageschema, das war vorgedruckt und dann haben sie einen Bogen gekriegt zum Ausschnippeln, wo die ganzen Elemente waren und, damit haben sie sich also ihre Front zusammengebaut ... Und dann wurde in der Beratung, wenn sie das dann kaufen wollten, ... gesagt: 'So, also, zu diesem Kleiderschrank gehören ... zwei Seitenteile, das, das und soundsoviele Einlegeböden oder eine Stange oder so etwas.'"

Das MDW konnte, bei einem Preisnachlaß von 1 bis 2 Prozent des Gesamtpreises, vom Kunden selbst montiert werden. Ansonsten wurde es von Monteuren des Werks aufgestellt. Auch im Falle einer Demontage, z.B. für einen Umzug, konnten diese in Anspruch genommen werden - ein Service, den das Werk allerdings aus wirtschaftlichen Gründen nicht propagierte. Schwierigkeiten bereitete mitunter die zeitliche Koordination des Montageservices. Vermutlich gab es auch freiberufliche Monteure, die sich auf das Programm spezialisiert hatten.

Die Verlagerung der Montage des Möbels aus der Fertigung in die Wohnung des Kunden erforderte ein umfangreiches Kundendienstprogramm des Handels: "Der Aufbau eines bis ins letzte Detail perfektionierten Kundendienstes, der eine kurzfristige Zulieferung und Montage der Bauteile in den Wohnungen der Kunden sichert, wird zur Bedingung."[13]

Die Deutschen Werkstätten Hellerau verfügten über eine zweigeteilte Vertriebsstruktur: Zum einen besaßen sie zwei, vom Betrieb selbst geführte, Industrieläden in Dresden und Berlin. Zum anderen arbeiteten sie mit Verkaufsstellen, die von *HO, Konsum, Konsument-Versandhaus, Centrum-Warenhaus* und privaten Händlern getragen wurden, zusammen. Weiterhin wurde das MDW im *intecta-Programm*, einem Werbe- und Warenzeichenverband angeboten, der komplette Einrichtungen von verschiedenen Herstellern propagierte und in eigenen Einrichtungshäusern vertrieb. Im Falle der betriebseigenen Industrieläden, die nicht unwesentlich den guten Ruf Hellerau stabilisierten, konnten sich die Deutschen Werkstätten auf eine ältere Tradition stützen, da sie seit ihren Gründungsjahren firmeneigene Verkaufsstellen besessen hatten. Auch in diesem Fall erwies sich die besondere Tradition als Vorteil, um gewisse strukturelle Mängel der DDR-Wirtschaft in begrenztem Maße auszugleichen. In Beratung und Verkauf des MDW besaßen die Industrieläden für die Werkstätten Modellcharakter. So war es beispielsweise zumeist nur in diesen Geschäften möglich, den oben postulierten Service-Voraussetzungen für das MDW gerecht zu werden.

Das für den Vertrieb des Programms benötigte geschulte Handelspersonal der verschiedenen Verkaufsstellen wurde in werksgeleiteten Lehrgängen ausgebildet. Es bekam somit die Voraussetzungen, den Kunden die Variations- und Kombinationsmöglichkeiten des Elementeprogramms zu vermitteln.

Aber nicht nur die Realisierung und Anwendung des Programms sollte den Käufern nahegebracht werden. Mit dem MDW war auch eine ästhetische und kulturelle Erziehungsabsicht verbunden, wie sie in der DDR seit den fünfziger Jahren diskutiert wurde – ein Diskurs, den sich auch die Partei- und Staatsführung zu eigen gemacht hatte. Der damalige Kombinatsdirektor Horst Zaunik sagte in einem Zeitschrifteninterview: „Einmal muß parallel zur Verwirklichung, d.h. mit der Einführung des MDW-Programmes auf dem Markt, eine umfangreiche Aufklärungs- und Erziehungsarbeit geleistet werden. Wir müssen gewisse alte Vorstellungen zurückdrängen, denen wir leider noch oft begegnen ... Der ... Gesichtspunkt ist der, daß bei einer solchen Aufklärungsarbeit der Handel durch Ausstellungen und mit einer individuellen Beratung helfen muß, diesen Prozeß der Veränderungen von Wohnvorstellungen zu beschleunigen. Der Handel darf das MDW-Programm nicht lediglich als eine Ware betrachten, die er verkauft. Die Handelsfunktionäre und die Verkäufer müssen sich darüber im klaren sein, daß mit diesen Bauteilen Wohnfunktionen und damit auch mögliche ästhetische Funktionen verkauft werden.“[14] Neben dieser ästhetischen Dimension ging das MDW-Konzept auch auf die technische Kompetenz ein, die der polytechnische Bildungsgang des DDR-Schulsystems vermitteln sollte. Auch in dieser Hinsicht sollte also an die Eigenständigkeit und die Fähigkeiten der Käufer appelliert werden.

Derartige Forderungen an Beratung und Erziehung stellten jedoch keineswegs eine Neuschöpfung dar. Sie bezogen die Funktion der „Wohnberatung“ in den Verkauf ein, die nach anderen Konzepten von getrennten Institutionen geleistet werden sollte: „(Es) ist notwendig, den Handel mit Möbeln und Einrichtungsgegenständen zu verbessern. Zu diesem Zweck müssen in allen Bezirken Wohnberatungsstellen eingerichtet werden. ... Die Wohnberatungsstellen haben die Aufgabe, die Bevölkerung über alle Probleme der Einrichtung zu beraten und müssen dabei selbstverständlich die Erfordernisse der neuen, sozialistischen Wohnkultur berücksichtigen. ... Alle Beratungen haben nach konkreten Lieferplänen zu erfolgen, damit die Bestellungen der Kunden durch die Verkaufsstellen des sozialistischen Handels realisiert werden können. Die Wohnberatungsstelle nimmt die Bestellungen im Auftrag der Verkaufsstellen entgegen, über die die Auslieferung erfolgt.“[15]

Es fällt heute schwer, genau zu bestimmen, inwieweit diese Vorstellungen erfüllt wurden. Das System der Bestellung und des Nachkaufs scheint jedoch verhältnismäßig zuverlässig gewesen zu sein. Auch waren die Lieferzeiten – von den Anfangsschwierigkeiten abgesehen – relativ niedrig. Im Falle der Nachbestellungen beliefen sie sich auf ca. 14 Tage.

Die Veränderung der Oberflächen wirkte sich jedoch nachteilig aus: Ein Kunststoffholzimitat war nur schwer mit den älteren Holzfurnieren vereinbar. Hier wichen Kunden dann auf rein weiße Teile aus oder nahmen die Lage einfach hin. Im Unterschied zu anderen Möbeln bestand die Möglichkeit der Ergänzung und des Nachkaufs – ansonsten war eine Komplettanschaffung das Übliche. Anfang der 80er Jahre kamen – vermutlich durch die Nachricht, daß ein neues Modell des Programms geplant war – Gerüchte über ein Auslaufen des Programms auf. Auch wenn sich das Gerücht nicht bestätigte, „griff man noch einmal schnell zu". Mit Nachfolgemodellen wurde das MDW bis in die Nachwendezeit produziert. Bis heute erhält das Werk Anfragen auf Nachbestellmöglichkeiten.

Preislich bewegte sich das MDW nach Auskunft des ehemaligen Kombinatsdirektors im Bereich der „gehobenen Mittelklasse". So kostete beispielsweise 1970 eine Komplett-Variante, wie sie das *Konsument-Versandhaus* in Karl-Marx-Stadt anbot, 1161,- Mark. Der Möbelkauf konnte allerdings auch über ein recht günstiges Kreditsystem der Sparkassen finanziert werden.

„Da die Exportproduktion mit wesentlich größeren Schwierigkeiten verbunden ist als die für die Bevölkerung und es keinerlei materielle Vergünstigungen für den Betrieb bei Exportproduktion gibt, muß die Bereitschaft zur Aufnahme einer Exportproduktion und das beharrliche Kämpfen um die Erfüllung der Exportaufgaben als ideologische Klarheit gewertet werden...

Die Sicherung der Exporte, insbesondere ins NSW, verlangt ... zum Teil durch die Mode bedingte Beschläge sowie Bezugsstoffe. Mit ganz wenigen Ausnahmen gibt es hierfür keine Produktion in der DDR so daß diese aus dem NSW importiert werden müssen. Da es dafür keine Planimportmittel gibt, werden diese Materialien von den Kunden kostenlos bereitgestellt. Die Exporterzeugnisse verringern sich im Valutapreis und zur Abdeckung des Planes müssen faktisch Zusatzimporte bzw. höhere Exporte getätigt werden... Bei Po-Mö macht das ca. 20% des gesamten NSW-Exportvolumens aus."

Firmenarchiv der Deutschen Werkstätten Hellerau, W 1/333, Mitteilung vom 15.1.1971.

Das genannte Beispiel zeigt, daß der Handel recht erfolgreich das MDW-Programm unterlief. Er hatte die Tendenz, das Elementeprogramm als Korpusmöbel, als komplette Schrankwand anzubieten: „Da sowieso Mangel war, haben sie (im Handel) natürlich gesagt: 'Dann verkaufen wir doch das, was wir loswerden' ... Auch für das MDW war ein echter Elementevertrieb nicht machbar. ... Also wurden (Fertig-)Möbel produziert, nach wie vor. Die haben also nicht Elemente produziert." Dieses Resümee eines Kunden gilt unserer Meinung nach aber nicht für den Vertrieb über die beiden Industrieläden und auch nicht für den gesamten Handel. Zum Teil scheint es nämlich gelungen zu sein, das Programm relativ konsequent umzusetzen. Zur Konzeption des MDW-Programms gehörte also eine umfassende Zusammenarbeit mit dem Handel, die auf Auswahl der Handelspartner, Schulung der Verkäufer und Unterstützung bestimmter Verkaufsarten beruhte. Eine derartige übergreifende Kooperation unterlief freilich das System der zentralen Steuerung und schaffte mehr oder weniger selbständige Strukturen, die denen in Marktgesellschaften ähnelten.

Der Absatz erfolgte hauptsächlich im Inland, da für dieses Programm im Ausland der notwendige Kundendienst fehlte. Trotzdem war es zum Teil kaum möglich, die Inlandsnachfrage zu befriedigen. Die Ausfuhr von Möbeln gehörte zu den wichtigen Exportgeschäften der DDR, die unter anderem herhalten mußten, um kurzfristigen Valuta-Bedarf des Staats zu decken. Im Fall der Deutschen Werkstätten umfaßte der Export ca. 20% der Serienproduktion, wobei vorwiegend in das „sozialistische Wirtschaftsgebiet", aber auch nicht unerheblich in den Westen geliefert wurde. Der Export warf allerdings auch ideologische Fragen auf. So wurde beispielsweise die Erfüllung der Exportaufgaben als „ideologische Klarheit" gewertet. Aber es gab auch Schwierigkeiten mit der Wirtschaftlichkeit und mit der Beschaffung von Verpackungsmaterialien.

Die Nutzer

„Wenn die Republik kein Geld hatte, da gingen da oben der Schürer, oder einer, wieder einmal an die Leichtindustrie und sagt: 'Sofort noch soundsoviele Möbel, egal nach welcher Ziffer, raus (also in den Export)' ... Es ist doch so, wenn die Republik Maschinen oder Industrieanlagen oder Chemieanlagen verkaufte, na da quatschten die zwei Jahre über das Projekt - da fehlt doch das Geld. Aber bei uns (also in der Möbelindustrie), das lief doch, wenn das Zeug 'rausging. Da war doch drei Wochen später das Geld da. Das hat denen doch oben immer kolossal imponiert. Da war das dann auch egal, was das für Ziffern waren."

Aus einem Interview von 1996

Wie erwähnt, erfreute sich das MDW-Programm einer beständigen Beliebtheit bei der Kundschaft. Dabei war sicherlich nicht unwichtig, daß die Deutschen Werkstätten Hellerau eine Marke darstellten, von der man sich im allgemeinen Qualität, Zuverlässigkeit und moderne Gestaltung versprach. So sagte uns eine Interview-Partnerin: „Was Hellerau machte, das hatte Stil. ... und mit Hellerau konnte man sich eigentlich identifizieren ... Was von Hellerau kam, war immer ein bißchen weiter, als die anderen gedacht haben. Das hatte immer schon einen bißchen besseren Stil, da war immer schon was neueres dahinter."

Das MDW wurde durchaus als modernes Möbel angesehen und in verschiedensten Variationen benutzt. In den von uns besuchten Wohnungen fanden sich MDW-Teile als Nacht- und Kleiderschränke, als Vertikos, Hängeschränke, Bücherregale, Schrankwände, Garderobenschränke, Schreibtisch-Umbauten, Küchenschränke und als Raumteiler mit Durchgang. Dabei scheint es, als habe die Nutzung im Wohnraum die Verwendung als Schlafzimmer-Möbel überwogen. Nach unserem Eindruck wurde das MDW zumeist als „Hintergrundmöbel" angesehen, das sich durch seine vielfältige Anpaßbarkeit, seine sachliche Struktur und seine helle Farbgebung als Behältnismöbel und Regal eignete, ohne in kleinen Wohnungen den Eindruck von Enge zu vermitteln. Vielfach hervorgehoben wurde auch die Neutralität, die durch die geometrisch klare Form des Möbels bedingt ist. Nach Aussagen einiger Nutzer ließ sich das Programm in jedem Wohnbereich einsetzen, ohne ihn in seiner Raumgestalt zu stark zu prägen.

Einige Nutzer scheinen sich jedoch mit der angebotenen Variabilität des Möbels nicht zufriedengegeben zu haben. Vor allem in Altbauten stießen wir auf eine ansehnliche Breite von eigenen Verarbeitungen und Provisorien. So sägte einer der Anwender kurzerhand einige Regalseiten ab und setzte diese auf die regulären Seiten auf, um in der Altbauwohnung die volle Raumhöhe nutzen zu können. In einer anderen Wohnung sahen wir Fensterüberbauten, die mit Metallwinkeln angebracht und durch zugekaufte Bretter getragen waren. Auch wurden einzelne Teile des MDW zu Küchentischen und Bettschränken verarbeitet. Ein Nutzer berichtete uns, er habe die Seitenteile als Regalböden verwendet, da diese eine höhere Belastbarkeit als die eigentlichen Böden aufwiesen.

NBI 34/1969, S. 38.

Auch die reguläre Verwendung des Möbels führte scheinbar immer wieder zu Problemen und Schwierigkeiten: Bei hoher Belastung durch Bücher oder ähnliches hingen die Regalböden nach einiger Zeit durch; die Schubkästen und Türen verloren in der Anwendung des öfteren ihren festen Halt und ließen sich nicht mehr vollständig schließen; auf unebenen Böden kam es zu Verschiebungen im gesamten Möbelaufbau; die Oberflächen waren offensichtlich unterschiedlich beschichtet und veränderten ihre Farbe ungleichmäßig. Besonders bemerkt wurde jedoch das Problem des Umbaus. Ein Nutzer sprach in diesem Zusammenhang von „denkmalpflegerischen Fähigkeiten", die ihm die Umstellung der MDW-Möbel abverlangte: Es war nach seiner Beschreibung notwendig, die einzelnen Teile bei der Zerlegung zu kennzeichnen, um sie am anderen Ort identisch zusammenzusetzten, da sie sonst nicht mehr befriedigend zu verbinden waren.

In diesen Zusammenhang gehören auch die Probleme beim ersten Aufbau des Montagemöbels. Hier war es bei den frühen Versionen notwendig, die gesamte Konstruktion zunächst im Raum aufzubauen, um dann von hinten die Rückwände in eine Falz an den Seiten einzuführen. Danach mußte das fertige Möbel als Ganzes an die Wand gerückt werden, was bei größeren Zusammenstellungen ein nicht eben leichtes Unterfangen darstellte. Dazu kam, daß einige Beschläge schadhaft waren und nicht ordnungsgemäß verwendet werden konnten. Insgesamt läßt sich feststellen, daß die Selbstmontage des Möbels die Nutzer vor einige Schwierigkeiten stellte, die auch ausgebildete Ingenieure und Architekten nur mit einiger Mühe bewältigen konnten.

Trotz dieser Probleme gaben bis auf eine Ausnahme alle von uns befragten Anwender an, das Möbel selbst montiert zu haben, was durch den Preisnachlaß von 1 bis 2 Prozent wohl kaum ausreichend erklärt werden kann. Die Tendenz zur Selbstmontage hing vermutlich eher mit den terminlichen Problemen der Montagetrupps und mit dem Selbstverständnis der Nutzer zusammen, die sich zwar bis auf ein Ehepaar von den „Selbstbauern" und „Heimwerkern" distanzierten, aber dennoch einigen Wert auf ihre Kompetenzen bei der Einrichtung ihrer Wohnung legten. „Gekauft wurde es vor allem von Leuten mit Eigeninitiative und Beweglichkeit, die eine Individualität ausgeprägt haben", faßte der Gestalter Rudolf Horn dieses Verständnis in einem Interview zusammen.

Die Kaufentscheidung wurde in der Regel mit der Modernität, Funktionalität und Qualität des Möbels begründet, das als Ausnahme in der Produktpalette der DDR angesehen wurde. So hatte eine unserer Interviewpartnerinnen den Eindruck, die übrigen Möbel der sechziger und siebziger Jahre seien „andere Schrankwände (gewesen) – die gefielen uns nicht. Da war so viel Glas drin und Geschliffenes und Lichtchen drin … Das war so ein abgeguckter Trend: 'Das möchten unsere Bürger', 'Unsere Bürger wünschen das'. Genau wie 'unsere Bürger' kein formschönes, wirklich schönes Besteck wünschen, sondern so ein Besteck, wie meine Mutter 1935 nicht gekauft hätte: so ganz antik gemachter Schnörkel, das wurde dann vielmehr bevorzugt."

Dabei schätzten sich einige Käufer selbst als Minderheit oder sogar als „ästhetische Opposition" ein. Einer der Interviewten beschrieb Abgrenzung folgendermaßen: „Es gibt da so eine Polarisierung: Die einen, die auf derselben Linie liegen, die also entweder aus dem gleichen Milieu kommen, vom Beruf her, oder ähnliche, die also auch mit Kultur etwas zu tun gehabt haben, mehr oder weniger, die finden diese Richtung ganz gut oder identifizieren sich damit, während andere das vollkommen ablehnen als simpel, als unschön und nicht glänzend und keine Lackoberflächen und nicht geschmückt oder so. … Das kommt immer ganz darauf an, was man für Bekannte hat." – „Es sind im wesentlichen zwei Gruppen: das sind die, die also auf der gleichen Welle liegen, also eben zum Funktionalen tendieren, und andere, die Schmuckkästchen, Puppenstube und so etwas als Wohnideal haben, die also auch sich mit allem möglichen ausstatten, so daß man die Wohnung eigentlich nicht mehr betreten kann."

Diese Zuschreibung wurde auch anhand der Reaktionen von Besuchern auf das MDW erläutert: „Es gab natürlich auch neureiche Leute, die mußten immer etwas anderes haben. Das mußte immer ganz toll aussehen: 'Weiße Möbel! Weiße Wände! – das sieht ja aus wie ein Kuhstall!', haben mir Kollegen gesagt. Und dann kamen sie hierher: 'Oh, das sieht ja toll aus!' Da sage ich: 'Das sieht doch aus wie ein Kuhstall' – 'Nee, das sieht gut aus, das ist so anders'". – „Die Kollegen (Krankenhausärzte), die sich neu eingerichtet haben, die haben sich so eingerichtet: 'Es muß was hermachen, schließlich ist ja mein Mann Oberarzt in einer führenden Berliner Klinik! Wir haben's, und wer's hat, läßt's lang hängen!"

Es fanden sich auch deutliche berufsspezifische Zuschreibungen. So sagte ein Interviewpartner über die Nutzer des MDW-Programms, sie seien „im wesentlichen in der Intellektuellen-Schicht zu suchen, also Leute, die … einen Zugang zu irgendwelchen ästhetischen Urteilen gehabt haben – egal ob nun als Lehrer oder sonstwie – und Leute, die … eben auch andere Sachen nach demselben Kriterium kaufen: was Funktionales zu kaufen, was Funktionierendes zu kaufen, das das auch ausdrückt." – „Nach meinen Erfahrungen haben also beispielsweise gerade so Leute der technischen Intelligenz, wo man sagen könnte, die würde die Konstruktion oder so etwas anregen dazu, glaube ich, so etwas nicht gekauft. Die haben also mehr oder weniger etwas 'Geschmücktes' haben wollen."

An den Selbsteinschätzungen der Nutzer fällt auf, wie sehr sie die Sprache und die Positionen der Produzenten und Gestalter wiederholen. Die Polarität von Ornament und Zweckform, von Funktionalität und Repräsentation gehört zum Erbe des Werkbunds und des Bauhauses, in deren Tradition die Deutschen Werkstätten, die Gestalter und auch einige Fachjournalisten sich ganz offensichtlich bewegten. Diese Korrespondenz verweist jedoch nicht auf die einfache Übernahme von Zuschreibungen – es läßt sich schwerlich behaupten, mit dem Produkt sei zugleich auch ein Selbstverständnis erworben worden –, sondern vielmehr auf die kulturelle Kodierung bestimmter ästhetischer Positionen.

Dabei handelt es sich um ein Programm, dessen Ursprung eindeutig außerhalb der DDR liegt: Es sind die Sozialutopien der 20er Jahre, die einen kollektivistischen Anspruch mit dem Willen zur Modernität verbanden und sich gegen den Geschmack und die Praxis der bürgerlichen Individualkultur wandten. Eben jene Konzepte wurden jedoch in denn 50er Jahren in der DDR von Seiten der politischen Führung schärfstens attakiert und als Formalismus der ideologischen Abweichung bezichtigt. Scheinbar war das MDW also einbezogen in jene Strömung, die bemüht war, die Werte eines „anderen Sozialismus" gegen das herrschende Regime zu verteidigen.

Dazu ist jedoch anzumerken, daß die Zuschreibungen der von uns befragten Nutzer sich vermutlich nicht mit der tatsächlichen Verbreitung des MDW-Programms decken. Die Gesamtmenge der verkauften Möbel und der Vertrieb über ein relativ breites Spektrum von Kauf- und Versandhäusern verweist vielmehr auf eine weitere Verbreitung des Programms. Man kann somit vermuten, daß es neben der beschriebenen Nutzergruppe ein breites Feld von Käufern gab, für die das MDW frei von derartigen Besetzungen war. Sollte diese Vermutung zutreffen, so wären die oben beschriebenen Zuschreibungen und Abgrenzungen ein Beispiel dafür, daß es sich bei einem Produkt und seiner kulturellen Kodierung um zwei verschiedene Dinge handelt, die voneinander einigermaßen unabhängig sind.

Das MDW ist jedoch nicht nur für die Praxis der Distinktion, also der kulturellen Unterscheidung, von Belang, sondern steht auch am Schnittpunkt einiger wirtschaftspolitischer Tendenzen der 60er Jahre. Es steht in engem Zusammenhang mit den Bestrebungen, Produktion und Verteilung zu rationalisieren. Dabei ist das Konzept der Selbst*montage* dem der Selbst*bedienung*, das im selben Zeitraum diskutiert und umgesetzt wurde, nahe.

In beiden Fällen handelt es sich um eine logistische Verschiebung der Verteilungsstrukturen, wobei das Montageprogramm einer Dezentralisierung der Endfertigung entspricht, wogegen die Selbstbedienung ein erhöhtes Maß an Fertigprodukten erfordert. Auch bedeutete die Selbstbedienung eine deutliche Entlastung des Handels. Im Gegensatz dazu belastet das Konzept des Elementebaukastens den Verkauf mit zusätzlichen Funktionen. Diese kann er jedoch nur übernehmen, sofern eine integrierte Handelsstruktur aufgebaut wird. Im Falle der Deutschen Werkstätten geschah dies über die Industrieläden einerseits und den direkten Eingriff in Verkaufsweisen andererseits. Das bedeutet den Aufbau eines Vertriebssystems, das sich unterhalb der zentralen Planungsebene bewegte – eine Autarkiebestrebung, wie sie sich in der DDR an verschiedenen Stellen fand.

Auch besteht der Idee nach eine Verbindung zwischen der Variabilität des Elementebaukaustens und den Experimenten mit einwandfreien, variablen Wohnungen, wie sie die Bauakademie am Ende der 60er Jahre durchführte. Diese Experimentierphase nahm allerdings mit der Umsetzung des Wohnungsbauprogramms ein rasches Ende – durchgesetzt wurde der Standard-Typ WBS 70.

Generell läßt sich feststellen, daß die Modernisierungs- und Industrialisierungsbestrebungen der Nomenklatur sich vielerorts der Methoden der funktionalistischen Gestaltungstradition bedienten. Dabei wurde jedoch auf den mit dieser Tradition verbundenen Anspruch auf Emanzipation verzichtet – dieser wurde in die Utopie ausgelagert. Es ist also in dieser Hinsicht treffend, die 60er Jahre als die „technisch-funktionale Phase" der DDR zu bezeichnen.[16]

[1] „Revolution aus Tradition" war der Titel des ersten Prospekts zum MDW-Programm. Dresden 1968.
[2] Zitiert nach Klaus-Peter Arnold, Vom Sofakissen zum Städtebau, Dresden/Basel 1993, S. 124.
[3] Z.B. in: Möbel und Wohnraum 7/1967, S. 256 ff; Form + Zweck 1/1968, S. 21ff.
[4] Schon wieder neu eingerichtet? In: Von Jahr zu Jahr. Das Jahrbuch für die Frau, Leipzig 1969, S. 44f.
[5] Marion Godau, Die Innenraumgestaltung in der DDR, in: Kerstin Dörhöfer (Hg.), Wohnkultur und Plattenbau, Beispiele aus Berlin und Budapest, Berlin 1994, S. 110.
[6] Heinz Hirdina, Gestalten für die Serie, Dresden 1988, S. 165.
[7] Brief von Horst Zaunik vom 3.12.1995, Privatarchiv.
[8] Ebd.
[9] Siehe auch den Aufsatz von André Steiner in diesem Band.
[10] Brief von Horst Zaunik vom 3.12.1995, Privatarchiv
[11] Ebd.
[12] Brief vom 14.1.1971, Firmenarchiv der Deutschen Werkstätten Hellerau, W 1/333.
[13] Gestaltung, Produktion und Konsumtion des Industriemöbels. In: Form + Zweck 1/ 1968, S. 25.
[14] VEB Deutsche Werkstätten Hellerau setzt Maßstäbe. Interview mit dem Betriebsdirektor Horst Zaunik, in: Form + Zweck 1/1968, S. 22ff.
[15] Siegfried Richter, Wohnberatung – eine Aufgabe des sozialistischen Handels, in: Möbel und Wohnraum 5/1964.
[16] Marion Godau, Innenraumgestaltung, a.a.O., S. 109.

Petra Gruner

„neues leben - neues wohnen"

Die gute Sieben, Frankfurt/O. 1960, S. 14 f.

Das Wohnungsbauprogramm des Siebenjahrplans[1]

Nie war Wohnen in der DDR ausschließlich Privatangelegenheit. Im Gegenteil: Vom Wohnungsbau bis zur Einrichtung der Wohnung reichte der Versuch, die sozialen und kulturell-erzieherischen Implikationen des sozialistischen Gesellschaftsmodells durchzusetzen. Die Wohnungsfrage hatte symbolischen Wert und stand deshalb mehrfach im Mittelpunkt politischer Programme.

Nicht zufällig waren immer einmal wieder Bauingenieure und Architekten beliebte Helden der DDR-Literatur. Tom Breitsprecher in Karl-Heinz Jakobs' Roman „Beschreibung eines Sommers" (1963) oder Kati Klee in Erik Neutschs „Spur der Steine" (1964) hatte der Bau der Stalinallee zu ihrer Berufswahl motiviert, als Utopie, daß sich von nun an die Arbeiterklasse ihre Paläste baute, wie „jede herrschende Klasse" vor ihr. Dennoch zog es beide Ende der 50er Jahre vom Wohnungsbau zu den Industrie-Großprojekten der DDR, die mehr als jener den Fortschritt der Gesellschaft verkörperten.

Die Architektin Franziska Linkerhand aus Brigitte Reimanns gleichnamigem Roman (1974) entschied sich einige Jahre später bewußt für den industrialisierten und typisierten Wohnungsbau. Ihre Visionen von einer sozialistischen Zukunftsstadt geraten in der „Häuserfabrik" N. aber rasch in Konfrontation zum nüchternen Realitätssinn des Stadtarchitekten: „Wenn Sie der Auffassung sind, daß Neustadt ein Experimentierfeld ist, dann revidieren Sie diese Auffassung. Wir haben keine Zeit für Spielereien. Wir haben nur eine Aufgabe: Wohnungen für unsere Werktätigen zu bauen, so viele, so schnell, so billig wie möglich."

Hier spiegelt sich ein Stück weit auch die Entwicklung des Wohnungsbaus in der DDR wider und der unterschiedliche Rang, der ihm in drei großen Wohnungsbauprogrammen beigemessen wurde. Im folgenden soll es um das zweite, das Wohnungsbauprogramm des Siebenjahrplans gehen. Nach der Phase des Wiederaufbaus und so visionärer wie irrationaler Ziele des Wohnungsbaus, wie sie sich im ersten Teil der Stalinallee verkörpern, wurde seit Beginn der 60er Jahre versucht, die Zwänge des Massenwohnungsbaus und gesellschaftskultureller Anspruch in Deckung zu bringen. In diesen Jahren waren kulturelle Ansprüche und Experimentierfreude noch groß. Erst mit dem Wohnungsbauprogramm der 70er und 80er Jahre kann man vom vollständigen Sieg von Ökonomie und Technologie über wohnkulturelle Konzepte sprechen. Gleichzeitig war diese letzte Periode des DDR-Wohnungsbaus von einer Von-der-Hand-in-den-Mund-Ideologie geprägt.

„Besser leben – schöner wohnen“

Die „Formalismusdebatte“ der 50er Jahre machte um Architektur, Wohnungsbau und Innenarchitektur keinen Bogen. Ihr Höhepunkt war die Innenarchitekturkonferenz der Deutschen Bauakademie innerhalb der Ausstellung „Besser leben – schöner wohnen“ im November 1953 in Berlin, auf der Kurt Liebknecht damals bemerkte: „Die Familien unserer Werktätigen unterscheiden sich ... grundlegend von den Arbeiterfamilien im Kapitalismus...“ Man könne sie daher nicht mit den „Kleinstwohnungen“ des „sogenannten sozialen Wohnungsbaus“ abspeisen. Abgelehnt wurden die „rein funktionellen Grundrißlösungen“ im Wohnungsbau, beklagt die „Entartung“ der Formen, Inhumanität und der „völlige Bruch mit dem nationalen Erbe“ in der Architektur. In der Stalinallee stünde die Innenarchitektur nicht im „Einklang“ mit der „Außengestaltung der monumentalen Wohnbauten“; die Ausstattungen der Wohnungen in Stalinstadt zeichneten sich durch „Lieblosigkeit“ aus. Allerdings werde man auch künftig „an der Stalinallee in Berlin ... aufwendiger bauen als – sagen wir in Prenzlau, entsprechend der gesellschaftlichen und architektonischen Bedeutung dieser Wohnbauten.“ Stuck, Marmor, Paneele, Parkett und Holzvertäfelung, „schöne schmiedeeiserne Gitter“ und Decken mit „reichen Vouten und Rosetten“ sollten von nun an die Wohnungen der Werktätigen zieren. Vorbilder boten dabei ebenso Moskauer Treppenflure und die sowjetische Botschaft in Berlin – in den „besten Traditionen des Empire“ – wie der „Blaue Salon“ in Schloß Paretz bei Potsdam. Während Spätbarock, Chippendale und Klassizismus sowie „die ernsten und würdigen Formen der Renaissance“ geeignete Traditionsbezüge sozialistischer Innenarchitektur hergaben, erhielten die Deutschen Werkstätten Hellerau eine „Abmahnung“: Sie verstünden nicht, „daß der Zweck nicht das allein bestimmende Element in der Möbelgestaltung sein kann. Sie bauen nach wie vor einfache, glatte, kastenartige Möbel sowie Anbaumöbel und vertreten immer noch den Grundsatz ihres Gründungsprogramms von 1889, der die Aufgabe des Mobiliars als Kunstwerk ausschaltet: ‘Wir wollen Möbel schaffen, die so gestaltet sind, daß jedes Hausgerät seinem Zwecke aufs beste dient und diesen Zweck in seinen Formen zum Ausdruck bringt.’ In Hellerau ist man besonders stolz auf die ‘Wachsende Wohnung’, die aber weder einzeln noch zusammengesetzt unsere ästhetischen Forderungen befriedigen können. Die Anbaumöbel sind aus den Tendenzen des sogenannten sozialen Wohnungsbaues entstanden, und ihnen muß die Berechtigung vor allem in der Form, wie sie heute im Handel sind, abgesprochen werden.“[2] Das Neue war nicht alt genug.

In solchen Debatten verlor sich die Voraussetzung: „Besser leben“ erforderte zunächst, überhaupt eine Wohnung zu haben. Das *Hochhaus an der Weberwiese* und die Berliner *Stalinallee*, Symbole des Wiederaufbaus und des neuen Wohnens, konnten nicht darüber hinwegtäuschen, daß die Wohnsituation für die große Mehrheit der Menschen im Arbeiter- und Bauern-Staat katastrophal war. So wurde im Zuge des *Neuen Kurses* das Wohnungsbauprogramm des Fünfjahrplans (1951-1955) für die „53 wichtigsten Städte der DDR“ durch ein Zusatzprogramm ergänzt. Es war ein Wiederaufbau- und Minimalprogramm, in dem bei einer durchschnittlichen Wohnfläche von 42 Quadratmetern 2-Zimmerwohnungen 50 Prozent, 3-Zimmerwohnungen 40 Prozent des geplanten Wohnungsbestandes ausmachten. Die Vernachlässigung des Wohnungsbaus geriet erst Mitte der 50er Jahre deutlich in den Blick. Westliches Wirtschaftswunder – auch im Wohnungsbau – und stetig wachsende Flüchtlingszahlen, die unschwer auch mit dem Wohnungsmangel in der DDR in Verbindung zu bringen waren, schufen Veränderungsdruck. Der Wohnungsbau wurde, so Walter Ulbricht auf der 3. Baukonferenz 1960, „zu einem Grundproblem im friedlichen Wettkampf für die Überlegenheit der sozialistischen Ordnung [...] über das kapitalistische System in Westdeutschland".[3]

Für das Jahr 1955 liegen erstmals Zahlen zum Wohnungs*neubau* in der DDR vor. Danach trugen die 1954 gegründeten Arbeiterwohnungsbaugenossenschaften (AWG) bis 1957 den Hauptanteil.

Modellwohnung P2 auf der Leipziger Messe 1964.

Durchreiche zum Wohnzimmer im P2.

„Überholen ohne einzuholen" – Das Wohnungsbauprogramm des Siebenjahrplans

„Zieht euch Siebenmeilenstiefel an und geht mit uns an die Baustellen...", rief eine optimistische Fibel des Pädagogischen Bezirkskabinetts Frankfurt/ Oder 1960 die Jungpioniere der Republik auf. Die Fibel sei – in Anspielung auf die magische Zahl – dennoch „kein Märchenbuch, sondern die wahre Geschichte von sieben guten Jahren".[4] Für jeden Bezirk der DDR entstanden solche Lehrhefte zum Siebenjahrplan (1959-1965), in denen neben den anderen Zukunftspro-jekten für „den Sieg des Sozialismus bis 1965" auch sein Kernstück, das Wohnungsbauprogramm, in Verse gefaßt war. Die Bilder gleichen sich: Junge Pioniere auf einer Baustelle sehen zu, wie ein Haus in *Großblockbauweise* entsteht. Ein in den Himmel ragender Baukran, ein wachsender Häuserblock und gestikulierende Bauarbeiter symbolisieren eine lichte Zukunft: *„Wer richtig in die Zukunft schaut, / schneller, besser, billiger baut. // Früher fügt' man Stein an Stein, / heute setzt man Wände ein."*

„Jedem eine Wohnung" bis 1965 lautete das Programm, das mit 772.000 Wohnungen den Wohnraummangel endgültig beseitigen sollte. „Jedem seine Wohnung" würde es im Nachfolgeplan heißen können. *Industrialisierung* und *Typisierung* wurden zu Zauberwörtern sozialistischen Bauens. Mit der Beseitigung der Wohnungsnot allein wollte man sich aber nicht bescheiden. Zu den zwei Säulen Industrialisierung und Typenprojektierung fügte sich folgerichtig die dritte: die Förderung „sozialistischen Bewußtseins" und der „sozialistischen Lebensweise". Der Wohnungsbau wurde zum sozialen, politischen und kulturellen Programm: *„Der Wohnungsbau und die ... sozialistische Umgestaltung der Städte und Dörfer sind von besonderer Bedeutung, weil die veränderten Lebensbedingungen, die neuen räumlichen Beziehungen der Menschen im Sozialismus in hohem Maße zur Entwicklung des gesellschaftlichen Lebens beitragen." (Walter Ulbricht)*

Dem ehrgeizigen Vorhaben fiel wiederum die Wohnungsfläche zum Opfer. 1958 waren 24 Prozent aller Wohnungen nach Typen gebaut, bei durchschnittlich 61 Quadratmetern Wohnfläche. 1959 betrug der Anteil der Typenbauten bereits 68 Prozent, die Wohnfläche 56 Quadratmeter. Nun allseits fixiertes Ziel war eine Durchschnittswohnfläche von 55 Quadratmetern. Als anzustrebende „Normalwohnung" galt die Zweieinhalbzimmerwohnung für maximal 4 Personen. Die noch mit der Stalinallee in Aussicht gestellten „Arbeiterpaläste" gehörten endgültig der Vergangenheit an. In vertrauter Manier wurde das Dilemma zum Vorzug: „Es ist eine weitverbreitete, aber falsche Meinung, daß mit dem umfassenden Aufbau des Sozialismus auch die Wohnungsgröße wachsen muß."[5]

Immerhin noch öffentlich verhandelt, wurden festgelegte Durchschnittswohnfläche und hohe Belegungsnormen zum ständigen Stein des Anstoßes. Als einsamer Rufer verwies ein Sozialhygieniker 1960 auf den „kausalen Zusammenhang zwischen Wohnungsstruktur und Kinderzahl" und kritisierte die Typenprojekte als „Bremse der Bevölkerungsreproduktion". Diese „Normalwohnung" fördere – wie die als überwunden postulierten „Kleinst- und Kleinwohnungen" in Westdeutschland und Österreich – die Ein-Kind-Ehe und stünde damit vollständig im Gegensatz zur Familienförderung in der DDR.[6]

Aber schon 1962 wurde die Durchschnittswohnfläche ein weiteres Mal gesenkt: auf 49-50 Quadratmeter.[7]

Allerdings hatte die starre Fixierung auf die Durchschnittswohnfläche auch unerwünschte Nebeneffekte. Die Wohnungsbaubetriebe legten Vorgaben fortan auf ihre Weise aus, indem sie etwa mehr Zweiraumwohnungen bauten, bis die Staatliche Plankommission einen Schlüssel vorgab, der den Anteil der Wohnungsgrößen jeweils festlegte. Wege der Umgehung fanden sich trotzdem immer wieder.

Die Betroffenen machten sich in den Leserbriefspalten der Publikumszeitschriften – der „Kultur im Heim“ oder der „Für Dich“ – Luft: „Immer habe ich mir gewünscht, mindestens drei Kinder zu haben. ... Wird denn der Wunsch nach Kinderreichtum beim Wohnungsbau überhaupt berücksichtigt?“ Aber meist wurden sie mit Antworten wie diesen abgespeist: „Die Größe der Wohnung von 55 qm entspricht den derzeitigen ökonomischen Möglichkeiten und genügt den Anforderungen, die man heute, auch im internationalen Maßstab, an eine Wohnung stellen kann, vollauf. Der Wert einer Wohnung wird auch nicht so sehr durch ihre Größe, als vielmehr durch eine sinnvolle Möblierung bestimmt.“[8] Sogar der verpönte soziale Wohnungsbau im Kapitalismus durfte für die Argumentation herhalten: In Schweden habe die Durchschnitts-Dreiraumwohnung auch nur 57 Quadratmeter, „man baut im Massenwohnungsbau nicht größer als wir“.[9]

Die Wende zum modernen Massenwohnungsbau hatte auch Auswirkungen auf die Entwicklung der Innenarchitektur. Die neuen Wohnungsgrößen ebenso wie die Ablösung der Handwerksproduktion ließen voluminöse Garniturmöbel nicht mehr zu. Ein eigener, sozialistischer Wohnstil, der den realen Lebens- und Wohnbedingungen entsprach, wurde propagiert. Ihm zum Durchbruch zu verhelfen, verschrieb sich vor allem die 1956 gegründete Zeitschrift „Kultur im Heim“. „Modern“, aber „nicht modisch“, sollte die Einrichtung sein, „langlebig“, „klar“ und „ohne unbegründete Dekors“. Durch die Hintertür kam die Bauhaustradition zu neuen Ehren, nur daß die „Wachsende Wohnung“ jetzt „Komplettierungsfähige Anbaumöbel“ hieß. Variable Typensätze, ergänzt durch „Stuhlsessel“ und „Schlafcouch“ (als „Sitz- und Liegemöbel“) sollten traditionelle Wohn- und Schlafzimmergarnituren ersetzen.

Eine umfassende Kampagne der „Erziehung zur Wohnkultur“ begann. Nicht nur „Kultur im Heim“, sondern auch andere Zeitungen und Zeitschriften publizierten regelmäßig Gestaltungsideen von Architekten und Innenausstattern, zur Möblierung, aber auch zum sinnvollen Gebrauch von Lampen, Uhren, Bildern etc. – was im übrigen fast immer eine Kritik der unzulänglichen Produktion einschloß. Besonderer Aufmerksamkeit erfreute sich die „Küche der werktätigen Frau“, ließ sich doch hier der Zusammenhang zwischen „gesellschaftlicher Notwendigkeit“ und privaten Bedürfnissen gut exemplifizieren.

1965 wurden 82,6 Prozent aller Wohnungen in Montagebauweise errichtet. Der Bezirk Suhl hielt mit 99,3 Prozent den Spitzenwert, Dresden und Frankfurt/Oder lagen mit immerhin 77,4 bzw. 77,6 Prozent an der unteren Grenze.[10] Die Zahl gebauter Wohnungen blieb trotzdem Jahr für Jahr unter dem Plansoll. Neue Industriegebiete (Lauchhammer, Rostock-Reutershagen, Eisenhüttenstadt, Wolfen, Hoyerswerda, Schwedt) waren zu Wohnungsbauschwerpunkten geworden. Sie zogen immer mehr Menschen an, nicht nur, weil hier Arbeit war, sondern auch, weil sie Wohnungsprobleme lösten. Der zeitgleich angestrebte „Aufbau sozialistischer Stadtzentren“ band wiederum Baukapazitäten. Der Höhepunkt des Wohnungsbauprogramms war schon überschritten: Die Zahl von 85.500 Wohnungen des Jahres 1961 wurde erst 1974, als das nächste Wohnungsbauprogramm in vollem Gange war, wieder erreicht. Hatte der Mauerbau die Wohnungsfrage in den Hintergrund geraten lassen?

„Die Wohnung sah halt anders aus als die vorher... Was eine Rolle spielte, das war dieser alte Traum, der auch mit dem Bauhaus immer wieder genährt wurde, Zimmer zu haben, die sehr lichtdurchflutet sind, sehr hell, große Fenster haben, was wir ja auch geschafft haben - das war der eine Gesichtspunkt. Der zweite war, daß wir meinten, daß diese stereotype Aufteilung, die jahrhundertelang gelaufen war - also fast alle Räume gleich groß, und das eine ist eben die gute Stube, und das andere ist ein mehr oder weniger gutes Schlafzimmer -, nicht mehr zeitgemäß ist. Also bemühten wir uns, die Schlafzimmer so klein wie möglich zu machen - daher auch von vornherein Einbauschränke - und alles dem Wohnraum zuzugeben. Und gemessen an bisherigen Typen wurde der Wohnraum dann vier bis fünf Quadratmeter größer, war nicht mehr 18, sondern 22. Das war unser großer Traum, ein großes Wohnzimmer zu haben. Das spielte also eine Rolle: dem Wohnzimmer den Geruch der kaum benutzten guten Stube zu nehmen und der Küche den Geruch der reinen Arbeitsküche bzw. der schmuddeligen Wohnküche - wir haben damals auch ein bißchen die Wohnküche diskriminiert.“

Aus einem Interview mit dem Architekten Achim Felz 1995.

Wohnzimmer mit Durchreiche vor dem Erstbezug.

NBI 41/1967, S.13.

„P 2 macht das Rennen“[11]

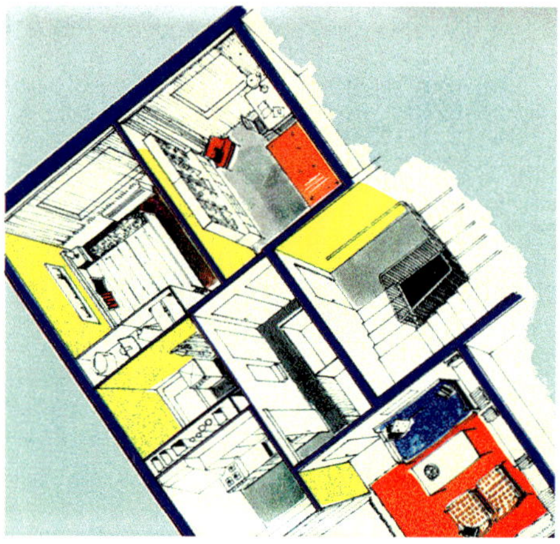

Grundriß P2, Kultur im Heim 3/1965, S. 5.

„Vorbei ist die Ära plüschigen Prunks, vorbei die Zeit der Löwenköpfe an Bücherschränken, vorbei die Zeit wuchtiger Möbel. Ein neuer Stil des Wohnens blickt uns an, geradlinig, ästhetisch, großzügig. ... Was da jeweils auf durchschnittlich 55 Quadratmeter Raum Platz gefunden hat, das ist verblüffend.“[12] Die euphorische Zustimmung der Journalistin der „Berliner Zeitung“ auf der Seite „Für unsere Frauen“ galt einem Experimental-Wohnblock, der sich unter dem Kürzel „P 2“ im Berliner Fennpfuhl 1962 der Öffentlichkeit vorstellte.[13] Nur in einer Hinsicht, in der Plattenbauweise, hatte er etwas gemein mit dem „P 1“, dem ersten Plattenbau der DDR, der in der „zweiten sozialistischen Stadt“ Hoyerswerda und auch schon in der Berliner (nunmehr) Karl-Marx-Allee gebaut wurde. Daß er nicht nur technologisch, sondern auch wohn-konzeptionell über bisherige Typenbauten hinausging, zeigte die im Experimentalbau beherbergte Ausstellung *neues leben – neues wohnen*: 15 von Innenarchitekten eingerichtete Musterwohnungen konnten sechs Wochen lang begangen und besichtigt werden. Die Ausstellung zählte in sechs Wochen 32.000 Besucher.

Der P 2 war zunächst ein Versuch, viele Mängel des Typenbaus in der zweiten Hälfte der 50er Jahre zu überwinden. Rationellere und wirtschaftlichere Anwendungsmöglichkeiten der Montagebauweise waren gefragt, mehr Wohnfläche bei gleicher Gesamtfläche, niedrigere Tiefbaukosten und Baugewicht, weniger Baustahlverbrauch, mehr genormte Fertigteile. Wer, wie die Architekten des P 2, sich dem typisierten Wohnungsbau verschrieb, mußte fortan mit *Plankennziffern* leben, innerhalb derer die gestalterische Bewegungsfreiheit begrenzt war. Der P 2 war dennoch der Versuch junger Architekten, die Möglichkeiten industriellen Bauens mit den Anforderungen an modernes Wohnen zu verbinden.[14]

Der neue Wohnungsgrundriß verlagerte den „technischen Teil“ des Hauses, das Treppenhaus sowie die „Funktionsräume“ Bad und Küche einschließlich aller Kabel und Leitungen in das Innere des Gebäudes. Außen herum lagerten sich die Wohnräume, die wiederum in Kommunikations- und „stille Bereiche“ getrennt waren. Das Wohnzimmer, als zentraler Kommunikationsort, erhielt über die gesamte Länge des Raumes von sechs Metern eine Fenster- und Balkonfront. Durch das volle Licht erschien er optisch sogar noch ein bißchen größer, als er war. Durch eine gläserne Vitrine – die „Durchreiche“ – fiel das Licht der Wohnzimmerfensterfront in die Innenküche. Die Funktionsbeziehungen Kochen, Essen, Wohnen wurden mittels der Durchreicheküche vereint. Die „kommunikationsfreundliche“ Küche sollte sich nicht mehr verstecken, funktionelle Einbauten den rationellsten Arbeitsablauf sichern. „Mit einem Griff“ würde die Hausfrau jedes Element erreichen können und gleichzeitig durch die Glasvitrine „die im Wohnzimmer spielenden Kinder“ unter Beobachtung haben.

Alle Räume der Wohnung, auch das Wohnzimmer, erhielten deckenhohe Einbauschränke für die Unterbringung von Hausrat und Kleidung, die die Wohnfläche entlasteten. Die notwendige individuelle Einrichtung beschränkte sich so auf ein Minimum beweglicher Möbel: Sitz- und Liegemöbel, Tische und Lampen. Statt einer Unterkellerung sah ein Sockelgeschoß Gemeinschaftsräume vor: für Versammlungen und Feiern, zum Basteln, zum Wäschetrocknen, als Abstellräume für Kinderwagen und Fahrräder usw.

Mit dieser Absage an die traditionelle Wohnungsgliederung und Konventionen war der P 2 zugleich der Entwurf einer neuen Wohnform unter sich verändernden Lebens-, Wohn- und Familienstrukturen. Als solcher fand er viel, aber nicht ungeteilte Zustimmung. Die Serienfertigung blieb ihm zunächst verwehrt. Von „Wir können den Werktätigen nicht mehr ver-

[1] Dies ist die veränderte Fassung eines erstmals unter dem Titel „P2 macht das Rennen“ in dem Begleitbuch zur Ausstellung „Tempolinsen und P2. Alltagskultur der DDR“, Berlin 1996, veröffentlichten Aufsatzes. Wir danken dem Projektleiter Andreas Ludwig für die Nachdruckgenehmigung.

[2] Kurt Liebknecht, Die Architektur der Wohnung für die Werktätigen unter besonderer Berücksichtigung des Möbels, in: Besser leben – schöner wohnen! Raum und Möbel. Hg. Deutsche Bauakademie/ Ministerium f. Leichtindustrie, Berlin 1954, S. 53f. Ebd., S. 46.

[3] Zit. nach Deutsche Bauakademie (Hg.), Probleme des Städtebaus und der Architektur im Siebenjahrplan. XXV. Plenartagung der Deutschen Bauakademie 1960, S. 13.

[4] Die gute Sieben. Eine Siebenjahrplan-Fibel für den Bezirk Frankfurt(Oder). Hg. Vom Pädagogischen Bezirkskabinett Frankfurt (Oder), Berlin 1960, S. 1.

[5] Zit. nach SBZ von A bis Z. Ein Taschen- und Nachschlagebuch über die Sowjetische Besatzungszone Deutschlands. Bonn 1966, S. 546.

[6] Deutsche Bauakademie, a.a.O., S. 121. Erler gab als positives Beispiel Holland an, wo nur Wohnungen mit mindestens drei Schlafräumen staatlich gefördert würden. Sarkastisch bemerkte er darüber hinaus, daß in Schlafräumen von 14 Quadratmetern für drei Personen der Luftraum völlig unterhalb hygienischer Normen liege, daß die Raumhöhe der Wohnungen die Akzeleration nicht berücksichtige und anderes mehr, bis dahin, daß die engen Treppenhäuser nicht einmal den Transport Kranker oder Verstorbener gewährleisteten.

[7] Siehe Wettbewerbsbedingungen „Typenprojekte für den Wohnungsbau“ in: Deutsche Architektur 1963/10, S. 591.

[8] Für Dich, Nr. 43/1964, S. 40.

sprechen, als wir halten können“ bis „Unsere Werktätigen wollen das nicht“, lautete die Kritik. Erst ein überarbeiteter Grundriß, der 1963 zum Wettbewerb „Neue Typenprojekte für den Wohnungsbau“ eingereicht wurde, der die strengeren wohnpolitischen Vorgaben (u.a. die reduzierte Durchschnittswohnfläche) einhielt und damit den 1. Preis gewann, ebnete dem P 2 nach der Errichtung eines weiteren Versuchsbaus 1965 in Berlin den Weg in die Serie. Ab 1966 wurde er in fast allen Bezirken der DDR gebaut.

Der P 2 entstand in einer gesellschaftlichen Aufbruchstimmung. Allein das öffentliche Interesse an der Diskussion des neuen Wohnungstyps – die sich in Fach- und, Publikumszeitschriften wie *Für Dich* oder *Kultur im Heim*, aber auch in Tageszeitungen widerspiegelte – blieb einzigartig in der Geschichte des DDR-Wohnungsbaus. Entwicklungen im Ausland – in Skandinavien, aber auch Westdeutschland – wurden noch wahrgenommen und, wenngleich immer mehr mit sich überlegen gebenden Kommentaren, auch publiziert. Andererseits spiegelten sich im P 2-Entwurf selbst wie in der Diskussion die gesellschaftlichen Visionen sozialistischer Lebensweise wider: Arbeitszeitverkürzung, Berufstätigkeit beider Ehepartner, Ganztagsschule, Dienstleistungsbetriebe sollten das Leben bestimmen, das sich überhaupt aus dem Privaten immer mehr ins Gesellschaftliche verlagere. Die Wohnungsgröße wurde so tatsächlich zum sekundären, die Funktionalität der Wohnung dagegen zum erstrangigen Ziel. Der neue Wohnungstyp war eine adäquate Entsprechung dieser gesellschaftlichen Stimmung.

Die öffentliche Diskussion spiegelte gleichzeitig seine Problemzonen: Die Küche war von Anfang an und blieb seitens der „werktätigen Frauen“ umstritten, wie die *Für Dich* nach einer Leserinnendiskussion feststellte: „Das innenliegende Bad sowie die innenliegende Küche, die sich im Ausland schon seit langem bewährt haben, stoßen leider bei vielen Frauen in unserer Republik noch immer auf Ablehnung.“ Räumlich auf ein Minimum reduziert, ohne Fenster und von außen einsehbar, widersprach sie tradierten Mustern denn doch zu sehr: „Eine bessere Trennung der immer etwas unsauberen Küche zum sauberen Wohnzimmer ist wünschenswert.“ „Der Durchschiebeschrank ist sehr bedenklich, da es doch in der Küche manchmal Unordnung gibt.“ „Ich würde eine größere Küche mit Eßplatz vorziehen. Bei Haushalten mit kleineren Kindern ist das sicher praktischer.“ Auch der Verzicht auf die eigene Möblierung der Räume stieß auf Vorbehalte: „Was machen die Familien mit kompletten Schlafzimmern, also mit Schränken, wenn sie in eine solche Wohnung einziehen?“ Und der „kommunikationsfreundliche“ größere Wohnraum hatte eine Kehrseite: „Alle Wohnungen bestimmen von vornherein, welche Räume das Wohnzimmer, das Schlafzimmer und so weiter sein müssen. Eine individuelle Wahl der Zimmer ist dadurch unmöglich.“[15]

„Die Wohnung von morgen“ und „Die Wohnung der Zukunft“ waren Artikel über den P 2 in Zeitungen und Zeitschriften der 60er Jahre überschrieben. Daß dies in ungeahnter Weise wörtlich zu nehmen war, hatten sich seine Architekten allerdings nicht träumen lassen. Mit fünf Jahren als durchschnittlicher Laufzeit eines Wohnungstyps hatten sie gerechnet. Bis zum Herbst 1990 wurde er gebaut.

In bezirklichen Varianten war der P 2 bis zum Ende der DDR der verbreitetste Wohnungstyp. Fast alle innerstädtischen Wohnkomplexe griffen auf diese Typenbauserie zurück. Was jedoch unter den Sparmaßnahmen der 70er Jahre vom P 2 übrigblieb, glich – von Ausnahmen wie der Leipziger Straße oder dem Leninplatz in Berlin abgesehen – meist nur noch entfernt dem Entwurf: Das Wohnzimmer schrumpfte, aus der Glasvitrinendurchreiche wurde eine Betonwand, die Fenster wurden kleiner, auf Einbauschränke zum Schluß gänzlich verzichtet. Den Wohnungstyp, der einst seiner Zeit voraus war, hatte die Zeit mehr als eingeholt.

Durchgangsküche im Versuchsbau P2, 1962.

[9] *Für Dich Nr. 47/1964.*
[10] *Statistisches Jahrbuch 1967, S. 235.*
[11] *Überschrift eines Artikels über den Experimentalbau P 2 in: Wochenpost 33/1962, S. 10.*
[12] *Berliner Zeitung v. 10.6.1962, Beilage, S. 3.*
[13] *Das geschah entsprechend der 1960 erhobenen Forderung, alle Typenprojekte, bevor sie verbindlich werden, in der Praxis zu erproben.*
[14] *Winfried Stallknecht, Herbert Kuschy, Achim Felz, Architekten wohnen im Versuchsbau P2, in: Kultur im Heim 1/1964, S. 3-7.*
[15] *Meinungen, Kritik und Hinweise zum Versuchsbau P2, in: Deutsche Architektur 9/1962, S. 543-545.*

Die sieben Jahre, Potsdam 1957.

Hein Köster

Schmerzliche Ankunft in der Moderne

Industriedesign auf der V. Deutschen Kunstausstellung

„So also entscheidet niemals der reine Wert der Sache, sondern unsere Einstellung zur Sache und die Frage, ob wir zu ihr als Täter oder als Erleider uns verhalten."[1]

Am 22. September 1962 wurde das zerbombte Dresdner Albertinum nach aufwendiger baulicher Wiederherstellung mit der V. Deutschen Kunstausstellung eröffnet: Die historische Folie des traditionsreichen Ortes sollte gleichermaßen nationale und staatliche Selbstbestimmung in Kontinuität mit deutscher Geschichte symbolisieren. Der politischen Dimension des Ereignisses entsprach die Inszenierung. Um kein Risiko einzugehen – der Wirbel um die Akademieausstellung „Junge Künstler – Malerei" war noch in naher Erinnerung – erließ der Künstlerverband bereits im Vorfeld der Juryentscheidungen eine ideologische Generallinie, die die Exponate in Dresden zur bloßen Staffage degradieren sollte: einerseits zu Dokumenten der „endgültigen Überwindung der spätbürgerlich-dekadenten Kunstauffassungen" und andererseits zu Zeugnissen der erfolgreichen „Entwicklung der sozialistischen deutschen Nationalkultur."[2] An diesem ideologischen Apriori scheiterten die jungen Berliner Maler und Graphiker, resignierten Hermann Glöckner, Willy Wolf und andere, reduzierten Fritz Cremer, Kurt Querner und Werner Tübke ihre Präsenz auf ein Werk.

Und für den Eröffnungstag war alles minuziös geplant. Kulturminister Hans Bentzien und Verbandspräsident Walter Arnold würdigten in einem Festakt im Beisein des Ersten Sekretärs des Zentralkomitees und Vorsitzenden des Staatsrates, Genossen Walter Ulbricht, vor 1200 Gästen die Ausstellung als sichtbares Ergebnis der neuen Etappe der Kulturpolitik, die mit dem V. Parteitag der SED und der Bitterfelder Konferenz eingeleitet worden wäre.[3]

Chronologie

Der Eröffnungsrundgang begann im Albertinum, wo die Werke der Malerei, Plastik und Graphik ausgestellt waren. Walter Arnold und Ausstellungspräsidentin Lea Grundig führten die Anwesenden durch diesen Ausstellungsteil. Nach dem einstündigen Rundgang resümierte Walter Ulbricht die Richtigkeit dessen, was in Bitterfeld proklamiert worden war, „daß nämlich auch die Künstler ihr Leben verändern müssen, wenn sie unsere neue Welt begreifen und darstellen wollen."[4] Anschließend begaben sich Walter Ulbricht und die Ehrengäste in das benachbart gelegene Johanneum, das die Ausstellungsteile Gebrauchsgraphik und Angewandte Kunst beherbergte. Der

Weg – heißt es übereinstimmend in den Berichten – wurde von vielen Hundert Pionieren gesäumt, mit Fähnchen und Blumen in den Händen, sie ließen in ihrer Begeisterung kaum Platz zum Durchkommen. Im Johanneum wurde in Begleitung von Klaus Wittkugel zunächst die Gebrauchsgraphik besichtigt, und Ulbricht zollte seinen besonderen Beifall den gezeigten, wie er es formulierte, vorbildlichen politischen Theater- und Filmplakaten. Es folgte die Abteilung Angewandte Kunst mit den Exponaten des Kunsthandwerks und der Industrie-formgestaltung. Die Berichterstattung verließ das übliche Protokoll und begann kommentierend: „Die Industrieformgestaltung ist erstmalig bei einer Kunstausstellung in so großem Umfang vertreten. Walter Ulbricht zeigte starkes Interesse für die künstlerisch gestalteten Konsumgüter, die die ständige Umgebung der Menschen ausmachen, wie Dekostoffe, Möbel und Geschirre. Bei einigen Exponaten der industriellen Formgebung kam es während des Rundgangs zu einer lebhaften Diskussion über die Farbgebung. So zeigten sich die Werke der Malerei in weitaus freudigsten Farben als ein größer Teil der Industrieformen.“[5] Durch ein Spalier „unzähliger begeisterter Dresdner, die mit Blumen und Fähnchen in den Händen dicht an dicht die Straße säumten“, begab sich dann Walter Ulbricht zur Stadthalle, wo sich die Ausstellungsteile Volkskunst und Architektur befanden. Die Volkskunst wurde überschwenglich, mit denunziativem Seitenhieb auf die Berufskünstler, von Walter Ulbricht gelobt. In der Architekturabteilung waren es die Professoren Kosel, Hopp und Liebknecht, die die Exponate erläuterten. Das zusammenfassende Urteil Walter Ulbrichts über die Architektur: „Die Entwicklung der modernen industriellen Bauweise zeigt gute Fortschritte. Wir wünschen Ihnen weiteren Erfolg.“[6]

In den wohlabgewogenen Hofberichterstattungen lassen bereits zwei Indizien darauf schließen, daß es für die Formgestaltung und für jene, die diesen Ausstellungsteil zu verantworten hatten, noch ein Nachspiel geben würde. Denn einzig hier kam es zu einer „lebhaften Diskussion“ und gab es sogar Kritik. Horst Michel, er verantwortete als Vorsitzender der Sektion Formgestaltung diesen Ausstellungsteil in Auswahl und Präsentation, blieb darüber hinaus als einziger unerwähnt. Horst Michel, damals achtundfünfzigjährig und parteilos, mußte Ulbricht bereits habituell suspekt gewesen sein, denn Michel war von gepflegter Bürgerlichkeit in Umgangsform und Erscheinung. Obendrein verteidigte er seine Ausstellung und erwiderte auf Einwände mit Fachkompetenz, wo es doch seine Pflicht gewesen wäre, in der Laienignoranz Ulbrichts die Weisheit der Partei zu huldigen. „Der Herr Vorsitzende des Staatsrats, Walter Ulbricht hat bei der Besichtigung der Abteilung Formgestaltung, am 22.9., verschiedene Dinge beanstandet. Soweit es möglich war, gab ich Erläuterungen dazu und hatte am Nachmittag bei Tisch Gelegenheit, dem Herrn Vorsitzenden des Staatsrats noch einiges zu erklären.“[7] Horst Michel handelte völlig unpolitisch und fühlte sich lediglich verpflichtet, sachliche Zusammenhänge fachlich zu erläutern.[8]

Die führende Rolle der Partei wurde bald in einem rigiden Artikel des *Neuen Deutschland* wieder hergestellt. Kulturredakteur Karl-Heinz Hagen verketzerte in seinem Beitrag „Hinter dem Leben zurück. Bemerkungen zur 'Industriellen Formgestaltung' auf der V. Deutschen Kunstausstellung“ die funktionelle, industrielle Ästhetik der Exponate und unterstellte eine politisch gegengerichtete, westorientierte Haltung ihrer Schöpfer.[9] Hagen hatte am Rundgang teilgenommen und fühlte sich von Ulbricht geradezu aufgefordert, „Klassenfronten und -standpunkte“ zu konstatieren, die „dringend notwendig“ zu klären seien. Das mobilisierte die Betroffenen in Ost und die Beobachter in West; im Osten waren es die unmittelbar genannten Designer, die zuständigen staatlichen und institutionellen Leitungen und Parteiapparate einschließlich deren Parteiorganisationen. Im Westen waren es die Medien; der Tages-

Unternehmen Formgebung

Karikatur zu einem Artikel von Werner Sikora: „SED befiehlt: Blümchen auf die Kaffeetassen! Zurück zu Plüsch und Schnörkel.

1963, Quelle unbekannt.

Kalter Funktionalismus

Fangen wir mit dem krassesten Fall an. Hubert Petras aus Meißen deklariert einige abgeschnittene weiße Porzellanröhren als Vasen. Wie zauberhaft die Farbe Weiß sein kann, beweist Bernhard Kretzschmar mit seinem Winterlandschaftsbild, das im Albertinum bewundert wird. Das Weiß von Petras — ohne jedes Dekor — ist nichts weiter als die physikalische Summierung sämtlicher Farben, kalt, glatt, nichtssagend. Diese Vasen haben mit Kunst nichts mehr zu tun, denn jede sinnlich-ästhetische Wirkung wurde eliminiert. Übrig blieb kalter Funktionalismus, eine Spielart des Formalismus, der in der übrigen bildenden Kunst längst überwunden ist.

Stoffe in „Grau"

Ähnliche Erscheinungen zeigen sich bei den Dekostoffen, die Siegrid Kölbel aus Weimar, eine wissenschaftliche Mitarbeiterin von Professor Michel, vorlegt. Im Grundton sind sie durchweg grau gehalten. Die Entwerferin verzichtet beim Dekor auf jede — auch stilisierte — Darstellung nach Vorbildern aus der Natur oder der Arbeit, wie sie die Volkskunst noch heute bevorzugt, sondern reduziert den Dekor auf vorwiegend abstrakte, geometrische Figuren und Flächen. Darin liegt eine ernste Gefahr. Mit der Lösung des Dekors von jeder Volksverbundenheit bahnt sich eine Entwicklung an, die zur Erstarrung führt und schließlich jedem Nichtskönner erlaubt, seine Einfallslosigkeit mit einigen Stäbchen und Strichen zuzudecken. Das wäre das Ende der Kunst.

Dunkle Gläser

Tendenzen zur Einförmigkeit treten auch beim Glas auf. Die Glasgestalter von Weißwasser bevorzugen Rauchglas für Weinkaraffen, Weingläser, Bowlen, Vasen, Saftkrüge und -gläser, die von Friedrich Bundtzen entworfen wurden. Innerhalb des Rauchglases sind die Töne abgestuft von dunklen — fast olivfarbenen — Weingeschirren bis zum helleren Bowlenservice in streng-geometrischer Körperform. Die Farbpalette — so darf man schlußfolgern — ist also wenig abwechslungsreich, gedeckte Farben beherrschen das Gesamtbild der Vitrine. Das farbig leuchtende Glas fehlt völlig.

Karl Heinz Hagen, Hinter dem Leben zurück.

Neues Deutschland 4.10.1962, S. 4.

spiegel prognostizierte: „Die Formgestalter, die in Dresden ausstellen, werden ihren Mut zur klaren geschmacklichen Linie und zur schönen Zweckmäßigkeit büßen müssen. Nun haben auch sie die Gleichschaltung zu erwarten, der sie bisher, wie es scheint, aus dem Weg gehen konnten."[10]

Dieser Kritik im zentralen Presseorgan der SED folgte das übliche Ritual der individuellen und institutionellen Stellungnahmen, Auswertungen, Kritiken und Selbstkritiken, Schlußfolgerungen, Festlegungen und Maßnahmen, was jedoch kein harmloses Gesellschaftsspiel war, denn für die Inkriminierten ging es um Erhalt, Einschränkung oder um Verlust der geistigen, künstlerischen, sozialen und institutionellen Handlungsräume. Sofort nach Erscheinen des Artikels verfertigte der zuständige Mitarbeiter der Abteilung Kultur des ZK der SED, Klaus Weidner, eine Aktennotiz für seine Abteilungsleitung, in der er sich und seine Abteilung als die besseren Strategen im Unterschied zur plumpen und somit schädlichen Vorgehensweise des Genossen Karl-Heinz Hagen in der Kulturredaktion des ND inserierte.[11] Denn im Vorfeld waren Verabredungen getroffen worden, wie gegen Eigenständigkeit und Westorientierung der Formgestalter vorzugehen sei und wie entsprechende „praktische Veränderungen in der Parteiarbeit an den entsprechenden Hochschulen, Institutionen sowie im Verband herbeizuführen" seien.[12] Das sollte keinesfalls durch einen Frontalangriff geschehen, sondern durch das Entfachen des ideologischen Meinungsstreites über die Probleme der angewandten Kunst. Die Partei wollte zuerst zusehen, wie sich die Formgestalter und Theoretiker untereinander zerfleischten und dann das Schlachtfeld aufräumen. Und obendrein hatte Hagen auf den Falschen eingedroschen: Nicht Horst Michel sollte etwas abbekommen, sondern das Institut für angewandte Kunst. Es ginge darum, so resümierte Weidner, den Künstlern zu zeigen, „daß mit dem neuen Lebensgefühl des sozialistischen Menschen eine geistige Basis für eine ganz neue Schönheit auch in ihrer Kunst entsteht, die sich prinzipiell vom kleinbürgerlichen Kitsch ebenso wie von dem eiskalten Ästhetizismus" unterscheide.[13]

Am 11. Oktober tagte die Kulturkommission des ZK der SED in Dresden; in ihrer Einschätzung befaßte sie sich umfänglich mit der Abteilung Angewandte Kunst der V. Deutschen Kunstausstellung und stellte fest, daß deren Ausstellungsteil eine „falsche ideologisch-künstlerische Konzeption" zugrunde läge. Bei der Mehrzahl der Künstler seien „formalistische Auffassungen vorherrschend", da sie sich als „Fortsetzer der Tradition des Bauhauses" fühlten. Es würde nicht „aus den Bedürfnissen der Menschen, aus ihrem gesellschaftlichen Bewußtsein, sondern allein aus der Technik, der Funktion der Dinge" heraus gestaltet. Das alles laufe auf einen „eiskalten Technizismus der Formen hinaus, auf die Reduzierung der Farbskala bis auf wenige Schwarz-, Weiß- und Grautöne; die Ausschaltung des Dekors oder mindestens die Beschränkung auf ganz wenige geometrische Formen, kurz auf eine weitgehende emotionale Verarmung der angewandten Kunst."[14] Und schließlich nahm die SED noch einmal öffentlich zur industriellen Formgestaltung Stellung; Gelegenheit dazu bot die Leipziger Bezirksdelegiertenkonferenz in Vorbereitung des VI. Parteitages der SED. Walter Ulbricht referierte vermutlich in freier Rede: „Einige haben sich jetzt festgeklammert an eine Kritik im 'Neuen Deutschland' an der Ausstellung für industrielle Formgestaltung, was das Recht der Redaktion ist. Wer damit nicht einverstanden ist, hat das Recht zu antworten. Aber keiner hat geantwortet! Worum ging es? Diese Ausstellung war sehr einseitig und eng. Unsere Gestalter für industrielle Formen haben große Erfolge zu verzeichnen, die allgemein anerkannt werden. Darüber hat es überhaupt keine Diskussion gegeben. Niemand von uns hat erwartet, daß es über diese Frage eine Diskussion geben kann. Warum kam es zu einer Diskussion? Da waren die Farben der Gläser in Rauchfarbe, grau.

Da waren die ausgestellten Vorhänge in grau. Da waren die Stühle ausgestellt – wie Genosse Fröhlich sagte –, auf denen man normalerweise nicht lange sitzen kann. Es war ausgestellt das Gehäuse eines Radioapparates in 'neuer' Formgestaltung. Ich habe dem Künstler gesagt: 'Das würde ich höchstens einem Lehrling im zweiten Lehrjahr abnehmen.' Aber der Entwurf kam doch aus einem Kunstinstitut. Einige 'Vasen' waren einfache Zylinder. Dazu braucht man keine Kunstinstitute mit Staatsfinanzierung. Das kann ein Fachmann in der Porzellanfabrik gestalten. Plötzlich stellte sich ein ganzer Kreis hinter diese primitive Formgestaltung. Wir haben gesagt, liebe Freunde, jetzt verstehen wir erst, was gemeint ist. Als im 'Neuen Deutschland' die Kritik stand, maßen wir der Sache keine Bedeutung bei. Jetzt verstehen wir erst, daß es Kunstschaffende gibt, die die Kunstentwicklung standardisieren wollen, ... Wir wollen doch nicht die Geschmacksrichtung in kapitalistischen Ländern beeinflussen. Aber bei uns wollen wir leuchtende Farben haben. Und da die meisten Länder auch solche Farben wollen, brauchen wir für den Export ebenfalls lebensfrohe Farben im Glas, damit wir beim Export gute Devisenerlöse bekommen. Diese Fragen hängen etwas zusammen mit dem Kampf gegen den Stalinschen Personenkult. Manche Leute meinen, da wir gegen den Stalinschen Personenkult sind, müsse man jetzt Freiheit für alles geben, auch für den westlichen Formalismus und die abstrakte Kunst. Nein, haben wir gesagt, das hat mit Stalin gar nichts zu tun. Daß Stalin einen falschen Standpunkt in der Frage das sozialistischen Realismus hatte, das wissen wir. Darüber gab es Auseinandersetzungen. Aber daß jemand den Kampf gegen den Stalinschen Personenkult ausnutzt, um bei uns den Formalismus einzuschmuggeln, das geht zu weit." Und abschließend resümierte Ulbricht, warum er sich dennoch so ausführlich mit dem eigentlich peripheren Gebiet hier befaßt habe: „Ich war auf Grund der Fragestellung verpflichtet, der Delegiertenkonferenz alle Zusammenhänge zu erklären, damit sich die Genossen selbständig Gedanken machen und nachdenken können."[15]

Der Hagen-Artikel hatte mit böser Energie die Hauptschuldigen gefunden und öffentlich ausgerufen: die im Verband Bildender Künstler zusammengeschlossenen Formgestalter sowie den Juryvorsitzenden Horst Michel; der VBKD mußte folglich sofort reagieren; er lud Michel zu einem Gespräch am 8. Oktober nach Berlin, an dem Karl-Heinz Hagen, Siegfried Heinz Begenau, Ulrich Kuhirt, Katja Selbmann, Eberhard Bartke und Friedel Dinse teilnahmen. Obgleich dem Beitrag energisch von Begenau und Kuhirt widersprochen wurde, beharrte Hagen ungerührt. Am 11. Oktober fand die erste Besprechung mit Michel in Weimar statt, wo er das Institut für Innengestaltung an der Hochschule für Architektur und Bauwesen leitete. Schließlich nahm sich Michel am 12., einem Freitag, etwas Zeit und entwarf seine Stellungnahme an die Verbandsleitung[16], sein Schreiben ist vom 15. Oktober datiert. Er entgegnete auf die zumeist in ideologischem Impetus vorgebrachten Argumente durch penetrantes Benennen der konkreten Sachzusammenhänge; so ständen keine seltenen Erdmetalle infolge der „Störfreimachung" in der DDR zur Verfügung, bei Webtechniken seien im Unterschied zu Druckdekos nur gedeckte Farben möglich, ein schwarzer Schirm verhindere bei einer Arbeits-platzleuchte das Einfallen des Lichts in die Augen, bei Stereogeräten sei die Trennung der Lautsprecher vom eigentlichen Gerät aus akustischen Gründen erforderlich,... Michel füllte sechs Seiten, und er wandte sich abschließend vehement dagegen, „als alleiniger Schuldiger in den Schmutz gezogen zu werden". Und Michel tat ein weiteres, er versandte 27 Abschriften seiner Stellungnahme an vier Minister; an den Präsidenten der Volkskammer; an Präsidenten, Rektoren und Professoren von Architektur- und Kunstinstitutionen, an die Professoren Kurella und Henselmann; an den Oberbürgermeister seiner Heimatstadt Weimar sowie an vier Chefredakteure von Fachzeit-

Schwarze Tassen — schwarze Seele?

Fotomontage, „Abendpost, Stadtausgabe Frankfurt (a.M.) vom 9.1.1963. Die im ND kritisierten Tassen sind vollständig schwarz.

schriften. Dies war ein unübliches Verfahren, doch Horst Michel besaß eine hinreichend exponierte Stellung und war international bekannt, um diesen Schritt wagen zu können. Darüber hinaus kannte er den angeschriebenen Personenkreis persönlich. Es scheint, daß Michel nach diesem Rundumschlag in Ruhe gelassen wurde,[17] zumal diesem großen und unterschiedlich strukturierten Kreis wohl kaum und nicht im gebotenen Tempo eine koordinierte Vorgehensweise anempfohlen werden kannte.

Der Künstlerverband ließ sich mit der generellen Einschätzung der Kunstausstellung Zeit; nachdem eine erste diesbezügliche Erklärung von der zuständigen ZK-Abteilung zurückgewiesen worden war, zog er erst im Mai 1963 „Lehren" aus der Kunstausstellung. Der Text wiederkäute die inzwischen festgeschriebenen Sprachschablonen; doch hinter dieser Nebelwand aus Selbstzerknirschung und Verdammung verfolgte er weiter die Politik eines sozialverantwortlichen Designs und sorgte für die relative Unabhängigkeit seiner Mitglieder.[18] Michel verblieb im Vorstand und bereitete noch die VI. Kunst-ausstellung vor. Doch der Richtspruch der Geschichte lautete anders: Die Kulturkommission des ZK hatte einen sogenannten Brigadeeinsatz des Ministeriums für Kultur im Institut für angewandte Kunst angeordnet;[19] die beflissene Brigade deckte, wie es ihr Auftrag war, eine Reihe „schwerwiegender Mängel auf", was zur Ablösung des langjährigen Direktors Walter Heisig und zur Bestellung von Martin Kelm als Direktor führte. Kelm regierte seither bis zur schließlichen Auflösung des Amtes für industrielle Formgestaltung Ende 1990 das Design in der DDR. Er vollbrachte sofort die gewünschte Kursänderung; er überführte die industrielle Formgestaltung in das Refugium der Ideologie und verbürokratisierte die Tätigkeit des ehemals kulturell aufklärerischen Instituts für angewandte Kunst selbstgefällig in eine zentrale staatliche Verwaltung mit Blickrichtung Wirtschaft. Kelm definierte die künftige Arbeit des Instituts: „planmäßige Anleitung von VVB bzw. Industriezweigen nach volkswirtschaftlichen Schwerpunkten, die Einrichtung von Entwurfsateliers bei den Industrieleitungen, den koordinierten Einsatz der vorhandenen Kader zur systematischen Durcharbeitung der Warensortimente zu fördern."[20] Dennoch gab es im November 1962 am Institut noch einige Widerständler, die auf „ihren falschen politischen Positionen" beharrten. In einem Papier, das Helmut Wawoczny, Jürgen Peters und Albert Buske verfaßten, bekannten sie sich vorbehaltlos zur Ausstellung der angewandten Kunst in Dresden; sie zitierten, um ihre Haltung zu bekräftigen, aus den Gästebüchern, wo die Stellungnahmen der Besucher entgegen der offiziell verbreiteten Behauptung äußerst positiv für die industrielle Formgestaltung ausfielen. Mokant gaben sie zur Kenntnis, daß jedoch einige Seiten aus den Gästebüchern „auf Wunsch der Bauakademie" entfernt worden seien. Eine der Eintragungen ist in einer Hausmitteilung der Abteilung Bauwesen des ZK auf uns gekommen; sie lautet: „Wenn die Formgestalter dem Gen. Hagen folgen wollten, mußten sie genau solche Waschlappen sein, wie Henselmann, Paulick und Liebknecht in der Architektur gewesen sind."[21]

„Nichts gegen die Form Ihrer Entwürfe – aber wollen Sie wirklich auf jedes Dekor verzichten?"

Karikatur auf Horst Michel, Eulenspiegel, August 1963.

Noch einmal *Neues Deutschland*

Auf den Tag genau drei Monate nach dem Erscheinen des Hagen-Artikels befaßte sich das *Neue Deutschland* noch einmal ganzseitig mit dem Kunsthandwerk und der Industrieformgestaltung.[22] Die Überschrift „Vasen, Röhren und Ideologie" klammerte eine redaktionelle Stellungnahme sowie sechs Leserzuschriften. Für die Redaktion wurde Willi Köhler ins Feld geschickt, der auf dem alten Standpunkt beharrte: „Trotz einiger Unschönheiten ein prinzipiell richtiger Artikel", dagegen viele „Ungereimtheiten in der Diskussion", einer Diskussion, die freilich andernortes und zumeist hinter verschlossenen Türen stattgefunden hatte. Michel habe den „prinzipiellen Unterschied zwischen sozialistischer und kapitalistischer Formgebung noch nicht voll erfaßt", und Hubert Petras, der Gestalter der weißen Zylindervasen, habe „offensichtlich bei westdeutschen Modernisten Anregungen empfangen", bei Leuten, die „offener und ehrlicher und dabei sogar ein bißchen schlauer" seien. Ein Versöhnliches erhielt diese Diskussion durch die unmißverstehbare Parteinahme des Typographen Albert Kapr für Horst Michel, Rudi Högner und das Institut für angewandte Kunst, deren Wirken es zu verdanken sei, daß „viele Industrieprodukte der DDR heute eine wesentlich bessere Form als früher" aufwiesen. Und schließlich durch Gisela May, sie inserierte sich als Trägerin des Kunstpreises der DDR und machte durch ihren dialektischen Charme die bemühte Bürokratie lächerlich: „Mit ideologischem Vorschlaghammer wurden harmlose, klargeformte weiße Vasen zertrümmert. Liebhaber für graue Farben und Stoffe wissen nun, wenn sie es bis dahin noch nicht wußten, daß sie nicht positiv und optimistisch in den Sozialismus schauen – und wer gar den absurden Wunsch hätte, aus dem schwarzen Kaffeeservice Kaffee zu trinken, der muß nun endlich wissen, daß er auch eine schwarze Seele hat. Um wieviel mehr müssen die Schöpfer und Entwerfer all dieser verwerflichen Gebrauchsgegenstände ihre Haltung und ihre Parteilichkeit überprüfen, zumal sie keine Dekors: das heißt Vorbilder aus Natur und Arbeit verwendeten; also vielleicht keine Mähdrescher oder Schmelzöfen auf Sesselbezügen. Auf letzteren säße man dann besonders warm." Unangreifbar bekannte sie: „Wir alle lieben den Sozialismus. Ihm gehört unsere Kraft, unsere Begabung und das, was wir gelernt haben. Aber laßt uns auch graue Farben und weiße Vasen und asketische Stühle."

Vasen, Gestalter: Hubert Petras, 1962.

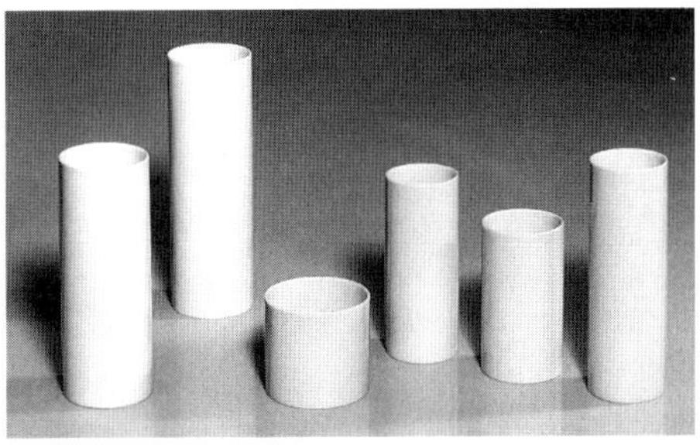

Mokkaservice, Gestalterin: Hedwig Bollhagen, 1963.

Von den unmittelbar Gescholtenen – Horst Michel, Sigrid Kölbel, Friedrich Bundtzen, Hubert Petras, Horst Dieter Fölsche, Rudolf Großmann, Fritz Kühn, Lutz Rudolph, Jürgen Peters und Hedwig Bollhagen – avancierte Hubert Petras zur Inkarnation alles Bösen, was zu beruflichen Repressalien führte. „Mir reicht's!" endet Hubert Petras' Brief vom 20.4.1963 an Martin Kelm, von dem er Hilfe erhoffte, denn in Ilmenau, wo er lebte und arbeitete, wollte niemand mehr etwas von ihm wissen. Kelm notierte: „Schreiben an Gen. des Kreises, daß sie die Kritik der Partei nicht richtig auffassen und verabsolutieren! Es geht nicht um die Zylindervase, sondern um die Gesamtheit der angewandten Kunst als Ausdruck unseres soz. Lebens. Darunter kann auch die Zylinderform seine Berechtigung haben." Im Mai bzw. Juni 1963 erhielten dann Hubert Petras Tröstung und Ermutigung sowie die Kreisleitung der SED Ilmenau einen Rüffel von Martin Kelm mit der Aufforderung, mit Petras eine Aussprache zu führen, um dessen „schöpferischen Impuls ... neuen Auftrieb zu geben."[23]

Deutungen

Unsere Kontroverse besitzt mehr Facetten, als dargestellt. Doch allein aus dem, was damals sichtbar geworden war und fortwirkte, setzte die V. Deutsche Kunstausstellung eine Zäsur in der ostdeutschen Designentwicklung: Auf der Suche nach einer anderen Kultur wurde ein Hoffnungsdenken durch das Etablieren eines staatlich-bürokratischen Machthandelns zurückgedrängt, und es sahen sich die Designer genötigt, neue Strategien zu entwickeln, wollten sie nicht das Schicksal mit den Architekten teilen. Mit dem Bau der Mauer war der Versuch gescheitert, bei offener Grenze in der DDR eine alternative Gesellschaftsordnung zur kapitalistischen Ordnung zu schaffen; sozialistische Ökonomie und Kultur mußten unter den Bedingungen einer abgeschlossenen Gesellschaft neu definiert werden, um mehr Effizienz und Identifikation zu erreichen. In den Überlegungen zu einer Wirtschaftsreform avancierte die industrielle Formgestaltung bald zu einem Faktor des volkswirtschaftlichen Nutzeffekts. Auf einer Tafel im Eingangsraum der Dresdner Ausstellung wurde das neue Selbstverständnis formuliert und wurden als Parameter des Industriedesigns benannt: Materialeinsparung, Selbstkostensenkung, Typisierung und Standardisierung, Steigerung der Arbeitsproduktivität, Mitwirkung bei der Erfüllung der Volkswirtschaftspläne – und schließlich an letzter Stelle: Schaffung eines kulturvollen Lebens. Dieses frohgemut vorgetragene Versprechen weckte Erwartungen, die nur im ersten Raum – er zeigte vornehmlich technische Geräte – eingelöst werden konnten; im zweiten, größeren Raum wurden jedoch zumeist kostbare Einzelstücke des Kunsthandwerks sowie Glas-, Keramik- und Textilerzeugnisse gezeigt, die eine industrielle Ästhetik sozusagen nur stilistisch artikulierten, nicht aber sozial und technisch-technologisch.

Das stiftete Verwirrung, denn einerseits wollten Parteispitze und Regierung sehen, was Industriedesign wirtschaftlich zu leisten vermochte, und andererseits stieß die ungewohnte, industrielle Ästhetik vieler Exponate auf kleinbürgerliche Ressentiments der Partei- und Staatsführer. Wir konzedieren die Enttäuschung, denn der wirtschaftliche Reformversuch einer schrittweisen Modernisierung und Intensivierung schloß eine soziale Neuorientierung ein, die für das Beschreiten des deutschen Sonderwegs zum Sozialismus eine gewisse Entsowjetisierung voraussetzte. Das Gelingen dieses Sonderweges verlangte jedoch, ihn nicht unnötigen Verdächtigungen auszusetzen. Was die Designer in Dresden zeigten, erinnerte nirgendwo an den stalinistischen Byzantinismus, vielmehr waren die Zusammenhänge mit dem Bauhaus und dem modernen westeuropäischen Design unübersehbar, Zusammenhänge, die die fahrenden Genossen in den für sie zusammengestellten Zeitungsdiensten fraglos nachlesen konnten. Es seien, hieß es, „Exponate zu sehen, die vielleicht ebensogut in einem Lande gezeigt werden könnten, in dem man nie etwas von der Bitterfelder Konferenz und vom V. Parteitag der SED, der den Künstlern den Weg wies, gehört hat."[24] Das Eindringen des Revisionismus wurde befürchtet, des „dritten Weges" – auch das war nachzulesen: „Nach jahrelangem, ratlosem Stillhalten haben Kunstexperten und Laien das Gespräch über Formgestaltung, angewandte Kunst und Wohnraumgestaltung in Gang gebracht. Ein 'dritter Weg' scheint sich aufzutun, der zwischen sozialistischem Kunstdogma und kleinbürgerlichem Kitsch liegt, ein 'dritter Weg' – er müßte zum Anschluß an die Formgebung führen, um den die Künstler der westlichen Kulturwelt seit langen ringen."[25] Wegen dieser „Gefahren" mußte die Designdebatte aus der Kompetenz des Fachlichen und der Fachleute in jene des Fachfremden und der Ideologen überführt werden: Die Ideologie bildete den rabulistischen Bodensatz, auf dem die Designpolitik ihre praktische Gefolgstreue besonders gegenüber den sogenannten wirtschaftlichen Forderungen jeweils einrichten konnte. Die offizielle Designästhetik erhielt in dieser Konditionierung eine rein normative und pragmatische Ausformung: als Waren- und Machtästhetik. Das Ornament avancierte nach außen zum Gütesiegel für Marktanpassung und nach innen zum Erkennungszeichen für das Oben und das Unten in der gesellschaftlichen Hierarchie. Gegen diese Unterwerfungsgesten behaupteten die im Künstlerverband tätigen Designer die Freiheitsnorm ihrer ästhetischen Fragestellungen dadurch, indem sie ideologisch-gegenideologisch die industrielle Formgestaltung vornehmlich im Künstlerischen verankerten, die tiefste Begründung und Anregung der Formgestaltung in der Kunst behaupteten. Diese theoretische Konfliktsituation mag Außenstehenden und Spätergeborenen nur scholastisch vorkommen, sie bedeutete jedoch im Kern den Versuch, die Eigenkompetenz des Designs

[1] *Theodor Leasing, Geschichte als Sinngebung des Sinnlosen, München 1983, S. 68.*
[2] *Vgl. Verband Bildender Künstler Deutschlands, Zu einigen Entwicklungsproblemen der bildenden Kunst in der Deutschen Demokratischen Republik, in: Neues Deutschland vom 22.2.1962, sowie Hans Pischner in: Fünfte Deutsche Kunstausstellung Dresden 1962, Katalog S. IX-XI.*
[3] *Ähnlichlautende Meldungen in allen Tageszeitungen; Archiv Stiftung Stadtmuseum Berlin, Sammlung industrielle Gestaltung (SiG); Bestand Horst Michel.*
[4] *Die V. Deutsche Kunstausstellung in Dresden: Spiegelbild der Bitterfelder Beschlüsse, in: Lausitzer Rundschau vom 26.09.1962.*
[5] *Ebd.*
[6] *Ebd.*
[7] *Archiv SiG 15, Horst Michel, An den Zentralvorstand des Verbandes Bildender Künstler Deutschlands und das Präsidium des Komitees der V. Deutschen Kunstausstellung; 15.10.1962.*
[8] *Jene Haltung bekräftigte Michel in langen Gesprächen, die der Autor 1979/80 mit ihm geführt hat.*
[9] *Karl-Heinz Hagen, Hinter dem Leben zurück. Bemerkungen zur 'Industriellen Formgestaltung' auf der V. Deutschen Kunstausstellung, in: Neues Deutschland, Ausgabe A vom 4.10.1962, Nr. 273, S. 4.*
[10] *Claus Gennrich, Pankows Unzufriedenheit mit seinen Künstlern. Die Dresdner Ausstellung ist nicht nach den Herzen der Partei, in: Tagesspiegel, 7.10.1962.*
[11] *Archiv SiG, Bestand PDS-Archiv, Abteilung Kultur (des ZK der SED), Aktennotiz zum Artikel des Genossen Karl-Heinz Hagen: „Hinter dem Leben zurück – Bemerkungen zur 'Industriellen Formgestaltung' auf der V. Deutschen Kunstausstellung".*
[12] *Ebd.*
[13] *Ebd.*

und seiner Protagonisten in wechselnden politischen Konstellationen zu bewahren. Neben dieser Verankerung der industriellen Formgestaltung in der Freiheitsnorm der Kunst widersprach die Sozialnorm des Funktionalismus, wie sie ebenfalls von Designern und Designtheoretikern vertreten wurde, dem andersgerichteten Interpretationsmonopol der Partei. Das funktionalistische Argument richtete sich gesellschaftlich gegen die spezifisch sozialistischen Verschwendungen und Zerstörungen, es denunzierte aber auch die Kläglichkeit jener Güter, die den Nomenklaturkadern in Spezialläden zugeteilt wurden und als Kitt und Bindemittel des Systems fungieren sollten. Die Souveränität dieses Funktionalismus begründete sich im Solidarischen und Geschichtlichen, was die SED vielleicht zu einer besonderen Borniertheit und zu ihrer denunziativen Ausdauer gegen den Funktionalismus provozierte; in der bereits zitierten ZK-Einschätzung zur Kunstausstellung heißt es: „Diese funktionalistischen Tendenzen finden bei den Werktätigen wenig Anerkennung. Das veranlaßt deren Anhänger nicht zur Überprüfung ihrer Positionen, im Gegenteil, sie meinen, die Ursache liege bei der mangelnden künstlerischen Urteilskraft der Menschen. Sie fühlen sich als 'Kulturbringer' und legen unsere richtige Forderung nach einer breiteren ästhetischen Erziehung des Volkes so aus, als sollten alle Werktätigen zu Anhängern des Ästhetizismus erzogen werden... Besonders krass aber wirkt sich der Funktionalismus dort aus, wo das Industrieprodukt über seine Funktion hinaus wesentlich die Atmosphäre einer Wohnung mitzubestimmen hat, bei Möbeln, Rundfunkgeräten, Lampen, Porzellan, Glas, Dekostoffen, in der Mode u. ä. sowie im Kunsthandwerk. Hier gibt es nur ganz wenige Ausnahmen, die aus dem Rahmen der falschen Konzeption herausfallen."[26]

Dies wäre kein erfreulicher Schluß, denn wir begreifen die beschriebene Episode als den Versuch der Selbstbestimmung einer gestalterischen Vernunft, in Funktion und Form eine andere Kultur zu entwerfen, deren Unbedeutendheit und Einfalt heute vielleicht gerade zu deren Echtheitszeichen gegenüber der etablierten industriestaatlichen Alleskönnerei aufzusteigen vermögen.

[14] *Archiv SiG. Kunstabteilung, Bestand PDS-Archiv des ZK der SED: Einschätzung der V. Deutschen Kunstausstellung, 27. 10.1962.*
[15] *Antwort auf Fragen. Diskussionsrede des Genossen Walter Ulbricht auf der Bezirksdelegiertenkonferenz in Leipzig am 9.12.1962, in: Leipziger Volkszeitung, 15.12.1962.*
[16] *Horst Michel, An den ..., a.a.O.*
[17] *Es finden sich keine diesbezüglichen Eintragungen mehr in seinem Notizbuch für das Jahr 1962.*
[18] *Die V. Deutsche Kunstausstellung und ihre Lehren. Erklärung des Präsidiums des Verbandes Bildender Künstler Deutschlands, in seiner 19. Tagung am 3. Mai 1963 beraten und beschlossen, in: Beilage der Bildenden Kunst, 7/1963.*
[19] *Ebd., vgl. Anm. 14.*
[20] *Martin Kelm, Industrieformgestaltung als ein ideologisches Problem, in: Neues Deutschland vom 26.2.1963, Ausgabe A, S. 4.*
[21] *Archiv SiG, Bestand PDS-Archiv, SED-Hausmitteilung von Abteilung Bauwesen an Abteilung Kultur vom 2.11.1962, unterzeichnet Lux, stellv. Abteilungsleiter.*
[22] *Vasen, Röhren und Ideologie, Volksaussprache zum VI. Parteitag der SED, in: Neues Deutschland, Ausgabe A vom 4. 1.1963, S. 3.*
[23] *Gesamter Vorgang in Archiv SiG.*
[24] *Claus Gennrich, Pankows Unzufriedenheit ..., a.a.O.*
[25] *Robert Raguhn, Sage mir woraus du trinkst. Diskussion über die Formgebung in der DDR, in: Frankfurter Rundschau vom 14.1.1963.*
[26] *Vgl., Anm. 14, Bildende Kunst 7/1963, S. 5.*

Jochen Fetzer

Gut verpackt ...

Neue Aufgaben und eine neue Fachzeitschrift.

„Die Produkte müssen nicht gut verpackt sein, weil sie keine Konkurrenz haben." Das ist nicht etwa eine Anweisung Walter Ulbrichts an die Staatliche Plankommission, sondern ein alltägliches Beispiel für die Ignoranz und Unsensibilität im Umgang mit den Überresten der verachteten DDR. Die Autoren des Bildbandes „SED – Schönes Einheits-Design"[1] entlarven in Text und Bild weniger die Lähmung der Verpackungsgestaltung durch eine politische Klasse, die selbst der Lähmung nahe war, sondern eher die eigene Hilflosigkeit. Als Vulgärpositivismus könnte man eine solche Sicht bezeichnen, für die alles, was gleich aussieht, dasselbe bedeutet und alles, was nicht ganz so gut aussieht, eine Nachahmung, noch dazu eine schlechte, des ersten ist. Der oberflächliche Vergleich wird so in pauschale Abwertung umgemünzt. Glücklicherweise ist man zu solchen Plattheiten nicht verpflichtet. Ein kulturwissenschaftlicher Rückblick auf alltägliches Leben in der DDR hat nach seinen Bedingungen in der DDR-Gesellschaft zu forschen. Warenverpackungen der 60er Jahre sind Produkte ihrer Zeit – der „ökonomischen Hauptaufgabe", der Steigerung des Konsums, der Einführung der Selbstbedienungsläden, den Versuchen, ökonomisch auf eigenen Beinen zu stehen, geschuldet. Am Verpackungswesen, das in vielfältiger Weise mit anderen Bereichen der Volkswirtschaft in Verbindung stand, lassen sich verschiedene Entwicklungstendenzen ablesen, die die Wirtschaft der DDR in den sechziger Jahren bestimmten. Mit Kursänderungen in der Wirtschaftspolitik änderten sich auch die Leitbilder der Verpackungswirtschaft.

In der Rhetorik der Sozialistischen Einheitspartei überflügelten Wunschträume oft nüchterne Einschätzungen der wirtschaftlichen und gesellschaftlichen Lage im Land. Die bloße Entschlossenheit, „bis 1961 ... den Pro-Kopf-Verbrauch Westdeutschlands bei den Nahrungsmitteln und den wichtigsten industriellen Konsumgütern zu erreichen und zu übertreffen",[2] bewegte noch gar nichts. Die beabsichtigte enorme Steigerung der Versorgung mit Konsumgütern aller Art war für Industrie und Handel nicht ohne weiteres zu leisten. Die Distribution der Waren vom Produktionsbetrieb zum Verbraucher bereitete häufig Schwierigkeiten. Das Verpacken der Erzeugnisse war stets ein besonderes Problem – und blieb es auch über die sechziger Jahre hinaus.

Die Entwicklung des Einzelhandels in Europa nach dem Zweiten Weltkrieg veränderte die Verpackungsbranche grundlegend. Der Übergang zum Verkauf in Selbstbedienung hatte auch in der DDR begonnen und wurde als Rationalisierungsmaßnahme, die Arbeitskräfte freisetzen, aber auch das Zeitbudget der arbeitenden Bevölkerung entlasten sollte, forciert. Zunächst galt es, in der „sozialistischen Rekonstruktion des Verpackungswesens"[3] die Grundlagen für die zügige Verbreitung des Selbstbedienungssystems zu schaffen. Ungeheure Mengen zum Teil völlig neuartiger Verpackungen wurden in kurzer Zeit benötigt, um dem Handel verkaufsfertig abgepackte Waren zur Verfügung stellen zu können. Betroffen waren die verschiedensten Industriezweige: Papier- und Kartonagenfabriken, Glas- und Metallhütten hatten ihre Produktion zu steigern und ihr Angebot den Anforderungen der Abnehmer anzupassen, die chemische Industrie mußte Druckfarben und Folien für viele Anwendungsbereiche anbieten, Maschinenbauer waren vor die Aufgabe gestellt, schnell neue Druck-, Stanz- und Schneidemaschinen und leistungsfähige Abpackautomaten für alle möglichen Warenarten zu entwikkeln und zu bauen. Die Nahrungs- und Genußmittel- sowie die Konsumgüterindustrie hatten ganz neue Sortimente zu erstellen, Verpackungen zu entwerfen, Bedarfspläne auszuarbeiten, Anforderungsprofile für die Verpakkungslieferanten zu formulieren und in ihren Betrieben die personellen, technischen und räumlichen Voraussetzungen für die Verpackung ihrer Produkte zu schaffen.

Die grundlegende Neustrukturierung unter der Aufsicht der Abteilung Leichtindustrie der Staatlichen Plankommission hatte die Aufgabe, den Aufwand an Arbeitskraft, Zeit und Material, also die Produktionskosten, auf ein Minimum zu senken und die Qualität und das Erscheinungsbild der Verpackungen maximal zu verbessern. Bedeutend für die kritische Begleitung der Rekonstruktion war eine 1960 eigens gegründete Fachzeitschrift *Die Verpackung. Zeitschrift für neuzeitliches Verpackungswesen.* Sie machte in sechs Ausgaben pro Jahr mit neuen Erkenntnissen bekannt, benannte Mißstände, kritisierte Behinderung und schleppende Aufnahme der Neuerungen, referierte die Branchenentwicklung im sozialistischen und kapitalistischen Ausland, kurz: Sie war Diskussionsforum ebenso wie Diskutantin.

Sowohl die Selbstbedienung als auch die Orientierung auf den Export stellte die Verpackungsindustrie der DDR vor ganz neue Herausforderungen. Wenn auch die praktische Umsetzung noch ausstand, sollte *Die Verpackung* doch das Prinzip oder den Idealtypus von Verpackung verbreiten. Im Hinblick auf den Export sei auf den Weltstand zu orientieren, dieser aber nicht stumpf zu kopieren. Die Unterscheidung, wo es sich um Modeerscheinungen und wo um die technisch fortschrittliche Lösung einer Aufgabe handele, sei genauso wichtig wie die Feststellung, welche Formen der in den kapitalistischen Ländern angewandten Verpackungen dem Wesen der Verpackung in der sozialistischen Produktionsweise entsprechen. „Am Kreuzweg der kapitalistischen Reklame und der sozialistischen Gesellschaftswerbung",[4] heiße Orientierung am Weltniveau nicht einfach, ästhetisch oder technisch-konstruktiv aufwendige Erzeugnisse der kapitalistischen Länder anzunehmen oder gar den sozialistischen Werbestil der kapitalistischen Auffassung zu unterwerfen, sondern durch Qualität, die in ihrer Gestaltung durchaus eine eigene Sprache sprechen sollte, wettbewerbsfähig zu sein. Verpakkungen aus der DDR, die sich um das Qualitätssymbol „Q" bewerben, müßten sich der Prüfung unterziehen, ob sie auf dem Weltstand der jeweiligen Verpackung sind.

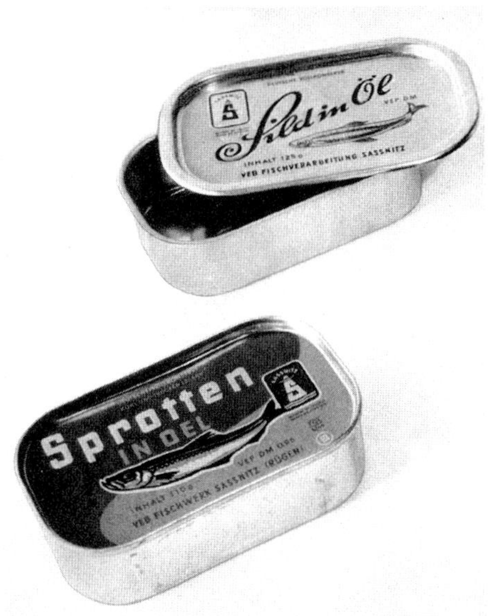

„Metallverpackungen: Fischdosen mit bedruckten Deckeln (Offsetdruck)."

Die Verpackung 5/1964, S. 14.

Standardisierung und Chemieprogramm

Verpackungen werden danach beurteilt, ob sie dem gängigen ästhetischen Ideal entsprechen. Sicher spricht der Markt im Kapitalismus in viel größerem Maße auf Moden an und führt sie sogar selbst herbei, doch müssen sie sich auf dem Markt durchsetzen können. Dieses Korrektiv fehlte in der Planwirtschaft. *Die Verpackung* versuchte dennoch, Maßstäbe zu setzen. In den 60er Jahren wurde Sachlichkeit großgeschrieben. *Klarheit, Solidität, Eindeutigkeit, Übersichtlichkeit, Ausgewogenheit* gehörten zum üblichen Vokabular. Eine Verpackung sollte vor allem über ihren Inhalt informieren. Ihren Werbecharakter erhalte sie aus ihrer Überzeugungskraft, nicht aus suggestiven Versprechungen.

Die Verpackung betonte stets, wie wichtig gute Gestaltung für die positive Veränderung des Lebensumfeldes sei, fragte aber selbst nicht danach, was Konsumenten als gute Gestaltung empfinden. Ihre Bedürfnisse wurden mehr erahnt als gezielt ermittelt. In Ansätzen zur Konsumforschung stand nicht etwa im Vordergrund, wie gut eine Packung zu öffnen und wieder zu verschließen ist oder ob sie die richtige Größe hat, sondern nur, ob sie den Kunden zum Kauf anregt. An einer *Schnellgreifbühne* wurde mit Testpersonen 1961 anläßlich eines Wettbewerbs für neue einheitliche Kaffeeverpackungen eine Versuchsreihe durchgeführt. Aus einer Auswahl verschiedener Verpackungen für das gleiche Gut, die ihnen nur einen Moment lang gezeigt wurden, sollten die Probanden die Packung herausnehmen, die sie am meisten ansprach. Das konnte aber auch bedeuten, daß aus einer Vielzahl schlechter Verpackungen das kleinste Übel gewählt wurde. Echte Verbesserung und Innovation konnte ein solches Experiment nicht leisten. Trotzdem wurde der Einsatz dieses Wirkungstests auch bei der Verbreitung des Neuen ökonomischen Systems, das die Verantwortung für die Verpackungsqualität dem abpackenden Betrieb übertrug, als *empirische Methode* weiter empfohlen. Besonders intensiv waren die Bemühungen der Hersteller und Verarbeiter von Verpackungen also nicht, ihr Angebot direkt an der Nachfrage der Kundschaft zu orientieren.

Große Erwartungen wurden in Metaphern gegossen. *Die Verpackung* sollte sie popularisieren und mit Beispielen illustrieren. *Standardisierung* war Anfang des Jahrzehnts *das* Zauberwort. Gemeint war der Versuch, die bislang vollkommen unübersichtliche Fülle von Verpackungen zu systematisieren und Verpackungsstandards zu bestimmen, um mit der kleinstmöglichen Zahl von Typen eine rationelle Massenproduktion in wenigen Betrieben zu ermöglichen. Im Bereich Wellpappkartonagen beispielsweise war die Standardisierung schon 1961 zu einem vorläufigen Abschluß gekommen. Die Zahl der produzierten Typen hatte von 10.000 auf 650 reduziert werden können. Für Verpackungsmittel aller Art sollten verbindliche Richtlinien festgelegt werden, unter Berücksichtigung der spezifischen Funktionen, die sie jeweils zu erfüllen hatten. Festlegung von Materialart und -bedarf sollte Planungssicherheit bringen. Drittes Hauptanliegen war die Verbesserung der Verpackungsgestaltung, die mit der Standardisierung einhergehen sollte. Im Warenverkehr sollte die Standardisierung einen problemlosen und rationellen Transport unter maximaler Ausnutzung des Transportvolumens ermöglichen, z.B. durch Abstimmung der Verpackungsmaße auf die Maße der Versandpaletten des RGW (800 mm x 1200 mm). Entscheidende Impulse für die Durchsetzung der Standardisierungsidee erwartete *Die Verpackung* vom Institut für Verpackung und Papierverarbeitung in Dresden. Als „technisch-wissenschaftliches Zentrum" und Koordinierungsstelle sollte es Maßstäbe für die Qualitätsverbesserung von Verpackungen überhaupt setzen.

Das Informationsgebot erfüllte die unter dem Titel „Höhere Verkaufserfolge durch gute Verpackungsgestaltung" vorgestellte Tiefkühlkostpackung aus dem Jahr 1965, lediglich die schlecht lesbare Schrift wurde gerügt. Ein fröhlich schlittschuhlaufender Schneemann wies auf den eisigen Inhalt hin. Im Folgejahr war die Schrift überarbeitet worden. Das Lob blieb nicht aus: „Bei der Packung wird von vornherein auf überflüssige und unübersichtliche Beschriftung verzichtet. Die verwendeten Gestaltungselemente geben auch so genügend Auskunft über die Art des Gutes." Wenig später hatte der Schneemann seine Schuldigkeit getan. Anfang 1968 war er nicht mehr gern gesehen: „Glücklicherweise haben sich unsere Verpackungen für tiefgefrostete Erzeugnisse ein gutes Stück von den lange Zeit üblichen Schneemann-Motiven entfernt, wenn dieses abgenutzte Symbol auch auf einer der hier abgebildeten Verpackungsserie, allerdings schon am Rande, als scheinbar unentbehrliches Requisit, immer noch auftaucht. Insgesamt jedoch ist das lobenswerte Prinzip verwirklicht, ausschließlich die Ware in den Vordergrund zu bringen und eine klare Gestaltungsweise anzustreben." (Die Verpackung 3/1965, S. 9 f.) – Daß der Käufer von Tiefkühlprodukten sich von ihrem Packungsbild tief beeindrucken läßt oder daß der Konsum solcher Waren tatsächlich durch neugestaltete Päckchen gesteigert werden kann, verstand sich offenbar von selbst.

„Feinfrostpackungen aus der DDR." Die Verpackung 3/1965, S. 9.

Große Aufmerksamkeit schenkte *Die Verpackung* in ihren ersten Nummern der *Lehrschau der Standardisierung*, die 1959 in Leipzig mit neuen Ideen Aufsehen erregte. So dominierten neuartige *Volumenpackungen* das Sortiment eines neuen Selbstbedienungsladens. Statt des bisher üblichen Abpackens nach runden Gewichtseinheiten versprach man sich von der Abpackung in Standardverpackungen eine wesentliche Reduzierung der Formvielfalt. Bei sogenannten „leichtfließenden Schüttgütern" wie Zucker, Mehl, Grieß, Haferflocken, Reis, Nudeln wurde eine Verringerung auf acht verschiedene Verpackungen möglich. Vor der Standardisierung waren allein Nudeln in 138 verschiedenen Verpackungen angeboten worden. Über die Besucherreaktion berichtete ein Beobachter: „Sehr nachdenklich betrachteten die Besucher der Standardisierungslehrschau das breite Sortiment und die reiche Palette der Packmittel, hergestellt aus sehr unterschiedlichen Werkstoffen". Die Möglichkeit, daß die Betrachter angesichts der gezeigten Vielfalt darüber nachdachten, was es in ihren heimischen Regalen alles nicht gab, erwog er nicht. Statt dessen schloß er aus der Aufmerksamkeit für den Verpackungsbereich auf die Zustimmung für die Standardisierungsvorhaben: „Das breite Interesse aller Bevölkerungsschichten für eine ansprechende, zweckmäßige und rationelle Verpackung ist noch nie so stark zum Ausdruck gekommen, wie dies in den letzten Tagen und Wochen geschehen ist."[5] Ein anderer Berichterstatter wollte geradezu stürmische Reaktionen wahrgenommen haben: „Der neue Selbstbedienungsladen löste bei den Besuchern besonderen Beifall aus", weil er bei besserer Auslastung der Verkaufsfläche eine schnellere Verkaufsabwicklung und höhere Verkaufskultur garantiere.[6] Beides wurde für wichtig erachtet, um die Kauflust der Kunden zu steigern. Im Blick auf das Planziel des Siebenjahrplans 1959 war auch unstrittig, daß „die Verbesserung der Versorgung der Bevölkerung mit rationelleren, schöneren und kostensparenden Verpackungsmitteln"[7] Voraussetzung für die geplante enorme Steigerung des Konsums sei.

„Die Form der Verpackung muß dem Gut und dem Zweck, zu dem das Gut gekauft wurde, entsprechen... Zweckmäßig verpakken erfordert einen gewissen Aufwand, und man sollte nicht aus Engstirnigkeit heraus billige Verpackungen bevorzugen, die dann ihren Aufgaben nicht gerecht werden."
Die Verpackung 1/1960, S. 7.

Die Verpackungsgestaltung entwickelte sich aber nur schleppend in diese Richtung. Entsprechend harsch kritisierte der Leiter des Bereichs Gestaltung beim Arbeitskreis Verpackungsmittel den Gesamteindruck, den Verpackungen in der DDR vermittelten. Es hätte zwar eine Vereinheitlichung und Versachlichung der Verpackungen eingesetzt, die jedoch zu unbefriedigender Eintönigkeit tendiere. Unter Verwendung ästhetischer Schablonen werde silhouettenhaft und leblos abgebildet, die verwendeten Schriftbilder wirkten überholt. Selbst wenn in Einzelfällen das ästhetische Niveau hoch sein mag, an der DDR-Verpackung falle vor allem das ideenarme Einerlei auf. Der weltweite Trend in der Verpackungsindustrie, mehr und mehr Kunststoffe einzusetzen, wurde auch in der DDR aufgenommen. Die neuen Werkstoffe wurden nur nach ihren Vorteilen beurteilt, entsprechend erwartete man von ihnen ungeahnte Möglichkeiten. Entsorgungsprobleme spielten vorläufig noch keine Rolle. Attraktiv war Kunststoff durch den Preis. Im Vergleich zu anderen Grundstoffen – der Rohstoff Holz war ohnehin knapp – waren Plaste billiger. Sie ließen sich besonders gut maschinell verarbeiten und ermöglichten so die Rationalisierung der Arbeitsvorgänge. Je nach Art und Zusammensetzung hatten sie günstige Schutzeigenschaften, ja sie schienen einfach für die Herstellung attraktiver Verpackungen wie geschaffen.

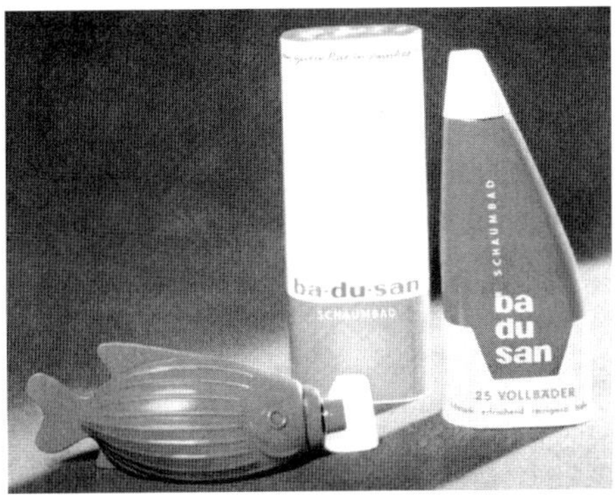

*„Bademittelverpackung:
Neben der Plastflasche kommt nun auch die neue Plastverpackung in Form eines Fisches zum Verkauf. Der Fisch dient Kindern später als Spielzeug.
Gestalter: DEWAG, Gera
Hersteller: VEB Preßwerk Tambach-Dietharz"*

Die Verpackung 3/1964, S. 12.

Allerdings war in der DDR in den Nachkriegsjahren die Industriepolitik besonders auf die Schaffung einer eigenen Schwer- und Grundstoffindustrie orientiert. Die verarbeitende Industrie, also die Chemieindustrie, die Konsumgüterproduktion und der Maschinenbau, waren noch nicht so stark entwickelt. Das wirkte sich besonders hemmend für den Einsatz von Kunststoffen im Verpackungswesen aus. Zwar wuchs ab 1958 durch das forcierte Chemieprogramm die Kunststoffproduktion stark an. Dem wachsenden Angebot standen aber ungenügende Verarbeitungsmöglichkeiten gegenüber. So klaffte in der DDR eine Lücke zwischen Plastproduktion und Plastanwendung. 1964, sechs Jahre nach Beginn des Chemieprogramms, war die Verpackungsmaschinenindustrie noch nicht in der Lage, genügend Verpackungsautomaten für die rasant an Bedeutung gewinnende Werkstoffgruppe Plastfolien zu liefern. Ähnliche Klagen wiederholten sich in den darauffolgenden Jahren: „Der Verpackungsmaschinenbau der DDR orientiert sich seit geraumer Zeit an dieser Tatsache der zunehmenden Plastanwendung. Ungenügende Voraussetzungen bestehen jedoch im Plastverarbeitungsmaschinenbau im Hinblick auf verpackungstechnische Einsatzgebiete". Im Klartext heißt das, die DDR hatte Probleme, in ausreichendem Umfang Verbundfolien zu entwickeln und herzustellen, und man mußte zugeben, „daß auf dem Gebiet der Verbundfolien aufgeholt werden muß".[8]

Griff nach dem Weltmarkt

Die DDR war innerhalb des sozialistischen Lagers das Land, das über die größte Kompetenz im Verpackungsmaschinenbau verfügte. Folgerichtig übernahm in der RGW-internen Produktionsabstimmung die DDR die Rolle des Haupterzeugers von Verpackungsmaschinen, wurde „Leitland". Der VEB Schokopack (Schokoladen- und Verpackungsmaschinen) Dresden zum Beispiel produzierte größtenteils für den Export, hauptsächlich in Staaten des RGW. In den Jahren 1959-1963 entstand in Dresden ein neues Verpackungsmaschinenwerk mit einer vielfach höheren Produktionskapazität. Die Kooperation mit den RGW-Partnern lief jedoch nicht reibungslos. Die Dresdener Maschinenbauer ärgerten sich darüber, daß Partnerländer Verpackungsmaschinen aus kapitalistischen Ländern einführten. Sie selbst waren noch nicht einmal gefragt worden, ob eine Produktion in Dresden möglich sei.[9] Dabei mußte die Verpackungsmaschinenindustrie der DDR den internationalen Vergleich nicht scheuen. Dem VEB Großdruckerei und Kartonagenwerk Gotha beispielsweise gelang 1961 die Entwicklung der ersten Fertigungsstrecke der Welt zur vollmechanisierten Herstellung von Zigarrenkisten.

Viele Abpackbetriebe setzten auf eigene Entwicklungen. Das Erfolgsrezept lautete „Durch sozialistische Gemeinschaftsarbeit zur Mechanisierung und Automation" und forderte die Mitarbeiter auf „Denke nach, studiere...". Der Kollektivgedanke sollte die Motivation beflügeln: „Es wird sich sehr schnell herausstellen, daß die kollektive Weisheit die des einzelnen übertrifft und daß Dinge möglich werden, die vorher niemand für möglich gehalten hat".[10] Nicht das schwülstige Pathos selbstverliebter Wirtschaftsideologen, sondern handfeste Erfolge standen dieser Euphorie Pate: So baute der VEB Hartpapierwerk Groitzsch einen Wickelautomaten für Papierzylinder, die zum Beispiel zu Pappeimern weiterverarbeitet wurden. Dieser Spiralhülsenwickelautomat ersetzte drei herkömmliche Maschinen, er schloß Arbeitsgänge mit ein, die vorher extra ausgeführt werden mußten, brauchte weniger Platz und weniger Arbeitskräfte zur Bedienung. Er konnte die Nebenprodukte anderer Betriebe verarbeiten und die vorhandenen Ressourcen damit besser ausnutzen und verbrauchte obendrein bei größerer Festigkeit und besserer Qualität der Hülsen weniger Material. Das Beste aber war: „Mit dieser Konstruktion werden die im kapitalistischen Ausland gebauten Maschinen übertroffen",[11] die in der BRD etwa 46.000 DM kosteten, während der Eigenbau 23.000 MDN Investitionen erfordert hatte. Das bedeutete Deviseneinsparung und unterstützte die Autarkiebestrebungen der DDR.

Das Mitbestimmen des Weltniveaus war also keine hohle Phrase mehr, und doch konnte sich die DDR auf diese Art nicht an der Weltspitze halten.

„Sehr viel Ärger und Beanstandung seitens der Bevölkerung und des Einzelhandels verursacht die Zuckerverpackung des VEB Vorwärts, Halle ...

1. Die Verpackung ist vollkommen unzureichend, da mehr oder minder große Mengen Zucker verlorengehen.

2. Der Zucker muß deshalb oft in Tüten umgefüllt werden. Der Zucker wird in einem Pappkarton geliefert, der schlecht geklebt ist. Nimmt man die Packung in die Hand, rieselt der Zucker heraus oder der ganze Karton geht auf. Die wenigsten Packungen sind fest und stabil geklebt ... Da dieser Leserbrief nicht die erste und einzige Beschwerde über die erwähnte Zuckerverpackung ist, fordern wir die Kollegen des VEB Vorwärts, Halle, auf, uns mitzuteilen, wie sie in Zukunft diese Mängel zu beheben gedenken".

Die Verpackung 5/1961, S. 30.

„Zuckerverpackung:
Die Zuckerverpackungen überzeugen durch ihre gute grafische Gestaltung. Wie man sieht, ist von den üblichen blauen Tüten bis zu dieser Verpackung ein bedeutender Schritt getan worden."

Die Verpackung 1/1965, S. 37.

Schließlich waren es Produktionsbetriebe, denen diese Entwicklungen gelungen waren, Betriebe also, die diese Maschinen nicht zu Exportschlagern machen konnten. Trotz des hohen Aufwandes blieb der Wirkungskreis also gering. Solche anspruchsvollen Aufgaben wären in Arbeitsteilung Spezialisten des Maschinenbaus zu überlassen gewesen, der ja wieder nicht leistungsfähig genug war. So blieb die *sozialistische Gemeinschaftsarbeit* allzusehr eine eindrucksvolle Demonstration des Könnens und der schöpferischen Energie vieler Werktätigen, ohne wirklich in die Breite wirken zu können.

Die DDR stand mit ihrer Industrieproduktion 1959 im Weltvergleich an neunter Stelle. Als hochindustrialisiertes, aber äußerst rohstoffarmes Land konnte sie freilich nicht von der Ausfuhr von Kunstdüngern leben, sondern war auf den Export hochwertiger Industriewaren ausgerichtet, um eine ausgeglichene Handelsbilanz zu erzielen. Devisen, die die DDR für eigene Importe benötigte, konnten nur auf dem Weltmarkt erwirtschaftet werden. Dadurch erfuhr der Außenhandel eine besondere Aufmerksamkeit, so daß die Ansicht, der einzige Verbraucher, der respektiert und ernstgenommen würde, sei die Exportkundschaft, keine Einzelmeinung gewesen sein dürfte. Aber auch der Außenhandel der DDR war stets mit Warenverlusten und Reklamationen aufgrund von Verpackungsmängeln konfrontiert. Selbst Warenmuster, die für die Seriosität eines Herstellers und für die Aufnahme von Außenhandelsbeziehungen mit einem Betrieb der DDR werben sollten, waren keineswegs immer einwandfrei verpackt.

„Verpackungsfamilie für Teigwaren: Seit Beginn dieses Jahres bietet die Teigwarenindustrie der DDR ihre Erzeugnisse in einheitlichen Verkaufsverpackungen an, die von allen Teigwarenbetrieben übernommen wurden.“

Die Verpackung 2/1969, S. 54.

Warenverluste aufgrund schlechter Exportverpackungen verursachten aber nicht nur hohen volkswirtschaftlichen Schaden: „Man übersieht, daß gerade Exportsendungen nicht nur eine materiell-finanzielle Seite haben, sondern auch eine höchst aktuelle politische Funktion zu erfüllen haben und daß das Ansehen der DDR nicht zuletzt durch rein handelsmäßige Belange beeinflußt werden kann“.[12] Allen Appellen und Analysen zum Trotz sind Klagen über Außenhandelsverluste durch Verpackungsfehler während der 60er Jahre häufig Gegenstand der Berichterstattung der *Verpackung*. Dennoch gelang es den Außenhandelsunternehmen der DDR, bis 1965 den Außenhandelsumsatz auf 24,3 Mrd. DM im Vergleich zu 14 Mrd. DM 1958 zu steigern und damit die Planvorgabe des (inzwischen längst abgebrochenen) Siebenjahrplans 1959 von 25 Mrd. DM fast zu erreichen. Denn natürlich hat die DDR nicht nur schlecht verpackte Waren ausgeführt, sondern häufig die besten, während zweitklassige im Land blieben.

„Entwürfe für Getreidebeutel: Neue Beutelgestaltung für die gesamte Nährmittelindustrie. Die Entwürfe sind bereits bestätigt und werden voraussichtlich Anfang 1965 eingeführt.“
Die Verpackung 6/1964, S. 13.

Planziel verfehlt

Große Schwierigkeiten hatte die Verpackungsindustrie der DDR mit den enormen Schwankungen der Materialqualität. Aufgrund der großen Nachfrage mußte aber auch schlechtes Material verarbeitet werden, was häufig zu Beschwerden und Unmut Anlaß gab. Produktionsausfälle durch den Stillstand von Maschinen, die ungeeignete, das heißt in den meisten Fällen qualitativ schlechte Packmittel nicht verarbeiten konnten, waren an der Tagesordnung. Materialfehler waren zum Beispiel ungleichmäßig dickes Papier, das verspannt-flatternd von der Rolle kam, ungleichmäßig dicke Beschichtungen, spröde Zellglasfolie, die brach, ungleichmäßig dicke Aluminiumfolie, die riß, gestapelte Zuschnitte, die aneinanderhafteten, unsauber ge-

„Metallverpackungen: Stülpdeckeldose für Creme aus Aluminium im Offsetdruck ganzflächig bedruckt.“

Die Verpackung 5/1964, S. 14.

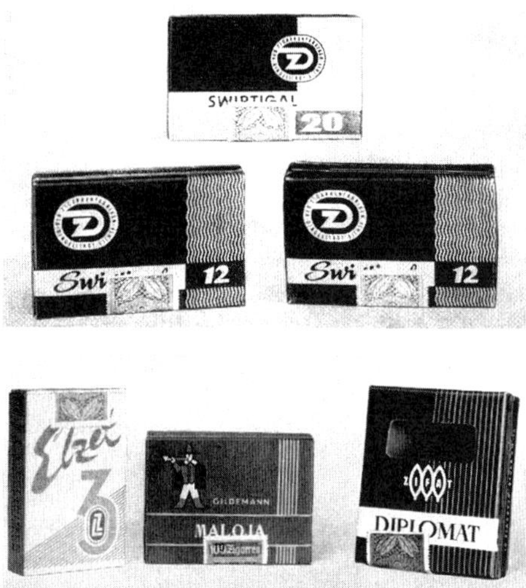

„Unfug mit der Banderole: Immer wieder muß man bei Zigarren- und Zigarilloschachteln feststellen, daß sich ein ‘Gestaltungselement’ hervortut, das nicht vom Grafiker stammt und mit verblüffender Vollkommenheit die grafische Gestaltung der Verpackung in Mißkredit bringt. Es ist die Banderole, die durch manche Betriebe reichlich gedankenlos auf der Verpackung angebracht wird.“

Die Verpackung 6/1964, S. 34.

klebte Beutel, die zusammenklebten, Leim, der zu dick oder zu dünn war oder zu lange zum Abbinden brauchte und ähnliches mehr. Ungenügende Abpackkapazitäten in den Produktionsbetrieben führten immer wieder dazu, daß die Hersteller den Großhandelsbetrieben offene Ware lieferten. Die Großhandelsbetriebe mußten vorübergehend die Abpackung übernehmen oder lieferten den Verkaufsstellen auch offene Ware an. So wurden im Einzelhandel Arbeitskräfte gebunden, die in den Läden die offene Ware auswogen und abpackten. Kaufhallen, die diesen Aufwand genau festhielten, kamen auf bis zu 280 Arbeitsstunden im Monat für diese Tätigkeiten. Zusätzlich wurde zuviel Zeit mit dem Einräumen der Regale verbracht. Der ökonomische Nutzen der Selbstbedienungsläden war dadurch in Frage gestellt.

In seiner Anweisung 53/1962 hatte das Ministerium für Handel und Versorgung festgelegt, daß bis Ende 1962 alle Verkaufsstellen des sozialistischen (!) Einzelhandels zu 100 Prozent mit verkaufsfertig abgepackten Waren des allgemeinen Lebensmittelsortiments beliefert werden sollen. Diese Anweisung war Makulatur. Industrie und Außenhandel waren nicht in der Lage, ihrer Verpflichtung nachzukommen. Gerade im Lebensmittelbereich entstanden darüber hinaus hohe Verluste, zum Teil durch Produktionsfehler, durch Transportschäden, die ihrerseits oft auf das Konto ungeeigneter Transportverpackungen gingen, durch falsche Behandlung oder Kühlanlagenausfall, zu einem sehr großen Teil aber durch mangelhafte Verpackungen wie rostige Kronkorken oder undichte Konservendeckel. Ressourcenknappheit und der Zwang zur Materialökonomie verleiteten um der Planerfüllung willen oft genug zum Einsatz minderwertigen Materials. Der Gesichtspunkt der Materialökonomie wurde gegen Ende der sechziger Jahre immer wichtiger. Substitution hieß das neue Zauberwort. Immer weitere Möglichkeiten des Ersatzes anderer Rohstoffe, hauptsächlich durch Plaste, wurden ausprobiert. Die Verpackungsgestaltung spielte bei dem Versuch, die Produktion auf relativ hohem Niveau zu stabilisieren, nur noch eine Nebenrolle. Der Preis sollte bei der Durchsetzung eines sparsamen Umgangs mit Material stimulierend wirken. Die Gewichtung hatte sich zum Ende des Jahrzehnts also verlagert von der Verbesserung der Verpackungen wieder hin zur Verbilligung. Da Kunststoff aber volle Zustimmung fand, wurde diese Entwicklung in der Branche nicht negativ beurteilt. Dennoch hinkte die Dynamik der Verpackungsentwicklung in der DDR der im Westen hinterher. Während im kapitalistischen Ausland die Verpackungsproduktion schneller wuchs als die Bruttoindustrieproduktion, zeigt „die Analyse des Wachstumstempos der wesentlichsten Verpackungsmittel in der DDR... eine zunehmende Diskrepanz zur Entwicklung und zum Wachstumstempo der Industrie, insbesondere der verpackungsintensiven Bereiche“.[13]

Zwei Hauptanforderungen sollte eine Verpackung genügen: die Qualität des in ihr enthaltenen Gutes in optimaler Weise zu bewahren und es zugleich angemessen und werbewirksam zu präsentieren. Eine optimale Verpackung ist die, die mit dem geringsten Aufwand sowohl der Schutz- als auch der Werbefunktion voll genügt. Diese Hauptanforderungen konnte die Verpackung in der DDR der sechziger Jahre nicht erfüllen. Die Vorstellungen, das Weltniveau zu erreichen und mitzubestimmen, stellten sich als überzogen heraus. Auch eine nachhaltige Verbesserung von Gebrauchswert und äußerer Erscheinung wurden trotz deutlicher Fortschritte vielfach nicht erreicht. Mehrmals mußten die grundlegenden Leitbegriffe verändert werden, von der mit der sozialistischen Rekonstruktion einhergehenden Standardisierung und Verpackungsverbesserung über Rationalisierung, Erhöhung der Arbeitsproduktivität und Effizienzsteigerung hin zur Materialökonomie und Substitution. Auch die Erkenntnis, daß Menschen auf bestimmte Farben und Formen positiv reagieren, sollte im Verpackungsbereich nutzbringend angewandt werden. „Sympathisch gut verpackte Ware"[14] sollte dazu beitragen, über die Verbesserung des Erscheinungsbildes der Produkte in der Öffentlichkeit die Versorgungszufriedenheit der Menschen in der DDR zu steigern. Die gestalterische Qualität wurde aber weder durch die ab 1961 durchgeführten Wettbewerbe „Beste Verpackung des Jahres" noch durch programmatische Artikel der *Verpackung* oder die Arbeit der „Zentralstelle für Verpackungsgestaltung" dauerhaft besser.

Mehr und mehr geriet das Verpackungswesen in den Zwang, Material und Arbeit zu sparen, wo es nur ging. Viele gute Lösungen wurden so nicht realisiert oder durch schlechtere, aber billigere ersetzt. Die Forderung nach einer qualitätvollen Verpackung war gegenüber der kostensparenden in den Hintergrund getreten. Die DDR stand unter dem ökonomischen Druck, die Produktion auf einem Niveau zu stabilisieren, das nicht der tatsächlichen Leistungsfähigkeit der Volkswirtschaft entsprach, sondern häufig über die Grenzen ihrer Belastbarkeit ging. Darin ist die Begründung zu suchen, warum hier oft nicht so gut verpackt werden konnte, wie man es sich auch selbst wünschte. Versorgungszufriedenheit der Bevölkerung war aber nicht nur mit *gut verpackten* Waren zu erreichen, sondern vor allem damit, daß sie in ausreichender Menge zur Verfügung standen. Mochte auch noch so viel für gute Verpackung sprechen – daß es etwas gab, war dann doch wichtiger, als wie es angeboten wurde.

[1] Georg C. Bertsch/Ernst Hedler, SED – Schönes Einheits-Design, Köln 1990, S. 33.
[2] Walter Ulbricht zitiert nach Hermann Weber, Geschichte der DDR, München 1989, S. 295.
[3] Die Verpackung 1/1960, S.3.
[4] Ebd., 2/1963, S.24.
[5] Ebd., 1/1960, S.4.
[6] Ebd., 2/1960, S.7.
[7] Ebd., 5/1961, S.3.
[8] Ebd., 1/1965, S.73ff.
[9] Ebd., 1/1961, S.12.
[10] Ebd., 3/1961, S.4ff.
[11] Ebd., 3/1961, S.6f.
[12] Ebd., 2/1962, S.4ff.
[13] Ebd., 4/1965, S.1.
[14] Ebd., 1/1960, S.4.

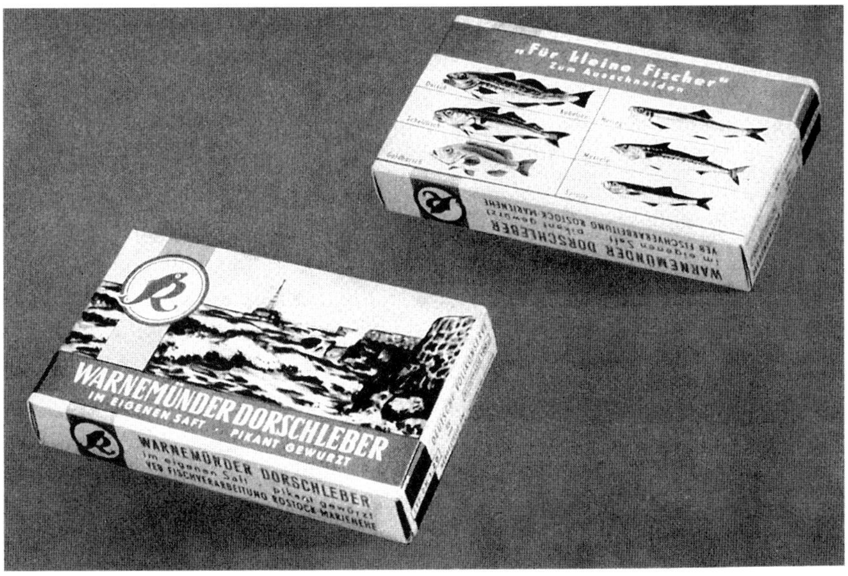

„Fischverpackung: Diese Faltschachteln zum Verpacken von Fischdosen sind weniger von der grafischen Gestaltung her interessant als vielmehr von der Idee her, den Kindern auf der Rückseite die wichtigsten Fischarten im Bild vorzustellen."
Die Verpackung 1/1965, S. 37.

Silke Rothkirch

„Moderne Menschen kaufen modern“

Werbeflugblatt, in: Werner Prendel, Selbstbedienungsläden, Berlin 1958, S. 182.

Auf Plastetaschen begleitete der Slogan „Moderne Menschen kaufen modern“ die Chemiearbeiter Halle-Neustadts, die sich in ihrer 1966 errichteten Großraumverkaufsstelle – einer der ersten Kaufhallen der Republik mit einer Verkaufsraumfläche von über 1000 m^2 – mit Waren des täglichen Bedarfs versorgten. Kaufhalle und Selbstbedienung sind keine Synonyme: Selbstbedienung ist die Methode modernen Einzelhandels, die in der DDR schließlich in den Typenbauten der „Einheitsserie Kaufhallen“ ihren Raum fand – bis dahin waren etwa fünfzehn Jahre seit den ersten Versuchen mit der Selbstbedienung vergangen.

Der erste Selbstbedienungsladen wurde 1912 in Los Angeles eröffnet. Während der Weltwirtschaftskrise begann der Betrieb der ersten Super Markets: Unternehmer verkauften in Garagen und stillgelegten Fabrikhallen stapelweise Waren in Selbstbedienung – sie suchten dem Konkurs zu entkommen, indem sie durch Einsparung von Lohnkosten die Preise der Konkurrenten unterboten. Während des zweiten Weltkrieges und danach weitete sich das Selbstbedienungssystem in den Vereinigten Staaten noch einmal so enorm aus, daß 1958 bereits achtzig Prozent des gesamten Umsatzes an Lebensmitteln in Selbstbedienungsverkaufsstellen erzielt wurden. Im selben Jahr wurden in der DDR endgültig die Lebensmittelkarten abgeschafft, die seit Kriegsende der gerechten Verteilung knapper Grundnahrungssmittel dienten. Insofern hinkt ein Vergleich mit den nordamerikanischen Lagerhäusern: In der DDR konnte es gar nicht um reißenden Absatz möglichst billiger Waren gehen – es gab keine, und es gab auch keine leeren Hallen, die als Verkaufsräume zur Verfügung gestanden hätten. Ein nicht mehr intaktes Netz kleiner Lebensmittel- und Gemischtwarengeschäfte mußte nach und nach wieder instandgesetzt werden. Der Schwerpunkt lag anders: Arbeitskräfte sollten nicht eingespart, sondern „freigesetzt“ werden: für die Tätigkeit in neu entstehenden Produktionsstätten. Und: Nicht Discount, sondern nur ein „kulturvoller und moderner“ Einzelhandel wäre dazu geeignet, den Forderungen des ökonomischen Grundgesetzes des Sozialismus – Sicherung der maximalen Befriedigung der materiellen und kulturellen Bedürfnisse der Bevölkerung – gerecht zu werden.

1951 tauschten Konsumgenossenschafter erste Erfahrungen aus, die sie mit Selbstbedienungs-Einkaufsecken gesammelt hatten. Man war sich einig, daß die Erfüllung der Umsatzpläne nur mit modernen Handelsmethoden – wie etwa der Selbstbedienung – zu leisten wäre. „Die Selbstbedienung ist nicht eine Frage der technischen Einrichtung, sondern eine Erziehungsaufgabe an unseren Menschen. Bis sich die Selbstbedienung eingelaufen hat, muß bei der Kundschaft ständig für die neue Verkaufsmethode geworben werden. Verkaufsstellenleiter und Verkaufspersonal müssen als Agitatoren die Kunden ansprechen.“ Losungen auf Wandtafeln, Schriftbändern, Handzetteln lauteten „Zeit kann man nicht kaufen ...", „Selbstbedienen hilft Zeit sparen." Denn: „Kein Warten mehr auf die Bedienung!" Noch war es für die Kunden nicht selbstverständlich, bereits fertig abgepackte Ware zu kaufen: „Eine Kontrollwaage gestattet die sofortige Nachprüfung des Gewichtes, wird aber im Vertrauen auf das richtige Gewicht selten benutzt. Dieses Vertrauen zu erwerben, ist eine dringende Verpflichtung, das heißt, das Gewicht der abgepackten Ware muß immer stimmen." Die Zeitschriftenserie „Neue Erfahrungen mit der Selbstbedienung" berichtete hochachtungsvoll über einen Prager Laden, wo „für den Eiereinkauf sogar ein Durchleuchtungsapparat zur Verfügung" stand. „Sämtliche abgepackte Waren tragen den Stempel der Selbstbedienungsverkaufsstelle, so daß stets eine genaue Kontrolle über alle Waren besteht, die aus der Verkaufsstelle stammen." [1]

Jedoch „lassen sich in einer Kleinstadt derart umwälzende Neuerungen schwerer als in einer Großstadt einführen. Um so anerkennenwerter ist es deshalb, daß die Kollegen von dem HO-Lebensmittel Kreisbetrieb Neustrelitz den Mut aufgebracht haben, den ersten Selbstbedienungsladen in ihrem Bezirk einzurichten." Trotz guter Vorbereitung in der Presse sei die Bevölkerung noch skeptisch gewesen.[2] „Vertrauen gegen Vertrauen" – „Die immer wiederkehrende erste Frage der Besucher bei Besichtigungen ist: Sind auch schon Diebstähle in den Selbstbedienungsecken vorgekommen? Diese Frage können wir klar, aufrichtig und schnell beantworten: Es wird nichts gestohlen, es ist nichts verschwunden, es ist auch kein unliebsamer Zwischenfall (Flaschenbruch und dgl.) vorgekommen." Ausstattung und räumliche Organisation der Geschäfte änderten sich vorerst kaum: „Die Kosten sind: Einige Lohnstunden für Tischler und Dekorateure zur Herrichtung des Selbstbedienungsverkaufsregals, die Anschaffung einiger Selbstbedienungskörbe und die Herstellung eines Brotregals zur Selbstbedienung von Brot. Das ist alles ..."[3] Auch die Einrichtung des Selbstbedienungsladens in Neustrelitz hatte „keine besonderen Kosten verursacht, weil nur unwesentliche Anschaffungen notwendig waren. Es ist eine alte Ladeneinrichtung verwendet worden, die man nur neu zu lackieren brauchte ... Zwar hat es wunde Finger gegeben, aber die Kollegen sind stolz darauf, daß sie es geschafft haben."

„Leider gibt es noch keine Verkaufsstätte, die den Vorteil der totalen Selbstbedienung aufweisen könnte"[4], klagte 1958 der Architekt Werner Prendel, einer der „Selbstbedienungs-Autoren" der DDR. Für Julius Mader, den bekannten Wirtschafts- und Geschichtsautor, war es ausgemacht, daß in der Zukunft der Verkaufsautomat eine bedeutende Rolle spielen wird. „Bekanntlich wird hierbei die Ware von einer mechanischen Einrichtung abgegeben, die in der Regel durch den Einwurf eines Geldstückes in Tätigkeit tritt." Im „Ausland" soll es sogar schon „ausgesprochene Automatengeschäfte" mit „völlig neuartigen Automaten" geben.[5] Horst Winter warnte vor amerikanischen Warenträgern, aus denen man Ware herausnehmen, jedoch nicht wieder zurücklegen könne. Von die-

Aus der Dia-Serie: Kaufhallen können und müssen mehr leisten, Verband der Konsumgenossenschaften, um 1967.

Werbung für Konsum-Kaufhallen. Das Magazin 3/1967.

Vor der Einführung der Selbstbedienung: Lebensmittelverkaufsstelle in Boitzenburg, 1953.

sen Visionen war man praktisch weit entfernt. Der Verkaufsprozeß wurde beschleunigt, indem zunächst die Arbeitsabläufe des Bedienungspersonals in der Verkaufsstelle fragmentiert wurden.

Die Selbstbedienungsverkaufsstellen des Jahres 1958 waren „Kombinationen der beiden Extreme Direktbedienung und Selbstbedienung". Sie galten als Schritt in Richtung der „höchsten Entwicklungsstufe der Handelstechnik", der Selbstbedienung. Gegenüber der „Vollselbstbedienung" bot die Teilselbstbedienung den Vorteil, daß es zur Anwendung dieser Verkaufsmethode nur geringer Mittel – außer initiativreicher Eigenleistungen – bedurfte. „Zur Zeit steht in der Teilselbstbedienung fast ausschließlich das Sortiment der Haushaltchemie im Vordergrund. Wenn dieses Sortiment auch mit Recht in der Teilselbstbedienung eine besondere Rolle spielt, ist es doch falsch, sich darauf zu beschränken. Es ist zumindest ein Ergänzungssortiment entsprechend des Charakters der Haushaltchemie in Form von Bürsten, Scheuertüchern usw. in der Teilselbstbedienung mit anzubieten." Besonders wichtig sei, das Hauptaugenmerk der Kunden auf den Selbstbedienungsteil zu lenken, andererseits würde die Durchsetzung der neuen Handelsmethode behindert werden. In den Grundregeln zur Teilselbstbedienung heißt es: „Die breite Bewegung unter unseren Mitgliedern und Mitarbeitern zur Umstellung unserer Verkaufsstellen auf moderne Verkaufsmethoden, wie sie die notwendige schnelle Steigerung der Arbeitsproduktivität und die Verbesserung der Versorgung der Bevölkerung erfordert, ist ... aktiv zu unterstützen. Es sind solche falschen Auffassungen zu zerschlagen, daß die Einführung der modernsten Technik und der neuen Verkaufsmethoden nur mit Hilfe beträchtlicher Investitionen möglich ist."[6] Hinter dieser Formulierung steckt eine Politik, die auf das Nichtvorhandensein von Investitionsmitteln reagierte. Die Leipziger Handelskonferenz 1959 präzisierte die Ziele der sozialistischen Rekonstruktion und Rationalisierung für den Handel: Der Bedarf der Bevölkerung sei umfassend zu decken, höchste Arbeitsproduktivität sei bei geringstmöglichen Zirkulationskosten unter günstigsten Arbeitsbedingungen für die Werktätigen des Handels zu erzielen. Für die Erreichung dieser Ziele gäbe es zwei Wege: Der erste Weg nutzt internationale Erfahrungen, entwickelt modernste Handelstechnik und setzt sie ein. Dies geschieht schwerpunktmäßig in Arbeiterwohngebieten, insbesondere der auf- und auszubauenden Städte, sowie in den Industriegebieten Halle und Schwedt. Ferner gehören zur Beschreitung des ersten Weges die Errichtung der Typenbauten, die die Deutsche Bauakademie im Charakter von Kaufhallen in Großblockbauweise konzipiert hat, auf dem Lande sind dies die Konsum-Landwarenhäuser mit großem Selbstbedienungsteil. Der zweite Weg hieß: Alles Vorhandene unter Ausnutzung der bestehenden Einrichtungen und Möglichkeiten, aber auch der neuesten Erkenntnisse der Wissenschaften nutzen. Masseninitiativen müßten voll entfaltet werden, seien es sozialistische Brigaden, Arbeitsgemeinschaften, Aktivisten und Neuerer, sei es der sozialistische Wettbewerb oder die Bewegung der Erfinder – alles mit möglichst wenig finanziellen Mitteln. Dieser zweite Weg sei der Hauptweg und „keine Verlegenheitsmaßnahme". Der 1961 von der Staatlichen Plan-

Alles muß von den Verkaufskräften abgewogen und verpackt werden.

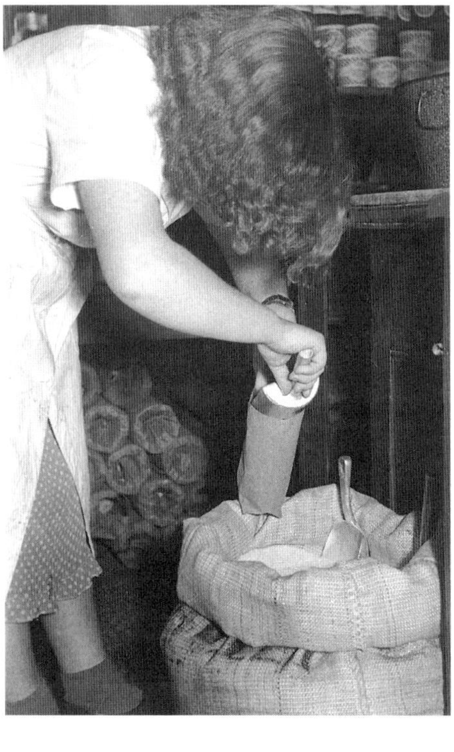

kommission der DDR verabschiedete „Plan Neue Technik" bekräftigte dieses „Sparsamkeitsprinzip" noch einmal.

Rationelle Verkaufsmethoden

In den Debatten der ersten Jahre standen Engagement und hervorragende Leistungen einzelner Werktätiger im Zentrum. Über Jahre berichtete man beispielsweise von der „Stachanow-Verkäuferin" Sina Rybakowa aus dem Moskauer Warenhaus „Kinderwelt". Die Kolportierung ihrer Leistung ging soweit, daß in Leserbriefen der Handelszeitschriften die richtige Schreibung ihres Vornamens verhandelt wurde. Die Verdiente Aktivistin Gretel Heinicke aus Leipzig erfand die „Kochtopfmethode": Dies ist eine selbstgemalte Tafel, die in der Selbstbedienungsverkaufsstelle „Teile des beratenden Verkaufsgesprächs" übernahm. Als „Blickfang weist sie auf ständig wechselnde (von Tag zu Tag, aber auch innerhalb des Tages), nach ernährungswissenschaftlichen Grundsätzen zusammengestellte Gerichte hin. ... Unter dem Motto 'Was koche ich heute?' oder 'Was bringe ich auf den Abendbrottisch?' werden alle für einen Haushalt mit einer bestimmten Kopfzahl benötigten Nahrungsmittelmengen, ihre Einzelpreise und der Gesamtpreis des fertigen Gerichts genannt." Diese Idee zur Verbesserung von Verkaufskultur und zur Umsatzsteigerung wurde 1955 vom Ministerium für Handel und Versorgung zur verbindlichen Arbeitsmethode für den sozialistischen Einzelhandel erklärt.[7] Das Fehlen der Kochtopfmethode in der „am besten eingerichteten Selbstbedienungsverkaufsstelle unserer Republik" wurde dann auch in Auswertung ihrer Eröffnung bemängelt, „wobei in der Diskussion sogar der Vorschlag unterbreitet wurde, nach ausländischen Erfahrungen zum Zwecke der Werbung und Beratung der Käufer eine Lautsprecheranlage und ein Magnettonband zu benutzen."[8]

Die Kochtopfmethode, Julius Mader, Die Selbstbedienung im Einzelhandel, Berlin 1960, S. 69.

Die Vorschläge und Initiativen zum Zeitsparen beim Einkauf zielten auf die Erleichterung des arbeitsreichen Alltags vor allem der Frauen in Beruf und Familie. Vieldiskutiertes Beispiel war der „Minuteneinkauf": Auf dem Weg zur Arbeit bestellte die Kundin im Laden, abends holte sie die zusammengestellte Ware ab. Eine Vertreterin des Demokratischen Frauenbundes aus Halle forderte die Möglichkeit, daß werktätige Hausfrauen frühmorgens Thermosgefäße im SB-Laden abgeben könnten, um sie abends mit tafelfertigen Gerichten abzuholen. Diese „persönlichen" Angebote verschwanden, indem neue Verkaufsmethoden zunehmend als Technologien und als mit anderen Volkswirtschaftszweigen verzahnte Mechanismen verstanden wurden.

In einigen Orten experimentierte man mit Selbsttippkassen: Die Kunden stellten ihre Rechnung unter Anleitung selbst her und gingen mit dem fertigen Bon zur Kasse, wo nur noch kontrolliert und abkassiert wurde. Gera, 1967.

Der Ratio-Verkauf „stellt die rationellste Verkaufsmethode für Lebensmittel mit geschlossenem Warensortiment dar. Die Verkaufskraft hat hier ein Höchstmaß von abgepackter oder ausgewogener Ware in unmittelbarer Nähe, mit eigener Kassierung zur Verfügung. Der Warennachschub erfolgt unmittelbar aus dem dahinterliegenden Lager durch besonders dafür konstruierte Verkaufsregale."[9] Die geschlossenen Warensortimente (ein komplettes Sortiment aller in der Verkaufsstelle erhältlichen Waren) wurden in Läden mit Direktbedienung eingerichtet, um der Verkäuferin Wege und damit den Kunden Wartezeiten zu ersparen. Die Zusammenstellung der Waren (im Regal di-

Vor der Selbstbedienung hatte die Verkäuferin viele Wege zu bewältigen, um eine Kundin zu bedienen. Sie ist erschöpft und wird unfreundlich. Da kommt der Verkaufsstellenleiter auf die Idee der Selbstbedienung.

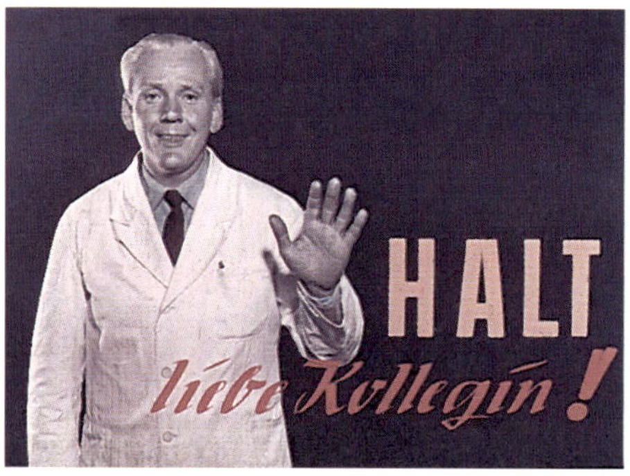

rekt hinter der Verkäuferin) erfolgte so, daß bei der Bedienung der geringste Kraftaufwand benötigt wurde. Geschlossene Warensortimente ermöglichten die Brigadenarbeit (mehrere Abteilungen mit eigener Kassierung) innerhalb einer Verkaufsstelle und forderten zum Wettbewerb dieser Brigaden untereinander heraus. Daher gab es auch die Bezeichnung Brigaden-System.

Beim Tempo-Verkauf „handelt es sich um die Beibehaltung des Bedienungssystems", allerdings ausschließlich mit abgepackter Ware. „Die Artikel sind so arrangiert, daß dem Kunden ein Höchstmaß an Überblick über das Sortiment gewährt wird, damit er eine umfassende Vorwahl treffen kann. An der gewohnten Disposition der Einrichtungsgegenstände ändert sich im wesentlichen nichts. Nach wie vor bleibt der Kunde vom Verkaufspersonal durch einen Ladentisch getrennt. Hohe sichthemmende Aufbauten müssen allerdings entfallen. Die Kassierung und Warenabgabe erfolgt ... zentral; die Verkäuferin oder eine Hilfskraft bringt die gekauften Waren in einem Korb zur Kasse, der Kundin wird die Nummer ausgehändigt, die mit der am Korb übereinstimmt. Durch diese Methode verkürzt sich die Einkaufszeit der Kunden erheblich, und dem Verkaufspersonal wird die Arbeit erleichtert. ... Es ist insbesondere überall dort geeignet, wo die geringen Ausmaße der Verkaufsstelle oder ungünstige Raumverhältnisse eine Umstellung auf Selbstbedienung nicht ratsam erscheinen lassen, und natürlich auch dort, wo ohne größere Umstellungen und Mittel eine Verbesserung des Verkaufsablaufs erreicht werden soll."[10]

Während in den einschlägigen DDR-Publikationen noch über Notwendigkeit und Berechtigung der Selbstbedienungsmethode räsoniert sowie mit in- und ausländischen Statistiken ihres Erfolges operiert wurde, waren die Hemmnisse der Funktionstüchtigkeit bereits offensichtlich geworden. Die Wirtschaft der DDR hatte „zunächst alle zur Verfügung stehenden Mittel bei den Schwerpunkten der Produktion" konzentriert „und zur Versorgung der Bevölkerung eingesetzt".[11] Demgegenüber blieb das Einzelhandelsnetz unterentwickelt. Der manuelle Aufwand in den Handelsbetrieben war nach wie vor sehr hoch. „Der Verkaufsvorgang kann und muß durch das Vorpacken der Waren vereinfacht und beschleunigt werden. Wird dadurch der Verkäufer von einem Teil seiner technischen Arbeiten befreit, so kann er sich intensiver der unmittelbaren Kundenbetreuung widmen, die Aushändigung der Waren beschleunigen und damit die Voraussetzung für die Erhöhung seiner Arbeitsproduktivität schaffen."[12] Zum Idealbild der Selbstbedienung gehörte, das Personal nur damit beschäftigt wäre, unsichere Kunden zu beraten, ihnen den Korb zu tragen oder, wenn diese es wünschen, die Waren sogar komplett zusammenzustellen. „Es ist klar, daß zum Beispiel Waren wie Zukker, Salz, Nährmittel usw. industriell mit größerer Genauigkeit und Schnelligkeit durch hochleistungsfähige Maschinen ausgewogen und verpackt werden, als dies unter größerem Zeitaufwand in primitiverer Form in den Großhandelslagern und Verkaufsstellen möglich ist. Auf der einen Seite wissen wir aber, daß die entsprechenden maschinellen Einrichtungen als notwendige Voraussetzungen in den Industriebetrieben oft noch fehlen, zur Steigerung der Arbeitsproduktivität der Verkaufskräfte aber andererseits auf jeden Fall das Vorpacken der Waren vorangetrieben werden muß. Dabei müssen wir davon ausgehen, daß die Warenzubereitung ... unter unseren Bedingungen mit der Hand verrichtet wird." 1956 beschreibt ein Mitarbeiter das (manuelle) Vorpacken in einem Großhandelsbetrieb. Er zieht folgende Schlußfolgerungen: Ein umfassendes Investitionsprogramm sollte die Kapazität des Industrieverpackens erhöhen, das Vorpacken im Großhandel sollte nicht automatisiert werden, sondern die Funktion des Verteilers behalten, und ggf. sollten in den Verkaufsstellen die tatsächlich benötigten Mengen selbst vorgepackt werden.[13] Auch die Leipziger Handelskonferenz 1959 legte fest, daß bereits in der Produktion verpackt werden sollte. Sie schloß das Verpacken in der Verkaufsstelle, abgesehen von speziellen Bedienungsabteilungen, aus, doch: „Als Übergangslösung wird bei verschiedenen Waren, besonders bei bestimmten Schüttgütern (Mehl, Hülsenfrüchten usw.) das Verpacken im Großhandel vorgenommen.“[14] 1966 wurde die „Verpackungsverordnung“ verabschiedet. Damit war das Verpacken als letzte Stufe innerhalb der Produktion Gesetz.

Standardisierungsbemühungen

Normierung und Standardisierung bildeten den Angelpunkt der Bestrebungen um die Industrieverpackung. Dies wiederum ergab sich aus den beiden Faktoren, die die Entwicklung der Lebensmittelverpackung generell bestimmten: Selbstbedienung und Rationalisierung des Verpackens. Die planmäßige Einführung der Volumenverpackung anstelle der Gewichtspackung ermöglichte einheitliche Verpackungsmittelgrößen für unterschiedliche Güter. Die einheitlichen Größengruppen gestatteten die Automatisierung der Verpackungsvorgänge, die Vereinheitlichung der Transportmittel und dadurch weniger Schäden während der Transport- und Umschlagprozesse. Einheitliche Packungsgrößen ließen typisierte Ladeneinrichtungen zu. Im Zuge dieser Standardisierung reduzierte man Verpackungstypen und -größen – und damit angebotene Artikel – auf die unbedingt notwendige Anzahl. Noch bis 1989 wurden in der DDR Verpackungen produziert, denen man ihre Herkunft aus den frühen sechziger Jahren ansah. In der Verpackungsgestaltung dieser Produkte – vor allem von Grundnahrungsmitteln und elementarer Haushaltchemie – dominierte die Verwendung serieller grafischer Elemente, bevorzugt aus geometrischen Grundformen wie Quadrat, Dreieck und Kreis, ansonsten klare, große Flächen, sparsam verwendete Schrift. Schwarz-Weiß wurde durch ein, höchstens zwei Grundfarben ergänzt. Vermutlich wurden diese Verpackungen im Zuge der Einführung der Selbstbedienung entworfen – eine neue Generation typenreduzierter und standardisierter Verpakkungen für die industrielle Verkaufsverpackung. Zunächst mangelte es jedoch vor allem am Verpackungsmaterial Papier. Jeder Bogen wurde abgezählt und nach Möglichkeit dreimal verwendet, Wettbewerbe um den niedrigsten Papierverbrauch fanden in Verkaufsstätten statt. Ein Ideal modernen Konsumententums – bereits portionierte, in durchsichtiger, glitzernd-knisternder Folie appetitlich verpackte Lebensmittel – war aus internationalen Vergleichen bekannt. Unter dem Titel „Hüllen, die nichts verhüllen“ stellte „Der Handel“ 1955 das Material Zellophan bzw. Transparit vor. Es war der Hausfrau bereits als Einmach-Zellglas bekannt. Ging es zum einen darum, neben dem knappen Papier weitere Verpackungsmaterialien aufzuspüren, wurde die Notwendigkeit, in der DDR dieses Material herzustellen, mit der Wichtigkeit für Exportartikel begründet, „da die meisten ausländischen Käufer eine Vorliebe für diese Verpackungsart haben“.[15] 1957 nahm in Wittenberge die erste Zellglasfabrik der DDR die Arbeit auf. Das halbsynthetische Zellglas hat in der DDR seine Spitzenposition vor Plastfolien noch bis in die 60er Jahre halten können. Doch als selbstbedienungsgeeignetes Verpackungsmittel war Polyäthylen dem Zellglas überlegen: Polyäthylen-Folie ist transparent, elastisch, wasserdicht und gleichzeitig atmungsaktiv. Auch konnte man unregelmäßig Geformtes darin einfrieren oder einschrumpfen. Im Zuge des 1958 beschlossenen „Chemie-Programms“ – es ging um den Aufbau einer modernen Grundstoffindustrie – wurde die Herstellung von Kunststoff-Folien forciert.

Selbstbedienung, das heißt: Freie und ungezwungene Auswahl ...
... bessere Möglichkeit der Beratung ...
... eine anregende Warenübersicht ...
... und umfangreiche Zeitersparnis.

Aus der Dia-Serie des Verbandes der Konsumgenossenschaften: „Rationeller verkaufen – besser versorgen“, um 1960.

In Folie verpacktes Brot hatte Seltenheitswert, 1972.

Um das Vertrauen der Kunden in die Selbstbedienung zu stärken, wurden überall Waagen aufgestellt, wo das Gewicht nachgeprüft werden konnte. Hier konnte man auch Kaffee mahlen und die Eier durchleuchten. 1966.

Innenansicht einer Selbstbedienungseinrichtung. Der Einkaufswagen stammt von 1962.

Visionen der Modernisierung

„Diese Verkaufsstelle hat ein etwas ungewöhnliches Aussehen!" – Die so beschriebene erste Prager Selbstbedienungsverkaufsstelle befand sich im Neubaugebiet Žižkov. Der gesamte Innenraum war frei, an allen Wänden Regale, in der Mitte des Raumes ein Kühlschrank, am Eingang standen Körbe oder Einkaufswagen bereit. Der Käuferstrom konnte sich nur in einer Richtung an den abgepackten Waren vorbeibewegen, Ein- und Ausgang waren voneinander getrennt.

Die Attraktion der modernen Verkaufsstelle äußerte sich ästhetisch. Zunächst schien es so, als sei die Einführung der Selbstbedienung mit der von Zeit zu Zeit fälligen Renovierung des Ladeninneren vergleichbar – frische Farbe und ein paar kleine Umbauten, einige Ständer oder Regale abgezweigt, und fertig ist die SB-Ecke. Gestalterisch mußte jedoch ein entscheidender Funktionswandel behandelt werden. Selbstbedienung bedeutete die Organisierung eines Kundenstroms durch den Laden hindurch. Hierum mußten die übrigen Arbeitsvorgänge angeordnet werden, damit es nicht zu Stokkungen des Flusses kommt. Wesentlich war, daß der Käuferstrom möglichst zügig Ware wählt und entnimmt. Die hierfür notwendigen funktionellen Voraussetzungen stellten gleichzeitig die ästhetischen Ideale der „Greif-Selbstbedienung"[16] dar. Große offene Verkaufsräume – indirekt und gleichmäßig beleuchtet mit riesigen Fensterscheiben – sollten schon von draußen den frei umherschweifenden Blick gestatten, der sich innen fest an einzelne – direkt beleuchtete – Waren heften würde, die durch ihr Verhältnis von Aussehen und Preis attraktiv wären. „Die Fassade der neueröffneten Selbstbedienungsverkaufsstelle ist nach modernsten Gesichtspunkten gestaltet. Eine deutliche Neonleuchtschrift auf dunklem Grund weist bereits auf die neue Einkaufsform hin. Großflächige Schaufensterscheiben ... ziehen das Interesse der Passanten auf sich und lassen das gesamte Ladeninnere als Ausstellungsraum wirken. Der Kunde überblickt bereits durch die Schaufenster den gesamten 22 m langen Verkaufsraum. Dadurch, daß das Ladeninnere betont hell gehalten ist (weiße Wände, Verkaufsmöbel elfenbeinfarben), sticht nicht nur der grüne Fußbodenbelag angenehm davon ab, sondern es werden auch die schätzungsweise nahezu 700 angebotenen Artikel in ihrer bunten Verpackung in den Blickpunkt des Käufers gerückt. ... Jeder der Artikel ist mit einem Preisaufdruck versehen, während gleichzeitig zusätzlich aufgestellte Preisschilder die nötige Orientierung geben. An Hand deutlicher Glasschilder erhält der Kunde einen mühelosen Überblick über die Anordnung des Sortimentes. Zweifellos wäre es effektvoller gewesen, diese Schilder ebenfalls noch von hinten zu beleuchten." Der Übersichtlichkeit und Transparenz sollten keine massivhölzernen Hindernisse im Weg stehen: „Das Hallenser Beispiel bewies auch, daß der Handel stärker auf die Produktion einwirken muß. Solche aktuellen Forderungen gehen dahin, auf die Artikel der Nahrungs- und Genußmittelbranche obligatorisch den EVP aufzudrucken und den Handelsorganen schnellstens die benötigten Verkaufsmöbel aus Leichtmetall, Glas und Kunststoff anzubieten."[17]

„ ... Wir haben uns vorgenommen, im 2. Fünfjahrplan den Handel Westdeutschlands zu übertreffen. Lernen wir – dort wo dies für uns alle von Nutzen ist – von ihm, damit wir es besser machen",[18] hieß es in Auswertung der „Internationalen Fachausstellung Wirtschaft und Werbung" des westdeutschen Einzelhandels. Die erste Lehrschau des Verbandes Deutscher Konsumgenossenschaften 1957 trug den Titel „Technik im Handel" und zeigte, was zu diesem Zeitpunkt an Ladenbau und -gestaltung machbar war. Eine gesamte Teilselbstbedienungsverkaufsstelle war aufgebaut worden: Genormte Ladenmöbel, die nach dem Baukastenprinzip konstruiert waren (die Herstellerfir-

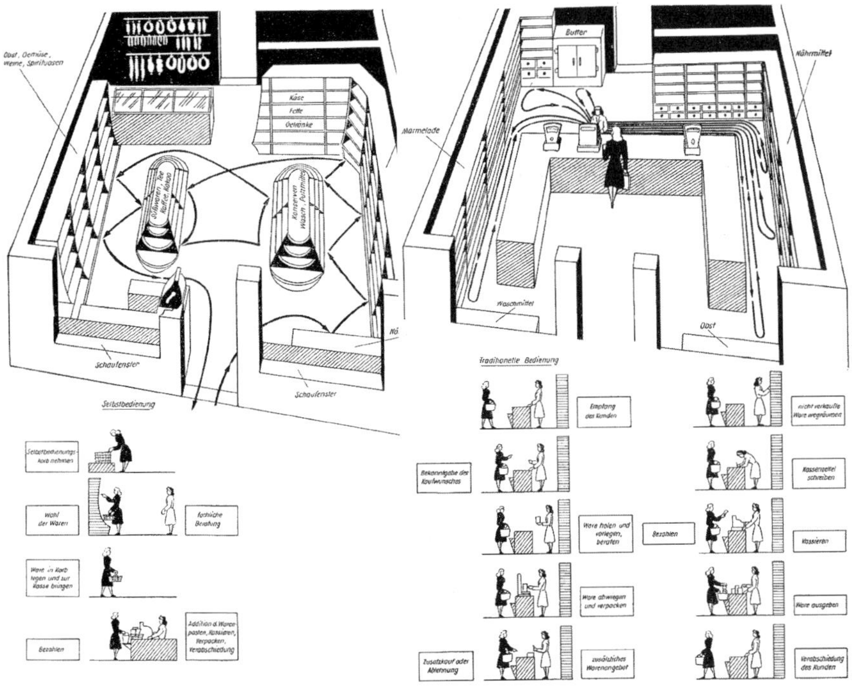

Vergleich von traditioneller Bedienung und Selbstbedienung.

Julius Mader, Die Selbstbedienung im Einzelhandel, Berlin 1960, S. 16/17.

men sollten prüfen, wie der Holzeinsatz verringert werden könne); Schlagerpilze und Warengondeln, insofern zweckmäßig, als daß sie zum Nachfüllen auswechselbare Einsätze besaßen; ein Kassentisch mit einem kleinen Förderband (leider wurde noch immer die bereits angekündigte Aufrechnungskasse des VEB Secura vermißt!); Drahtkörbe mit abwaschbaren Kunststoffeinsätzen, auswechselbare Preisschilder, Glasvitrinen und Regale aus Stahlrohrresten. Mit dieser Schau bekräftigten die Konsum-Neuerer ihre Forderung nach zügiger Modernisierung der Handelsausrüstungen. Nur sei leider die Kapazität der Herstellerbetriebe bereits bis Ende 1958 ausgelastet.[19]

Von heute aus gesehen stimmten offensichtlich von Anfang an weder Voraussetzungen noch Möglichkeiten, die Selbstbedienung in der DDR einzuführen, und es gab keine „Marktgesetze“, deren Regeln konkrete Handlungsweisen regulierten. Die Selbstbedienung bzw. die Vision von ihr wirkte quasi rückwärts auf ihre Bedingungen ein. Scheint hier ein Modernisierungsprozeß auf, der sehr viel stärker von Vorstellungen und Visionen als von „realer“ Ökonomie geprägt ist? Alltägliche Lebensbedingungen jedoch veränderten sich real.

1 Willy Bäßler, Selbstbedienung in der „goldenen Stadt“, in: Der Handel 6/1956, S. 8ff.
2 In Neustrelitz setzt sich das Selbstbedienungssystem durch, in: Der Handel 14/1955, S. 24f.
3 Horst Petruschat, Neue Arbeitsmethoden in den Verkaufsstellen des Handels, Berlin 1952.
4 Werner Prendel, Die Eignung der Industriewarensortimente für rationelle Verkaufsformen, in: Der Handel 1/1958, S. 49.
5 Werner Prendel/Bruno Willms, Selbstbedienungsläden, Berlin 1958, S. 11.
6 Grundregeln für die Teilselbstbedienung, Schriftenreihe der Konsumgenossenschaften, Berlin 1959.
7 Julius Mader, Die Selbstbedienung im Lebensmitteleinzelhandel, Berlin 1960, S.69.
8 Julius Mader, Neue Konsumverkaufsstelle für eilige Kunden, in: Der Handel 6/1956, S. 13.
9 Werner Prendel, Die Verkaufsstelle, Berlin 1955, S. 251f.
10 Prendel/Willms, a.a.O., S. 12.
11 Ebd., S. 32f.
12 Julius Mader, Neue Arbeitsorganisation in den Verkaufsstellen, Berlin 1953, S.71ff.
13 Erwin Diekers, Wer soll vorpacken: Einzelhandel, Großhandel oder Industrie?, in: Der Handel 4/1956, S. 15f.
14 Julius Mader, Selbstbedienung a.a.O.
15 Hüllen, die nichts verhüllen, in: Der Handel 10/1955, S. 29.
16 Konrad Gatz/Fritz Hierl, Neue Läden, München 1956; Lizenzausgabe Berlin 1957.
17 Julius Mader, Neue Konsumverkaufsstätte für eilige Kunden, a.a.O.
18 Werner Prendel, Die moderne Verkaufsstätte, in: Der Handel 9/1956, S. 11.
19 Julius Mader, Wo stehen wir in der Handelstechnik?, in: Der Handel 1/1958, S. 41.

Sabine Hödt

Konsummarken kleben

Kinowerbung für die Mitgliedschaft im Konsum, etwa 1963.

Diesen Montag war es wieder soweit! Das Unumgängliche bahnte seinen Weg durch die Haushalte der Mitglieder des Verbandes Deutscher Konsum-Genossenschaften. Der Abgabetermin für das Umsatzwertmarkenheft des zurückliegenden Jahres stand vor der Tür. Ein Ereignis, das erfahrungsgemäß zweierlei Gefühlsausbrüche verhieß: zum einen eifrige Vorfreude auf den zu erwartenden Geldbetrag, zum anderen aber auch tiefes Entsetzen über die noch zu leistende Vorarbeit. So ein kleines Heftchen, nicht größer als ein Notizbüchlein, noch dazu in blasser senfgelber Aufmachung begehrte Aufmerksamkeit, schmuggelte sich irgendwie auf die Küchentische seiner Besitzer. Dem Verband der Konsumgenossenschaften (VdK), dessen Einkaufsläden auch Konsum (aber bitte mit Betonung auf der ersten Silbe!) genannt wurden, gehörte fast jeder an, in dessen Wohngegend sich eine solche Einrichtung befand. Es gehörte nämlich zu den Regeln des Konsumeinkaufes, an der Kasse im Wert des getanen Einkaufs Marken zu bekommen. Dafür wurde dann jedes Mitglied am Jahresende mit 1 bis 3 % am Umsatz beteiligt und bekam einen gewissen Betrag zurückerstattet.

Soweit ich mich erinnere, durfte ich seit meinem zehnten Geburtstag ganz bewußt an dem Procedere teilhaben. Es fing meist so an, daß meine Oma am Sonntag zum Kaffeetrinken hereintänzelte, es gab Kekse und „Wünsch' Dir was“ im Fernsehen – nichts Außergewöhnliches also. Und doch fanden sich kleine Indizien für eine Wendung des so gewöhnlich beginnenden Wochenendausklanges. Meist stellte unsere Oma ihre Handtasche auf den Hocker im Flur, warf einen abschätzenden Blick in den Spiegel und schritt zielsicher an den vorbereiteten Wohnzimmertisch mit Zwiebelmuster und gesteppter Kaffeehaube. An bestimmten Tagen aber, am Ende jener Markensammelperiode schlich sie zuerst ins Kinderzimmer und hinterlegte etwas Senfgelbes nebst dunkelblauer Keksdose mit dänischer Aufschrift, bevor sie sich zu unserer Runde an die Couch gesellte. Ich zählte ab da immer still für mich die Minuten, binnen welchen sie sich räuspern und flöten würde: „Sag' mal Rosi, hast du eigentlich mal wieder was von Frau Trojan gehört?“ Frau Trojan arbeitete im Verwaltungstrakt des VdK und betreute die alljährliche

Abrechnung der Marken. Da meine Mutter Vollzeit arbeitete, beschränkten sich ihre Ausweichmöglichkeiten in dieser Frage dramatisch. „Nein", tönte es meist arglos aus der Küche, in der meine Mutter die letzten Vorbereitungen traf. Es dauerte dann aber nicht lange, und ein spitzer Aufschrei kam hinterdrein mit den Worten: „Oh nein, ist es wieder soweit?!"

Ich setzte mich dann lieber gleich in Bewegung in Richtung Schreibschrank, in welchem sich die Markenpracht in einer Pappschachtel wahllos übereinander häufte und darauf wartete, in das eigens dafür vorgesehene Heft sortiert und eingeklebt zu werden. Bis zum „Telelotto" kurz nach sieben war „das Kind dann beschäftigt". „Umsatzwertmarken" hießen die kleinen Dinge in zart moosgrün bis rosé mit unterschiedlichem Wert von „1M", „5M", „10M" usw. Diese waren mittels Zungenbefeuchtung auf den Seiten des Heftchens unterzubringen. Vor dem März 1969 gab es auch noch Pfennigmarken zu verkleben, jedoch mit einem Beschluß Nr. 31/68 des Konsumverbandes und dem Ziel: „ – der Rationalisierung des Verkaufsprozesses, – der Vereinfachung des Umsatznachweises durch die Mitglieder, – der Einsparung von Material und Kosten" wurde alles überschaubarer und „Als Auf- und Abrundungsschnitt ... 0,50 Pf festgelegt." Aber das war vor meiner Zeit. Besagten Sonntagabend verlegte sich dann jedes Familienmitglied auf hektisches Durchsuchen aller Taschen, Beutel und Kleidungsstücke, um auch die letzten Beweise jener Verbandszugehörigkeit aufzustöbern. Ich saß dann schon gebeugt über dem zurechtgelegten Markenstoß und sortierte, leckte und ekelte mich ein wenig. Warum konnten diese Rückseiten nicht nach Frucht oder Lakritz schmecken? Warum dieser miefige Beigeschmack von Seife? Einmal hatten wir versucht, meinen ständigen Brechreiz mit einer Schale Wasser zu beheben, in welche ich die Marken tauchte. Das zeigte sich zunächst als Innovation, bis über Nacht alle Marken verschrumpelt und mittlerweile ohne Klebefläche wieder aus dem Heft purzelten. Das war erst ein Theater, als wir uns mühten, die widerwilligen Marken mit den Borsten des flüssigen Büroklebers zurückzuordnen ... Waren alle Konsummarken unseres Haushaltes verklebt, so erwartete Omas besagte Keksschachtel in meinem Zimmer, in welches ich mich meist durstig mit einem großen Glas Brause zurückzuziehen versuchte, ebenso eine Bearbeitung, und so fügte ich mich denn den unzähligen Klebeflächen ein zweites Mal.

So sitzend und mit den Marken kämpfend, erinnerte ich mich stets an einige Besuche im Landkonsum meiner zweiten Oma, die wiederum eine Oma war, wie sie im Buche steht, mit Kartoffelpufferwettessen und Gummibärchen nach dem Zähneputzen. Ich besuchte sie meist für einige Wochen in den Ferien und übernahm die für sie beschwerlichen Einkäufe im örtlichen Konsum. Doch diese *Timurarbeit* endete grundsätzlich in Schweißausbrüchen, wenn es hinter dem letzten Warenregal unweigerlich auf jene Einflugschneise zuging, an deren Ende die Kassiererin thronte. Jedesmal raunte eine mir wohlbekannte innere Stimme (wo der goldene Ring immer so leicht über dem Kopf schwebt) mir noch auf den letzten Metern zu: „Hast du auch den Mitgliedsausweis von Oma bei?" Natürlich hatte ich wieder nur an die leeren Milchflaschen gedacht und an die Schokoladentafel Marke „bambina", die ich mir von dem Pfandgeld kaufen wollte. In meiner Heimatstadt war alles unpersönlicher und dadurch oft leichter. Die Kassiererinnen im Dorfe meiner Oma stellten durchaus Respektspersonen dar, ausgestattet mit der Befugnis, jene Konsummarken nur an diejenigen Kunden herauszugeben, welche ihre Mitgliedschaft nachweisen konnten. Und sie wußten, wer ins Dorf gehörte und wer nicht. So saßen sie an Schlüsselpositionen in der Beziehung des Käufers zu seiner Ware. Nein, sie ließen sich nicht als kleine, angelernte Geldzählerinnen behandeln, die mit der Auflage am Revers: „Der Kunde ist König" herumlaufen. Schließlich waren sie es,

Bei der Erfassung von Sekundärrohstoffen spielte der Konsum eine Vorreiterrolle. Kinowerbung um 1959.

Kinowerbung für die Mitgliedschaft im Konsum, um 1958.

die diese Einkaufsmöglichkeit letztendlich zum Leben erweckten, und daran sollte auch jeder teilhaben, der sowieso nur durch ihre Pforten den Weg ins Freie erlangte!

Mit dem SMAD-Befehl Nr. 176 wurden am 18.12.1945 die Konsumgenossenschaften in der sowjetischen Besatzungszone neu zugelassen. Erste Wiedergründungen von ehemaligen örtlichen Konsumgenossenschaften hatte es bereits seit dem Sommer 1945 gegeben. Die Konsumgenossenschaften galten aufgrund ihrer Liquidierung während der Zeit des Nationalsozialismus in Deutschland als demokratisch legitimiert, so daß ihre Wiedereinrichtung nach Kriegsende ohne größere Schwierigkeiten vor sich ging. Bereits im Mai 1946 – also nur wenige Monate nach ihrer Neugründung – überschritt ihre Mitgliederzahl die Millionengrenze. Innerhalb kürzester Zeit entwickelte sich aus ihr nach dem FDGB und dem Verband der Siedler und Kleintierzüchter die zahlenmäßig stärkste Massenorganisation der DDR mit ca. 4 Millionen Mitgliedern zu Beginn der sechziger Jahre. 1948 existierten 290 Konsumgenossenschaften auf dem Gebiet der DDR, die sich in verschiedenen Städten gebildet hatten. 1963 hatte sich deren Zahl auf 740 erhöht. Sie umfaßten entweder eine Stadt oder ein Stadtgebiet in Großstädten und waren der zentralen Leitung durch den Verband der Konsumgenossenschaften unterstellt. Konsummitglied konnte in der DDR jeder werden, der einen einmaligen Genossenschaftsbeitrag von 50,- Mark einzahlte. Damit erwarb er die Möglichkeit, die Konsumeinrichtungen mit allen damit verbundenen Vorteilen – wie der Umsatzbeteiligung – nutzen zu können. Konsummitglieder erhielten in der DDR am Ende des Jahres auf die von ihnen in Konsumeinrichtungen gekauften Waren eine Rückvergütung zwischen 1,5 und drei Prozent.

Ohne Mitgliedsbuch gab es oftmals keine Marken. Hier wird die Wechselkorbmethode vorgeführt, 1966.

„He da", schnauzte es schon in meine Richtung, „wat gibt es denn da in die Luft zu starren, haste dir nich' aufgeschrieben, was du mitbringen sollst, oder kannste noch nich' lesen?" Was soll man auf solch eine freundliche Einladung zur Kasse schon antworten, ich stellte den Einkaufskorb vorschriftsmäßig hinter den schon bereitstehenden leeren Korb neben die PVC-Box mit der Frau darin. Kräftige Unterarme schoben hier die Artikel von einem Einkaufskorb in den nächsten und garantierten einen reibungslosen Ablauf. „Det macht zwölf Mark vierzig", dröhnte es zu mir herunter. Verstohlen hielt ich ihr den Pfandzettel für die Milchflaschen hin. „Mannometer", stöhnte es aus der Kassiererin heraus, „kannste det nich' früher anzeigen?" Mißmutig subtrahierte sie den Pfandbetrag vom eigentlichen. Gerade keine gute Ausgangsposition für mein Anliegen, meiner Oma die ihr zustehenden Marken zu sichern. „So, noch wat?", schepperte es über dem angenagelten Plastikschälchen für das Wechselgeld. „Ja, Marken bitte", plauzte ich mit fester Stimme in die gerade so harmonisch-wohlmeinende Stimmung hinein. „Mitgliedsbuch!" schlußfolgerte pfeilschnell die Kassiererin und war sich ihrer Sache sicher. Klar, dafür brauchte sie keinen ganzen Satz, hier brauchte sie nicht mal alle drei Silben des furchtbaren Wortes.

Auszahlung der Rückerstattung 1963.

„Also, meine Oma ... und ich ... und Ferien ...", stammelte ich und lernte wieder was dazu. Erst sammeln, dann sprechen. „Wie bitte? Hier is' wat los, wo kommst du denn her, bei wem bist du und für wen holst du hier ein? Mal lauter bitte!" Hinter dem Zahlthron bildete sich mittlerweise eine aufmerksame Warteschlange von einigen Metern. „Oh wie peinlich – nein ich – ach oh weh", schoß es mir durch Kopf und Glieder. Augenblicklich verwandelte sich mein Gesicht in eine rotfleckige Landschaft. „Nie wieder einkaufen, nie wieder dieser Frau unter die Augen treten", schwor ich , bevor ich gehetzt das Wechselgeld ergriff.

Hinter mir gab es eine entfernt bekannte Stimme mit den Worten: „Na, das ist doch die Kleene von ...". Aber das war mir dann auch schon egal, ich hatte genug gekämpft. Bei meiner Oma legte ich mir wie so oft eine Notlüge zurecht. Auf ihre Routinefrage: „Hast du auch Marken dabei?", sagte ich bis zu meinem 15. Lebensjahr: „Es gab keine", dann wußte sie schon Bescheid, im Dorf blieb sowieso nichts verborgen, und Omas können mit den Augen zwinkern und einen in Ruhe lassen ...

Die Aufgabe des Verbandes der Konsumgenossenschaften – in der DDR kurz Konsum genannt – war es, über genossenschaftliche Versorgungseinrichtungen wie Gaststätten, Verkaufsstellen, Dienstleistungseinrichtungen die Versorgung der Bevölkerung mit Waren und Dienstleistungen zu realisieren. Der genossenschaftliche Handel und sein Handels- und Versorgungsnetz existierten neben dem volkseigenen staatlichen Handel mit seinen HO-Läden, dem Kommissionshandel und dem privaten Einzelhandel. Die Konsumgenossenschaften in der DDR betrieben nicht nur Verkaufsstellen, sondern auch Gaststätten und eigene Produktionsbetriebe, in denen Anfang der sechziger Jahre 20 Prozent der in der DDR verkauften Waren hergestellt wurden. Dem Konsum fiel in der DDR vorrangig die Versorgung der Landbevölkerung zu. Konsum stand als Synonym für den kleinen Gemischtwarenladen, der nicht ganz modern und chic war. Er brachte dieses Image bereits aus Vorkriegszeiten mit, als die Konsumgenossenschaften als quasi basisdemokratische Organisationen versuchten, einkommensschwachen Bevölkerungsgruppen – also vor allem der Landbevölkerung und Arbeitern – über günstige Preise und eine Art Umsatzbeteiligung Erleichterungen zu verschaffen.
Wegen seiner hohen Mitgliederzahlen waren der Konsum und sein Presseorgan „Der Konsumgenossenschafter" (sowie später die Versandhauskataloge) bereits zu einem frühen Zeitpunkt als ein besonders geeignetes Medium für propagandistische Zwecke ausgemacht worden. Bereits 1951 wurden „Die Aufgaben der Partei in der Konsumgenossenschaft" festgelegt und ihre Rolle beim Aufbau des Sozialismus definiert. Danach bestand die Hauptaufgabe des Konsums in den Augen der SED nicht in der Versorgung der Bevölkerung, sondern im Kampf um Frieden, Solidarität und Völkerfreundschaft und die Einheit Deutschlands.
Annette Kaminsky, Der Konsum kommt.

Annette Kaminsky

„Keine Zeit verlaufen – beim Versandhaus kaufen“

Anläßlich des 1. Mai 1956 wurde das erste Versandhaus der DDR – das Versandhaus Leipzig – eröffnet. Damit wurde in der DDR eine Einzelhandelstradition wieder aufgenommen, die – aus England kommend – bereits in den zwanziger Jahren in Deutschland Fuß gefaßt hatte. Der Versandhandel war als Ergänzungsangebot zu bereits bestehenden Geschäften, vor allem zur Versorgung der Landbevölkerung in Orten mit weniger als 2.000 Einwohnern gedacht. Zur selben Zeit wurde mit der Einführung moderner Einkaufsformen wie Selbstbedienung, Bestelldienst, Ins-Haus-Lieferung, Spät- und Frühverkaufsstellen begonnen. Die Versandhäuser fungierten als ein System zur „überbezirklichen Umverteilung“ von Industriewaren und sollten den kürzesten und zweckmäßigsten Warenweg zwischen den Herstellern und den Käufern sichern. Die volkseigenen Warenhäuser mit dem ihnen angeschlossenen Versandhandel galten als „Zentren des Konsumgüterbinnenhandels“, in denen Standarderzeugnisse und preisgünstige Waren „bedarfsgerecht und kontinuierlich (...) auf Weltniveau“ verbunden mit einem beweglichen Preissystem angeboten wurden. Die Versandhäuser in der DDR stellten zum einen den Versuch dar, der Bevölkerung ein dem westlichen Versandhandel entsprechendes attraktives und modernes Kaufangebot zu unterbreiten. Sie waren zum anderen der Notwendigkeit geschuldet, die Warenwege besser in den Griff zu bekommen und die mangelhafte Versorgung vor allem der Landbevölkerung zu verbessern und die in kleineren Orten fehlenden Einkaufsmöglichkeiten zu kompensieren.

Die „kontinuierliche Versorgung“ der gesamten Bevölkerung mit Waren des täglichen Bedarfs und mit den „1000 kleinen Dingen“ stellten ein ständiges Problem des DDR-Handels dar. Auf den Sitzungen des Politbüros des ZK der SED waren diese Mängel in der Bevölkerungsversorgung Dauerthema. Es wurden die unterschiedlichsten Versuche unternommen, um die Versorgung zu stabilisieren: durch außerplanmäßige Auslagerungen aus der Staatsreserve, Streichung von Exporten in die Sowjetunion oder regionale Umverteilungen. Aber die Lösung der Versorgungsprobleme und die Einrichtung von neuen Verkaufsstellen kam nur schleppend voran.

1967 mußte einer Studie des Instituts für Marktforschung zufolge pro Tag eine Stunde für den Einkauf von Lebensmitteln aufgewendet werden, das entsprach 14 Prozent der für Hausarbeit aufgewendeten Zeit. Gerhard Manz beschrieb dies treffend: „Die berufstätige Frau, abgespannt nach der Arbeit, mußte nicht selten noch viele kostbare Zeit opfern, um die notwendigen Dinge einzukaufen. Dann – nach dem langwierigen und ermüdenden Einkauf – begann das Essenkochen.“[1] Für Landbewohner war die Einkaufssituation noch schlechter, da sie für den Einkauf bei Waren des täglichen Bedarfs allein mehr als 30 Minuten Wegezeit einplanen mußten, um zum nächstgelegenen Laden zu kommen. „Um das Gesamtbild über die Lebensbedingungen unserer Landfrauen zu vervollständigen, sei noch folgendes hinzugefügt. In jeder Gemeinde der untersuchten Betriebe gab es Klagen über die unzureichende Versorgung der Bevölkerung mit Lebensmitteln und Textilien durch Konsum- und HO-Geschäfte.“[2] Mit der Einrichtung eines Versandhandels für die Landbevölkerung hoffte man diese Probleme beim Einkauf und der Versorgung zu beheben. Der Versandhandel würde ein „Handelsbündnis zwischen Stadt und Land“ stiften und könnte das „politische Bündnis aller Werktätigen“ überhaupt wirkungsvoll unterstützen, schrieb die „Wochenpost“ 1956 anläßlich der Gründung des Versandhauses in Leipzig. Erklärte Absicht war es, den Dorfbewohnern ein ebenso reichhaltiges Warenangebot wie in den Städten bereitzustellen. Doch auch andere, „versorgungspolitisch“ besonders zu beachtende Gruppen wie die Beschäftigten in sogenannten „Schwerpunktbereichen“ und „Aufbauzentren“ sollten davon profitieren. Hierzu gehörten die Wismut-AG, Leuna, Buna, Carl-Zeiss-Jena sowie Schwedt und Halle-Ost.

Vor der offiziellen Eröffnung des Versandhauses in Leipzig waren in Erfurt und Suhl von den dortigen CENTRUM-Warenhäusern Testbestellungen durchgeführt worden, um herauszufinden, ob das neue Angebot von der Bevölkerung akzeptiert werden würde. Da dies offensichtlich der Fall war, mußte nun noch ein geeignetes Objekt in geographisch günstiger Lage gefunden werden. Die Wahl fiel auf Leipzig, und

Umschlagseiten von konsument- und CENTRUM- Versandhauskatalogen von 1959/60, 1963/64, 1965, 1968/69, 1970 und 1973.

Die ersten Versandhauskataloge bei konsument.

das neue Versandhaus wurde dem dortigen CENTRUM-Warenhaus angegliedert. Zunächst wurde dem neuen Versandhaus nur ein provisorisches Lager- und Packgebäude in Leipzig-Markleeberg, die sogenannten „Katakomben", zugewiesen. Diese hatten allerdings einige Nachteile: Sie lagen weitab vom Verladebahnhof in Leipzig-Mitte, es gab kaum technische Ausrüstungen und die Räumlichkeiten waren für eine effiziente Mechanisierung und Automatisierung durch Packanlagen ungeeignet. Dies war ein Grund dafür, daß das Versandhaus Leipzig bald an seine Kapazitätsgrenzen geriet.

Für den neu eingerichteten Versandhandel wurde mit einer großangelegten Aktion DDR-weit geworben. In allen Zeitungen erschienen Artikel und Anzeigen, Aufsteller warben mit dem Slogan: „100 Schritte, die sich lohnen – Versandhaus Leipzig". Auf den großen Messen wie der „agra" oder der „Ostseewoche" wurde eine „Halle des Versandhandels" eingerichtet mit einer Musterausstellung der Versandangebote und mit spezieller Kundenberatung. Die Bauernillustrierte vom 1. Mai 1956 widmete eine ganze Seite, die „Seite der Bäuerin", der Werbung für den Versandhandel. „Bäuerliche Tugenden" wie Sparsamkeit und Qualitätsbewußtsein wurden dabei besonders betont, um gerade diesen Adressatenkreis anzusprechen. Geworben wurde auch mit der Beschreibung frustrierender Einkaufserlebnisse, wobei in der Ich-Form Geschichten von Einkaufs-Odysseen in verschiedenen Städten und Läden dargeboten wurden. Slogans wie „Im behaglichen Heim ohne Risiko einkaufen" (1957), „Keine Zeit verlaufen – beim Versandhaus kaufen" (1959) oder „Tag und Nacht für Sie bereit" (1962) gehörten zum Standard. Daß diese Werbeslogans und Aussprüche die Kunden offensichtlich ansprachen, belegen die Kundenzahlen. Anfang August 1956 hatte das Versandhaus Leipzig in seiner Kartei 10.000 registrierte Kunden. Die meisten kamen aus den Bezirken Rostock, Schwerin, Neubrandenburg und Cottbus. Zwei Jahre später, 1958, hatte das Versandhaus schon 225.500 registrierte Kunden und erledigte 106.000 Bestellungen. Bis 1960 hatten sich 800.000 Kunden, darunter immer mehr „Städter", diesem Versorgungssystem angeschlossen.

Die Versandhäuser forderten in jedem Katalog ihre Kunden auf, diesen „als vertrauensvollen Ratgeber an Ihre ganze Familie und den gesamten Bekanntenkreis" weiterzugeben. Trotz von Beginn an auftretender Lieferschwierigkeiten und der rasch erreichten Kapazitätsgrenze wurde diese Werbung nicht eingestellt. Der CENTRUM-Katalog vom Frühjahr/Sommer 1959 warb wiederum: „Ich bin Ihr Katalog. Trotzdem sollten Sie mich immer mal in andere Hände geben. Das schafft mir und Ihnen neue Freunde." In den zusätzlich verteilten Prospekten hieß es: „Geben Sie dieses Angebot weiter" und „Für Ihr bisheriges Vertrauen danken wir Ihnen aufrichtig und wären Ihnen sehr verbunden, wenn Sie diesen Katalog auch Ihren Verwandten und Bekannten vorlegen würden."

Auf dem Versandhandel lastete von Beginn an ein in der realsozialistischen Handelspraxis nicht einzulösender Anspruch. Die gleich zu Beginn bei einigen Artikeln aufgetretenen Lieferschwierigkeiten erklärte das Versandhaus seinen Kunden per Katalog bzw. Zeitungsannoncen anfangs noch mit normalen Startschwierigkeiten und vertröstete sie auf Nachlieferungen. Aus speziellen Begleitbriefen an die „Schwerpunktversorgungseinrichtungen" wird allerdings ersichtlich, daß es sich dabei weniger um Startschwierigkeiten, als vielmehr um ein strukturelles Problem handelte: „Wir sind Ihnen dankbar, wenn Sie die Angebote im Betrieb gleich aushängen, weil wir annehmen können, daß verschiedene Kollegen darauf warten und weil erfahrungsgemäß mit einem schnellen Ausverkauf solcher Spitzengeräte zu rechnen ist."[3]

Da der CENTRUM-Versand Leipzig wegen seiner ungünstigen räumlichen Gegebenheiten bereits nach kurzer Zeit an seine Kapazitätsgrenze gekommen war und sich der Kundenkreis immer mehr erweiterte, wurde 1961 ein zweiter Versandhandel beim konsument in Karl-Marx-Stadt eingerichtet. Zwischen beiden Versandhäusern sollte es eine Sortiments- und Kundenteilung geben. Der konsument-Versandhandel schnitt sein Angebot speziell auf ländliche Einkaufsbedürfnisse zu. Es wurden vor allem solche Geräte und Textilien, die zur Arbeit in Haus, Hof, Garten, Feld und Stall benötigt wurden und sehr robust waren, offeriert. Das CENTRUM sollte mit Spezialangeboten wie Musikinstrumenten, Pelz- und Lederwaren gehobene Konsumbedürfnisse befriedigen. Der konsument-Versandhandel in Karl-Marx-Stadt hatte im Gegensatz zum Leipziger CENTRUM-Versandhaus bessere materielle Voraussetzungen: Ihm waren die Kauffahrtei-Anlagen mit direktem Gleisanschluß mit dem größten Teil der Lager- und Verpackungsanlagen zugeteilt worden, während Leipzig seine Waren aus 104 Außenlägern und von 490 Zulieferern beziehen mußte. Da die intendierte Kundenteilung zwischen den Versandhäusern nicht gelang, weil die Kunden versuchten, durch Bestellungen bei beiden Versandhäusern ihre Chancen auf eine Lieferung zu verdoppeln, gab es seit Beginn der sechziger Jahre Überlegungen, beide Versandhäuser in einem Großversandhaus bzw. einer Versandhausunion zu vereinigen. Die Planungen für dieses Großversandhaus begannen, und so wurde der schwierigen Lager- und Verpackungssituation beim CENTRUM, in Erwartung einer baldigen generellen Lösung, keine Aufmerksamkeit mehr geschenkt. Notwendige Investitionen wurden nicht mehr vorgenommen und der CENTRUM-Versand „auf Verschleiß" gefahren. Das Großversandhaus, das 1968 seinen Betrieb aufnehmen sollte, wurde jedoch wegen fehlender Material- und Baukapazitäten 1971 endgültig storniert.

Das waren aber nicht die einzigen Schwierigkeiten, mit denen die Versandhäuser zu kämpfen hatten. Neben den eigenen Kapazitätsgrenzen stellte sich die Unzuverlässigkeit der Zulieferer als ebenso großes Problem dar. Die von Jahr zu Jahr ansteigende Summe, die für Vertragsstrafen eingenommen wurde, war dafür nur ein schwacher Trost. Auch die verschiedenen Versuche, entsprechend der Forderungen des Neuen Ökonomischen Systems (NÖS) eine Rationalisierung im Handel zu erreichen, brachten nur eine geringe Verbesserung der Versandhandelstätigkeit.

Mit dem 1.1.1965 wurden beide Versandhäuser in die „Vereinigung volkseigener Versand- und Warenhäuser" (VVW) mit Sitz in Leipzig eingegliedert. Diese Vereinigung sollte die verschiedenen Großhandelsdirektionen organisatorisch vereinigen und Mängel in der Koordination zwischen Produzenten, Zulieferern, Handel und Verbrauchern, wie sie u.a. in einer Politbüro-Analyse vom 18.7.1964 benannt wurden, beseitigen. Vom Versandhandel wurde gefordert, die Diskrepanz zwischen Angebot und Nachfrage zu verringern, die Liefersicherheit und Katalogtreue zu erhöhen und die Eingaben und Beschwerden der Besteller wegen der Lieferabsagen zu reduzieren. Trotz der unterschiedlichsten Bemühungen blieb das Haupthindernis für eine effektive Versandhandelstätigkeit aber die zu geringe Warendecke, um deren beste Stücke sich Versand- und Warenhäuser regelrecht „balgten". Leidtragender war dabei der Einzelhandel, der in dieser Auseinandersetzung von vornherein benachteiligt war und sich mit den verbleibenden Reststücken begnügen mußte. Trotz partieller Vorteile setzten die Planvorgaben auch dem Handelswillen der Versandhäuser enge Grenzen. Sie konnten nicht entsprechend ihrer Nachfragen und Absatzerfahrungen einkaufen, sondern durften nur innerhalb des ihnen zugewiesenen Kontingents Waren ordern, und so versuchten sie wiederholt beim Ministerium für Handel und Versorgung Produktionsreservierungen durchzusetzen. Eine generelle Lösung der Probleme war aber auch von dieser Seite nicht zu erwarten. Trotz sporadischer Ministerweisungen verschlechterte sich die Liefersicherheit und Waren-

Aus der Dia-Serie „Versandhandel" des Verbandes der Konsumgenossenschaften, um 1960.

deckung bei den Versandhäusern immer weiter. 1968 stellte das konsument-Versandhaus in einer ökonomischen Analyse fest, daß das „ständige Anwachsen der totalen Lieferabsagen (nicht nur absolut, sondern auch relativ zum Bestelleingang) zeigt, daß dieser Entwicklung nicht in der notwendigen Weise entgegengewirkt wurde.(...) Die von Jahr zu Jahr ständig steigenden Lieferabsagen sind ein ernster Faktor der sinkenden Glaubwürdigkeit bei den Versandhauskunden."[4]

Werbung für das konsument-Versandhaus: „Unsere Ansprüche sind gewachsen. Ein vielfältiges Warenangebot und zeitsparende Einkaufsmethoden, so wünschen wir uns den modernen Handel von heute. Aus der Fülle wählen, in Ruhe vergleichen, mit der Familie beraten – diese Vorteile genießen die Konsument-Versandhaus-Kunden. Ob modische Bekleidung oder Haus- und Küchengeräte, ob Sport- und Campingartikel, Werkzeuge oder viele andere Dinge mehr: Der Postbote bringt es ins Haus!

Bequemer geht es kaum. Der Konsument-Versandhauskatalog bietet auf über 200 Seiten das Angebot eines gut geführten Warenhauses. In den ländlichen Einkaufszentren und Konsum-Landverkaufsstellen, bei den Räten der Gemeinden und den Landpoststellen liegt der vielgefragte Konsument-Katalog aus. Mehr als eine Million Kunden nutzen bereits in jedem Jahr die Vorteile dieser modernen Einkaufsmethode. Sie schreiben an das Konsument-Versandhaus Karl-Marx-Stadt, Postfach 500. Und Konsument-Kunden wissen: Das Kollektiv im Versandhaus Karl-Marx-Stadt scheut keine Mühe, die Wünsche aller Kunden zur Zufriedenheit zu erfüllen.
Besser versorgen, rationeller handeln für Dich und unseren sozialistischen Friedensstaat".
NBI 25/1969.

Bis 1972 veränderte sich die Anzahl der beim CENTRUM-Versandhaus erledigten Bestellungen mit 1,3 Millionen im Vergleich zur Anfangszeit nur unwesentlich. Der Bestellwert erhöhte sich allerdings auf 856 Millionen Mark, wovon aber nur 469 Millionen Mark (51%) tatsächlich als Umsatz realisiert wurden. Dennoch wurde stolz vermeldet, daß der Plan mit 107,5% übererfüllt sei. Die Bilanz auf der Seite der Kunden fiel hier verheerender aus: 1973 erreichte das Versandhaus Leipzig nur noch eine Deckung der Nachfrage von 56% und das konsument-Versandhaus von 44%. Durchschnittlich jeder zweite Kundenwunsch mußte also beim Versandhandel unerfüllt bleiben. Mit den zunehmenden Versorgungs- und Lieferschwierigkeiten in den 60er Jahren verlängerten sich die anfänglichen Lieferzeiten von drei bis vier Tagen auf vier Wochen und in den siebziger Jahren sogar auf sechs bis sieben Wochen. Den im zweiten und dritten Intervall ausgelieferten Katalogen lagen bereits bei Auslieferung Einlegeblätter bei, auf denen die ausverkauften Waren verzeichnet waren.

Als weiterer Schwachpunkt der Versandhäuser erwies sich die Elektronische Datenerfassung und -verarbeitung (EDV), die eigentlich eine rationellere Bestellerfassung und -realisierung ermöglichen sollte. 1966 wurde in den Versandhäusern begonnen, die Kundenkartei und die Erfassung der Bestellungen auf EDV umzustellen. Das wurde mit erheblichen Anfangsschwierigkeiten bis 1969 zwar umgesetzt, doch zu diesem Zeitpunkt hatte die EDV-Anlage bereits ihre Kapazitätsgrenze erreicht. „Trotz der Reduzierung der Artikelanzahl und der Einschränkung des Katalogversandes wird offensichtlich mit einem Bestelleingang gerechnet, der an die Grenze der Leistungsfähigkeit des eingesetzten EDV-Systems geht. (...) Werden wöchentlich 80.000 Bestellungen EDV-mäßig erfaßt und abgearbeitet, bedingt das nicht nur ein gutes Funktionieren der EDVA und hohe Erfassungs- und Verarbeitungsleistungen, sondern bringt offensichtlich auch Probleme für andere Prozesse, z.B. für den Absortierprozeß, mit sich."[5]

Zu Beginn der siebziger Jahre wurde nach verschiedenen Analysen der Versandhandelstätigkeit durch das Zentralkomitee der SED und den Ministerrat der DDR noch einmal versucht, eine Neuorganisation der Versandhäuser zu erreichen. Darin wurde vorgeschlagen, den CENTRUM-Versand bis 1974 abzuwickeln. Das konsument-Versandhaus hingegen sollte als einziges Versandhaus seinen Betrieb fortsetzen und ausbauen. Als kurzfristige Maßnahme reduzierte das konsument-Versandhaus seine Bestellpositionen und die Anzahl der ausgelieferten Kataloge, um mit einem verringerten Angebot auch die Anzahl der Totalabsagen und damit der Beschwerden zu senken. Dabei half das in den sechziger Jahren eingeführte Verfahren, wonach statistisch nur die Totalabsagen gezählt und Teillieferungen als realisierte Bestellungen registriert wurden. Aber auch diese Zahlenakrobatik änderte nichts am eigentlichen Problem.

Zu Beginn des Jahres 1975 wurden widersprüchliche Maßnahmen in bezug auf die Versandhäuser getroffen. Während noch am 31.3.1975 eine erneute Überprüfung der Rentabilität des Versandhandels durch den Vorsitzenden des Ministerrats der DDR und das Ministerium für Handel und Versorgung angeordnet wurde und das Versandhaus aufgefordert wurde, eine neue Konzeption vorzulegen, war bereits am 13.2.1975 auf einer Beratung beim Präsidium des Ministerrats der DDR der Beschluß gefaßt worden, das Versandhaus zum 13.8.1976 endgültig zu schließen. Die offiziell in den Medien verbreitete Begründung für die Einstellung der Versandhandelstätigkeit lautete, der Versandhandel habe seine Aufgabe als Ergänzungshandel erfüllt. Da das Verkaufsstellennetz inzwischen so gut ausgebaut sei, daß es auch in ländlichen Gebieten eine stabile Versorgung gewährleiste, sei er überflüssig geworden. Kritischer fiel die Begründung intern auf der Belegschaftsversammlung des konsument-Versandhauses aus, wo als Hauptgrund für die Schließung die ungenügende Rentabilität genannt wurde. Der tatsächliche Grund aber lag in der von Beginn an vorherrschenden ungenügenden Warendecke.

Weltniveau im Handel

Das Hauptwerbemittel der Versandhäuser waren die Kataloge, die zweimal jährlich versandt wurden. Ihr Angebot wurde durch Prospekte ergänzt, die in unregelmäßigen Abständen zusätzlich verteilt wurden. 1956 wurden 300.000 Kataloge verschickt; ab 1963 waren es von beiden Versandhäusern je 425.000 Kataloge, eine unzureichende Auflagenhöhe, die trotz der ständig wachsenden Kundenkreise wegen des Papier- und Druckkapazitätenmangels nicht mehr erhöht wurde. Von der Katalogausgabe wurden zuerst „gesellschaftliche Bedarfsträger“ mit etwa einem Drittel der Auflage, danach Privatkunden in Betrieben und zuletzt Privatpersonen beliefert. Eine Eingabenanalyse von 1973 erbrachte, daß die Mehrzahl der Eingaben aus Städten mit einer Kataloganforderung verbunden war.[6]

Auf der Grundlage der eingegangenen Bestellungen wurde eine Kundenkartei erstellt, nach der individuelle Kunden in Orten bis zu 500 und danach bis zu 2.000 Einwohnern ihren Katalog regelmäßig zugeschickt bekamen. Die Registrierung der Kunden erfolgte unter ihrer Personalausweisnummer, die damit zur Kundennummer wurde. Darüber wurde bis 1961 auch der Versand in den demokratischen Sektor von Groß-Berlin kontrollierbar. Sendungen dahin durften nur dem Besteller persönlich unter Vorlage seines DPA (Deutscher Personalausweis) ausgehändigt werden. Die Kataloge wurden an LPGs, MTS, Großbetriebe, an die „beste Brigade“ als Auszeichnung und Privatpersonen verschickt. Sie konnten in Warenhäusern in allen größeren Bezirksstädten, in den Postämtern kleinerer Städte, auf Schiffen der Hochseeflotte der DDR und in auswärtigen Vertretungen der DDR eingesehen werden. Für die Bestellung lagen den Katalogen Bestellkarten bei, es reichte aber auch eine einfache Postkarte aus. Die Auslieferung der Kataloge (und damit auch der Eingang der Bestellungen) erfolgte nach einem Staffelprinzip. Das wurde einerseits eingeführt, um die Warendeckung zu gewährleisten und die begrenzten Lagerkapazitäten nicht zu überfordern, und andererseits, um anhand einer ersten „Testrunde“ die Nachfrage bei bestimmten Artikeln kalkulieren zu können. Auch hier galt das Prioritätsprinzip. Um bei den eingehenden Bestellungen die „Schwerpunktversorgungseinrichtungen“ vorrangig berücksichtigen zu können, wurden verschiedenfarbige Bestellzettel benutzt, die eine bevorzugte Abfertigung garantierten. Besondere Angebote wie z.B. der Rundfunkempfänger „onyx“ und das Magnettonbandgerät „Smaragd“ (1958) wurden nur in diesen Schwerpunktbetrieben vorgestellt.

Die Mitarbeiter und die Leitung der Versandhäuser waren hochmotiviert und wollten einen, dem allerorten propagierten „Weltniveau“ entsprechenden, Versandhandel auf die Beine stellen, deshalb orientierten sie sich an westlichen Versandhäusern. Seit 1961 fuhren regelmäßig Delegationen in die Bundesrepublik, um sich bei Neckermann über die neuesten Entwicklungen zu informieren. Die Orientierung an der Bundesrepublik äußerte sich

Ost: „Sauber, adrett, farbenfroh – Schürzen für die Hausarbeit: Modische Campingschürze aus Baumwolle, 7/8 lang, kragenlos mit Bindegürtel, sehr interessante Musterung in geschmackvoll abgestimmten Farben. Besonders schick der seitliche Verschluß mit der olivfarbenen Blende. MDN 20,80.“ Konsument-Versandhaus-Katalog Herbst/Winter 1966, S. 28.

West: „So schick ... und so pflegeleicht: H. Kombikittel. Immer adrett und praktisch. Strapazierfähiges Modell aus Nylon. Preis 17,90.“ Spar-Versandhaus-Katalog Frühjahr/Sommer 1966, S. 121.

vor allem in der Gestaltung der Kataloge und der Präsentation der Modelle, aber auch im angebotenen Service. Dabei ist eine spiegelbildliche Kataloggestaltung offensichtlich. Die Kataloge beider deutscher Staaten ergänzten sich zu einem gesamtdeutschen Bild. Von offizieller Seite wurden sie dafür immer wieder kritisiert, da die Waren kapitalistischen Konsumgewohnheiten entsprächen und die Aufmachung der Kataloge nicht dazu beitrage, sozialistische Lebens- und Verbrauchsgewohnheiten herauszubilden. Offiziell wurde, wie im CENTRUM-Katalog 1959, dieser Zusammenhang geleugnet: „Ich bin stolz darauf, der Katalog eines sozialistischen Versandhauses zu sein. Auf meinen Seiten wird jetzt schon überzeugend sichtbar: Die Arbeiter in der Industrie und die Werktätigen in der Landwirtschaft schaffen es! Bis 1961 wird Westdeutschland im pro-Kopf-Verbrauch an Lebensmitteln und den wichtigsten Konsumgütern überholt."

Insbesondere der angebotene Service entsprach westdeutschen Vorbildern und stellte das vom VI. Parteitag und der Handelskonferenz der SED 1959 angestrebte „Weltniveau im Handel" dar. So gab es einen telefonischen 24-Stunden-Bestellservice, einen gesonderten Nacht- (zwischen 17.00 und 6.00 Uhr) und Wochenendbestelldienst mit Anrufbeantworter, einen Geschenkdienst, Seefunkbestelldienst und die Auslandsversorgung für auswärtige Vertretungen. Bereits seit 1956 standen verschiedene Spezialangebote, wie z.B. der Buchversand, der Schallplattenversand im „Phono-Club", ein Stoff- und Wollversand sowie ein Jagd- und Forstversand (1959 eingestellt) zur Auswahl. Schmuck und Kosmetik waren mit Unterbrechungen seit 1956 im Angebot, ebenso Freizeit- und Campingbedarf. Hinzu kam der Bereich „Wohn- und Lebenskultur", der neben einem spärlichen Möbelangebot auch Heimtextilien, Teppiche und kunstgewerbliche Artikel enthielt. 1966 wurden beim CENTRUM und 1968 beim konsument zusätzlich Reisen in das sozialistische Freundesland unter dem Motto „Bei Freunden zu Gast" – westlichen Versandhäusern entsprechend – in das Katalogangebot aufgenommen. Und ählich wie im Westen wurden die Modellvorstellungen mit Preisausschreiben aufgelockert.

Im Zuge der internationalen Anerkennung der DDR in den siebziger Jahren bekamen die Modelle Namen aus näher und weiter entfernten Städten und Ländern. Darin offenbart sich die aufkeimende Hoffnung auf eine Öffnung der DDR. 1971 hieß das dazu passende Motto: „Adrett auf große Fahrt" und entführte seine Betrachter mit der „Völkerfreundschaft" in entfernte Weltgegenden. Diese Entwicklung fand 1973 ihren Höhepunkt im Festivalkatalog des konsument. Mit den Hosen „Heino", „Jupp", westdeutschen Markennamen und einer im Hintergrund abgebildeten Shell-Tankstelle war die Toleranz der Staatsmacht der westlich-internationalen Kataloggestaltung gegenüber endgültig vorbei. In den schon gedruckten Katalogen wurden die Markennamen geschwärzt. Der Generaldirektor sowie der Parteisekretär wurden ihrer Posten enthoben. In den folgenden Katalogen vom Herbst/Winter 1973/74 gab es keine Namen mehr für die einzelnen Modelle. Nachfolgend setzte eine Orientierung auf die „Bruderländer" ein. Der konsument-Katalog vom Herbst/Winter 1974/75 wartete beispielweise mit dem Slogan auf: „DDR – SU feste Freundschaft".

Das Bestellsystem

Die Bestellungen erfolgten nach verschiedenen Prinzipien. In Dörfern mit einer Konsumverkaufsstelle konnte direkt beim Versandhandel in Karl-Marx-Stadt oder Leipzig bestellt werden. Es gab außerdem in verschiedenen Verkaufseinrichtungen eingerichtete „Bestellecken", von wo aus eine Sammel-

Der Festivalkatalog von konsument 1973.

„Genossen"
Euch ist bekannt, daß der Frühjahr-Sommer-Katalog 1973 in ca. 40 Fällen politisch unvertretbare Modellbezeichnungen in Form von Städtenamen aus der Bundesrepublik – Modereiseorten des kapitalistischen Auslands – Vornamen bekannter westlicher Schlagersänger enthielt. Diese auf bestimmten Katalogseiten konzentrierten Modellnamen führten zu erheblichen Diskussionen, ernsthaften Kritiken seitens der Bevölkerung und zu einem Einschalten des Zentralkomitees unserer Partei. ... Die im Katalog verwendeten Modellbezeichnungen sind unter den Bedingungen der politischen Auseinandersetzung mit dem Imperialismus und der Abgrenzung zum westdeutschen Monopolstaat ein schwerwiegender politischer Fehler. Sie sind ein politisches Versagen, Ausdruck mangelnder Wachsamkeit und als eine grobe Verletzung der Prinzipien und Politik unserer Partei zu werten. Die politische Aussage im Katalog steht im krassen Widerspruch zu den politischen Grundsätzen unserer Partei, enthielt falsche politische Orientierungen zur Politik der friedlichen Koexistenz und unserer Haltung zur BRD."
Ausführungen des Generaldirektors der konsument-Versandhauses, Genossen Groh, zur Mitgliederversammlung der Betriebsparteiorganisation am 14.5.1973, 7.00 Uhr.

Archiv des VdK 002150, S. 1f.

bestellung ausgelöst werden konnte. Man konnte dann seine Ware bei der örtlichen Verkaufsstelle abholen, die die Lieferung zusammen mit ihren regulären Warenlieferungen erhielt. Der Vorteil bei den kollektiven Bestellungen, der der Verkaufsstelle Mengenrabatte und Vergütungen einbrachte, lag in der Sammelverpackung und -versendung. Gleichzeitig sollten hiermit die auf dem VI. Parteitag deklarierten „sozialistischen Lebens- und Verbrauchsgewohnheiten“ umgesetzt werden. Darunter verstand man unter anderem den Verzicht auf bürgerliche Konsumtionsgewohnheiten.

Untersuchungen des Instituts für Bedarfsforschung ergaben jedoch, daß die kollektive Bestellung bei den Kunden nur geringen Anklang fand. Sie mußte deshalb bald wieder aufgegeben werden. Wenngleich die Kunden wegen der raren Katalogexemplare die Bestellung im Laden akzeptierten, so wünschten sie doch eine individuelle und vor allem bequeme Zustellung durch die Post. Hier zeigte die Eigenwerbung der Versandhäuser ihre Erfolge, die immer wieder damit warben, daß die Kunden durch den Kauf beim Versandhaus Wege, Zeit und Mühe sparen, da sie 24 Stunden am Tag bequem von zu Hause aus aussuchen und bestellen könnten und die Waren auch direkt bis zu ihnen nach Hause kommen würden. Das Logo des konsument-Versandhandels versinnbildlichte das angestrebte Tempo: Das k für konsument hatte wie der griechische Götterbote Hermes stilisierte Flügelchen.

Bei direkter Bestellung beim Versandhandel erfolgte die Lieferung je nach Art der bestellten Waren frei Haus oder per Post. Die Pakete konnten auf dem Postamt oder dem Bahnhof abgeholt werden. Die Anlieferung von größeren Waren „frei Haus“ konnte je nach Laune der Möbelpacker auch schon mal „frei Bordsteinkante“ bedeuten. Geliefert wurde je nach Kundenwunsch in verschiedenen Formen: als Eil- oder Expreßlieferung, per LKW, Post oder Bahn. Jede Lieferung kostete 1,30 MDN, wozu noch 0,60 MDN für die Zahlkarte und eine örtliche Paketzustellgebühr kamen. Die Kunden nahmen erhöhte Zustellgebühren zugunsten ihrer Bequemlichkeit bereitwillig in Kauf. Dies war ja ein entscheidendes Kriterium für den Kauf beim Versandhaus. Bezahlt wurden die Lieferungen per Nachnahme, wobei es für bestimmte Artikel die Möglichkeit gab, Teilzahlung in Anspruch zu nehmen. Die Teilzahlung war in den fünfziger Jahren eingeführt worden, um den Möbelstau im DDR-Handel abzubauen. Da in den 60er Jahren die Spareinlagen wegen der ungedeckten Kaufkraft der Bevölkerung stark zugenommen hatten, versuchte man auf diese Weise, die Menschen zum Kaufen anzuregen und Kaufkraft abzuschöpfen. Der konsument-Versandhandel konnte bis 1965 als zusätzliche Leistung eine Rückvergütung über Rabattmarken für die bestellten Waren ausgeben. 1965 wurde dies nach Protesten des CENTRUM-Versandhauses Leipzig abgeschafft, weil es als unzulässige Kundenwerbung angesehen und darin eine Benachteiligung des CENTRUM-Versandhauses gesehen wurde.

Rückseite des Festivalkataloges von 1973.

Die Versandhauskataloge: Werbung für die sozialistische Lebensweise

Seit 1956 erschienen – zuerst vom CENTRUM, später auch vom konsument-Versandhaus – jedes Jahr zwei Kataloge. Der erste Katalog des CENTRUM-Versandhauses von 1956 galt für die Sommer/Herbst-Saison, ab 1957 folgte er dem Rhythmus Frühjahr/Sommer und Herbst/Winter. Der Katalogumfang erweiterte sich von 56 Seiten 1958 auf 228 Seiten 1975. Parallel dazu vergrößerte sich das Angebot von etwa 500 Artikeln 1956 auf über 6.000 Artikel im Jahr 1968. Ab 1973 wurde die Zahl der angebotenen Artikel reduziert, weil die Warendeckung und Liefersicherheit nicht ausreichten. Aufmachung und Gestaltung der Kataloge von beiden Versandhäusern war stets unterschiedlich. In den ersten Jahren enthielten die Kataloge noch viele Zeichnungen; 1974 wurden zum ersten Mal alle angebotenen Artikel mit Fotos vorgestellt. Auch die Anzahl der Farbfotos nahm von Jahr zu Jahr zu. Der Katalog des CENTRUM war in den ersten beiden Jahren seines Erscheinens auf einen mehr konservativen und eher ländlichen Kundenkreis ausgerichtet. Als idealtypische Kundin galt die skeptische Bäuerin, die alles prüft und auf Tradition und Qualität setzt. In den ersten Katalogen erklärte „Lotti" als Ratgeberin und Freundin der Kundin die Vorteile der Modelle und versuchte sie auch schon mal zum Kauf von zweien statt nur einem Kleid zu überreden. Bereits der zweite Katalog 1957 zeigte schon elegantere und urbanere Modelle. Doch es blieben spezielle Angebote für Bauern, zum Beispiel im Bereich der Arbeitskleidung. Die Deutsche Bauernillustrierte vom 1.5.1956 hob als hervorstechende Eigenschaft der Katalogartikel des CENTRUM hervor, daß sie „schlicht, sparsam und doch leistungsfähig" seien.

Landfrauen vor dem Überlandfahrzeug der Konsumgenossenschaft, 1965.

Die Kataloge enthielten in den ersten Jahren lyrische Geleitworte, die sich oft auf den natürlichen Wechsel der Jahreszeiten bezogen und landschaftliche Schönheiten beschrieben. Außerdem boten die Kataloge ihren Lesern auch Landeskunde: 1965 zeigte der konsument-Katalog Karl-Marx-Stadt als eines „der wichtigsten Industriezentren unseres sozialistischen Staates, das mit seinen alten Traditionen einen guten Ruf in der ganzen Welt hat; Metropole des Maschinenbaus und der Textilindustrie, deren Silhouette heute von den langen Armen der Baukräne geprägt wird". Die Modelle wurden bei einem fotografischen „Bummel durch unsere 800jährige Stadt" vorgestellt. Beim CENTRUM wurde der landschaftlich-landeskundliche Aspekt mit volkswirtschaftlich bedeutenden Leistungen, wie der Errichtung von 50 neuen Polikliniken in verschiedenen Gebieten der DDR, verbunden. 1965 hieß das Motto beim konsument: „Gut gekauft, stimmt immer froh", und 1967 teilte der Frühjahr/Sommer-Katalog des konsument seinen Kunden mit „Moderne Menschen bevorzugen die moderne Einkaufsform". Leipzig machte seine Kunden 1966 zu seinem 10jährigen Jubiläum unter der Rubrik „In den letzten zehn Jahren ..." mit Leistungen aus der gesamten DDR bekannt. 1968 präsentierte sich der 25. Katalog des CENTRUM mit Instrumenten und Sportgeräten. Die Models spielen Tennis und Golf. Ab 1971 wurde ganz im Zeitgeist der Gewinn an Freizeit in den Vordergrund gestellt: „Mehr Freizeit für Sie, wenn Sie bei uns bestellen!"

Gemeinsames Bestellen im Bekanntenkreis, 1964.

Ab Anfang der sechziger Jahre ist eine verstärkte Hinwendung zu politisch-ideologischen Ausführungen zu bemerken. So titelte der Katalog vom Frühjahr/Sommer 1960: „Mit voller Kraft voraus". Dies konnte politisch in sozialistischem Sinn interpretiert oder aber als allgemeiner Ausdruck eines veränderten Lebensgefühls, das sich optimistisch auf die 60er Jahre richtete, verstanden werden. Dieser Katalog enthielt in seiner Frühjahr/Sommer-Ausgabe zum ersten Mal patriotisches Spielzeug. Für die Kleinen wurde der „T 34 – Panzer unserer NVA" angepriesen. 1967 stand der Katalog des CENTRUM im Zeichen des VII. Parteitages: „Unser weiter verbessertes Angebot bringt die Erfolge der Werktätigen unserer Republik bei der Verwirklichung des Neuen Ökonomischen Systems der Planung und Leitung zum Ausdruck. Der VII. Parteitag der SED ist für uns Verpflichtung, die Anstrengungen zur noch besseren Erfüllung unserer Versorgungsaufgaben zu verstärken.“ Zum 20. Jahrestag der DDR 1969 wurde der konsument-Katalog offen politisch: Ein Model gratulierte mit einem Strauß roter Nelken der Republik zu ihrem Geburtstag. Dies war auch der erste Hochglanz-Katalog. Eingeleitet wurde er von einem politischen Geleitwort von Walter Ulbricht. Die Kataloge wurden aufgrund ihrer Auflagenhöhe und Beliebtheit unter der Bevölkerung als besonders geeignetes Propagandamaterial eingeschätzt und die Versandhäuser wiederholt darauf hingewiesen, daß die ideologische Wirksamkeit der Kataloge durch die Wiedergabe politischer Reden erhöht werden müsse. Dies sollte insbesondere die Erziehung zur „sozialistischen Lebensweise“ unterstützen. Die Kataloge sollten mit den von ihnen propagierten Leitbildern auf die Geschmacksbildung der Menschen und ihre politisch-ideologische Erziehung Einfluß nehmen. In der am 29.3.1973 vom Konsum neu vorgelegten „Konzeption zur weiteren Entwicklung des Versandhandels in der DDR“ heißt es in diesem Zusammenhang: „Dazu ist bereits mit der neuen Katalogperiode zu sichern, daß der Katalog eine wirksame Werbeaussage zur Unterstützung der Politik von Partei und Regierung enthält, die Stabilität des Warenangebots erhöht wird und die Lieferzeiten verkürzt werden.“ Zum gleichen Anlaß lautete das Motto beim CENTRUM: „Besser versorgen, rationeller handeln, für unsere Kunden, für unseren sozialistischen Friedensstaat – dem 20. Jahrestag der DDR entgegen.“ Die Kataloge des Jahres 1973 beider Versandhäuser hatten die in Berlin stattfindenden „Weltfestspiele der Jugend und Studenten“ zum Aufmacher. Der Katalog des konsument titelte: „Berlin, Hauptstadt der DDR, erwartet die Jugend der Welt“ und zeigte auf einem Foto freundschaftlich vereint FDJler zusammen mit einer indisch gekleideten Frau. Im CENTRUM-Katalog posierten die Models in verschiedenen Nationaltrachten beziehungsweise landestypischer Kleidung. Die Weltfestspiel-Kataloge waren besonders bunt und farbenfroh.

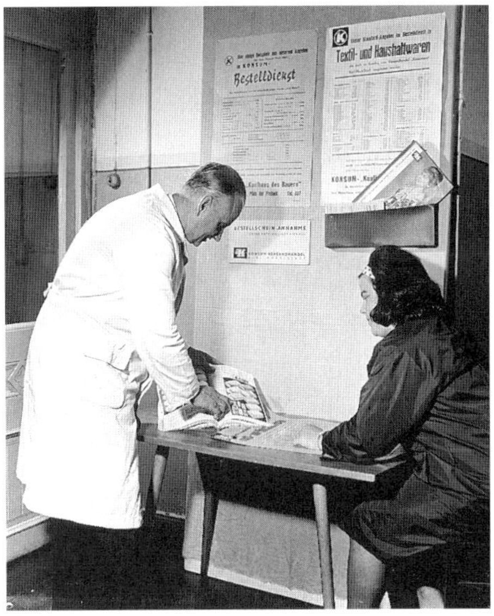

Bestellecken in den 60er Jahren.

Mode für jeden Typ

Etwa die Hälfte des Sortiments machten Bekleidungsartikel für die Dame, den Herren und Kinder aus. Wie Ruth Weichsel in einem Forschungsbericht des Instituts für Marktforschung feststellte, hatten 50% der Frauen Probleme, etwas Passendes zum Anziehen zu finden.[7] Meist war es in den gewünschten Größen – Übergrößen – nicht erhältlich. Hier sollte über den Versandhandel Abhilfe geschaffen werden. Die Versandhäuser nahmen verstärkt „plombierte“, also nur für die Versandhäuser entworfene Modelle in ihr Angebot. 1969/70 wurden vom CENTRUM-Versand 26,7% des Angebots, das waren 363 Modelle, als „plombierte“ Modelle angeboten. Damit sollte verhindert werden, daß Frauen sich im gleichen Kleid begegneten. Erfahrungsberichte zeigen hier allerdings, daß durch die hohe Bestelldichte zum Leidwesen der modebewußten Kundinnen in einzelnen Regionen genau dieser Effekt eingetreten ist. Planvolles Zukaufen und Kombinieren hieß die Devise.

Mit der Einführung „plombierter“ Modelle wollte man zugleich stärker neue Modeleitbilder vermitteln. Diese waren gegen kapitalistische Kaufgewohnheiten gerichtet, worunter spontane Käufe verstanden wurden. Eine solche Art der Modebeeinflussung war Anfang der sechziger Jahre durch einen Ministerrats-Beschluß vom 2.8.1962 über die Anpassung der Mode an volkswirtschaftliche Möglichkeiten und die Abschaffung der Schlußverkäufe offiziell verkündet worden. Damit sollte dem westlichen „Konsumterror“ und

„hektischen Modewechsel", dem Sich-Kleiden nach dem „letzten Schrei" ein sozialistisches Modebewußtsein entgegengesetzt werden. Der „moralische" Verschleiß der Mode sollte dem Materialverschleiß angepaßt werden. „Die politische Bedeutung des Modeschaffens liegt in der Aufgabe begründet, die Vorzüge unserer sozialistischen Gesellschaft im Wettstreit mit dem Kapitalismus klar hervortreten zu lassen."[8] Die damit propagierten Aspekte waren guter Geschmack, Optimismus, Schönheit, Schlichtheit und Haltbarkeit. Entsprechend der modernen Lebensweise sollte die Kleidung zweckmäßig und kulturvoll, „praktisch, langlebig und modeunabhängig" eben: „adrett" sein.

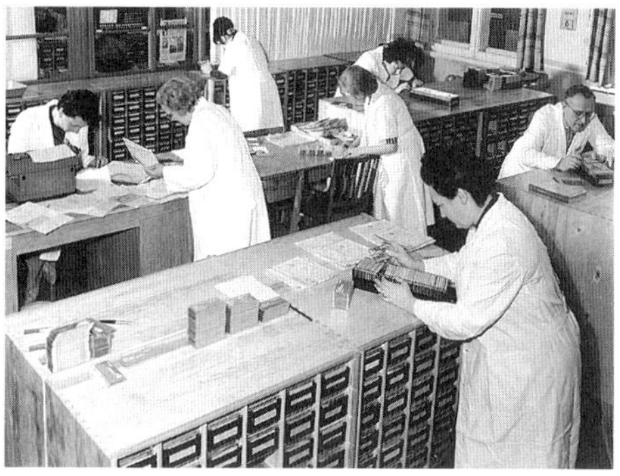

Im Laufe der Jahre änderten sich die Aufmachung und der Modetyp, die durch die Kataloge propagiert wurden. Der Bereich Modeforschung der Versandhäuser versuchte in Zusammenarbeit mit dem Modeinstitut Berlin eine neue Modelinie mit einem neuen Modetyp zu entwickeln, der der Auffassung vom sozialistischen Menschen, den es zu bekleiden galt, entsprechen sollte. Dieser „neue", tatsächlich aber traditionelle Modetyp würde – in Abgrenzung zu modernen Modeltypen wie Twiggy im Westen – eher durch den „Typ der etwas vollschlanken Frau" repräsentiert, denn den „wollen unsere Bäuerinnen sehen".[9] In den fünfziger Jahren dominierte die generationsübergreifende Frau in den besten Jahren. Auf den von den Versandhäusern in kleineren Gemeinden durchgeführten Modenschauen (ca. 160 im Jahr) wurde bei der Auswahl der Models darauf geachtet, Frauen unterschiedlichen Alters und unterschiedlicher Statur zu präsentieren. Auch wurde bei vielen Kleidungsstücken extra erwähnt, ob sie „günstig für die stärkere oder stattliche Dame" bzw. für diese zu empfehlen seien oder ob sie nur schlanken Trägerinnen vorbehalten blieben. Dennoch setzten sich zunehmend „fesche" junge Frauen in eleganten Kleidern und kecke, kesse, jugendliche Models mit Zigarette und Kofferradio durch. Die Models verstädterten und verjüngten sich zusehends.

Dem weltweiten Trend entzogen sich auch die Kataloggestalter in der DDR nicht: Die Frau der Sechziger erschien elegant und vornehm mit langen schwarzen Handschuhen und hochgesteckten Haaren. So zeigte das Titelbild des konsument-Kataloges von 1965 eine Dame mit unterarmlangen Handschuhen und im ärmellosen Kleid. Und auch im Herbst/Winter-Katalog des konsument 1966/67 wurde diese Linie „Im Filmstudio" mit sehr eleganten Modellen fortgesetzt. CENTRUM führte 1969 neue Sortimente ein, um dem jüngeren Durchschnittsalter der Versandhandels-Kunden Rechnung zu tragen. Das Sortiment staffelte sich in „Mode für die Dame", „Mode für 13-17jährige", „Junge Mode" und „Kombinierfähige Freizeitbekleidung". Mit den Katalogen 1969/70 wurden erstmals Partnermodelle für Sie und Ihn und kombinierfähige Modelle vorgestellt. Für die modebewußte sozialistische Frau gab es 1971 Tageskleider, Nachmittagskleidchen (für den Nachmittagstee, zu dem alle Models mit Tassen oder Sektgläsern in der Hand abgebildet werden), Damenkleider, Frauenkleider, Umstandskleider, Sommerkleidchen, Thalankleidchen, Festkleider, Röckchen, Kleidchen, Jäckchen, Silastikkleidchen, Baumwollkleider und preiswerte Kleider. Unter dem Motto: „praktisch gekleidet – Freude an der Arbeit“ wurden im konsument-Katalog von 1971 unter der euphemistischen Bezeichnung Frauenberufsmäntel und Berufsmäntel eine Vielzahl von Kittelschürzen vorgestellt. Darüber hinaus konnten Haus-und Garten-Kleider und Bürokleider gekauft werden. In der Katalogperiode 1970/71 hielten im Bereich Frauenmode auch Hosen Einzug. Um eine Hose zu wählen, wurde den Frauen aber noch bescheinigt, sie müßten „modemutig“ sein, um eine solche zu tragen. Die DDR-Frau der siebziger Jahre wurde im Katalog als anspruchsvoll, bezaubernd, bildschön, modebewußt, jugendlich, kess und entzückend vorgestellt. Die sozialistische Frau sollte „jung und frisch“ und vor allem „vollständig angezogen“ sein. Dieses Prinzip wurde im Festivalkatalog von 1973 schließlich durchbrochen, in dem die Models mit bauchfreien Straßenkostümen erschienen. Damit die Frau aber wirklich „vollständig“ angezogen war, brauchte sie auch Taschen, denn: „Zu einer gut angezogenen Frau gehört eine Handtasche, die zum Kleid und zur Tageszeit paßt.“[10] Diese Taschen gab es als „Damencocktailbörse“, „Geldscheintasche“, „Brieftasche“, „Stadttasche“, „Berufstasche“, „Umhängetasche“, „Bügeltasche“, „Überschlagtasche“ angeboten wurden und Schuhe, die sie als „Damenslingpumps“, „Damenhosenanzugschuh“, als „Damensandalette“, „Riemchensandalette“, „Damen-Trotteur-Sling“, „Damenpumps“, „Damenfreizeitschuh“, „Damensportschuh“, „Damenschlußpantoffel“, „Damenhauspantolette“, „Damenhauspantöffelchen“ erwerben konnte. Die Katalogartikel des konsument-Versandhauses erhielten ebenso wie die des CENTRUM Namen. Diese waren meist der einheimischen Flora und Fauna entlehnt oder aber Städtenamen oder andere geographische Bezeichnungen. Die für die Damenbekleidung ausgewählten Namen standen für Eleganz und Extravaganz.

Die geschlechtsspezifische Aufmachung der Kataloge und die Aufteilung in „männliche“ und „weibliche“ Angebote wurde auch im sozialistischen Katalog nicht durchbrochen. Der Mann erhielt zum Angebot im Ton sachlicher gehaltene Informationen. Seine Bekleidung wurde weniger unter ästhetischen als unter praktischen und funktionalen Aspekten beschrieben. Hier kam es darauf an, daß sie vor allem angenehm, bequem, sportlich, vorbildlich und praktisch war. Nur in wenigen Ausnahmen erschien sie als extravagant. Die Männer präsentierten sich wie Joachim Fuchsberger mit Pfeife oder Zigarre. Auch eine Sonnenbrille durfte nicht fehlen. Die für männliche Modelle gewählten Produktbezeichnungen sprachen eher das männliche Selbstverständnis an, indem er sich in wild-verwegenen Gebieten wie Mexiko, Rio, Ostia oder am Baikal aufhielt. Seine Modelle hießen „Rhein“, „Nil“ und „Tiber“, aber auch Bansin, Rostock, Potsdam, Halle oder Mosel. Er durfte sich in verschiedenen Anzügen wie dem Partyanzug, Straßenanzug, Großrundstrickanzug, Sommeranzug, Einreiher, Anzug, Präsent-20-Anzug gut angezogen fühlen. Und wenn er arbeitete, so stand ihm ebenso wie der berufstätigen Frau ein Männerberufsmantel, eine Männerarbeitsschürze und ein Arbeits-und-Wege-Hemd zur Verfügung. An verschiedenen Hosen mangelte es nicht. Er hatte die Auswahl zwischen der Sommerhose, der Gürtelhose, der Hose, der Freizeithose, der Niethose oder dem Herren-Campinghemd und dem Herrenfreizeithemd. Dazu kam für Männer und Heimwerker („Hilf Dir selbst“) ein umfangreiches Werkzeugangebot für Haus und Garten. Klappte es mit der Lieferung einmal nicht, konnten die im Katalog abgebildeten Möbel als Vorlagen verwendet und die gewünschten Objekte bei einem Tischler bestellt oder selber angefertigt werden.

Neben Kleidung wurden über den Versandhandel Haushaltswaren sowie Produkte, die im weitesten Sinn der „Lebenskultur“ zugerechnet werden konnten, angeboten. Importe spielten fast keine Rolle. Lediglich in der Katalogperiode 1959/60 wurden Importgewebe aus China angepriesen. Als Qualitätsmerkmal führte man für besonders hochwertige Produkte die Be-

Bestelleingang, Verpackung und Versand in der Kauffahrteianlage des konsument-Versandhauses, 1965.

zeichnung „Exportqualität" ein. Zur Unterstützung der einheimischen Industrie und zur Propagierung von Kampagnen wie dem Chemieprogramm von 1959 hieß ab 1961 eine Katalogrubrik „Aus dem Zauberreich unserer Chemie". Hier wurden verschiedene aus Plaste und Elaste gefertigte Haushalts- und Campinggegenstände vorgestellt. Das Angebot an Haushaltsgeräten konnte wegen des schwankenden Warenzustroms aus der Produktion nicht stabil gehalten werden. So wurde 1969 eine Multimax-Bohrmaschine ohne Preis offeriert, die in den folgenden Katalogen gar nicht mehr auftauchte. 1972 fehlten Waschmaschinen im Katalog. 1972/73 wurden Spülautomaten neu ins Angebot aufgenommen, die in den folgenden Jahren wieder verschwanden. Im Katalog des konsument vom Frühjahr/Sommer 1973 wurde ein Simson-Mofa angeboten, das in weiteren Katalogen nicht mehr erschien. 1972 gab es keinen Kühlschrank mehr im Angebot. Fernsehgeräte fehlten mit kurzzeitigen Ausnahmen völlig. Und selbst wenn die Geräte in den Katalogen aufgeführt waren, so bedeutete das keineswegs, daß sie über die gesamte Katalogperiode hinweg gekauft werden konnten. Die Analysen der Versandhandelstätigkeit des konsument bezeichneten zu Beginn der 70er Jahre einen Kreis von 40-60 Artikeln, auf die sich die Nachfrage konzentrierte und auf die auch etwa 90% der Absagen entfielen. Was der Einzelhandel nicht anbieten konnte, lieferte für die meisten auch der Versandhandel nicht.

Damenunterwäsche, im Festivalkatalog von konsument 1973, S. 62.

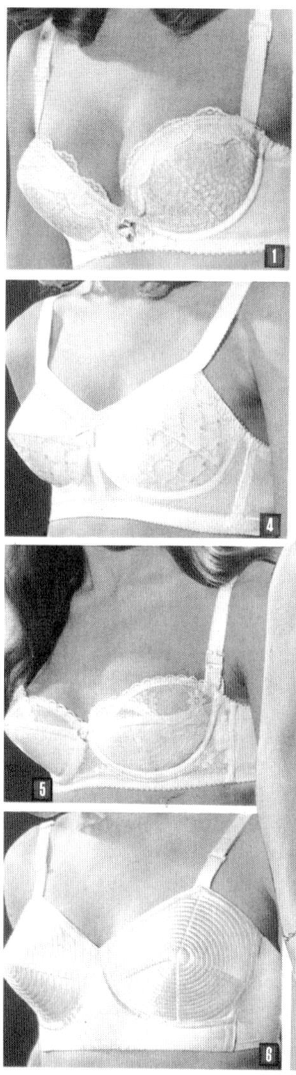

Ein großer Sortimentsbereich waren Heimtextilien, Gardinen, Bettwäsche und Teppiche und elektrische Haushaltsgeräte wie Staubsauger, Küchenmaschinen und Kochtöpfe, Geschirr und Kleinmöbel. Als Hauptgruppe wurden vor allem werktätige Frauen angesprochen, denen die Hausarbeit erleichtert werden sollte. Die angebotenen Textilien wurden als pflegeleicht, formbeständig, geschmackvoll, strapazierfähig und garantiert knitter- und bügelfrei angepriesen. Ebenso wurden Haushaltsgeräte vorrangig im Hinblick auf die mit ihnen verbundenen Hausarbeitserleichterungen vorgestellt. In der Funktionsbeschreibung für Geräte wie Waschmaschinen, Nähmaschinen, Schnellkochtöpfe, Kaffeemaschinen – „16 Tassen in nur 8 Minuten" – standen Zeit- und Arbeitsersparnis im Mittelpunkt. Vor allem Frauen wurden mit dem Zugewinn an Freizeit gelockt. Aber die Angebote galten auch den nichtberufstätigen Frauen und deren Männern, denen mit den Einkaufserleichterungen generell Haushaltserleichterungen versprochen wurden, was als Anreiz für den Einstieg in die Berufstätigkeit gemeint war.[11] In einschlägigen Werbebroschüren wurden die Männer direkt daraufhin angesprochen, daß sie keine Einbuße in ihrer häuslichen Lebensqualität und ihrer Bequemlichkeit durch die neue Berufstätigkeit ihrer Frauen zu erwarten hätten. Um ihn aber auch zu stimulieren, bekam er die Männerschürze mit der Aufschrift: „Vati hilft gern".

Geworben wurde auch mit der Eröffnung neuer Freizeitmöglichkeiten durch neue Einkaufsformen, die das Einkaufen zu einer auch für Männer attraktiven Angelegenheit machen würden. Dabei kam es zu dem von Gerhard Manz beschriebenen Effekt, daß die Frauen die angenehmen Einkaufsformen oft den Männern überließen und selbst die unangenehmeren Formen wie Schlangestehen übernahmen.

Zusätzlich zielte die Beschreibung und Vorstellung der Waren indirekt auf einen zweiten Adressaten: den Mann. Sei es bei der Mode oder bei Haushaltsgeräten – er ist immer wieder der eigentliche Zielpunkt der Neuerungen. In der Mode insofern, als die Frau sich für „ihn“ schön macht und die Modelle oft einen unbewußten männlichen Blick und Betrachter offenbaren. „Reizvoll“ wurde bei vielen weiblichen Modellen zum Attribut par exellence. Denn: „So sieht man [Mann] sie gern.“ Bei den technischen Haushaltsgeräten stand vor allem die Bedürfnisbefriedigung des werktätigen Mannes im Hintergrund. Er sollte die bügelfreien Hemden tragen können, ihm sollte das im Schnellkochtopf veredelte Essen oder das mit der Multifunktionsküchenmaschine zubereitete Mahl schmecken. Und wie im CENTRUM-Katalog vom Herbst-Winter 1962/63 geworben wurde, konnte auch er mit „größeren Angeboten im Handel durch die Mitarbeit der Frau in der Produktion“ rechnen. Für beide sollte sich das schließlich im Zugewinn an freier Zeit äußern.

Herrenunterwäsche, im Festivalkatalog von konsument 1973, S. 98.

Eine Studie des Instituts für Marktforschung über die sozialökonomische Struktur der Kunden des Versandhauses Leipzig brachte 1968 überraschende Ergebnisse. Diese Untersuchung war als Fragebogenaktion durchgeführt worden. Die Fragebögen lagen den Katalogen bei und hatten eine Rücklaufquote von 87%. Das CENTRUM-Versandhaus hatte demzufolge einen spezifischen Kundenkreis, der sich vom durchschnittlichen DDR-Kunden und auch dem konsument-Besteller unterschied: Er war jünger, besser ausgebildet und weniger verdienend als der Durchschnittskunde der DDR. So lag sein Durchschnittsalter bei 27 Jahren (im Vergleich zu 37,5 Jahren im DDR-Durchschnitt), er verfügte zu 35% über einen Hochschulabschluß und verdiente mit 699,- MDN im Monat fast 200,- MDN weniger als der Durchschnitt (884,- MDN). Hinzu kam, daß die Frauen unter den Versandhaus-Bestellern in einem höheren Maße als der Durchschnitt der weiblichen Bestellerinnen berufstätig war (78% zu 70%). Ein weiteres interessantes Ergebnis brachte diese Befragung hinsichtlich der Zufriedenheit der Kunden. Diese schätzten das Angebot zwar insgesamt als gut ein, unterschieden davon aber ihre eigenen Kaufwünsche, deren Befriedigung sie als nicht gut einschätzten.[12] Die Versandhauswelt zerfiel auch hier in Anspruch und Wirklichkeit.

Am Versandhandel in der DDR zeigte sich die ganze Widersprüchlichkeit des sozialen und wirtschaftlichen Lebens in der DDR. Das Engagement und der Handelswillen der Versandhausmitarbeiter wurden durch strukturelle Probleme der DDR-Wirtschaft und des Handelssystems behindert. Zum einen sollte die Frau durch Erleichterungen im Haushalt in ihrer Emanzipation unterstützt werden, zum anderen war der Maßstab der Dinge im Katalog der Mann. Sozialistische Lebens- und Verbrauchsgewohnheiten sollten im Gewand westlicher Katalogaufmachung Eingang in das Bewußtsein der Menschen finden. Daß dieses Projekt schon Mitte der 70er Jahre scheiterte, ist symptomatisch für die Wirtschafts- und Konsumpolitik der DDR.

[1] *Gerhard Manz, Was darf es sein? Was Du vom Handel wissen solltest! Berlin, 1959, S. 81.*
[2] *Ursula Pank, Untersuchungen über die Arbeit der Landfrauen, Diss A, Rostock 1957, S. 90.*
[3] *Begleitbrief vom 10.6.1958 für das Radio „onyx“ und das Kassettengerät „Smaragd“, StAL CENTRUM Versand Leipzig 50, o.Pag.*
[4] *Ökonomische Analyse des Generaldirektors des Verbandes der Konsumgenossenschaften, 1968, VdK 003191, S. 11.*
[5] *Bemerkungen zum Material „Anforderungen hinsichtlich weiterer Untersuchungen“ vom 27.6.1973, VdK 002081, S. 1.*
[6] *Analyse der Versandhandelstätigkeit, 1973, StAL CENTRUM Versand 90, S. 2.*
[7] *Ruth Weichsel, Die sportlich-legere und kombinierfähige Bekleidung erwirbt die Gunst der Konsumenten, in: Mitteilungen des Instituts für Bedarfsforschung 3/1971, S. 24.*
[8] *Vgl. K.-E. Schubert und G. Wittek, Zur Aufgabenstellung des Modeschaffens in der DDR, in: Mitteilungen des IfM Nr. 2 1963, S. 58.*
[9] *Nationalzeitung vom 21.6.1961.*
[10] *CENTRUM Herbst/Winter 1969/70, S. 11.*
[11] *Vgl. „Programm zur Durchführung von Maßnahmen zur Entlastung der werktätigen Frauen durch den sozialistischen Handel“, April 1957; Bunaprogramm 1957.*
[12] *Die sozial-ökonomische Struktur der Kunden des Versandhauses Leipzig, Forschungsbericht des IfM, 1968 BAP, Außenstelle Coswig, L 102-250, S. 9f.*

Patrice Poutrus

Kurzer Abriß der Geschichte des Goldbroilers

In der menschlichen Erinnerung spielen symbolhafte Begriffe eine wesentliche Rolle. Wie durch ein Kodewort ermöglichen sie dem einzelnen Menschen, vielfältige Erfahrungen und Begebenheiten aus dem eigenen Gedächtnis aufzurufen und lassen so komplexe Bilder der persönlichen Lebensgeschichte entstehen. Zugleich bewirken diese Sinnbilder des Vergangenen auch die Kommunikation zwischen Menschen mit ähnlichen bzw. zeitweise verflochtenen Biographien. Diese Form der Verständigung ähnelt schnell den Unterhaltungen während eines Klassentreffens. Dabei bedarf es oft nur der Erwähnung des Namens von Lehrern oder Mitschülern, und sofort ist es für die Anwesenden möglich, sich über die zurückliegende Schulzeit auf einer gleichen Ausgangsbasis erstaunlich unkompliziert zu unterhalten. Allerdings bleibt eine solche Unterhaltung für die möglicherweise mitgebrachten Eheleute oft rätselhaft und langweilig.

Goldbroiler-Grill im Schaufenster, 1971.

Ohne Zweifel ist der *Goldbroiler* ein solches Symbol in der Erinnerung an das alltägliche Leben in der DDR. Zugleich stellt er für viele ehemalige Alt-Bundesbürger eine absonderliche ostdeutsche Wortschöpfung dar, welche mit der Herrschaftssprache der SED – dem sogenannten DDR-Kaderwelsch – in Verbindung gebracht wird. Die Erklärung des *Goldbroilers* – als ostdeutscher Form des industriell gemästeten und im Elektrogrill zubereiteten Brathähnchens – ist schnell geschehen. Diese Übersetzung erbringt aber noch keine Antwort auf die Frage, warum das gegrillte DDR-Masthuhn solch eine eigentümliche Bedeutung in der Erinnerung der älteren ostdeutschen Jahrgänge besitzt.

Erste Nachforschungen zur Entstehungsgeschichte des *Goldbroilers* haben trotz ihrer Vorläufigkeit ergeben, daß die systematische Beschäftigung mit möglicherweise sentimentalen Lebensbeschreibungen aus dem Alltag der DDR das persönliche Verständnis der „unbekannten Ostdeutschen" erleichtern kann. Zugleich hat sich aber für den Autor schon früh gezeigt, daß die Untersuchung solcher scheinbar historischen Nebensächlichkeiten einen interessanten Einblick in vielfältige Aspekte der gesellschaftlichen Wirklichkeit in der DDR gewährt und so nicht nur persönliches, sondern auch historisches Verstehen der jüngsten Vergangenheit ermöglicht.

Ursprünglich wurde mit dem Namen *Goldbroiler* nicht jenes industriell gemästete Hühnergeflügel bezeichnet. Vielmehr wurden Ende der sechziger Jahre überall in der DDR Grillrestaurants für Geflügel eröffnet, welche diesen Namen trugen. Auch wenn sich der Standort des ersten *Goldbroilers* noch nicht ermitteln ließ, so kann bereits festgestellt werden, daß bis Mitte August 1970 in Ost-Berlin bereits acht solcher „Spezialgaststätten" geöffnet hatten. Die langfristige Planung des Magistrats von Ost-Berlin sah vor, bis 1975 zehn und bis 1980 weitere sieben dieser Restaurants zu eröffnen.

Straßenverkauf von gegrilltem Geflügel, eine Initiative des Konsums, 1963.

Die Goldbroilergaststätten hatten bei der Berliner Bevölkerung einen beachtlichen bis stürmischen Zuspruch auszuhalten. Allein im Jahr 1968 konnten die bereits existierenden „besonderen gastronomischen Einrichtungen" dieser Art ihren Quartalsumsatz verdoppeln. Die DDR-Zeitschrift „Gastronomie" berichtete in ihrer achten Ausgabe des Jahres 1970 über den im Ostberliner Arbeiterviertel Oberschöneweide neueröffneten *Goldbroiler*. Dieses achte Ost-Berliner Geflügelrestaurant hatte täglich(!) von 16 bis 24 geöffnet und machte bei einem Preis von 4 Mark für das halbe Grillhühnchen einen monatlichen Umsatz von 200.000 Mark. Wesentlichen Anteil an diesem Ergebnis hatten dabei die ca. 500 täglich verkauften halben oder viertel Broiler, die in Aluminiumfolie verpackt auch zum Außer-Haus-Verkauf angeboten wurden. In einer anderen Ausgabe der Zeitschrift wurde über eine bereits 1969 zur Ostseewoche in Rostock eröffnete Goldbroilergaststätte berichtet. Dieses Restaurant konnte sogar bis zu 1000 Stück Broiler am Tag verkaufen. Die imposanten Zahlen machten den Autoren in der *Gastronomie* auch deutlich, daß dieses Angebot auf eine unvergleichlich größere Nachfrage als erwartet in der DDR-Bevölkerung traf und sich so die neueröffneten Gaststätten sehr schnell dadurch abnutzten.

Offenbar traf das Angebot an Goldbroilergaststätten in der ostdeutschen Bevölkerung auf einen schon längere Zeit vorhandenen Bedarf. Immerhin hatte schon 1961 in der Ost-Berliner Chausseestraße die erste Grillgaststätte für Geflügel unter dem Namen *Gockelbar* eröffnet. Das Grillhähnchen trug zu diesem Zeitpunkt noch keinen eigenen Namen und kostete sogar nur zwei Mark. Die „gastronomische Neuheit" erreichte mit täglich 650 bis 700 Besuchern bereits einen beachtlichen Zuspruch in der Berliner Bevölkerung. Vor dem Umbau trug dieser Ort der Einkehr den charakteristischen Namen *Der Hammer* und war eine der üblichen und einfachen Berliner Bierkneipen. Zur *Gockelbar* wurde das Lokal dann innerhalb des vom Ost-Berliner Magistrat veranlaßten Rekonstruktionsprogramms für innerstädtische Gaststätten umgebaut. Trotz dieses vielversprechenden Beispiels für die vom Ost-Berliner Magistrat verfolgte Linie des Aufbaus von Spezial- bzw. Nationalitätenrestaurants mußten noch einige Jahre ver-gehen, bis die vergleichbaren Hühnergrillrestaurants mit dem Namen *Goldbroiler* ihren Siegeszug in der DDR antraten.

Andrang in der neueröffneten „Gockelbar" Berlins.

NBI 36/1961, S. 8.

Neue Zuchtmethoden

Verantwortlich für diese mehrjährige Verzögerung und zugleich der Ausgangspunkt für die Neuerung *Goldbroiler* in der DDR-Gaststättenkultur war ein Wandel in der Gesellschaft der DDR, welcher einen Zusammenhang mit der Einrichtung von Brathähnchen-Restaurants kaum erahnen läßt. Unter der Parole „Kampf der sozialistischen Staaten für einen Überfluß an landwirtschaftlichen Produkten und die Erhöhung der Marktproduktion der LPG in der DDR“[1] wurde im Frühjahr 1960 in der DDR die Kollektivierung in der ostdeutschen Landwirtschaft weiter forciert. Die Hinwendung zu neuen Zuchtmethoden war aber auch Anfang der sechziger Jahre sehr nötig. Die unter dem lyrischen Namen „sozialistischer Frühling in der Landwirtschaft“[2] vollzogenen Veränderungen in den Eigentumsformen und Betriebsstrukturen führten in den folgenden Jahren zu einer schweren Versorgungskrise in der DDR. Die Agrarerträge sanken beim gesamten Schlachtvieh auf den Stand vom Anfang der fünfziger Jahre, und die Getreideerträge stürzten sogar unter das Aufkommen der Jahre 1945/46. 1962 nahm die Versorgung so katastrophale Züge an, daß es in Teilen der DDR zu Arbeitsniederlegungen kam. Selbst die sonst für Erfolgsberichterstattung bekannte DDR-Geschichtswissenschaft konnte nicht umhin, dies als Rückschlag in Zusammenhang mit der vollständigen Kollektivierung in der Landwirtschaft einzugestehen.[3]

Einer der ersten Versuche mit der Massentierhaltung, der automatische Hühnerstall in Gräfentonna.

NBI 14/1961, S. 11.

Die ebenfalls vom ZK der SED 1960 beschlossenen Maßnahmen für eine intensivere Geflügelzucht konnten die entstandene Lücke in der Fleischversorgung der Bevölkerung aber nicht schließen. Zwar kam es 1961 zu einer leichten Verbesserung der Schlachterträge bei Geflügel, aber der Preis dafür war eine wesentlich schlechtere Qualität. Durch den erhöhten Druck auf die Erzeuger in den neuen Genossenschaftsbetrieben kam es zu Frühschlachtungen bzw. Anlieferungen von untergewichtigem Lebendvieh, das sich dann nicht absetzen ließ. Auch die Anfang der sechziger Jahre in der DDR-Landwirtschaft verbreitete Auffassung, daß die Umstellung der Geflügelmast auf mechanisierte Großstallungen dazu führen würde, die vorhandenen Versorgungsprobleme zu lösen, erwies sich in der folgenden Zeit als Illusion. Trotz der langsam steigenden Schlachterträge konnte Geflügel zu keinem wirklichen Ersatzprodukt für das weiterhin knappe Schweinefleisch werden. Die Verbrauchszahlen für beide Fleischsorten entwickelten sich mit beinahe paralleler Konstanz und nur langsam nach oben. Trotzdem wurde der Aufbau einer modernen Geflügelmast in der DDR fortgesetzt. Zwei wesentliche Veränderungen bestimmten die weitere Entwicklung:

1. Die Hühnermast wurde ab 1965 ausschließlich mit einer speziellen Züchtung aus verschiedenen Hühnerrassen – dem Broiler – betrieben. Das Studium der zeitgenössischen Fachliteratur zur Geflügelzucht offenbart aber sehr schnell, daß mit dem Auf- und Ausbau von großen Geflügelmastanlagen vor allem das Ziel verfolgt wurde, durch neue landwirtschaftliche Methoden die „vier Hauptfeinde des Sozialismus“ – Frühling, Sommer, Herbst und Winter – auf dem Felde der Bevölkerungsversorgung mit Fleisch zu schlagen. Insbesondere die kurze Mastzeit der Broiler von ca. 50 Tagen und deren Aufzucht in großen Stallanlagen sollten dazu führen, daß in Zukunft unabhängig von der Saison geschlachtet werden konnte. Es wurde erwartet, in kurzer Zeit bedeutende Fleischerträge erzielen zu können.[4]

2. Der Aufbau der für den Broiler entwickelten neuen Mastanlagen wurde nicht mehr innerhalb der noch jungen Genossenschaften angestrebt. Es entstanden Staatsbetriebe, die wiederum zentral in der VVB Industrielle Tierproduktion zusammengefaßt wurden. In diesen Großkomplexen wurden Mastanlagen, Schlacht- und Kühlbetriebe sowie eigene Vertriebsorganisationen und ein Forschungsinstitut vereinigt. Für die Versorgung der DDR-

Hauptstadt wurde unter der Leitung des Ost-Berliner Magistrats aus den im Brandenburger Umland befindlichen Geflügelmastbetrieben eigens die VVB Industrielle Tierzucht Berlin (ITB) gebildet.

Der Name des „Mischlings“ Broiler verweist zugleich auf das nordamerikanische Vorbild dieser Spezialzüchtung – to broil steht im Englischen für grillen – und auch auf die positive Eigenschaft des Broilerfleisches, das eben schnelles Garen am Grill ermöglicht. Offenbar konnte in der DDR des Jahres 1965 öffentlich noch nicht eingestanden werden, daß die Entwicklung des Broilers auf westeuropäische bzw. amerikanische Zuchtentwicklungen zurückzuführen war. Pflichtgemäß wurde in der *NBI* im Februar 1965 in einer Reportage zur Arbeit des Forschungsinstituts für Geflügelwirtschaft Merbitz berichtet, daß die hier entstandene Zuchtentwicklung Broiler auf das Vorbild der Großen Sowjetunion zurückginge. Was die Ursache für diese Behauptung war, läßt sich hier nicht aufklären. Der einschlägigen DDR-Fachliteratur zur Geflügelmast kann dies jedenfalls nicht entnommen worden sein, denn dort wurde sowohl im Verbrauchsvergleich und in der Zuchtforschung immer wieder auf westeuropäische und westdeutsche Tendenzen verwiesen. Sowjetische Erfahrungen spielen keine Rolle. Dies ist auch deshalb bemerkenswert, weil der Aufbau von industriellen Geflügelmastanlagen in der Landwirtschaft der DDR einem Trend in der Fleischerzeugung in der Landwirtschaft der kapitalistischen Bundesrepublik entsprach.

Die VVB Industrielle Tierzucht Berlin hatte nach ihrer Gründung mit erheblichen Problemen zu kämpfen. So brachte es die Massentierhaltung von Hühnergeflügel mit sich, daß neue Tierseuchen ausbrachen und erhebliche Umweltprobleme durch die Entsorgung der riesigen Stallanlagen entstanden. Weiterhin führte die Schlachtung der Tiere nach Maximalgewicht zu Absatzschwierigkeiten, und die unverkäuflichen Schlachtreste konnten nur schwer entsorgt werden. Die Lagerung der geschlachteten Hühner führte zu starken Verlusten, weil die DDR zu diesem Zeitpunkt über keine geeignete Kühltechnik verfügte. Außerdem verursachte mangelhafte Folienverpackung Gefrierbrand und löste kostspielige Reklamationen durch die Handelsbetriebe aus. Auf Grund der vielfältigen Schwierigkeiten in der Geflügelproduktion kam es bis zum Ende der sechziger Jahre zu keinem sprunghaften Anstieg der Erträge, sondern die Leistung der Geflügelmastbetriebe stieg nur allmählich an. 1968 wurden durch zentralen Beschluß in der VVB ITB kompakte Zucht- und Schlachtberiebe gebildet, die Kombinate für Industrielle Mastzucht (KIM). So sollte über eine effektivere Organisation eine wirtschaftlichere Mast und Schlachtung von Hühnergeflügel erreicht werden.

Geflügel in der Tiefkühltruhe, 1971.

Gleichzeitig mit dem Aufbau dieser Geflügelindustrie war man in der DDR auf anderem Wege bemüht, dem entstandenen Mangel in der Versorgung der Bevölkerung zu begegnen. Durch eine ausgebaute gemeinschaftliche bzw. betriebliche Kantinenversorgung sollte erreicht werden, daß sich der private Bedarf der DDR-Bevölkerung wesentlich reduziert, um so den ambulanten Handel entscheidend zu entlasten. In gleicher Absicht war bereits in den fünfziger Jahren der Aufbau von HO-Werksläden betrieben worden, um so bevorzugt die „werktätige Bevölkerung“ mit Mangelwaren zu versorgen. Abgesehen von der illusionären Vorstellung, mit solchen Methoden das westdeutsche Konsummodell abschütteln zu können, veranschaulichen diese Konzepte das erstaunliche Hoffen der Herrschenden, mit wissenschaftlicher Rationalisierung und allgemeiner Standardisierung die alltäglichen Probleme in der Versorgung zu lösen. Für den Ausbau der gesellschaftlichen Speisenversorgung sollte dabei als technologischer Schlüsselschritt die umfassende Verlagerung der Vor- und Zubereitung von Speisen aus den Kantinen und Gaststätten in die Lebensmittelindustrie dienen. Solchen Trends zum Fertigessen entsprach die aufgebaute Broilerproduktion in der DDR. Die industrielle Geflügelmast hatte Ende der sechziger Jahren einen Stand erreicht, der diesen Anforderungen der Versorgungspolitik nachkam. Die „Geflügelproduktion" lag ja von der Aufzucht über die Schlachtung bis zum Versand der ausgenommenen und tiefgekühlten Broiler in der Hand der beschriebenen staatlichen Mastbetriebe. In den erwähnten Planungen zur kollektiven Essenversorgung nahm deshalb der neuentwickelte Broiler einen festen Platz ein. Der Goldbroiler aber verdankt seinen Ruf nicht solchen Versuchen, der schwankenden Lebensmittelversorgung durch eine weiterentwickelte Kantinenkultur in der DDR zu begegnen, sondern der dadurch entstandenen Gaststättenkultur. Der Aufbau der Goldbroilergaststätten und die Belieferung der Kaufhallen mit Tiefkühlgeflügel funktionierte als zusätzliches Angebot für den Lebensmittelkonsum in den privaten Haushalten bzw. Familien.

Der Groß-Broiler

Nach dem so erwirkten Ende der „Schwierigkeiten bei der Bedarfsdeckung" wußte die Zeitschrift „Gastronomie" allerdings von anderen typischen Schwierigkeiten des DDR-Alltags im Zusammenhang mit den neu entstehenden Goldbroilerrestaurants zu berichten. Mit der Eröffnung des ersten Broilerrestaurants im Bezirk Erfurt (vermutlich 1969) – dem Weimarer „Goldbroiler am Theaterplatz" – trat ein anderes dauerhaftes Problem der DDR-Wirtschaft ans Tageslicht: die Qualität der Zulieferung. Der Grund für die Qualitätsprobleme lag aber nicht in der Schlamperei der Züchter, sondern in der Tonnenideologie der DDR-Planwirtschaft. Die Geflügelzüchter erfüllten ihre Planauflagen nach Gewicht pro Tier. Die Gastronomen konnten aber die großen Tiere weder schnell gar grillen, noch die Riesenportionen von bis zu einem Kilogramm Fleisch unter die Leute bringen. Auch war die Fleischqualität dieser Groß-Broiler erheblich schlechter als die der etwas kleineren und jüngeren Schlachttiere. Eine schnellere Klärung dieser Probleme war offensichtlich auch deshalb nicht möglich, weil eine Vielzahl von verschiedenen Institutionen und Betrieben in die Verhandlungen einbezogen werden mußte. Die Aussprachen zwischen allen Verantwortlichen – dem Erfurter Fleischkombinat, der Erfurter HO-Bezirksdirektion, der Abteilung Handel und Versorgung des Rates der Stadt Weimar, der Tierzuchtinspektion, des VEB Geflügelmast und den betroffenen Gastronomen – waren offensichtlich sehr zeitaufwendig. Erst ein Jahr nach der Eröffnung des Lokals gelang es seinen Betreibern, mit dem Erzeugerbetrieb, dem VEB Geflügelmast Weimar, einen verbindlichen Liefervertrag

Fettriefende Großbroiler, 1972.

trag über die für den Handel nötige Geflügelqualität und eine konstante Belieferung des „Endversorgers" abzuschließen.

Nach der Überwindung solcher Anlaufschwierigkeiten wurde die Speisekarte in den Goldbroilergaststätten erheblich erweitert, so daß von der Hühnerbrühe über die gebratene Geflügelleber bis hin zum gefüllten Hähnchenbraten alles angeboten wurde, was sich aus Masthühnern verwerten ließ. Abgesehen von diesen Schwierigkeiten läßt sich schon jetzt feststellen, daß die Einrichtung der Geflügelrestaurants für die Konsumkultur der DDR eine Bereicherung darstellte. Über den Umweg der Bewältigung einer selbstverschuldeten Versorgungskrise erhielt die ostdeutsche Bevölkerung mit den Goldbroilergaststätten ein erschwingliches Restaurantangebot. Damit wurde nicht nur ein zusätzliches Nahrungsangebot über die Direktabnehmer HO-Kaufhallen und Goldbroilergaststätten für die privaten Haushalte in der DDR bereitgestellt, sondern das Essen in „öffentlichen Räumen" zur Alltäglichkeit. Ende der 60er Jahre waren ca. 80 Prozent aller Gaststätten in Berlin einfache Kneipen mit einem beschränkten Imbißangebot, d.h. es gab Bockwurst und Salat. Die vorhandenen Restaurants waren teure Spezialitätengaststätten, die von den Berlinern nur zu besonderen Anlässen aufgesucht wurden. Daher eröffnete der *Goldbroiler* erstmals für breite Bevölkerungsgruppen die Möglichkeit, in einem Restaurant in vergleichsweise gehobener Atmosphäre zu speisen. Damit entfaltete sich auch ein begrenztes Maß an bürgerlicher Lebensweise.

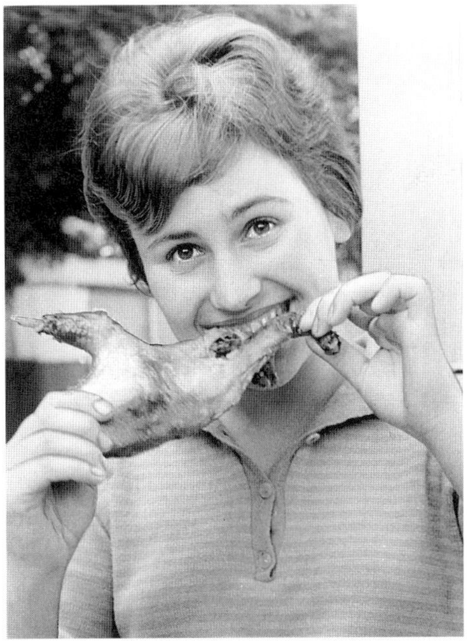

Brathähnchen als gehobener Imbiß, 1964.

Allerdings spielte dieser Aspekt in der öffentlichen Werbung für das neue Produkt *Goldbroiler* keine Rolle. Vielmehr wurde immer wieder betont, daß Mastgeflügel im Vergleich zu Schweinefleisch einen wesentlich geringeren Fettanteil besitze und deshalb von „hoher Bedeutung" für eine gesunde Ernährung in der sozialistischen Gemeinschaft sei.[5] Dieser Zusammenhang zwischen dem veränderten Fleischangebot und der propagierten Notwendigkeit zu Veränderungen im Fleischverbrauch für eine gesunde Ernährung der Bevölkerung läßt eine erstaunliche Parallele zur westdeutschen Entwicklung erkennen. Dies ist deshalb hier von Bedeutung, da der Vergleich mit der Bundesrepublik für die Herrschenden in der DDR immer eine bedeutende Größe war, auch deshalb, weil die damalige Bevölkerung der DDR ihre Erwartung auf zunehmenden Wohlstand – auch nach dem Mauerbau – von der westdeutschen Entwicklung ableitete. Dieser Umstand und die Tatsache, daß dieses neue Angebot Ende der sechziger Jahre in eine Periode steigender Reallöhne und der verringerten Wochenarbeitszeit fiel, läßt den *Goldbroiler* als so ein anschauliches Symbol für das Entstehen einer relativen Normalität im Lebensalltag in der DDR erscheinen.

So betrachtet bietet die Beschreibung der Entstehungsgeschichte des *Goldbroilers* schon im ersten Anlauf vielfältige Einblicke in das alltägliche Leben in der DDR. Die persönliche Erinnerung des Zeitgenossen liefert den Einstieg in die vergangene Lebenswirklichkeit. Ähnlich wie es ein Archäologe bei näherer Betrachtung von alten Bruchstücken vermag, Rückschlüsse über die Entwicklungszustände untergegangener Epochen zu ziehen, kann es für den Zeithistoriker über diesen Ausgangspunkt möglich werden, vielfältige Auskünfte über die Gesellschaft in der DDR zu erhalten.

[1] *Walter Ulbricht auf der 8. Tagung des ZK der SED, 30. 3 bis 2.4 1960, Berlin (DDR) 1960, S. 3 ff.*

[2] *Vgl. Christoph Kleßmann, Zwei Staaten, eine Nation. Deutsche Geschichte 1955–1970, Bonn 1988, S. 315 f.*

[3] *Siegfried Prokop, Übergang zum Sozialismus in der DDR. Entwicklungslinien und Probleme der Geschichte der DDR in der Endphase der Übergangsperiode vom Kapitalismus zum Sozialismus und beim umfassenden sozialistischen Aufbau (1958 – 1963), Berlin (DDR) 1986, S. 224.*

[4] *Oberweite entscheidet. Broiler kontra Blaue Ritter, in: NBI 20/1965, S. 20 f.*

[5] *AGRA-Landwirtschaftsausstellung der DDR Markleeberg (Hg.): Goldbroiler und Ei, Karl-Marx-Stadt 1970, S. 2 f.*

Cordula Günther

„Präsent 20" – Der Stoff, aus dem die Träume sind.[1]

Der Stoff, aus dem die Träume sind? Ein Freund kommentierte den Untertitel dieses Beitrages so: „Wohl eher der Stoff, aus dem die Alpträume sind." Wir haben es bei *Präsent 20* offenbar mit einem Produkt zu tun, das ambivalente Erinnerungen, Reaktionen und Bewertungen auslöst. Ich bin bei meinem Untertitel geblieben, und habe dafür meine Gründe. *Präsent 20* war eine Stoff-Neuentwicklung, die zum 20. Jahrestag der DDR eingeführt wurde. Der Name weist darauf hin: Es sollte ein Geschenk der Partei- und Staatsführung an die konsumbedürftige Bevölkerung und gleichzeitig eines der Werktätigen der Textilindustrie an die Partei- und Staatsführung für den „Gabentisch der Republik" sein. Die Textilie wurde nach dem neuen Großrundstrickverfahren hergestellt. Sie verkörpert heute wie kaum ein anderes Produkt den Traum der DDR von der wirtschaftlichen Eigenständigkeit, Unabhängigkeit und Überlegenheit, vom „Überholen ohne einzuholen". Es ist ein Erzeugnis, in dem Produktgeschichte und Propagandageschichte eng miteinander „verstrickt" sind, bei dem man mit jedem Polyester-Faden Masche das gesamte System in der Hand hat mit seiner Verquickung von wirtschaftlichem Erfolg und Systemkonkurrenz, seinen hausgemachten wirtschaftlichen Entwicklungswegen und Abwegen.

Mit *Präsent 20* verbindet wohl jeder DDR-Bürger eine persönliche Geschichte. Es muß in der 10. Klasse, also ungefähr 1970 gewesen sein, als meine Freundin ein hellblaues ärmelloses Minikleid mit dazugehöriger Schlaghose besaß, ein sogenanntes „Hosenkleid". Diese Kombination hatte sie aus dem Westen bekommen, und sie zog sie an, wenn wir ins Jugendklubhaus der FDJ zum Tanzen gingen. Es war ein besonders edles Stück, das auch mir sehr gefiel Der Einnäher teilte mit, es bestehe aus *Trevira 2000* – etwas ähnliches hatte man bei uns bis dahin nicht gesehen. Wenig später, wohl noch im selben Jahr, hingen in unserem Kinderkaufhaus, in dem wir damals mit 16 Jahren noch einkauften, völlig neuartige Kleider: großgeblümte Minikleider in rosa-hellblau-gelben Eisfarben. Ich hätte gern so ein Kleid gehabt, bekam es aber nicht, weil es mit 90 Mark zu teuer war. Meine Freundin hingegen durfte sich eines kaufen. Ich war neidisch und fand das ungerecht, wo sie doch schon das „Hosenkleid" hatte. Um so größer war mein Interesse an dem Kleid. Das Material war offenbar das gleiche wie bei dem besagten hellblauen Hosenanzug, nannte sich aber *GRISUTEN-textur*. Ich erinnere mich an die „Fachgespräche", die ich darüber mit meiner Freundin führte. Ob das Kleid die Bezeichnungen *Großrundstrick* oder *Präsent 20* trug, weiß ich nicht mehr genau. Wahrscheinlich habe ich ihm diese Kategorien nachträglich zugeordnet.

Andere Erinnerungen gehören in die späten siebziger und achtziger Jahre, sie betreffen dunkelblaue und dunkelbraune Kostüme, die in großen Mengen das realsozialistische Straßenbild bevölkerten. Diese Kleidungsstücke standen immer etwas steif vom Körper ab; ein Aufenthalt in ihrer Nähe war häufig mit der Wahrnehmung eines spezifischen Schweißgeruchs verbunden. Die Kleidung hatte die Neigung zu elektrischer Aufladung, was vor allem beim Laufen mit langen Röcken problematisch werden konnte, weil das Material an den Beinen klebte. Der vollsynthetische Griff der Erzeugnisse aus *Präsent 20* beleidigte den Tastsinn und widersprach jeder Erfahrung, wie sich Stoff eigentlich anzufassen hat. Das Material wies bei längerem Gebrauch häufig bauschige, vollelastische Ziehfäden auf. Auch in Gaststätten traf man den Stoff an. Stuhlbezüge, Vorhänge und selbst Tischdecken bestanden aus braunem, ockerfarbenem oder weinrotem Großrundstrick – eine Rundumausstattung oder wirklich eine Art Alptraum. Man könnte fast meinen, *Präsent 20* hieß so, weil es in der DDR bis zu ihrem Ende, also 20 Jahre lang „präsent" war. Wie wurde aus dem anfangs begehrten Produkt ein Artikel, den man nicht mehr sehen konnte? Wie wurde aus dem anfänglichen Traum der Alptraum?

Trevira-Kleid aus dem Westen: „Damenkleid, zweiteilig. Hier zwinkert Wencke in die Kamera. Sie ist von diesem Kleid entzückt, weil's mit seinen geometrisch angeordneten Kontraststreifen ganz der neuen Modelinie im Courrèges-Stil entspricht. Aus hochveredelter Chemiefaser, in aktueller Leinenstruktur; beide Teile auf Taft. Kanten mit Vlieseline unterlegt. Reizende Zierpatten. Bleu. DM 79,50."

Spar-Versandhaus-Katalog Frühjahr/Sommer 1966, S. 31.

Weltspitzenleistung

Blättert man Modezeitschriften oder Versandhauskataloge aus der DDR von 1969 und vom Anfang der siebziger Jahre durch, so fällt auf, daß viele Kleidermodelle die Bezeichnungen „Großrundstrick" oder „Großrundgestrick" tragen, versehen mit dem Zusatz *GRISUTEN-textur*, 100% Polyester. Nur wenige führten außerdem die Kennzeichnung *Präsent 20* mit dem charakteristischen Schriftzug. In Leipzig gab es bis 1978 einen Industrieladen *Präsent 20*, der Ausgangspunkt unserer Recherchen war. Von dort führen alle Spuren zum VEB Textilkom-binat Cottbus, dem Hersteller von Bekleidung mit diesem Namen. Dies ist der Grund, weshalb nicht alles, was wie *Präsent 20* aussieht, auch *Präsent 20* war: Der Name war den Erzeugnissen aus dem TKC Cottbus vorbehalten und den zum Kombinat gehörenden Konfektionsbetrieben. Die Geschichte von *Präsent 20* ist also zugleich die Geschichte des VEB Textilkombinat Cottbus. Sie beginnt vor 1969, mit dem Fünfjahrplan 1966 bis 1970 und dem Politbürobeschluß von 1968 über den Ausbau der „volkswirtschaftlichen Strukturlinie Polyester". Um diese Produktionslinie verwirklichen zu können, wurde auf der 9.Tagung des ZK der SED 1968 das „Sonderprogramm Cottbus" beschlossen. In dem Beschluß heißt es: „Das Sonderprogramm Cottbus hat für die volkswirt-

schaftliche Entwicklung der DDR große Bedeutung. Mit ihm ist wissenschaftlich-technischer Höchststand im Bauwesen sowie in der Produktion von textilen Flächen und Konfektionserzeugnissen zu erzielen. Bis zum 20. Jahrestag der DDR sind die neuen Erzeugnisse versorgungswirksam zu machen." [2]

Nils. Der Anzug, der aus dem Rahmen fällt. "Präsent 20", ein Rundstrickmaterial aus GRISUTEN-textur. Exklusiv, modern und sicher in Material und Verarbeitung. Es gibt kein Knittern und Beulen mehr, da dieses Gestrick längs- und querelastisch ist. Das Sakko schließt einreihig auf vier Knöpfe. Hochgezogenes Revers mit breitem Fasson, schräge Palettentaschen und Brustleistentasche. Besonders ausgefeilt die Innenverarbeitung: zwei verschließbare Brusttaschen, Kamm- und Bleistifttasche sowie eine Zigarettentasche. Auffallend an der Gürtelhose sind die zwei tiefen, geraden Pattentaschen, zuknöpfbare Gesäßleistentaschen. Farbe: Dunkles Oliv mit braunen Streifen. 340,-"

CENTRUM-Versandhaus-Katalog Herbst/ Winter 1970/71, S. 63.

Am 29.9. 1969 übergab Erich Honecker selbst, damals noch Mitglied des Politbüros, den ersten Abschnitt des Textilkombinats seiner Bestimmung. Dazu gehörte auch eine Strickerei, die bereits seit August an einer Versuchsproduktion von Damenkostümen gearbeitet hatte. „Noch im IV. Quartal wird eine Flächenmenge für 70 000 Damenkostüme und 46 000 Herrenanzüge produziert", heißt es in der Betriebschronik.[3] Bereits auf der Leipziger Herbstmesse 1969 wurde das Konfektionssortiment aus *Präsent 20* vom TKC mit einer Goldmedaille ausgezeichnet. Im Handel werden die Produkte „vorerst in Spezialgeschäften in Cottbus, Berlin, Leipzig und Dresden angeboten", teilte noch im Frühjahr 1970 die Modezeitschrift *Sibylle* mit.[4] Eine Zeitzeugin, die in Leipzig die Eröffnung des Industrieladens *Präsent 20* als Verkäuferin miterlebt hat, erinnert sich, daß die Leute bis unters Alte Rathaus Schlange standen und daß sie immer nur „verkauft, verkauft, verkauft haben", ohne den Laden über Mittag zu schließen.[5] *Präsent 20* war also ein geschützter Name. In den ersten Jahren enthielten die Produkte große und geradezu prächtige Herstellernachweise und waren zusätzlich mit einem Garantiepaß versehen – neben der Markenbezeichnung waren das Messegold, das Chemiefasersiegel, die Signets und Namen der Herstellerfirmen aufgeführt. Die Ursprünge des Markennamens liegen allerdings merkwürdigerweise im Dunkeln. Das betrifft auch den typischen Schriftzug, dessen Urheber bis jetzt noch nicht gefunden wurde. Nach Aussagen des ehemaligen Generaldirektors stand es „schon im Vorfeld" fest, daß das Produkt *Präsent 20* heißen würde, weil es zum 20. Jahrestag „versorgungswirksam" werden sollte. Von da ab „wurde auch der Name publikumswirksam", heißt es heute.[6]

Die Betriebschronik als öffentliche Rechenschaftslegung der Leistungen und Verdienste des Kombinats sagt viel über Anspruch und Selbstverständnis der neuen Produkte: Mehrfach ist von „Weltspitzenerzeugnissen" die Rede, und „Weltspitzenleistungen zu erreichen" war schließlich „Klassenauftrag". Dieser konnte als erfüllt gelten, wenn auf der IX.Bezirksdelegiertenkonferenz der SED bilanziert wurde „das sind Weltrekorde..., echte Pionierleistungen in bezug auf Tempo, Technologie und Qualität".[7] Daß der Weltstand nicht nur erreicht, sondern überboten wurde, war von besonderem propagandistischem Wert: Die Strickerinnen bedienten in der Vorlaufphase der Produktion bereits sechs Großrundstrickmaschinen, später acht. „Der derzeitige internationale Bedienungsgrad liegt bei fünf Maschinen", heißt es dazu in der Betriebschronik. Die Produktion pro Strickerin und Stunde betrug 100 Quadratmeter, der Weltstand lag bei 63 Quadratmetern: „Überholen ohne einzuholen". [8] Was die Chronik verschweigt, was öffentlich nie bekannt werden durfte, ist die Tatsache, daß die Großrundstrickmaschinen BRD-Import waren. Bei ihrer Aufstellung mußten die Firmenschilder entfernt werden, wie der ehemalige Generaldirektor heute berichtet. Eigene Großrundstrickmaschinen wurden zwar in der DDR produziert, entsprachen aber nicht dem international üblichen Produktionstempo und -volumen.

Diese Tatsache zuzugeben, hätte den Absatz von Konfektion mit der Bezeichnung *Präsent 20* als Quasi-Westprodukt sicher noch mehr beflügelt. Sie hätte den propagandistischen Wert der „Weltrekorde" aber wertlos gemacht. Es mußten ausschließlich in der DDR und aus eigener Kraft erzielte Weltrekorde sein. Ich selbst war verblüfft, als ich 1995 von der Herkunft der Maschinen erfuhr, und ich verspürte eine – gewissermaßen verspätete – Verärgerung: Unsere große Errungenschaft *Präsent 20* war ein Etikettenschwindel.

Auch die zu verarbeitende Polyesterseide kam bis 1970 aus der BRD, danach erst aus Guben. Die Färberei bauten Schweizer Firmen, die Texturiermaschinen waren aus Frankreich. Als zynische Reaktion fiel mir nur jener Witz ein, bei dem jemand erklären soll, was der Sozialismus ist: Die Oktoberrevolution war eigentlich im November, Lenin hieß eigentlich Uljanow, naja, und so ist das *alles*... Was bleibt, ist die Schlußfolgerung, daß die eigentliche Leistung wohl bei den Arbeitern lag, die den Bau des Kombinats und die Aufnahme der Produktion innerhalb eines Jahres ermöglichten.

Der Versandhauskatalog des CENTRUM-Versandhauses vom Herbst/ Winter 1970/71 präsentierte *Präsent 20*-Kleidung mit großem Schriftzug auf einer Doppelseite. Ort des Geschehens ist eine Hotelhalle. Ein großer Schrankkoffer, mit dem man gut und gern eine Weltreise machen könnte, wird hereingefahren; die Szene hat internationales Flair. Erst auf den zweiten Blick entziffert man den Schriftzug auf der Mütze des Bediensteten: Es handelt sich um das Hotelfoyer des Interhotels „Panorama". Auch die Kofferaufkleber – deutlich im Vordergrund zu lesen: „Ungarn" – verleihen der Weltreisestimmung einen Dämpfer. Trotzdem bleibt etwas übrig vom Hauch der großen weiten Welt, schon deshalb, weil man DDR-Hotelangestellte selten so beflissen und um den Gast bemüht gesehen hat. Der Gesamteindruck wird aber erst in Kombination mit der sprachlichen Präsentation der Modelle vollkommen. Die Kostüme dieser Seite heißen *Brünn*, *Bari*, *Athen* und *Omsk*.

„Brünn. So schick sehen Sie aus, wenn Sie von der dreiteiligen Kombination Brünn Jacke und Rock tragen. Zusammen mit der gerade geschnittenen Hose, die wir auf Seite 7 abbilden, kaufen Sie mit diesem Modell den Grundstock für ihre Garderobe eines ganzen Jahres. ..."

CENTRUM-Versandhaus-Katalog Herbst/ Winter 1970/71, S. 2.

Die Inszenierung will mir sicherlich nicht nur vermitteln, daß *Präsent 20*-Kostüme und -Anzüge die ideale Reisekleidung sind. Vielmehr geht es hier um den Eindruck von Internationalität, Weltoffenheit, Weltläufigkeit und Weltgewandtheit. Mit dieser Kleidung kann man sich in der Welt sehen lassen. Die Namensgebung der Kostüme und die szenische Umsetzung ihrer Präsentation ist damit eine Art populäre Übersetzung dessen, was im Berichtsdeutsch „Weltspitzenerzeugnisse" und „Weltspitzenleistungen" heißt. Deutlich weniger euphorisch liest sich hingegen der Branchenbericht zur Leipziger Frühjahrsmesse 1970. Unter der Überschrift „Neuentwicklungen aus der DDR" wird mitgeteilt: „Unter dem Motto *Präsent 20* offeriert der VEB Textilkombinat Cottbus ein neues Konfektionssortiment aus der synthetischen Faser *GRISUTEN* texturiert, 100% Polyester...." An einem Ort wie der Leipziger Messe, an dem wirklich internationaler Vergleich möglich war, fiel die Präsentation des neuen Produkts deutlich sachlicher und bescheidener aus. Ein wichtiger Aspekt der Produktvorstellung sind die Trage- und Pflegeeigenschaften des neuen Stoffes. So heißt es in der *Sibylle*: „Seine Vorzüge: er ist leicht, atmungsaktiv, angenehm im Tragen und sitzt immer korrekt. Die Pflege ist äußerst einfach. Und was das Knittern anbelangt, die Gestricke sind dagegen noch unempfindlicher als Gewebe gleichen Materials." [9] In einem Garantiepaß, der in den Anfangsjahren den Kleidungsstükken beigelegt war, heißt es über das erworbene Kleidungsstück, es habe:

„hohe Repräsentationsgüte ausgezeichnetes Formhaltevermögen, einwandfreie Formstabilität, außerordentlich hohe Knitterresistenz, Strapazierfähigkeit und Verschleißfestigkeit. Außerdem wird durch den „Stretcheffekt“ ein „optimaler Bewegungskomfort „versprochen.“

Diese ausführliche Darstellung der Produkt- und Pflegeeigenschaften hat einen realen Hintergrund und gleichzeitig einen hohen propagandistischen Wert. Mit den beschriebenen Eigenschaften stehen Produkte aus *Präsent 20* nämlich auf ideale Weise für Berufstätigkeit beziehungsweise für die Vereinbarkeit von Berufstätigkeit der Frau und ihrer Hausfrauenrolle: Fasern aus 100% Polyester erfordern keine aufwendige Pflege. (Nicht von ungefähr wurden auch sehr viele Dienstuniformen aus dem neuen Material hergestellt.) Der Trend zur pflegeleichten Polyesterfaser/Chemiefaser hatte in den sechziger und siebziger Jahren alle Industrienationen erfaßt. Für die DDR mit ihrem Ziel der vollen Berufstätigkeit der Frau war jedoch das Herausstellen der Produkteigenschaften von *Präsent 20* gleichzeitig ein Stück politische Propaganda.

Nischt geändert

Auch im Winter 1974/75 werden im CENTRUM-Versandhauskatalog nach wie vor Kostüme, Anzüge und Kleider aus Großrundstrick angeboten – gemeinsam mit den Thesen zum 25. Jahrestag der DDR und fotografiert vor Großbauten der Chemieindustrie und des Wohnungsbaus. Die Bezeichnung *Präsent 20* wird aber nicht ein einziges Mal mehr verwendet. Der 20. Jahrestag war nicht mehr aktuell, aber dies konnte nicht der einzige Grund dafür sein. Wieso verzichtet der Hersteller, der allein diese Produktbezeichnung führen darf, auf eine eingeführte Markenbezeichnung? Nach Informationen des von 1973 bis zum Ende des Kombinats amtierenden Generaldirektors habe man durch die anfänglich großen Erfolge des Polyesterprogramms und von *Präsent 20* im Ministerium für Leichtindustrie „völlig den Boden unter den Füßen verloren“: „Es wurde dann die Linie herausgegeben, nur noch Großrundgestricke auf Polyesterbasis zu produzieren.“ Wer auf die Idee kam, die traditionelle Gewebeherstellung zu erhalten oder zu modernisieren, „der war fast im Range eines Staatsfeindes“. Es kam dazu, daß der „Umfang der Gestrickproduktion ins Uferlose gesteigert wurde“, weil auch andere Betriebe auf Gestrickproduktion umrüsteten mit dem Resultat, „daß das nicht mehr angenommen wurde“. Man habe völlig mißachtet, daß Großrundgestricke aus Polyesterseide immer nur einen Abschnitt aus dem Gesamtbedarf bestreiten können. Dagegen stand die allgemein übliche Praxis: „Was Bedarf ist, das wurde beschlossen. So. Und jeder hatte sich danach zu richten.“

Die längst nicht mehr am echten Bedarf orientierte Produktion führte zu einer Überversorgung mit *Präsent*-Produkten, während Sortimente aus anderen Fasern und Herstellungstechniken fehlten. „Und damit wurde im Prinzip das Großrundstrick verteufelt, abgewertet“, schätzt der ehemalige Direktor heute ein. Im Kombinat selber hatte diese Situation verschiedene Konsequenzen: „Wir haben dann wirklich am Erzeugnis geforscht, und versucht, ... den alten Begriff ‘Präsent 20’ aus den Köpfen rauszukriegen.“ Aus diesem Grunde habe man sich bewußt entschieden, die Begriffe *Präsent 20* oder *Großrundgestrick*, Ausdrücke aus „der Zeit der Euphorie“, wegzulassen. Das war „Eigeninitiative“ des Kombinats und kein zentraler Beschluß. Die Folgen beschreibt der ehemalige Generaldirektor so: „Nachdem eben diese Euphorie sich gelegt hatte, da war dann Ruhe im Busch. Da hat sich dann auch zentral niemand mehr drum gekümmert. *Dann* war's Sache der Basis, die konnte dann auslöffeln, was weisungsgemäß ... befolgt worden war.“ Aber trotz aller Umbenennungen, Verbesserungen und Weiterentwicklungen konnte die Situation nicht grundlegend geändert werden: „Die ganzen Versuche haben nischt daran verändert, daß eben das Gesamtvolumen der Gestrickproduktion viel zu groß war." [10]

Die erwähnten Weiterentwicklungen und Verbesserungen von *Präsent 20* stellen die letzte Etappe seiner Entwicklungsgeschichte dar. Sie lassen sich anhand eines Filmdrehbuches dokumentieren, das zum zehnjährigen Jubiläum von *Präsent 20*, also 1979, in der Abteilung Werbung und Messen des Kombinats entstanden ist. Als Auftraggeber wird die Großhandelsdirektion Textil-und Kurzwaren, *grotex*, genannt. Der Informationsfilm heißt „10 Jahre „Präsent" und beginnt mit den Sätzen: „10 Jahre Präsent-Oberbekleidung – 10 Jahre bewährte Qualität... Eine bewährte Qualität mit neuem Warengesicht, das sind Erzeugnisse, die dem Trend zur naturhaften Optik entsprechen." Als erste Neuentwicklung wird der sogenannte *Präsent-spoon-look* vorgestellt, der ein „gesponnenes Aussehen" hat und einen „wolligen Griff". Wenn es in Jacquardbindung angeboten wird, hat es „ein gewebeähnliches Aussehen". Die zweite Neuentwicklung nennt sich *Präsent-flanell.* Über diese Qualität heißt es „Die Oberfläche und der Griff gleichen denen von leichten Wollflanellen." Die dritte neue Qualität heißt *Präsent jersey-ripp.* Mit dieser Erzeugnisgruppe „im Cord-Nadelcordcharakter stellen wir ihnen eine echte Erweiterung und Bereicherung des Sortiments vor".

Man ahnt, wie es weitergeht. Auch die letzten drei Produkte *Präsent-effekt, Präsent-composé* und *Präsent-mouliné* zeichnen sich durch Be- und Verarbeitungsraffinessen aus, die „zu einem naturhaften Oberflächenbild führen" oder sich durch „ein naturhaftes Warenbild" auszeichnen. Natureffekte wie „Baumwoll- oder Leinennoppe" oder „Effekt Kanin" waren möglich. Trotz aller versprochener Natureffekte handelte es sich bei den neuen Qualitäten immer noch um Produkte aus 100 % Polyesterseide (mit geringen Beimischungen von Wolle oder anderen Fasern). Verzwirnt und verzwirbelt, aufgerauht und geschmirgelt, mit Effektgarnen systemverstrickt, bleiben der synthetische Charakter und die mit ihm verbundenen Trageeigenschaften voll bestehen. Bezeichnendes Detail: Alle Passagen, die den Neuentwicklungen „guten Feuchtigkeitstransport" bescheinigten, sind im Drehbuch ersatzlos und von Hand gestrichen. [11] Es geht hier nicht darum, wirkliche Produktverbesserungen lächerlich zu machen, immerhin wurde durch sie eine größere Vielfalt in Erscheinungsbild und Angebot erreicht. Aber alle Verbesserungen konnten sich in diesem Zeitraum nur im staatlicherseits vorgeschriebenen Rahmen der Weiterproduktion von Großrundstrick aus 100% Polyester bewegen. Sie konnten also nur aus der Not eine Tugend machen. Wenn auch in diesem Zusammenhang wirklich international neue Verfahren entwickelt wurden, so haftete ihnen doch der Beigeschmack der Ersatzproduktion an: Ein Stoff, der aussieht wie Nadelcord, aber keiner ist, kann den Käufer, der vergeblich Nadelcord sucht, kaum zufriedenstellen.

Ebenfalls im Jahr 1979 erschien eine Festschrift des Kombinats zum 30. Jahrestag der DDR, der die Leistungsfähigkeit der Betriebe demonstrierte. Wenn über den Stammbetrieb vermerkt wird, daß seit 1969 über 150 Mill. qm Großrundstrick gefertigt wurden und die Produktionsparameter bereits im ersten Jahr des Bestehens um 30% überboten wurden, so liest sich das nicht nur wie eine Erfolgsbilanz. Das gilt auch für einen Satz, der in dem Jubiläumsband sowohl als stolze Produktionsbilanz, gleichzeitig aber auch als Dilemma der Großrundstrickproduktion zu lesen ist: „Jedes zweite Kostüm und jeder dritte Anzug aus der Produktion unseres Betriebes prägt heute die Bekleidungsmode in unserer Republik." [12] Das dürfte die eingangs gestellte Frage, wie aus dem einstigen Traum ein Alptraum werden konnte, hinreichend beantworten.

Der gute Anzug

Nach Karl Marx erhält jedes Produkt „den letzten finish" erst in der Konsumtion. Die Konsumtion ist der Akt, durch den das „Produkt Produkt" wird.[13] Lassen wir also abschließend die Verbraucher zu Wort kommen. Nach einem Aufruf in der Leipziger Volkszeitung liegen uns Meinungen von Verbrauchern von *Präsent 20* vor, zahlreiche private Zeugnisse seines Gebrauchs wie persönliche Fotos und Kleidungsstücke selbst. Wir sind geradezu von einer *Präsent 20*- Welle überrollt worden. Es sind noch viele Kleidungsstücke aus *Präsent 20* vorhanden, und zwar aus verschiedenen Produktionsetappen, mit der ursprünglichen Kennzeichnung als *Präsent 20* oder ohne. Etliche Kleidungsstücke wurden mit der Begründung gespendet, daß sie sowieso schon lange ungetragen im Schrank hängen, daß sie zu klein oder – weitaus seltener – unmodern sind. Viele Anrufer oder Besucher wollten uns Kleidungsstücke nur leihweise für eine Ausstellung zur Verfügung stellen, denn sie tragen sie zum Teil noch oder wollen sich nicht davon trennen.

Mutter und Töchter anläßlich der Jugendweihe in Präsent 20 gekleidet vor dem Leipziger Rathaus, um 1970.

Bei der Überproduktion von *Präsent 20* ist es nicht verwunderlich, daß noch so viel vorhanden ist. Allerdings muß man genauer hinsehen, wer diese Kleidungsstücke aufgehoben hat oder sogar noch trägt und aus welchem Grund dies so ist. Die meisten Anrufe und Spenden erreichten uns von Leuten, die zwischen Ende fünfzig und achtzig Jahren alt sind (jüngste Meldung: eine 44jährige Frau). Daß sie heute noch über Anzüge und Kostüme aus *Präsent 20* verfügen, hat daher wohl nicht ausschließlich mit dem Produkt zu tun, sondern auch mit Verhaltensweisen, die durch Krieg, Not und Mangelerlebnisse bedingt sind, mit der Lebensmaxime, daß man nichts wegwirft, oder auch mit der Tradition, daß man eben einen guten Anzug hat, der möglichst über Jahre hin halten und tragbar sein soll. Sehr oft sind persönliche Erinnerungen der Grund dafür, daß ein Kleid oder ein Anzug so lange aufgehoben wurden. Besonders Hochzeitsanzüge, aber auch Hochzeitskleider und Jugendweihekleider wurden uns häufig angeboten – oder Fotos von ihnen.

Röcke aus Trevira im CENTRUM-Versandhaus-Katalog Herbst/Winter 1970/71 mit den Namen London, Davos, Palermo und Madura:
„Davos. Das ist die ganz junge Mode! Der flotte Trägerrock aus einer hochwertigen pflegeleichten Chemiefaser mit 70% Polyesteranteil in einer ausgesprochen schönen Farbgebung kann mit vielen Blusen und Pullis ergänzt werden... 38,-."

Stellvertretend für viele Meinungen möchte ich Frau Hoefner aus Leipzig zitieren, mit der ich mich ausführlich unterhalten habe. Ihr Eröffnungssatz lautete: „Wenn's das wieder gäbe, was Herrlicheres kann man sich nicht denken." Sie bekennt sich heute noch zu *Präsent 20* und äußert sich in dem Zusammenhang mehrfach gegen die „Wegwerfgesellschaft": „Was würden die Betriebe machen, wenn die Sachen so lange halten. Die BRD-Betriebe wollen da nicht ran." Denn: „In die Waschmaschine, nächsten Tag früh wieder an. Das war nicht tot zu kriegen... Da brauchten 'Se kein Bügeleisen, das war glatt." Sie habe 45 Jahre in einer Personalabteilung gearbeitet, „da konnten 'Se nicht aussehen, wie aus'm Kakao gezogen.", da brauchte man entsprechende Garderobe. Diese Kleidung sah „immer wie neu" aus, „Freitag gewaschen, Sonnabend wieder an... Von der Leine wieder rein, bei uns ging es um die berufstätige Frau." Auch helle Sachen wurden wieder sauber. „Da sahen sie immer ordentlich aus... Nicht nur, daß es praktisch war, es wirkte auch, Sie konnten damit sehr elegant aussehen." Frau Hoefner hält nicht viel von Baumwolle oder Viskose, u.a. weil man sie bügeln muß. Das einzige , was sie negativ bei *Präsent* anzumerken hat, ist, daß „die synthetische Faser immer etwas wärmer war". (Das war neben den berühmten Ziehfäden übrigens die einzige negative Eigenschaft von Präsent 20, die bei unserer Befragung mehrfach geäußert wurde.) Frau Hoefner schließt das Gespräch ab mit der Bemerkung: „Wir Rentner auf der Bank, da haben wir oft noch Rundstricksachen an."

Diejenigen, die sich überhaupt auf den *Präsent 20*-Aufruf gemeldet haben, sind natürlich nicht seine Gegner, sondern die Befürworter oder Fans. Es handelt sich vor allem um die Generation, die 1969 und später schon voll berufstätig war und die aus diesem Grund die Strapazierfähigkeit, die Waschbarkeit, Knitterresistenz und Bügelfreiheit schätzte sowie ordentliches und korrektes Aussehen. Dies betrifft nicht ausschließlich Frauen, sondern auch Männer, die das „DDR-Stoffwunder" rühmen. Überhaupt, das „Wunder". Viele Aufzählungen von Pflegeeigenschaften gipfeln in der Zusammenfassung „wunderbar". Frau Simon aus Leipzig, deren Mann das Kombinat in Cottbus mit aufgebaut hat, erinnert sich: „Damals hieß es, es soll eine Wunderfaser sein". Ans Wunderbare grenzt auch der Kommentar von Herrn Zinsel aus Leipzig: „Rin in die Waschmaschine, kommt mit Bruch wieder raus." Herr Büttner aus Leipzig hat mit einem *Präsent 20*-Anzug sogar eine Indien-Reise gemacht. Er hat den Anzug im Hotel gewaschen und „am nächsten Tag wieder angezogen". Kommentar: „Ganz Klasse". Herr Leuber aus Grimma bringt die Pflegeeigenschaften wie folgt auf den Punkt: „Gewaschen, auf'n Bügel und fertsch." Herr Erhard bestätigt: „Das war wirklich Ware... Sie können damit schlafen geh'n und steh'n wieder off und können damit weitergehen. Das war'n noch Zeiten."

Was in den Köpfen der Menschen von *Präsent 20* übrig geblieben ist, hat" wenig mit der politischen Propaganda anläßlich des 20. Jahrestages der DDR zu tun oder mit dem Klassenauftrag zu Weltspitzenleistungen. Lebendig geblieben sind mit Leben erfüllte Erinnerungen. Für alle, die sich auf den Aufruf gemeldet haben, gilt der Satz, mit dem Familie Lötsch aus Leipzig uns einen Präsent-Anzug übergab: „Es ist ein Stück Leben." [14]

[1] Erstmals erschienen in Heft 2/1996 der UNIVERSITAS, Zeitschrift für interdisziplinäre Wissenschaft, Wissenschaftliche Verlagsgesellschaft mbH, PF 101061, 70009 Stuttgart.

[2] Betriebsparteiorganisation des VEB Textilkombinat Cottbus-Stammbetrieb (Hg.), VEB Textilkombinat Cottbus. Stammbetrieb. Chronik 1969-1975, Teil I, S. 5.

[3] Ebd., S. 13.

[4] Sibylle. Zeitschrift für Mode und Kultur 4/1970, S. 23.

[5] Interview mit Frau B., Verkäuferin im Industrieladen Präsent 20 von der Eröffnung am 1.11.1969 bis zur Schließung im September 1978.

[6] Interview mit Dr. B., dem ehemaligen Generaldirektor des TKC (1973-1989).

[7] Zitiert nach Betriebschronik Teil I, 1969-1975, S. 9.

[8] Ebd., S. 11 und 13.

[9] Sibylle. Zeitschrift für Mode und Kultur 4/1970, S. 22.

[10] Alle zitierten Äußerungen stammen aus einem Interview mit Dr. B., dem ehemaligen Generaldirektor des TKC.

[11] Alle zitierten Passagen stammen aus dem Drehbuch von Lerbs/Kaden, Informationsfilm 10 Jahre Präsent, VEB Textilkominat Cottbus, Direktionsbereich Werbung und Messen. Brandenburgisches Landeshauptarchiv.

[12] Festschrift zum 30. Jahrestag der DDR. (ohne Titel), Cottbus 1979. Text zum VEB Textilkombinat Cottbus-Stammbetrieb, o.S.

[13] Karl Marx/Friedrich Engels. Werke, Band 13, Berlin 1956 f., S. 623.

[14] Alle zitierten Passagen stammen aus persönlichen Gesprächen bzw. Telefonaten mit Verbrauchern von Präsent 20, die sich auf einen Zeitungsaufruf hin als „Spender" oder Zeitzeugen meldeten. Die Gespräche wurden hauptsächlich im September 1995 geführt.

Anja Dähmlow und Viola Härtel

„Verreisen kann jeder, Zelten ist Charaktersache“

Mobilität setzt Transportabilität voraus: Das Zelt im Motorradanhänger ist der letzte Schrei, 1963.

„Das ist das neue in stark öl- oder salzhaltigem Wasser lösbare auf Champoon-Basis aufbauende Waschmittel 'Camping'. Dieser kleine PVC-Beutel reicht für 6 Liter Wasser.“ 1962.

Urlaub und Tourismus waren auch in der DDR erst ein Thema, nachdem die Nachkriegszeit mit den Hauptproblemen Ernährung, Wohnen und Arbeit überstanden war. „Verreist“ sind die Menschen in dieser Zeit wahrscheinlich eher aus Notwendigkeit – etwa, um sich auf dem Lande Lebensmittel zu besorgen. Jedenfalls konnten sie es sich auch zeitlich nicht leisten, im großen Stil um des reinen Vergnügens willens wegzufahren. 1965 erst wurde schrittweise die Fünf-Tage-Arbeitswoche eingeführt und der Grundurlaub auf 15 Tage angehoben. Die Menschen sehnten sich nach entbehrungsreicher Zeit nach „Normalität“ und einem kleinen bißchen „Wohlleben“.

Der zunehmenden Reiselust der Bevölkerung kam man von staatlicher Seite entgegen: 1956 wurden erstmals gesetzliche Rahmenbedingungen für Zelten und Camping geschaffen. Die Verwaltung der Plätze, die vorher durch die Gemeinden bzw. die Försterei oder durch Privatpersonen erfolgte, wurde nun zentral geregelt. Zusätzlich wurden für die Nutzung der Zeltplätze einheitliche Gebühren erhoben, wobei es sich nur um Groschenbeträge handelte. Im Jahre 1957 wurde das staatliche Deutsche Reisebüro gegründet und der Beschluß über die Entwicklung des Jugendherbergswesens und zur Förderung der Jugendtouristik gefaßt. Preiswerte, „organisierte“ Ferienplätze wurden vom FDGB angeboten und über die Betriebe verteilt. Camping, als individuelle Möglichkeit zum Reisen, erlebte in den sechziger Jahren einen enormen Aufschwung. Es wurde gefördert, weil es die propagierte „naturverbundene, sportlich-aktive Erholung“ als idealen Ausgleich zum „Arbeitsprozeß“ garantierte. Der Trend zum Freizeitwohnen setzte in den sechziger Jahren als Ausdruck neuer Bedürfnisse, eines gewachsenen Freizeitbudgets und eines stabilisierten Lebensstandards ein

„Immer noch zuviele Seefahrer?“ fragte 1967 die *NBI* ihre Leser und griff damit ein Problem auf, das sich bereits gleich zu Beginn der Entwicklung des Camping in der DDR gezeigt hatte: Das mit Abstand beliebteste Reiseziel war die Ostsee. Allein im Jahre 1954 reisten 10.000 Camper an die Küste, 1959 waren es bereits 172.000 und 1970 eine halbe Million. Dieser enorme Zuwachs innerhalb kurzer Zeit erforderte den Ausbau der begrenzten und schnell überfüllten Kapazitäten. Die „See“ wurde selbst den bestausgestatteten Zeltplätzen in anderen Erholungsgebieten der DDR vorgezogen. 1967 wurden die Leser der *NBI* regelrecht gerügt, die Zeltplätze der Mecklenburger Seenplatte – obwohl diese gut bis luxuriös ausgestattet waren – nur zu zwanzig Prozent auszulasten. „Die Bezirksväter scheuen weder Kosten noch Mühen, um ihren Sommergästen einen angenehmen Zelturlaub zu vermitteln...“ und da käme es fast „...einer persönlichen Beleidigung des Vorsitzenden des Rates des Bezirkes gleich“, dieses Angebot zugunsten eines weitaus ungemütlicheren Ostseeurlaubes zu verschmähen . So mußte man sich für einen Zeltplatz in den Küstengebieten ein halbes Jahr vorher bei der Zentralen Zeltplatzvermittlung bewerben.

Camping entwickelte sich in den sechziger Jahren zu einer massentouristischen Größe, die Infrastrukturen erforderlich machte. Insbesondere die Ver- und Entsorgung der Plätze, die Errichtung von Verkaufsstellen, sanitären Anlagen, Spielplätzen, Parkplätzen und Zufahrtswegen stellten ein Problem dar. Der Ausbau der Zeltplätze geschah keinesfalls flächendeckend und gleichzeitig – noch für die siebziger Jahren betonen Zeitzeugen, das bspw. Zeltplätze in der Tschechoslowakei „besser ausgestattet“ waren.

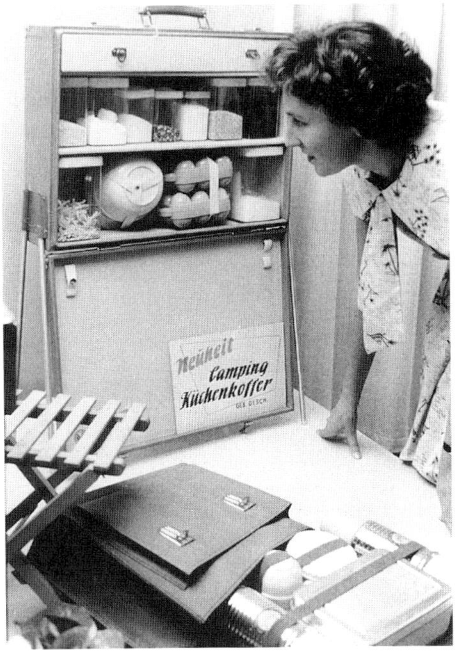

Leipziger Herbstmesse 1960: „Die Firma Karl Bleich, Leipzig, zeigt als Neuheit einen Campingkoffer. Sehr praktisch sind diverse Vorratsbehälter aus Plaste untergebracht. Westdeutsche und Schweizer Kaufleute zeigen bereits großes Interesse für diese Neuheit. Der Preis beträgt 136,00 DM.“

Neu im Sortiment

Oft fanden wir das Camping in schwärmerischem Ton beschrieben, als freiwilligen Verzicht auf Luxus und Zivilisation. Das *Neue Leben* zählte 1965 die häufigsten Argumente für einen Urlaub im Grünen auf: „Zelten ist billig, man ist Tag und Nacht in der Natur, mal was Romantisches erleben, viel Sonne , viel Wasser, viel Sport...“ Unter den Campingfreunden kristallisierten sich drei „Typen“ heraus: die „Dauerzelter“, die „Campingfamilie“ und die Jugendlichen. Der Dauercamper ließ sein Zelt die Saison über aufgebaut stehen, erlebte eine feste Nachbarschaft, fühlte sich für die Zeltplatzgestaltung verantwortlich und verbrachte viel Zeit mit Auf- und Abbau seines „Haushaltes im Grünen“. Der Familienurlauber wurde, wie das Ergebnis einer 1970 durchgeführten Befragung zeigte, oft zum Dauercamper. Dafür wurden präzise Gründe angegeben: erstens der Wegfall der Abhängigkeiten von Gaststätten und Essenszeiten (FDGB), zweitens die Möglichkeit, den Urlaub gemeinsam mit allen Kindern zu verbringen, und drittens war nach der Anschaffung der kostenintensiven Campinggrundausstattung ein Campingurlaub finanziell wesentlich günstiger.

Dies widerlegt die Annahme, daß der Campingurlaub in erster Linie eine „Notlösung für arme Leute“ war. Dafür spricht auch die Tatsache, daß 75% der Camper mit eigenem PKW in den Campingurlaub fuhren, was angesichts des niedrigen Austattungsgrades mit PKW von Bedeutung ist. Die

Leipziger Frühjahrsmesse 1961: „Weiterentwickelt wurde die Camping-Tischgarnitur in Kofferform der Fa. A. Bauch Nachf., Niederwiesa/Sa. Sie wiegt insgesamt nur 10 kg. Im Koffer bleibt außerdem noch genügend Raum für viele kleine Reiseutensilien.“

„Eine runde Rechnung! Junge fortschrittliche Menschen arbeiten für ihre Zukunft. Darum heißt es planen, einteilen, kurz: wohlbedacht und richtig wirtschaften. Alle Wünsche lassen sich nicht auf einmal erfüllen.

Dennoch brauchen Sie auf die Freuden des Lebens nicht verzichten. Ein guter Dienst mit gutem Namen ist Ihnen Freund und Helfer. Für Ferien und Freizeit verleihen wir: Zelte (ab 2,00 MDN) Luftmatratzen (ab 1,00 MDN) Gummitiere (ab 0,50 MDN) Wasserbälle (ab 0,50 MDN) Schwimmflossen (ab 0,50 MDN) Taucherbrillen (ab 0,50 MDN) TT-Empfänger mit Batterie (ab 2,00 MDN) – pro Tag ca. 7,00 MDN."

NBI 23/1966.

Kinowerbung für Campingbedarf.

Freizeitindustrie entwickelte sich in der DDR in den sechziger Jahren als eigenständige Branche zu einer Industrie quer durch alle Industriezweige. Der Camper wurde mit seinen Kaufinteressen zu einem Objekt der Bedarfsforscher, da er mit seinen Kaufwünschen enorme Warenumsätze des Handels verursachte und den Zusammenhang zwischen Konsum und Freizeit auch in der DDR forschungswürdig machte. Dazu kam, daß bei Untersuchungen des Instituts für Marktforschung festgestellt wurde, daß der erste Spargrund bei den meisten Haushalten der Urlaub war.

Nach Zeitbilanzuntersuchungen hatte man schon 1966 festgestellt, daß „75 Prozent der Freizeit inhaltlich mit Hilfe von Konsumgütern und Leistungen ausgefüllt werden". Da der Problematik der sinnvollen Freizeitgestaltung mit Einführung der Fünf-Tage-Woche eine wachsende Bedeutung „zukomme, müsse nach dem zu erwartenden, sich zum Teil beachtlich verändernden Freizeitverhalten" gefragt werden, um diese „marktseitig absichern oder aber lenkend beeinflussen" zu können. 1968 wurde auch der Zusammenhang von Fahrzeugen und „Erholung im Freien" untersucht: Obwohl das Fahrrad in seiner Massenwirksamkeit eindeutig führe, sei der Anteil der Motorräder/Motorroller und PKW für die Freizeitgestaltung mit 86,5 Prozent am höchsten. Es wurde nachvollziehbar dargestellt, wie der persönliche Besitz eines Fahrzeuges den Anteil der „Erholung im Freien" an der verfügbaren Zeit auf 80 Prozent steigen ließ und den gleichzeitigen Gebrauch anderer Konsumgüter stimulierte.

„Bequemlichkeit ist Trumpf," resümierte das *Neue Leben* in einer Reisebeschreibung, als es die Möglichkeiten, mobil an das Urlaubsziel zu gelangen, beschrieb: „In den Jugendherbergen trifft man noch ab und zu eine Gruppe, aber auf den Parkplätzen konkurrieren ausnahmslos Motorroller, Jawa, MZ mit Trabanten und Wartburg."[1] In der Regel nutzten die jugendlichen Reisenden aber die günstigen Tarife von Bus und Eisenbahn, die schwere Zeltkiste vor sich herschickend. Anfangs fuhren viele noch mit dem Fahrrad, später bedurfte es schon des Fahrdienstes eines Bekannten mit PKW, und schließlich fuhr man mit dem eigenen Auto mehrere Male, „bis alles Zeug draußen war".

Im Jahre 1959 bildete sich eine Messesondergruppe „Wassersport und Camping", an der sich die „gesamte einschlägige Industrie" – die Fahrzeugindustrie, der Maschinenbau, die Lebensmittel- und Fischindustrie sowie der VVB Plastverarbeitung – beteiligen sollten. Gerade für die Plastverarbeitung bot Camping ein interessantes Präsentationsumfeld: Zur Herbstmesse 1959 sollte nach einem Beschluß des Politbüros eine „Ausstellung hochwertiger Konsumgüter aus Chemieerzeugnissen... in Verbindung mit der Ausstellung Camping" organisiert werden.[2] Der Handel bot ein umfangreiches Sortiment an spezifischen Artikeln für den Campingurlaub an. Diese reichten von Zelten in verschiedenen Standards – vom Luxus-Komfort-Wohnzelt bis zum Leichtzelt *Spezi* für anspruchslose Autolose-, die sich auch in ihren Preisen erheblich voneinander unterschieden, über Luftmatratzen, Schlafsäke, Campingliegen, Kochnischen, tragbare Duschen, Picknickkoffer, Rucksäcke, „Campingbeutel", Campingkocher, Geschirr, Reisewaschmittel bis hin zu eigens für den Camper entwickelten Lebensmitteln, wie den vom Konsum auf den Markt gebrachten „Camping-Kuchen" in der Assiette, Tütensuppen, „Pudding ohne Kochen". Auch die Verkäufer des neuen Selbstbedienungsladens „Chemie im Heim" in Berlin vermuteten wegen der saisonbedingt angestiegenen Nachfrage nach Schüsseln, Eimern, Kannen und Geschirr aus Plaste, daß diese Erzeugnisse nicht nur in den Haushalt, sondern auch „in die Wälder wandern". Besonders interessiert standen die campenden Verbraucher also den neuen Kunststoffprodukten gegenüber, deren Gebrauchseigenschaften ihren Ansprüchen entgegenkamen, denn sie waren „leicht, unkompliziert, formschön und preiswert".[3]

Angestrebt wurde die mehrfunktionale Gebrauchsweise von Konsumgütern. Als Messeneuheiten wurden folgende Produkte vorgestellt: der Eierkocher für Camping und Haushalt; ein Schirmzelt, welches zugleich als Sonnenschirm, Campingzelt oder Umkleidekabine genutzt werden konnte, und der *campy*, eine Mischung aus Kocher und Lampe. Auffällig ist, daß vor allem der erhöhte Komfort betont wurde. Campingmöbel wurden nicht nur im „naturnahen" Umfeld ausgestellt (mit Badenixen), sondern erschienen auch im heimischen Ambiente.

NBI 19/1965.

„Steter Tropfen höhlt das Zelt"

Nicht alle diese Neuentwicklungen fanden ihren Weg in die örtlichen Campingausstatter, so hat bspw. niemand je eine „zusammenlegbare Dusche" im Handel gesichtet. Die Camping- und Sportgeräteindustrie entwickelte sich zu einem wichtigen Exporteur: Etwa 60 Prozent der Produktion wurden, wie einer Messeinformation aus dem Jahre 1958 zu entnehmen ist, – in das Ausland geliefert. Daß auch Zelte zumindest zeitweilig „ein Engpaß" waren, darauf deutet ein *NBI*-Artikel hin, in dem ein Zelttuchhersteller für „minderwertige Qualitäten" gerügt wird, die ihm die Zelthersteller trotzdem „reißend" abgenommen hätten. Auch die Bedarfsforscher stellten in ihren Analysen qualitative Mängel bei Zelten fest. Bei vielen Campingwaren stieg die Nachfrage schneller als das Angebot. Und das machte auch den Engpaß noch handelsfähig: besser wasserdurchlässige Zelte als gar keine, denn wenn man Glück hatte, regnete es ja vielleicht auch nicht .

Für den Verbraucher boten sich aber noch andere Wege der Beschaffung an, als den, sich auf das Sortiment der Fachgeschäfte zu verlassen. „Um zu sehen, was es Neues gab oder was man noch brauchen konnte", besuchte man eine Verkaufsausstellung, wie sie im Frühjahr beispielsweise in Berlin-Grünau stattfand. Nicht zuletzt sei der Selbstbau erwähnt: Dachgepäckträger für das Auto wurden selbst zusammengeschweißt und die Autositze mit dem Anbau von Sperrholzkufen zu bequemen Sesseln für das Vorzelt umfunktioniert.[4] Der Konsument war zwar von den öffentlichen Dienstleistungen abhängig, hatte aber die Freiheit, sich seinen „zweiten Haushalt im Grünen" durchaus komfortabel einzurichten, wenn er die entsprechenden finanziellen Mittel besaß. Für Genügsame erwies sich der Urlaub in der Natur als billig und unabhängig von betrieblichen oder staatlichen Verteilungsmechanismen. Für den, der auf Ausstattungsgegenstände wie Campinganhänger, gepolsterte Campingliegen, transportable Fernsehempfänger, ein eigenes Boot und den Eierkocher nicht verzichten wollte, konnte die „Erholung im Freien" weitaus kostspieliger werden als ein gebuchter Urlaub über das Reisebüro.

Maschinist Siegmund W. von der SDAG Wismut mit Trabant in Flessenow am Schweriner See. Zelttyp Palermo (14 Tage 250,-), 1968.

[1] *„Große Freizeit '65", Neues Leben 7/1965, S. 7.*
[2] *Sächsisches Staatsarchiv Leipzig, LMA Nr. 599.*
[3] *Ebd.*
[4] *Practic 5/1970.*

Katrin Wolny

Dinge, die den Alltag schöner machten: Geschenke

„Was ER sich sicher wünscht
Nun, haben Sie, liebe Leserin, schon das Richtige für IHN gefunden? Die Skier oder die Bücher, den Zeitungsständer oder das Strickhemd? Vielleicht den Papierkorb und den Schlafanzug oder aber das Sakko? Es ist doch gar nicht so schwer, ein passendes Geschenk zu finden. Das Angebot ist groß genug, und Sie wissen ja, was ER braucht und welches sein Steckenpferd ist. Wenn Sie aber ein Geschenk selbst basteln (Papierkorb, Zeitungsständer) oder einen Pullover stricken würden, glauben Sie nicht, daß ER sich sehr darüber freut?...“

NBI 49/1960, S. 30.

Was würden Sie sich denn so zu Weihnachten wünschen? Vielleicht freuen Sie sich über ein Geschenk in Form eines Tauchsieders des Typs „RTW 1“ oder über die Doppelkochplatte „Standard“ – nein? Na dann eventuell über eine Mehrzweckdüse für den Omega Staubsauger 70006, über einen Gasherd der Firma Rönsch oder vielleicht über eine Teppichkehrmaschine? Diese und weitere Geschenkideen sind z.T. über 30 Jahre alt und wurden von der Zeitschrift „Guter Rat“ 1965 in ihrer Weihnachtsausgabe empfohlen. Neben vielen anderen Geschenkanregungen, z.B. einem Mixgerät, einem Schnellkochtopf oder „formschönem und zweckmäßigem Aluminiumgeschirr“, gab es auch Tips, wie man diese und andere Geschenke „interessant und auch ein wenig geheimnisvoll“ verpacken kann. In diesem Zusammenhang heißt es: „Oft werden ein schönes Stück Papier oder Band gern noch einmal verwendet, um anderen die gleiche Freude, das Staunen und Neugierigsein zu bereiten...“[1]

Da haben wir also zwei Seiten des Schenkens in den sechziger Jahren in der DDR. Einmal werden Waren bzw. Produkte zu Geschenken, die man nach unseren heutigen Vorstellungen über Geschenke nicht unbedingt „geschenkt bekommen möchte“. Eigentlich konnte jedes Produkt, jede Ware, die es in der DDR nicht oder nur unter Schwierigkeiten zu kaufen gab, zum Geschenk werden. Und das war wahrscheinlich auch die Strategie der Zeitschrift „Guter Rat“, denn alle Produkte, die sie ihren Lesern als Geschenke zu Weihnachten empfahl, waren schwierig zu erwerben und für die damaligen Verhältnisse recht teuer – z.B. kostete ein Mixgerät „unimix junior“ 136,- MDN.[2] Auch die simpelsten Produkte konnten einen besonderen Wert als Geschenk bekommen, wenn man wußte, daß es in jedem Fall viel „Rennerei“, „Schlangestehen“ und Geduld des Schenkenden gefordert hatte, das jeweilige Stück zu besorgen.

Oder aber sie hatten das Geschenk selbst angefertigt. Noch bis in die 70er Jahre hinein war es nicht unüblich, zur Weihnachtszeit den kleinen Mädchen unter irgendeinem Vorwand die geliebte Puppe zu „entführen", um sie neu eingekleidet wieder unter den Weihnachtsbaum zu setzen. Meist strickten Mütter und Großmütter die neue „Kollektion", oder man schneiderte Kleidchen aus Stoffresten. Es bestand also durchaus die Möglichkeit, daß man seine Lieblingspuppe zweimal, in vielen Fällen mehrmals, geschenkt bekam. Manchmal wurde ein Spielzeug schon von den Geschwistern oder Eltern vererbt. Auch Dinge aus Holz oder Elektrospielzeug waren schwer zu bekommen oder teuer. Puppenstuben und Eisenbahnplatten wurden selbst gezimmert, rostige Fahrräder bekamen einen neuen Farbanstrich, alte und defekte Puppen oder Teddies brachte man zum „Puppendoktor" oder verhalf ihnen selbst zu neuem Leben. Kreativität und handwerkliches Geschick waren von Vorteil und in vielen Fällen unumgänglich.

Präsente Marke „Eigenbau" waren nicht selten auf den Gabentischen zu finden und erfreuten sich offenbar großer Beliebtheit. Auch die Zeitschrift „Frau von heute" gab jährlich in den Dezemberausgaben ihren Leserinnen und Lesern praktische Anleitungen, wie sie preiswert und ohne viel Zeitaufwand kleine Geschenke zu Weihnachten anfertigen konnten. So wurden aus dem Silberpapier der Zigarettenpackungen Tannenbäumchen und Sterne gebastelt oder mehrreihige Ketten mit länglichen Perlen aus gedrehtem Papier bunter Umschlagseiten der Illustrierten gefertigt, und aus dem im Handel erhältlichen Fensterleder wurden „schweinslederne" Bindegürtel. Als „kinderleicht" wurden das Batiken von sogenannten Cocktailschürzen und die Herstellung von Platzdeckchen und Servietten aus Zellwolleinen vorgeführt. Alles wurde ausführlich und anhand von Modellanleitungen erklärt.[3] Außerdem versuchten die Zeitschriften Anregungen für im Handel erhältliche Waren zu geben. „Aparte Geschenke für Ihn" könne man im „exquisit"-Laden erwerben, empfahl die „Frau von heute". Da es hier in der Regel nur sehr teure Kleidung, Schuhe und modisches Beiwerk gab, offerierte sie auch preiswerte Geschenke, z.B. „Modeschmuck für jede Frau", zu einem „empfehlenswerten" Preis von 8 bis 20 DM. Und als Anregung für die Ehemänner gab es noch den Tip, daß man Frauen lieber Kosmetik, Kleiderstoff, Modeschmuck, Parfüm oder ein Tuch schenken sollte, anstelle praktischer Haushaltsgeräte.[4]

„Was SIE bestimmt erfreuen wird
Wer bei IHR Weihnachtsmann spielt, hat es noch leichter. Frauen tragen ja ihr Herz auf der Zunge, wenn sie schöne Sachen sehen. Wer gut acht gibt, erfährt so viele Wünsche, daß er sie gar nicht alle erfüllen kann. Sehen Sie, lieber Leser, Sie sind gar nicht darauf angewiesen, Handtücher oder gar einen Kochtopf zu schenken. Obwohl solche praktischen Dinge vielleicht gerne gesehen werden, wenn sie von der Verwandtschaft kommen. Vom Ehemann oder Freund aber läßt SIE sich lieber eine Handtasche schenken, die zum neuen Mantel paßt. Vielleicht auch Schallplatten des Lieblingskomponisten. Und besonders gern sieht eine Frau Dinge, mit denen sie sich schmücken kann. Für IHN natürlich! Aber halt! Übergeben Sie bitte das Geschenk nicht im HO-Papier. Eine originelle Verpackung erhöht die Spannung und wirkt persönlicher."

NBI 49/1960, S. 31.

Anlässe zum Schenken gaben neben den traditionellen Festen die Jugendweihe, der Frauen- und der Kindertag. Besonders häufige und auch beliebte Geschenke zur Jugendweihe waren u.a. Hand- und Geschirrtücher sowie Bettwäsche für die Mädchen, Krawatten, Stofftaschentücher und Socken für die jungen Männer. Alles Dinge, die im großen und ganzen ein Leben lang verwendet werden sollten. Die Erinnerung an schlechte Zeiten und der Bedarf nach durchaus praktischen Dingen mag wohl bei vielen Eltern und Großeltern noch sehr präsent und bestimmend gewesen sein. Da kam es häufig vor, daß der eine oder andere Jugendliche nicht sehr glücklich über zehn Paar Wollsocken, Geschirrhandtücher oder ähnliche „praktische" Geschenke war, weil man sich mit 14 oder 15 Jahren lieber den ersten, unerreichbar

„Weihnachtswünsche erfüllen. Von Herzen Schenken und Freude bereiten kann mehr als tausend Worte sagen. Darum wählen Sie Ihre Weihnachtsgaben mit Liebe und Sorgfalt, wählen Sie Ihre Geschenke vertrauensvoll aus unserem Angebot. Was SIE sich wünscht, was IHN erfreut, wovon die Kinder träumen, das finden Sie im großen Weihnachtsangebot der kontakt-Kaufhäuser und KONSUM-Verkaufsstellen: Hochwertige Industriewaren, modische Bekleidung, praktische Ausstattung und die

schönsten Spielwaren! Moderne Angebotsformen, fachkundige Beratung und unser Kundendienst erleichtern Ihnen den Einkauf.
Sie kaufen gut, Sie kaufen bequem und Sie sparen Zeit, wenn sie bereits heute Ihre Geschenke auswählen. Ihre Weihnachtswünsche – unser Angebot zum Fest! Damit es ein fröhlicher Weihnachtsabend, damit es ein frohes Fest wird – KONSUM. Moderner Handel im Dienste des Kunden“.

NBI 46/1968.

Kinowerbung für Präsentkörbe, um 1960.

scheinenden Lippenstift, Dederonstrümpfe oder ein Kofferradio wünschte. Natürlich gab es derlei „große“ Präsente wie Kofferradios, Fahrräder etc. auch, aber sie waren schon aufgrund des relativ niedrigen Einkommens der Eltern und Verwandten noch nicht so häufig wie Ende der 70er oder in den 80er Jahren. Zum anderen waren große Geschenke zur Jugendweihe und zur Konfirmation noch nicht üblich. Bescheidenheit und Sparsamkeit, die den Alltag der vergangenen drei Jahrzehnte prägten, waren in den Familien bzw. in den älteren Generationen noch tief verwurzelt.

Weihnachten war man besonders darum bemüht, sich und seinen Angehörigen, Freunden und Bekannten das Fest so angenehm wie möglich zu gestalten. Dazu gehörte neben dem Einkauf von Geschenken auch der Erwerb von besonderen Lebens- und Genußmitteln. In den 60er Jahren begann die offizielle Weihnachtszeit in den Kaufhäusern des Konsums und der HO in der Regel ab dem 1. Dezember. Erst wenige Wochen vor Weihnachten kamen die begehrten Schokoladenartikel, Edelbrände und Südfrüchte (zu dieser Jahreszeit meist Apfelsinen und Zitronen) in die Geschäfte. Da der größte Teil der Frauen in der DDR berufstätig war, erwies es sich für viele Familien als schwierig, alle diese begehrten Waren für das Fest einzukaufen, zumal sie meistens nicht in ausreichender Menge und dann noch zu Zeiten verkauft wurden, wo viele Menschen arbeiteten.

Daß selbst der Handel die Weihnachtssaison nicht viel früher als Mitte November plante und sich deshalb meistens mit der sogenannten „Festtagsversorgung“ in einer regelrechten Krisensituation befand, kann man aus den Akten der Abteilung Handel und Versorgung des Rates des Kreises Haldensleben (einem kleinen Grenzkreis im damaligen Bezirk Magdeburg) entnehmen. Aus einem „Informationsbericht über die Versorgung zu Weihnachten“ vom 4.12.1961 geht z.B. hervor, daß „auf dem Sektor Industriewaren noch sehr große Lücken vorhanden sind.“ Es fehlten vor allem „Bettwäsche, Frottierhandtücher, Gardinen, ... Damen- und Herrenwintermäntel und warme Unterwäsche“.[5] 1963 hatte man die Versorgung der Bevölkerung zu Weihnachten schon etwas früher geplant. Aus dem „Operativen Versorgungsplan des Kreises Haldensleben für das IV./1963“ vom 4.10.1963 ist zu entnehmen, daß aufgrund von Vertragsabschlüssen mit dem Großhandel die entsprechenden Sortimente ausreichend sein würden.[6] Es war u.a. „bis Weihnachten ein volles Sortiment an Spielwaren, Wintersportartikeln sowie Fest- und Scherzartikeln zu sichern“.[7] Weiterhin wurde angeordnet, daß eine „Anbietung zusammengestellter Geschenkpackungen an Handelseinrichtungen oder an die Bevölkerung im IV./1963 allen Handelsbetrieben zur Pflicht gemacht werden soll. Jede Verkaufsstelle muß entsprechend ihres Sortiments typische Geschenkpackungen zusammenstellen und anbieten.“[8] Der Handel war also trotz aller Versorgungsprobleme in dieser Zeit sichtlich bemüht, den Bedürfnissen der Kunden zu entsprechen. Ob und wie diese Anweisungen in die Tat umgesetzt wurden, ist leider nicht mehr nachvollziehbar.

1966 wurden schon im August im Kreis Haldensleben für die kommende Weihnachtssaison sogenannte „Vorverkäufe“ und „Tage der Bereitschaft“ für Waren der Winter- und Festversorgung durchgeführt.[9] Die DDR-Bevölkerung war und mußte ständig „auf dem Sprung“ sein, für den nächsten besonderen Anlaß irgendwelche Waren zu ergattern, die man dann u.a. verschenken konnte. So war es nicht unüblich, daß man während des ganzen Jahres nach passenden Weihnachtsgeschenken Ausschau hielt, eventuell ergatterte man bereits im Mai oder September einen schönen Winterpullover oder ähnliches. Im Oktober desselben Jahres erarbeitete die Abt. Handel und Versorgung des Rates des Kreises Haldensleben ein „Programm zur Sicherung der Festtagsversorgung 1966“ aus.[10] Die Versorgungsschwerpunkte lagen hauptsächlich „...in den Sortimenten für die Festtagsversorgung (Geschenkartikel), für die Kinder als auch für die Ersatz- und Zubehörteilversorgung für Elektrische Haus- und Heizgeräte, mechanisches Spielzeug ... usw." Weiterhin sollten neben Sonderverkaufsveranstaltungen, Modenschauen und Schaufensterwettbewerben auch „Wühltische" aufgebaut werden „... für Waren, die durch Einsatz von Handelsrisiko preisgünstig und damit für bestimmte Bevölkerungsschichten interessant geworden sind".[11]

Willkommene Ergänzung waren Verkaufsausstellungen von Kunsthandwerkern. In der Stadt Haldensleben wurden von 1964-1975 jedes Jahr zur Weihnachtszeit vom Stadtmuseum unter dem Titel „Geschmackvolle Geschenke" Hobbykünstler aus der Region eingeladen, um ihre Arbeiten (z.B. Drechsel- und Schnitzarbeiten, Aquarelle oder auch Glasbläsereien aus Lauscha u.ä.) auszustellen, mit dem Ziel, sie anschließend zu verkaufen. Bei der Bevölkerung waren diese Ausstellungen sehr beliebt, da man dort attraktive Geschenke erwerben konnte, die zum Verschicken in den „Westen", zu den dortigen Freunden und Verwandten, geeignet waren. Recht schnell waren alle Gegenstände verkauft und wurden auf Bitten des Museumspersonals nur deshalb nicht gleich den neuen Besitzern ausgehändigt, weil man sonst die Ausstellung schon nach zwei bis drei Tagen wieder hätte schließen müssen.

Über die Geschenke, die man sich in der DDR machte, kann man einiges über das Konsumverhalten der Bevölkerung in den 60er Jahren erfahren, manches ist aus unserer heutigen Sicht allerdings schwer nachvollziehbar. Beispielsweise sollen sogar Kaffee, Salz, Gewürze oder Waschmittel begehrte Geschenke von den Verwandten aus dem Westen gewesen sein, weil diese in der DDR zu den Mangelwaren zählten. Aber das ist schon eine andere Geschichte.

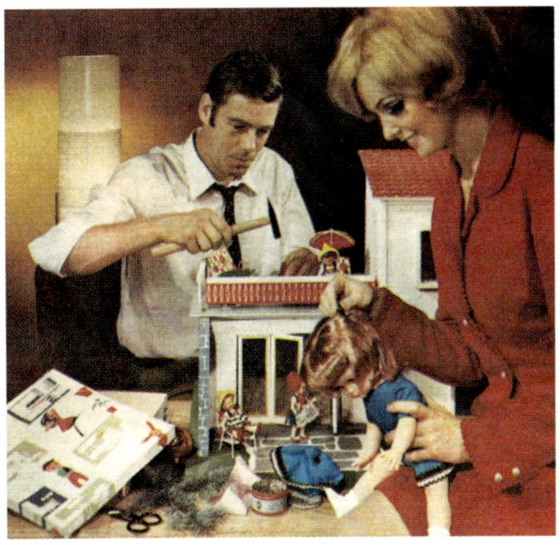

„Das Konsum-Festangebot erwartet Sie! Wünsche erraten, Geschenke auswählen, Päckchen packen – Festtagsvorfreude überall. Es wird gebastelt, gemalt und gestrickt, neue Puppenhäuser entstehen, Kinderträume werden wahr. ... Nur noch wenige Tage trennen uns vom 24. Dezember – wir wünschen allen Konsum-Kunden einen guten Einkauf und glückliche Feiertage. Besser versorgen, rationeller handeln für Dich und unseren sozialistischen Friedensstaat."

NBI 50/1969.

Kinowerbung um 1960.

[1] *Guter Rat 4/1965, S. 13.*
[2] *Archiv des Rates des Kreises Haldensleben, Abt. Handel und Versorgung: Komplexe Versorgungspläne 1963-1966, Nr. 301, unpaginiert. Es wurde u.a. eine ganze Liste von Waren erstellt, die es absolut nicht zu kaufen gab. Dazu gehörten z.B. diverse Elektroartikel.*
[3] *Frau von heute 48/1962, S.12f.*
[4] *Frau von heute 48/1961, S. 22ff.*
[5] *Archiv des Rates des Kreises Haldensleben, Eingabenanalysen 1965-1968, Nr. 291, unpag.*
[6] *Ebd., Nr.301, unpag.*
[7] *Ebd.*
[8] *Ebd.*
[9] *Ebd.*
[10] *Ebd.*
[11] *Ebd.*

Dominique Krössin

Wie mache ich's mir selbst? Die Zeitschrift *practic* und das Heimwerken

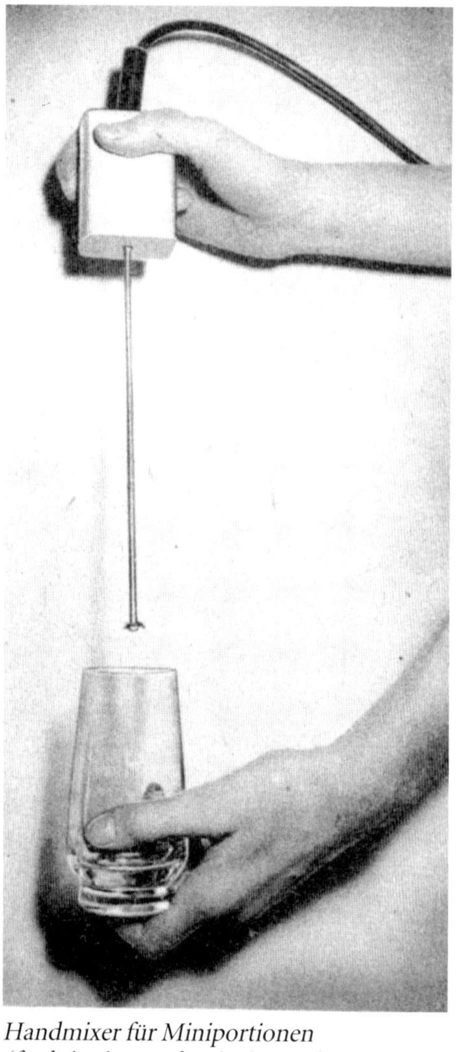

Handmixer für Miniportionen (funktioniert auch mit einem alten Elektrorasierapparat.)

practic 3/1969, S. 139.

„Und das ist nun also wichtig, ja?" fragte mich ein Bekannter, als ich erzählte, daß ich mich freiwillig mit Alltagsgeschichte der Deutschen Demokratischen Republik befasse. Gewiß, das ist kein „heißes Eisen" und verspricht zunächst keine erschütternden Einsichten über die Schrecken des Eingesperrtseins oder die Traumata der „Brüder und Schwestern im Osten". Wirklich sichtbar werden aber bestimmte Arten der Wahrnehmung von Alltag und Beziehungen. Dies zeigt sich in unterschiedlichen Lebensentwürfen genauso wie im variablen Umgang mit den Gegenständen. Auch wenn gerade mit dem häuslichen, quasi alltäglichen Bereich in der DDR oftmals nur negative Assoziationen verbunden werden, wie Mangel, Ärmlichkeit, Disfunktionalität, Kleinbürgerlichkeit, Uniformität, Farblosigkeit und Langeweile, werden in der genaueren Betrachtung sehr differenzierte, individuelle Verhaltensweisen deutlich. Dies betrifft unter anderem – und hier in dieser Untersuchung soll davon die Rede sein – die Aneignung, den Gebrauch und die Veränderung von Produkten der DDR-Konsumgüterindustrie. Wie im „Großen", im Betrieb, so mußte bisweilen auch im „Kleinen", im Privaten, in der Freizeit organisiert und improvisiert, mußten aus Mängeln Tugenden gemacht werden.

Einen Teil dieses Gestaltungswillens dokumentieren Ratgeberzeitschriften wie *Guter Rat* und *practic*. Der *Gute Rat für Haus und Kleid* war die erste Neugründung einer Zeitschrift nach dem Zweiten Weltkrieg, noch vor *Spiegel*, *Stern* und *Zeit*. Die sowjetische Militärverwaltung gab im November 1945 die Druckgenehmigung, und von da an stillte ein kleiner Leipziger Verlag die Sehnsüchte der abgemagerten Nachkriegsdeutschen nach Normalität mit Tips für Anfänger in Friedenszeiten: Die Leser bauten nach Anleitung Kochkisten und sparten Kohlen. Sie schafften Vorräte durch Einwekken und Trocknen. Mit Schnittmustern lernten sie, aus Uniformen Knabenanzüge zu nähen. Sie putzten die abgetragene Bluse mit dem Kragen eines alten Kleides heraus. Wenden, umfärben, Reste verwerten, die hohe Kunst des Improvisierens hat der *Gute Rat* bis tief in die DDR-Zeit hinein gelehrt. Neben den hauptsächlich weiblichen Lesern lasen jedoch auch Männer diese Zeitschrift, denn sie stellte viele der neu auf den Markt kommenden Konsumgüter, vom Staubsauger bis hin zu Werkzeugen und Kloßmehl, vor. Transportable Container für Schallplatten, Beistelltischchen, Regale, Spielzeugkisten – die einzelnen Hefte sorgten mit genauen Bauanleitungen für einen

Ansturm auf die Bastlerläden und kompensierten die Versorgungslücken der Möbelindustrie. Alles funktionierte offensichtlich prima, war praktisch, ohne Kitsch und von stilprägender Kargheit. Die Zeitschrift verstand sich als Vermittlerin „zwischen jenen, die Güter und nachahmenswerte Ideen produziert und ausprobiert hatten, und jenen, denen sie von Nutzen sein konnten. Doch auch in umgekehrter Richtung funktionierte die Verständigung: Wünsche sammeln und weiterleiten und nach Möglichkeiten zu ihrer Befriedigung suchen. In einer Gesellschaft, in der die Betriebe keinerlei existentielles Interesse hatten, Konsumentenbedürfnisse zu befriedigen (oder gar zu produzieren) war eine solche Form der Kommunikation sehr wichtig.“[1]

Die *practic* erschien erstmals 1967 auf dem Markt. Sie traf mit ihrem Angebot von Bauplänen und Basteltips auf eine erwartungsvolle Gemeinschaft von Heimwerkern, die sich inzwischen zu einem eigenständigen Konsumentenkreis mit spezifischen Bedürfnissen entwickelt hatte. Hervorgegangen aus der seit 1958 in der DDR erschienenen Zeitschrift *Modellbau und Basteln*, trat sie mit einem modernisierten Konzept an. Ursprünglich von der 1952 gegründeten *Gesellschaft für Sport und Technik* herausgegeben, sollte Jugendlichen der Zugang zu den Entwicklungen der Militärtechnik und angrenzender Gebiete eröffnet werden. Es wurden vor allem Baupläne von Militärfahrzeugen, Nutzfahrzeugen, Schiffen und Modellflugzeugen vorgestellt. Allmählich weichte die streng militärische Linie durch die Hereinnahme von alltäglicheren Gegenständen, die zum Um- und Nachbau empfohlen wurden, auf, so daß es 1967 gelang, das Profil und das Konzept der Zeitschrift gänzlich zu wandeln. Unter der FDJ als neuem Herausgeber wurde der Verteidigungsbereich herausgelöst. *practic* wurde eine Zeitschrift, die die Leser machten. Die Redaktion hatte die von den Lesern eingesandten Vorschläge zu sichten, zu bewerten, auszuwählen und für die Veröffentlichung zu bearbeiten.

Geschichten wie aus dem ökologischen Bilderbuch

Die Zeitschrift *practic* erschien nun also sechsmal jährlich, mit jeweils 48 Seiten. Das war nicht viel, bedenkt man das enorme Leserinteresse und die zahlreiche Leserpost mit Hunderten von Anfragen, Hinweisen, Tips und Umbau- und Montageanleitungen. Der konzeptionelle Ansatz der Redaktion war darauf gerichtet, die privaten Knobeleien und den Heimwerkerehrgeiz gesellschaftlich nutzbar zu machen, denn „die meisten Leser werden der Feststellung zustimmen, daß jemand, der bastelt und knobelt, die größte Befriedigung bei dieser Arbeit darin findet, wenn er nicht nur schlechthin eine Lösung für ein ihn persönlich interessierendes technisches Problem gefunden hat, sondern wenn in seiner Arbeit Ansätze einer wirklich gesellschaftlich nützlichen Neuerung stecken oder gar eine Erfindung“.[2] Ebenso wichtig war es der Redaktion, ihre Leser und Bastler zur Durchsetzung der wissenschaftlich-technischen Revolution zu motivieren. Dazu war ein Bildungsvorlauf notwendig. Dieser sollte vornehmlich durch die allgemeinbildende polytechnische Oberschule und die dort eingerichteten Arbeitsgemeinschaften geschaffen werden. Daraus ergab sich die Aufgabe, solche Unterrichts- und Lehrmittel, Anschauungs- und Demonstrationsmodelle zu entwickeln, die es gestatteten, den Unterricht mit größerer Anschaulichkeit und Effektivität durchzuführen. Deshalb wurden vor allen Dingen die AG-Leiter und Lehrer/innen der polytechnischen Unterrichtsfächer dazu animiert, ihre Neuentwicklungen und Ideen an die Zeitschrift schicken. Die *practic* veröffentlichte einige davon, so zum Beispiel elektronische Bausteine für die Darstel-

„Die handelsüblichen Mixgeräte sind zum Mixen kleinerer Mengen mehr oder weniger ungeeignet. Ohne größeren Aufwand kann ein Handmixer hergestellt werden, der speziell für Schnellmixgetränke, wie Frucht- und Kakaomilch o.ä., schnell einsatzfähig ist, sich aber ebenfalls sehr gut zum Herstellen von Obst- und Gemüsebrei für Kleinstkinder eignet.
Benötigt wird ein Kleinstmotor mit relativ hoher Drehzahl (sehr gut eignet sich der Antriebsmotor vom alten Trockenrasierapparat BB ...), der mit Kunststoff oder Blech zu verkleiden ist. Die Ankerwelle des Motors wird je nach Bedarf mit einem 4-mm-Rundeisen um etwa 200 mm verlängert. An das untere Ende wird ein M 3-Gewinde geschnitten, das zur Aufnahme des Kreisels dient, der aus 0,5 mm dickem Messingblech gefertigt wurde. Nun braucht nur noch die Wellenverlängerung mit dem Kreisel verchromt zu werden, und das Mixen kann beginnen.“

Ing. K. Hillmann, practic 3/1969, S. 139.

lung von Steuerungsvorgängen, ein Bewertungsgerät für die programmierte Leistungskontrolle und eine elektronische Klangtafel für den Musikunterricht. Durch die vorgestellten Beispiele, Anschauungstafeln und Lernmaschinen sollten Werklehrer, Unterstufenlehrerinnen und (Hort)erzieherinnen dazu angeregt werden, die Angebote der Zeitschrift für ihre unterrichtliche oder außerschulische Arbeit zu nutzen. Doch der eigentliche Schwerpunkt der Zeitschrift verlagerte sich bald hin zum privaten Heimwerker.

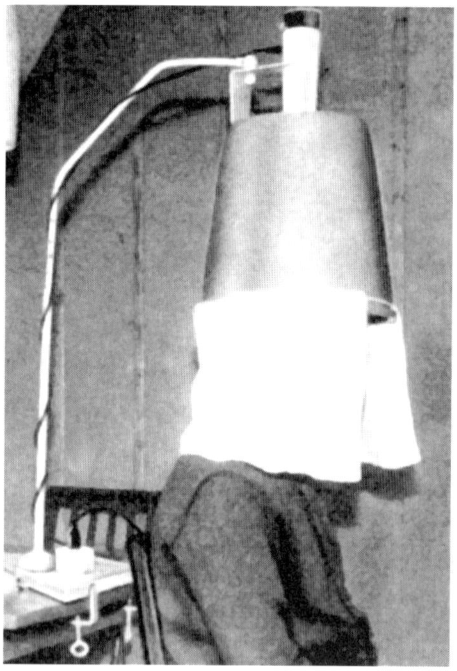

Trockenhaube selbst gebaut. practic 2/1969, S. 93.

Auslösend für das große Bastelinteresse in der DDR waren letztlich Mängel und Engpässe in der Versorgung, geschluderte Produkte und die Disfunktionalität einiger Geräte. Die Heimwerker halfen nach, wo in der Produktion die Motivation und Energie gefehlt hatten. Sie wurden zu Lückenbüßern einer unzureichend durchdachten Konsumgüterproduktion. Improvisation, Nutzung von Ersatzstoffen, die Umnutzung des Ausgangsmaterials und das Funktionstüchtigmachen von Geräten – quasi Recyclingvorgänge wie aus dem ökologischen Bilderbuch – charakterisierten das Tun und Treiben der Bastler. Solches Verhalten würde man heute als Zeichen von modernem ökologischem Bewußtsein deuten, in der DDR-Praxis war es einfach nur die handwerkliche Auseinandersetzung mit Gegenständen und Material, die normalerweise weggeworfen worden wären. Paradoxerweise gelang hier, im privaten Bereich, was in der volkseigenen Industrie nicht durchgesetzt werden konnte: mit möglichst wenig Aufwand an Material und Arbeitszeit ein Endprodukt mit hohem Gebrauchswert zu schaffen. Grundlage dafür war die intensive und findige Beschäftigung mit zur Verfügung stehenden Materialien und Werkzeugen.

Natürlich sind viele Angebote in der Zeitschrift Notlösung und geniale Erfindung zugleich. Die Zeitschrift dokumentiert eine eigenartige Mischung aus vorindustriellen Verhaltensweisen und Modernität. Das eigentliche Ziel, die Durchsetzung der wissenschaftlich-technischen Revolution, geriet dabei ganz in Vergessenheit. Durch die Hintertür wurden im Gegenteil vormoderne Kenntnisse und handwerkliche Fertigkeiten tradiert. Gegenstände, die einer hochmodernen industriellen Serienproduktion entstammten, wurden in der Heimwerkerecke auf traditionelle Weise nachgebastelt. Diese Ambivalenz läßt sich an ausgewählten Gegenständen aufzeigen. Finden sich doch in der Zeitschrift unzählige Beispiele für Nachbauten elektronischer Geräte oder Werkzeuge. So wurde aus dem Rasierapparat *Bebo-sher* ein Bastlerwerkzeug. Dies ist ein typischer Vorgang, ein bestimmtes Gerät durch entsprechende Ergänzungen oder Veränderungen für andere Zwecke nutzbar zu machen. Die überall fortschreitende Kleinmechanisierung hat auch den Bastler nicht unberührt gelassen. Immer wiederkehrende Handarbeiten wurden auf maschinelle Arbeit umgestellt. Der Bau von elektrischen und elektronischen Geräten wurde fast zu einer eigenen Rubrik. Schier unendlich scheint die Pfiffigkeit der Bastler. Schier unendlich scheinen auch die Möglichkeiten, Transistorradios oder andere kleine Rundfunkempfänger herzustellen. Das reicht vom Kleinempfänger bis zum Minitonbandgerät für die Aktentasche – einem Gerät, das als Zweitgerät für ein Heimtonbandgerät mit Aufnahme gedacht war. Dazu wurde von einem Leser auch gleich der selbstgebaute Miniatur-Überspielstecker erfunden und eingesandt. In diesen Gefilden mauserte sich die Zeitschrift zum Expertenblatt. Es finden sich darin so wunderbare Ideen wie ein Mischpult mit Impedanz-Wandler, ein Fernsteuersender mit Si-Transistor in der Sendestufe oder eine Spulenwickelmaschine für Transformatoren, Rund- und Kurzwickelspulen. Mit Sicherheit ist das erste selbstgebaute Transistorradio auch heute noch eine der ersten Fingerübungen für den talentierten Bastler.

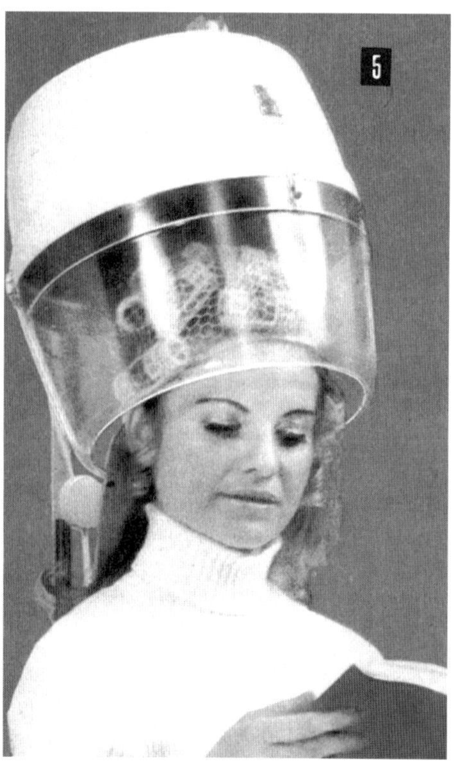

„Heimtrockenhaube, Preis: 175,- M." konsument Versandhaus, 1973, S. 236.

Der Nachbau brachte oftmals noch eine Verbesserung und Optimierung des Ausgangsprodukts, ja es gehörte beinahe zum sportlichen Ehrgeiz, die

Erfindungen und Manipulationen bis ins Extrem auszureizen. Jede Bauanleitung gab Spielraum zur Entwicklung eigener Ideen, sowohl für die Gestaltung der Objekte als auch in Anwendung geeigneter Technologien. Eingesandte Bau- und Schaltpläne mußten von der Redaktion natürlich geprüft und gegebenenfalls nachgebaut werden. Bei besonders gewagten technischen Nach- oder Umbauten oder bei mutigen Manipulationen an technischen Haushaltsgeräten hatten die Redakteure außerdem auf den Arbeitsschutz und die Einhaltung der Sicherheitsbestimmungen zu achten.

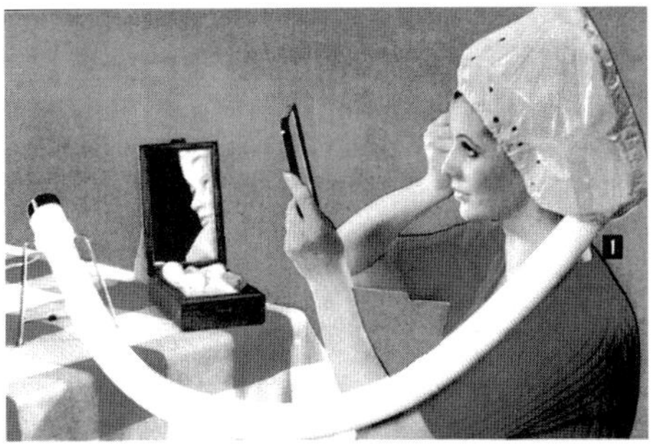

„Haartrockenhaube für die LD 7, Preis: 13,50 M."

konsument-Versandhaus, 1973, S. 236.

Phantastische Erfindungen, märchenhafte Installationen

Aus heutiger Sicht muten die Objekte oftmals komisch an. Die Komik entsteht – darin dem Witz ähnlich – aus der Vereinigung von eigentlich Unvereinbarem. Insbesondere die verwendeten Materialien wirken belustigend: So wurden Alu-Back-formen zum Reflektor umgebaut, aus dem Tee-Ei entstand ein Ventilator und aus einer Seifendose und einem Badeentchen eine Nachttischlampe für Kinder. Mitunter entstanden geradezu phantastische Produkte, märchenhafte Installationen – wie für Ausstellungen geschaffen die jedoch mit Kunst nichts zu tun hatten. Sie waren Ausdruck alltäglicher Lebensbewältigung, und darin liegt zugleich ihre Tragik begründet: Feuchtes Haar beispielsweise begegnet uns in der *practic* immer wieder: „Weil beim Trocknen der Haare mit dem Fön der Arm leicht ermüdet, kann man dafür dieses kleine Hilfsmittel schnell schaffen. Von einem großen Foliebeutel (Verpackung für Hemden, Pullover usw.) wird eine Ecke so abgeschnitten, daß die Öffnung gerade über das Rohr der Luftdusche paßt. Ein Gummiring verhindert das Abrutschen. Nun den Beutel über das Haar ziehen und den Föhn einschalten. Sie werden erstaunt sein, wie schnell das Haar nach der Wäsche trocknet. Wenn Sie dann noch das Fotostativ für die vorübergehende Befestigung der Dusche herausrücken, wird Mutti ganz begeistert sein."[3]

„PVC-Trockenhaube mit Fotostativ-Ständer."

practic 3/1967, S. 138.

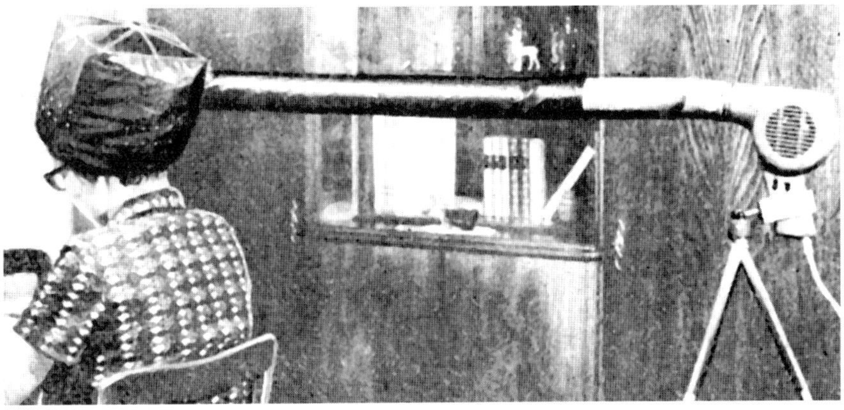

Diese Begeisterung veranlaßte offenbar einen anderen Leser, einen weitergehenden Vorschlag an die Redaktion zu schicken: „Das Haartrocknen mit der PVC-Trockenhaube geschah bei uns meistens mit einigen Experimenten und Provisorien, und schließlich ging es dann doch nicht. Um hier Abhilfe zu schaffen, besann ich mich auf mein Fotostativ, das fast das ganze Jahr ungenutzt im Schrank ruht. Dazu braucht man noch ein Kugelgelenk, um den Fön (Haartrockner) in die richtige Stellung zu bringen. Es mußte nur noch eine Halterung für den Fön angefertigt werden. Ich wählte PVC-Material, das sich leicht verarbeiten läßt. Wie das Foto zeigt, kann das Trocknen der Haare in jeder gewünschten Stellung geschehen. Kinder können auf ihren kleinen Stühlen sitzen, da sich das Stativ für jede Höhe einstellen läßt."[4] 1969 hat die Industrie schließlich das begehrte Objekt hergestellt. Da gibt es von Herrn Siegfried Schramm – einem Leser der *practic* – erneut einen Vorschlag (siehe Marginalie).

All die in der Zeitschrift beschriebenen und vorgeschlagenen Aktivitäten sind im eigentlichen Sinne „sinnvolle" Freizeitbeschäftigungen. Während der Arbeitszeit oder im Betrieb wurde sicher hin und wieder etwas Material „organisiert", aber gebastelt wurde zu Hause. Als Mitte der sechziger Jahre die Fünf-Tage-Arbeitswoche eingeführt wurde, verbanden sich damit Vor-

"Die zur Heißluftdusche LD 7 gelieferte PVC-Trockenhaube hat den Nachteil, daß die heiße Luft nur auf einen Teil des Kopfes trifft und dadurch die anderen Haarteile nicht richtig trocknen. Durch die Herstellung einer selbstgebauten Trockenhaube wurde der gewünschte Erfolg erzielt. In den Boden eines großen Plasteeimers bohrt man ein Loch von 45 cm Durchmesser. Ein Winkelblech, welches auf der einen Seite eine 45-mm-Bohrung, auf der anderen Seite eine halbrunde Aussparung von 55 mm Durchmesser erhält, wird mit der runden Öffnung auf den Boden des Plasteeimers geschraubt. Durch die Öffnung wird der Fön gesteckt, der in der halbrunden

Aussparung nochmals Halt findet. Das vordere Stück des Föns ragt etwa 40 mm in den Plasteeimer hinein. Ein rundes, mit kleinen Löchern versehenes Leitblech verhindert ein direktes Auftreffen der heißen Luft auf den Kopf. Die warme Luft wird gleichmäßig verteilt.
Am unteren Ende des Plasteeimers wird an einem Gummi ein Tuch befestigt, welches auf den Schultern der Person aufliegt. Es verhindert so ein zu schnelles Ausströmen der warmen Luft aus der Haube. Ein Ständer entsteht aus einer hölzernen Fußplatte, in der ein Rohr befestigt wird. In diesem Rohr steckt ein zweites, gebogenes Rohr. Am unteren Ende des gebogenen Rohres werden in gleichmäßigen Abständen etwa 5 bis 6 Löcher gebohrt. Durch Hineinstecken eines Stiftes ist eine Höheneinstellung möglich. Die Verbindung zur Haube erfolgt über ein Gelenk, das von einer alten Stehlampe stammt. Die Fußplatte wird mittels Schraubklammern auf dem Tisch befestigt. Auf ihr wurde eine Steckdose mit einer 4-m-Verlängerungsschnur installiert."
practic 2/1969, S. 93.

stellungen und Bilder vom neuen Leben. Im *Neuen Deutschland* wurde eine Leserdiskussion geführt, die sich der Frage widmete, ob Muße nicht zwangsläufig zum Müßiggang führe oder am Wochenende geistige Leere drohe.[5] Dem Heimwerker bereiteten all diese Fragen keine Probleme. Die Bastleraktivitäten konnten die Freizeit völlig ausfüllen. Zum Grundverständnis des passionierten Bastlers gehörte es, seine freie Zeit dazu zu verwenden, die eigentliche Freizeit vorzubereiten, zu organisieren und zu gestalten. In der *practic* wurde – ganz in diesem Sinne – ein kippbarer Liegestuhl vorgeschlagen, denn der Gipfel der wohlverdienten sommerlichen Faulheit bestünde darin, nicht mehr aufzustehen zu müssen, um ihn in eine andere Lage zu bringen. Vorsorglich wurde auf Versorgungsengpässe hingewiesen. Da stabile Gartensessel im Handel selten angeboten wurden, sollte sich der Bastler, der so etwas für seinen Garten oder Balkon suchte, schon im Winter an die Arbeit machen, um in der warmen Jahreszeit auf neuen Möbeln sitzen zu können.

Betrachtet man die in der *practic* vorgestellten Gegenstände in ihrer Gesamtheit, liegt die Vermutung nahe, daß nur ein bestimmter, vorwiegend männlicher Teil der Bevölkerung der DDR zum Leserkreis der Zeitschrift gehörte. Das betrifft vor allem die Umsetzung der angebotenen Ideen und den Nach- und Umbau der Geräte. Nur vereinzelt finden sich kleine Tips von Leserinnen für den Küchen- und Wohnbereich, Ideen zur Herstellung dekorativer Elemente oder Verkleidungen für den Wohnraum. Wieviel Frauen die angebotenen technischen Vorschläge nachbauten oder anwandten, läßt sich nicht ermitteln. Vermutlich war es eine verschwindend geringe Zahl, zumal die berufstätige Frau in der DDR größtenteils die hausfraulichen Primärtätigkeiten (Wäsche, Einkäufe, Kinder, Essenbesorgung und -zubereitung, Saubermachen etc.) weiterhin übernahm. Dem einigermaßen handwerklich begabten und technisch versierten Mann konnte somit zwangsläufig eine wichtige Stellung im Haushaltsgefüge zukommen, indem er bestimmte technische Geräte, die vom Handel unzureichend in Menge und Qualität zur Verfügung gestellt wurden, gebrauchsfähig machte. Zugleich war Basteltätigkeit glänzend geeignet, sich vor der gleichberechtigten Teilnahme an der Hausarbeit zu drücken. Heimwerkertätigkeit war mitunter sicher auch produktive Arbeit im Rahmen der individuellen Hauswirtschaft und vieler Hausgemeinschaften.

Der Heimwerkerbedarf

„Ich habe die practic gelesen, weil mich die Anleitung, die praktische Umsetzung bzw. die Fertigung bestimmter Dinge interessiert hat. Egal, was das jetzt war. Ob das Sachen waren, die man im täglichen Leben gebraucht hat, Hilfen für Haushalt und Wohnen oder für Garten oder mechanische Dinge, für Fotoarbeiten, in der Schlosserei oder beim Herstellen von Drechselarbeiten, ich habe da vieles nachgebaut.
Auch im Wohnbereich, denn erstens war der Verdienst nicht so hoch, und dann hat es Spaß gemacht – und es hat auch einen Nutzeffekt gehabt. Viele Dinge hat man ja nicht gekriegt, wenn man in den Laden gegangen ist, sondern man mußte erst warten oder suchen oder Beziehungen

Mitte der sechziger Jahre begannen die Heimwerker und Bastler als eigenständige Konsumentengruppe mit einem spezifischen Bedarf auf dem Markt aufzutreten. Die sich neu herausbildenden Verbrauchergewohnheiten wurden nur schleppend vom Handel aufgegriffen. Das haushaltstypische Grundsortiment von Zange, Hammer, Säge und Schraubenzieher war in den meisten Wohnungen vorhanden. Jedoch fragten immer mehr Heimwerker nach Spezialwerkzeugen, nach Bohrmaschinen und elektronischen Bauteilen. Die von vielen Bastlern geleisteten Reparaturen, die von ihnen praktizierte Selbsthilfe lag durchaus im gesellschaftlichen Interesse. Der Handel reagierte mit einem spezifischen Heimwerkersortiment, das in speziellen Geschäften und gesonderten Abteilungen gehandelt wurde. Nach der ersten Kontaktring-Verkaufsstelle „Heimwerker", die Ende der 60er Jahre in Jena eröffnet wurde, folgte der Handel republikweit diesem Beispiel. Einen vorläufigen Höhepunkt bildete 1973 die Eröffnung des Heimwerkerzentrums in der Berliner Markthalle. Diese Verkaufsstelle bot auch einen umfangreichen Katalog an Kundendiensten und Dienstleistungen an, wie zum Beispiel die Vorführung technisch komplizierter Geräte und Werkzeuge und die Erläuterung von Neu- und Weiterentwicklungen, den Zuschnitt von Materialien und einen Ausleihdienst für Werkzeuge und Geräte, ein Angebot, von dem die Kunden regen Gebrauch machten.

Anfang der siebziger Jahre stieg der Bedarf an Heimwerkerartikeln weiter an. Außerdem war ein Strukturwandel bei der Nachfrage bestimmter Sortimente erkennbar. Das zeigte sich unter anderem bei mechanischen Handbohrmaschinen. Eng verbunden mit der DDR-Heimwerkerbewegung ist die unendliche Geschichte der *Multimax*, sprich: Heimwerker-Bohrpistole HBM 250 zum Preis von 125,-MDN. Sie war ein unentbehrliches Liebhaberstück. Man konnte mit ihr drechseln, Hecken schneiden, schleifen oder den Rasen mähen. Bei der Selbstorganisation des Alltags setzten viele DDR-Bürger zwangsläufig ungeahnte Energien frei. Fehlten in der betrieblichen kollektiven Arbeit aus unterschiedlichsten Gründen oft Bestätigung und Erfolg, so konnten im privaten Bereich immer wieder kleine Siege errungen werden. Dies grenzte ab, es machte stolz, es hob heraus. Die alltägliche Lebenswelt blieb, so hatte es den Anschein, immer ein Stück selbstbestimmbar, selbstbeherrschbar, nicht der allgemeinen Gemeinschaftlichkeit und einem indifferenten Wir-Gefühl unterworfen. Und zugleich war der darin zum Ausdruck kommende Rückzug ins Private wohl auch die einfachere, kürzer gedachte, kleinbürgerliche Entscheidung. Vielleicht kommt zum Stolz auf den frisierten und mit verstellbaren Außenspiegeln und Liegesitzen ausgestatteten Trabant 601 auch so etwas wie Einfalt dazu, vielleicht verlor man dadurch den Blick aufs „Ganze", vielleicht vergaß man eben irgendwann, daß der Trabant ein veraltetes und technisch rückständiges Auto ist.

Die „Heimwerkergemeinschaft" hatte sicher auch eine ganz entscheidende soziale Funktion: Tauschgeschäfte zum gegenseitigen Vorteil, gemeinsames Tüfteln im Keller der Hausgemeinschaft und nachbarschaftliches Fachsimpeln über den Gartenzaun – letzteres an sich nichts DDR-Typisches. Doch die besondere materiell-technische Ausgangslage stellte für den DDR-Heimwerker eine echte Herausforderung dar. Die *practic* versuchte Licht an das Ende des Tunnels zu bringen, wenngleich es schließlich doch nur ein matter Kerzenschein war. Offensichtlich tat es gut, festzustellen, daß man mit den alltäglichen Irritationen im fast immer auf eine bestimmte Weise unvollkommenen DDR-Haushalt nicht rettungslos verloren war. Auch darin lag wohl eine Potenz dieser Zeitschrift. Jedem fehlte irgendwann einmal an irgendeiner Stelle irgend etwas, mitunter fehlte auch vielen an vielen Stellen irgend etwas. Und irgendwann hatte irgend jemand eine pfiffige Idee...

Leihgebühr pro Tag für Werkzeuge und Geräte:

Handbohrmaschine „Multimax"	*1,50 M*
Rasenmäher, elektrisch	*3,00 M*
Lötkolben, elektrisch	*0,50 M*
Lötlampe	*0,30 M*
Heckenschere	*0,30 M*
Rohrzange	*0,25 M*
Baumspritze	*0,10 M*

Vom 7. Tag der Ausleihe an wird eine Preisermäßigung von 20% gewährt. Für eine Ausleihe von 14 Tagen gilt die Ermäßigung vom ersten Tage an.

Der Fachberater, 1968.

haben, und wer keine Beziehungen hatte, hat sich selbst geschadet.
Viele Sachen, ob das Holz oder Stahl war, die hat man nicht so einfach gekriegt, die mußte man sich eben besorgen: Man konnte sie auf dem Schrottplatz kaufen für ganz wenig Geld, man mußte nur wissen, was man brauchte und was man daraus machen wollte. Oder auf dem Abriß, auf dem Bau, wenn's größere Sachen waren, und ab und zu hat man auch mal was über die Baustoffversorgung gekriegt. Ja, das ist nun nicht anders... Und Recycling, also SERO war ja bei uns weit ausgeprägter als jetzt das ganze Affentheater. Man hat ja das Fahrrad neu erfunden, wenn man so will.
Einen Teil des Werkzeugs, was zum Beispiel Drechslereisen betrifft, habe ich grundsätzlich selber gemacht. Und einen Teil konnte man sich auch vom Betrieb leihen. Man konnte im Keller was machen. Heimwerkerkeller oder wie das damals so hieß. Und wenn da sieben, acht Mietparteien waren im Haus, da hat der eine hier am Fahrrad gebastelt und der andere dort geschraubt. Und wenn wir alles weggeräumt hatten, dann haben wir auch mal einen abgebissen, da unten. Ich sag das mal so. Da hat der eine das Werkzeug und der andere hat die Bohrmaschine und da einen Zusatz und so ging das.
Schlecht ging's uns nicht. Wir haben weniger gehabt, ja. Wir haben bescheidener gelebt und das, was wir verdient haben, dafür konnten wir uns was kaufen und wenn's nicht gereicht hat, dann hat man eben gewartet, bis man das kaufen konnte. Und das hat auch Spaß gemacht, nicht, weil es uns schlecht ging, es hat Spaß gemacht – ich kann da immer nur von mir sprechen – es hat Spaß gemacht, das alles zu bauen. Und es hat einen Nutzen gebracht. Und der Zusammenhalt untereinander: da hat einer dem andern geholfen. Nicht, um irgendwas zu verdienen, sondern das ist eben ein Zusammenhalt gewesen, den es heute nicht mehr gibt. Der Zug ist weg.

Aus einem Gespräch mit dem practic-Abonnenten Herrn Holz.

[1] *practic 1/1967, S. 5.*
[2] *practic 6/1967, S. 241.*
[3] *practic 6/64, S. 39.*
[4] *practic 3/1967, S. 138.*
[5] *Neues Deutschland 12.8.1967, Wochenendbeilage.*
[6] *Siehe dazu ausführlich den Aufsatz von Gerlinde Irmscher in diesem Band.*

Stefan Pahlke

Warten auf ein Telefon, mit Permanenz und Penetranz

Öffentlicher Fernsprecher in Berlin-Prenzlauer Berg Ende der fünfziger Jahre.

Die Geschichte des Telefons reicht zurück bis in die Mitte des 19. Jahrhunderts. Im Laufe der darauffolgenden Jahrzehnte findet eine stetige Fortentwicklung der Telefontechnik statt. Nachrichtenübermittlung wird einfacher gemacht, Entfernungen können schneller überbrückt werden. Neben der dem Telefon zuwachsenden Aufgabe, die sich entwickelnden Produktionsverhältnisse im 20. Jahrhundert durch schnelle, einfachere Kontaktaufnahme zu unterstützen und neu abzusichern, dem Einsatz des Gerätes in Notfällen (Feuerwehr, Arzt, Verkehrskoordination etc.) und als neues Instrument der Nachrichtenübertragung in den Kriegen unseres Jahrhunderts wird es nach und nach auch zu einem Konsumgut im Dasein immer größerer Bevölkerungsgruppen. Die Trennung von Vertrautem, örtliche Veränderungen können so kompensiert und auch das zumindest telefonische Zusammenführen zerrissener Familien erreicht werden.

Die zunehmende Beschleunigung des Lebens, die steigende Mobilität und die zwingender werdende Abrufbarkeit der Arbeitskräfte erhalten mit dem Telefon ein Mittel, das den sich verändernden Alltag erleichtert. Die sich neu eröffnende Möglichkeit der Telefonnutzung auf Massenbasis ist willkommen und wird zunehmend angestrebt. Der Apparat wird mehr und mehr zum Bedürfnis, da erkannt wird, daß er von Vorteil ist für die Arbeit, für das eigene Wohl, für die schnellere Realisierung persönlicher Wünsche, das Abfragen kultureller und gesellschaftlicher Serviceleistungen.

Die Telefonfrage in der DDR

In den 60er Jahren wird ein Bild vermittelt, in dem der Gebrauch des Telefons alltäglich und normal ist. In Filmen taucht das Telefon als ein selbstverständliches Gut auf, in Presse- und Druckerzeugnissen wird die wichtige Rolle des Telefons im Sozialismus propagiert. „Der Gebrauch des Fernsprechers gehört derart zu den Lebensgewohnheiten der gesamten Bevölkerung, daß das Bedürfnis, diesen Gebrauchsgegenstand näher kennenzulernen, in großem Maße vorhanden ist... Der Fernsprecher wird sich immer mehr ausbreiten. Er wird eines Tages so selbstverständlich zum Haushalt gehören wie das elektrische Licht. Das moderne Leben verlangt nach schnellen Verbindungsmöglichkeiten, auch in der privaten Sphäre. Die Anwendungsmöglichkeiten des Fernsprechers werden sich vervielfachen. Wie viele Dinge ließen sich doch leicht und mühelos erledigen, wenn überall ein Fernsprecher zur Hand wäre und man sofort mit der gewünschten Gegenstelle verbunden werden könnte. Der Fernsprecher wird sich vom Bürozubehör und von seiner schlichten schwarzen Zweckmäßigkeit wandeln zum Gegenstand unserer Kultur und unseres Lebens.“ [1] Daß dies von der Bevölkerung ähnlich gesehen wird, scheint folgendes Beispiel zu bestätigen: Zu Beginn der 60er Jahre werden in einem Neubaugebiet bei Leipzig Bedarfsforschungen durchgeführt, in denen offenherzig von Bewohnern die Gründe für den Telefonwunsch benannt werden: „Test mit 120 Mietern ... Wohl die wenigsten hatten erwartet, daß bei der gegenwärtigen sozialen Zusammensetzung der Bewohner 58% der Haushalte sofort einen Anschluß wünschten. Anzahl der Haushalte: 105, davon Arbeiter 40, Meister/Techniker 7, Ingenieure 15, Verwaltung 23, leitende Angestellte 14, Ärzte 3, Künstler 3 – Durch den persönlichen Kontakt ergaben sich auch Eindrücke, die das Ergebnis verständlich machten... Wir hatten zuerst angenommen, daß gerade durch die Möbelanschaffungen – 80% der Wohnungen waren modern und komfortabel eingerichtet – und die relativ geringe Fernsprechdichte in Leipzig weniger Anschlüsse gewünscht würden. Die Bedenken, daß viele nur einen Anschluß beantragen, weil Anschlüsse noch eine 'Mangelware' darstellen, glauben wir auf Grund der Gespräche zerstreuen zu können. Zweifellos haben auch einige zum Fernsprecher ja gesagt, weil er jetzt ohne Verschandelung der schönen neuen Wohnung möglich ist... Oft sind beide Ehepartner berufstätig, und sie erhoffen sich von einem Fernsprecher eine gewisse Erleichterung. Ein Teil der Arbeiter geht auf Montage und ist nur am Wochenende zu Hause. ... In jedem Haus wurden mindestens zwei Anschlüsse beantragt, in einem sogar acht. ... Auf alle Fälle lassen die Zahlen erkennen, welche Flut von Anträgen uns erreichen wird, wenn die Einwohner in einigen Jahren merken, daß Fernsprecher keine 'Mangelware' mehr sind.“[2]

Wurde im letzten Abschnitt kurzzeitig die Überraschung der offiziellen Stellen über die relativ hohe Anzahl von Telefonanträgen deutlich, so erscheint sie im nachhinein erklärlich. Relativ logisch erscheint mir Das-sich-Verschieben der Bedürfnisstruktur Mitte der 60er Jahre. Die Versorgungsschwierigkeiten zu Beginn dieses Jahrzehnts waren überwunden, die sogenannten Grundbedürfnisse waren weitestgehend abgesichert, durch den Bau der Mauer war vorerst auch eine Konsolidierung der politischen Situation eingetreten – wie immer man diese auch bewerten mag –, so daß es naheliegt, daß neue Objekte auf die Wunschlisten der Bürger traten, die vorher eine vielleicht eher marginale Rolle spielten.

„In unserem Staat dient der Fernsprecher dem sozialistischen Aufbau. Gesellschaftlicher Vorteil und Vorteil des Einzelnen decken sich.. Planmäßig wird das Netz erweitert, um den Nutzen dieses Nachrichtenmittels der Produktion, der sozialistischen Landwirtschaft, dem Handel, den staatlichen Organen und dem einzelnen Bürger zukommen zu lassen.“

"In den kapitalistischen Ländern wird das Fernsprechnetz nur da ausgebaut, wo es sich lohnt. ... Mögen in einigen westlichen Ländern heute noch zahlenmäßig mehr Fernsprechanschlüsse als bei uns vorhanden sein, so ist andererseits ein Heer von Handelsvertretern, Maklern, Agenten und die ganze privatkapitalistische und staatliche Bürokratie Hauptinhaber der Fernsprechanschlüsse; eine riesige aufgeblähte Betriebsamkeit entfaltet sich in dieser Wirtschaftsform letzten Endes auf Kosten der werktätigen Bevölkerung. Es wäre einer besonderen Betrachtung wert zu zeigen, mit welch weitaus höherem Nutzeffekt der Fernsprecher in unserer sozialistischen Planwirtschaft eingesetzt wird.“

Heinz Sternberg, „... ich verbinde“. Ein Buch vom Fernsprecher, Berlin 1961, S. 140.

Die heimliche Angst oder „Können wir doch nicht überholen?“

Im gleichen Zeitraum, in dem Heinz Sternberg noch optimistische Töne verlauten läßt, wird in einer Hausmitteilung der SED jedoch schon folgendes festgestellt: „Gegenwärtig steht die DDR in Europa mit einer Dichte von 6,3 Sprechstellen je 100 Einwohner an 13. Stelle. Westdeutschland lag 1958 mit einer Dichte von 8,8 an 10. Stelle. ... Um Westdeutschland auf diesem Gebiet bis 1965 ein- bzw. zu überholen, wäre im Jahre 1965 der Bestand von mindestens 2,7 Millionen Sprechstellen erforderlich. ... Es fehlen also 1,1 Mio. Sprechstellen, um zu diesem Zeitpunkt die gleiche Dichte zu erreichen wie Westdeutschland.... Die Ziffern des beschlossenen 7-Jahrplanes sehen jedoch bis 1965 lediglich Mittel für eine Erhöhung der Sprechstellen um 425 000 vor.... Aus dieser Gegenüberstellung wird ersichtlich, daß wir Westdeutschland nicht einholen, sondern sich der Abstand in der Periode unseres 7-Jahrplanes noch vergrößert. Da nach unserer Meinung eine solche Entwicklung nicht zugelassen werden kann, möchten wir darauf hinweisen, daß Fragen der Entwicklung der Kabelindustrie in unserer Republik noch größere Bedeutung beizumessen ist.“[3]

Hier wird die Kluft zwischen öffentlichem Anspruch und ungeliebter Wirklichkeit sichtbar, die allen Beteiligten zu schaffen machte. Die Vermutung, daß die Zahl der Anträge steigen würde, erwies sich als richtig. Die Werbung für das Telefon in verschiedenen Medien, die Beobachtung bei Freunden und Bekannten, daß Telefone ab und an auch installiert wurden, sowie der bei nicht wenigen Bürgern vorhandene verstohlene oder offene Blick Richtung Westen zeigten Wirkung. So trifft sich zwei Jahre nach den relativ optimistischen Tönen die Zuversicht mit zunehmender Skepsis, die natürlich produktiv, offensiv und erklärend bewältigt werden will.

Wieso es zu längeren Wartezeiten kommt, kann erklärt werden. Die rasche Telefonverkabelung möglichst vieler Bewerber gestaltete sich schwierig. Bei der Inspektion von FAst (Anmeldestellen für Fernmeldeeinrichtungen) machen zwei „in geheimer Mission" reisende und prüfende Angestellte des Post- und Fernmeldeministeriums folgende Erfahrungen: „Für die FAst ist es nicht immer einfach, ständig zu vertrösten und zu beruhigen, wenn es um den wichtigen Fernsprecher geht. ... Wir wollten für unseren fingierten Chef im Neubaugebiet in Riesa-Weida einen Wohnungsanschluß haben. Da sieht es zunächst schlecht aus. Als wir große Enttäuschung heuchelten, erhielten wir den erfahrenen Rat, sich doch an unsere vorgesetzte Dienststelle zu wenden. ... Die Kollegin H. empfing uns genauso liebenswürdig wie ihre Riesaer Kollegin, obwohl wir ihr unbekannt waren. Sie klärte uns über die schlechte Lage in Meißen mit freien Rufnummern auf, sagte, daß neue Anschlüsse in den nächsten Jahren noch wertvoller als das Meißener Porzellan würden, aber sie versprach uns zu helfen."[4]

Seltenheit macht Eingabe, ist man geneigt zu sagen, wenn man die Mitteilungen der *Deutschen Post* weiterverfolgt. Deren geneigte Leser sehen sich zunehmend in die Lage versetzt, an Erklärungen, Diskussionen und Anweisungen teilzuhaben, die sich darum ranken, was eine Eingabe ist, wie sie zu beantworten sei, welche Bedeutung sie habe und wie sie beantwortet bzw. nicht beantwortet werden solle. Man will die Bürger ernst nehmen mit ihren Anliegen.

Doch knapp 10 Jahre später sind aus den einst als zeitweilige quantitative Mängel bezeichneten Zuständen langfristige quantitative Mängel geworden. Die ausgegebenen Richtlinien versprechen zwar einen demokratischen Umgang mit dem Recht des Bürgers auf Beschwerde und Meinungsäußerung. Diesem hehren Anspruch hinkt man – später wird es deutlicher – jedoch oft weit hinterher. „Die Mühen der Ebene" sind schon etwas deutlicher geworden. Wie legten nun die verschiedensten Individuen, deren Herz sich nach einem Telefon sehnte, den Weg dorthin zurück? Geschimpft, gemeckert wurde über vieles, sicherlich gab es immer etwas, das Anstoß erregte, aber die Gegenstände der Begierde wechselten, so wie sich auch das Leben der Menschen, wenn auch unmerklich in manchen Momenten, stets in Bewegung befand. Wer die Lebensqualität verbessern wollte, begab sich auf die Suche nach möglichen Auswegen. Es wurde durchaus unterschieden zwischen „normalen und ausgefalleneren" Konsumgütern, wobei die Bewertung, wie welches Produkt einzuordnen sei, durchaus unterschiedlich war, was in nicht unwesentlichem Maße auf die Sozialisation, die Ursprungsfamilie und den Ort des Aufwachsens zurückzuführen ist. Was mir auffiel bei der näheren Betrachtung der vielen Ausharrenden in der Telefonwarteschleife, war der fast überall fehlende Verweis auf die bessere Versorgung der Westdeutschen mit Telefonen. Es wurde sicher verglichen, vielleicht gab es mehr oder weniger sichtbaren Neid, aber gegenüber den staatlichen Institutionen ging man anders vor. Der Besitz eines Telefons bedeutete auch, neben größerem Lebenskomfort, eine Bestätigung, sich durchgesetzt zu haben, eine Trophäe im Kampf gegen Langsamkeit und Bürokratie.

Auch in der DDR gab es Telefone, schon immer, aber nicht genügend in ihrer Zahl, um den Bedarf zu decken. So begann das Warten und Fragen. War der Besitz einer solchen Einrichtung notwendig? Wie brachte der DDR-Bürger es fertig, in den Besitz dieses Gerätes zu gelangen, wenn es ihm denn gelang? Warum dauerte es in vielen Fällen so lange, bis sich der Wunsch erfüllte? Wofür waren lange Wartezeiten Ausdruck? Purer Mangel an Rohstoffen und planerische Unzulänglichkeiten? Oder etwa fehlende technische Kompetenzen und Kapazitäten? Schikane und Desinteresse an spontaner Kommunikation untereinander und mit dem Ausland? War es System oder Zufall (oder vielleicht doch der einzelne Beamte), welches(r) entschied, wann dieser oder jener Antragsteller dann nun doch endlich das Klingeln in seiner Wohnung hören durfte.

All diese Fragen sind gegenwärtig, wenn der Versuch unternommen wird, sich näher mit den Möglichkeiten oder Unmöglichkeiten der Kommunikation in der DDR zu beschäftigen, die sowohl über Brief- und Telegrammverkehr als auch über spontanes Besuchen und Nutzung der schon eher vorhandenen Diensttelefone hinausgehen.

Es ist schwierig und kann hier auch nicht vollständig geleistet werden, auf sämtliche erwähnten komplexen Zusammenhänge eine Antwort zu finden, und doch ist es spannend und wichtig, diesen Versuch zu unternehmen. Am wichtigsten erscheint mir aufzuzeigen, welche Strategien von den „Normalbürgern" entwickelt wurden, um zu dem zu gelangen, was sie begehrten, wie sie sich verhielten, wenn dies nicht auf Anhieb, was selten war, klappte. Verschiedene Herangehensweisen existierten nur begrenzt, und doch treten Differenzen auf, die die Heterogenität der DDR-Bürger im Erreichen gesteckter Ziele etwas deutlicher machen. Dazu später Näheres. Schwerer ist die Darstellung der Prinzipien der Verteilung, diese sind nämlich so gut wie kaum dokumentiert oder nur sehr verschlüsselt, sobald man nach anderen Gründen für das Warten als nur nach ökonomisch-rohstofftechnischen sucht.

„Warteschleife"
Im folgenden wird ein Vorgang dokumentiert, in dessen Sprache sich der mentale Zustand der Beteiligten sehr direkt widerspiegelt. Erschreckende Monotonie auf der einen, beißende Ironie auf der anderen Seite.

Antrag eines Bürger auf ein Telefon, dienstliche, gesellschaftliche und private Gründe werden angeführt, Dringlichkeitsbescheinigungen vom Betrieb und vom Rat des Stadtbezirkes beigefügt.
Sechs Wochen später *die Antwort: Das Fernmeldewesen mache Fortschritte und dehne sich aus, aber andere wichtigere Vorhaben hätten Vorrang. Der Wohnbezirk sei im laufenden Perspektivplan nicht vorgesehen, ein etwaiger Termin könne nicht genannt werden.*
18 Monate später *der Antragsteller: Situation für ihn hätte sich verschlechtert, Überprüfung wird erbeten. Er verweist auf freie Nummern, die an Nachbarn neu vergeben werden sollten, was aber nicht geschah. Er würde gerne eine dieser Nummern erhalten.*
Zehn Wochen später *die Antwort: Anschluß könne nicht in Gemeinschaftsanschluß umgewandelt werden, da fehlende technische Voraussetzungen. Erweiterung des Kabelnetzes sei in nächster Zeit nicht möglich, die angegebenen Nummern helfen nicht weiter, da keine freien Schaltwege zur Verfügung stehen. Keine Terminsetzung, Dringlichkeit würde jedoch anerkannt.*
Zwei Jahre nach dem ersten Antrag *Eingabe ans Ministerium durch Antragsteller: Vorwurf, daß keine spürbaren Anstrengungen unternommen würden, um aus dem technischen Dilemma herauszukommen, daß keine Verbesserungen für Wohngebiet zumindest angedacht werden, daß Schaden für die Volkswirtschaft entstünde, wenn die Bürger nicht von ihren Betrieben erreicht werden können, z.B. in Havariefällen, bei Problemen, zu Absprachen, Koordinierungen. Frage, ob wirklich alles gegen die katastrophale Lage getan würde. Aussage, daß ein Monteur auf der Straße gesagt hätte, es seien noch nicht alle Anschlußleitungen besetzt. Wunsch, daß ihm endlich geholfen wird.*

Einen Monat später die ausführlichere Antwort, die viele „Füllwörter" enthält: Endverteiler sei ausgelastet, Erweiterung des Kabelnetzes aus Kapazitätsgründen nicht möglich. Es müßten vorrangig Neubaugebiete versorgt werden sei aus volkswirtschaftlichen Gründen nicht möglich, allen Forderungen nachzukommen. Es wird das gestiegene Leistungsvermögen der Post gelobt, es könne kein Termin genannt werden.
Sechs Monate später *Antragsteller: Er beschreibt wiederum seine Nachteile durch fehlendes Telefon, im Nachbarhaus ist jemand umgezogen, ob er dessen Telefonanschluß bekommen könne?*
Kurze Zeit später *Antwort: Kapazitätsmängel, keine ausreichenden Übertragungswege, kein Termin.*
Eine Woche später *der Antragsteller: Indirekte Beschwerde über immer wiederkehrende Standardargumente, fehlende Antwort in bezug auf frei werdendes Telefon wird beklagt: „Da mir Dringlichkeit des Antrags von ihrer Seite bestätigt wurde, verfolge ich mit Aufmerksamkeit, wie über den frei gewordenen Anschluß verfügt wird."*
Zwei Wochen später *die Antwort: Gleiche Begründungen wie immer, zusätzlich: Anmeldungen mit gleicher und höherer Dringlichkeit müßten zuerst bearbeitet werden.*
15 Monate später *der Antragsteller: „Ein Wunder ist geschehen – in meinem und im Nachbarhaus wurden Anschlüsse verlegt, aber bei mir nicht – Sie werden um eine Antwort nicht verlegen sein, wann versorgen Sie mich mit einem Anschluß?"*
Drei Monate später *die Antwort: Hinweis auf letzten Brief, Sachlage unverändert, kein Termin.*
Vier Monate später *der Antragsteller: Verweis auf mal wieder frei werdende Nummern in der nächsten Umgebung, äußert sich ironisch zu den letzten Antworten: „Wie so häufig machten sie mir keine rosigen Aussichten..."*
Kurz darauf *Antwort: Verweis auf letzten Brief*
15 Monate später *Antragsteller: „Aus gegebenem Anlaß will ich mal wieder nachfragen, es wird ein Anschluß im selben Aufgang frei..."*
Zwei Wochen später *Antwort: Fehlende Übertragungswege, auf Kündigungen hätte man keinen Einfluß. Es gäbe weniger Kündigungen als Antragstellungen, bei der angeführten frei gewordenen Nummer liege keine Veränderungsmeldung vor, kein Termin.*

Das weite Feld des Wartens

Am Anfang war der Antrag. Vorgedruckte Formulare wie auch formlose Anträge wurden angenommen. Danach wurde man „versorgt", oder – worum es hier vor allem geht – es begann die unterschiedlich lange Zeit des Wartens. Der Wunsch nach einem Telefon war ja signalisiert.

In der Hoffnung, gemeinsam überzeugender zu wirken und auf Empfehlung eines Mitarbeiters der Post haben Anfang der 60er Jahre mehrere Bürger zusammen versucht, mit Beharrlichkeit an ihr Ziel zu gelangen. Es forderte Anerkennung und doch schien es etwas halbherzig, da nicht alle ständig an einem Strang zogen. Auch schien immer unterschwellig die Einsicht in die Aussichtslosigkeit eine Rolle zu spielen, wenn Frau S. mir im Interview halb resignierend aus der Erinnerung heraus mitteilte, daß sogar die Ärztin und der Mann mit einem angesehenen Beruf, der aus dem Westen kam, ohne Erfolg blieben und hingehalten wurden.[5] Erst nach 23 (!) Jahren platzte ihr der Kragen insofern, als sie sich an die höhere Dienststelle wendete und beklagt. Sie forderte nicht, aber sie bat eindringlicher. Auszüge aus ihrem Brief an den Staatsrat der DDR, Beschwerdestelle:

„Um die Lebens- und Wohnbedingungen in unserem Gebiet zu verbessern, für sich, aber auch für die Allgemeinheit (z.B. ärztliche Hilfe, Feuerwehr, Polizei) bemühen sich die Bürger seit ca. 23 Jahren vergeblich um die Einrichtung von Telefonanschlüssen durch die Post. Vor 20 Jahren ist das Problem im Perspektivplan der Post aufgenommen worden, ohne daß bisher für uns etwas herausgekommen ist. Die beigefügte Chronologie des Schrift-verkehrs soll unsere Bemühungen verdeutlichen. ... Sind so viele Jahre denn immer noch keine angemessene Frist, um auch für etwas Abseitswohnende die Lebens- und Wohnverhältnisse wenigstens durch Anschlüsse an das Fernsprechnetz ein wenig zu verbessern? Aus dem Verhalten der Post ist erkennbar, daß sie uns stets nur vertröstet und hingehalten hat. Welchen Eindruck erwecken nach sovielen Jahren Wartezeit die Worte wie 'im Perspektivplan aufgenommen', 'Notwendigkeit anerkannt', 'sobald als möglich', 'sind um Herstellung bemüht' in den Bürgern, wenn trotzdem nichts geschieht?"

Abgesehen von den objektiven Umständen, stellt sich die Frage, ob die oben kurz skizzierten Versuche zu vorsichtig , zu wenig fordernd waren, als daß man positiv auf sie reagiert hätte. Welche Varianten gab es denn noch?

Frau K. vielleicht. Von Hause aus war sie daran gewöhnt, ein Telefon zu benutzen. Aus dieser Erfahrung heraus ist es für sie demzufolge kein Luxus, ein Telefon zu besitzen, ungefragt fügt sie in dem Gespräch hinzu, daß der Besitz eines Autos ebenso selbstverständlich sei. 1959 machte sie sich von ihren Eltern unabhängig. Ihr erstes Zögern beim Stellen eines Telefonantrages erklärt sie heute mit Geldknappheit, doch 1961 ist es soweit. Voller Unverständnis reagiert sie auf die erste Absage durch die Post und nimmt das Geschehen selbst in die Hand, hier spielt nebenher Ärger eine große Rolle. Auch sie macht eine Beobachtung, die in den verschiedenen Schriftwechseln und Gesprächen immer wieder mit an die Oberfläche getragen wird – ein Nachbar, der später beantragte, hat vor ihr ein Telefon bekommen. Entrüstung macht sich breit. Sie geht persönlich zum Hauptpostamt in die Tucholskystraße und trägt ihre Nachfrage vor. Lautstark äußert sie ihre Verstimmung darüber, daß ihr Antrag abschlägig bearbeitet wurde und führt zusätzlich ein bisher so noch nicht erwähntes Argument in ihre Rede ein: „Bei ihnen geht's wohl nach dem Parteiabzeichen?" Daraufhin hört sie verblüfft folgendes: „Ja, Sie haben Recht, so kann es nicht sein." Sie wird nach ihrer Adresse befragt und bekommt einen Termin vermittelt zwecks Einrichtung eines Fernsprechanschlusses, nicht mal ein Jahr nach der Antragstellung. Es ist 1962.

Im Nachhinein wundert sie sich noch heute, keinen Ärger bekommen zu haben, staunt über ihre Courage und sagt: „ Ich hatte wohl mit dem Bearbeiter Glück, der war ein Mensch. Ich war total glücklich, daß es damals geklappt hat." Selbstverständlichkeit macht sicherer im Wollen und Auftreten, hier hat es geholfen. Unklar bleibt, warum es hier funktionierte, zumal die Anspielung auf SED-Mitgliedschaft eher einer Vermutung, denn einer Gewißheit geschuldet war. Es war nachweislich nicht so, daß zwangsläufig eine Bevorteilung stattfand, dennoch scheint es nicht völlig abwegig zu sein, da es zu dieser Reaktion kam.

Wenn ein Antragsteller, der potentiell mit SED-Mitgliedschaft aufwarten konnte, dies nicht tat, machte es der Betrieb, der mit Dringlichkeitsbescheinigungen das Warten seiner Kollegen mit verkürzen wollte. So im folgenden Beispiel: „Der Genosse P. ist seit 4 Jahren im VEB BBW als Leitungskader in der Berufsausbildung tätig. Neben mehreren gesellschaftlichen Funktionen (BGL-Mitglied, Schöffe, u.a.) wird er turnusmäßig als Diensthabender (verantwortlich für die Betriebssicherheit in Nachtschichten bzw. an Sonn- und Feiertagen) eingesetzt. Die Wichtigkeit und Aufgaben sind in der Verfügung 25/66 des Ministerrats der DDR vom 4.2.1966 verankert. Der oben genannte Kollege müßte jederzeit telefonisch erreichbar sein. Wir bitten sie hiermit, entsprechend Ihren Möglichkeiten, dem Kollegen Wolfgang P. kurzfristig einen Telefonanschluß zu legen."

Dieser Antrag wird abgelehnt. Der Hinweis auf Parteimitgliedschaft und besondere Funktionen bei der Ausübung der Arbeit beeindruckt nicht. Antwort: „Es ist leider nicht möglich, den Fernsprechanschluß sofort herzustellen, da kein freier Stromweg zur Verfügung steht. Eine Erweiterung des Schaltadernetzes ist für einen späteren Zeitpunkt eingeplant worden. Sollten jedoch durch Aufgabe bestehender Fernsprecheinrichtungen in dem in Frage kommenden Bezirk Anschlüsse frei werden, wird die Einrichtung des Anschlusses entsprechend der Reihenfolge der eingegangenen wichtigen Anträge von uns veranlaßt. Einen Termin, wann der Fernsprechanschluß gelegt wird, können wir ihnen unter diesen Umständen leider nicht angeben." Dies ist ein Antwortschreiben der Deutschen Post, wie sie damals sehr häufig versandt wurden. Dieses Schreiben hätte wohl auch jeder, nicht parteigebundene Antragsteller bekommen können.

Wolfgang P. gibt sich nicht zufrieden mit der Auskunft und entpuppt sich in seinem ersten Beschwerdebrief als Detektiv. Er kann, nachdem er noch einmal auf die Dringlichkeit seines Antrages hingewiesen hat, nicht verstehen, „daß vor kurzem in meiner Wohnnähe drei Telefonanschlüsse gelegt wurden (zwei davon bei alleinstehenden Frauen), wo nach eigenen Nachforschungen keine Dringlichkeit dieser Art vorlag. Ich bitte um eine baldige klärende Mitteilung in dieser Angelegenheit. Mit sozialistischem Gruß P. stellv. Abteilungsleiter."

Auffällig hier die (verständliche) Ungeduld, die gekoppelt ist mit einer schleichenden Entsolidarisierung in bezug auf die älteren Frauen, denen er, hätte er das Telefon, bestimmt den Apparat gegönnt hätte. So aber sind es unliebsame Konkurrentinnen. Jeder ist sich selbst der Nächste... Die Behörden erhören Herrn P. nicht. In späteren Briefen kommt seine Beobachtungsgabe weiterhin zum Ausdruck, bis sich die Inhalte der Anfragen auf ein knappes: „Wann ist es endlich soweit?" komprimieren. Nach den Angaben seiner Frau überlebte der Telefonantrag bei weitem Herrn P. Dieser verstirbt fünf Jahre nach der Antragstellung. Die Witwe erhält 24 Jahre später das eigene Telefon. Auch so kann Warten ein Ende finden. Die Frau hat sich weiter bemüht, hat ihre stoischen, aber beständigen Nachfragen mit Zeitungsartikeln gespickt, die ab und an Besserung versprachen. Wenn neue Verkabelungen angekündigt waren, meldete sie ihren Anspruch an, indem sie fragte, ob nicht

Zwei Wochen später *der Antragsteller: Die Nachbarin mit der frei gewordenen Nummer sei in den Westen ausgereist, Bestätigung von der AWG beigefügt. Am Anfang: „Haben Sie besten Dank für ihre Nachricht vom..."*
Keine Antwort
Zwei Monate später *der Antragsteller an den Minister: Beschwerde über ausgebliebene Antwort betreffs der Nummer der „Westausgereisten", Ärger über Routineantworten, dienstliche Belange seien ohne Telefon stark beeinflußt.*
Kurz darauf *Antwort des Ministers. Weiterleitung an die wie üblich zuständige Bezirkspostdirektion.*
Antwort von dort: Er bekäme das Telefon der Frau, die in den Westen ausgereist ist. Entschuldigung für Nichtbeantwortung eines Schreibens- zur Zeit gäbe es so viele Beschwerden, daß man nicht immer nachkommen könne.
Zwei Monate später *der Antragsteller: Er mokiert sich über das „Melden in nächster Zeit zwecks Legung des Anschlusses in seine Wohnung", hätte in Erwartung der Nachricht Dienstreisen und Abwesenheit aus Berlin vermieden.*
Einige Wochen später erhält dieser Bürger sein Telefon. Eine Eintragung ins Fernsprechbuch erfolgt drei Jahre später, obwohl sein Antrag auf Eintragung ins Fernsprechbuch sofort nach Erhalt des Telefons gestellt wurde.

„Mündlich und fernmündlich vorgetragene Eingaben werden in überwiegenden Fällen, insbesondere bei möglicher sofortiger Klärung, nicht als Eingaben registriert. Deshalb muß eingeschätzt werden, daß die in der Statistik ausgewiesene Zahl der Eingaben nicht real ist. Damit wird aber der mit der staatlichen Berichterstattung über die Eingaben angestrebte Zweck, einen klaren Überblick über Menge und Schwerpunkte von Eingaben zu erhalten, nicht erreicht. Gleichfalls nicht zufriedenstellend ist in vielen Fällen die Entscheidung der Eingaben und die Bescheiderteilung an den Einreicher. Prüfung und Entscheidung der Eingaben liegen oft in einer Hand. Das trifft überwiegend auch für den Bescheid an den Einreicher der Eingabe zu. Die Möglichkeit, durch eine qualitative Bescheiderteilung informierend und vertrauensgestaltend zu wirken, wird nur ungenügend genutzt. Deshalb ist zusammenfassend festzustellen, daß weder die politisch-ideologischen Aufgaben erfüllt noch die verwaltungsrechtlichen Bestimmungen eingehalten werden. ... Demnach wird für bestimmte häufig auftretende Eingabenursachen entsprechend vorbereitetes Schriftmaterial für die Bescheide zur Verfügung stehen. In diesem Zusammenhang ist an die Leiter zu appellieren, bei den zu treffenden Entscheidungen an Hand der vorliegenden Eingabe kritisch zu bewerten, ob der konzipierte Bescheid dem Anliegen der Eingabe voll gerecht wird. Das schließt die Entscheidung darüber ein, ob ggf. eine Textkonserve verwendet werden kann oder nicht. Das Verhältnis des Teilnehmers zur Deutschen Post wird auch hiervon bestimmt."

Deutsche Post 8/1966, S. 12 f.

ein Anschluß mit für sie abfiele. Kein fordernder Ton, keine Beschwerde an eine nächst höhere Dienststelle – und nichts passierte.

Andere nahmen zwar formal an der Wartegesellschaft teil, und doch schienen sie ihre Ruhe haben zu wollen. Der Gebrauch des Diensttelefons war ausreichend. Ein leitender Mitarbeiter der Feuerwehr kommt erst 10 Jahre nach dem ersten Antrag dazu, zu schreiben: „Ich bitte um dringende Überprüfung." Es war seine erste Regung, sich um das Telefon zu kümmern. Weitere 11 Jahre später schreibt er seine zweite Eingabe, direkt an den Ministerrat. Er schreibt, daß das Telefon notwendig sei, um ihn außerhalb der Dienstzeiten erreichen zu können. Er selbst beklagt sich jedoch nicht, sagt nicht, daß ihm die Nichtbeachtung seines Antrages unverständlich sei, sondern nur, daß sein Betrieb sich befremdet über das Verhalten der Post äußere. In einem späteren Gespräch erklärt Herr G., er habe ruhig gelebt ohne Telefon, außerdem wurde ein Nachbar verpflichtet, ihm Bescheid zu sagen. Erst nach 24 Jahren wird er aktiver, nachdem er mehrere Anschlüsse in der Nachbarschaft als frei meldet. Er entlarvt die Post, wenn er sie zitiert, „daß im Falle des Frei-werdens eines Anschlusses in Wohnnähe eine Versorgungsmöglichkeit besteht". Genau das hat er getan, doch die Post vergibt die frei gewordene Nummer an den Nachmieter in der frei gewordenen Wohnung, da „dieser schon zuvor im Besitz eines Telefons war und so vorrangig versorgt werden mußte". So tauchen offenbar immer wieder Prioritäten auf, die einen zurückwerfen können, er nimmt es gelassen. „Was sollte ich mich darüber aufregen. Wenn ich telefonieren wollte, bin ich zur Telefonzelle gegangen." Ein Telefon ist für ihn ein Informationsgerät – kein Luxus. Nur an einer Stelle beklagt er sich ein wenig, er hätte sich manchmal gewünscht, seine Frau und Tochter anzurufen, wenn er später kommen mußte. Herr G. bekam 34 Jahre nach seinem ersten Antrag in der Wohnung, in der er schon wohnte, als er diesen stellte, ein Telefon installiert.

Warten wurde in einigen Fällen auch weitergegeben, „delegiert", sozusagen vererbt. Meist waren es die Zurückgebliebenen, die Witwen oder Witwer oder manchmal die Kinder, wenn sie in die Wohnung der Eltern zogen. Doch ein reibungsloses Weiterführen des Antrages mußte nicht unbedingt funktionieren. So geschah es Frau G., sie zog in die Wohnung ihrer Mutter W., die verstorben war. Sie bemüht sich, den Telefonantrag, den ihre Mutter 15 Jahre zuvor gestellt hatte, zu übernehmen. Die Antwort der Post: Anträge seien personengebunden. Ein neuer Antrag müsse gestellt werden. Die Tochter von Frau W. wartet nun noch neun Jahre, bis sie ein Telefon bekommt. Dies veranlaßt sie zu folgendem bitteren Kommentar in ihren Unterlagen, die sie auf einem extra Blatt für mich noch mal zusammengefaßt hat: „Beim Durchsehen der Unterlagen kam mir so recht zu Bewußtsein, wie hilflos ein einfacher Bürger war, der ohne Beziehungen seinen normalen Antrag – auf was auch immer – stellte. Ist ein Engpaß vorhanden, ist man ohne Geld und Beziehung eben der Allerletzte." Sie charakterisiert selbst ihr Warten. Es war hilflos und ernüchternd.

Daneben gab es auch das sarkastische „Sich-auf-die-Situation-Setzen". So die Anfrage von Frau S. nach 13 ½ Jahren, die folgende Passage enthält: „Langsam entsteht bei mir doch der Verdacht, daß dies alles nicht mit rechten Dingen zugeht! Da wir in einer Planwirtschaft leben, sollte es ein leichtes sein, meine Frage zu beantworten. Oder wohin muß ich meinen Wohnsitz verlegen, um gleich zu einem Telefonanschluß zu kommen?" Zum Vergleich der Anfang des ersten Briefes: „Hiermit bitte ich höflichst...." Ein unverkennbarer Wandel im Warteverhalten, „garniert" mit Doppeldeutigkeiten, die keine Antwortkonserve zur Folge haben sollen. Doch auch auf diesen Brief folgt eine altbewährte, wenig aussagekräftige Antwort, die nicht verrät, daß man vielleicht am Verhältnis dieser Kundin zur Deutschen Post interessiert ist.

Möglichkeiten, an der Schlange vorbeizuziehen, ergaben sich außerdem durch den Besitz von Westgeld. Inwieweit die Episode der Bestechung von Fernmeldemonteuren mit Westgeld zwecks schnellerer Einrichtung von Anschlüssen dem Leben standhält, kann selbstverständlich nicht belegt werden, vertrauen will ich hier den Erzählungen in zwei Interviews, wo mir solche Vorgehensweisen berichtet wurden. In diesen beiden Fällen war es aber wohl so, daß man auf die Korrumpierbarkeit anderer Menschen erst sehr spät zurückgriff, sozusagen am Ende der Geduld.

Was bleibt übrig: Die Wilden wie Frau M.: „Man muß nachhaken, bis man denen so auf den Senkel geht und sie einem geben, was man will. Telefon war für mich selbstverständlich, ich bin damit groß geworden. Im Neubaugebiet wollte ich es, um mich zu schützen, um nicht allein zu sein, wenn ein Notfall eintritt. Ich war auch konfus, als ich umzog, meldete ich in der alten Stadt den Antrag ab. Am neuen Ort schlug ich mir vor den Kopf, als man mich fragte, warum ich es abgemeldet habe, wenn ich eins haben wolle, aber ich hatte ja eins. In meiner neuen Wohnung stand ein Telefon mit dem Zettel 'verbleibt'. Ich dachte, ich sei im Westen. Ein paar Wochen später kamen die Nachbarn von unten, zeigten mir ihren Antrag und sagten: „Geben Sie uns das Telefon." Ich beschwerte mich über die Vorgehensweise der Post, die mich und diese Leute in Konflikt gebracht hatte. Ich machte ein Faß auf und mich lächerlich, ich weigerte mich, es rauszurücken. Ich bekam dann eine schriftliche Aufforderung. Eine Weile war ich noch störrisch, dann gab ich es zurück. Ein Vierteljahr später bekam ich dann doch eins."

Ein neuer Hauch von Sehnsucht

Vielleicht ist deutlicher geworden, daß sich Menschen unterschiedlicher sozialer Schichten, Bildung und Herkunft auf ihre eigene Weise mit den „objektiven Gegebenheiten" auseinandersetzten. Einige fanden sich ab mit Engpässen und Beschränkungen, die Mehrheit der Suchenden jedoch wartete nicht nur mit Lethargie, sondern auch mit Leidenschaft und Ausdauer. „Wir haben nicht gewartet, sondern organisiert."

Der Kontakt zur Arbeit, die gesellschaftliche Kommunikationsfähigkeit, die Sicherung der Pflege von Verwandtschaften, der Wunsch, mit der Familie den Alltag zu klären, auch telefonisch zu erleben, auch der von manchen erwähnte Kontakt nach Westen zur abgespaltenen anderen Familienhälfte, waren vorrangige Beweggründe, sich um ein Telefon zu bemühen. Das Telefon, ein ersehntes Objekt. Beharrlichkeit wie auch Gleichmut waren manchmal angebracht, um nicht zu verzweifeln. Ich sage nicht, daß es eine gesunde Mischung war, es war aber auch nicht die falsche. Ich bin der Auffassung, daß es in bezug auf das Telefon besonders schwer war, die sogenannten Beziehungsnetzwerke in Bewegung zu setzen. Natürlich gab es bei vielen Gesprächen Anekdoten über Wohngebiete mit einer hohen Konzentration sogenannter 150%iger und „Stasis", in die hinein Telefonleitungen verlegt wurden, vorbei an der eigenen Wohnung. Hier beginnt, wenn man nicht genau wußte, wem die Leitungen dienen sollten, oftmals das Reich der Vermutungen oder auch der Gerüchte. Interessant auch manche Konstellation beim Sammeln der Zuschriften: Ein im Altbau Ansässiger erhält einen abschlägigen Bescheid mit der Begründung: Neubaugebiete seien vorrangig zu versorgen, einem im Neubau Wohnenden wird mitgeteilt, daß die vorhandenen Anschlüsse nichts nützen, da keine Kabel zu den zentralen Verteilungsstellen gelegt werden könnten usw. In der Regel richtete man sich auf eine Wartezeit ein. Sie wurde unterschiedlich bewältigt. Die Strategien der Verteilung erscheinen undurchsichtig und verworren. Die Begründungen für die Ablehnung muß-

NBI 38/1964.

ten auf Dauer einfach unbefriedigend wirken. Die Post bekam den Vorwurf bewußter Täuschung, Vorspiegelung falscher Tatsachen.

Was zeichnete die Wartenden aus? Ausdauer, Freundlichkeit, Verständnis, Beharrlichkeit, Skepsis, Ungeduld, Wut, Sarkasmus, Ironie, Hilflosigkeit, Courage, Aufmerksamkeit und Bitterkeit. Das jahrelange Hin und Her endete selten freundlich. Einige wurden durch die Auseinandersetzung mit den Institutionen lebendiger, andere apathisch und enttäuscht. Einige wenige Bürger entzogen sich dem Streß. Sie wünschten kein Telefon. Meist sind sie in sozialen Räumen groß geworden, die kein Telefon kannten. Zum anderen haben ihre Freunde kein Telefon, oder es genügt, die nächste Telefonzelle zu benutzen. Andere wiederum haben finanzielle Probleme und können sich kein Telefon leisten.

(Postkarte): Illustrierter Witz aus DDR-Zeiten, Joseph W. Huber 1986.

Wenn man die aktuelle Situation betrachtet, ist eine Verbesserung eingetreten, dennoch scheint auch das neue Wirtschaftssystem seinen Versprechungen hinterherzuhinken, wenn in der Berliner Zeitung vom 20.11.1995 zu lesen ist: „Ost-Berlin: Langes Warten auf's Telefon. TELEKOM kann Zusagen nicht erfüllen." Vielleicht gehen hier Alt- und Neudefizite bei der Telefonversorgung Hand in Hand, nichtsdestotrotz hat das Telefon einen bedeutenden Schritt heraus aus dem Dunst des Besonderen getan. Fast vorbei sind die Zeiten, wo man sich spontan besuchte oder sich der kleinere Teil Deutschlands als Europas Spitzenreiter im Telegrammverschicken präsentierte. Jetzt kann neu gewartet werden, wo das Leben wieder – anders zwar aber auch in vorgefertigte Bahnen gelenkt wird.

Der kommunikationssüchtige Mensch gibt sich dem scheinbar quälenden Zeitraum bis zum nächsten Anruf hin, denn: „In der Gleichförmigkeit des Alltags ist das Telefon die Wunschmaschine für ungeahnte Träume, für ersehnte Mitteilungen, auch für die erträumte Stimme. Das Warten wird endlos. Denn das Telefon hat die Zeit verändert. Drei Minuten Warten am Telefon sind für das Empfinden wie zehn Minuten, hat eine Untersuchung ergeben. Die Zeit des Wartens hat keinerlei Inhalt als das Warten selber und wird noch angetrieben durch die süchtige Hoffnung auf das Gespräch. Durch das leere Warten kann sich die Hoffnung, die sich im Telefon, dem Apparat, wie in einer black box der Verheißungen verliert, zur Sucht steigern, zur Besessenheit."[6] Das Telefon ist selbstredend auch Übermittler unangenehmer Nachrichten und von Stimmen unliebsamer Personen. Besessene, die weder auf das eine noch auf das andere verzichten wollen, tragen Mobiltelefone und Handies mit sich herum. Etwas anders geartete Zeitgenossen sind gelassener, sie lassen den Anrufenden warten und entscheiden mit Hilfe des anspringenden Anrufbeantworters, ob sie Lust haben, am Draht zu hängen oder nicht.

So ändern sich die Zeiten, doch irgendwer wartet irgendwie immer...

[1] Heinz Sternberg, „...ich verbinde- Ein Buch vom Fernsprecher", Berlin 1961, S. 7 und S. 140.
[2] Deutsche Post 6/1964, S. 183.
[3] SAPMO Dy 30/IV 2/ 2029/58.
[4] Deutsche Post 1/1966, S. 70/71.
[5] Im folgenden wird aus den Privatunterlagen und Gesprächsprotokollen von mir befragter Zeitzeugen zitiert. Sie sind nicht alle im Einzelnen ausgewiesen.
[6] Der Draht, an dem wir hängen, Berlin, 1986, S. 6.

Felix Mühlberg

Wenn die Faust auf den Tisch schlägt ... Eingaben als Strategie zur Bewältigung des Alltags

Eine Eingabe ist eine mündliche oder schriftliche Bemängelung einer Sache oder eines Zustandes, mit der man sich, ohne Instanzen oder Formen einhalten zu müssen, an jede beliebige staatliche oder gesellschaftliche Einrichtung wenden kann. In der DDR eine Eingabe geschrieben zu haben, wird aus heutiger Sicht vor allem als obrigkeitshöriges, etatistisches Verhalten gewertet und damit in den Kontext eines sich in den Polen von Tradition und Moderne bewegenden Systemvergleichs gestellt. Jedoch bietet selbst ein flüchtiger Blick auf diese Eingaben ein viel differenzierteres Bild. Anhand der exemplarischen Analyse ausgewählter Eingaben soll im folgenden gezeigt werden, inwieweit diese Quelle Auskunft über die Alltagskultur – und hier speziell zum Konsum – gibt.

Die Eingabe – wie sie in der DDR praktiziert wurde – läßt sich im wesentlichen auf zwei Elemente deutscher Rechtspflege zurückführen. Zum einen ist das die Verwaltungsgerichtsbarkeit mit ihren Instanzenzügen und förmlichen Beschwerdewegen, also der juristischen Kontrolle behördlicher Entscheidungen; zum anderen das Petitionsrecht, welches mit der Auflösung der Ständevertretung immer mehr zu einem politischen Werkzeug wurde, mit dem man Öffentlichkeit erreichen konnte. Die Eingabe unterscheidet sich jedoch deutlich vom Petitionsrecht. In ihrer ursprünglich intendierten Funktion ähnelt sie eher der Verwaltungsgerichtsbarkeit. Verwaltungsgerichte wurden in der DDR mit der Länderreform 1952 abgeschafft. Um ohne Verwaltungsgerichtsbarkeit eine gewisse Kontrolle über die Verwaltungsorgane haben zu können, wurde auf ein Modell des jungen Sowjetstaates zurückgegriffen. 1919 wurde dort das Dekret „über die staatliche Kontrolle“ erlassen, um eine enge Verbindung zwischen der Kontrollinstanz und der Bevölkerung herzustellen. Es wurden Beschwerdebüros eingerichtet, an die man sich mündlich oder schriftlich wenden konnte. Gleichzeitig wurde das „Ergreifen von Repressivmaßnahmen der Verwaltungsorgane gegen Beschwerdeführer“ unter Strafe gestellt.

Im Februar 1953 wurde in der DDR die erste „Verordnung über die Prüfung von Vorschlägen und Beschwerden der Werktätigen“ verabschiedet. Mit der juristischen Verankerung stieg die Eingabenzahl in der Mitte der 50er Jahre. Jedoch nicht diese und nachfolgende Verordnungen als vielmehr die zentralistischen Strukturen, das paternalistische Verhältnis, das der Staat zu

19.10.1964, Abteilung Handel und Versorgung an die Großhandelsgesellschaft (GHG) Lebensmittel Karl-Marx-Stadt:
„Von Frau S. erhielten wir folgende Mitteilung:
Seit einigen Wochen gibt es nirgends mehr die beliebte Erbswurst zu 0,70 MDN. Statt dessen bietet man ein Erbsengericht an zu 1,20 MDN. Es ist aber trotz höherem Preis durchaus nicht ergiebiger. Jedenfalls ist es mir und auch anderen Frauen nicht recht, daß die Erbswurst verschwunden ist. Was sagen Sie dazu? Wir bitten Sie, dieser Bürgerin mitzuteilen, aus welchen Gründen die gewünschte Erbswurst zu 0,70 MDN nicht mehr im Handel angeboten wird. Sie wollen uns bitte von Ihrem Antwortschreiben einen Durchschlag übersenden.“

Abteilung Handel und Versorgung an Frau S. (ohne Datum):
„Sehr geehrte Frau S.
Ich bestätige den Eingang Ihres Schreibens vom 11.10.1964 und teile Ihnen mit, daß Ihnen von der Großhandelsgesellschaft Lebensmittel die Beantwortung Ihrer Frage zugesandt wird.“

30.10.1964, Suppina Nahrungsmittelwerke an Frau S., Abt. Handel und Versorgung und an die GHG:
„Sehr geehrte Frau S.
Über den Rat der Stadt (...) erhielten wir Ihren Hinweis über unser früheres Erzeugnis Erbswurst.
Hierzu teilen wir Ihnen folgendes mit:
Im I. Quartal 1964 haben wir die Herstellung von Erbswürsten eingestellt, weil sich die Verpackungsmaschine in einem

schlechten technischem Zustand befand und in absehbarer Zeit durch eine neue Maschine hätte ersetzt werden müssen. Dazu wären größere Investitionen erforderlich gewesen. Diese hätten sich jedoch auf Grund der Nichtauslastung der Maschine nicht verlohnt.
Die Beschaffenheit der Verpackung der Erbswürste war insofern nicht den neuesten Qualitätsmerkmalen entsprechend, als es sich noch um keine Folieverpackung handelte. Es hat sich aber erwiesen, daß die Folieverpackung für kochfertige Suppen einen günstigen Einfluß auf die Haltbarkeit ausübt.
In den letzten Jahren mußte festgestellt werden, daß komprimierte Suppenerzeugnisse (Preßwürfel und Erbswürste) immer weniger verlangt wurden. Dies spiegelte sich in einem ständigen Umsatzrückgang bei Erbswürsten wider. Das führte zu einer Nichtauslastung der Erbswurst-Verpackungsmaschine, die damit unrentabel wurde. Seit Beginn dieses Jahres bieten wir deshalb dem Verbraucher in Form der Erbssuppe mit Schinken und Speck (Alu-Beutel 100 g) ein qualitativ hochwertiges Erzeugnis. Diese kochfertige Suppe befindet sich in einem nichtkomprimierten Zustand in einer Alu-Verpackung aus heißgesiegelter Folie. Dadurch ist ein Luftzutritt ausgeschlossen, wodurch ein günstiger Einfluß auf die Qualitätserhaltung erzielt wird. Mit dieser Packung im 100 g Alu-Beutel wird mit einem Preis von MDN -,45 außerdem ein günstigerer Preis erzielt, als der für die Erbswurst mit Schinken und Rauchfleisch. 100 g davon kosteten dem Verbraucher MDN -,47.
Wenn Ihnen von Ihrer Verkaufsstelle unser Erbsengericht zu MDN 1,20 anstatt Erbswurst angeboten worden ist, so handelt es sich wohl offensichtlich um ein Mißverständis. Dieses letztgenannte Erzeugnis stellt eine Erweiterung unseres Sortimentes dar und hat eigentlich mit der Erbssuppe (früher Erbswurst) nichts zu tun.
Wir hoffen, Ihnen mit diesen Darlegungen Auskunft gegeben zu haben, weshalb die „Erbswurst" jetzt als Erbssuppe gehandelt wird, und bitten Sie, für die begründete Maßnahme Verständnis aufzubringen, zumal sie für den Verbraucher günstige Auswirkungen mit sich bringt.
Damit Sie sich selbst von der Richtigkeit unserer Darlegungen überzeugen können, erlauben wir uns, Ihnen 2 Beutel Erbssuppe mit Schinken u. Rauchfl. beizufügen und bitten Sie, diese entsprechend auszuprobieren. (...)"

seinen Bürgern entwickelte, und der Versuch, den Aufbau einer Gesellschaft bis ins letzte Detail zu planen, sind Ursachen für die Eingabenentwicklung in der DDR.

Aber nicht die juristische Einordnung der Eingabe, sondern wie die Eingabe in der alltagskulturellen Praxis verwendet wurde, soll Thema dieses Aufsatzes sein. Die Eingabe ist als Quelle vor allem für erfahrungs-, mental- und kulturgeschichtliche Untersuchungen zur DDR geeignet. Wie keine andere Quelle dieser Zeit enthält sie Informationen zum erfahrungsgeschichtlichen Kontext des Alltagslebens. Konsumverhalten, Wohnungssituation, soziales Verhalten, Konflikte mit dem Staat, mentale Dispositionen und historische Veränderungen von individuellen Problemlagen oder Wünschen u.v.a.m. lassen sich aus den Eingaben rekonstruieren. Besonders wichtig scheint mir, daß anhand von Eingaben die Diskrepanzen zwischen individuellen Vorstellungen von Normalität und der erlebten Umwelt deutlich werden. Identifikation mit der oder Abgrenzung gegen die Gesellschaft sind zwei weitere Aspekte erfahrungsweltlicher Wahrnehmung, die in den Eingaben erscheinen. Auch die historische Veränderung dessen, was als normal empfunden wird – die Verschiebung der Matrix, mit der die Individuen ihre Umwelt messen und einordnen –, läßt sich erfassen. Mich interessiert die Frage, welche Handlungsalternative den Individuen mit der Eingabe offen stand und inwiefern Eingaben genutzt wurden, um die Differenz zwischen empfundener Normalität und erlebter Realität auszugleichen. Unter welchen Verhältnissen und in welchen Situationen wurde sich angepaßt und wann war man eigensinnig? Eingaben sind eine besonders authentische und aussagekräftige Quelle für die Beschreibung mentaler Traditionsbestände und des Wandels von Norm- und Wertvorstellungen. Eingaben geben einen Einblick in das Leben derjenigen, die sonst kaum in Quellen authentisch zu Wort kommen. Menschen, die normalerweise nicht auf die Idee kommen, ihren Alltag schriftlich festzuhalten, tun das in den Eingaben – oft spontan, mit Witz und Ironie.

In diesem Aufsatz kann aufgrund der hier gebotenen Kürze nur auf ausgewählte Beispiele thesenhaft eingegangen werden. Die Beispiele konzentrieren sich auf den Chemnitzer Raum. Untersuchungsgegenstand sind insbesondere Eingaben an die Abteilung Handel und Versorgung und die Abteilung Öffentliche Versorgungswirtschaft beim Rat der Stadt Karl-Marx-Stadt.

Die Eingabe

„Betr.: Zuteilung an Butter und Kondensmilch für eine Hochzeitsfeier Bitte teilen Sie mir mit, wo, wann und wieviel Butter mir zusteht für eine Hochzeitsfeier mit ca. 30-35 Mann, die am 6.2.65 stattfinden wird. Meine Verkäuferin sagte mir, es stünde mir 1 Stück Butter und 1 Flasche Kondensmilch zur Verfügung. Es ist völlig unmöglich, damit auszukommen. Es ist schließlich eine einmalige Angelegenheit mit auswärtigen Gästen. Wir sind ja nicht mehr im Jahre 1946, wo wir tatsächlich nichts hatten. Unsere Republik ist meiner Ansicht nach jetzt reich genug, für solche Gelegenheiten mehr zur Verfügung zu stellen.

Es ist mir auch nicht möglich, vorher schon abdarben zu lassen, da alle Familienmitglieder berufstätig sind, wir auch keine 'Beziehungen' haben, zusätzlich irgend wie Butter zu kaufen. Ich würde mich freuen, wenn ich auf legalem Wege meine Gäste anständig bewirten könnte, ohne an einem solchen Tage Margarine vorsetzen oder verwenden zu müssen."[1]

Diese Eingabe schreibt Frau B. im Dezember 1964 an die Abteilung Handel und Versorgung der Stadt Karl-Marx-Stadt. Sie soll als Beispiel für eine ganze Reihe von Eingaben zu Versorgungsproblemen in den 60er Jahren näher untersucht werden. Die seit 1959 eingeführten Kundenlisten begrenzen den Butterkauf auf ein bestimmtes wöchentliches Maß. Die Kontingentierungsvorgaben sind nicht eindeutig und werden von Bezirk zu Bezirk bis hin zu einzelnen Verkaufsstellen unterschiedlich gehandhabt. So kommt es immer wieder zu Auseinandersetzungen, wie denn nun richtig zu verfahren sei. Frau B. ist nun mit der Situation konfrontiert, für die geplante Hochzeitsfeier im Handel nicht ausreichend Butter kaufen zu können. Sie schreibt eine Eingabe. Auf die Einmaligkeit der Hochzeitsfeier verweisend, meint sie, ein Recht auf eine höhere Ration zu haben. Für solche Anlässe müßten doch Reserven vorhanden sein. Schließlich sei das Jahr 1946 lange vorbei. Der Verweis auf die Nachkriegszeit wird öfter zur Rechtfertigung der Eingabe herangezogen. In den 60er Jahren geht es den Eingabenschreibern nicht mehr um die gerechte Verteilung des Wenigen, sondern um die Verteilung dessen, das eigentlich ausreichend vorhanden sein müßte. Auf jeden Fall, meint Frau B., müßte so viel verfügbar sein, daß man zu besonderen Anlässen auch Ausnahmen zulassen könne. In der Eingabe werden mögliche Handlungsalternativen beschrieben: einen Buttervorrat anzulegen oder Beziehungen zu Verkaufskräften zu nutzen. Alle Familienmitglieder könnten für eine Weile ihren Butterkonsum einschränken. Als Ersatz kommen verschiedene Margarinesorten in Betracht, die in den 60er Jahren verstärkt propagiert werden. Margarine umgibt jedoch ein negatives Image. Zur Hochzeit könne man diesen Butterersatz jedenfalls nicht auf den Tisch stellen. Doch auch für die alltägliche Kost würde Margarine den berufstätigen Familienmitgliedern nicht ausreichend Nährstoffe bieten. All dies kommt für die geplante Hochzeitsfeier nicht in Frage. Durch Beziehungen an die gewünschte Butter zu gelangen, versichert Frau B., liege nicht im Rahmen ihrer Möglichkeiten.

Frau B. beschreibt in ihrer Eingabe die für sie akzeptablen Alternativen: Entweder, die Butter wird auf nicht legalem Wege beschafft oder die verantwortliche Abteilung beim Rat der Stadt ermöglicht eine Ausnahme, eine Sonderregelung anläßlich der Hochzeitsfeier. Sieben Tage später wird sie von der Abteilung Handel und Versorgung in einem Brief gebeten, sich „am Freitag, dem 18.12.1964 in der Zeit zwischen 14 und 17,30 Uhr im Rathaus, Zimmer 409“[2] zu melden. Sie antwortet darauf: „Leider ist es mir als Berufstätigen beim allerbesten Willen nicht möglich, zur mündlichen Aussprache zu kommen. Vielleicht könnten Sie mir kurz mitteilen, ob man für eine Hochzeitsfeier eine Zuteilung erhält oder nicht, wann und wo.“[3]

Der Erfolg einer Eingabe wird häufig unvollständig oder gar nicht in den Akten vermerkt. Aufgrund einer Randnotiz auf dem Antwortbrief, geschrieben von einem Angestellten der Abteilung, ist es in diesem Fall möglich, den weiteren Gang der Dinge zu rekonstruieren. Frau B. werden fünf Stück Butter und drei Flaschen Kondensmilch bereitgestellt, die sie in einer bestimmten HO-Verkaufsstelle abholen könne. Frau B. hat es also mit Hilfe einer Eingabe geschafft, eine Extraration für die Hochzeitsfeier zu ergattern, auf legalem Wege. Dies ermöglicht ihr, ergänzend zu der vorhandenen Butter, jedem Gast etwa 36 bis 42 Gramm Butter anzubieten. Ob diese Menge dem feierlichen Anlaß angemessen ist, bleibt fragwürdig.

Eingaben gehören nicht zu den alltäglichen Handlungsroutinen, um Konsumwünsche zu realisieren. Wenn es um Waren des täglichen Bedarfes geht, muß der angestaute Unmut schon ein ziemliches Maß erreicht haben, um sich beschwerdeführend an die Abteilung Handel und Versorgung zu wenden. In Eingaben, wo es um langlebige oder hochwertige Konsumgüter geht, will sich der Eingabenschreiber gewöhnlich in einer Warteliste vordrängeln. Hier ist der Adressat zumeist auch der Staatsratsvorsitzende. Wie verschiedene Beispiele zeigen, bedeutet eine Eingabe zu schreiben nicht automatisch, auch erfolgreich zu sein.

3.11.1964, GHG an den Rat der Stadt:
„Wie Ihrer Kolln. N. bereits mitgeteilt, wurde diese Eingabe auf unsere Veranlassung hin direkt vom Herstellerbetrieb, VEB Suppina (...) beantwortet. Eine Durchschrift dieses Schreibens wurde Ihnen zugestellt.
Wir schätzen ein, daß mit diesem Antwortschreiben die Angelegenheit ihre Erledigung gefunden hat.“

11.11.1964, Suppina an GHG und Rat der Stadt:
„Zu Ihrer Information teilen wir Ihnen mit, daß wir von der genannten Verbraucherin folgende Karte erhalten haben:
‘(...) Ich danke Ihnen für die Übersendung der Erbssuppen mit Schinken und Speck. Nachdem ich sie ausprobiert habe, muß ich zugeben, daß sie vorzüglich schmecken und auch preiswert sind. Also werde ich jetzt anstatt Erbswurst diese Suppe kaufen. (...)’

Wie daraus ersichtlich ist, wurde die Eingabe der Frau S. zur Zufriedenheit geregelt.“

SAC, Rep. 1921, Bl. 66-71.

Anzahl der Eingaben an städtische Institutionen Karl-Marx-Stadts für das Jahr 1969.

SAC, Rep. 10862, ohne Pag., SAC, Rep. 10863, ohne Pag.

Abteilung	*Eingaben*	*%*
Gesamt für 1969	*7246*	*100,0%*
Wohnungswirtschaft	*2439*	*33,6%*
Gesundheitswesen	*1396*	*19,2%*
Handel und Versorgung	*681*	*9,4%*
Abteilung Bauwesen	*552*	*7,6%*
Abteilung Inneres	*466*	*6,4%*
Volksbildung	*431*	*5,9%*
örtliche Versorgungswirtschaft	*258*	*3,5%*
Abteilung Kultur	*109*	*1,5%*

1960 lief in der DDR eine umfangreiche Werbekampagne für Margarine. Aufgrund der übereilten Kollektivierung der Landwirtschaft war es zu einem Einbruch in der Marktproduktion gekommen. Milch und Butter wurden knapp. 1962 mußten „Kundenkarten" eingeführt werden, eine Maßnahme, die der Rationierung nahekam.

NBI 51/1960.

NBI 46/1960.

Strategien, eine Eingabe erfolgreich durchzusetzen

Die Beschwerden an den Rat der Stadt sind nicht nur auf die Befriedigung privater Wünsche und Bedürfnisse gerichtet. Die Diskussionen über Verkaufskultur, Sortimentsbereinigung, Preisverstöße und Versorgungsprobleme zeigen darüber hinaus den Anspruch, in der Gesellschaft – zum Beispiel auf kommunaler Ebene – mitbestimmen zu wollen. Ein öffentlicher Diskurs findet jedoch nur statt, wenn die Eingabe an die Medien geschickt und dort – was selten genug passiert – öffentlich gemacht wird. Sonst bleibt es bei einem Austausch zwischen Behörde und Individuum. Doch auch dieser individuelle Diskurs wird sowohl von den Eingabenschreibern als auch von der Behörde in seiner Form überindividuell geführt. Ansprüche werden geltend gemacht, die nur über einen moralisch-ideologischen Bezugsrahmen und nicht über einen Rechtsweg einklagbar sind. Wie dieser Diskurs beschaffen ist, welcher Rituale, Schreibmuster und Stereotypen sich die Schreiber bedienen und inwiefern sich hieraus Einstellungen der Bürger zu ihrem Staat ablesen lassen, soll im folgenden genauer untersucht werden.

Obwohl es sich bei den von mir untersuchten Eingaben um verschiedene Institutionen und Regionen handelt, haben sich bei der Auswertung der Texte bestimmte Briefmuster und typische Textelemente herauskristallisiert, die sich in fast jeder Eingabe wiederfinden lassen. Folgende Textelemente bilden das Grundraster für meine Analyse: die Anrede, der Betreff, die Selbstdarstellung, die Forderung, die Drohung, die Alltagsschilderung, der Hinweis auf ein Ereignis, der Bezug auf Erklärungen von Partei und Staat, die Einsicht in die Notwendigkeit und der Hinweis auf ein Gerücht. Für die Rekonstruktion mentaler Entwicklungen bei den Eingabenschreibern sind die Textelemente Selbstdarstellung, die Einsicht in die Notwendigkeit und die Forderung bzw. Drohung besonders aussagekräftig. Diese sollen hier stellvertretend für die anderen Elemente vorgestellt werden.

Die Selbstdarstellung

Selbstdarstellungen finden sich in unterschiedlicher Länge auch in kurzen Eingaben wieder. Hier geht es vor allem darum, sich in das rechte Licht zu setzen, um die Institution davon zu überzeugen, daß man anspruchs- oder beschwerdeberechtigt sei. Selbstdarstellungen korrespondieren meist mit Fragen zur Ressourcenverteilung. Dazu werden in der Regel zwei aufeinander bezogene rhetorische Figuren aufgebaut. In der ersten stellt sich der Eingabenschreiber als wertvolles Mitglied der Gesellschaft dar und leitet daraus bestimmte Ansprüche ab. In der zweiten zeigt man, daß man ungerechtfertigterweise benachteiligt wird. Die nachfolgenden Zitate geben einen kleinen Einblick in die Vielfalt der Präsentation. In den Klammern sind das Jahr, der Eingabegrund und der Erfolg vermerkt.

„Ich bin alleinstehend, auswärts tätig in leitender Funktion, bekomme keinen Haushaltstag."[4] (1963, Kohlenlieferung, nicht erfolgreich)

„Ich bin im VEB (K) Strickwarenwerk 'Edelwolle' Karl-Marx-Stadt als Werkdirektor seit 1961 tätig. Aufgrund dieser Funktion und damit in Zusammenhang eines ziemlich weiten Weges von der Wohnung zum Betrieb macht sich der Besitz eines PKW's unbedingt erforderlich. Unser Betrieb besitzt selbst nur ein Fahrzeug und setzt sich aus drei Betriebsteilen zusammen, wo man auch nachts den Betrieb schnell erreichen muss. Ausserdem stehe ich im Abendstudium, wo ich jede freie Stunde dazu benutzen muss. Gesellschaftlich bin ich ausserdem Mitglied der Parteileitung, Zirkellehrer im Parteilehrjahr und Strassenvertrauensmann im WB 53. Im Jahre 1962 leistete ich über 150 Stun-

den NAW."[5] (1963, Trabant, erfolgreich)

„Ich bin Mitglied der Frauenkommission der Stadtleitung, in deren Sitzung wir immer Überlegungen anstellen, wie und auf welche Weise man den berufstätigen Frauen das Einkaufen erleichtern kann."[6] (1963, Diabetiker-Quark, keine Angaben zum Erfolg)

In einigen Eingaben wird die Unsicherheit der Autoren deutlich, was eigentlich dazu gehört, sich erfolgreich zu präsentieren und seine Interessen durchzusetzen. Andere haben den Bogen raus und beherrschen die Selbstdarstellung perfekt. Doch es ist schwierig, zwischen kühler Berechnung und naiver Selbstdarstellung zu trennen. Oft sind die Grenzen fließend. Wenn ein Genosse all seine gesellschaftlichen Funktionen und ehrenamtlichen Tätigkeiten aufzählt, liest sich das wie eine ungeheuerliche Inszenierung. Andererseits spiegelt sich in der Darstellung auch seine Selbstwahrnehmung wider: Er schuftet sich für diese Gesellschaft ab, ohne auch nur ein kleines Privileg dafür zu erhalten. Nun möchte er endlich einmal die Früchte dieser Plackerei ernten. Außerdem sei ein Auto ja nicht nur Spaß und Freizeit, sondern erhöhe wiederum die Leistungsfähigkeit.

Die hier vorgestellten Formen der Selbstdarstellung laufen, bei allen individuellen Unterschieden, darauf hinaus, sich als nützliches und loyales Mitglied der Gesellschaft zu präsentieren. Dies muß sich nicht als direkte politische Zustimmung äußern, sondern kann – wie im Falle der privaten Einzelhändlerin – durch den Verweis auf fachliche Kompetenz und Tüchtigkeit ausgedrückt werden. In jedem Falle nimmt die Selbstdarstellung den Charakter einer Zugehörigkeitserklärung zu diesem, sie umgebenden Staatswesen an und wird von den Eingabenschreibern offenbar als entscheidender Türöffner zur staatlichen Verwaltung angesehen. Interessanterweise muß man das Anrecht oder den Anspruch auf bestimmte Konsumgüter erst mit einer gesellschaftlichen Notwendigkeit begründen. Konsum an sich ist offenbar nicht legitim. Während man sich in den 50er und 60er Jahren auf Parteitagen und Handelskonferenzen noch kritisch mit der „Verbraucher- und Konsumentenideologie" auseinandersetzt, wird Ende der 70er Jahre der Slogan propagiert: „Ich leiste was, ich leiste mir was." Erst von da an sind „reine" Konsumwünsche öffentlich akzeptiert. In den Eingaben an Handel und Versorgung nehmen die Selbstdarstellungen dann auch immer mehr ab und verschwinden fast vollständig. Schließlich reduzieren sie sich darauf, als „Werktätiger" ein Recht auf bestimmte Konsumgüter zu besitzen.

„Ich bitte Sie, mir dabei behilflich zu sein, einen Boiler zu beschaffen. Oder kann sich der Werktätige im Arbeiter- und Bauern-Staat nicht einmal eine Dusche installieren?"[9] (1983, Heißwasserboiler)

In anderen Bereichen – z.B. in der Wohnraumlenkung – bleibt die Selbstdarstellung unvermindert eines der wichtigsten Elemente.

NBI 44/1960.

NBI 48/1960.

Einsicht in die Notwendigkeit

Das Textelement „Einsicht in die Notwendigkeit" korrespondiert mit der Selbstdarstellung und bezieht sich auf sie. Die Formulierungen sollen den Eindruck vermitteln, daß man vollstes Verständnis für die Schwierigkeiten beim „Aufbau unserer Gesellschaft" hätte, an dem man ja selbst beteiligt ist. Doch hat die Verständnisbekundung hier eher eine andere Funktion. Die Autoren stellen sich mit ihren Verständnisformulierungen als kompetente Partner dar. Sie wissen um die gesellschaftlichen Zusammenhänge, und dieses Wissen können sie nur haben, wenn sie sich auch in einem bestimmten Maße für die Gesellschaft interessieren und sich mit ihr identifizieren. Zugleich wird deutlich, mit welchen Problemen die Eingabenschreiber ihren Frieden geschlossen haben.

Abteilung	Eingaben	%
gesamt	68364	100
Abt. Eingaben		
a) Innere Angelegenheiten	3780	5,5
b) Reiseverkehr	7966	11,6
c) Wohnungswirtschaft	30838	45,1
Rechtsabteilung	4504	6,6
Abt. Arbeit u. Sozialpolitik	3884	5,6
Abt. Gesundheitswesen	2842	4,1
Abt. Land-, Forst- u. Nahrungsgüterwirtschaft	2623	3,8
Abt. Industrie, Bauwesen und Verkehr		
a) volkseig. Ind., halbstaatl. u. priv. Industriebetr., örtl. Wirt.	2276	3,3
b) Bauwirtschaft	2126	3,1
c) Verkehrsw., Post- u. Fernmeldewesen	1297	1,8
Abt. Volksbildung	2059	3,0
Abt. Hoch- u. Fachschulwesen	348	0,5
Abt. Handel u. Versorgung	1659	2,4
Abt. Haushalt u. Finanzen	1615	2,3
Abt. Kultur	322	0,5
Abt. Jugend u. Sport	202	0,3
Abt. Staatsorgane	25	0,5
Abt. Auswärtige Angelegenheiten	16	0,5

Übersicht über die Eingaben an den Staatsrat aus dem Jahre 1968.

BAP, Rep. DA 5 /852, Bl. 125.

Liste der Eingaben an Handel und Versorgung der Stadt Karl-Marx-Stadt 1963.

SAC, Rep. 10659, ohne Pag.

Verkaufskultur, Kundendienst (unhöfliche Bedienung, Leergutablagerung in Wohnblocks usw.) Lob für gute Arbeit	103
Ungenügende Belieferung mit Waren, vorwiegend Immergut, Butter nach Monatsschluß, Diabetiker-Quark, Schinken u.a.	46
Nichteinhaltung der festgelegten Ladenöffnungszeiten	39
Vorschläge für Verbesserung der Versorgungseinrichtungen	23
Warenreklamation	19
Beschwerden von Kollegen gegenüber der Abt. Arbeit wegen nicht ordnungsgemäßer Entlohnung, Prämien usw.	15
mangelhafte Preisauszeichnung und Preisverstöße	12
Gelddifferenzen mit Kunden (falsche Geldrückgabe)	8
Kollegiale Zusammenarbeit	3
mangelhafte Arbeit der org. Verwaltung	2
schlechtes Verhalten von Kolln. privat (Anstoß bei Bevölkerung)	2

Die „Einsicht in die Notwendigkeit" ist eine Kategorie, die sich zwischen erlebtem Alltag und einzufordernder Normalität positioniert: Es ist zwar nicht normal, wie es ist, doch ich verstehe warum und bin eigentlich bereit, meinen Frieden mit der Situation zu schließen – doch das, was ich hier erleben muß, geht zu weit. Hier einige Beispiele:

„Ich hätte volles Verständnis dafür gehabt, wenn keine Apfelsinen oder Nüsse, sowie Importäpfel im Angebot gewesen wären, alle diese Dinge können wir noch nicht in dem Maße importieren, als oft der Bedarf vorhanden ist, sie kosten uns wertvolle Devisen, die zum Aufbau unserer Volkswirtschaft dringend benötigt werden. Aber daß Kartoffeln fehlen? Wir haben doch nicht mehr 1945."[10] (1963, Kartoffelversorgung, erfolgreich)

„Wenn ich auch Verständnis für die augenblickliche Lage auf dem Automarkt habe, so aber keinesfalls für die Arbeitsweise der HO-Industriewaren, wo ich am 7.6.1963 erneut vorsprach und mir mitgeteilt wurde, dass ich keinen Wagen im 2. Quartal bekomme und mir auch für das 3. und 4. Quartal nichts bestimmtes sagen konnte."[11] (1963, Skoda-Anmeldung, erfolgreich)

„Ich bringe auch der viel besprochenen Spezialisierung des Handelsnetzes größtes Verständnis entgegen, weil es endlich mal aufhören muß, daß der Kamm neben der Butter liegt. Was aber in der letzten Zeit gemacht wird, da kann ich mich nur fragen, geht es nun um die Spezialisierung um jeden Preis, oder will man gute, durchdachte Sache durchführen, die wirklich unserer sozialistischen Entwicklung Ehre macht?"[12] (1963, Quarkversorgung, keine Angaben über Erfolg)

Das Argumentationsmuster „Einsicht in die Notwendigkeit" stellt eine gebrochene Form der Loyalitätserklärung dar. Abgesehen von Eingabenschreibern, die dieses Muster als rhetorischen Trick benutzen, wird unter Umständen auch ganz ernsthaft erklärt, daß man grundsätzlich bereit sei, den Erklärungen über Mängel und Schwierigkeiten bei der Versorgung zu folgen. Doch zugleich wird die Loyalitätsgrenze angezeigt. Wo der einzelne diese Grenze zieht, wann bei ihm „das Faß überläuft", ist höchst unterschiedlich. Gleichwohl signalisiert das Schreiben an die betreffende staatliche Institution, daß diese Grenze individuell erreicht ist. Die staatlichen Organe verstehen die Eingaben durchaus auch in diesem Sinne. Die Eilfertigkeit, mit der man oft den Wünschen der Eingabenschreiber nachkommt, insbesondere soweit es sich um schwer zu beschaffende Konsumgüter, Ersatzteile usw. handelt, ist Beleg dafür, wie sehr sich der Staat von den Eingabenschreibern unter Druck gesetzt fühlt. Dieser Druck ist seitens der Eingabenschreiber indirekt – als Forderung – oder direkt – als Drohung – auch beabsichtigt.

Die Drohung

Drohungen verleihen Forderungen Nachdruck. Sie malen Konsequenzen für eine etwaige Ablehnung der Eingabe aus. Drohungen zeigen auch, was in der Vorstellung des Eingabenschreibers als wirksames, beängstigendes Druckmittel gegenüber der angeschriebenen Instanz wirken könnte. Aus den verschiedenen Arten zu drohen möchte ich hier die drei wichtigsten stellvertretend vorstellen. Die wohl schwerwiegendste und härteste Drohung, die in der DDR möglich war, nämlich, einen Ausreiseantrag zu stellen, habe ich in den Eingaben zu Handel und Versorgung bisher noch nicht gefunden.

Eingabenschreiber drohen häufig mit einer höheren Instanz, der sie als nächstes – so sie sich hier nicht durchsetzen können – ihre Forderungen mitteilen. Beliebt ist dabei die Drohung, sich an den Staatsrat oder, seltener, an das Zentralkomitee zu wenden. In den Eingaben der 60er Jahre fand ich nur eine Eingabe, in der mit noch eindrucksvolleren Instanzen gedroht wurde. Ein Mann wendet sich mit einer Eingabe an den Staatsratsvorsitzenden, mit dem Nachsatz, bei Ablehnung seines Wunsches, an die KPdSU und die anderen Bruderparteien zu schreiben. Dies ist jedoch eher als hilflose Geste zu werten, weil er sich ja schon an die höchstmögliche Instanz gewandt hat. Diese Hilflosigkeit veranschaulicht zugleich das Dilemma des Eingabenschreibers. Wenn die Eingabe an die höchste Instanz abschlägig beschieden wird, hat man den Kampf gegen die Institutionen verloren. Aber im Unterschied zu Entscheidungen der Verwaltungsgerichte kann man sich mit einer Eingabe immer wieder an eine beliebige Institution wenden. Es ist stets möglich, mit neuen Selbstdarstellungen, Forderungen und Drohungen aufs neue sein Glück mit einer Eingabe zu versuchen.

Anhand der Androhung einer höheren Instanz ist erkennbar, wer in den Augen der Eingabenschreiber überhaupt die nächsthöhere oder die höchste Instanz ist. Walter Ulbricht und später Erich Honecker beispielsweise werden immer in ihrer Funktion als Staatsratsvorsitzende – dem höchsten staatlichen Amt in der DDR – angeschrieben, jedoch fast nie – abgesehen von parteiinternen Eingaben – in ihrer Funktion als 1. Sekretär des Zentralkomitees der SED. Dies ist deshalb interessant zu bemerken, weil de facto die Parteiführung, das Politbüro, das Sagen hatte. Sie war jedoch immer darauf bedacht, den Schein staatlicher Regierungssouveränität zu wahren. So wurden Politbürobeschlüsse stets erst in Ministerratsbeschlüsse umgewandelt, bevor sie offiziell verkündet wurden. Auf genau diese Scheinsouveränität reflektieren unbewußt die Eingabenschreiber.

Hier nun einige Zitate aus Eingaben an Handel und Versorgung beim Rat der Stadt Karl-Marx-Stadt, in denen mit einer höheren Instanz gedroht wird:

„Da ich mich in dieser letztgenannten Angelegenheit auch an den Staatsrat wenden möchte will ich jedoch noch einen endgültigen Bescheid von den maßgebenden Stellen abwarten.“[13] (1961, Öffnungszeiten Buchhandlung, erfolgreich)

„Teilen Sie mir bitte weiterhin mit, wann ich mit einer Auslieferung meines bestellten Kühlschrankes rechnen kann. Sollte mich Ihre Antwort nicht befriedigen, sehe ich mich gezwungen weitere staatliche Stellen in die Angelegenheit einzubeziehen.“[14] (1963, Kühlschrank, erfolgreich)

„Sie können versichert sein, daß ich mich an das ZK der Sozialistischen Einheitspartei wenden werde, wenn in dieser Frage und auch in der Belieferung der Diabetiker keine Änderung eintritt.“[15] (1963, Diabetikerquark, keine Angaben zum Erfolg)

Eine zweite grundsätzliche Form zu drohen ist die Ankündigung, sich den allgemein üblichen staatsbürgerlichen Ritualen zu entziehen. Hier gibt es die klassische Variante wie: „Unter diesen Umständen kann ich nicht am Soundsovielten zur Wahl gehen ...“ oder sich anderen gesellschaftlichen, kollektiven oder beruflichen Tätigkeiten zu verweigern. Auch hierzu einige Beispiele:

„Nach reiflicher Überlegung möchte ich lieber auf die Zuteilung eines anderen Verkaufsstandes an einer anderen Stelle verzichten. Wenn ich gezwungen werde, meinen jetzigen Verkaufsstand aufzugeben, werde ich auch meine Tätigkeit aufgeben.“ (1960, Verkaufsstand soll aus der Markthalle, nicht erfolgreich)

Preis- Qualitäts- Sortimentsmängel	*143*
Versorgungsprobleme	*108*
ungenügende Warenbereitstellung	*87*
Brennstoffversorgung	*74*
Warenbereitstellung	*39*
Schließung Verkaufsstellen	*31*
Kartoffelversorgung	*27*
andere Handelsprobleme	*22*
Ladenöffnungszeiten	*19*
Preisverstöße	*19*
Handelsnetz	*17*
ungenügende Materialversorgung	*11*
Forderung Nachfolgeeinrichtungen Neubaugebiet	*10*
Freigabe Garagenstandorte	*8*
Abbrüche	*7*
Freigabe landw. Nutzfläche für Grundstücke	*7*
Leitungstätigkeit	*7*
Entscheidung staatlicher Organe	*6*
ungenügende Handelstätigkeit	*6*
Freigabe von Garagenstandorten aus landwirtschaftlicher Nutzfläche	*4*
Koppelungsgeschäfte	*4*
Sauberkeit in Verkaufsstellen	*3*
soziale Belange in Handelseinrichtungen	*3*
Erweiterung Verkaufsstelle	*2*
Fassadengestaltung	*2*
Gewerberaum für Bäckerei	*2*
Schulspeisung	*2*
Aufstellung von Wäschemangel	*1*
Kauf von Kühlschrank	*1*
Lärmbelästigung	*1*
Leergutberäumung	*1*
Sportkleidung	*1*
Versorgung Felsendome	*1*
Wettbewerb	*1*

Liste der Eingaben an Handel und Versorgung der Stadt Karl-Marx-Stadt 1969.

SAC, Rep. 10862, ohne Pag., SAC, Rep. 10863, ohne Pag.

NBI 50/1960.

NBI 49/1960.

„Unter diesen Umständen werde ich mir sehr überlegen ob ich zur Wahl gehe."[16] (1963, Butter-, Kartoffelqualität, keine Angaben zum Erfolg)

„Die Schließung des Bades in der Harthauer Schule bringt ungute Diskussionen unter der Bevölkerung mit sich. So unter anderem, daß, wenn man die Bevölkerung einfach vor nackte Tatsachen stellt, man sich überlegt, ob man zur Wahl geht?"[17] (1971, Schwimmbadschließung, erfolgreich)

Das letzte Zitat enthält gleich zwei Drohungen: nicht zur Wahl zu gehen und das Aufkommen „unguter Diskussionen unter der Bevölkerung". Die Drohung mit Öffentlichkeit oder Veröffentlichung eines Mißstandes ist eine dritte Form, Institutionen unter Druck zu setzen. Es ist erstaunlich, mit welcher Offenheit und Direktheit diese Drohungen in den Eingaben ausgesprochen werden. Nach klischeehaften Vorstellungen von einer alles kontrollierenden zentralistischen Diktatur sind solche Briefe eigentlich undenkbar. Der in den letzten Jahren immer wieder von Sozialwissenschaftlern geäußerte Befund, die DDR sei eine „geschlossene" und „blockierte" „Nischengesellschaft" voller „verhunzter und verzwergter" Menschen, die unfähig wären, „sich selbst zu evaluieren", läßt sich kaum mit der Feststellung in Einklang bringen, daß Öffentlichkeit als Institution und Werkzeug zur Interessendurchsetzung erfolgreich benutzt wurde.

„Wir bitten darum, dass die Abteilung Handel und Versorgung sich einmal mit dem Problem beschäftigt und eine mögliche Realisierung überprüft, bevor die Sache in der Presse erst zur öffentlichen Diskussion kommt." (1960, Versorgung Backwaren, erfolgreich)

„Ich bitte Sie, mir dies innerhalb der nächsten 10 Tage mitzuteilen, andererseits sehe ich mich leider dazu gezwungen, mich an die Sendung Prisma des Deutschen Fernsehfunks zu wenden, um mir dort eine Antwort einzuholen."[18] (1969, Auszeichnung als Lebensretter, erfolgreich)

Drohungen können nur aus einer Position der Stärke, der scheinbaren oder wirklichen größeren Nähe zur Macht geschrieben werden. Bei einer Eingabe nimmt sich dies wie verkehrte Welt aus, tritt doch der Eingabenschreiber mit einem Anliegen an den Beamten heran. Nicht die Institution, sondern der Eingabenschreiber möchte etwas. Und trotzdem ist in fast allen Eingaben nichts von einem unterwürfigen, devoten Ton zu lesen. Im Gegenteil, die Eingaben zeigen, daß ihre Autoren mit einem hohen Maß an Selbstbewußtsein den staatlichen Institutionen gegenübertreten. Eine wesentliche Basis dieses Selbstbewußtseins ist das Selbstverständnis, der werktätigen Klasse anzugehören, die ja laut Ideologie im Mittelpunkt alles Strebens und Trachtens steht. Eine gute Selbstdarstellung in Kombination mit einer geschickten Drohung ist schon fast eine gelungene Eingabe, ihr Erfolg schon so gut wie sicher.

Eingabenentwicklung in den 60er Jahren

In den 60er Jahren war der wichtigste Eingabenadressat der Staatsrat. DDR-Bürger schrieben in dieser Zeit an ihn jährlich etwa 60 000 bis 80 000 Eingaben. Die am häufigsten geschriebenen Eingaben an den Staatsrat oder an städtische Institutionen sind jedoch nicht Eingaben zu Versorgungsproblemen, sondern zur Wohnraumversorgung. Eingaben zu Versorgungsfragen belaufen sich in etwa auf zwei bis acht Prozent. Wohnungsprobleme bleiben über die gesamte Geschichte der DDR das häufigste Eingabenthema und liegen mit 30-55 Prozent weit über allen anderen Eingaben. Nicht zuletz deshalb dürften Ulbricht und Honecker die Lösung des Wohnungsproblems zu einem wesentlichen Schwerpunkt gemacht und die verschiedensten Wohnungsbauprogramme deklariert haben.

Der Inhalt der Eingaben an Handel und Versorgung für Karl-Marx-Stadt, läßt sich mit den beiden Listen auf Seite 180/181 zu den Jahren 1963 und 1968 genauer bestimmen: Während 1963 die „Verkaufskultur" im Vordergrund steht, sind es 1969 Preis-, Qualitäts- und Sortimentsmängel und in zweiter Linie Versorgungsprobleme. Ob Frau B. mit ihrer Buttereingabe nun unter „unhöfliche Bedienung" oder „ungenügende Belieferung mit Waren" registriert wurde, läßt sich heute nicht mehr rekonstruieren. Insofern geben diese Zahlen nur einen groben Überblick über die tatsächlichen Eingabeninhalte. Ungenügende Warenbereitstellung, das Verschwinden bestimmter Produkte aus dem Angebot und die Sortimentsbereinigung (beispielsweise darf im Molkereigeschäft kein Kaffee mehr angeboten werden) sind in meinen Recherchen die häufigsten und am emotionalsten geschriebenen Eingaben am Anfang der 60er Jahre. Statistische Angaben, die die verschiedenen kommunalen Institutionen verfaßten, lassen im Detail nur ein sehr ungenaues Bild zu. Hier sind die Eingaben direkt qualitativ auszuwerten.

NBI 52/1960.

Eingaben als universelles Modell

Eingaben waren in der DDR ein letztes Mittel, etwas durchzusetzen, jedoch für das alltägliche „Sammeln und Jagen" nach diversen Konsumgütern eher ungeeignet. Der Erfolg war nicht gewiß und die Auseinandersetzung mit der Bürokratie unangenehm. Trotzdem gab es immer die Option, eine Eingabe zu schreiben, was oft schon als Drohung gegenüber unhöflichem Verkaufspersonal ausreichte, um wenigstens die Andeutung eines verkniffenen Bemühens in deren Gestik und Mimik zu zaubern.

Eine Bekannte erzählte mir, daß das einmal angeeignete Wissen, wie man eine erfolgreiche Eingabe schreibt, auch heute noch nützlich ist. In gewohntem Stil: *„Die müssen dazu gebracht werden, daß sie nie wieder etwas von mir hören wollen"*, und über mehrere Seiten, schrieb sie eine „Eingabe" an eine bekannte Schuhladenkette. Prompt kam ein Anruf. Unter vielen Entschuldigungen wurde dann ihrem Wunsch entsprochen.

Doch auch die Politik scheint sich für das alte DDR-Eingabenmodell zu interessieren. „Bundeskanzler Helmut Kohl hat sich für die Gründung einer privaten Anlaufstelle eingesetzt, über die Bewohner der neuen Bundesländer ihre Beschwerden und Anregungen an Behörden und Politik weiterleiten können. Den geplanten privat finanzierten Verein wolle er zusammen mit ehemaligen DDR-Bürgerrechtlern auf den Weg bringen..."[19] Wenn dieses Projekt gelingt, scheint die Eingabe ein universales Modell zu sein, eine imaginäre oder tatsächliche Öffentlichkeit herzustellen und mit ihr Interessen durchsetzen zu können. Wenn nicht, dann funktionierte die Eingabe vielleicht nur deshalb, weil sich in der DDR alle als Werktätige verstanden und in der Staatsideologie verankert war, daß die Werktätigen mit ihren Sorgen und Wünschen im Mittelpunkt stünden und deshalb glücklich zu machen seien. André Steiner beschreibt in diesem Band sehr trefflich, wie Politiker sich wegen ideologischer Dogmen und populistischer Zugeständnisse noch zu ganz anderen – wirtschaftlich falschen – Entscheidungen haben hinreißen lassen. Insofern wird der Kohlsche Eingabenverein zwar moralisch integer sein, in der Praxis jedoch nicht funktionieren. Denn diese Gesellschaft folgt einer anderen Logik.

NBI 45/1960.

Auswahl zeitgenössischer Eingaben an die Abteilung Handel und Versorgung der Stadt Karl-Marx-Stadt

„Gestern, am 10.10., wollte ich im Kaufhaus „Glück Auf" 2 Stück Butter kaufen. Als ich an die Kasse kam, nahm die Kassiererin 1 Stück davon zurück und sagte: „Nur ein Stück". Ich erwiderte darauf nichts, obwohl ich innerlich darüber empört war. Die Butter liegt massenhaft im Fach. Von Knappheit keine Spur. (...) Was ist überhaupt mit der Butter los? In anderen Städten ist ein derartiger Zirkus unbekannt, nur in Karl-Marx-Stadt und zu einem Zeitpunkt, da es noch genug Grünfutter fürs Vieh gab. Es war Anfang August. Die Menschen glossierten darüber: 'Nun ist Wilhelm Pieck gestorben und mit ihm geht die Butter ins Grab'" (1960, Butterrationierung)

Antwort durch den Stellvertreter des Vorsitzenden des Rates der Stadt:

„Sie werden sich der Buttersituation des vergangenen Jahres erinnern, die zweifellos auf die Trockenheit und ungenügende Futterbereitstellung für das Vieh zurückzuführen war. Seit dieser Zeit wird die Butter in den meisten Teilen unserer Republik auf Kundenlisten verkauft. (...)

Ende August – Anfang September dieses Jahres traten jedoch vorübergehend Schwierigkeiten in der Butterversorgung ein. Diesen Umstand machten sich die Gegner unseres sozialistischen Aufbaues zu nutze, um von einer 'Versorgungskatastrophe im Osten' zu sprechen. Das beeinflusste einen Teil unserer Bürger zu unbedachten Einkäufen bestimmter Lebensmittel. Als sich besonders auch Hamsterkäufe von Butter zeigten, wurde von den Staatsorganen festgelegt, daß Butter auf der Grundlage der Listen des Vorjahres beim Verkauf kontrolliert wird. Diese Maßnahme, die von den Werktätigen gefordert und begrüßt wurde, liegt im Interesse aller Bürger, weil dadurch einigen Hamsterern und Spekulanten die Grundlage für ihre dunklen Geschäfte genommen wird. (...)

Sie werden Verständnis dafür haben, daß auch in den Selbstbedienungsverkaufsstellen ein kontrollierter Verkauf dahingehend durchgeführt wird, daß jeweils nur ein Stück zum Verkauf kommt. Insofern hat die Kassiererin im Kaufhaus 'Glück Auf' den Weisungen der Staatsorgane entsprechend richtig gehandelt. (...)

Ich bitte Sie, diese Hinweise den Ausführungen in Ihrem Schreiben gegenüberzustellen und einzuschätzen, daß die Maßnahmen der Staatsorgane im Interesse der gesamten Bevölkerung notwendig und richtig waren."[20]

„Seit Jahren kaufe ich in der obenerwähnten Verkaufsstelle meine Lebensmittel ein. Ich bin dort angemeldet mit Wurst und Butter. Leider bin ich mit der Belieferung von Kondensmilch dort gar nicht zufrieden. Ich erhielt im gesamten Jahr 1962: 1 Flasche Immergut (ungef. am 13.7.62), 2 Flaschen Kaffeesahne (Ende Oktober/Anfang Novemb.). Auf meine diesbezüglichen Fragen wird mir immer wieder gesagt, daß die Verkaufsstelle zuviele Butterkunden hätte und nicht genügend Milch bekommt." (1963, Kaffeesahne/Immergut)

Antwort:

„Es wird auch in obiger Verkaufsstelle möglich sein, daß jeder angemeldete Butterkunde im Quartal 1-2 Flaschen Immergut und 2 Flaschen Kaffeesahne erhält. Wir hoffen daß Sie in der Zwischenzeit eine Flasche erhalten haben, da Sie ja auf Grund Ihrer Kundennummer ziemlich am Anfang der Liste stehen."[21]

Nicht nur Kunden beschweren sich über das unhöfliche Verhalten der Verkäufer. In einer Eingabe aus dem Jahre 1960 beschwert sich auch ein Verkäufer über das Verhalten seiner Kunden. Der Stellvertreter des Bürgermeisters antwortet und gibt höchst interessante Auskünfte über das Verhältnis Käufer und Verkäufer:

„In Ihrem Schreiben machen Sie Andeutungen über einen Vorfall, der Sie verärgert hat. Es gibt zweifellos eine ganze Reihe von Käufern, die durch unkorrektes Verhalten bei ihren Kaufhandlungen nicht dazu beitragen, das Verhältnis herzustellen, das unserer sozialistischen Verkaufskultur entspricht, nämlich ein Vertrauensverhältnis zwischen Käufer und Verkäufer, ein Verhältnis der gegenseitigen Achtung und Höflichkeit. Nicht selten gibt andererseits das Verkaufspersonal Anlaß zu unschönen Auseinandersetzungen, und es ist nicht immer leicht, wieder ein gutes Einvernehmen herzustellen. Ich bin jedoch davon überzeugt, daß es Ihnen im vorliegenden Falle gelungen ist, in der richtigen Form auf den betreffenden Käufer einzuwirken. Sie können davon überzeugt sein, daß die Kollegen des Staatsapparates an sie herangetragene Beschwerden nicht einseitig betrachten, sondern ihre Entscheidungen im Interesse unserer gemeinsamen sozialistischen Sache, also der Sache Aller, treffen."[22]

[1] *SAC, Rep. 1921, Bl. 44.*
[2] *SAC, Rep. 1921, Bl. 43.*
[3] *SAC, Rep. 1921, Bl. 42.*
[4] *SAC, Rep. 10684, Bl. 39.*
[5] *SAC, Rep. 10684, Bl. 58.*
[6] *SAC, Rep. 10684, Bl. 83.*
[7] *SAC, Rep. 10684, Bl. 73.*
[8] *SAC, Rep. 1006, ohne Pag.*
[9] *LAB, Rep. 2779/-1, ohne Pag.*
[10] *SAC, Rep. 10684, Bl. 23.*
[11] *SAC, Rep. 10684, Bl. 299.*
[12] *SAC, Rep. 10684, Bl. 377.*
[13] *SAC, Rep. 1006, ohne Pag.*
[14] *SAC, Rep. 10684, Bl. 391.*
[15] *SAC, Rep. 10684, Bl. 377.*
[16] *SAC, Rep. 10684, Bl. 248.*
[17] *SAC, Rep. 10885, Bl. 183.*
[18] *SAC, Rep. 10864, ohne Pag.*
[19] *Freie Presse vom 9.9.1995, S. 1.*
[20] SAC, Rep. 1006, Bl. 49, 52-53.
[21] SAC, Rep. 10684, Bl. 442, 437.
[22] SAC, Rep. 1006, ohne Pag.

Gerlinde Irmscher

Der Westen im Ost-Alltag

DDR-Jugendkultur in den sechziger Jahren[1]

Um 1960 hatte die DDR das Ende der Nachkriegsphase mit ihren Verwerfungen erreicht. Dies begünstigte die Ausbildung einer modernisierten Jugendkultur. Die ökonomischen und zeitlichen Spielräume von Jugendlichen vergrößerten sich. Eine neue Generationengestalt (wesentliches Moment kulturellen Wandels) konnte die Bühne betreten – die erste Wohlstandsgeneration, für die der Krieg Geschichte und deren Kinderzeit bereits von vorsichtigem wirtschaftlichen Aufschwung geprägt war.

Aus kulturhistorischen Untersuchungen kann entnommen werden, daß eine gewisse Menge frei verfügbares Geld, freie Zeit (frei von Arbeitspflichten, aber auch von Reproduktionstätigkeiten), jugendspezifische Warenangebote und Institutionen vorhanden sein müssen, damit die „lernende und werktätige Jugend" eine eigene Kultur entfalten kann.

In unserem Verständnis ist diese Kultur nicht vorrangig politisch motiviert, sondern massenkulturell vermittelt und greift kaum auf hochkulturelle Muster zurück. Sie ist Lebensweise oder Lebensstil in jenen Segmenten des Tages, die nicht von Arbeit, Schule oder Lehre eingenommen werden, wirkt aber natürlich auf diese zurück. Es waren vor allem Kinder von Arbeitern und kleineren Angestellten und weniger Töchter und Söhne des Bildungsbürgertums, die zu den sozialen Trägern, zu Schöpfern der neuen Jugendkultur wurden.

Ein Problem und beständiger Gegenstand mehr oder weniger rigider kulturpolitischer Gegensteuerung war die so offensichtliche kulturelle Ausrichtung nach Westen selbst bei Jugendlichen, die die DDR akzeptierten und den USA oder der Bundesrepublik politisch nicht wohlgesonnen waren. Die Gründe erwuchsen aus unterschiedlichen Schichten des politischen und kulturellen Selbstverständnisses der DDR-Führung. Zunächst war da der Anspruch, einen deutschen Kulturstaat zu gestalten – bis in die sechziger Jahre hinein eine Offerte auch an westdeutsche Intellektuelle und Künstler, die der „Amerikanisierung" im eigenen Land kritisch gegenüberstanden. Amerikanisierung – das war in diesem Verständnis ein jenseits aller nationalkultureller Grenzen liegendes „kosmopolitisches" Gebilde in Gestalt industrialisierter Massenkultur, war Massenware, Unkultur. Die Vorliebe von DDR-Jugendlichen für kulturelle Massengüter aus dem Westen geriet deshalb sofort in einen politischen Zusammenhang.

Der offizielle Widerstand gegen die massenkulturelle Warenwelt des We-

Junge Mädchen mit Kofferheule: „Was die Leute von mir denken ... und wie ich wirklich bin!

stens war außerdem getragen von einem tiefen Mißtrauen, das DDR-Politiker den durch sie motivierten Verhaltensmustern entgegengebrachten. Es konnte nicht geduldet werden, daß statt fleißiger und ordentlicher, ihre Maschine beherrschender und politisch „klardenkender" Jungarbeiter langhaarige Ekkensteher, Gammler und Rowdys – faul, schmutzig, nur auf Spaß aus, vorlaut, dröhnender Musik verfallen, gewalttätig und politisch im herkömmlichen Sinne nicht mehr erreichbar – das Bild der Jugend bestimmten.

Dem Westdrall der Jugendlichen stellten die Politiker, neben schlichter direkter Machtausübung, unterschiedliche inhaltliche Konzepte entgegen. Sie sind bekannt: Popularisierung der bürgerlichen Hochkultur, Entwicklung einer „eigenen" Massenkultur und schließlich die Propagierung von kulturellen Erzeugnissen sowjetischer Herkunft. (Einerseits werden sich noch heute viele bereitwillig an die sowjetischen Märchenfilme erinnern, die wieder und wieder in der sonnabendlichen „Flimmerstunde" gezeigt wurden. Doch wer aus der Jugendgeneration der sechziger Jahre kann sich nicht auch der sowjetischen Bücher und Filme entsinnen, die allein aus ideologischen Gründen serviert wurden und deren Rezeption man sich durch „Abtauchen" entzog.)

Um 1960 kamen neue Momente hinzu. Die Entwicklung der DDR-Gesellschaft auf einer eigenen ökonomischen, sozialen und kulturellen Basis, die trotz aller Einflüsse aus Ost und West langsam hervortrat, erzwang auch einen gewissen politischen Pragmatismus, ein Eingehen auf die sich formierenden Bedürfnisse. Gefragt war eine „positive" Politik, die sagt, wie es weitergehen soll auf der Grundlage des Bestehenden, für die aber Vorbilder fehlten. Vor allem in kultureller Hinsicht waren die Unterschiede zur Sowjetunion zu groß und die eigene kulturelle Tradition zu stark, um sich nur nach Osten zu orientieren.

Die nun einsetzende kulturpolitische Entwicklung war dadurch bestimmt, daß sie immer wieder durch „fundamentalistische" Gegenbewegungen gestört wurde. Der „Bitterfelder Weg" war der Versuch eines „dritten Weges" zwischen den kulturpolitischen Leitlinien der alten Arbeiterbewegung und der ihren Siegeszug antretenden kommerziellen Massenkultur – eine (wesentlich mißlungene) Modernisierung. Doch es wurden auch Ansätze für eine eigenständige Massenkultur gerade als Jugendkultur entworfen und geschaffen, die im Vergleich zur westlichen fast unkommerziell, in ihren Ausdrucksformen gezähmt und politisch bekennend war; eine Massenkultur für junge Arbeiter, für Schüler und Studenten aus proletarischen oder proletarisierten Milieus, die **neben** der Arbeit auch ihren „jugendgemäßen" Spaß haben sollten.[2]

In den 60er Jahren begann ein politisches Umdenken, das ein nie versiegendes Mißtrauen bei den sowjetischen Machthabern erregte und auch innerhalb der DDR im untersuchten Zeitraum heiß umstritten war. Diese Jahre waren geprägt durch jugendpolitische Initiativen der SED-Führung und der FDJ, die die veränderten kulturellen Bedürfnisse Jugendlicher zu berücksichtigen suchten: Singebewegung, Jugendradio DT 64, Jugendmode, DDR-Rockmusik, Akzeptanz der Beatles. Die Jugendpolitik und die Medien schwankten zwischen harscher Kritik an Gammlern, Rowdies, Halbstarken und Teenagern und dem Werben um Verständnis für sie.[3]

Über „Verwestlichung" und „westliche Einflüsse"

Es ist nun an der Zeit, sich dem Begriff der Verwestlichung selbst zuzuwenden. Schließlich umgreift er jene massenkulturellen Einflüsse, die wir im Ost-Alltag auf- und untersuchen wollten. Zunächst soll zwischen „westlichen Einflüssen" und „Verwestlichung" unterschieden werden. Westliche Einflüsse – das sind in unserem Verständnis Kulturwaren, Verhaltensvorbilder, Bewertungen, die vor allem aus Westdeutschland herüberströmten. Die Bundesrepublik war aber selbst Ort von „Verwestlichung", vor allem von „Amerikanisierung".[4] Orientierten sich DDR-Jugendliche nun am Original oder an der Kopie, das heißt an einem bereits eingedeutschten westlichen Modell? Wenn ja, haben wir es mit einer doppelten kulturellen Brechung zu tun: USA via Westdeutschland.

War das Ergebnis eines solchen Aneignungsprozesses nun eine „verwestlichte" Lebensweise? Oder waren ostdeutsche Einflüsse (und damit sind auch „sowjetisierte" gemeint) insgesamt so mächtig, daß die westlichen marginalisiert wurden, bestenfalls eine „Gegenkultur" blieben und die Lebensweise nur in einzelnen Bereichen bestimmten? Blieb es also bei westlichen „Einflüssen"?

Jugendkultur als Freizeitkultur, als Lebensweise außerhalb der Arbeit – für diesen Bereich wurde in der DDR, wie oben beschrieben, in den sechziger Jahren eben erst mühsam nach neuen, moderneren Orientierungen gesucht. Der Westen war hier eher in der Lage, die aus der veränderten Situation von Jugendlichen resultierenden Bedürfnisse zu befriedigen. Die industriegesellschaftliche Modernisierung des Freizeitbereichs war vor allem in den USA unbefangen und mit überwältigendem Erfolg in Angriff genommen worden.

Jugendliche in der Bundesrepublik, die sich in den 50er Jahren diesen massenkulturellen Angeboten aus den USA zuwandten, stießen auch dort zunächst auf Ablehnung bei Eltern, Lehrern, Kirchenvertretern. Daneben war die Aneignung dieser Warenwelt vorrangig ein Problem der noch begrenzten finanziellen Ressourcen. In der DDR kam ein weiteres dazu: Weder Informationen darüber noch die Waren selbst waren einfach käuflich. Wir haben in den Interviews deshalb versucht herauszufinden, woher die Jugendlichen überhaupt wußten, was „in" war, wie sie an Informationen und „Requisiten" herankamen, ob sie die damit intendierten Lebensmuster „einverleibt" und in eine eigene kulturelle Identität umgesetzt haben. Wir interessierten uns dafür, welche Motive ausschlaggebend waren, welche Bedürfnisse mit Hilfe „des Westens" artikuliert und befriedigt wurden.

Dies geschah zunächst in dem oben beschriebenen Klima konsequenter Ablehnung „amerikanischer" Massenkultur und den damit verbundenen Lebensstilen. Erzeugnisse der westlichen Massenkultur, demonstrative Verhaltensweisen eigneten sich also vortrefflich für politische Bekundungen der Jugendlichen. Da jede „Niethose" als politisches Statement aufgefaßt wurde, auch wenn ihre Träger nur einfach modern oder chic aussehen wollten, drehten die Jugendlichen den Spieß um und nutzten solche Requisiten bewußt als Protest gegen die herrschende Ordnung. Doch sollte dieser politische Aspekt nicht überstrapaziert werden. Alltagsgeschichtlich ist das Bedürfnis nach generationsspezifischen (und das sind hier jugendspezifische) Ausdrucksmöglichkeiten vorherrschend gewesen. Von dieser Modernisierungswelle wurden auch Jugendliche erfaßt, die loyal zur DDR standen, sogar Jugendfunktionäre der FDJ bis in die Führungsspitzen hinein.

In diesem Zusammenhang beschäftigte uns die Frage, ob Jugendliche in Ost und West dieselben Quellen zur Herausbildung ihrer kulturellen Identität genutzt haben, dominiert vom Fundus der westlichen Zivilisation und in Gestalt der US-amerikanischen Massenkultur. Für die DDR könnten noch zwei weitere Quellen wichtig sein: das Feld der Arbeit und das politische Feld. Es wäre lohnend zu untersuchen, ob die gerade in den 60er Jahren der Jugend zugeschriebene oder eröffnete Erbauerrolle („Hausherren von morgen") mit ihren konkreten Ausdrucksformen (Jugendprojekte, Jugendbrigaden) Einfluß auf Lebens- und Selbstbilder gehabt hat.[5] In das politische Feld wurden die Jugendlichen tagtäglich hineingezogen und zu Stellungnahmen genötigt,

„... Den Straßenübergang zu schaffen, ist oft leichter als den Lebensübergang vom Kindesalter zum Erwachsensein. Nicht nur die Freundschaft der beiden, sondern auch die naserümpfenden Mitschülerinnen bedürfen sicher der taktvollen Hilfe der Erwachsenen."
NBI 29/1964, S. 11.

mögen sie sich nun für oder gegen die DDR entschieden haben. Jeder und jede wurde als Teil eines gesamtgesellschaftlichen Zusammenhangs angesprochen – welche kulturellen Folgen, intendiert oder nicht, sind daraus erwachsen?

Jugendmode auf dem Laufsteg, Hagenow um 1968.

Angeregt durch westdeutsche Vergleichsuntersuchungen wandten wir uns der Frage zu, ob und welche sozialen Gruppen unter den Jugendlichen massenkulturelle Einflüsse aus dem Westen ablehnten. Die beschriebene soziale Homogenisierung hat dieses Problem vermutlich entschärft, doch gab es in der DDR mit den Kirchen eine wichtige kulturelle Institution, die solche Jugendliche um sich scharte. Die Kirchen hatten in den 60er Jahren noch einen nicht zu überschätzenden Einfluß auf die Herausbildung politischer und kultureller Identität in der Jugend. Sie war die Gegenwelt zur FDJ. Die von ihr angebotenen Kulturmuster ähnelten allerdings denen des Staates.

Es gab also gewichtige Faktoren, die einer umfassenden Institutionalisierung der westlichen Massenkultur in der DDR entgegenstanden: die politische und kulturelle Gegnerschaft gerade der Erziehungs-und Bildungseinrichtungen, das Fehlen eines öffentlichen Mediums, das als Diskussionsforum eine „Verwestlichung" hätte befördern können.[6] Zudem mangelte es an Produzenten einschlägiger Waren und an Märkten, über die sie hätten verteilt und angeeignet werden können. Wenn nun eine starke Position des Westens im Alltag von DDR-Jugendlichen behauptet wird, sind nicht nur Informationsweisen und Warenwege nachzuweisen und zu untersuchen. Es stellt sich außerdem die Frage, welche Möglichkeiten es gab, diese westlichen Einflüsse auch auszuleben.

Von maßgeblichem Einfluß auf die Gestalt, die der Westen im Alltag Jugendlicher letztlich annahm, war aber sicher der Umstand, daß er in der DDR nicht als industrielle Massenkultur mit ihren rabiaten Marktstrategien auftreten konnte. Die DDR-Jugend, die Konsumenten also, mußten über weite Strecken selbst eine Art „Kleine Warenproduktion" der von ihnen begehrten Güter gestalten. Das ist ein Widerspruch in sich, denn das Charakteristikum von Massenkultur ist ja gerade die industrieförmige Weise ihrer Produktion und ihrer Produkte, die auch Distribution und Aneignungsweisen prägt. Auch die Tatsache, daß in der DDR solche Güter zunehmend industriell erzeugt wurden, hebt unseren Befund nicht auf – weder Produktions- noch Distributionsweise war der westlichen vergleichbar.

Ein Freilichtkonzert unter dem Motto: „Helft Vietnam", Paschwitz 1972.

„Also mehr oder weniger war man entweder modern angezogen oder 'n bißchen spießig..."

Alltagsgeschichtliche Arbeiten zur Jugendkultur in der DDR sind, wie andere alltagsgeschichtliche Analysen auch, nicht nur auf der Basis schriftlicher Quellen bestreitbar. Zwar bieten diese, angefangen von politischen Dokumenten über Diskussionen in den Massenmedien bis hin zu jugendsoziologischen Arbeiten, ein umfangreiches und vielseitiges Material. Vor allem die empirischen Analysen (mit denen sich die empirisch arbeitende Soziologie in der DDR in den 1960er Jahren wesentlich profilierte) eröffnen Einsichten in sozial differierenzierte Verhaltensweisen und Einstellungen, doch bleiben sie eben auf Grund der angewandten Methoden notwendig statistisch-allgemein.[7] Auch die Berichte der Massenmedien präsentieren selbst dort, wo sie konkrete Menschen porträtieren, mehr oder weniger realitätsnahe Konstrukte. Zudem waren sie besonders von politischen Konjunkturen abhängig.

Wir ergänzten das Quellenstudium deshalb durch Interviews mit der Jugendgeneration der sechziger Jahre. Vor allem auf ihnen basieren die folgenden Überlegungen. Die Interviews wurden nach einem detaillierten Leitfaden durchgeführt, der jedoch Raum für Narratives ließ. Hier ist nicht der Platz für eine ausführliche Methodenkritik, doch soll eine Schwierigkeit erwähnt werden, die die vorliegenden Ergebnisse maßgeblich beeinflußt hat. Die DDR ist ein historisches Faktum geworden, doch ist sie präsent in ihren ehemaligen Bewohnern und deshalb noch Gegenwart. Zugleich ist sie für diese auszulegende Vergangenheit. Der Blick von heute aus bildet den nicht zu beseitigenden Boden des Erinnerns. Für unsere Probanden war es unmöglich, sich zum Thema „Der Westen *im* Alltag von DDR-Jugendlichen“ unbeeindruckt davon zu erinnern, daß nunmehr der Westen als dominierende ökonomische und kulturelle Erscheinung der Alltag *ist* oder *sein soll*.

„Bedarfskomplex Jugendmode“ im Damenmodehaus „Nova“ in Werdau, 1969.

Die Auswahl der Befragten in unserer Untersuchung ist zufällig, nur der Geschlechterproporz sollte gewahrt bleiben. Die Interviewten waren irgendwann zwischen 1960 und 1970 zwischen vierzehn und fünfundzwanzig Jahre alt – entsprechen also dem gesetzlich verankerten Jugendbegriff. Das erweist sich jedoch als problematisch, wenn die Selbstdefinitionen der Jugendlichen betrachtet werden, die auch ihr Erzählen bestimmt haben. Jugendzeit ist in ihrem Verständnis der Zeitraum zwischen Kindheit und dem Beginn ernsthafter Verpflichtungen durch Arbeit oder eine eigene Familie. Es ist der Lebensraum und Lebenszuschnitt von Schülern und Lehrlingen (schon weniger von Studierenden), umfaßt also im wesentlichen nur das Teenager-Alter.

In der DDR und vor allem noch in den sechziger Jahren begann die Familiengründung frühzeitig – man „mußte“ damals heiraten, wenn ein Kind unterwegs war. Erst zum Ende des Jahrzehnts gab es die Pille, das modernisierte Abtreibungsrecht trat 1972 in Kraft. So widerspiegeln die Selbstzuschreibungen reale Erfahrungen – Jugend als Schwebezustand, in dem die Weichen noch nicht gestellt sind und in dem man noch nach Zuordnungen sucht, als ein vergleichweise kurzer Zeitabschnitt. Eltern und Gesellschaft hätten anderes auch nicht gebilligt. Dies wirkt sich auf die Ergebnisse unserer Studie aus. Sie umfaßt auf diese Weise Jugendliche, die unterschiedlichen „Jugendkulturen“ angehört haben. Die um 1943 Geborenen erlebten die entscheidenden Jahre schon vor 1960, hatten noch eine Nachkriegsjugend bei geöffneten Grenzen (was besonders in Berlin ins Gewicht fiel), aber auch mit den entsprechenden materiellen Begrenzungen. Wer dagegen um 1968 in die zehnte Klasse ging, hatte es nicht nur mit anderen Moden, sondern mit anderen Zeiten zu tun, „modernen“ Zeiten.

Jugendliche Eckensteher – eine Provokation für sich, Halle 1964.

„Modern“ zu sein, hieß zunächst „modisch“ sein, anders als die Eltern und anders, als es in der Schule oder in anderen Institutionen von einem erwartet wurde. Damit standen die Jugendlichen dem Zeitgeist dieses Jahrzehnts jedoch nicht entgegen, sie verkörperten ihn und setzten ihn durch. Moderne Chemiefasern, moderne Möbel, die moderne Frau – es war allenthalben modern,

Von der Mutter selbstgeschneiderte Jacke, die über die nicht erreichbare Jeans hinwegtröstete, 1965.

Stern-Radio NBI 28/1964, S. 28.

modern zu sein. Der von uns befragte Peter Haken meint, die Jugend habe sich damals in zwei Gruppen aufgeteilt: „Es war, entweder man hat ein bißchen Wert auf Modernes gelegt, war'n bißchen ausgeflippt für die Alten, oder man hat sich so gegeben wie die Alten auch. Das war's."

Obwohl auch in der offiziellen Selbstdarstellung der DDR „moderne" Zeiten angebrochen waren, stand der Modernisierung einiges entgegen. Neben den Vorstellungen der „Alten" waren das Anstandsregeln, die für den Besuch von Tanzveranstaltungen eine bestimmte Kleidung vorschrieben. So durfte man eben nicht in „Jeans" oder „Niethosen" erscheinen. „Also sonnabends mit Jeans ist man nicht reingekommen zum Tanzen, da mußte man irgend 'ne andere Hose anziehen. Man kämpfte dann den verzweifelten Kampf um so 'ne Stoffjeans, also, die nicht blau war, sondern eben mit irgend 'ner normalen Farbe, und dann konnte man die Sache ein bißchen umgehen, aber das Ding war rar, kaum 'ne Chance."

Jürgen Adam, der keine Jeans besaß, versuchte auf andere Weise, seine Bekleidungsvorstellungen umzusetzen. Er ging vorschriftsmäßig im Anzug zum Tanz. „Ich hatte einen von meinem Opa, den hab' ich ändern lassen. Das war 'ne andere Mode, zum Beispiel ein Rollkragenpullover aus Nylon aus'm Westen war das Absolute. Und da hast du 'nen schwarzen Nadelstreifenanzug drüber gezogen." Alle Befragten gingen fast jedes Wochenende zum Tanz. Sie berichten von Live-Musik, die manchmal von berühmten DDR-Bands bestritten wurde, die auch eigene Titel spielten. Meistens traten in den Gasthöfen aber Amateurmusiker auf, die mehr schlecht als recht die Stücke anderer nachspielten. Dabei kommt auch die 60:40-Regelung zur Sprache (60% der Titel mußten aus dem RGW-Bereich sein, nur 40% durften aus dem Westen kommen). Einhellig vertreten die Interviewten jedoch die Meinung, daß sich fast niemand wirklich daran gehalten hat. Neben dem Radio war die Musik solcher Bands die wichtigste Informationsquelle darüber, was im Westen, das heißt in der Bundesrepublik, „in" war. Sie waren auch die wichtigsten Medien zur Verbreitung dieser Musik. Plattenspieler oder Tonbandgeräte waren noch rar und wurden, wie die Tonträger selbst, sozusagen halböffentlich von den jugendlichen Gruppenangehörigen genutzt.

Die Imitationen betrafen auch die Bekleidung. Ursula Adam zeigt Photos, auf denen die Band ihrer Schule im „Beatles-Look" auftritt: „Aus der Klasse, die haben die Sachen nachgespielt, die sie im Radio gehört haben, natürlich in mieser Qualität. Oder irgendeiner hat mal Noten gehabt. Die Leute haben sich zu Gruppen zusammengetan und zu Klassenfeten oder zum Fasching sind die dann aufgetreten. Welches Lied gerade gespielt wurde, konnte man da nur erahnen, wirklich ganz schlechte Qualität, aber man fand die toll."

Zu den beliebtesten Rundfunksendern gehörten, je nach Region, der Saarländische Rundfunk, der Soldatensender, Radio Luxemburg, der Deutschlandfunk, der RIAS und der SFB. Nur sehr vage wurde wahrgenommen, daß auch im DDR-Rundfunk einige der interessierenden westlichen Titel gespielt wurden. Erst spät, aus der Zeit gegen Ende der sechziger Jahre, wird davon berichtet. Da war es für einen Teil der Befragten aber zu spät, ihre Hörgewohnheiten waren festgelegt oder hatten sich inzwischen verändert. Auch andere Folgen einer modernisierten Jugendpolitik – Jugendmodegeschäfte, Poster westlicher Idole im „Neuen Leben", eine in der DDR verlegte Beatles-Platte – haben kaum Erinnerungen hinterlassen.

Auf die Frage nach einem speziellen Warenangebot für Jugendliche in den sechziger Jahren erzählt Elke Unterland: „Es begann ... so etwa '68 ging das los. Da gab es dann in den Kaufhäusern kleine Abteilungen, die sich mehr auf die Jugend konzentrierten. Da gab's ja diese Anoraks – die Anorakmode, die eigentlich schrecklich war. Aber ich war auch stolz auf meinen ersten Anorak, der war aus Nylon. Der sah scheußlich aus, aber ich war stolz."

Jürgen Adam zu diesem Thema: „Wenn es mal solche Vorstöße gab, für Jugendliche ein Warenangebot zur Verfügung zu stellen, so wie Boxerjeans, dann war es ja nie in ausreichenden Mengen da. Das ist auch wieder so was. Erst mal war es oft Müll; die Boxerjeans sahen ja nun für den Arsch aus – bloß mal als Beispiel,'ne. Klar haben sie Jugendradio DT64 gemacht. Da haben sie aller zwei Stunden mal einen Westtitel gespielt, damit die Leute alle Radio gehört haben".

Wenn die DDR-eigene jugendgemäße Warenwelt kaum in Erinnerung blieb, so lag das nicht nur daran, daß die interessanten Stücke immer knapp waren. Von größerer Bedeutung ist, daß kaum authentische West-Erzeugnisse im Angebot waren und daß nach den propagandistischen Kampagnen gegen solche Produkte dem nun eintretenden Sinneswandel ein tiefes Mißtrauen entgegengebracht wurde. Die Selbstdarstellung der DDR als alternatives gesellschaftliches System wurde in einem bestimmten Sinn ernst genommen: Sie konnte niemals authentisch „westlich" sein, blieb immer nur Umweg, zweite Wahl für jene, die keinen originären Zugang zu den westlichen Gütern hatten.

Verliebt in gute Musik
NBI 45/1964, S. 28.

Allerdings zogen die Befragten als Jugendliche in den sechziger Jahren daraus nicht den Schluß, an der Quelle der von ihnen begehrten Güter (Bekleidung, Musik, Filme) leben zu wollen. Jürgen Adam meint: "...aber bis auf die bitteren Minuten oder sagen wir Stunden bei irgendwelchen Behörden oder Schlangestehen, war der Alltag eben doch so, daß du Spaß hattest. Das ist ja, glaube ich, das: Du hattest Spaß. Dir ist ja nicht jeden Tag bewußt geworden, daß du in der DDR lebst und daß du eigentlich traurig sein mußt."

Selbst Ursula Adam, die in den achtziger Jahren nach Westberlin aussiedelte, beschreibt die sechziger Jahre als „von einer Fröhlichkeit geprägt und von Ausgelassenheit". Westdeutschland war für sie zwar „das Wunderland, in dem es alles gab ... Man hatte so eine überzogene Vorstellung, daß alles nur brillant sei." Dennoch kam ihr wie anderen Befragten nicht in den Sinn, die DDR verlassen zu wollen. Erst in den siebziger Jahren, als junge Erwachsene, empfand sie die Beengung deutlicher und wollte sie nicht mehr tolerieren.

Jazz-Werbung, In der Werbung sind die Jugendlichen recht brav.
NBI 29/1964, S. 28.

Diese Argumentationsfigur ist typisch.

Alle Interviewten berichten über politisch motivierte Auseinandersetzungen mit Lehrern oder Schuldirektoren, auch „roten" Mitschülern. Ursula Adam, die eine Ausbildung als Kindergärtnerin absolvierte, erzählt: „Die Linientreue mußtest du vorspielen, sonst wäre man sofort von der Schule geflogen. Aber es hat einen angekotzt. Du mußtest in der Zeitung nachlesen und diskutieren und (stöhnt) ... ach. Sie waren so trocken und langweilig, diese Fächer." Für sich selbst nehmen die Befragten in Anspruch, von der DDR-Propaganda, auch gegen den Westen, unbeeinflußt geblieben zu sein. In ihrer Selbstdarstellung definieren sie sich eher als politikfern (nur die Wahrnehmung der USA war politisiert). Doch wußten sie unproblematisch mit dem Widerspruch zwischen dem, was ihnen abverlangt wurde, und dem, was sie eigentlich interessierte, umzugehen. Später waren sie weniger bereit, solche Widersprüchlichkeit so „sportlich" zu behandeln wie Jakob Fiedler: „Also es gab zu meiner Schulzeit an der Oberschule von unserem Direx einen Spruch, der lautete: Nieten in Nieten in einer sozialistischen Oberschule unerwünscht. Also jeder, der in Nietenhosen kam, war unerwünscht ... Das war eigentlich auch immer der Kitzel, daß man die mal für einen Tag angezogen hat, dann guckten alle argwöhnisch, dann kam der stellvertretende Direktor und bestellte einen ins Lehrerzimmer, und dort wurde uns erklärt, daß das nicht erwünscht sei in einer sozialistischen Oberschule."[8]

Stern-Radio
NBI 28/1964, S. 28.

Die Gründe für die moderaten Beschreibungen könnten darin liegen, daß solche politischen Probleme in die allgemeinen jugendlichen Alltagskonflikte eingelagert waren. Hauptanliegen der Jugendlichen war es, einen eigenständigen jugendlichen Lebensstil ausbilden zu können, eine moderne Jugendkultur. Dazu mußten sie sich mit der älteren Generation auseinandersetzen, aber offensichtlich blieben noch genug Spielräume, um das zu tun, was man tun wollte – eben Spaß haben. Die Moderatheit der Auseinandersetzungen im Alltag wird von einigen Befragten auch reflektiert, doch wird nicht deutlich, worin sie die Ursachen sahen. Im Vergleich zur „68er-Bewegung" hat es Anna Donath „so ein bißchen aufgeregt, daß hier alles so schön und gemächlich lief und drüben die Studenten so aufrührerisch waren. Das ging bei uns überhaupt nicht."

„Das fällt bloß im Osten auf. Im Westen würden sie gar nicht kieken."
Eulenspiegel 29/1968, S. 13.

Daß sich die Konflikte kaum zuspitzten, betrifft auch Widerstände der Eltern gegenüber den jugendlichen Wünschen oder umgekehrt die Abgrenzung der Jugendlichen von den Vorstellungen ihrer Eltern. Lapidar sagt Jakob Fiedler auf die Frage nach Problemen mit den Eltern: „Die Konflikte sind eigentlich ganz normaler Art gewesen. Die sind damals aufgetreten so mit 15 oder 16 Jahren. Das waren normale Generationskonflikte. Die waren so mit 20 Jahren überstanden ... Die Konflikte sahen so aus, daß man weggehen wollte und andere Dinge wollte, Kumpels empfangen, daß man sich anders gekleidet hat, anderen Haarschnitt hatte, andere Musik gehört hat ...".

Es wird von Jungen berichtet (Ursula Adam), die „einen wahnsinnigen Streß hatten zu Hause mit ihrer Haarlänge. Denen wurde Geld geboten, damit sie zum Friseur gehen. Das waren aber lächerliche Längen, die da angegiftet wurden". Zu schärferen Auseinandersetzungen (die auch in der Erinnerung noch aufregen) kam es nur bei den Mädchen, die am Leben ihrer Gruppe teilnehmen, mit ihr in den Urlaub fahren oder sich auch mal mit einem Jungen treffen wollten. Vor allem empörte die Mädchen, daß sich ihre Mütter Beziehungen zu Jungen nur als vordergründig sexuelle vorstellen konnten. Anna Donath schildert ihre Konflikte mit den Eltern so: „Zum Beispiel beim Weggehen mußte ich fragen, ob ich weggehen darf und manchmal durfte ich und manchmal durfte ich nicht. Dann mußte ich immer zu einem bestimmten Zeitpunkt zu Hause sein ... Und wenn ich nicht da war, dann kam meine Mutter auf die Straße und hielt nach mir Ausschau und lauter solche Sachen. Ich wollte ja nicht mit irgendwelchen Jungen gleich ins Bett gehen, so war das ja nicht, aber meine Mutter hat das immer gedacht, und da war sie auf eine Weise mißtrauisch, die nicht, überhaupt nicht gerechtfertigt war."

Ansonsten waren die Mütter, aber auch Frauen aus der weiteren Verwandtschaft offensichtlich bereit, ihre Kinder zu unterstützen, vor allem beim Herstellen der Kleidung. Alle Befragten erinnern sich an Kleidungsstücke, die sie sich entweder selbst geschneidert hatten oder die von Freunden, Müttern, Patentanten oder dem Schneider am Ort genäht wurden. Diese „Notgemeinschaft" der „kleinen Warenproduzenten", auf die so viele angewiesen waren, hat offensichtlich konfliktmindernd gewirkt und dies in zweierlei Hinsicht. Einmal machte sie Eltern und Jugendliche (vielleicht auf seiten der Eltern manchmal wider Willen) zu Verbündeten, zum zweiten milderte sie bei den Jugendlichen das Gefühl, zu kurz zu kommen – im Vergleich etwa zu den westdeutschen Jugendlichen, die die begehrten Dinge ganz einfach im Laden kaufen konnten. Nicht Hitparaden und Schaufensterauslagen, sondern die Gruppe, in der man sich bewegte, bestimmte letztlich, was „in" war.[9] So nennen die Befragten eine ganze Palette von Dingen, die für sie wichtig waren und deren Besitz sie lange glücklich machte. Zwar orientierten sie sich mit ihren Wunschvorstellungen am Westen, an der BRAVO, alten Versandhauskatalogen und Modezeitschriften; aber dennoch blieben sie schon umständehalber relativ unabhängig von der westlichen Tagesmode.

Auch die Mutter von Jürgen Adam hat diesen in seinen Bekleidungswünschen unterstützt. Aus einer alten Hose, die vom Dachboden geholt wurde, hat der Schneider eine Schlaghose fabriziert, die mußte „oben total eng am Oberschenkel" sein „und dann einen Schlag dran, der wurde nach Zentimetern gemessen, 30 cm waren das oder so ... Ich weiß noch, ich hatte einen Schulfreund, der ist später an die Küste gegangen ... Der kam mal mit einem Riesenballen Schiffsabdeckleinen zurück. Total derbes Leinen – steif wie ein Feuerwehrschlauch. Aus dem hat sie (die Mutter – G.I.) mir eine Jacke genäht. Das muß viel Mühe gemacht haben! Aber dann war man eben der King mit solchem Zeug."

Ursula Adam kann sich an eine Jacke erinnern, die sie sich gegen den Willen der Mutter aus einem alten Teddymantel genäht hat, „... die hatte ich mit Leder abgesetzt – mit weißem Leder an der Kapuze – und einen Reißverschluß reingemacht. Und das auch mit weißem Leder eingefaßt. Das war eine sauschwere Arbeit ...". Ein Freund fertigte für sich und andere Schlaghosen an, modische weiße Stiefel teilte man sich mit der Freundin. Sogar Bikinis wurden selber genäht.

Diese aus altem oder geschenktem Material hergestellten Sachen waren zudem billig – über Geldsorgen wird kaum berichtet. Zwar konnten sich die Jugendlichen nicht alles leisten, was vorstellbar gewesen wäre. Ihr positives Lebensgefühl blieb aber davon unberührt. Dies änderte sich, als es in der DDR teure Importwaren aus dem Westen gab, doch hatten die Eltern auch hier Verständnis. Peter Haken erzählt von hochsohligen französischen Schuhen, die um die 120 Mark kosteten (mehr als ein Viertel des Monatseinkommens seiner Mutter). Obwohl die Schuhe also „unverschämt teuer für unsere Verhältnisse" waren, hat die Mutter den größten Teil des Kaufpreises beigesteuert. „Aber sie hat es irgendwie eingesehen, ohne groß zu betteln hat sie gesagt, okay, mach."

Die gegebenen und von ihnen erkämpften Spielräume halfen den Jugendlichen darüber hinweg, daß ihnen so manches Statussymbol versagt blieb. Jürgen Adam erinnert sich, daß er „viele, viele Jahre keine Jeans" gehabt hat. Ob er darüber traurig gewesen wäre, fragt ihn die Interviewerin. Seine Antwort: „Das hast du nicht so gesehen, ich meine, es waren total andere Ansprüche. Ich weiß nicht, ich kann mich nicht daran entsinnen, daß ich da besonders drunter gelitten habe. Man ist mit dem klargekommen, was man gerade hatte oder man hat sich aufgrund solcher Sachen wie der Jacke darüber hinweggetröstet."

[1] Der Aufsatz gründet auf Untersuchungen, die im Rahmen eines Lehr-Forschungsprojekts stattfanden, also unter Beteiligung von Studierenden, die auf diese Weise nicht nur Inhalte zutage fördern, sondern auch Forschungserfahrungen sammeln sollten.

[2] Dieses „neben der Arbeit" wird hier betont, weil sich durch die geschilderte Entwicklung das Verständnis der politisch Verantwortlichen wie einer Mehrheit der Bürgerinnen und Bürger von der DDR als einer „Arbeitsgesellschaft" nicht grundsätzlich geändert hat. Freizeit blieb immer „Lohn der Arbeit".

[3] Eine typische Argumentation findet sich in der Sybille 5/1960. Unter dem Titel „Teenager – näher besehen" schreiben die AutorInnen Sigrid Smolka und Horst Bärwald: „Alle, die da auf Motorrädern, mit Kofferradios, an der Straßenecke und im Bierlokal von unserer Fotolinse zunächst wahllos aufs Zelluloid gebannt und danach erst unter die kritische Lupe näherer Betrachtung genommen wurden, entpuppten sich als junge Menschen, denen wir die Zukunft getrost anvertrauen können." (S.69).

[4] Vgl. Kaspar Maase, BRAVO Amerika – Erkundungen zur Jugendkultur der Bundesrepublik in den fünfziger Jahren, Hamburg 1992.

[5] Die „Töchter-Generation" aus der von Irene Zierke, Astrid Segert und Kerstin Schweigel durchgeführten Untersuchung zum Milieuwandel scheint diesen Eindruck zu bestätigen. Vgl. dazu: Dies., Alter Wein in neuen Schläuchen? Lebensstil- und Milieuforschung in Ostdeutschland, in: Abbruch und Aufbruch (hrsg. von Michael Thomas), Berlin 1992.

[6] Diese Funktion übernahm in Westdeutschland die BRAVO.

[7] Vgl. etwa die Studie „Jugend und Freizeit", herausgegeben vom Zentralinstitut für Jugendforschung Leipzig, Berlin 1968.

[8] Die hier beschriebene Generation hat die DDR in höherem Maße akzeptiert als etwa Jugendliche Ende der achtziger Jahre. Aus ihren Reihen kam aber die Mehrheit der Dissidenten, vor allem jene, die eine „bessere" DDR wollten.

[9] Für viele Jugendliche, die über keine Kontakte nach Westdeutschland verfügten, waren die Lizenzangebote aus Ungarn, Polen oder der Tschechoslowakei eine echte Alternative. Auch polnische Niethosen wurden akzeptiert, weil sie halbwegs „vernünftig" aussahen. Solche „sozialistischen" Jeans wurden zur Auseinandersetzung mit der Schulobrigkeit genutzt.

Iris Czak

Spitzname: Elvis

Interview mit Schorsch T.

Schorsch T. wurde 1941 in Berlin geboren. Seinen Vater hat er nie kennengelernt, da er bereits im Krieg gefallen ist. Seine Mutter mußte sehr viel arbeiten, um ihn und seine fünf Geschwister durchzubringen. Die Schulzeit hat er in einer Zeit verbracht, als die Grenzen noch offen waren. Mit fünfzehn fing er eine Lehre als Maurer an. Wenig später wurde er umgeschult und machte seinen Fachschulabschluß in Walzwerkstechnik. Noch vor Mauerbau war er zwei Jahre bei der Armee in Storkow. Bereits mit neunzehn Jahren hat er seine zukünftige Frau kennengelernt. Frau T. lernte zu dieser Zeit in einer Schuhfabrik in Buckow. Die beiden sind bis heute verheiratet, haben einen Sohn und leben gemeinsam in Berlin-Friedrichshain. Seit 18 Jahren arbeitet Schorsch T. in der Münze.

Bei der Armee, um 1960.

Meine Mutter wollte aus ihren Kindern immer was machen. Der eine sollte Klavier spielen, der andere Geige, aber das hat sich alles zerschlagen. Bei mir hatte das keinen Zweck, da hat sie alles aufgegeben. „Den lassen wir trudeln", hat sie gesagt. Wir haben uns oftmals ganz schön gerieben, hauptsächlich wegen meiner Musik. Elvis Presley konnte sie nicht hören : „Das ist 'ne Heulboje, was du dich damit beschäftigst, wie du rumrennst." Es hat sie gestört, daß ich einen Hang zu dieser Musik hatte und auch zu den Dingen, die dazugehörten, wie zum Beispiel das Motorradfahren.

Mein Motorrad hatte ich mir bei der Armee zusammengespart. Dort bin ich mit siebzehn Jahren hingegangen, weil meine Mutter gesagt hat: „Bengel, überleg' dir das, wenn du kannst, geh zur Armee. Das wird bei uns nicht mehr lange dauern, dann kommt die Wehrpflicht. So wie es sich abzeichnet, kann dieser Staat keinen anderen Weg gehen, und jetzt bekommst du sogar noch Geld dafür. Du weißt, zu Hause unsere Bude ist zu eng, vielleicht kannst du uns in der Familie noch unterstützen." Und so hab ich es auch gemacht. Ich hatte dort ganz gut verdient und konnte einiges auf die Seite legen. Meiner Mutter habe ich von diesem Geld ein riesengroßes Radio gekauft. Für das Motorrad mußte ich lange sparen. 1900 Mark hatte das Ding damals gekostet. Aber es hat sich gelohnt. Das war die Krönung! Eine 250er Pannonia, mit Sitzbank und Anlage. Beim Bremsen ist die Mutti hinten immer so schön raufgerutscht, das hat man ja gern gehabt – man muß das so sagen! Ich weiß noch, ich bin damit immer zu meiner heutigen Frau auf's Dorf gefahren. Dort hatte niemand ein Motorrad, das war schon so etwas wie ein Statussymbol. Ich hatte sogar zusätzliche Fußrasten für unseren kleinen Sohn angebaut. Und dann sind wir drei losgebrettert! Die Leute im Dorf dachten, wir sind verrückt, wie wir da mit dem Kleinen losgedonnert sind. Die Eltern meiner Frau waren eigentlich ziemlich einsichtig, die haben sich nie in unsere Dinge eingemischt oder uns bevormundet, ganz im Gegensatz zu meiner Mutter. Sie hatte einfach kein Verständnis für diese Art zu leben, es war ja damals auch neu. Jedenfalls hatte ich dieses Motorrad dann 12 Jahre, genau während dieser ganzen Sturm-und-Drang-Zeit. Wir sind sehr viel gefahren, überall sind wir mit dem Ding hingekuddelt. Da gibt es viele Geschichten zu erzählen.

Während meiner Schulzeit waren die Grenzen ja noch offen. Wir haben viel mit den Kreuzbergern und den Neuköllnern gespielt, sind für eine Mark rübergefahren mit dem Ausweis und haben uns Filme angeguckt. Das war ganz normal! Verboten waren Schmöker, wie zum Beispiel Erika, Tom Brack, Tom Micks, Jack Morland – hauptsächlich Krimis und Westernbücher. Ich hab sehr gerne Western gelesen, das war so mein Ding. Alles, was westliche Literatur war, wurde als Schundliteratur deklariert und durfte nicht in die Schule mitgenommen werden. Wir haben sie trotzdem mitgenommen – trotz Taschenkontrolle –, haben uns in die Ecke gestellt und haben die Dinger ausgetauscht.

Wir wußten ja, bei welchen Lehrern so was statthaft war. Es gab welche, die da auch einfach drüber weggeschaut hatten oder die sich nicht dafür interessierten. Die meisten Lehrer waren noch aus der alten Zeit, die hatten für die neue Zeit nicht viel übrig. Sie haben versucht, Druck zu machen, konnten sich aber nicht durchsetzen. Da gab es wenig Kontakt, niemand wollte sich fügen. Wir hatten einen Erdkundelehrer, der mitgemacht hat. Der hat uns auch ein bißchen was von anderen Ländern erzählt, nicht nur von diesen sozialistischen Ländern. Und den fand ich immer gut. Der ist dann abgehau'n nach drüben. Also alles was einigermaßen gut war an Lehrern – die uns sympathisch waren – haben dann die Grenzöffnung genützt und sind abgehauen. Auch von den Schülern aus meiner Klasse sind nicht mehr viele geblieben, die sind fast alle rübergegangen. Das war ja dann zum Schluß ein richtiger „run". Die mußten die Mauer ja bauen, das wäre ja nichts geworden, das war einfach notwendig. Die mußten das, sagen wir einmal, aus der wirtschaftlichen Sicht her.

Es gab bessergestellte Schüler, deren Eltern eben was hatten und auch gebildeter waren. Und dann gab es die, die eben nicht soviel hatten. Die Reichen kamen dann mit Lederhosen – richtig kurze Lederhosen, mit Hirschen. Da hab ich mich immer amüsiert! Das war immer mein Traum gewesen, so eine Lederhose und dazu ein schönes kariertes Hemd zu besitzen. Ich bin nie an so etwas rangekommen. Wir sind teilweise barfuß zur Schule gegangen, weil wir gar keine Schuhe hatten.

Die Hartgesottenen waren nicht mehr da, und es ist dann auch ein bißchen ruhiger geworden. Ich hatte einen guten Kumpel, den ich nie wieder gesehen habe. Einen Tag vor Grenzschließung bin ich noch bei ihm gewesen. Er wohnte bei seiner Oma. In der Bude sah es unmöglich aus! Ich sagte: „Du sag' mal Fritz, was ist denn in deiner Wohnung los, das sieht ja gemein aus hier, das kann ja wohl nicht wahr sein." Da sagte er : „Peter, das kannste haben ... und das kannste haben" – "Was ist denn mit dir los?" hab ich gefragt. „Ja", sagt er „das kannste alles haben, ich geh rüber." Ich hab eine ganz dufte Badehose von ihm bekommen, das weiß ich noch, und viele Klamotten, die er noch nicht abgetragen hatte. Die, die rübergegangen sind, waren die schärfsten Typen gewesen. An die hat man sich gerne erinnert. Die waren eben doch ein bißchen robuster. Wir hatten eine Clique. Wenn man nach Hause gekommen ist von der Schule oder von der Arbeit, hat man sich erst richtig in Schale geschmissen für diese Clique. Dann hieß es : Rauf auf's Motorrad und los wie die Kaputten. In der Clique waren immer Gleichgesinnte, keine anderen. Die haben wir gemieden! Wir hatten uns zusammengerottet, und ich weiß noch, wie wir unsere Lederjacken angehabt haben... Wir haben unsere Karren in die Ecke gestellt, und haben den ganzen Fußweg eingenommen. Wir haben uns gefreut, wenn ältere Leute kamen: Die mußten dann einfach ausweichen, weil die sind ja nicht gegen diese Wand angekommen. Wir haben uns einen Lolli in den Mund gesteckt, den Holzstiel hin und hergeschoben und uns amüsiert über alle, die an uns vorbeigehen mußten. Das war so ein aufmüpfiges, progressives Verhalten. Aber es war nicht reaktionär, es ging nicht ins Bandenähnliche.

Freundin und Motorrad, um 1962.

Lederjacken gab es ja wenig, die hat man nur über Umwege gekriegt. Die haben unheimlich viel Geld gekostet! Man ist ja an sowas nicht rangekommen, also hier in der DDR nicht. Es gab Jacken aus Lederol, das war Ersatzleder, ein gummibeschichteter, lederähnlicher Stoff. Aber die haben sich im Aussehen immer unterschieden, die haben sich anders angefaßt. Und die hatten eben auch Nachteile, da war so ein Bündchen rangestrickt, das war so ein bißchen zugezogen, der Kragen war auch rangestrickt, na, und das war ruckzuck bald kaputt. Unten hat es dann gebeutelt und hing rum. Und Leder, wenn es warm wird in der Sonne, das ist denen ja vom Leib gerutscht. Das ist ja nichts. Ich hatte drei echte Lederjacken, die hab ich alle gebraucht gekauft. Die eine trage ich heute noch auf dem Motorrad. Auch Lederolhosen, kaschiert als Lederhosen, hatte ich gehabt. Damit sind wir auch rumgedonnert! Meine Lederstiefel habe ich mir damals eingetauscht gegen Single-Schallplatten von Bill Haley, die ich auch wieder über Umwege bekommen hatte. Das waren Tauschgeschäfte, weil Geld war nicht da. In den sogenannten Halbstarkenkreisen war das möglich, da kannte jeder jeden.

Ich hatte den Spitznamen Elvis. Man hat ja versucht, seinem Idol sehr ähnlich zu sein, im Haarschnitt, in der Art und Weise, wie man mit dem Mundwinkel spielt. Man hat sich einfach so gegeben, und das war eben die Welt, da hat man dazu gestanden. Auseinandersetzungen wegen dem Aussehen auf der Arbeit gab es wenig, weil ich bin relativ zivilisiert gekleidet gegangen. Damals in den 60ern gab es ja diese Geschichte mit den US-Parkern, diese Militärdinger. Da gab es viel Ärger, und sowas hab ich mir erst gar nicht beschafft, weil ich hatte für so was keinen Hang. Dieses, sagen wir einmal uniformierte Herumspazieren, das war nichts für mich. Das einzige waren Jeans, die hab

Zeitgenössische Groschenhefte aus dem Fundus des Interviewpartners.

ich immer getragen. Eine Zeitlang gab es dann diese Natoplanen, diese leichten Sommermäntel, jeder mußte dann so einen leichten Sommermantel haben. Alle haben versucht, über sieben Ecken an so ein Ding ranzukommen. Diese Mäntel waren spottbillig, aber man ist sehr schwer an sie herangekommen. Heutzutage zieht so was keiner mehr an. Da hat man ja dermaßen drunter geschwitzt! Das war eine Massenuniformierung, und sowas hab ich mir nicht besorgt, weil ich in so was nicht rumrennen wollte.

Dann gab es die sogenannten Parallelo, ein DDR Produkt. Das waren kurze Strickjacken mit Streifen, die hat man sehr gerne getragen, die waren auch immer vergriffen. Die waren billig, so ein Ding hat dreißig Mark gekostet. Die waren unheimlich in! Die Hosen waren an den Knien abgesetzt, ach, die hat man ja wie einen Scheuerlappen hinterhergezogen, aber das fand ich gut. Dazu hohe Kreppsohlen-Schuhe, Boogie-Woogie-Schuhe. Ich war sowieso nicht ganz so groß und hab versucht, durch die Hacken noch ein bißchen an Höhe zu gewinnen, um interessant zu wirken... ich hatte da keine Probleme! Man muß sagen, die Mode war sehr von der anderen Seite beeinflußt. Die waren immer voraus, wer ein neues Stück von dort bekommen hat, war natürlich immer oben drauf.

Und dann gab es diese Tonnenkleider, die unten immer enger wurden. Ach, da war man ja die Schönste auf der Tanzfläche. Petticoats wurden aus weißem Leinen genäht, mit einer Spitze dran. Und dann wurden sie gestärkt. Es gab später Stärke in Flaschen zu kaufen, die sah so milchig weiß aus und wurde mit Wasser 1:7 verdünnt. Nach dem Waschen hast du den Petticoat so genommen, mal kurz rein und wieder raus, und hast ihn am Bügel naß auf die Leine gehängt. Der wurde nicht ausgewrungen, gar nichts, der blieb so hängen, dann war der steif wie ein Brett. Als es noch keine Stärke gab, wurde Zuckerwasser verwendet. Das ganze hielt für einmal Tanzen. Ein Problem waren auch immer Strümpfe. Strümpfe waren teuer, und dann haben die nie gehalten. Beim Anziehen schon – zschh – eine Laufmasche, ach, war das immer ein Drama. Zum Tanzen hat man ganz flache spitze Schuhe getragen. Meine Frau hatte weiße Ballerina. Wie oft ich da gehört habe: „Vater, machst du mir die Schuhe wieder weiß?“ Da gab es so flüssig Textilweiß. Ich bin gesessen und hab ihre Schuhe wieder angepinselt, für den nächsten Tanz. Einfach auf die Fensterbank gestellt in die Sonne zum Trocknen, und dann ging es wieder los.

Mich hat zu keiner Zeit irgendwie der Teufel geritten, rüberzugehen. Ich war zwar traurig, als die Grenze dann zu war, hatte aber nie daran gedacht wegzugehen. Ich muß dazu sagen, daß ich dann auch meine Frau geheiratet habe und daß wir unsere ganze Verwandtschaft im DDR-Teil hatten. Wir hatten keinen Kontakt nach drüben. Ich war eigentlich damit zufrieden, daß ich die Musik, die ich so unglaublich gerne hatte, auch selber besitzen konnte. Ich habe erreicht, daß ich über den Äther alles auf Bändern mitschneiden konnte. In den jüngeren Jahren, als ich mir das erste Tonbandgerät zugelegt hatte, habe ich immer gesagt: Die größte Erfindung, die ich im Leben kenne, ist diese Erfindung, Musik zu speichern in Form dieses Tonbandes. Nicht einmal die Platte war für mich der Riesenfortschritt, nur das Tonband, weil man das Tonbandgerät eben selbst handhaben konnte. Man konnte zurückspulen, man konnte sich dabei auch bewegen, sich – wie soll man sagen – damit eben auch ein bißchen mehr produzieren.

Mein Musikgeschmack ist wahnsinnig breit gefächert – von der größten Schnulze bis zum guten Rock. Wenn ein Titel im Radio gespielt wurde, mußte ich immer sofort gucken, ob ich ihn habe oder nicht, und das mußte schnell gehen. Ich habe jeden Titel erst einmal angeschnitten und laufen lassen. Wenn ich ihn bereits hatte, mußte ich das Band wieder auf Null zurückfahren, um wirklich nur den mitzuschneiden, den ich noch nicht hatte. Und das mußte eben schnell gehen, deswegen hatte ich mir das so ausgeklügelt.

Ich muß sagen – ohne mich selbst zu loben – im allgemeinen wußte ich immer, wenn ein Titel kam, den hab ich oder ich hab ihn nicht. Und wenn ich im Radio einen Interpreten hörte, wußte ich auch immer schon, wer das war. Man hat das so im Ohr drinnen, das spielt sich so ein, das ist eigenartig.

Ich hab mal ausgerechnet, wieviel Stunden ich da geschrieben habe, wieviel Wochen, Tage und Nächte. Ich hab auch mal die Zeit gestoppt, die ich brauchte, um eine Seite nachzuschreiben. Ich muß sagen, ich habe alles erst einmal auf eine Karte geschrieben beim Aufnehmen, und wenn ich dann Zeit hatte am Wochenende, dann habe ich das sauber auf eine Seite abgeschrieben und habe es eingehopft. Ich war daran interessiert, daß ich alles, was ich habe, auch wirklich weiß. Ich muß dazu sagen, die Bänder haben damals Geld gekostet; das billigste Band, das 240-Meter-Band hat zehn Mark neunzig gekostet, das war viel Geld. Also das ist ja ein wahnsinniges Geld! 330 Bänder sind das ungefähr, nachher wurden sie immer teurer, da hat das 350-Meter-Band um die 20 Mark gekostet. Das waren alles Westsender, aus dem Osten hab ich nichts mitgeschnitten, ganz wenig nur, vielleicht zehn Titel von diesen 16.000, das muß ich noch einmal sagen.

Heute ist Schorsch T. 55 Jahre alt. In seiner Wohnung hat er ein systematisch durchorganisiertes Archiv aufgebaut, um die Übersicht über die etwa 16000 Musiktitel, die er zwischen 1961 und 1985 auf insgesamt 330 Tonbändern mitgeschnitten hat, zu bewahren. Am 7.12.1991 fing er an, sein gesamtes Repertoire durchzuhören. Er hört ungefähr jeden zweiten Tag seine Tonbänder ab. Zum Zeitpunkt des Interviews, im Februar 1996, war er bei Tonband 220 angelangt.

Ich habe auch Filmprogramme und alle möglichen Bilder und Autogrammkarten von Stars, die man so haben konnte, eingeklebt. Man hat ja überall gebaggert und getauscht. Die Bilder stammen aus Fernsehzeitungen; aus *Melodie und Rhythmus*, *Bravo*, auch aus *Les garcon et les filles*, eine französische Zeitschrift, die es in der DDR zu kaufen gab. Da gab es nur ganz wenige Ausgaben davon. Ich habe mit der Zeitungsfrau ein bißchen geköpert, dann hat sie mir das Ding zugestanden. Die Zeitschrift wurde später verboten. Ich weiß noch, im Fernsehen gab es Musik aus Studio B, mit Heinrich Pumpernickel. Das war absolut die erste Quelle für Jugendliche. Das ist der Mann der 60er Jahre! Das war ein Straßenfeger, da haben sie alle vorm Fernseher hocken müssen, wenn der seine Sendung gemacht hat, das war das große Ding hier.

Herr T. 1996 vor seiner Musikecke.

Getanzt haben wir alles, das ist in dieser Zeit eben entstanden. Daß jeder getanzt hat, wie er wollte, auch dieses Auseinandertanzen kam erst mit dieser Zeit. Da konnte sich jeder so richtig frei bewegen, da hampelte jeder so rum, wie er dachte. Ich bin nie zu einer Tanzschule gegangen, das hab ich mir alles abgelauscht. Jeder hat es versucht jedem beizubringen, und dann hat man auch viel geguckt. Das klappt dann schon, wenn man so ein bißchen Rhythmusgefühl hat. Da muß ich eine Episode erzählen. In Eisenhüttenstadt, wo wir beide tanzen waren, haben wir Rock'n roll getanzt. Rock'n roll tanzen war verboten. Das war auf einer richtigen Tanzveranstaltung. Schnellen Foxtrott kann man als Rock'n roll auch tanzen, das geht wunderbar. Da haben wir gleich was draus gemacht. Es hat gar nicht lange gedauert, da hat sich ein Kreis gebildet und die Leute haben geklatscht. Und wir beide haben einen Gig hingelegt, so einen richtigen Solotanz. Das hat unheimliche Sympathien hervorgerufen! Und dann kam einer, hat uns gegriffen, und hat gesagt: „Sie können Ihre Garderobe nehmen und verlassen Sie bitte dieses Haus." Da haben die uns rausgeschmissen! Es hat sich keiner getraut, was zu sagen, es hat sich niemand aufgelehnt.

Beim Musikhören mußte man auch aufpassen, daß die Nachbarn einen nicht anschwärzen. Unsere Nachbarin hat zu meiner Frau gesagt: „Das ist da oben wie auf einem Rummelplatz, ich muß das mal sagen, das kann man ja nicht aushalten." Ich hab dann immer die Chance genutzt, wenn meine Frau nicht da war, da kam die ganze Clique. Wir sind hier in Ungnade gefallen in unserem Aufgang. Mit uns hat sich gar keiner abgegeben. Weil alle wußten, wir waren in keiner Partei, wir waren dafür auch nicht zu haben. Wir sind zu keiner Hausversammlung gegangen, ich muß sagen, wir sind nicht kirchlich und auch nicht sozialistisch, überhaupt nicht, haben uns nie integrieren lassen, haben uns auch nie als DDR-Bürger einordnen lassen, überhaupt nicht. Grundsätzlich.

Im Garten seines Wochenendhäuschens stehen zur Zeit sechs von ihm restaurierte Motorräder. Seit 1987 ist Schorsch T. gewähltes Mitglied im Motorradclub „Berliner Motorradfreunde". Er ist regelmäßiger Aussteller bei den „Berliner Motorradtagen." Bei schönem Wetter unternimmt er oft und gerne „Spritztouren" mit seiner Frau.

Jeannette Padux

The Rattle Snakes und Brecht

Ein Interview mit Rainer K.

„Eddy: Freizeit, die ich meine"
NBI 2/1966, S. 12.

Ich wurde 1944 in Bartenstein (Ostpreußen) geboren. Seit 1948 wohnten wir zusammen mit meinem jüngeren Bruder in Berlin-Lichtenberg. Mein Vater war Dachdecker, meine Mutter Angestellte im Büro, beide stammten aus einer streng protestantischen Familie. Demzufolge wurden auch wir in diesem Glauben erzogen, der für mich zum wesentlichen Bestandteil meines späteren Lebens wurde. Deshalb kam es seit meinem Schuleintritt zu wiederholten Auseinandersetzungen mit der nun sozialistischen Lebenswelt. Diese Probleme verschärften sich, als ich vierzehn war, in einem Alter also, in dem ich natürlich schon Dinge wahrnahm, die außerhalb des Elternhauses passierten. In diese Zeit fällt auch mein starkes Engagement in der „Jungen Gemeinde", das schließlich einen Schulwechsel notwendig machte. Meine Eltern waren deswegen sogar beim Schulrat, aber auch der hat ihnen ganz klipp und klar gesagt, daß mit dieser ganzen kirchlichen Einstellung ein Schulwechsel unumgänglich sei. Aber schriftlich gab er das ihnen nicht. Infolgedessen besuchte ich mit dem achten Schuljahr eine Oberschule im Westberliner Bezirk Tiergarten.

Während dieser Zeit gründete sich an der Schule eine Skiffle-Band, in der auch ich mitmischte. Wir machten wilde moderne Musik auf selbstgebauten Instrumenten. Ich habe den Baß gespielt, der aus einem Ölfaß mit einem drüber gespannten Draht bestand, manchmal versuchte ich es auch auf dem Waschbrett. Das Waschbrett kam übrigens von Muttern, das mußte und durfte nach Möglichkeit kein kupfernes, sondern so ein ganz ordinäres, schön im Holzrahmen verzinktes Blech sein – dann war es gerade richtig. Um es aber perfekt spielen zu können, brauchte man noch die passenden Fingerhüte, die auch von Muttern stammten. Weitere Rhythmusinstrumente waren noch Besen und Schlaghölzer. Das melodieführende Instrument bildete neben der Klarinette die Gitarre. Ja, ja, auf diesen Instrumenten haben wir damals wie wild gespielt, das war eine tolle Zeit! Wir nannten uns übrigens „The Rattle Snakes". Es mußte natürlich ein englischer Name sein, das ist klar. Die Schulkollegen von drüben brachten die Texte und Melodien mit. Soweit das natürlich ging, haben wir in Englisch gesungen. Obwohl da auch Leute englisch sangen, die überhaupt kein Englisch sprachen, aber für so eine Singerei hat das allemal gereicht. Die Schule stellte uns sogar einen Übungsraum zur Verfügung, naja und so spielten wir dann auch hauptsächlich auf Klassen- und Schulfeten. Ich kann mich nicht erinnern, daß es in der Nähe einen Jugendklub gab, solche Sachen wurden entweder von der Schule oder der Kirche abgedeckt. Diese Spielerei endete eigentlich mit der zehnten Klasse (1960), wir haben uns dann später nur noch ab und zu geschrieben, aber das war auch bald vorbei.

Nach der Schule habe ich bei Siemens ein Jahr gelernt, also nur angefangen, weil ja dann die Mauer gebaut wurde. Mein Lehrlingsentgelt habe ich in Hälfte Ost und Hälfte West gekriegt. Das Westgeld habe ich drüben gleich aufs Konto gebracht, und von dem Ostgeld habe ich gelebt bzw. den Eltern ein Zubrot gegeben, denn bei uns war es einigermaßen dürftig. Von dem Westgeld habe ich mir dann auch mal ab und zu was gekauft, aber eigentlich war es dazu gedacht, ganz streng gespart zu werden, damit ich mal mein Ingenieurstudium finanzieren konnte.

In jener Zeit bekam mein jüngerer Bruder in der Schule ebenfalls Schwierigkeiten mit der Konfession. Spätestens seitdem stand der Entschluß meiner Eltern fest, nach Westberlin überzusiedeln. Also wurde alles Entsprechende vorbereitet. In den folgenden Wochen transportierten wir den gesamten Hausrat mit der S-Bahn zu Verwandten nach Westberlin, da war konspirative Arbeit nötig! Wir hatten kein Besteck mehr, keine Bettwäsche, keinen Teppich, das Sofa und die Stühle waren weg – bis auf die Schränke, die zu schwer waren, um sie mit der S-Bahn zu transportieren, war einfach alles weg! Die Wohnung war also leer, und eigentlich wären auch wir „weg" gewesen. Unglücklicherweise ist aber in der Woche vor dem 13. August meine Großmutter gestorben. Die Beerdigung war 15. August, und so blieben wir in unserer Trauer noch einige Tage im Ostteil in der de facto schon geteilten Stadt. Und dann standen wir da wie die Doofen und überlegten nun, was zu geschehen hat – ich ohne meine Lehrstelle, die ganze Familie mit der leeren Wohnung, tja und so hieß es dann erstmal irgendwie ein bißchen weiterzumachen. In Wirklichkeit hofften wir aber immer, daß es uns doch noch gelingt, rüberzukommen. Diese Sehnsucht nach Freiheit sollte Anfang 1962 erfüllt werden – Tunnel und so. Aber es klappte leider nicht. Als wir nach Pankow kamen, flog die Leuchtrakete hoch, und da wußten wir, daß der Fall für heute abgeblasen ist. Der Tunnel wurde nicht von uns, sondern von einer drüben liegenden Gartenanlage aus gebaut, da sollte dann durchgekrabbelt werden. Das wurde damals oft in der Weise von Studenten gemacht. Ich will nicht sagen, daß das ein Volks- oder Studentensport war, aber sie bildeten richtige Arbeitsgruppen, die eine regelrechte Fluchtlogistik mit mathematischen Berechnungen entwickelt hatten. Das war bis aufs I-Tüpfelchen durchstrukturiert und funktionierte bis zu dem Zeitpunkt der professionellen Fluchthelferorganisationen, ohne Geld.

„Sonnabend-Tanz im `Greif': Eintritt nur mit Ausgehanzug, Schlips und Kragen – keineswegs ehrgeizig aufgefaßt.

NBI 2/1966, S. 15.

So ging das Leben nun in diesem sozialistischen Staate weiter. Die Wohnung wurde nochmals neu eingerichtet. Als später die Verwandten wieder kommen durften, brachten sie dann auch das eine oder andere mit zurück. So sind z. B. ein paar Bilder und das Besteck wiedergekommen, und irgendwann tauchte auch der Teppich auf, der zwar ganz verschimmelt war, weil sie ihn im Keller liegen hatten, aber naja. Aber meine ganzen schönen Bücher – dreihundert Bücher – Manometer, Manometer, die waren alle weg. Für mich war das eine schwere Zeit. Ich mußte mir nun wieder eine neue Arbeit suchen, da meine alte Lehrstelle in Siemensstadt nicht mehr erreichbar war. Naja und so habe ich dann erstmal als Helfer angefangen, mehr war nicht drin, eine neue Lehre hätte ich hier auf keinen Fall bekommen.

In meiner Freizeit beschäftigte ich mich ganz stark mit dem guten Bertolt Brecht. Doch ich bekam hier längst nicht alle Werke von ihm zu kaufen. So habe ich dann alle meine Westbekannten belatschert, mir möglichst viele Sachen von Brecht mitzubringen. Dieses Interesse an Brecht wurde noch durch meine erste Arbeitsstelle am Berliner Ensemble verstärkt. Das war ein echtes Erlebnis für mich. Man sah jeden Tag bekannte Leute, wie z. B. Angelica Domröse, die damals wirklich toll aussah. Das war eine irre Zeit.

In diesen Monaten wollte ich mit zwei Freunden ein bißchen schräge Musik machen, aber daraus ist leider nichts Richtiges geworden. Die Arbeit nahm uns Zeit und Elan für solche Dinge. So zogen wir dann nur noch gemeinsam an den Wochenenden durch die Keller in der Schönhauser Allee. Das waren richtige olle Kohlenkeller, in denen alle möglichen Bands, die es in Berlin so gab, spielten. Das waren also keine Klubs, das waren Geheimtreffs, die man nur vom Weitersagen kennen konnte. Hier wurde vor allem Jazz gespielt. Dort stiegen wir also jedes Wochenende ein, das zogen wir uns so zu sagen „rein". Zu „Pappa Binnes Jazzband" fühlten wir uns immer sehr hingezogen, d. h., wir hatten den Eindruck, daß uns mit ihnen, ich will mal sagen, ein „kollegiales Verhältnis" verband. Sicherlich auf einer ganz anderen Basis als so ein Fanclub. Wir redeten mit denen vor oder auch nach dem Konzert und trafen uns auch mal mit dem einen oder anderen von der Band. Aber wir störten nicht das allgemeine Geschehen, das da so ablief, also sagen wir mal so, wir nahmen sie nicht für uns in Anspruch. Natürlich war in diesen Jazzkellern wichtig, daß man sich entsprechend kleidete. Manche Dinge gehörten einfach dazu: Rollkragenpullover und Sonnenbrille, naja, man wollte natürlich auch auffallen. Meinen Lieblings-Rollkragenpullover hatte mir meine damalige Freundin gestrickt, darauf war ich total stolz. Und die Sonnenbrille habe ich heute noch, heute ist ja alles mögliche modern, da kann man alles tragen. Na, und dann hatte ich noch so einen Shell-Parka und natürlich eine Jeans, ja ja, das war so ein ganz „hartes" Ding. Diese Sachen wurden meistens von Bekannten oder alten Freunden mitgebracht oder wurden irgendwie besorgt. Irgendwann habe ich dann mal mein Westkonto leerräumen lassen. Da ich selbst an das Konto nicht rangekommen bin, habe ich einfach jemanden dafür beauftragt, das klappte dann auch. Von dem Geld habe ich mir mal eine superschicke Wildlederjacke mitbringen lassen. Ich weiß nicht genau, ob das nun eine Hirsch- oder Antilopen-Wildlederjacke war. Mein Kumpel muß sich jedenfalls damit absolut zum Krüppel geschwitzt haben, denn er hatte über die Wildlederjacke, die übrigens auch noch so ein künstliches Lammfellfutter besaß, eine dünne Jacke übergezogen. Das Ding muß der irgendwo da drüben im Ami-Shop gekauft haben, naja, und was die gekostet hat, weiß ich nicht mehr, das war mir auch egal, ich wollte die einfach nur haben. Die Jakke existiert übrigens immer noch, das muß man sich mal vorstellen, seit über dreißig Jahren, die gebe ich auch nicht weg. Neben der Live-Musik in den Jazzkellern hörte ich außerdem noch viel Radio. Damals wurde sehr bewußt Radio gehört, der Kopf war immer ganz dicht an den Lautsprechern. Es gab wirklich herrliche Sendungen. Neben der RIAS-Funkuniversität, bei der es richtige programmatische Musiksendungen gab, hörte man natürlich noch die englischen und amerikanischen Sender. Besonders mochte ich Mr. Pumpernickel alias Chris Howland und auch den amerikanischen Sender AFN, das wurde gehört, das ist klar! Aber auch die „Schlager der Woche" hörte ich viel, vor allem montags und freitags, das wurde so eingerichtet. Damals wurde sowieso die Zeit nach bestimmten Sendungen eingeteilt, so wie es in den 70er Jahren das Abendbrot erst grundsätzlich nach der Tagesschau gab.

Teilnehmerin im Mal- und Zeichenzirkel der VEB Rafena-Werke, Radeberg.

NBI 9/1966, S. 17.

Im Grunde genommen kam meine Entwicklung einer Rückzugsbewegung gleich. Man suchte sich Nischen, in die man sich zurückziehen konnte. Wir waren, wie wir jetzt nach der Wende sagen, eine Nischengesellschaft. Musik, Kleidung und auch Brecht waren für mich zum Beispiel solche Nischen, das wird mir jetzt in der Rückschau ganz bewußt. Mit dem ganzen anderen Krempel hatte ich sowieso nichts am Hut. Doch wenn ich hier Lehrling gewesen wäre, wer weiß, wie das dann abgelaufen wäre. Dann wäre ich wahrscheinlich in diesen ganzen Apparat reingekommen, wo mir verschiedene Dinge vielleicht von vorneherein aufgezwungen worden wären. Obwohl ich auch sagen muß, daß ich einer Sache, die ich ablehnte, immer etwas anderes entgegensetzte, also nicht nur „Nein" sagte, sondern mich auch aktiv einsetzte.

Gerade als ich versuchte, mich ins volle DDR-Leben zu integrieren, wurde ich vom Ministerium für Staatssicherheit „eingesackt". Das war Anfang 1965, also fast drei Jahre nach der „Tunnelaktion". Ich weiß bis heute nicht, woher die Herren den Tip hatten. Vielleicht hatte noch mal einer einen Fluchtversuch gemacht, von denen, die damals schon daran beteiligt waren. Ich weiß noch nicht mal genau, wer damals alles dazugehörte. Aber wir waren eine große Gruppe, und ich kannte nur die paar, die ich anzuführen hatte, das waren neben unserer Familie auch noch einige Freunde und Bekannte. Die Herren müssen vorher ganz genau gewußt haben, welche Wege man so geht, wo man arbeitet usw. Eines morgens, es war Januar und noch total duster draußen, ging ich wie immer den Weg zur Arbeit. Plötzlich standen ein paar Leute vor mir. Ich wußte gar nicht, was die von mir wollten, aber sie meinten, daß sie mich unbedingt mitnehmen müßten, weil sie ganz wichtige Fragen an mich zu stellen hätten. Ja, und dann war ich weg, einfach so und keiner wußte, wo ich bin. Man muß nicht denken, daß die da irgend jemandem Bescheid gegeben hätten. Meine Eltern haben das nirgendwo erfahren, nicht einmal bei der Polizei. Erst nach mehreren Wochen, nachdem auch mein Vater „weggefangen" wurde, hieß es, daß auch ich „weg" bin. Auf meine Mutter haben sie verzichtet, weil sie meinen Bruder, der noch zur Schule ging, betreuen mußte. Aber zur Verhandlung mußte sie erscheinen, und ein Urteil hat sie auch bekommen. Mein Urteil als Haupttäter hieß fast drei Jahre Zuchthaus, doch glücklicherweise mußte ich das nicht antreten. Ich war insgesamt sieben Monate in Untersuchungshaft in Hohenschönhausen, im sogenannten „U-Boot Hohenschönhausen", das soll ja jetzt eine Gedenkstätte werden. Fast die ganze Zeit über war ich dort in Einzelhaft. Einmal haben sie mir einen Schweizer reingesteckt, doch ich bin mir noch heute im Unklaren darüber, was das eigentlich zu bedeuten hatte. Sie wollten mir erst weismachen, daß der suizidgefährdet ist, aber ich hatte eigentlich eher das Gefühl, daß der mich aushorchen sollte, aber naja. Ich habe denen dann gesagt, daß ich gedenke hierzubleiben. Ich konnte mir zu diesem Zeitpunkt schlecht vorstellen, drüben zu leben, und außerdem hatte ich hier eine feste Freundin. Manchmal habe ich angefangen darüber nachzudenken, warum ich mich so entschieden habe, aber ich bin zu keinem Schluß gekommen. Also eine bewußte politische Entscheidung war es, wenn überhaupt, nur zu einem geringem, aber wirklich zu einem ganz geringen Prozentsatz. Aber richtig froh darüber, daß ich es so gemacht habe und mich nicht wie mein Freund habe abschieben lassen, war ich eigentlich erst einige Jahre später, als ich schon eine Familie hatte. Als ich aus dem Knast wieder raus kam, hieß es für mich, wieder von vorne anzufangen. Ich wurde „resozialisiert", bekam dann also einen Betrieb zugewiesen und durfte wieder ganz unten anfangen. Eine Lehre bekam ich natürlich wieder nicht, und so hieß es dann noch einmal zwei Jahre zu akkern. Als ich dann später endlich meinen Facharbeiterbrief als Elektromonteur in der Hand hielt, habe ich dafür sage und schreibe sieben Jahre gebraucht, das ist fast wie ein Studium in heutiger Zeit.

So schlimm wie die ganze Sache auch war, als der Fall abgeschlossen war, hatte ich anderen etwas voraus – ich wußte, wie weit man gehen kann, ich kannte inzwischen die Grenzen. Das hat mir in meinen späteren Unternehmungen viel geholfen.

„Hartmut König, Oberschule 12. Klasse, stellte sich mit eigenen Songs vor."

NBI 12/1966, S. 4.

Frank Schirrmeister

Ein Mauerkind

Interview mit Klaus W.

Wir sind 1961, im September nach Glienicke gezogen, also genau nach der Zeit, als die Mauer gebaut wurde. Unser Grundstück lag genau an der Mauer, gegenüber war Frohnau. Die Nachbarn auf der Westseite kannten wir nicht mehr. Man konnte zwar rübergucken oder auch mit Steinen schmeißen, kennengelernt haben wir sie aber erst nach dreißig Jahren. Unsere Spargelbeete standen direkt im Schatten der Mauer. Das war gut für die Pflanzen, sie waren geschützt und im Sommer hat der Beton die gespeicherte Wärme abgestrahlt.

Meine ganze Kindheit und Jugend habe ich also an der Mauer verbracht. Das war nicht immer einfach, wir durften zum Beispiel keine Kinder mit nach Hause bringen, mein eigener Kumpel, mein Klassenkamerad, konnte mich nicht besuchen, weil unser Haus im Grenzgebiet lag. Manchmal hat er mich heimlich besucht. Einmal wurde er erwischt, da mußte er erst mit auf die Grenzwache, später durften seine Eltern 50 Mark Strafe zahlen. Die Verwandtschaft mußte, wenn Geburtstag oder ähnliches war, vier bis sechs Wochen vorher einen Antrag stellen, und nur die Verwandten ersten oder zweiten Grades haben eine Genehmigung bekommen, uns zu besuchen. Die Grenzer sind sogar jeden Sonnabend gekommen, um im Keller die Wände abzuklopfen, ob irgendwo ein Tunnel gegraben wurde.

Man hat sich daran gewöhnt, aber das Schlimmste war, wie einem in der Schule eingebleut wurde, jeden Fremden, den man in der Nähe der Grenze sah, zu melden. Wir haben auch selbst beobachtet, wie welche getürmt sind: Sie haben eine lange Holzbohle über den Zaun geworfen und sind darauf über den Stacheldraht geklettert. Einmal haben wir, ein paar Schulfreunde und ich, Leute beobachtet, die wir nicht kannten, und sind zu den Grenzern gerannt, um die zu melden. Die wurden auch prompt verhaftet, sie wollten wohl wirklich türmen. Wir haben dann sogar eine Auszeichnung dafür bekommen, ein Buch, bei mir war es „Der brave Soldat Schwejk“ mit Widmung vom Grenzregiment. Heute tut mir das natürlich leid, aber wir waren ja noch Kinder.

NBI 38/1966, S. 28.

Später wurde die Mauer ja dann immer mehr ausgebaut. Anfangs kamen immer noch die Briten von der anderen Seite und haben Schokolade für die Kinder über den Zaun geworfen, aber neben uns standen ja nun die Grenzer und haben gesagt, ihr müßt sie zertreten und zurückwerfen. Was sollten wir machen, ich hätte sie auch lieber gegessen, aber wir waren ja auch so erzogen, daß drüben der Feind steht, also haben wir sie zertreten und zurückgeworfen.

Wir wurden sehr streng erzogen. Sonnabends hat unser Vater immer unsere Schränke kontrolliert, ob alles sauber und aufgeräumt war, es war wie beim Militär; wir durften auch nicht wie andere Kinder Sonnabend vormittag spielen, sondern da bekam jeder seine Aufgabe, du räumst den Keller auf, du machst das oder das und dann könnt ihr gehen. Für die Erziehung bin ich aber heute dankbar.

Westfernsehen war bei uns zu Hause verboten, das gab es überhaupt nicht. Bei manchen Serien wie Fury oder Lassie bin ich dann immer zu einem Nachbarn gegangen. Aber meine Musik, also Beatles oder so, konnte ich auch zu Hause hören, das hat keinen interessiert.

In der Schulzeit haben wir unsere Freizeit meist im Jugendklub verbracht. Es gab einen guten Kontakt der Schule zum Grenzregiment, das bei uns stationiert war. Die Gemeinde hatte Räumlichkeiten über der Gaststätte zur Verfügung gestellt, und wir haben die zusammen mit den Grenzern ausgebaut. Es gab auch eine sogenannte Flitzerbrigade, das heißt, die Grenzer haben uns Material und Werkzeug zur Verfügung gestellt, und wir haben dann bei Rentnern oder so Reparaturen durchgeführt, unentgeltlich. Im Klub konnten wir Billard spielen, trinken, Musik hören, auch Westmusik konnten wir spielen.

Vor 1961 war ich einmal mit meinem Großvater in Westberlin zu Besuch bei meiner Tante. Mein Vater durfte davon natürlich nichts wissen. An der Grenze standen die Westpolizisten mit dem Tschako, war schon aufregend für mich. Wir sind dann mit dem Bus irgendwohin gefahren, am Funkturm vorbei, und da war dann so ein Laden mit Fächern, in die man eine Mark werfen mußte, und darin lagen lauter Bananen! Das war mein erstes Westerlebnis. Kaufen konnte ich mir ja nichts ohne Geld, aber meine Tante hat mir dann eine blaue Kordjacke geschenkt, mit ganz vielen Reißverschlüssen. Mann, war ich stolz.

Nach der zehnten Klasse habe ich dann eine Lehre als Elektromonteur angefangen. Das war dann so die Zeit mit den Schlaghosen und langen Haaren. Meine Schlaghosen hab ich durch ein Mädchen aus der Nachbarschaft bekommen, die hat mir einen dünnen Stoff besorgt und mir daraus Hosen genäht, mit einem riesigen Schlag, es sollte ja nach was aussehen. Das war Mitte der Sechziger und die Beatleszeit und wo die Stones oben auf dem Springerhaus gespielt haben. Ich war aber Beatlesfan, bin heute noch kein Stonesfan.

Da gab es ein Mädel aus Westdeutschland, deren Adresse habe ich auf der Straße gefunden – die haben da so eine Art Ballonwettbewerb gemacht, und ihr Luftballon mit ihrer Adresse ist bis zu uns nach Glienicke geflogen; dafür hat sie den ersten Preis gekriegt, weil ihrer am weitesten gekommen ist – mit der habe ich mich geschrieben, bis ich zur Armee mußte, da durfte man ja nicht mehr, später ist der Kontakt dann abgerissen. Und von ihr habe ich meine erste Beatlesplatte gekriegt, die ist sogar durchgekommen mit der Post, war ja alles verboten. Das war eine kleine Single, da waren „Rain" und „Paperback Writer" drauf, weiß ich heut noch.

Im Radio habe ich natürlich DT 64 gehört, offiziell zumindest. Der Sender wurde zum Deutschlandtreffen 1964 in Berlin gegründet, war ich auch mit dabei, und das war schon eine feine Sache, der erste Jugendsender. Sonst habe ich meist „Schlager der Woche" gehört im RIAS, immer montags, aber ich hab auch freiwillig DT 64 gehört, so war ich eben erzogen.

Am Wochenende sind wir immer nach Hohen Neuendorf zur Disko gefahren, natürlich mit unseren Schlaghosen; sonst, so im Alltag habe ich auch die Sachen aus der Jugendmode getragen, war nicht alles Müll, aber wenn wir am Sonnabend zur Disko waren, da war man doch nichts mit den Ostklamotten, da haben die meisten Schlaghosen oder ähnliches angehabt. Dagegen hatte auch niemand etwas, anders war das mit den Haaren. Einmal, da war ich schon in der Lehre in Neuenhagen, wir waren immer in einer Disko am Bahnhof, da haben danach welche vor der Tür gewartet und den Leuten mit einem Messer die Haare abgeschnitten. Mir persönlich nicht, ich hatte nicht ganz so lange Haare, aber einen Kumpel von mir, den haben sie festgehalten und dann ran mit dem Messer.

An einen Vorfall in der Schule kann ich mich noch erinnern. Montags war ja immer Fahnenappell, und einmal war da einer aus der neunten Klasse, der hatte Westjeans an und stand vorn in der ersten Reihe. Da hat der Direktor ihn dann vorgezerrt, ihm das Schild von der Hose abgerissen und ihn angeschrien, dann mußte er nach Hause gehen und sich eine andere Hose anziehen. Ansonsten hatten wir eigentlich ein gutes Verhältnis zu den Lehrern.

Richtige Konflikte mit den Eltern gab es eigentlich nicht. Ich bin ja dann mit 16 auch weg von zu Hause, in die Lehre nach Neuenhagen. Während dieser Zeit, am Wochenende, sind wir oft einer Band hinterhergefahren, die immer hier in der Gegend gespielt hat, in Falkenhagen, Wustermark, Finkenkrug oder Schönwalde. Die haben auch Westmusik gespielt, eben so die gängige Beatmusik. Die Nacht haben wir dann immer auf dem Bahnhof verbracht, weil ja kein Zug mehr fuhr.

Wir sind auch oft nach Altlandsberg gefahren und haben dort auf dem Markt gestanden mit unseren Kofferradios und die Westmusik gehört. Ich selbst hatte keins, aber ein Kumpel, der hatte Verwandte in Amerika, der hatte auch immer Westzigaretten. Wir haben meist RIAS gehört oder SFB und den englischen Soldatensender BFBS. Und natürlich Radio Luxemburg, das war unsere Welle.

NBI 20/1966, S. 29.

NBI 38/1966, S. 28.

Ina Dietzsch

Deutsch-deutscher Gabentausch

„Die Gaben an die Menschen und die Götter haben auch den Zweck, den Frieden zu kaufen."
Marcel Mauss

Haben sich nicht auch die Deutschen in Ost und West mit der Aufrechterhaltung ihrer persönlichen Beziehungen über die Grenze hinweg einen Frieden erkauft? Ihren kleinen, privaten Frieden während der Zeit des Kalten Krieges? Mauss stellte in seinen anthropologischen Untersuchungen fest, daß Menschen, die sich beschenken, sozial auf eine Art miteinander verbunden sind, die sie nicht die Waffen gegeneinander erheben läßt.[1] Es ist wohl vermessen, darüber zu spekulieren, ob das ein Grund dafür gewesen sein könnte, daß der Kalte Krieg zwischen beiden deutschen Staaten nicht in einen heißen umschlug. Das soll hier auch nicht Thema sein. Interessant ist dennoch, wie unter den schwierigen Bedingungen der Teilung Deutschlands familiäre Beziehungen und Freundschaften aufrechterhalten und durch den Austausch von Geschenken befestigt wurden. Schwierig waren die Bedingungen in zweierlei Hinsicht: Zum einen durch die Auswirkungen der politischen Konfrontation auf das Alltagsleben in Form von rigiden Bestimmungen über den Post- und Reiseverkehr zwischen der BRD und der DDR. Zum anderen war das alltägliche Leben auf beiden Seiten im Laufe der Jahre unvergleichbar geworden, das Bedürfnis nach einem Vergleich aber größer denn je, denn man konnte sich, nur gestützt auf die eigenen Erfahrungen, nicht vorstellen, was jenseits der Mauer tagtäglich geschah.

Wie die Menschen mit diesen Schwierigkeiten umgingen, wenn sie ihre Beziehungen durch Geschenke unterstreichen wollten und inwieweit sie diese überhaupt wahrgenommen haben, darüber geben ihre Briefe Auskunft.[2] Es soll hier also nicht vorrangig um die Produkte gehen, die zu Geschenken wurden, sondern darum, wie Schenken in der Zeit zwischen 1959 und 1970 über die Grenzen hinweg funktionierte.

„Schenken heißt eine Macht erwerben, einen symbolischen Tausch realisieren, ... subjektive Bedeutungen objektivieren, ... soziale Herausforderungen als Wohltätigkeit stilisieren...“[3]

Nach einem gemeinsam durchlittenen und verlorenen Krieg befanden sich beide Teile Deutschlands in den Sechzigern – auf unterschiedlichem Niveau – in einer Konsolidierungsphase. Die Grundbedürfnisse konnten im wesentlichen befriedigt werden, es war eine gewisse Alltagsnormalität hergestellt. Aufgrund des unterschiedlichen Tempos der wirtschaftlichen Entwicklung aber war ein Wohlstandsgefälle entstanden, das im alltäglichen Vergleich zwischen Ost und West, gespeist durch welche Informationsquellen auch immer, ständig von Neuem bestätigt wurde. In einem wettbewerbartigen Kampf um die Legitimation der jeweiligen politischen Systeme waren die Konsummöglichkeiten im Westen zum Maß der Dinge geworden – und zwar auf beiden Seiten. Daraus ergab sich eine moralische Verpflichtung für die Menschen in der BRD, soweit sie über Kontakte in die DDR verfügten, denen, mit denen sie sich verbunden fühlten, zu geben, sie zu beschenken und sie damit ein Stück am eigenen Wohlstand teilhaben zu lassen. Gleichzeitig konnten sie mit der wohltätigen Gabe den eigenen, z.T. noch nicht gefestigten Wohlstand wirkungsvoll demonstrieren und sich des bisher Erreichten versichern. War es doch noch gar nicht so lange her, daß man selbst dankbar die Care-Pakete und die finanzielle Unterstützung durch Verwandte aus den USA angenommen hatte.

Potsdam: „... und dann schreibt sie noch was vom Duft der großen weiten Welt.“

Eulenspiegel 51/1961, S. 8, „Vorsicht: Liebesgaben!“

„Schenken heißt ... Bündnisse zu initiieren, solidarisieren, reziproke Anerkennungsformeln einzufädeln ...“[4]

In der Erwartung, daß sich die Versorgung in der DDR systematisch verbessern würde und die Hilfe irgendwann einmal vergolten werden könne, erschien die Bereitschaft zu nehmen in der DDR trotz des ungleichen Verhältnisses nicht vorrangig als unterwürfiger, demütigender Akt. In Reaktion auf ihre alltägliche Gefährdung durch die oft schmerzlich erlebte Deutschlandpolitik beider deutscher Staaten und die immer noch latente Kriegsgefahr (1961 Mauerbau, 1962 Kubakrise, 1968 Prager Frühling) stand vielmehr die Befestigung persönlicher, familiärer oder freundschaftlicher Beziehungen im Vordergrund. Immer wieder wurde im Brief- und Päckchenverkehr versucht, Wege zu finden, persönliche Informationen auszutauschen und sich über private Dinge auf dem laufenden zu halten. Darüber hinaus erhielten die Beziehungen durch Wünsche und Geschenke eine Verbindlichkeit, die dazu beitrug, daß die Kontakte auch unter schwierigen Bedingungen nicht ohne weiteres abgebrochen wurden.

„Im Geschenk materialisieren sich wesentliche Facetten des Selbst- und des Fremdbildes.“[5]

In Ost und West war in den sechziger Jahren für die Deutung der persönlichen Beziehungen das Bild von der (territorial) großen, freien, reichen, demokratischen und mächtigen BRD (noch) bestimmend, gegen die die DDR klein, begrenzt, minderwertig und ökonomisch nicht überlebensfähig erscheinen mußte. Besonders die Vorstellung, daß man in der DDR hungerte, war selbst über die 60er Jahre hinaus noch Grundlage von „Gaben“, auch wenn in den Briefen aus der DDR oft versucht wurde, diese Vorstellung zu korrigieren. Sie zeigte sich besonders deutlich an solchen Geschenken, die unabhängig von Wünschen und der Art der Beziehung gemacht wurden. Dabei handelte es sich hauptsächlich um Lebensmittel oder Waren, über deren (auch nur angeblichen) Mangel in der DDR man durch informelle Kontakte oder gezielte Kampagnen in den Medien wußte. Z.B. berichtete Gerda Erler, die seit 1948 mit ihren Eltern im Westen lebte, in einem Brief an ihre frühere Schulfreundin in der DDR von einer Werbekampagne, Öl in unzerbrechlichen Flaschen einer bestimmten Firma in die DDR zu schicken.[6]

Verfügte man nicht über konkrete Informationen, griff man generell auf Erfahrungen aus der Kriegswirtschaft zurück und schickte vor allem vielseitig verwendbare und haltbare Grundnahrungsmittel (Grieß, Babynahrung, Milchpulver, Fertiggerichte, Brühwürfel), frisches Obst und Gemüse, weihnachtliche Backutensilien (Nüsse, Mandeln, Rosinen), klassische Genußmittel wie Kaffee, Kakao und Schokolade, aber auch Stoffe, Wolle und abgelegte Kleidung als Materialspender sowie Kosmetika.

Persönliche Geschenke waren dagegen problematischer. Schenken gilt in unserer Kultur als eine soziale Handlung, die Verpflichtungen schafft und der eine moralische Bedeutung zukommt. Demzufolge liegt es in der Macht und der Verantwortung der schenkenden Person, das richtige Geschenk auszuwählen. Persönliche Geschenke setzen dafür in der Regel detailliertes Wissen über die andere Person voraus. Durch den „geteilten" Alltag und seltene Besuche war es jedoch kaum möglich, ein solches intimes Wissen über die anderen zu besitzen. Man wußte voneinander nur das, was in den Briefen geschrieben stand. Man kannte nicht die kleinen und großen Wünsche, die sich mit den Unzulänglichkeiten des fremden Alltags verbanden. So bestand die schwierige Notwendigkeit, einen konkreten Wunsch auszusprechen. Das aber wurde zur Gratwanderung, da man in der Regel weder die materiellen Verhältnisse des anderen noch dessen eigene Konsumansprüche einschätzen konnte.

Nürnberg: „Was, Sie wollen meine Tocher heiraten? Na, hoffentlich haben Sie eine Tante im Osten, die Ihnen die Aussteuer schickt."

Eulenspiegel 51/1961, S. 8, „Vorsicht: Liebesgaben!"

Diese Unsicherheiten beim Formulieren eines Wunsches werden in den Briefen immer wieder zum Thema gemacht. 1961 schreibt Gerda Erler in die DDR: *„Wenn Du mir also wirklich irgendetwas schenken willst, oder eventl. sogar schon fortgeschickt hast (was aber nicht nötig gewesen wäre) dann wird es sicher etwas sein, worüber ich mich mehr freue, als wenn ich mir jetzt irgendetwas gewünscht hätte, wovon ich keine Ahnung habe, ob es überhaupt so etwas bei Euch gibt oder wie teuer es ist."*[7] Zwei Jahre später steht sie wieder vor dem gleichen Problem: *„Liebe, Helga, es ist wie jedes Jahr das gleiche, ich weiß doch wirklich nicht, was Du mir schicken kannst. Ich würde mich freuen, wenn Du mir diesmal keine so großen Ausgaben machst, über irgendeine von Herzen kommende Kleinigkeit freue ich mich genauso sehr. Ihr braucht doch wirklich jeden Pfennig und müßt sicher feste sparen."*[8]

Für das Schenken unter den besonderen Bedingungen der Trennung und innerhalb des ungleichen Verhältnisses wie dem zwischen Ost und West gab es keine sozialen Regeln, an denen man sich orientieren konnte. Sie mußten erst entstehen. Wie dies geschah, sollen die folgenden Geschichten um einzelne Wünsche und Geschenke erzählen. Geschichten, die für die Zeit der 60er Jahre als alltäglich gelten können, aber nicht repräsentativ sind.[9]

Verschiedene Auffassungen von Nützlichkeit

Nützlichkeit war etwas, unter dem man sich auf beiden Seiten etwas vorstellen konnte. Nützlich ist, was man im Alltag braucht. So sind die Auffassungen von Nützlichkeit an konkrete Alltagserfahrungen und einen spezifischen Kontext gebunden Dabei unterscheidet sich der Kontext von Nützlichkeit nicht nur zwischen Ost und West, sondern auch zwischen Generationen, Milieus, Stadt und Land. Das Verhandeln darüber, ob ein Geschenk nützlich sei oder nicht, bot deshalb die Möglichkeit der Verständigung über alle Unterschiede hinweg. So war es möglich zu erklären, welchen Stellenwert ein Produkt im eigenen Alltag hat, welche Eigenschaften ihm zugeschrieben werden usw. Gleichzeitig konnte man aber auch signalisieren, daß ein Wunsch, aus welchen Gründen auch immer, als unangemessen empfunden wurde. Das war vor allem der Fall, wenn den Schenkenden abverlangt worden wäre, etwas für andere zu kaufen, was sie sich selbst nie geleistet hätten. Das jedoch stellte eine klare Grenze im Geschenkaustausch dar, die nur selten überschritten wurde. Daß in solchen Fällen auch Wünsche offen bleiben mußten, zeigen Beispiele aus dem Briefwechsel zwischen Magdalena Nessler und ihrem Onkel. Magdalena, 1961 29 Jahre alt, lebte in einer ostdeutschen Großstadt. Sie wünschte sich von ihrem 60jährigen Onkel, mit dem sie in fast täglichem Briefwechsel stand, nahtlose Strümpfe. Dieser Wunsch wurde ihr nicht erfüllt mit der folgenden Bemerkung ihres Onkels: *„Du schreibst nun noch wegen nahtlosen Strümpfen. Eben habe ich oben bei Hanna Sommer telefoniert und da kamen wir auch ganz zufällig auf Strümpfe zu sprechen, sie ist wie Tante Gudrun auch, der Meinung, daß nahtlose Strümpfe nicht empfehlenswert seien, ohne daß wir von Deinem Wunsch sprachen."*[10]

Für Magdalena war die Sache einfacher als für ihren Onkel. Für sie wäre die Tatsache, daß das gewünschte Produkt zu haben war, Grund genug für dessen Kauf gewesen. Ihre Verwandten im Westen aber hatten bereits gelernt, mit einem Überangebot von Waren zu leben und sich vor dem Überfluß zu schützen, indem sie sich nicht von allem Neuen „verführen" ließen. Nahtlose Strümpfe paßten nicht in das Muster, nach dem sie, dem Nützlichkeitskriterium entsprechend, Produkte aus einem großen Angebot auswählten.

Ähnliches widerfuhr Magdalena mit einem anderen Wunsch. Sie hatte bei einem Bekannten, der regelmäßig in den Westen reiste, gesehen, daß dieser bügelfreie Hemden trug. Für sie, die einen Haushalt zu führen hatte, der zu dieser Zeit fünf Personen umfaßte, schien es eine große Erleichterung zu sein, die Hemden ihres Mannes nicht mehr bügeln zu müssen. So schrieb sie im Mai 1962 davon ihrem Onkel. Seine Reaktion: *„Bügelfreie Hemden? Bis jetzt sind wir noch nicht begeistert. Vielleicht haben wir bis jetzt noch nicht die richtigen gekauft."* Die Tante erklärte dann genauer: *„ ... nur kurz zur Perlon-Wäsche oder -Hemden. Ich habe mich verschiedentlich erkundigt, aber für Menschen, wie Onkel Kuno, die viel schwitzen, sind sie ungesund. Perlon saugt den Schweiß nicht auf wie Baumwolle, dadurch kann man sich leicht erkälten usw. Ausserdem würde ich die Hemden durch einfaches Durchwaschen nicht sauber bekommen. .... Aus Schweden soll es jetzt allerdings 'atmungsaktive' geben, aber sehr teuer, ausserdem s.o. und selbst bei teuren, werden die Nähte ohne Bügeln nicht so glatt, wie wir's gewöhnt sind."*[11]

Nach diesem Brief war für Magdalena klar, daß sie es ihren Verwandten nicht zumuten konnte, ihr bügelfreie Hemden zu schicken. Andere Wünsche, die anfangs auf ähnliche Ablehnung stießen, wurden kurz darauf erfüllt. So bekamen ihre Kinder zum Beispiel die gewünschten Schaumgummischwammfiguren zum Waschen und Magdalena einen Schaumgummi-Petticoat. Dieses kommentierte ihre Tante mit den Worten: *„... wir kamen gar nicht auf den Gedanken, daß Magdalena so etwas gern haben würde, und ausserdem ahnten wir ja auch nicht, daß es bei Euch kein Schaumgummi gibt."*[12] Der generelle Mangel des Materials in der DDR war im Gegensatz zu den Strümpfen diesmal ein ausreichendes Motiv für den Kauf. Ganz auf Schaumgummi, ein damals ganz modernes Material, verzichten zu müssen, war offensichtlich auch für Gudrun und Kuno Hempel nicht mehr vorstellbar.

Die Entscheidung, ob sich Wünsche erfüllten oder nicht, blieb mit dem Befinden über die Nützlichkeit eines Geschenks immer in den Händen der Gebenden. Damit blieb ihnen generell auch ein Stück Macht über den Konsum der anderen. Auf diese Art war es möglich, daß familientypische Konsum-

Dessau: „Hilfe! Wie soll ich mich nur entspannen, wenn ich keine Westkrimis mehr bekomme?"

Eulenspiegel 51/1961, S. 8, „Vorsicht: Liebesgaben!"

gewohnheiten auch über die Grenzen hinweg entstanden. Man trank die gleiche Sorte Kaffee, aß die gleiche Schokolade, trug z.T. die gleiche Kleidung oder zumindest die gleichen Materialien am Körper. Durch die Geschenksendungen wurde in die jeweilige Familie in der DDR genau der Ausschnitt des „bunten Westens" transportiert, der charakteristisch war für das Alltagsleben der Angehörigen oder Freunde im Westen. In der Auswahl nach den Kritierien: Was würde ich mir selbst kaufen und was glaube ich, brauchen die anderen, aber auch, worauf könnte ich verzichten und worauf nicht, „materialisieren sich Selbst- und Fremdbild" in ganz prägnanter Weise.

Konsumzyklen

„Ganz recht: ein Paar stabile Schuhe! Ich will nämlich auf die Suche nach einem Paar modernen gehen!"

Eulenspiegel 1/1961, Rücktitel.

Unterschiedliche Kaufgewohnheiten zwischen Ost und West wurden besonders deutlich, wenn Wünsche offenbleiben mußten, weil sie einfach zur falschen Zeit geäußert wurden. Helgard Börner schrieb an ihre Freundin in der DDR: *„Liebe Rosch! Ich muß Dich auf der ganzen Linie enttäuschen, statt eines Paketes bekommst Du nur diesen Brief; mein letzter Stadtbesuch brachte als einziges Ergebnis einen Pullover für mich, obwohl ich in vielen Geschäften nach Deinem Mantel gesucht hatte. Du kannst das nicht verstehen, nicht? Alle meinen immer, hier braucht man nur zu gehen und kaufen, was ein Irrtum ist, wenn man preiswert und gut kaufen will. Außerdem bist Du zu spät mit Deinen Wünschen, seit dem ganzen Juli wird versteckter Ausverkauf getrieben, alles gängige, darunter Dein Trenchcoat, ist schon aus. Auch die Tücher bei Neckermann gab es nicht mehr (kein B). Ich denke es mir nun so: Du denkst Dir neue Herbstwünsche aus und ich bestelle Dir alles aus dem im September eintreffenden Quelle-Katalog. Darin werden sehr schicke Sachen sehr preiswert angeboten."*[13] Eine schwierige Angelegenheit, in der DDR „Herbstwünsche" zu entwickeln. Die Verständigungsschwierigkeiten über solche Dinge konnten aber z.T. ausgeräumt werden, indem einige Seiten des betreffenden Kataloges oder daraus abgepauste Zeichnungen, manchmal auch Stoffreste mitgeschickt wurden

Auf beiden Seiten hatte man den Alltag und das Konsumverhalten auf einen unterschiedlichen Angebotsrhythmus eingestellt. In der DDR wurden die Konsum- bzw. Versorgungszyklen durch Verteilungsprobleme, den Abschluß von Export-und Importverträgen mit dem Ausland und besonders in den 60er Jahren von der jeweiligen Ausrichtung der Wirtschaftspolitik auf verstärkte Konsumgüter- oder Industriegüterproduktion bestimmt. Der Wechsel von Angebot und Mangel war demnach immer ein Indikator für wirtschaftliche Instabilität. So mußte zwangsläufig die Vorstellung entstehen, daß es im „reichen und wirtschaftlich stabilen" Westen alles immer gäbe. Diese Vorstellung wurde bestärkt durch Briefe wie z.B. den von Kuno Hempel an seine Nichte in der DDR. *"Am Samstag waren wir nach langer Zeit mal wieder in der Markthalle, um für die Feiertage einzukaufen. Toller Betrieb und großes Warenangebot in allen Sparten. Gemüse, Obst, Südfrüchte, Blumen, Nüsse, Rettiche, Radiesle, Fleisch und Wurst aller Sorte, Geflügel, Wild, Brot, Kuchen und alle Backwaren uvam."*[14]

Das Warenangebot im Westen, vor allem von preisgünstigen Lebensmitteln und Kleidung, wurde aber vorrangig durch die Jahreszeiten, also den Saisonverkauf bestimmt, der eine besondere Ausprägung durch das saisongebundene Erscheinen der Versandhauskataloge fand.

Auch Helga Schubert mußte auf die gewünschten Schuhe zu ihrem Geburtstag verzichten. *„Die Schuhe scheiden von vornherein aus, weil es jetzt solche nicht mehr gibt. ... wie gesagt, alle Schuhgeschäfte haben sich jetzt nur auf Winterschuhe umgestellt"*, schrieb die Freundin auf ihr Begehren.[15] Es ist anzunehmen, daß Helga Schubert ihren Wunsch erst geäußert hat, nachdem sie selbst lange nach Schuhen gesucht hatte und feststellen mußte, daß es offensichtlich unmöglich war, in der DDR welche nach ihrem Geschmack zu finden. Darüber war der Sommer vergangen, und nun war es auch für die Freundin im Westen schwierig geworden, noch Sommerschuhe zu kaufen, da dort bereits der Winterverkauf begonnen hatte.

Aber noch ein anderer Aspekt mußte dazu führen, daß Wünsche aufgrund unterschiedlicher Angebotszeiten offen blieben. Persönliche Wünsche blieben meist an konkrete Anlässe wie Geburtstage, Ostern und Weihnachten oder andere Familienfeste gebunden. An diesem System festzuhalten, stellte sich als sehr sinnvoll heraus, denn es regelte den Umfang des Schenkens und Wünschens und wirkte so im Osten einer täglichen Abhängigkeit von den Gaben und im Westen der entsprechenden regelmäßigen Verpflichtung dazu entgegen. Ließen sich Geschenkanlaß und Verkaufssaison nun nicht vereinbaren, mußten Wünsche unerfüllt bleiben oder auf die nächste Saison bzw. den nächsten Anlaß verschoben werden.

Die Postbestimmungen

Geschenksendungen waren seit 1954 auf 12 pro Jahr mit einem jeweiligen Höchstgewicht von 7 Kilogramm beschränkt. Für Genußmittel wie Kaffee, Kakao und Schokolade gab es Mengenbeschränkungen. Generell wurden beide Seiten dazu angehalten, Päckchen zu versenden, deren Inhalt „den Bedarf des Empfängers und dessen Haushaltangehörigen nicht überschreiten". Hiermit sollte dem „Verkauf, Kauf oder Tausch der in Geschenkpaketen und -päckchen eingeführten Gegenstände,"[16] sprich einem Schwarzhandel, vorgebeugt werden. Aufgrund dieser Bestimmungen konnte es zu solch einer Odyssee kommen, wie Helga Schubert sie erlebte.

Weihnachten 1961. Helga Schubert in der DDR hatte für ihre Familie endlich eine eigene Wohnung bekommen. An Ereignissen wie solchen ließ sie ihre ehemalige Schulfreundin im Westen gewöhnlich in ihren Briefen teilhaben. Solche biographisch einschneidenden Veränderungen waren meist auch Anlaß für einen Wunsch. So hatte sie sich beispielsweise die erste Ausfahrgarnitur für die kleine Tochter und später den Schulranzen für den Sohn zur Einschulung gewünscht. Und Helga Schubert hatte auch Weihnachten 1961 einen Wunsch zu ihrem Einzug: Stragula. Stragula ist ein Fußbodenbelag aus Kunststoff, der für die Wohnung der Familie in den Maßen von 2x4 Metern benötigt wurde. In der DDR war er in dieser Zeit nicht zu haben und wurde zu einem begehrten Produkt, das zudem im Westen vergleichsweise billig (2,95 DM/qm), demzufolge auch schenkbar war. Für das Weihnachtsfest 1961 war Helga Schubert mit ihrem Wunsch zu spät. Dieses Mal mußte sie sich mit einem Ersatz trösten. Das Weihnachtspaket war schon abgesendet. Es enthielt ein Paar „*Stifeletten*" und ein paar Kleinigkeiten für die Kinder. Und ihre Freundin schrieb: „*Liebe Helga, es tut mir ja nun wirklich leid, daß ich Dir nicht zu Weihnachten den Wunsch mit dem Stragula erfüllen konnte. Ich werde es aber trotzdem im Auge behalten und mich vor allem erst einmal erkundigen.*"[17] Den nächsten passenden Anlaß für solch ein Geschenk bot Helgas Geburtstag im Oktober 1962. Gerda erfragte noch einmal die genauen Maße und den Farbwunsch. Die Postbestimmungen für Paketsendungen, in denen ein maximales Gewicht vorgeschrieben war, wurden aber zu einem bedeutenden Hindernis. Für Gerda Erler bedeutete das nämlich, daß sie den Fußbodenbelag auf zwei Pakete verteilen und „*... den 2m breiten Stragula in der Mitte durchschneiden lassen muß(te)...*", da es keinen in der Breite von 1m zu kaufen gab. Und: „*Leider gibt es nun von Stragula keine Gewichtstabelle,* *daher muß ich noch ein paar Tage abwarten. Dann braucht die Inhaberin (des Ladens) selbst einen Stragula für ihre Küche und ihr Vater wird ihn dann vorher wiegen.*" Obwohl bereits der richtige ausgesucht war, enthielt auch das Weihnachtspaket 1962 den gewünschten Stragula nicht. Der Schwiegervater der Ladeninhaberin, der sich bereit erklärt hatte, ihn zuzuschneiden, war erkrankt. Ein Lebensmittelpaket mit typischem Inhalt diente als Ersatz: "*1/4 kg Nivea-Creme, ½ Pfd. Rama, ½ Pfd. Biskin, 1 Fl. Öl in der Plastikflasche, 1 Paket Reis, 1 Paket Grieß, 1 Paket Kakao, 3 Tafeln Schokolade, 1 kl. Wurst, ½ Pfd. Kaffee, 2 Päckchen Zigaretten, Datteln, Feigen, 1 Pfd. Mandarinen, 2 Zitronen, ca. 2 Pfd. Äpfel, 1 Päckchen Tee, 1 Päckchen Pudding, 1 Suppe, 3 Soßen, 2 klare Fleischbrühwürfel, 2 Päckchen Salzbrezeln.*"[18] Die Kinder erhielten jeweils eine Puppe und ein Auto und je eine Strumpfhose. 1963 wurde das Thema Fußbodenbelag erneut aufgenommen. Resigniert schrieb Gerda Erler an ihre Freundin: „*... der alte Opa ist nun inzwischen gestorben und die Frau meinte, ihr Mann schneide es nicht längsseitig...*"[19] Der Wunsch mußte also weiter auf Eis gelegt werden.

Am 4.12.1963 war es dann doch soweit. „*Ich hatte nun doch Glück und konnte Dir Stragula schicken, hoffentlich gefällt Dir auch das Muster, mir gefiel es ja ganz gut und ich glaube, dass es auch nach Deinem Geschmack ist. Ich kaufe gern etwas, was ich mir selber kaufen würde.*" „*Liebe Helga, ich hätte nun eine Bitte. Schreibe mir bitte sofort, wenn die Sachen angekommen sind. Du wirst sicher verstehen, daß ich immer in Sorge bin .... 30,-(DM) ist auch für mich Geld u. ich hätte es wirklich nicht sehr gerne, wenn es nicht ankommt.*"[20]

Bochum: „Zum Schuster lohnt nicht mehr. Kaufe Briefmarken und schicke die Schuhe Tante Klara in die Zone."

Eulenspiegel 51/1961, S. 8, „Vorsicht: Liebesgaben!"

Damit nicht der Eindruck entstehen sollte, der Paketinhalt ginge über den Haushaltsbedarf hinaus, hatte Gerda Erler die beiden Pakete mit dem geteilten Stragula, die nun die 7kg nicht mehr überschritten, an verschiedene Adressen geschickt. Eins an Helga und eins an die Mutter. Zwei Jahre hatte Gerda Erler gebraucht, bis sie alle Hürden der Postbestimmungen überwunden hatte. In dieser Zeit und mit seiner Geschichte hatte der Stragula nicht nur eine große Freude bereitet, sondern gleichzeitig einen Wert bekommen, der weit über seinen Kaufpreis hinaus ging.

„Schenken heißt ... egalisieren und intimisieren...."[21]

Getragene Kleidung macht ein ganz besonderes Kapitel in der Reihe der Geschenke von West nach Ost aus. Diente sie anfangs wie Stoff vorrangig als Materialspender für die Eigenproduktion, war sie in den Sechzigern an sich ein willkommenes Geschenk. Es zählte nicht mehr nur das bessere Material, sondern auch die modischeren Schnitte. Auf den verstärkten Versand von ganzen Kleidungsstücken reagierten auch die Behörden der DDR mit entsprechenden Reglementierungen (Auszug 1961):

„(1) Sendungen mit gebrauchten Textilien und Schuhen sind zur Einfuhr nur zugelassen, wenn der Sendung eine Bescheinigung des Staatlichen Gesundheitswesens im Lande des Absenders über eine erfolgreiche Desinfizierung beigefügt ist.

(2) Für Sendungen aus Westdeutschland ist eine Bescheinigung des zuständigen Landesgesundheitsamtes und für Sendungen aus Westberlin eine Bescheinigung des Gesundheitsamtes beim Senat erforderlich.

(3) Aus der Bescheinigung muß die Anzahl und die Bezeichnung der entseuchten Gegenstände, das verwandte Mittel sowie die Art der Entseuchung zu ersehen sein."[22]

Doch auch bei Einhaltung dieser Vorschriften, war der Empfang nicht sicher. So berichtete Gerda Erler 1962: „*....dann muß es aber vom Tage der Desinfition(!) an innerhalb 14 Tagen am Bestimmungsort sein, andernfalls kommen* *sie wieder zurück – oder schwirren irgendwo sonst herum. Beides kommt leider nur allzu oft vor. .... Es ist auch schon öfters vorgekommen, daß plötzlich ein Dankesbrief irgendwo aus der CSR oder sonstwo herkam und wenn nicht zufällig etwas von den Sachen drin gestanden hätte, wäre kein Mensch auf den Gedanken gekommen, daß es sich um Kleidungsstücke gehandelt hat, die eigentlich nach Thüringen (von diesem Fall weiß ich zufällig persönlich) hätten kommen sollen.*“[23]

Ungeachtet dessen schickte Gerda regelmäßig getragene Sachen an ihre Freundin in die DDR. Kleider, Röcke aus dem begehrten Trevira, Leinenblusen, sogar BH's aus Perlon und Latex-Corsagen. Da sie offensichtlich die gleichen Größen wie ihre Schulfreundin hatte, schickte sie auch Schuhe und Mäntel, Pullover und Badeanzüge.

Ganz wohl war ihr dabei nicht, denn sie mußte feststellen, als sie Fotos von der Freundin bekam „*... es ist eigentlich nachher immer komisch, wenn man seine Sachen an anderen Personen wiedersieht*“.[24] Für sie hatten diese Sachen eine Geschichte. Obwohl sie wußte, daß sie damit Freude bereiten würde, fühlte sie ein Unbehagen dabei, ihre Freundin in ihren Lieblingssachen zu sehen. Sie legte ihr darüber hinaus ans Herz, die Sachen nicht weiterzugeben, wenn sie nicht die richtige Größe haben, sondern lieber etwas anderes daraus zu nähen.

An keinem Geschenk wird das ungleiche Verhältnis zwischen Ost und West so deutlich wie bei dem Wunsch nach abgelegten Kleidungsstücken. Die Scham, die dabei auf beiden Seiten durch das hohe Maß an Intimität, das mit dieser Kleidung verbunden war, erzeugt wurde – beim Wünschen wie beim Geben –, konnte nur überwunden werden, indem man formal diese Kleidung nicht als Geschenke betrachtete. Da sie in gesonderten Sendungen verschickt werden mußte, halfen in diesem Fall die Postbestimmungen. Aus dem Kleidungsstück mit einer persönlichen Geschichte wurde ein unpersönliches, separates Paket mit Kleidung, dessen Geschichte für die Empfänger nicht mehr nachvollziehbar war. Das erleichterte den Umgang mit dieser besonderen Art von Geschenken.

Hamburg: „Nur Geduld, Liebling, das Wäschepaket aus Leipzig muß ja bald hier sein.“

Eulenspiegel 51/1961, S. 8, „Vorsicht: Liebesgaben!“

„Schenken heißt ... beehren, beschämen...“[25]

Die Annahme jeden Geschenks verpflichtet zu einer Gegengabe. Im Fall des innerdeutschen Schenkens wurde die entpflichtende Gegengabe zum Problem. Auf der einen Seite, weil man glaubte, keine adäquaten Waren kaufen zu können, und auf der anderen Seite, weil man vermutete, das Geschenkte hätte zu große Mühe und Entbehrungen gekostet, die man nicht vergelten könne. Drei Beispiele zeigen, daß es sich für die Beschenkten in der DDR als nahezu unmöglich erwies, die regelmäßigen Geschenkpakete mit Gegengeschenken zu vergelten.

Gerda Erler z.B. schrieb an ihre Freundin: „*Diesmal hast Du wieder die Pralinen miteingelegt und aus dem Preis konnte ich ersehen, das dieselben bei Euch gar nicht so billig sind. Das Geld dafür kannst Du Dir gut sparen, sieh mal, wir bekommen diese Sachen hier bedeutend billiger und qualitativ auch besser.*“[26] Eine ähnliche Erfahrung machte Magdalena Nessler, die ebenfalls versuchte, ihren Onkel 1959 mit Pralinen zu beschenken. Er hatte ihr daraufhin in einem kurzen Brief geschrieben: „*Eure 'vielgefragte' Bonbonniere SACHAR ist – wenn auch mit einigen Tagen Verspätung – bei uns gut angekommen. Wir waren sprachlos, daß Ihr uns so etwas schickt. Der Inhalt schmeckt.*“[27] Einen Monat später schrieb er dazu in einem längeren Brief*: „Wir müssen uns ja auch noch für Euer Geschenk zu unseren Geburtstagen bedanken. Eure Pralinen-Packung hat uns – wie ich Euch schon sagte – mehr als überrascht. Wir danken Euch nochmals für Eure Aufmerksamkeit, aber*

Ihr wisst doch, daß wir hier solche Sache in Massen haben können und – wie Ihr Euch denken könnt – in besserer Qualität und wahrscheinlich billiger. "[28]

Später versuchte Magdalena es noch einmal mit einem Geschenk. Sie schickte ein Kochbuch mit „*typisch mitteldt. Gerichten*". Doch auch das wurde zum Fehlgriff. Ihre Tante versuchte es vorsichtig zu formulieren. „*Ja, liebe Magdalena, Du hast es wieder gut gemeint, aber ... ich hab' doch schon einige! .... Nachdem Du schriebst, dass es zu meinem Geburtstag vergriffen war, nehme ich an, daß es bei Euch sogar schwierig ist, Kochbücher zu bekomme. Hier dagegen – heute ist in der STUTTGARTER ZEITUNG im 'Reich der Frau' ein Artikel: DIE KOCHBUCHFLUT – MAN MÜSSTE SAMMLER WERDEN-*"[29]

Bis auf Ausnahmen (einige besondere Bücher, selbsthergestellte Geschenke, kunsthandwerkliche Produkte und Briefmarken) blieb den Beschenkten nur eine adäquate Form der Gegengabe – die Dankbarkeit.

Gundel Bartel, Pfarrersfrau in einem kleinen Ort im Bezirk Magdeburg, bedankte sich bei der Familie eines Studienfreundes ihres Mannes, zu dem bereits über 10 Jahre ein enges Briefverhältnis bestand, mit den folgenden Worten: „*Nun will ich mich zu Ihrem Weihnachtspaket melden. Der Bindfaden allein schon ist ein Dankeschön wert, so ein schöner langer, fester Spagat, solide und zuverlässig wie unsere allerbesten Freunde! Er hatte ja auch freilich einen Schatz zu verwahren. Womit soll ich anfangen? Die erste Freude schlägt einem immer schon beim Auswickeln als Aroma entgegen. Das herrliche halbe Pfund! Es hat diesmal eine ganz besondere Bestimmung: Wir haben am kommenden Mittwoch an die 30 liebe Gäste zu erwarten, ... Die drei Schokotafeln haben Klaus (den Sohn) wieder, wie alljährlich zur Weihnachtszeit, zum 'Schokoladenkönig' gekrönt, das heißt, daß ihm die Aufschlüsselung obliegt. ... Über die Bratpfanne freue ich mich schon ganz mächtig. ... Die bisherigen beiden haben 15 Jahre treu gedient und fangen an, das Fett durchzulassen. Dieser Nachfolger scheint ja allerdings eine ganz besondere Spezialität zu sein. Da werden wir ja an Sie denken, bei jeder Bratkartoffel. Und nun noch zum hereinbrechenden Winter das schöne Leintuch samt dem badischen Betteppich, das ist ja wieder eine feine Bereicherung des Wäscheschrankes.*" [30]

Dieser dankbare Brief enthält mehrere Informationen. Zum einen ist er die Bestätigung für den vollständigen Inhalt. In der Aufzählung des Paketinhalts wird zum anderen immer ein Bezug zu den bekannten und bereits im Haushalt vorhandenen Dingen hergestellt. Somit wird indirekt vermittelt, was Magdalena Nessler an anderer Stelle ausspricht: Diese Dinge gibt es alle bei uns auch, „*... wenn auch nicht regelmäßig und zum Teil nicht in dieser Qualität*".[31] Es ist ein Signal, die Sendungen nicht abbrechen zu lassen, auch wenn die betreffenden Sachen in der DDR nicht mehr ausdrücklich Mangelware bzw. schon im Haushalt vorhanden sind. Mit der übermäßigen Dankbarkeitsbezeugung wird ähnlich wie durch das Erzählen der „Beschaffungsgeschichten" (z.B. des Stragula) der Inhalt zugleich aufgewertet. Die Bedeutung der Gaben ist so groß, daß selbst familiäre Rituale damit verbunden werden, wie z.B. der „Schokoladenkönig". Damit wird die Unmöglichkeit einer äquivalenten Gegengabe signalisiert. Dankbarkeit tritt an die Stelle eines Gegengeschenks. Die materielle Vergeltung wird zwar immer noch angestrebt, gerät aber schon in der nächsten Generation der hier vorgestellten Personen aus dem Blick. Weitergegeben wird an die Kinder auf beiden Seiten die Verpflichtung des Gebens im Westen und die Gewohnheit des Nehmens im Osten. Dieses Verhältnis wird später erst durch eine ganz neue Art von Beziehungen aufgebrochen: Freundschaften, die erst nach dem Mauerbau unter ganz neuen Bedingungen entstanden und auch neue Machtverhältnisse zwischen Ost und West repräsentierten. Mit überschwenglichen Dankesbezeugungen wurde nicht nur der Inhalt, sondern auch der Charakter der persönlichen Beziehung aufgewertet, *„... solide und zuverlässig, wie unsere allerbesten Freunde ...“* Auf diese Art versicherte man sich der festen Bindung.

Nur, indem man die bestehenden Ungleichheiten, so schmerzlich das auch oft war, akzeptierte, sich in ihnen einrichtete und neue Formen des Umgangs unter den gegebenen Schwierigkeiten fand, konnten die ungleichen Beziehungen, die aus Gebenden auf der einen Seite und Dankbaren auf der anderen bestanden, am Leben erhalten werden. Nur so konnten diese Beziehungen stark genug werden, den strengen Post-und Reisebestimmungen zu trotzen und die Mißverständnisse, die aus den unterschiedlichen Alltagserfahrungen zwangsläufig entstehen mußten, zu integrieren und nicht an ihnen zu zerbrechen.

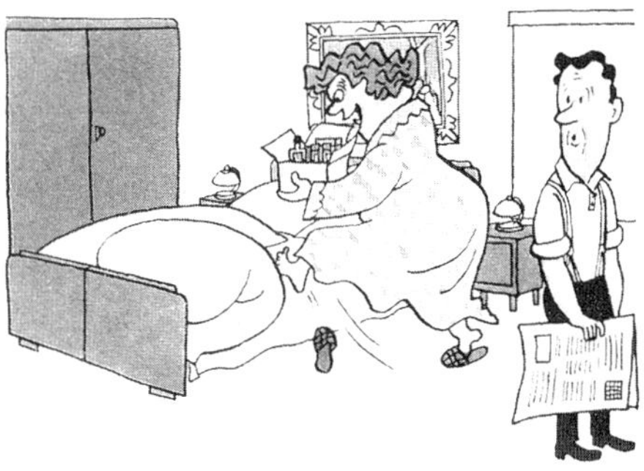

Rostock: „Endlich die g u t e Westmedizin. Wie ich mich auf meine Krankheit freue.“

Eulenspiegel 51/1961, S. 8, „Vorsicht: Liebesgaben!“

[1] Marcel Mauss, Soziologie und Anthropologie, München/Wien 1975, Bd. 2, S. 34 .
[2] 22 Personen stellten mir auf Pressemitteilungen in verschiedenen Zeitungen hin ihre privaten Briefe aus der Zeit von 1948-1992 zur Verfügung. Aus dieser Sammlung wurden hier alle Briefe von 1959-1970 ausgewählt, die Informationen zum Konsumverhalten enthielten. Alle kursiv gedruckten Textstellen sind Originalzitate aus den Briefen. Alle Namen wurden geändert. Die Signaturen beziehen sich auf das Ordnungsprinzip meiner Sammlung.
[3] Helmuth Berking, Schenken. Zur Anthropologie des Gebens, Frankfurt a.M./New York, 1996, S. 8.
[4] Ebd, S. 8.
[5] Ebd, S. 18.
[6] W-4 , 10.1.63.
[7] W-4, 28.12.61.
[8] W-4, 8.7.63.
[9] Die Tatsache, daß die Briefe über Jahre z.T. vollständig aufbewahrt bzw. Duplikate angefertigt wurden, weist bereits auf eine besondere Schichtzugehörigkeit der Personen hin, deren Briefe mir zur Verfügung stehen. Auch halten sich die Geschenke, die in diesen Briefen erwähnt werden, in einem ganz anderen Rahmen als Geschenke, die über Genex gemacht wurden. Siehe dazu Franka Schneider in diesem Buch.
[10] O/W-7, 10.7.61.
[11] O/W-7, 18.5.62.
[12] O/W-7, 13.8.61.
[13] W-8, 25.7.70.
[14] O/W-7, 12.6.62.
[15] W-4, 13.10.60.
[16] Verordnung über den Geschenkpaket- und -päckchenverkehr auf dem Postwege mit Westdeutschland, Westberlin und dem Ausland vom 5.8.1954, GB der DDR 1954, Nr.74, S.727.
[17] W-4 , 28.12.61.
[18] W-4 , 12.12.62.
[19] W-4 , 8.7.63.
[20] W-4 , 4.12.63.
[21] Berking, S.8.
[22] Vierte Durchführungsbestimmung vom 21.11.61 zur Verordnung vom 5.8.54, GB der DDR 1961, Nr.79, S. 507.
[23] W-4, 7.11.62
[24] Ebd.
[25] Berking, S. 8.
[26] W-4, 20.8.62.
[27] O/W-7, 17.5.59.
[28] O/W-7, 28.6.59.
[29] O/W -7, 2.8.160.
[30] O/W -13, 5.11.69.
[31] O/W- 7, 2.7.61.

Katrin Böske

Abwesend anwesend
Eine kleine Geschichte des Intershops

„Die warn bestechlich, die Beamten beim Wohnungsamt. Das kann ich Ihnen selber sagen, ja. Ich habe keine Wohnung für meine Mutti gekriegt, aber als ich im Intershop war, da hab ich was mitgenommen, hab ich so 'ne große Parfümlampe mitgebracht. Die konnte man hinterher dann auch gebrauchen, unten wurde abgeschraubt, da war Parfüm drin. Hab ich der das mitgebracht und einige andere Sachen. Meine Mutter hat dann 'ne Wohnung gekriegt, ja?
Also beim Arzt, ja? Diese, dieses Tosca, dieses große ja oder kleine. Und denn – rüberjeschoben – wenn die 'Handkte.' gelesen haben: 'Frau Handkte, kommen Sie mal rein.' Ja, ich hatte ja denn auch immer was für sie. Und Sie waren ein bevorzugter Kunde. Und heute noch grüßen die Leute mich, die Ärzte. Ist wirklich wahr. Wenn Sie was mitgebracht hatten, ein halbes Pfund Kaffee oder, dem Alter entsprechend, wenn es eine junge Ärztin war, hab ich Parfüm mitgebracht. Oder für eine ältere habe ich Kaffee mitgebracht. Waren Sie sofort drin, ja. Oder beim Lehrer. Sie haben dem Lehrer oder der Lehrerin mal was mitgebracht, die Kinder kriegten automatisch bessere Zensuren, ja. Und das war auch alles viel angenehmer und leichter. Wenn ich 'ne Oma oder was drüben gehabt hätte, ja, ich hätte es noch leichter gehabt im Osten...“

Interview mit einer ehemaligen Intershopverkäuferin vom 21.12.1995

„Ich hatte nie Westgeld, und jetzt wo ich's hab, sind die Intershops weg.“[1] In diesem ironischen Satz aus der Nachwendezeit drückt sich eine gewisse Sehnsucht aus, für deren Erfüllung vorher offensichtlich die Voraussetzung gefehlt hatte. Und nun, wo wir das Westgeld in den Händen halten, da gibt es diese Einrichtung nicht mehr.

In manchen Kreisen redete man nur hinter vorgehaltener Hand über den Intershop. Denn eigentlich gehörte dieser Hort der westlichen Warenwelt nicht in eine sozialistische Gesellschaft, deren Anspruch es war, den Übergang zum Kommunismus zu vollziehen. Die Einrichtung von Intershops, ursprünglich als Dienstleistung für den Besucher aus dem westlichen Ausland geschaffen, war politisch brisant. Für DDR-Bürger bedeuteten die Intershops etwas sehr verschiedenes. Die einen, die Westgeld hatten, schienen ganz normal mit den Westwaren umgehen zu können, während für andere, die nur selten an Devisen herankamen, es schon etwas Besonderes sein mußte, in den Intershops einkaufen gehen zu können. Und es gab auch jene, die eigentlich gar nicht in den Besitz von Westgeld gelangten, die mehr oder weniger neidvoll oder auch gleichgültig auf die unerreichbaren Waren blickten. Die Intershops kamen erst in den letzten 15 Jahren der DDR für einen großen Teil der DDR-Bevölkerung zum Vorschein. Da bis 1974 der Besitz von Devisen verboten war, gab es de jure für die DDR-Bürger keine Erlaubnis, Waren in den Intershops käuflich zu erwerben. Außerdem befanden sich die Intershops nur an den Grenzübergangsstellen und in den Interhotels und waren somit für die DDR-Bürger exterritoriales Gebiet. Dennoch wußte man von ihrer Existenz, und viele waren schon einmal drinnen gewesen.

Die Anfänge des Intershops gehen bis in die Mitte der 50er Jahre zurück. Bereits im Sommer des Jahres 1954 wurde auf einer Tagung des Staatssekretariats für Schiffahrt beschlossen, „daß in kürzester Zeit eine Verkaufsorganisation für Schiffsbedarf und Schiffsverpflegung innerhalb der drei Seehäfen Wismar, Rostock und Stralsund eingerichtet wird“.[2] Diese Verkaufsorganisationen wurden in den anfänglichen Besprechungen „Transitlager“ genannt, da in ihnen sogenannte „Transitwaren“, also zollfreie Waren, zum Verkauf angeboten werden sollten. Die Verantwortung für den Aufbau solcher „Transitlager“ teilten sich

Mitarbeiter von den zuständigen Abteilungen der verschiedensten Ministerien. Bevor es zur Errichtung des ersten „Transitlagers" kam, mußten Fragen der zollfreien Abwicklung mit dem Amt für Zoll und Kontrolle des Warenverkehrs (des weiteren AZKW – K.B.), die Devisenannahme und Abrechnung mit dem Ministerium der Finanzen sowie der Deutschen Notenbank und die Fragen der Warenbereitstellung mit dem Ministerium für Handel und Versorgung geregelt werden. Die DDR orientierte sich mit dieser Initiative an ähnlichen ausländischen Einrichtungen wie „Duty-free-shops" und der „Baltona"[3] in bezug auf mögliche Preisgrundlagen und Warenbereitstellungen.

Seit der Währungsreform im Jahre 1948 gab es im geteilten Deutschland zwei Währungen, die Währung in der SBZ war die Deutsche Mark der Deutschen Notenbank (DM/DN), und die Währung in der westlichen Besatzungszone war die Deutsche Mark der Deutschen Bundesbank (DM/DB). Der Unterschied der beiden angehängten Kürzel war ein gravierender. Während die West-Mark frei konvertierbar war, konnte die Ost-Mark, als eine Inlandswährung, nicht frei in andere Währungen auf dem Weltmarkt umgetauscht werden. Für die Weltmarktfähigkeit aber war die DDR abhängig von der Verfügbarkeit über frei konvertierbare Devisen, woraus sich für sie die Notwendigkeit ergab, alle vorhandenen bzw. möglichen Potentiale der Devisenbeschaffung auszuschöpfen und vorhandene Devisen einzusparen. Die Einträglichkeit der „Duty-free-shops" bestand darin, daß die Waren „ausschließlich aus Ländern der Dritten Welt" zu Preisen, die „weit unter dem Preisniveau europäischer Handelskonzerne und Kaufhausketten" waren, verkauft wurden.[4] Die besondere Funktion derartiger Verkaufseinrichtungen in der DDR bestand im Devisengewinn. Dieser war maximal, wenn im Inland produzierte Waren in diesen „Transitlagern" abgesetzt wurden.

Seeleute aus der DDR konnten hier nicht einkaufen. Das AZKW legte diesbezüglich fest: „Steuerbegünstigte Waren, die in den erwähnten Verkaufsstellen erworben wurden, dürfen aus dem Hafengelände nur nach dem Zollausland verbracht werden."[5] Die Bezeichnung „Transitlager" war nur ein Arbeitsbegriff, die erste Verkaufseinrichtung dieser Art erhielt den Namen „HO Internationaler Basar". Sie wurde am 1. August 1955 in Rostock eröffnet und unterstand dem Kreisbetrieb der staatlichen Handelsorganisation HO. Die verkaufsmäßige Abwicklung und die Warenbereitstellung fanden zunächst bezirksgeleitet statt. Aus einem ersten Erfahrungsbericht vom 1. September 1955 geht hervor, welche Waren angeboten und wie hoch der mengenmäßige Absatz war. Dort heißt es: „Der Verkauf ist in der relativ kurzen Zeitspanne in einem Umfange angelaufen, wie wir es nicht für möglich gehalten hätten."[6] Derartige Verkäufe versprachen für die Wirtschaft der DDR höchst profitable Geschäfte zu werden. Während der „HO Internationaler Basar" in Rostock weiterhin ausgebaut wurde, richteten die Verantwortlichen in den jeweiligen Ministerien ihr Augenmerk bereits auf weitere Absatzgebiete. Als nächste Orte, an denen sich Transitreisende bzw. ausländische Besucher der DDR konzentrieren konnten, wurden die Flughäfen ins Auge gefaßt. Auch hier stimmten zuvor die Ministerien in einer „Gemeinsamen Anweisung" der „Errichtung von volkseigenen Verkaufsstellen (Inter-Shop) für den Verkauf von Industriewaren gegen fremde Währungen (Valuta)..." auf den Flughäfen der DDR zu.[7] Für diese Verkaufseinrichtungen hatte man nun schon die verschiedensten Bezeichnungen, wie „Transitlager", „HO Internationaler Basar" und „Valutaladen" gefunden. Warum die Bezeichnung „Intershop" schließlich favorisiert wurde, geht aus einem Schreiben vom 4. August 1956 hervor. „Die Bezeichnung 'Valutaladen' erscheint uns nicht angebracht. Wir sind der Meinung, daß die Verkaufsstellen einen klingenderen und international besser verständlicheren Namen tragen sollten, zum Beispiel 'Internationale Verkaufsstelle' oder 'Intershop' o.ä."[8]

intershop-Katalog, Umschlag, 1969.

Der Name „Intershop" wurde nun als Begriff für spezielle Läden festgelegt, in denen Waren ausschließlich gegen Bezahlung in frei konvertierbarer Währung verkauft wurden. „Intershop war zu keiner Zeit eine selbständige Handelsorganisation mit eigener Rechtspersönlichkeit, sondern immer nur eine Gattungsbezeichnung für Verkaufsstellen, in denen Westwaren gegen Devisen verkauft wurden."[9] Hierin liegt auch der Grund, warum es nicht die Geschichte des Intershops gibt. Sie entstanden überall dort, wo – auch wenn es nur kurzzeitig war – ausländische Gäste aus dem Westen sich in der DDR aufhielten. Obwohl bereits Mitte der 50er Jahre die ersten Intershop-Läden existierten, erlangten sie erst nach dem 13. August 1961 ihre wirkliche Bedeutung für die Wirtschaft der DDR. Nach dem Mauerbau waren nicht mehr nur die ausländischen Schiffsbesatzungen und Flugreisenden von Interesse, nun richtete man ein besonderes Augenmerk auf den Bahnhof Friedrichstraße, auf die Grenzübergangsstellen an der westdeutschen Grenze und die Rasthöfe an den Transitstrecken der Autobahnen, wo Westdeutsche und Westberliner als Käufer gewonnen werden konnten. Nach einem Beschluß des Präsidiums des Ministerrates vom 4. Januar 1962 über die „Betreuung und Versorgung der Benutzer von Verkehrsmitteln im Grenzkontrollbereich Bahnhof Friedrichstraße"[10] wurde am 26. Februar 1962 eine Intershop GmbH gegründet, die von der MITROPA AG und der Deutschen Genußmittel GmbH getragen wurde und dem Ministerium für Verkehrswesen unterstand. Der Zweck der Intershop GmbH bestand laut Gründungsunterlagen darin, den „Einzelhandel mit Nahrungs- und Genußmitteln und Industriewaren, die vorwiegend der Deckung des persönlichen Bedarfs dienen",[11] durchzuführen. „Mit dem gleichen Sortiment wird Großhandelstätigkeit und Lagergeschäft betrieben. Der Verkauf erfolgt grundsätzlich gegen Valuta."[12] Damit übernahm die Intershop GmbH auch die Großhandelsfunktion gegenüber den Fährschiffen und den Flugplätzen. Die Lagermöglichkeiten für die Handelsware sollten ihr mit den vorhandenen Räumlichkeiten der MITROPA gegeben sein bzw. durch diese erweitert werden.

„800 Jahre Leipziger Messe – für weltoffenen Handel und technischen Fortschritt. Z.B. das Einkäuferzentrum im 'Messehaus am Markt' (Intershop)", 1965.

Durch die Gründung dieser Gesellschaft war es möglich, die Verkaufstätigkeit in sämtlichen MITROPA-Einrichtungen, die sich in Transiträumen bzw. Grenzkontrollbereichen befanden, aufzunehmen und eine reibungslose Warenbereitstellung zu garantieren. Bereits am 14. April 1962 wurde der sogenannte „Valuta-Klein-Verkauf" in Verkaufskiosken und Bahnsteigwagen auf dem Bahnhof Friedrichstraße aufgenommen. Aufgrund des überwältigenden Kaufinteresses richtete man kurzfristig weitere Kioske ein und besetzte jeden Verkaufskiosk zweischichtig. Bis zum Jahresende 1962 wurde von der Intershop GmbH die Belieferung der Objekte an den Grenzen zu Westdeutschland, den Grenzkontrollpunkten Wartha, Drewitz, Hermsdorfer Kreuz, Marienborn und Horst aufgenommen. Auch auf der Leipziger Herbstmesse 1962 fand der Intershopverkauf an ausländische Besucher und Aussteller der Messe statt. Hier wurden Verkaufsstände in den „Ausländertreffpunkten" bzw. „Einkäuferzentren" installiert.

Der Zuständigkeitsbereich der Intershop GmbH erweiterte sich bis Mitte der 60er Jahre auch auf andere Bereiche, so hatte sie die Großhandelsfunktion gegenüber den INTERHOTELS, den Hotels des Deutschen Reisebüros und der HO sowie der Großbaustelle Schwedt/Oder inne. Die Aufgabenstellung der Intershop GmbH sollte „von der Stufe der Kundenbetreuung in Einrichtungen des Verkehrswesens auf die Stufe des optimalen Verkaufs überall dort, wo sich ständig oder zeitweilig ausländische Besucher konzentrieren“,[13] gehoben werden. Dies hatte zur Folge, daß vor allem in Berlin, Leipzig, Dresden, Halle und Magdeburg „ständige“ Intershops und z.B. zur Internationalen Gartenbauausstellung in Erfurt, zur Ostseewoche und zu internationalen Kongressen „zeitweilige“ Intershops errichtet wurden. In der Lutherstadt Wittenberg z.B. entstand im Jahre 1967, dem Jahr der 450-Jahrfeier der Reformation, der erste Intershop in einem HO-Interhotel der DDR, der als vorübergehende Maßnahme für die Jahrfeier gedacht war. Aber auch hier war der Umsatz innerhalb kurzer Zeit wieder so hoch, daß die Verantwortlichen der HO diese zusätzliche Deviseneinnahmequelle nicht missen wollten. Und nachdem die Feierlichkeiten beendet waren, wurde aus der vorübergehenden Maßnahme eine permanente Einrichtung. Vorerst richtete man ein Hotelzimmer in der ersten Etage des HO-Hotels „Wittenberger Hof“ ein, später dann mußte der Intershopverkaufsraum in eine größere Baracke auf dem Hotelgelände verlegt und erweitert werden, da in der Zwischenzeit die Kunden so zahlreich erschienen, daß sie Schlange stehend die Hoteltreppe blokkierten.[14] Ähnliches läßt sich auch über das Interhotel „Chemnitzer Hof“ in Karl-Marx-Stadt erzählen.

In diesem Zeitraum entwickelte sich die Intershop GmbH zu einer Handelsorganisation, die zunehmend den Großhandel für die genannten Orte und Institutionen übernahm. Infolgedessen war es angebracht, die Einzelhandelsaufgaben auf dem Bahnhof Friedrichstraße allein der MITROPA zu übertragen, da somit eine „zweckmäßige Arbeitsteilung“[15] vorgenommen werden konnte. Die Intershop GmbH unterstand als wirtschaftsgeleitetes Organ dem Ministerium für Verkehrswesen. Mit der Ausweitung der Großhandelsfunktion auf die anderen Institutionen, die nicht unmittelbar dem Ministerium für Verkehrswesen unterstanden, wurde eine Neustrukturierung der Organisationsform des Intershophandels notwendig. Ab 1965 übernahm die Zentralkommerz GmbH, ein staatliches Außenhandelsunternehmen, das dem Ministerium für Außenhandel und Innerdeutschen Handel unterstellt war, den Import der Waren aus dem westlichen Ausland. Während die Intershop GmbH zwar noch für die Bereitstellung der Waren aus der DDR-Produktion und aus dem sozialistischen Ausland zuständig war, blieb ihr nach der Übernahme der westlichen Importe durch die Zentralkommerz vorrangig die Aufgabe des Vertriebes der restlichen Waren an die Großhandelslager und der „Valuta-Klein-Verkauf“ auf den Messen. In einem Brief an den Vorsitzenden des Präsidiums des Ministerrates wandte sich der Direktor der Intershop GmbH gegen die zunehmende Dezentralisierung der Organisation des Intershophandels. Trotz des Einwandes ließ sich eine mit dieser Entwicklung verbundene Auflösung der Intershop GmbH nicht mehr abwenden. Auf der 11. Sitzung des Präsidiums des Ministerrates am 5. Oktober 1967 wurde die Auflösung der Intershop GmbH zum 31. Dezember 1967 beschlossen.

Dies bedeutete aber nicht das Ende der Intershop-Verkaufsstellen. Vielmehr wurden die Intershops nun durch ein staatliches Außenhandelsunternehmen, die Zentralkommerz eben, geleitet, beliefert und strukturiert. Doch auch die Zuständigkeit der Zentralkommerz GmbH währte nur kurze Zeit. Schon am 1. Januar 1974 kam es zur Gründung der Forum Handelsgesellschaft, die fortan sämtliche Aufgaben des Intershophandels der DDR übernahm. Durch diese nochmalige Neustrukturierung versuchte man den anwachsenden Besuchsmöglichkeiten und dem sich daraus ergebenden Umsatzzuwachs der Intershops gerecht zu werden. Die sich verändernden innerdeutschen Beziehungen zu Beginn der 70er Jahre, das am 17. Dezember 1971

„Ausländertreffpunkt im Neuen Rathaus. Hier die Intershop Verkaufsstelle“, 1965.

„Der Verkauf wurde bis zum VIII. Parlament in der 1. Etage unseres Hotels durchgeführt. Durch die ständige Steigerung des Käuferstromes war die Sicherheit im Hotel nicht mehr gegeben. Vom Ministerium des Inneren erhielten wir zum VIII. Parlament die Auflage, den Verkauf in der 1. Etage einzustellen. Vom Direktor wurde daraufhin im Einvernehmen mit der Vereinigung INTERHOTEL angewiesen, daß der Verkehr in dem Ladenraum mit Zugang von der Straße durchgeführt wird...“

Brief vom 29.8.1967 von Interhotel Chemnitzer Hof in Karl-Marx-Stadt an den Rat der Stadt Abt. Handel und Versorgung (Stadtarchiv Chemnitz 05.1.1.6078)

Genossinnen und Genossen!
Gestattet mir in diesem Zusammenhang noch einmal ein offenes Wort zu den Intershop-Läden. Diese Läden sind selbstverständlich kein ständiger Begleiter des Sozialismus. Wir können aber nicht an der Tatsache vorbeigehen, daß besonders der große Besucherstrom viel mehr Devisen unter die Leute bringt, als das früher der Fall war.
Bekanntlich kommen zu uns im Jahr etwa 9,5 Millionen Gäste aus kapitalistischen Ländern, die bei uns essen, zum großen Teil übernachten und selbstverständlich auch Geld in den Taschen haben. Durch die Intershop-Läden haben wir die Möglichkeit geschaffen, daß diese Devisen bei uns im Lande bleiben. Sie werden eingesetzt, um unsere Volkswirtschaft entsprechend den Beschlüssen des IX. Parteitages noch stärker zu entwickeln.
Intershop-Läden sind im Sozialismus übrigens nichts Neues. Sie bestehen in verschiedenen Formen und mit verschiedenen Namen auch in anderen sozialistischen Ländern. Was uns angeht, so haben wir die Intershop-Läden jetzt im wesentlichen auf die zweckmäßige Zahl reduziert.

Natürlich übersehen wir nicht, daß nun Bürger der DDR, die keine Devisen besitzen, im gewissen Sinne im Nachteil gegenüber denen sind, die über solche Währung verfügen. Mit dieser Frage haben wir uns befaßt und festgelegt, das Netz der Exquisit-Läden auszubauen, so daß in jedem Kreis Bürger unserer Republik die Möglichkeit haben, Waren der höheren Preisklasse für Mark der DDR zu kaufen. Es handelt sich dabei um hochwertige eigene Erzeugnisse, Waren aus der Gestattungsproduktion und Importe. Auch die Anzahl der Delikat-Läden, die bekanntlich ein breites Sortiment bestimmter Nahrungs- und Genußmittel führen, wird erhöht. Gleichzeitig werden die im Volkswirtschaftsplan vorgesehenen Waren für die Versorgung der Bevölkerung wie bisher in allen Geschäften weiter planmäßig angeboten. Wir sind dafür, daß sich die Exquisit- und Delikatläden mit dem Ausbau ihres Netzes, durch ihr Angebot als Konkurrenz zu den Intershop-Läden entwickeln..."
Die sozialistische Revolution in der DDR und ihre Perspektiven. Aus der Rede des Generalsekretärs des Zentralkomitees der SED, Erich Honecker, auf der propagandistischen Großveranstaltung zur Eröffnung des Parteilehrjahres 1977/78 in Dresden, in: Neues Deutschland vom 27. 9.1977, S. 4f.

abgeschlossene, ab dem 3. Juni 1972 geltende Transitabkommen und der am 17. Oktober 1972 in Kraft tretende Verkehrsvertrag zwischen BRD und DDR, hatten eine Erleichterung der Reisen und des Besuchs von Bürgern der BRD in die DDR zur Folge. „Der Reiseverkehr von Bundesbürgern in die DDR verdreifachte sich von 1969 bis 1975, während 1969 Westberliner kaum in die DDR oder nach Ostberlin reisen konnten, waren es 1975 über 3,5 Millionen. Ebenso durften 1975 außer den Rentnern 40 000 Bürger der DDR in dringenden Familienangelegenheiten in die Bundesrepublik reisen..."[16] Aufgrund dieser Vereinbarungen veränderte sich auch der Kundenkreis in den Intershops. Nicht mehr nur Handels- oder Transitreisende, sondern vor allem die Besucher aus dem Westen kauften für sich und ihre Gastgeber in den Intershops ein. Die Verantwortung über Sortiment, Einkauf und Auslieferung der Waren blieb bis zu ihrer Auflösung Anfang der 90er Jahre bei der Forum Handelsgesellschaft.

Umsätze und Waren

Die Artikel, die durch die Intershop GmbH verkauft werden sollten, waren verschiedener Herkunft. Hierbei handelte es sich um: „a) Importwaren aus den sozialistischen und kapitalistischen Währungsgebieten. b) Waren der DDR-Produktion, die aus dem Bevölkerungskontingent stammen. c) Waren der DDR-Produktion, die bereits für den Export vorgesehen waren".[17] Die Auspreisung der Waren erfolgte für den gesamten Intershophandel auf US-Dollar-Basis. Jede Verkäuferin erhielt eine Umtauschtabelle, die die Kurse der jeweiligen Währungen enthielt und von der Deutschen Notenbank erstellt wurde. In den Intershops konnte demnach mit den verschiedensten frei konvertierbaren Währungsarten bezahlt werden. Der Umsatz des ersten „Valuta-Klein-Verkaufs" auf dem Bahnhof Friedrichstraße betrug für den Zeitraum von April bis Juni 1962 insgesamt 164.230,00 DM.[18] Wie aus dem Geschäftsbericht für das Jahr 1962 hervorgeht, wurde allein hier für den gesamten Zeitraum vom 14. April 1962 bis 31. Dezember 1962 ein Einzelhandelsumsatz von 1.118.500,00 DM erzielt. Der Umsatz ergab sich vor allem aus dem Verkauf von Genußmitteln (95,4%), Industriewaren (2,1%) und Presseerzeugnissen (2,1%). Dies zeigt, daß vor allem Nahrungs- und Genußmittel auf den Bahnsteigen des Bahnhofs Friedrichstraße gefragt waren. Anteilig entstand dieser Umsatz aus 85% verkauften Zigaretten, 0,9% Zigarren und Zigarillos, 5,5% Spirituosen, 2,7% Kakaoerzeugnissen, 2,6% Kaffee, 1,8% Getränken, 0,7% Halberstädter Würstchen und 0,8% verkauften Dauerback- und Zuckerwaren, Ananas in Dosen und Dosenmilch. Bei den Industriewaren gingen „Damenstrümpfe Dederon nahtlos" mit 37,4% und vor allem französische Kosmetika mit 37% am besten.

Im Intershop auf der Leipziger Messe wurden vorerst nur Industriewaren verkauft, was sich auch in dem verhältnismäßig geringen Einzelhandelsumsatz von 15.493,17 DM niederschlug. Um einen höheren Umsatz zu erzielen, wurde das Warensortiment im Jahre 1963 erweitert. Neben den „hochwertigen Industriewaren", wie Textilien – Dederon-Damenstrümpfe und Dederon-Nachthemden –, französischer Kosmetika, Kameras und Zubehör, Fern- und Theatergläser, Erika-Schreibmaschinen und Dederon-Tüll-Einkaufsnetzen, bot die Intershop GmbH auch Nahrungs- und Genußmittel zum Verkauf an. Umsatzsteigerungen von der Leipziger Herbstmesse 1963 bis zur Frühjahrsmesse 1964 von 191% und von der Frühjahrsmesse 1964 bis zur Herbstmesse im selben Jahr auf 365% zeigen, welcher wirtschaftliche Erfolg in Form von Deviseneinnahmen durch die vermehrte Errichtung von Intershop-Verkaufsstellen auf diesen Messen erzielt werden konnte. Zu vermuten ist, daß diese Steigerung um das Dreifache gegenüber dem Vorjahr außerdem auf die Veränderung des Warensortiments zurückzuführen war. Die Warenpalette wurde durch die Hinzunahme von Nahrungs- und Genußmitteln in das Angebot erweitert. Die Preisstellung der Intershopwaren lag unter dem westlichen Niveau. Die Verhältnismäßigkeit der verschiedenen Preise zeigen die folgenden Angaben, die aus „Preisvergleiche(n) für einige hochwertige Erzeugnisse“[19] des Ministeriums der Finanzen, Ende des Jahres 1963, entnommen sind:

Bezeichnung	*Verbraucherpreis BRD*	*Intershop*	*Importaufwand*
500 gr-Packung Feine Pralinen	*5,70*	*5,50*	*4,56*
50 gr Nescafe neu	*3,95*	*3,30*	*1,22*
Tafelschokolade Vollmilch-Nuß	*1,10*	*0,90*	*0,53*
1000 Stck Zigaretten Ernte 23	*83,33*	*75,00*	*17,89*
Nylon-Damenbluse weiß	*13,00*	*11,90*	*7,90*
Herrenarmbanduhr Wolna 22 Steine	*100,00*	*63,00*	*31,52*
elektrischer Braun-Rasierapparat	*66,90*	*67,50*	*51,00*

Zweifellos war der Einkauf in den Intershops für ausländische Kunden lukrativ. Nicht zuletzt liegt darin ein weiterer Grund für die hohen Umsatzerfolge der Intershops.

Wie die DDR-Bürger in den Intershop kamen

Da es den DDR-Bürgern nach dem Devisengesetz[20] nicht erlaubt war, im Besitz von Devisen zu sein, und sie angehalten waren, etwaige Währungen auf der Deutschen Notenbank in DM/DN umzutauschen, kam der Besuch des Intershops für Bürger der DDR eigentlich nicht in Betracht. Jedoch mit der rapide anwachsenden Zahl von Intershopeinrichtungen innerhalb der DDR drängten sich die Intershops zunehmend in das Blickfeld der DDR-Bürger. Die Intershops können gewissermaßen als exterritoriale Gebiete der westlichen Warenwelt in der DDR bezeichnet werden, als Orte der Mysterien des Außergewöhnlichen, die in ihrer realen Anwesenheit durch bewußt unterlassene Veröffentlichungen, wie Werbung, eigentlich abwesend waren. Trotz dieser fehlenden offiziellen Öffentlichkeit pilgerten insbesondere an den Sonntagen immer mehr DDR-Bürger in die Intershops, um einen Blick auf die fremde (Waren-) Welt zu werfen. Der Sonntagsausflug in den Intershop wurde zu einer Reise in ferne Welten, ohne das eigene Land zu verlassen. Doch bis es für DDR-Bürger eine Selbstverständlichkeit wurde, den Intershop zu betreten, vergingen noch viele Jahre.

Abgesehen davon, daß es den Beschäftigten der Intershops, aufgrund der sogenannten „materiellen Interessiertheit“, möglich war, Waren aus dem Intershopsortiment zu kaufen, erhielt erstmalig Mitte der 60er Jahre eine begrenzte Gruppe von DDR-Bürgern die Erlaubnis, in den Intershops einkaufen zu können. Hierbei handelte es sich vor allem um „Mitarbeiter(n) des Staatsapparates oder der Außenhandelsunternehmen der DDR“.[21] Wie jedoch aus dem Briefverkehr zwischen den Verkäufern in den Intershops und der Intershop GmbH deutlich wird, gingen auch ganz „normale Bürger“ hinein. Die Verkäufer verlangten nach klaren Handlungsrichtlinien gegenüber DDR-Kunden, die möglicherweise in den Intershops einkaufen wollten. Offiziell wurden die Beschäftigten in den Intershops angewiesen, den Verkauf von Inter-

Die prozentuale Aufteilung des Umsatzes nach Warengruppen bestätigt eine Einschätzung des Direktors der Intershop GmbH: „Wir konnten in den letzten Wochen beobachten, daß sich die Zahl der Kunden, die Zigaretten in größeren Mengen (Stangen) einkauft und damit sofort in Richtung Westberlin mit der S-Bahn zurückfährt, erheblich erhöht hat.“ Er betont in seinem Geschäftsbericht ein starkes Kaufinteresse der Westberliner Käufer, die den Grenzkontrollbereich des Bahnhofes passieren, trotz anfänglicher Berührungsängste. „In der ersten Zeit wurde festgestellt, daß sich die Käufer zurückhielten, sobald sich unmittelbar am Kiosk ein Angehöriger der Transportpolizei befand. Daraufhin wurden die Genossen gebeten, einen anderen Standort zu wählen, sofern sie nicht dienstlich mit den Verkäuferinnen zu tun haben, um das Verkaufsgeschäft nicht zu stören. Diese Scheu scheint man aber zwischenzeitlich bereits überwunden zu haben.“

Ergänzung zum Geschäftsbericht des Hauptdirektors der MITROPA AG an das Ministerium für Verkehrswesen vom 25.7.1962, S. 3, BAP: MITROPA AG DM-200 50.

shop-Waren an mögliche Käufer aus der DDR-Bevölkerung zu unterlassen. Andererseits dachte man bereits ab Mitte des Jahres 1965 darüber nach, wie die frei konvertierbaren Devisen, die sich dennoch in dem Besitz mancher DDR-Bürger befanden, abzuschöpfen waren. Dies geht aus einer Vorlage an das Sekretariat des Zentralkomitees der SED hervor. Demnach sollte künftig „ein bestimmter, kontrollierbarer Kreis von DDR-Bürgern, die im rechtmäßigen Besitz von kapitalistischen Zahlungsmitteln sind, ebenfalls Intershopwaren erwerben können. Dieser Kreis von DDR-Bürgern soll sich zusammensetzen aus a) ständig ins kapitalistische Ausland Delegierten (Personal der Botschaften, Auslandsvertretungen usw.) sowie b) aus Dienstreisenden, Monteuren, Künstlern usw., die vorübergehend ins kapitalistische Ausland reisen. Von den diesem Personenkreis frei zur Verfügung stehenden Aufenthaltsgeldern und Tagessätzen könnten ... schätzungsweise ca. 3,0 Mio VM (Valutamark – K.B.) wieder mit zurück in die DDR gebracht werden, wenn dafür ein entsprechender Anreiz geschaffen würde. Aber auch die Beschäftigten in internationalen Reisezügen (Mitropa), an internationalen Tankstellen (Minol) und in Hotels und Gaststätten (Interhotel, HO) haben nicht unerhebliche Valutaeinnahmen in Form von Trinkgeldern. Um zu verhindern, daß diese Valuten ungesetzlich verausgabt werden, sollte diesem Personenkreis ebenfalls die Möglichkeit gegeben werden..."[22] Diese Regelung wurde am 6.4.1967 vom Ministerrat zum Beschluß erhoben.

„Lieber Genosse ...!
Zu Ihrem Schreiben vom 13.3.65 teile ich mit, daß Bürger unserer Republik schon deshalb nicht beim intershop einkaufen können, weil sie über freikonvertierbare Währung garnicht verfügen dürfen! Das Gesetz regelt eindeutig, daß im Besitz befindliche Devisen und Westgeld spätestens 3 Tage nach Erhalt bzw. Einreise in die DDR der Deutschen Notenbank im Umtausch 1:1 anzubieten sind.
Wohl können westdeutsche Besucher für eventuell sogar mitgebrachte DDR-Bürger bei uns einkaufen, niemals jedoch letztere im Auftrage Westdeutscher oder Ausländer.
Inwieweit im Hermsdorfer Kreuz beim Einkauf Ausweise von Käufern vorgezeigt werden müssen – analog der Regelung in Berlin, Bf. Friedrichstraße – ist mit den zuständigen Zollbehörden abzusprechen.
Ich würde diesen Weg empfehlen.
Mit freundlichen Grüßen"

Brief des Direktors der Intershop GmbH vom 18.3.1965, BAP, MITROPA AG DM 200 219.

Aus Gründen der Preispolitik, die für den Intershophandel der DDR galt, war jedoch vorgesehen, daß der betreffende Personenkreis nur in inländischen Intershops Waren erwerben durfte. Die Preise an den Grenzübergangsstellen und auf dem Bahnhof Friedrichstraße waren nämlich niedriger als in den Intershops innerhalb des Landes. Bereits im Zuge dieser Überlegungen mutmaßte man einen möglichen politischen Eklat, der von einem Großteil der Bevölkerung, die nicht das Privileg, diesem Personenkreis anzugehören, besaßen, hätte ausgehen können. Dieser Gefahr versuchte man durch geeignete Maßnahmen, wie Unsichtbarmachung und Überwachung der Intershops vorzubeugen.

„Intertank. Diese neue Vertikal-Tankstelle des VEB MINOL am Ostbahnhof ist eine echte Attraktion für die Besucher Berlins. Bei gutem Kundendienst bietet sie den DDR-Gästen und internationalen Gästen zu jeder Zeit sämtliche Kraftstoffqualitäten an. Allen Besuchern Berlins wünscht diese in der DDR einzigartige Tankstelle allzeit gute Fahrt."

NBI 24/1970, S. 46.

Die Devisengesetzgebung der DDR hielt aber weiterhin die Option aufrecht, daß DDR-Bürger nicht im Besitz von ausländischen Währungen sein durften. Doch die mit den innerdeutschen Vereinbarungen verbundene Reisemöglichkeit erforderte eine Auflockerung der bis dahin straff geregelten Devisengesetzgebung. Dies geschah erst am 1. Februar 1974 mit der Einführung der sogenannten „kleinen Devisenfreiheit". „DDR-Bürgern wurde der Besitz von Devisen (aber nicht die Ausfuhr) erlaubt, sie konnten dafür bei Intershop und anderen zugelassenen Einrichtungen einkaufen."[23] Streng genommen ergab sich somit erst knapp 20 Jahre nach Errichtung des ersten „Valuta-Klein-Verkaufs" durch die DDR für einen größeren Teil der DDR-Bevölkerung die Möglichkeit, offiziell in den Intershops einkaufen zu können. Wie aus der bereits viel zitierten Bemerkung Erich Honeckers im *Neuen Deutschland* vom 27. September 1977 hervorgeht, waren die Intershops für die Entwicklung des Sozialismus in der DDR nur als geduldete Einrichtungen gedacht, als Reaktion auf den westlichen „Besucherstrom".
Von weitaus größerer Bedeutung war es aber, daß diese Läden eine ideale Deviseneinnahmequelle darstellten und eben darum ein notwendiger Begleitumstand der DDR-Gesellschaft sein mußten. Im Jahre 1979 wurden die Forumschecks als internes Zahlungsmittel in den Intershops für die Bürger der

DDR eingeführt. Der Sinn dieser Neuregelung bestand darin, die frei konvertierbaren Devisen nicht mehr auf dem Umweg über die Intershops in die Wirtschaft der DDR fließen zu lassen, sondern auf dem direkten Weg über die Deutsche Notenbank. Man versprach sich davon eine schnellere Verfügbarkeit der Devisen für die Wirtschaft. Damit diese Regelung nicht unterwandert werden konnte, sollten abermals Ausweiskontrollen in den Intershops vorgenommen werden, um so die uneinsichtigen DDR-Bürger, die ihre West-Mark nicht in das sogenannte „Spielgeld" eintauschen wollten, zu erziehen. Doch die Zugkraft dieser Kontrollen war ziemlich gering, denn schließlich ging es ja darum, viele Devisen einzunehmen, und da drückten manche Verkäuferinnen auch mal ein Auge zu.

Die Aura

Befragt nach dem Besonderen des Intershops, antworteten unsere Interviewpartner spontan: „Es war der Geruch." Dieses Geruchsgemisch setzte sich aus den eher unüblich an einem Ort konzentrierten Waren zusammen. So vermischten sich die Düfte von *Irischem Frühling*, *Lux*-Seife, *Weißem Riesen*, aber auch *8 mal 4* und *Poison* mit dem Kaffeegeruch von *Jacobs* und *Hitschler*-Kaugummis sowie den vielfältig angebotenen Schokoladensorten. Die Intershopwaren umgab eine Aura. Mit ihnen verknüpften sich Idealvorstellungen wie tadellose Funktionsfähigkeit, modisches Aussehen oder auch eine besondere Genußbefriedigung. In ihnen spiegelte sich in gewissem Maße das „Weltniveau" wider. Der Besitz von Artikeln aus dem Intershop und das Tragen von Kleidung, die im Intershop gekauft wurde gestatteten eine gewisse Distinktion. Manche stellten sie bewußt zur Schau. Von den Markenwaren, die in diesen Verkaufseinrichtungen angeboten wurden, versprach man sich Originalität und bessere Qualität. So werden die Jeans außergewöhnlich, wenn es im Handel nur Stoffhosen aus Silastik und Kord zu kaufen gibt, oder ein Füller, weil dessen Feder auf dem Papier nicht kratzt, und Kaugummis, wenn man mit ihnen die größten Blasen machen kann. So konnte man in den Badezimmern leere Verpackungen von Kosmetika und Waschmitteln aus dem Westen finden. Die leeren Packungen standen aufgereiht, wie Ikonen, in den Regalen. Sie holten ein stückweit die fremde Welt in den privaten Bereich. Die Seltenheit solcher Artikel in den jeweiligen DDR-Haushalten transformierte diese, über den eigentlichen Gebrauchswert hinweg, auf eine symbolische Ebene.

Zur Besonderheit des Intershops gehörte die Helligkeit und Buntheit der ausgestellten Waren ebenso wie deren Fremdheit und Unerreichbarkeit. Um an die vorerst unerreichbare Ware zu gelangen, brauchte man Westgeld. Wer das zufällige Privileg hatte, konvertierbare Devisen über die Westverwandtschaft zu erhalten, konnte im Intershop einkaufen gehen. Gerade diese Möglichkeit, Gegenstände und Waren zu beziehen, die es in der HO oder im Konsum nicht zu kaufen gab, machte das Westgeld zu einem begehrten Gut für die DDR-Bürger. „Was Westgeld damals bei den Menschen ausgemacht hat! Wenn man hatte, war man der Größte."[24] Mittels Westgeld konnten viele Hebel in Bewegung gesetzt werden, die sich sonst gar nicht oder nur sehr langsam bewegten. So war es z.B. möglich, die lang ersehnten Handwerker für notwendige Arbeiten im heimischen Haushalt zu gewinnen, ein Kellner fand noch einen freien Tisch in einem Restaurant neben den voll besetzten und reservierten Tischen und von der KWV bekam man überraschend eine Wohnung zugewiesen. Verschlossene Türen konnten mit bestimmten begehrten Konsumobjekten aus dem Intershop geöffnet werden. Es war „eben dieser Trend, dieses Geiern nach dem Westgeld, ja, das war so überall, das war überall..."[25]

„...Bei der Erweiterung des Verkaufsstellennetzes der Intershop GmbH und der Einbeziehung eines – wenn auch kleinen – Teils der Bevölkerung der DDR in den Kreis der Kaufberechtigten, muß damit gerechnet werden, daß wegen des besonderen Warenangebots und der niedrigen Preise in der ersten Zeit in einem gewissen Umfang negative Diskussionen innerhalb unserer Bevölkerung aufkommen. Auch besteht die Gefahr, daß Intershopwaren im Schwarzhandel kursieren.

Um diese möglicherweise entstehenden Schwierigkeiten auf ein Minimum einzuschränken, ist vorgesehen,

- die Intershop –Verkaufsstellen in den Großstädten nicht im ständigen Blickpunkt und mit auffälliger Schaufensterwerbung einzurichten; – den Einkauf der DDR-Bürger nur mit Intershop-Berechtigungsscheinen zu organisieren, wodurch der rechtmäßige Erwerb der fremden Zahlungsmittel über die Arbeitsstellen dieser Bürger kontrolliert und der evtl. Auflösung illegaler Westmarkguthaben entgegen gewirkt werden kann; – die Überwachung durch die Dienststellen des Generalstaatsanwalts und der Zollverwaltung gegebenenfalls zu verstärken."

Auszug aus der Rededisposition zur Erweiterung der Aufgabenstellung der Intershop GmbH vom 29.05.1965, BAP, Ministerium der Finanzen DN-1 11481.

[1] *Zitty. Illustrierte Stadtzeitung Berlin, 4/ 1996, S. 89.*

[2] *BAP, L-1 3077, Protokoll vom 17.8.1954, S. 37.*

[3] *Ebd.*

[4] *Max Tiegs, Geschichtliche Entwicklung von „Duty-free –, Tax-free und Intershops" in der Welthandelsgeschichte sowie speziell die Entwicklung von „Intershopverkaufseinrichtungen" auf dem Territorium der DDR und insbesondere bei der „Mitteleuropäischen Schlaf- und Speisewagen Aktiengesellschaft" MITROPA – 1989 (unveröffentlichtes Manuskript).*

[5] *BAP, L-1 3077, Brief vom 10.6.1955 des AZKW an das Ministerium für Handel und Versorgung, S. 31-32.*

[6] *BAP, L-1 3077, Protokoll vom 01.9.1955, S. 176.*

[7] *BAP, L-1 3077, Gemeinsame Anweisung*

Westgeld konnte man, natürlich illegal, zu sich verändernden Schwarzmarktkursen, von einer Westmark zu vier Ostmark bis eins zu zehn, tauschen. Eine Tätigkeit im Ausland oder die Beschäftigung im Intershop waren weitere Möglichkeiten, Prämien in Form von Gutscheinen über einen bestimmten DM-Betrag zu erhalten. Es war in jedem Fall nur einer begrenzten Schicht in der DDR gegeben, an Westgeld bzw. Intershopwaren zu gelangen. Dieses Privileg, im Besitz von Westgeld zu sein, war weder durch das Leistungsprinzip noch durch das soziale Gefüge in der DDR determiniert. Der egalitäre Anspruch der DDR-Regierung beinhaltete, daß entweder allen alles zugänglich oder verboten war, dadurch wurde paradoxerweise ein System der Privilegien hervorgebracht und unterstützt. Das Leben in der DDR war gekennzeichnet von einem anderen Zeitgefühl. Es gab viele Dinge, auf die gewartet werden mußte. Das Warten steigerte bestimmte Begehrlichkeiten und hob die ersehnten Gegenstände auf eine Stufe des Wohlstands und des Luxus. Wer sich mit dem Warten nicht abfinden wollte, entwickelte Varianten, diese Prozedur zu verkürzen. Der Besitz von Westgeld in der DDR konnte verstellte Wege öffnen und Wartezeiten verkürzen.

vom 31.08.1956, S. 15.
[8] BAP, L-1 3077, Schreiben vom 4.8.1956, S. 72.
[9] Volze, Arnim: Die Devisengeschäfte der DDR Genex und Intershop. – In: Deutschlandarchiv II 1991, S. 1150.
[10] BAP, DM-200223, Anweisung vom 10.7.1962, S. 1.
[11] BAP, DM-200223, S. 2.
[12] ebd.
[13] BAP, DN-1 11481, Rededisposition zur Erweiterung der Aufgabenstellung der Intershop GmbH vom 29.5.1965, S. 2.
[14] Interview mit Familie Q. vom 1.12.1995.
[15] BAP, DM-200 223, Disposition vom 30.9.1967, S. 1.
[16] Weber, Hermann: DDR. Grundriß der Geschichte 1945 – 1990 – Hannover 1991, vollst. überarb. und erg. Neuauflage, S. 149.
[17] BAP, DM-200 50, Entwurf vom 8.2.1962, S. 1.
[18] BAP, DM-200 50, Geschäftsbericht vom 25.7.1962, S. 2.
[19] BAP, DN-1 10571, Preisvergleiche für einige hochwertige Erzeugnisse vom 28.11.1963, S. 1 ff.
[20] „Wichtigste Grundsätze der Devisengesetzgebung der DDR: Ein- und Ausfuhr von DM der Deutschen Notenbank sind verboten; Deviseninländer haben ausländische Zahlungsmittel sowie Vermögenswerte im Ausland (Devisenwerte) anzumelden und den zuständigen staatlichen Organen zum Verkauf anzubieten; der Umlauf von Devisenwerten muß sich im Rahmen der Valutapläne halten..."
Meyers Neues Lexikon, 2. Bd., Leipzig 1963, S. 590;
Außerdem: „Deviseninland: als Begriff der Devisengesetzgebung Gebiet der DDR und des Demokratischen Berlins. – Deviseninländer: [...] Personen, deren Wohnsitz oder ständiger Aufenthalt [...] sich in der DDR oder im Demokratischen Berlin befindet. Dazu zählen auch juristische Personen, deren Sitz das Deviseninland ist, sowie die Filialen und Vertretungen von Devisenausländern in der DDR und im Demokratischen Berlin (außer diplomatischen, konsularischen und Außenhandelsvertretungen)." ebd., S. 590.
[21] BAP, DM-200 50, Aktennotiz vom 21.3.1964.
[22] BAP, DN-1 11481, Rededisposition vom 29.5.1965, S. 3.
[23] Volze, Arnim: Die Devisengeschäfte der DDR Genex und Intershop. - In: Deutschlandarchiv II 1991, S. 1150.
[24] Interview mit Frau H. vom 21.12.1995.
[25] Ebd.

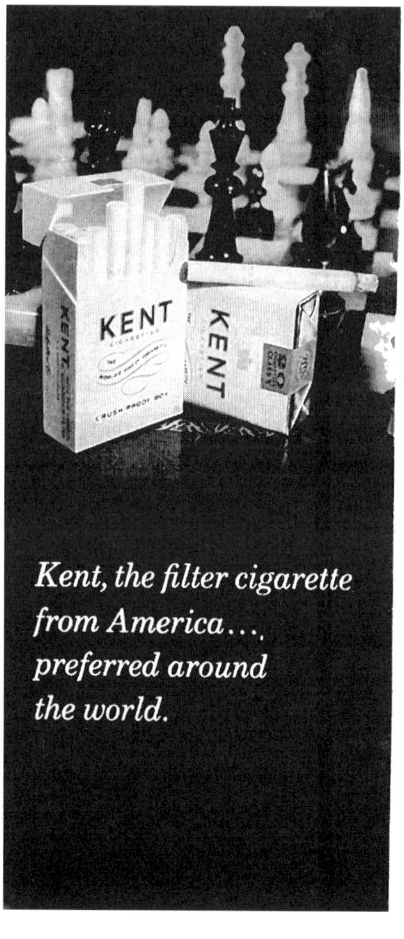

inter shop

ANGEBOT

Spirituosen in Originalabfüllungen	7, 11, 15, 19
Zigaretten in Originalpackungen	25
Zigarren und Tabake	33
Weine und Schaumweine in Originalabfüllungen	35, 37
Kaffee, Kakao und Tee in Originalpackungen	39
Kakaoerzeugnisse, Süßwaren, Dauerbackwaren	43, 45
Lebensmittel in Konserven	49
Kosmetika usw.	51, 53, 55, 57, 59
Textilien	63
Sonstige Industriewaren	65, 67
intershop-Verkaufsstellen	10, 36

Preis- und Sortimentsänderungen vorbehalten

3

intershop-Katalog, S. 2-3, 1969.

Franka Schneider

„Jedem nach dem Wohnsitz seiner Tante"
Die GENEX Geschenkdienst GmbH

Warten – Jagen – Sammeln – Tauschen. All dies sind Synonyme für Methoden, die sich DDR-Bürger angeeignet haben, um Waren zu beschaffen, die es auf „normalem" Wege nicht sofort gab. Eine weitere Möglichkeit bestand darin, sich seltene oder schwer zu bekommende Gegenstände von der Verwandtschaft im Westen schenken zu lassen. So wurden zum Beispiel in den sechziger Jahren monatlich ca. 1,5 Millionen Pakete aus der Bundesrepublik und Westberlin in die DDR geschickt (Weihnachten über 3 Mio.), was jährlich einen Transfer von ca. 500-600 Millionen DM auf privatem Wege in die DDR bedeutete. Dabei verkörperte der Paketverkehr nicht nur die Übermittlung von Waren, hier wurde auch der westdeutsche Wirtschaftsaufschwung konkret als Produkt versandt, das dann im Gegensatz zur schleppenden Entwicklung der DDR-Konsumwelt stand. Den Westerzeugnissen haftete daher oft ein Hauch von Exklusivität an. In Gestalt von Geschenken vermittelte Westwaren füllten deshalb nicht nur die Lücken im Warenangebot, sie boten dem einzelnen auch die Chance, sich aus der propagierten Gesellschaft der Gleichen herauszuheben. Beide Momente – sowohl die schlechte Versorgungssituation im eigenen Land als auch der den Westwaren anhaftende Nimbus – prädestinierten die Westwaren für einen weiteren Tausch innerhalb der DDR. Die allem Westlichen gegenüber mißtrauische DDR-Regierung traf deswegen bereits in den fünfziger Jahren Regelungen, die verhindern sollten, „mit Hilfe von Geschenksendungen Waren zu Spekulationszwecken in die DDR einzuführen."[1]

Die „Verordnung über den Geschenkpaket- und -päckchenverkehr auf dem Postwege mit Westdeutschland, Westberlin und dem Ausland" vom 5.8.1954 sollte den Geschenkverkehr kontrollierbarer machen. Nach §1 waren Geschenksendungen unentgeltliche Zuwendungen eines privaten Absenders an einen privaten Empfänger für den persönlichen Verbrauch, wobei dafür zahlreiche Einfuhrbeschränkungen getroffen wurden. Sendungen von Firmen, Organisationen und juristischen Personen wurden nicht als Geschenksendungen angesehen. Jährlich durften nur 12 Pakete von DDR-Bürgern empfangen oder verschickt werden, welche durch die Aufschrift „Geschenksendung – Keine Handelsware" gekennzeichnet sein mußten.

Während also der private Geschenkverkehr durch diese Verordnung bestimmte gesetzliche Vorgaben und Verbote erhielt, stand es den ausländischen Verwandten und Freunden „jedoch völlig frei, sich zur Aufrechterhaltung ihrer freundschaftlichen Beziehungen *eines neuen Weges* zu bedienen.“[2] Gemeint war hiermit die in §4 der Verordnung geschaffene Möglichkeit für Personen außerhalb Deutschlands, Geschenkpakete beim VEH Deutscher Innen- und Außenhandel (DIA) Nahrung, Abt. Geschenksendungen, zu bestellen, welche ähnlich einem Versandhausgeschäft von dieser Stelle dem Empfänger zugeschickt wurden. Dazu gab das DIA Nahrung 3000 Prospekte in Druck, in denen hauptsächlich Lebens- und Genußmittel in verschiedentlich zusammengesetzten Paketen und nur wenige Industriewaren angeboten wurden. Eine komplizierte Aufgabenteilung zwischen DIA und HO, die für die Warenbereitstellung und den Vertrieb zuständig war, erschwerte aber die Arbeitsorganisation erheblich, so daß es immer seltener gelang, die eingehenden Aufträge termingerecht zu bearbeiten. DIA Nahrung war eigentlich ein Außenhandelsunternehmen, das sich um den Export und Import von Waren kümmerte. Der ihr hier zugedachten Rolle als Geschenkdienst konnte es offensichtlich nicht gerecht werden, deshalb wurde am 1.1. 1957 die Geschenkdienst und Kleinexport GmbH (GENEX) gegründet, welche diese Aufgabe übertragen bekam.

Zollfreie Geschenksendungen

sind über die

GESCHENKDIENST UND
KLEINEXPORT G.M.B.H.
BERLIN C 2, POSTSCHLIESSFACH 15

möglich,

wenn Ihre Verwandten, Freunde oder Bekannten im Ausland für Sie eine Bestellung bei unseren autorisierten Vertretern gegen Zahlung in entsprechender Landeswährung aufgeben. Unser Geschenkdienst erstreckt sich sowohl auf

Lebens- und Genußmittel-Standardpakete
als auch auf
Gebrauchsgüter aller Art,

die wir Ihnen in nachstehendem Verzeichnis zur Kenntnis bringen.
Wir bieten den Vorteil, daß der Besteller im Ausland Geschenksendungen in unbeschränkter Anzahl in Auftrag geben kann, Zeit für die Erledigung der Versand-Formalitäten spart und kein Transportrisiko hat.
Für Sie ergibt sich die Vergünstigung, die Geschenksendungen ohne Auslagen für Zoll, Transportkosten, Versicherungsgebühren usw. schnellstens frei Haus zu erhalten.

Deckblatt und Informationen einer Genex-Preisliste, um 1953.

Die Geschenke bei der GENEX wurden meist mit frei konvertierbaren Währungen bezahlt. Dabei handelte es sich bei dem Angebotenen hauptsächlich um DDR-Produkte, so daß die Gewinnspanne in Devisen im Vergleich zum Intershop wesentlich höher war. Für die Auftraggeber und Empfänger lag neben der Zoll- und Gebührenfreiheit der große Vorteil bei Bestellungen über GENEX darin, daß die Geschenke (meist) sicher und unbeschädigt ihr Ziel erreichten, was auf privatem Wege nicht unbedingt der Fall sein mußte. Wichtiger aber war, daß sich mit der GENEX die Möglichkeit bot, durch den Einsatz von Westgeld Waren aus DDR-Produktion innerhalb von kurzen Wartezeiten zu beschaffen. Mußte z.B. auf ein Auto jahrelang gewartet werden, so konnte es der oder die Beschenkte sofort vom Werktor abholen. Notwendig war jedoch – zumindest Anfang der sechziger Jahre – Westverwandtschaft oder -bekanntschaft.

Mitte der sechziger Jahre wurde die GENEX nach anfänglichen Schwierigkeiten zu einer der wichtigsten Institutionen, die für die Devisenbeschaffung zuständig waren. Ihre Entwicklung dahin verdankt sie u.a. einer Reihe von administrativen Beschränkungen beim privaten Verkehr zwischen Ost und West, ohne die sie nie einen solchen Umsatz gemacht hätte. Gleichzeitig aber machte die wirtschaftliche Belastung der DDR die Ausnutzung aller Möglichkeiten zur Devisenbeschaffung notwendig.

Institutionalisierung eines Privilegs

„Jedem nach dem Wohnsitz seiner Tante“[3] – was hier wie die spöttische Umwandlung der sozialistischen Formel „Jedem nach seinen Leistungen“ anklingt, wurde spätestens nach dem Mauerbau zu einer alltäglichen Erfahrung von DDR-Bürgern. Neben Beziehungen oder handwerklichen Fähigkeiten waren Westgeld und Westbeziehungen zu Schlüsseln für Türen geworden, die mit „purer“ Leistung nicht mehr aufzuschließen waren. In GENEX finden wir den Schlüsseldienst, denn erst über sie wurden die Westbeziehungen als wertvolle Schlüssel legal brauchbar.

Grundlage ist auch hier eine administrative Entscheidung. Mit der „2. Durchführungsbestimmung zur Verordnung über den Geschenkpaket- und -päckchenverkehr auf dem Postwege mit Westdeutschland, Westberlin und dem Ausland“ vom 10.12.1956 wurde die Möglichkeit, Geschenksendungen in die

DDR über GENEX zu verschicken, auf alle Personen, die außerhalb der DDR lebten, erweitert. Damit hatten jetzt auch Westberliner und Westdeutsche das Recht, über GENEX Geschenke zollfrei zu versenden. Dazu konnten sie die jeweiligen Geschenke aus Preislisten wählen. Diese Preislisten wurden entweder über die Auslandsvertreter der GENEX in Kopenhagen oder Luzern (ab 1965 Zürich) auf Anfrage verschickt bzw. lagen dort aus, oder sie nahmen die Preislisten aus den Intershops mit, wo sie bis 1977 zu erhalten waren. Die Bestellungen wurden durch Überweisungen oder Barzahlung an die Auslandsvertretungen getätigt, von wo sie an die GENEX in die DDR weitergeleitet wurden. Die Empfänger wurden daraufhin von der GENEX benachrichtigt und konnten sich die Geschenke abholen. Dieses etwas komplizierte Verfahren über die Drittländer Schweiz und Dänemark gestattete der GENEX Valutaeinnahmen in frei konvertierbaren Währungen, während sie über die Bundesrepublik nur Verechnungseinheiten erhalten hätte.

Diese Erweiterungen waren nach Auffassung des Ministeriums für Außenhandel und Innerdeutschen Handel (MAI) aus politischen Gründen unbedingt erforderlich, „da mit den verschärften Maßnahmen nur die Personen getroffen werden sollen, die den tatsächlichen Geschenkpaket- und -päckchenverkehr zum Schmuggel und zur Sabotage ausnutzen ... Die entscheidende politische Frage hierbei ist, daß vor allem die Bürger aus Westdeutschland und aus den Westsektoren von Groß-Berlin ... die Möglichkeit haben, *uneingeschränkt* Geschenkpakete an Verwandte und Bekannte in die DDR zu versenden.“[4] Angebliche Motivation war also, die Einschränkungen der Ost-West-Beziehungen durch eine solche Regelung aufzuheben. Gleichzeitig war eine Gleichstellung von Westdeutschen und Ausländern beabsichtigt.

Darüber hinaus kam bereits ein anderes Moment zum Tragen: Mit dieser Regelung bestand die Möglichkeit, „über Warenkäufe frei konvertierbare Valuta maximal zu mobilisieren“, womit „eine nicht unwesentliche Erhöhung unserer Deviseneinnahmen erzielt werden“[5] konnte. Außerdem bot das über Auslandsvertretungen bestehende Auftragssystem mit Vorauszahlung die Gelegenheit, Valuta früher für die DDR verfügbar zu machen, als die Warenlieferungen und Leistungen durch die GENEX in der DDR erfolgten. Die finanzielle Ausschöpfung von privaten Beziehungen gewann jetzt immer mehr an Bedeutung.

Zunächst aber war der Geschäftsumsatz bescheiden. Vielfach waren Kakao, Zucker, Kaffee usw. so schlecht verpackt, daß sie sich im Paket vermischten. Oder die Butter wurde in warmen Jahreszeiten ranzig geliefert. Daraufhin gingen die Aufträge bei Lebensmittelpaketen stark zurück. Für diesen Rückgang wurde aber auch die „westdeutsche Hetze über die angebliche Hungersnot in der DDR“ verantwortlich gemacht. Dabei fielen die Reaktionen durchaus unterschiedlich aus: Während aus Amerika ca. 100 Paketbestellungen mehr eintrafen, gingen die Bestellungen aus der Schweiz zurück, weil man meinte, durch den Abzug von Lebensmitteln würden die Versorgungsschwierigkeiten in der DDR noch vergrößert.

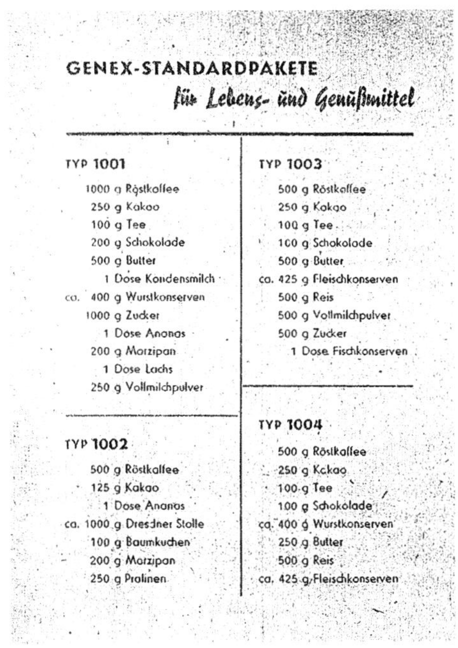

GENEX-STANDARDPAKETE
für Lebens- und Genußmittel

TYP 1001
1000 g Röstkaffee
250 g Kakao
100 g Tee
200 g Schokolade
500 g Butter
1 Dose Kondensmilch
ca. 400 g Wurstkonserven
1000 g Zucker
1 Dose Ananas
200 g Marzipan
1 Dose Lachs
250 g Vollmilchpulver

TYP 1002
500 g Röstkaffee
125 g Kakao
1 Dose Ananas
ca. 1000 g Dresdner Stolle
100 g Baumkuchen
200 g Marzipan
250 g Pralinen

TYP 1003
500 g Röstkaffee
250 g Kakao
100 g Tee
100 g Schokolade
500 g Butter
ca. 425 g Fleischkonserven
500 g Reis
500 g Vollmilchpulver
500 g Zucker
1 Dose Fischkonserven

TYP 1004
500 g Röstkaffee
250 g Kakao
100 g Tee
100 g Schokolade
ca. 400 g Wurstkonserven
250 g Butter
500 g Reis
ca. 425 g Fleischkonserven

Standardpakete, ebd.

Größere Probleme bereitete allerdings die kontinuierliche Versorgung der GENEX mit Industriewaren. Häufiger kam es vor, daß die GENEX Bestellungen und Bezahlungen entgegennahm, aber nicht liefern konnte. Diese Probleme ergaben sich vor allem bei Aufträgen für PKW, Motorräder und -roller, Mopeds, Fahrräder, Kühlschränke, Waschmaschinen, Staubsauger, Fernseh- und Rundfunkapparate. Da der Versand über das HO Warenhaus am Alex erfolgte, das seine Waren aus dem Kontingent für Berlin bezog, war bei steigenden Auftragseingängen eine Nichterfüllung die logische Folge. Zumal der Magistrat von Berlin sich zunehmend dagegen wehrte, Waren für Geschenksendungen bereitzustellen, deren überwiegender Teil nicht in Berlin verblieb, sondern in die gesamte Republik gesandt wurde. Als ein Beispiel hierfür sei das HO-Autohaus Friedrichstraße angeführt, das sich aufgrund der vielen Vormerkungen von Berliner Bestellern weigerte, die GENEX-Auslandsaufträge abzufertigen.[6] Die GENEX geriet daher immer stärker unter den massiven Druck ihrer Kunden.

Interessant ist das in den Beschwerden oft verwandte Argument, daß solche Praktiken Schaden am Ansehen der DDR im Westen anrichten würden, woran deutlich wird, daß sich die exponierte Außenstellung der GENEX als hervorragendes Druckmittel eignete. Durch die GENEX und die zuständigen Mitarbeiter des Ministerium der Finanzen wurde dieses Argument aufgenommen, die dann ihrerseits auf ihre „besondere politische Verpflichtung“ verwiesen , „dem Ausland gegenüber zu beweisen, daß die *Lösung der politischen Hauptaufgabe* in der Deutschen Demokratischen Republik erfolgreich durchgeführt wird“.[7]

Das Problem versuchte man mit einer Vereinbarung zu lösen, in der das Ministerium für Handel und Versorgung dazu verpflichtet wurde, den Bezirk Berlin zusätzlich mit den von GENEX benötigten Waren zu versorgen. Gleichzeitig sollte bei Bedarf eine Verlagerung der GENEX-Versorgung auf andere HO-Kreisbetriebe möglich sein. Einen Monat später zeigte sich die Problematik erneut von einer anderen Seite: GENEX richtete eine Anfrage wegen 70 ihr noch fehlender PKW Marke „P70“ an das Ministerium für Handel und Versorgung, worauf sich ein Mitarbeiter wie folgt in einem Telefonat äußerte: „Wir haben als Ministerium für Handel und Versorgung für die Abschöpfung der Kaufkraft der Bevölkerung zu sorgen (Binnenhandel), d.h. die Empfänger Schulze, Lehmann, Müller müssen ihre Wagen selbst bezahlen und sich diese nicht vom Ausland schenken und bezahlen lassen.“[8]

Hier deutet sich bereits ein Konflikt an, der sich mit der zunehmend schwierigen Versorgungslage in der DDR immer mehr verschärfte. Anfang der 60er Jahre hatte ein Großteil der DDR-Bürger hohe Sparguthaben angesammelt, die sie bei der sich verschlechternden Versorgungslage immer schwerer ausgeben konnten. Das Ministerium für Handel und Versorgung vertrat daher den Standpunkt, vorhandene Waren müßten zur Minderung des Kaufkraft-Überhangs genutzt werden. GENEX (bzw. das Ministerium der Finanzen) argumentierten aber ebenso mit der angespannten Versorgungslage, da mit ihren erwirtschafteten Devisen Importe finanziert werden könnten, die dieselbe mildern halfen.

Mitte des Jahres 1960 belief sich dann der Betrag nicht ausgelieferter Industriewaren auf 80.000 Dollar, ohne daß die GENEX den eingehenden Beschwerden plausible Erklärungen entgegensetzen konnte. Im Falle von Frau L. aus Thüringen gab sie sogar den Rat, die bereits bezahlte Waschmaschine „Bella“ (780,-DM) in einem HO-Geschäft am Ort zu kaufen und der GENEX in Rechnung zu stellen, obwohl Waschmaschinen zu diesem Zeitpunkt nur gegen Berechtigungsscheine erhältlich waren.

Erst mit dem Mauerbau 1961 erhielt auch die GENEX mehr Aufträge. Zurückgeführt wurde das u.a. auf die vorher bestehende Möglichkeit für DDR-Bürger, ihr in Westdeutschland bzw. Westberlin umgetauschtes Geld in Westwaren anzulegen. Gleichzeitig machte das Zollgesetz vom 28.3.1962 durch die Einführung von Zöllen die privaten Geschenksendungen wesentlich unattraktiver.

Die neue Situation nach dem Mauerbau regelte ein Beschluß des Sekretariats des ZK der SED vom 31.1.1962. Danach blieb die GENEX der SED und dem Ministerium der Finanzen unterstellt und ihre Aufgabenstellung bestehen. Dazu gehörten neben der Hauptaufgabe „Versand von Geschenkaufträgen aus dem Ausland“ seit 1957 die Geldüberweisungen von ausländischen Privatpersonen an solche in der DDR (für private Zwecke und ohne Gegenleistung), seit 1959 die Vorverzollung der Lizenzpakete aus dem Ausland in die SU, der Geschenkversand aus der DDR in die SU und die Versorgung der ausländischen DDR-Vertretungen sowie seit 1961 die Betreuung der ausländischen Aussteller auf der Leipziger Messe. Gleichzeitig sollte laut Beschluß die Werbung für Geschenke aus Westdeutschland bis auf weiteres unterbleiben. Lediglich die Auslandsvertretungen der GENEX und das Amt für Zoll und Kontrolle des Warenverkehrs (AZKW) durften diskret mittels Hinweiszettel werben. GENEX war somit nahezu vollständig auf Mund-Propaganda angewiesen. Weiter hieß es: „Die GENEX muß sich darauf orientieren, den Anteil der Industriewaren am Gesamtumsatz zu erhöhen und höchstmögliche Devisenerlöse zu erzielen.“[9] Diese sollte sie aus dem zentralen Plan des Ministeriums für Handel und Versorgung beziehen.

„... Ich finde Ihr Verhalten jedenfalls unverschämt, und habe das Gefühl, dass ich um das Geld betrogen werden soll. ... Sie arbeiten mindestens 6 Wochen mit den Devisen ehe ich einen Wagen bekomme, denn der HO-Kreisbetrieb bekommt vor Anfang Juli keinen Wagen. ... Meine Angehörigen werden über diese Maßnahme erschüttert sein, und wir können jetzt verstehen, warum wir damals das gewünschte Schreiben über Ihre Verpflichtung der sofortigen Lieferung, nicht bekommen haben. Jeder Geschäftsmann mit dem ich gesprochen habe, schüttelt nur mit dem Kopf. Jedenfalls werden die Leute im Westen vorsichtiger sein ...

Diese Tatsache fällt auf das Ansehen der DDR zurück. ...

Durch meinen gesundheitlichen Zustand bin ich nicht in der Lage, die Auslieferung voranzutreiben, und bin auf die Gnade oder Ungnade der HO-Angestellten angewiesen. Und dies alles durch Ihre Fürsorge ein Geschäft zur Zufriedenheit abzuschliessen. Aber die Hauptsache war Ihnen das Geld, und nicht die Zufriedenheit der Kunden. ...“

Herr M. aus Limbach, Brief an Genex vom 20.5.1958, BAP/DN-1/11480 unpag.

Waren als Repräsentanten von Produktqualität und Lebensstandard

Dieser Beschluß des ZK der SED hinsichtlich der gewünschten Ausrichtung der GENEX auf Industriewaren dokumentiert eine Entwicklung, die seit ihrem Bestehen stark vorangetrieben wurde. Beim DIA Nahrung war der Vertrieb eindeutig auf Lebensmittel ausgerichtet, und es wurden nur einige Industriewaren (Fahrräder, Motorräder, Akkordeons, Nähmaschinen, Uhren und Mundharmonikas) angeboten. GENEX behielt das reichhaltige Angebot an Lebens- und Genußmittelpaketen bei, steigerte deren Attraktivität noch durch eine bessere Qualität, nahm aber gleichzeitig eine Vielzahl von Gebrauchsgütern in ihr Angebot auf. „Damit soll die Leistungsfähigkeit der Produktion unserer Gebrauchsgüter“[10] dokumentiert werden. Ein breiteres Sortiment an Industriewaren wurde einerseits gewünscht, da hier wesentlich höhere Einnahmen gegenüber den Ausgaben erwartet wurden, andererseits hätte eine Zunahme von Aufträgen an Lebensmittelpaketen devisenaufwendige Importe notwendig gemacht.

Tatsächlich gingen die Aufträge für Lebensmittel gegenüber denen für Industriewaren zurück, was positiv eingeschätzt wurde, „da ja hierdurch der wachsende Lebensstandard in der DDR sichbar wird.“[11] Allgemein handelte es sich bei den GENEX-Geschenken um Waren, denen der Status der „DDR-Mangelware“[12] zukam. Mitte der siebziger Jahre begann dann GENEX verstärkt Luxusgüter, sogenannte „hochwertige und preisintensive Industriewaren“, in die Produktpalette mitaufzunehmen, da, so die Aussage des Generaldirektors Dewey, einerseits die bisherige „Warenpalette nicht den Bedürfnissen der Bürger der DDR nach gehobenen Genre aus dem Nahrungs- und Genußmittelbereich und an Industriewaren (entspricht)“ und andererseits „die zunehmende Konsumreife der in der DDR hergestellten Genußmittel und Leichtindustrieerzeugnisse in Zukunft bewirken (wird), daß nur bestimmte ausgewählte Importerzeugnisse von der Bevölkerung verlangt werden“.[13] Seit Anfang der 80er Jahre konnten sogar Fertigteilhäuser, Saunen, Segelboote, Kamine usw. in den Osten verschickt werden – der Luxus wurde grenzenlos.

Der Kundenkreis

Der ZK-Beschluß von 1962 forderte weiterhin: „Die GENEX muß stärker als bisher ermitteln, welchen politischen Kreisen die Auftraggeber der Geschenke angehören und analysieren, welche Kreise der Bevölkerung der DDR solche Geschenke erhalten.“[14] Diese Aussage zeigt, wie sehr es sich bei der GENEX als Institution um einen Kompromiß handelte. Einerseits wurde „dem Westen“ gestattet, „den Osten“ über GENEX materiell zu unterstützen, andererseits mußte jedem Kunden wegen der hier geschaffenen Einflußmöglichkeiten mißtraut werden. Dieser Argwohn und der Verdacht, daß hier eigentlich politisch mißliebige Gruppen unterstützt würden, äußert sich auf eine Anfrage vom Schweizer Vertreter, ob ca. 50 Wagen innerhalb von 5 Wochen lieferbar wären, wie folgt: „Nach Informationen der GENEX ist der Auftraggeber die katholische Kirche und nicht Privatpersonen, die Schenkungen vornehmen wollen. Unserer Ansicht nach ist es politisch nicht haltbar, die Kirche so zu motorisieren, dass sie auch abgelegene Ortschaften sehr schnell erreichen kann, um eventuell ihren Einfluss unter der Landbevölkerung zu vergrößern."[15]

Deckblatt einer Genex-Preisliste, um 1952.

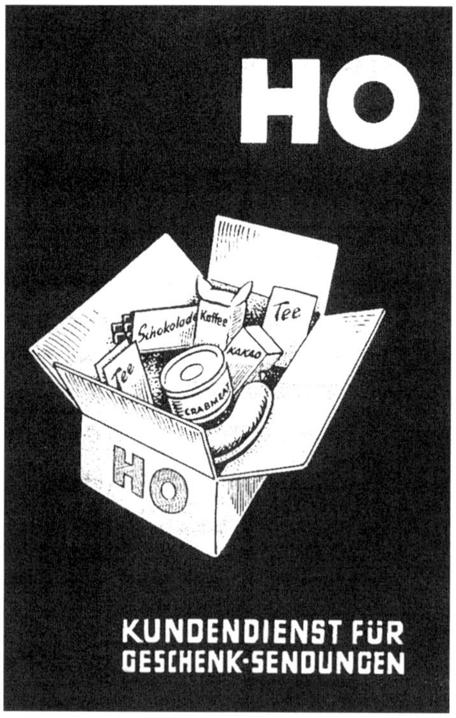

Trotz des Mißtrauens machten anfangs vor allem die Aufträge der Religionsgemeinschaften den Großteil der Umsätze aus, durch welche sowohl Privatpersonen als auch kirchliche Einrichtungen unterstützt wurden. Dabei verschickten die Kirchen nicht nur Lebensmittelpakete und PKW über die GENEX, sondern auch Benzin, Düngemittel und Industriewaren, welche nicht zum eigentlichen Angebot der GENEX gehörten.[16] Neben den Vereinbarungen mit dem Ministerium für Außenhandel und Innerdeutschen Handel (Rohstofflieferungen gegen Geld) führte die evangelische Kirche ca. 4,0 Mio. Valutamark über die GENEX in die DDR ein. Die katholische Kirche brachte dagegen ihre gesamte materielle Unterstützung mit einem Jahresvolumen von ca. 12,0 Mio. VM fast ausschließlich über die GENEX in die DDR.

Nachdem per Verordnung von 1956 der Kundenkreis der GENEX auf Westdeutsche und Westberliner erweitert wurde, dürften diese aber den Hauptteil der Auftraggeber ausgemacht haben. Obwohl anfangs große Bedenken auf der Westseite standen, nutzten viele den Geschenkdienst, um ihren Verwandten und Freunden auf diesem Wege Geschenke zukommen zu lassen, da der „normale Weg" durch administrative Beschränkungen und Mauerbau erschwert wurde.

Neben den Bestellern aus Westdeutschland, Westberlin und dem Ausland gab es aber noch eine Gruppe von DDR-Bürgern, die die GENEX dazu nutzten, ihre Vermögen auf sogenannte Sperrkonten in die DDR zu transferieren. Als Sperrkonten wurden die Westmark-Guthaben von DDR-Bürgern (Erbschaften etc.) auf Konten Westdeutscher und Westberliner Geldinstitute bezeichnet, die nur nach festgelegten Verfügungsmöglichkeiten oder Einzelgenehmigungen belastet werden durften. Darüber hinaus war noch der Umtausch bei der Deutschen Notenbank im Kurs 1:1 möglich. Für den Bezug von Waren über GENEX aus Sperrkontenguthaben mußten Einzelgenehmigungen der jeweiligen Landeszentralbank in der Bundesrepublik und der Deutschen Notenbank erwirkt werden.

Umverteilungen oder „das geht ja auch an Bevölkerung"

In einem Aktenvermerk des Ministeriums der Finanzen vom 25.8.1962 heißt es: „Im Beschluß über die Zusatzimporte von Fleisch im Jahre 1962 ist als eine Finanzierungsquelle der zusätzliche Verkauf von PKW 'Wartburg' aus dem Bevölkerungsbedarf durch die GENEX vorgesehen."[17] Das Ministerium erhoffte sich durch den Verkauf von 200 PKW eine Einnahme von ca. 1 Millionen DM. Tatsächlich hatte die GENEX bereits eine Anfrage über 300 PKW, deren Auftraggeber aber ausschließlich aus kirchlichen Kreisen stammten. Und trotz der bestehenden politischen Vorbehalte entschied sich der Minister des Ministeriums der Finanzen, Rumpf, für den Verkauf, und es konnten am Jahresende für 174 Wartburg und 182 Trabant (verkauften sich besser) insgesamt über 1,5 Mio DM eingenommen werden.

In diesem konkreten Fall schien auch die Zusammenarbeit mit dem Ministerium für Handel und Versorgung reibungslos zu laufen, da hier offensichtlich die eingenommenen Gelder durch die Fleischimporte in den Binnenhandel zurückflossen. Anders gestaltete es sich in den Fällen, wo das Ministerium zusätzlich Waren bereitstellen sollte, die dann ohne jegliche Kaufkraftabschöpfung den DDR-Bürgern zugute kommen sollten. So benötigte die GENEX 1962 unbedingt 60 Waschmaschinen der Marke „Flora" und 10 der Marke „WM60", weiterhin 55 Kühlschränke und 45 Fernseher „Start 101", erhielt aber nur eine Zusage für 10 Waschmaschinen „WM60".

Nun hatte aber schon der ZK-Beschluß vom 31.1.1962 versucht, die Position der GENEX hinsichtlich der Warenbereitstellung zu klären. Angesichts solcher Schwierigkeiten aber mußte diese Regelung durch einen Ministerratsbeschluß vom 22.8.1963 präzisiert werden, zumal auch die eingegangenen Bestellungen des Jahres 1963 nicht mehr erfüllt werden konnten. So wurden für das restliche Jahr 1963 250 Wartburg, 300 Trabant und 150 Klein- und Reiseschreibmaschinen benötigt, die nun durch den Beschluß aus den Kontingenten der Bezirke abgezogen wurden. Diese „Notlösung" wurde aber gleichzeitig zur generellen Regelung erhoben, indem beschlossen wurde, daß GENEX den prinzipiellen Vorrang bei der Deckung ihres Bedarfs an Waren oder Dienstleistungen besitzen sollte. Für die wichtigsten Konsumgüter – genannt wurden PKW (Wartburg, Trabant), Autoreifen und -batterien, Waschmaschinen, Wäscheschleudern, Kühlschränke, Klein- und Reiseschreibmaschinen, Fernsehgeräte (53er und 59 Bildröhre), hochwertige Foto- und optische Geräte sowie Kinogeräte und Elektroherde – mußte das Ministerium für Handel und Versorgung eine Reserve bilden. Bei anderen Waren und Dienstleistungen wie z.B. Barkas-Kleintransportern, landwirtschaftlichen Maschinen oder In- und Auslandsreisen waren die jeweiligen bilanzierenden Organe zuständig, die diesen Bedarf vorrangig, gegebenfalls zu Lasten anderer Bedarfsträger, zu befriedigen hatten. Das hieß im Klartext: Abzug aus den Bezirkskontingenten. Bei den Nahrungs- und Genußmitteln wurde die Forderung nach deren Exportqualität und -verpackung betont. Insgesamt sollte abgesichert sein, so das Protokoll zum Beschluß, daß „für die von der GENEX verkauften Waren in jedem Falle die höchstmöglichsten Preise erzielt werden".[18]

1980 wurde durch die GENEX unter anderem auch die Durchführung dieses Beschlusses eingeschätzt. Dabei wird festgestellt, daß GENEX-Bedarfsmeldungen häufig bei einigen ausgewählten hochwertigen Konsumgütern mit der Begründung abgelehnt wurden, „dass bei Deckung von GENEX beauftragten Größenordnungen die Zuwachsraten in den Versorgungsplänen für die anderen Versorgungspartner zu niedrig sind, gleich bleiben bzw. niedriger sind als im Vorjahr".[19] Für das Planjahr 1966 z.B. erhielt die GENEX 7000 PKW zur Verfügung gestellt, was ungefähr der Bereitstellung dieses Jahres für den Bezirk Berlin entsprach. Allein beim Wartburg bekam die GENEX 20% der geplanten Menge für den Binnenhandel. Wobei ausdrücklich auf Überprüfungen hingewiesen wurde, wonach „durch die GENEX GmbH belieferte Bürger in der Regel nicht als PKW-Besteller in den Verkaufsstellen registriert waren".[20]

Genex-Katalog, 1985.

Ebensowenig konnte die Reservebildung durch das Ministerium für Handel und Versorgung die z.T. erheblichen Schwankungen bei den Auslandsbestellungen abdecken. „Eine genaue Vorausschau für die geplanten Größen ist bei der Art des Geschäftes nicht abzugeben, ... Diese Schwankungen sind im wesentlichen der jeweiligen politischen Situation, bestimmten ausländischen Entscheidungen und auch der Versorgungslage im Inland geschuldet." [21]

Insgesamt wurde eingesehen, daß auf Dauer die Praxis, zuungunsten der Versorgungspläne der Bezirke den zusätzlichen GENEX-Bedarf zu decken, nicht gangbar und politisch geeignet sei, weil sie vielfach „politische Unruhe aus(löst), da geglaubt wird, dass sie angeblich der Versorgung in den Territorien verlustig gehen". Gleichzeitig wurde aber betont, „dass das nicht der Fall ist, sondern nur Umverteilungen zwischen einer Warenfondsplanverwaltung zu einem anderen Planbedarfsträger sind, bei gleichzeitiger Erwirtschaftung von Valutamitteln für die Volkswirtschaft".[22] Diese Auffassung, daß lediglich umverteilt würde, wird aus einer Randnotiz eines Briefes an den stellvertretenden Vorsitzenden des Ministerrates der DDR, Horst Sindermann, vom 3.9.1973 besonders deutlich. Für die Bereitstellung von Waren mit einem bestimmten Luxuscharakter aus dem Warenfond des Binnenhandels zugunsten der GENEX dient als Argumentation: „... das geht ja auch an Bevölkerung ..."[23] Ja, aber doch nur an die, die in Devisen zahlen lassen konnte.

Preisübersicht über einige Waren

Ware	*Genex-Preis in VM*	*Außenhandel in VM*		*EVP-DDR in MDN*
		KW	*SW*	
PKW „Moskwitch 408" 1300 ccm	*7.800,-*		*4.697,-*	*17.300,-*
PKW „Wartburg 312" Lim. de Luxe	*7.315,-*	*2.654,-*	*4.236,-*	*17.770,-*
Kleinroller „Schwalbe" 2-sitzig, 50 ccm	*638,-*	*454,-*	*530,-*	*1.265,-*
Moped „Star" 1-sitzig, 50 ccm	*598,-*	*406,-*	*498,-*	*1.200,-*
Fernseher „Stadion IV" 59er Bildröhre, Tischgerät	*1.115,-*	*357,-*	*546,-*	*2.250,-*
Kühlschrank „Kristall 140"	*695,-*	*169,-*	*374,-*	*1.350,-*
Nähmaschine „Veritas" m. Motor und Tasche	*402,-*	*228,-*	*374,-*	*735,-*
Schreibmaschine „Erika 14"	*295,-*	*120,-*	*210,-*	*430,-*
Handstaubsauger „Omega", viereckig	*97,-*	*45,-*	*65,-*	*160,-*
Transistor Taschenempfänger Mikki T 120/2	*84,50*	*16,80*	*49,-*	*156,-*
Herrenarmbanduhr Glashütte Kal.67,1 „Automatik" m. Datum, 23 Steine	*84,50*	*52,-*	*74,-*	*197,80*

BAP/DN-1/11481 unpag., MdF, Gruppe WTZ vom 9.8.1966.

Von der Übereinstimmung persönlicher und gesellschaftlicher Interessen

Erst am 10.8.1966 wurde durch einen Beschluß vom Sekretariat des ZK der SED ein Modus offiziell bestätigt, welcher schon bei vorherigen Versorgungsproblemen der GENEX angewandt wurde. Die Waren für die GENEX sollten nun hauptsächlich aus dem Export-Import-Fond des Ministeriums für Außenhandel und Innerdeutschen Handel bereitgestellt werden und nur bei solchen Erzeugnissen, die nicht zu dessen Angebot gehörten, eine Verfügung aus dem Binnenhandel erfolgen.

Mit der Bereitstellung von Waren aus dem Export-Import-Fond des Außenhandels werden drei wesentliche Momente verbunden: Erstens waren die Preise der GENEX für Exportprodukte höher als die der jeweiligen Außenhandelsgesellschaften. Zweitens waren die Valutaerlöse der GENEX bedeutend höher als der Valutaaufwand beim Import (aus Erfahrungen anderer sozialistischer Länder war bekannt, daß das Verhältnis Valutaerlöse zum Aufwand im Durchschnitt 3:1 war). Drittens wurde das Sortiment erweitert.

Mitte der sechziger Jahre, wahrscheinlich im Zusammenhang mit der Wirtschaftsreform, machte man sich in der SED und im Ministerium der Finanzen Gedanken, wie die Basis der Valutagewinne der GENEX zu verbreitern sei. Bis zum Jahr 1966 mehrten sich die Vorschläge von im Ausland tätigen DDR-Bürgern an das Ministerium der Finanzen, ihnen die Möglichkeit zu geben, am GENEX-Versand teilzuhaben. Sie hatten bisher Waren im Ausland erworben, wobei noch durch Versand und Zoll zusätzliche Kosten entstanden waren. Der Einkauf im Ausland war aber aufgrund des z.T. erheblichen Preisgefälles sehr günstig, dagegen der Umtausch in DDR-Mark wenig reizvoll. Dies alles, so die Argumentation, wären letztendlich Mittel, die dem Staat verlorengingen.

Seit 1960 lassen sich Fälle aktenkundlich nachweisen, bei denen im Ausland tätigen DDR-Bürgern die Inanspruchnahme der GENEX gestattet wurde. Von der offiziellen Genehmigung versprach sich das Ministerium der Finanzen eine Erweiterung des Kundenkreises um 3000 Personen. Daher legte das Sekretariat des ZK der SED am 10.8.1966 auch fest, daß GENEX zukünftig Waren an DDR-Bürger, die im Auftrag von Dienststellen o.ä. im Ausland tätig waren und dabei Einsparungen an den ihnen zu Verfügung gestellten kapitalistischen oder sozialistischen Währungen gemacht hatten, verkaufen sollte. Dasselbe galt für jene, die im Ausland Einkünfte erzielt hatten. Dabei sollten die Preise bei Käufen in kapitalistischer Währung dieselben bleiben, für solche in sozialistischer Währung eine gesonderte Preisliste ausgegeben werden. Außerdem wurde neben der Änderung bei der Warenbereitstellung die handelspolitische Anleitung der GENEX vom Ministerium der Finanzen an das Ministerium für Außenhandel und Innerdeutschen Handel übertragen. Sie blieb aber weiterhin der SED unterstellt.

Gegen die Ausweitung des GENEX Geschenkdienstes bestanden keine politischen Bedenken, „da der Verkauf nicht im offenen Ladengeschäft, sondern im Prinzip in Form des Versandhandels durchgeführt wird und der rechtmäßige Erwerb der ausländischen Zahlungsmittel durch die entsendenden Dienststellen dieser DDR-Bürger bzw. durch die kontoführende Bank kontrollierbar ist".[24]

Diese Veränderungen hatten vorrangig finanzpolitische Gründe, was an der Übertragung der Weisungsbefugnis an die Abteilung Kommerzielle Koordinierung am MAI ersichtlich wird. So hieß es dann auch in der Begründung zum Beschluß, daß von den jährlich für Auslandseinsätze bereitgestellten Währungen erfahrungsgemäß 15-20 % eingespart wurden. Das wären bei einer Bereitstellung von 20 Mio. Valutamark in kapitalistischer Währung und 27 Mio. Valutamark in sozialistischer Währung ca. 7,5-9,5 Mio. VM, die über die GENEX durch die neue Regelung an den Staat zurückgeführt werden könnten.

1972 argumentiert der Minister der Finanzen für diese Regelung: „...die betreffenden Bürger (können) bei der GENEX GmbH Waren erwerben und zwar zu einem Preis, der beträchtlich unter dem Endverbraucherpreis in der DDR liegt. Damit wurde den betreffenden Bürgern gegenüber allen anderen DDR-Bürgern eine besondere Begünstigung eingeräumt, die über die Regelung ihres Bruttoverdienstes, die erschwerten Arbeits- und Lebensbedingungen bzw. den Verzicht auf bestimmte kulturelle und sonstige Lebensgewohnheiten berücksichtigt, hinausgeht. Andererseits stellt der betreffende Bürger einen Teil seines monatlichen Bruttoverdienstes in Valuta zeitweilig dem Staat zur Finanzierung der Ausgaben der Auslandsvertretungen zur Verfügung. Die Regelung geht somit von der Übereinstimmung zwischen gesellschaftlichen und persönlichen Interessen aus."[25]

Diese Aussage verdeutlicht, daß nur wegen einer Mehreinnahme von Devisen zugelassen wurde, daß die über ihr Einkommen sowieso schon begünstigten Auslandsdienstreisenden das Privileg des Einkaufs bei GENEX erhielten.

Anteil an Valutaerlösen	
<u>DDR-Erzeugnisse aus Export- u. Importfonds</u> des MAH, deren Bezahlung in frei konvertierbarer W. ggü. d. AHB erfolgt (PKW eig. Produktion, PKW aus Importen LADA, Skoda etc.)	*65,7%*
Importerzeugnisse, die gg. frei konvertierbare W. gekauft werden (Kühltechnik, Waschmaschinen, Bild- u. Tontechnik, Haushaltswaren, Heimwerkerbedarf, Autozubehör, Nahrungs- u. Genußmittel, Haushaltschemie, Kosmetik usw.)	*9,3 %*
DDR-Erzeugnisse aus dem Fond des Binnenhandels, die gg. Einzelhandelsverkaufspreise in Mark d. DDR gekauft werden, (Bild- u. Tontechnik, Kühltechnik, Haushaltswaren, Heimwerkerbedarf, Motor- und Fahrräder, Raumtextilien, Möbel, ... Glas/Porzellan, Bungalow, Boote, Campingartikel, Haushaltswäsche)	*25,0 %*

Aus: Einschätzung über die Durchführung zentraler Beschlüsse ... vom 20.10.1980 BAB/Coswig DL-2/KoKo 999/BL 27-31.

GENEX – Ein Kompromiß

Die sechziger Jahre stehen dafür, daß einstmals hochgehaltene sozialistische Prinzipien immer mehr aufgeweicht wurden und letztendlich durch das Auseinanderklaffen von Ideal und Wirklichkeit nur noch hohl klangen. Die Entwicklung der GENEX in den sechziger Jahren verdeutlicht, wie das sozialistische Prinzip „Jedem nach seinen Leistungen" zugunsten der Devisenbeschaffung durch ein neues, mit der Gründung der GENEX institutionalisiertes Prinzip „Jedem nach dem Wohnsitz seiner Tante" unterwandert wurde. Während es sich beim „Jagen“ und „Sammeln“ um bewußt zugespitzte, archaische Begrifflichkeiten für Beschaffungsstrategien handelt, beruhte die Verteilung über die GENEX auf dem ständischen Prinzip der Geburt. Sind das „Warten“ und „Tauschen“ Methoden, die angeeignet werden können, so war das Erhalten von GENEX-Geschenken allein von dem Zufall bestimmt, die Verwandtschaft mit dem richtigen Wohnsitz zu haben. Interessant ist hierbei, wie auch dieses Prinzip zugunsten einer neuen Gruppe aufweichte. Die DDR-Regierung schaffte mit der Gründung der GENEX das Prinzip der Gleichheit ab und gestattete damit nicht nur offiziell, Privilegien in Anspruch zu nehmen, sie förderte dieses vor dem Hintergrund des Devisennotstandes sogar. In den sechziger Jahren erfolgte die administrativ vorangetriebene Differenzierung aber nicht nur auf der Ebene der GENEX mit der Unterscheidung zwischen DDR-Bürgern mit und ohne Westverwandtschaft, sondern mit der Einrichtung von Exquisit- und Delikatläden, der Öffnung der Intershops usw. wurden gleichermaßen bestimmte Gruppen bevorzugt behandelt.

Das Privileg bei der GENEX hatte nicht wie beim Westgeschenk oder beim Intershop das Ziel, Westwaren zu erstehen, sondern Ostwaren schneller und billiger zu bekommen. Eine Reaktion der DDR-Bevölkerung auf eine solche Bevorzugung war – im Gegensatz zu der beim Intershop – so gut wie nicht vorhanden. Zwar war die Existenz der GENEX bekannt, und auch die Lieferungen an DDR-Bürger wurden – z.T. sehr genau und neidisch – registriert, aber nicht als Unrecht empfunden, da es sich ja augenscheinlich um ganz normale Geschenke von Verwandten handelte. Einem Großteil der DDR-Bürger blieb hier ein Vergleich von Waren- und Preisangebot zwischen GENEX und Inland versperrt, denn die Einfuhr des in den sechziger Jahren nur über die Auslandsvertreter vertriebenen GENEX-Kataloges war verboten. Dabei hätte die innerhalb der Ministerien geführte Auseinandersetzung um die bevorzugte Warenbereitstellung für die GENEX mit mehr Öffentlichkeit durchaus anders ausgehen können. Mit dem Beschluß von 1966 wurde der Konflikt um den Vorrang der Versorgung der Bevölkerung oder der Notwendigkeit zur Devisenbeschaffung zugunsten der letzteren entschieden. Zwar war der Binnenhandel durch diesen Beschluß entlastet, im Gegenzug erhielten aber die Geschenkempfänger vor allem Exportgüter mit hoher Qualität. Das GENEX-Sortiment entsprach bis dahin grundsätzlich dem Angebotenen in der DDR, d.h. die Dinge, die die DDR-Bürger mit der richtigen Verwandtschaft auf dem GENEX-Wege geschenkt bekamen, konnten auf mehr oder weniger schwierigen und langen Wegen auch von den „anderen“ Bürgern beschafft werden. Mit der qualitativen Veränderung des Geschenkangebots Ende der sechziger Jahre wandelte sich dann auch das Privileg „schneller“ und „billiger“ dahin, daß jetzt auch solche Waren, die nicht für die DDR-Bürger bestimmt waren, zu bekommen waren. Indem die GENEX in der späteren Entwicklung den Anteil der sogenannten Luxusgüter (zunehmend Westimporte) immer mehr erhöhte, umwarb und hofierte sie mit offizieller Genehmigung eine bestimmte Gruppe um ihres familiären Devisenbudgets willen, die so ihren steigenden Ansprüchen nachkommen konnte.

[1] *BAP/DL-2/32803/3373/Bl. 103, Verordnung über die Regelung von Geschenksendungen im Postverkehr aus dem Ausland oder aus dem Währungsgebiet der Bank Deutscher Länder vom 15.10.1952.*
[2] *BAP/DN-1/11482 unpag., HO Kundendienst für Geschenksendungen.*
[3] *Wolfgang Harich (1978) zit. nach Arnim Volze, Die Devisengeschäfte der DDR. Genex und Intershop, in: Deutschland-archiv 24(1991)11, S. 1152.*
[4] *BAP/DL-2/32648/2042/Bl. 5-6, Begründung zum Beschluß vom 10.12.1956 (Hervorheb. – F.S.).*
[5] *Ebd.*
[6] *BAP/DN-1/11482 unpag., Genex an Ministerium der Finanzen, Abt. Valuta, vom 4.6.1959.*
[7] *BAP/DN-1/11481 unpag., Genex an das Sekretariat des Ministerpräsidenten vom 18.3.1960 (Hervorheb. – F.S.).*
[8] *BAP/DN-1/11481 unpag., Aktenvermerk vom 10.11.1958.*
[9] *BAP (Coswig)/DL-2/ KoKo 999/Bl. 405, Beilage Nr. 1 zum Protokoll Nr. 5/61 vom 31.1.1962.*
[10] *BAP/DN-1/11481 unpag., Vermerk vom 29.11.1961.*
[11] *BAP/DN-1/11481 unpag., Genex an Ministerium der Finanzen vom 3.3.1961.*
[12] *BAP (Coswig)/ DL-2/KoKo 999, Bl. 321, Notiz zur Anwendung Nr.4/81, o.D.*
[13] *BAP(Coswig)/DL-2/KoKo 998/Bl.13-16, Zitate: Bl. 13 u.15, Gedanken zur Erweiterung und Reorganisation des Valutageschenkdienstes, o.D.*
[14] *BAP (Coswig)/DL-2/KoKo 999/Bl. 406.*
[15] *BAP/DN-1/11480 unpag., Ministerium der Finanzen vom 30.7.1958.*
[16] *Armin Volze, Kirchliche Transferleistungen in die DDR, in: Deutschland-archiv 24(1991)1, S. 40.*
[17] *BAP/DN-1/11481 unpag.*
[18] *BAP/DC-20 I/4 780/Bl. 240, Protokollauszug zum Beschluß 135/15/63 vom 22.8.1963.*
[19] *BAP (Coswig)/DL-2/KoKo 999/Bl. 27-31, GENEX, Einschätzung über die Durchführung zentraler Beschlüsse... vom 20.10.1980.*
[20] *BAP/DN-1/10849 unpag., MfHV, Sieber an MdF, Rumpf vom 24.2.1966.*
[21] *BAP (Coswig)/DL-2/KoKo 999/Bl. 27-31, GENEX, Einschätzung über die Durchführung zentraler Beschlüsse... vom 20.10.1980.*
[22] *Ebd.*
[23] *BAP (Coswig)/DL-2/KoKo 998/Bl. 12.*
[24] *BAP (Coswig)/DL-2/KoKo 999/Bl. 384-389, Zitat: Bl. 385, Begründung zum Beschluß vom 10.8.1966.*
[25] *BAP(Coswig)/DL-2/KoKo 999/Bl. 296-298, Zitat: Bl. 296 vom 1.1. 1972 (Hervorheb. – F.S.).*

Die Autorinnen und Autoren

Katrin Böske, geb. 1968 in Halle, Wirtschaftskaufmann für Außenhandel, Studentin der Kulturwissenschaft und Germanistik.
Iris Czak, geb. 1970 in Wien, Studentin der Europäischen Ethnologie.
Anja Dähmlow, geb. 1972 in Güstrow, Baufacharbeiter, Studentin der Europäischen Ethnologie.
Ina Dietzsch, geb. 1966 in Leipzig, Ethnographin, Universität Potsdam.
Jochen Fetzer, geb. 1969 in Reutlingen, Student der Europäischen Ethnologie.
Petra Gruner, geb. 1958 in Halle, Germanistin.
Cordula Günther, geb. 1953 in Halberstadt, Germanistin, Kulturwissenschaftliches Institut e.V. Leipzig.
Viola Härtel, geb. 1967 in Berlin, Studentin der Europäischen Ethnologie.
Andreas Hergeth, geb. 1966 in Wittenburg, Stahlschiffbauer, Redakteur, Student der Europäischen Ethnologie.
Heinz Hirdina, geb. 1942 in Wölmsdorf, Professor für Theorie und Geschichte des Design an der Kunsthochschule Berlin-Weißensee.
Sabine Hödt, geb. 1968 in Ludwigsfelde, Kulturwissenschaftlerin.
Gerlinde Irmscher, geb. 1950 in Naumburg/Saale, Kulturwissenschaftlerin, Humboldt-Universität zu Berlin.
Annette Kaminsky, geb. 1962 in Gera, Linguistin und Sozialwissenschaftlerin.
Hein Köster, geb. 1940 in Berlin, Leiter der Sammlung industrielle Gestaltung, Berliner Stadtmuseum.
Dominique Krössin, geb. 1966 in Berlin, Lektorin für Deutsch als Fremdsprache, Studentin der Kulturwissenschaft.
Ina Merkel, geb. 1957 in Wriezen/Oder, Kulturhistorikerin, Institut für Europäische Ethnologie an der Humboldt-Universität zu Berlin.
Felix Mühlberg, geb. 1964 in Berlin, Kfz-Mechaniker, Ethnograph, Kultur- und Sozialhistoriker, TU-Chemnitz.
Jeannette Padux, geb. 1975 in Finowfurt, Studentin der Europäischen Ethnologie.
Stefan Pahlke, geb. 1966 in Berlin, Drucker, Student der Europäischen Ethnologie.
Patrice Poutrus, geb. 1960 in Berlin, Historiker, Forschungsschwerpunkt Zeithistorische Studien, Potsdam.
Silke Rothkirch, geb. 1968 in Berlin, Designerin, Buchhändlerin.
Frank Schirrmeister, geb. 1968 in Berlin, Student der Europäischen Ethnologie.
Franka Schneider, geb. 1973 in Pritzwalk, Studentin der Europäischen Ethnologie.
Marc Schweska, geb. 1967 in Berlin, Student der Europäischen Ethnologie.
André Steiner, geb. 1959 in Berlin, Wirtschaftshistoriker, Universität Mannheim.
Simone Tippach-Schneider, geb. 1962 in Warnemünde, Dekorateurin, Werbeökonomin, Kulturwissenschaftlerin.
Markus Witte, geb. 1970 in Beckum, Student der Europäischen Ethnologie.
Katrin Wolny, geb. 1971 in Haldensleben, Industriekeramikerin, Studentin der Europäischen Ethnologie.

Glossar

BAP	Bundesarchiv Potsdam
FDGB	Freier Deutscher Gewerkschaftsbund
DRA	Deutsches Rundfunkarchiv
IfM	Institut für Marktforschung
KWV	Kommunale Wohnungsverwaltung
LAB	Landesarchiv Berlin
NBI	Neue Berliner Illustrierte
ND	Neues Deutschland, Tageszeitung
SAC	Stadtarchiv Chemnitz
SAL	Stadtarchiv Leipzig
SAPMO	Stiftung Archiv der Parteien und Massenorganisationen im Bundesarchiv
SiG	Archiv der Sammlung industrielle Gestaltung
STAL	Sächsisches Staatsarchiv Leipzig
VdK	Archiv des Verbandes der Konsumgenossenschaften e.G.

Literatur zum Thema

DDR-Zeitschriften zum Thema Konsumkultur und Produktdesign

Deutsche Architektur
Eulenspiegel - Satiremagazin
Frau von heute - Frauenzeitschrift
form und zweck - Fachzeitschrift für Produktdesign
für dich - Frauenzeitschrift
Guter Rat - Ratgeberzeitschrift
Der Handel
Der Konsumgenossenschafter
Kultur im Heim - Illustrierte Modezeitschrift zum Thema Wohnen
Das Magazin - Unterhaltungsmagazin
Möbel und Wohnraum
Neue Berliner Illustrierte - Wochenzeitschrift
Neue Werbung
Neues Leben - Jugendzeitschrift
practic - Ratgeberzeitschrift
Sybille - Modezeitschrift
Die Verpackung
Die Wirtschaft
Wirtschaftswissenschaft
Wochenpost - Wochenzeitschrift

Zeitgenössische Fachliteratur

Albrecht/Dietrich/Schilling, Werbung auf dem Konsumgüterbinnenmarkt, Berlin 1964.
Eberhard Arlt et al, Standardisierung in der Deutschen Demokratischen Republik, Leipzig 1963.
Klaus-Peter Arnold, Gestaltete Form in Vergangenheit und Gegenwart, Möbel aus Hellerau, Dresden 1973 (Katalog).
Bauakademie der DDR (Hg.), Wohnungsbauserie 70. Berlin 1972.
Deutsche Bauakademie/Ministerium für Leichtindustrie (Hg.), Besser leben - Schöner Wohnen! Raum und Möbel, Berlin 1954.
Deutsche Bauakademie (Hg.), Probleme des Städtebaus und der Architektur im Siebenjahrplan. XXV. Plenartagung der Deutschen Bauakademie. Berlin 1960.
Martin Döbler, Weltanschaulich-soziale Probleme der Bedürfnisentwicklung, Berlin 1967
Die Frau in der DDR. Repräsentative Erhebung, Berlin 1964.
Grundzüge der sozialistischen Werbung in der DDR, Institut für Werbemethodik (Hg.), Berlin 1960.
Die gute Sieben. Eine Siebenjahrplan-Fibel für den Bezirk Frankfurt (Oder). Hg. vom Pädagogischen Bezirkskabinett Frankfurt (Oder). Berlin o.J.
Bruno Gleitze et al., Der Osten auf dem Weg zur Marktwirtschaft, Berlin 1967.
Der kleine Werbeberater, Berlin 1960.
Die Konsumgenossenschaften in der DDR, Berlin 1965.
Köppert, Die Rolle der Konsumgenossenschaften beim Aufbau des Sozialismus, Berlin 1955
Kurt Liebknecht, Die Architektur der Wohnung für die Werktätigen unter besonderer Berücksichtigung des Möbels. In: Besser leben - schöner wohnen! Raum und Möbel. Hg. Deutsche Bauakademie/Ministerium f. Leichtindustrie. Berlin 1954.
Julius Mader, Die Selbstbedienung im Einzelhandel, Berlin 1960.
Gerhard Manz, Was darf es sein? Was Du vom Handel wissen solltest! Berlin 1959.
Horst Model, Der Absatz der sozialistischen Industriebetriebe, Berlin 1962.
Werner Prendel/Bruno Willms, Selbstbedienungsläden, Berlin 1958.
Produktionspropaganda. Warum? Wie?, Hg. vom Volkswirtschaftsrat der DDR, Berlin 1964.
Horst Redeker, Chemie gibt Schönheit, Berlin 1959.
Walter Richter/Hans Baier, Literaturpropaganda im Schaufenster. Ein Leitfaden für den Buchhandel, Leipzig 1962.
Sachkundig informieren - überzeugend werben, Leipzig 1964.

Literatur zur DDR-Geschichte

Günther Agde (Hg.), Kahlschlag. Das 11. Plenum des ZK der SED 1965. Studien und Dokumente, Berlin 1991.
Klaus-Peter Arnold, Vom Sofakissen zum Städtebau. Die Geschichte der Deutschen Werkstätten und der Gartenstadt Hellerau, Dresden/Basel 1993.
Alfred Bellebaum, Vom guten Leben, Berlin 1994.
Kerstin Dörhöfer (Hg.), Wohnkultur und Plattenbau. Beispiele aus Berlin und Budapest, Berlin 1994.
Jörg Engelhardt, Schwalbe, Duo, Kultmobil. Vom Acker auf den Boulevard, Berlin-Brandenburg 1995.

Ferenc Fehér/Ágnes Heller/György Márkus, Dictatorship over Needs, Oxford 1992.
Regine Halter (Hg.), Vom Bauhaus bis Bitterfeld. 41 Jahre DDR-Design, Giessen 1991.
Heinz Hirdina, Gestalten für die Serie. Design in der DDR 1949-1985, Dresden 1988.
Peter Hübner, Konsens, Konflikt und Kompromiß. Soziale Arbeiterinteressen und Sozialpolitik in der SBZ/DDR, Berlin 1995.
Hartmut Kaelble/Jürgen Kocka/Hartmut Zwahr (Hg.), Sozialgeschichte der DDR, Stuttgart 1994.
János Kornai, The Socialist System. The Political Economy of Communism, Oxford 1992.
Ruth Krieg, Betriebsgeschichte des VEB Deutsche Werkstätten Hellerau, 1989.
Ina Merkel, „... und Du, Frau an der Werkbank". Die DDR in den 50er Jahren, Berlin 1990.
Dies., Konsumkultur in der DDR. Über das Scheitern der Gegenmoderne auf dem Schlachtfeld des Konsums, in: Mitteilungen aus der kulturwissenschaftlichen Forschung 37/1996.
Dietrich Mühlberg, Die DDR als Gegenstand kulturhistorischer Forschung, in: Mitteilungen aus der kulturwissenschaftlichen Forschung 33/1993.
Felix Mühlberg, Konformismus oder Eigensinn? Eingaben als Quelle zur Erforschung der Alltagsgeschichte der DDR, in: Mitteilungen aus der kulturwissenschaftlichen Forschung 37/1996.
Gerlinde Petzold, „Freie Zeit – was nun?", in: Mitteilungen aus der kulturwissenschaftlichen Forschung 33/1993.
Michael Rauhut, Beat in der Grauzone. DDR-Rock 1964 bis 1972 – Politik und Alltag, Berlin 1993.
Heide Riedel (Hg.), Mit uns zieht die neue Zeit. 40 Jahre DDR-Medien, Berlin 1993.
Jörg Roesler, Wandlungen in Arbeit und Freizeit der DDR-Bevölkerung Mitte der 60er Jahre, in: Zeitschrift für Geschichtswissenschaft 12/1989.
Ders., Zwischen Plan und Markt. Die Wirtschaftsreform 1963-1970 in der DDR, Berlin 1990.
Alphons Silbermann, Das Wohnerlebnis in Ostdeutschland. Eine soziologische Studie, Köln 1993.
André Steiner, Politische Vorstellungen und ökonomische Probleme im Vorfeld der Errichtung der Berliner Mauer. Briefe an Walter Ulbricht und Nikita Chruschtschow, in: Hartmut Nehringer (Hg.), Von der SBZ zur DDR. Studien zum Herrschaftssystem in der Sowjetischen Besatzungszone und in der Deutschen Demokratischen Republik (Schriften der Vierteljahreshefte für Zeitgeschichte; Sondernummer), München 1995.
Michael Vester, Deutschlands feine Unterschiede. Mentalitäten und Modernisierung in Ost- und Westdeutschland, in: Aus Politik und Zeitgeschichte. Beilage zur Wochenzeitung „Das Parlament" B 20/1995.
Armin Volze, Die Devisengeschäfte der DDR. GENEX und Intershop, in: Deutschlandarchiv 11/1991.
Michael Wildt, Am Beginn der „Konsumgesellschaft". Mangelerfahrung, Lebenshaltung und Wohlstandshoffnung in Westdeutschland in den fünfziger Jahren, Hamburg 1994.
Rudolf Woderich, Produktkultur im Wandel, Berlin 1988.

Was sonst noch passierte ...

1958

Aufhebung der letzten Reste der Lebensmittelrationierung nach fast 20 Jahren – zugleich werden einheitliche Preise festgelegt und es finden Lohn-, Gehalts- und Rentenerhöhungen statt. – Auf dem V. Parteitag SED verkündet Walter Ulbricht, daß man die BRD in Pro-Kopf-Produktion und -Verbrauch von Konsumgütern bis 1961 einholen und überholen wolle. Es werden „10 Gebote der sozialistischen Moral" aufgestellt. – Die Chemiekonferenz steht unter der Losung „Chemie gibt Brot, Wohlstand, Schönheit". – Die Fachzeitschrift für Produktdesign „form und zweck" wird gegründet. – Die Umgestaltung der Landwirtschaft (Kollektivierung) wird beschlossen und bis 1960 unter großem Druck durchgesetzt. Von 1959 bis 1962/63 gibt es daraufhin eine gravierende Versorgungskrise mit Milch, Butter und Fleisch. – In Berlin eröffnet die erste Modeboutique „Sybille". – Im Handel wird der Dispatcherdienst eingeführt. – Es erscheinen die ersten Stereo-Schallplatten auf dem Markt.

1959

Die Handelskonferenz beschließt eine umfassende Modernisierung des Einkaufs: Es sollen Großraumverkaufsstellen auf dem Lande errichtet und die Einführung der Selbstbedienung forciert werden. – Es findet eine vielbeachtete Tagung und eine Lehrschau über Standardisierung statt. In deren Folge werden Sortimentsbereinigungen in der Produktion durchgeführt und Verpackungen vereinheitlicht. – Im Deutschen Fernsehfunk werden „Notizen für den Einkauf", ein Vorläufer des Werbefernsehens, gesendet. – Es ergeht eine Anordnung über die Auszeichnung schöner Industriewaren. – Der „Trabant" geht in Serie. – Der Ministerrat beschließt eine Verordnung über die Bildung halbstaatlicher Betriebe. – In Dresden wird ein Ausleihdienst für PKW getestet. – Im Fernsehen laufen die Unterhaltungssendung „Herzklopfen kostenlos" mit Heinz Quermann und das „Sandmännchen". – Die Chemiekonferenz trägt erste Früchte: „Florena-Creme", das Schnellbräunungsmittel „sobraun" und andere Kosmetika erscheinen auf dem Markt.

1960

Die Bewegung „Meine Hand für mein Produkt" wird zur Verbesserung der Qualität von Konsumgüterprodukten ins Leben gerufen. – Der Ministerrat beschließt, die Produktion der sogenannten „1000 kleinen Dinge", Reparaturen und Dienstleistungen zu fördern. Die Betriebe werden aufgefordert, zusätzlich Konsumgüterprodukte in ihr Produktionsprogramm aufzunehmen. – Das Werbefernsehen „tausend teletips" geht auf Sendung. – Das Politbüro nimmt sich vor, das Weltniveau im Handel zu erreichen. – Es werden Maßnahmen ergriffen, die dafür sorgen sollen, daß Arbeiter bevorzugt mit Konsumgütern versorgt werden. – Der Industrieladen „Chemie im Heim" für Plasterzeugnisse wird in Berlin eröffnet. – Die Konsumgenossenschaft gibt sich ein neues Zeichen: Schornstein und Sichel.

1961

Zur Steigerung der Produktion wird ein „Produktionsaufgebot" initiiert. Die Arbeiter kommen der damit verbundenen Aufforderung, in der selben Zeit mehr Waren zu produzieren, nur zögerlich nach. – Erstmals wird auf der Leipziger Messe ein Stand der „GENEX GmbH" für ausländische Besucher errichtet, die dort gegen Valuta Waren aus DDR-Produktion kaufen können. – Die Mauer wird in Berlin gebaut. – Auf einer Wirtschaftskonferenz wird beschlossen, die DDR „störfrei", d.h. von Importen aus dem westlichen Ausland unabhängig zu machen. – Die ersten Intershops werden an Grenzübergangsstellen eingerichtet. DDR-Bürgern ist der Besitz von Devisen und damit der Besuch von Intershops nicht gestattet. – Die FDJ startet die Aktion „Ochsenkopf" und dreht auf den Dächern die Fernsehantennen zurück Richtung Osten.

1962 Auf der V. Deutschen Kunstausstellung in Dresden werden den Künstlern Dekadenz und Ästhetizismus vorgeworfen. – Die ersten „exquisit"-Läden werden eröffnet. Hier gibt es „hochmodische" Textilien zu erhöhten Preisen. – Das Ministerium für Handel und Versorgung startet eine Verkaufsaktion von Lagerbeständen unter der Losung „Kleide dich neu". Diese Aktion stößt auf Widerspruch in der Parteiführung. Die Verantwortlichen werden unter dem Vorwurf der „Konsumentenideologie" abgestraft und die Aktion abrupt beendet. – Es wird eine Senkung der Werbeausgaben um 50 % für 1963 beschlossen. Das ist der erste Tiefschlag für die Werbebranche. – Die Ausstellung „neues leben – neues wohnen" im Experimentalbau „P2" im Berliner Fennpfuhl hat über 32.000 Besucher. – Das Gesetz über allgemeine Wehrpflicht tritt in Kraft.

1963 Auf der Wirtschaftskonferenz wird das „Neue ökonomische System der Planung und Leitung der Volkswirtschaft", ein Reformprogramm, das den Betrieben größere Entscheidungsfreiräume einräumt, verabschiedet. – Das Schaumbad „ba-du-san" erscheint auf dem Markt. – Das Zentralinstitut für Formgestaltung wird gegründet. – Die Arbeiter- und Bauern-Inspektion, eine Institution zur Kontrolle der Preise und Qualität von Waren, geht aus den gewerkschaftlichen Kontrollorganen hervor. – Die Sendung „Prisma" geht mit Gerhard Scheumann als erstem Moderator auf Sendung. Hier werden Mißstände in Handel und Wirtschaft untersucht. – Im Berliner Funkhaus in der Nalepastraße findet die erste offizielle Vorführung einer Stereo-Rundfunksendung statt.

1964 Der „Trabant 601" und das Moped „Schwalbe" gehen in Serie. – Das Jugendgesetz wird verabschiedet. In Berlin findet das Deutschlandtreffen statt, in dessen Folge sich der Jugendradiosender „DT 64" einen regelmäßigen Sendeplatz beim Berliner Rundfunk sichern kann. – Die ersten Miniröcke werden auf den Straßen gesichtet. – Es werden neue Banknoten mit der Bezeichnung „Mark der Deutschen Notenbank" eingeführt, die allerdings schon 1967 von „Mark der DDR" abgelöst werden. – Auf der 2. Bitterfelder Konferenz zur „Sozialistischen Nationalkultur" verabschiedet man sich vom Formalismus-Paradigma. – Das Passierscheinabkommen mit der BRD und Westberlin tritt in Kraft. Zugleich wird der Mindestumtausch für Bundesbürger und Westberliner, die in die DDR einreisen, eingeführt.

1965 Es beginnen erste Versuchssendungen des Fernsehens in Farbe. – Die Zeitschrift „Neue Berliner Illustrierte" wird dafür kritisiert, daß sie eigenmächtig Warentests durchgeführt hat. – Die Betriebe haben große Probleme mit der Qualität. Es kommt zur Aberkennung von Gütezeichen. – Das sogenannte „Kahlschlag"-Plenum findet statt. Hier werden einzelne Künstler und Schriftsteller abgekanzelt, die Beatmusik kritisiert und bereits fertiggestellte Filme, die sich mit Problemen im eigenen Lande befassen, verboten und zum Teil erst nach der Wende rekonstruiert bzw. fertig gestellt und erstmals gezeigt. – Der ZK-Sekretär für Wirtschaft, Erich Apel, begeht Selbstmord. – Der Volkswirtschaftsrat wird aufgelöst und eine Vielzahl von Industrieministerien an dessen Stelle gegründet.

1966 Die 5-Tage-Arbeitswoche wird für jeden zweiten Sonnabend eingeführt. – Auf dem Markt erscheinen die trinkfertigen Säfte „Für's Kind" und die Babynahrung „Milasan". – Als Messeneuheit wird der „Wartburg 535" vorgestellt. – Für den gehobenen Geschmack werden „delikat"-Läden für Nahrungs- und Genußmittel eingerichtet. Hier gibt es auch Markenprodukte westlicher Herkunft zu hohen Preisen. – Das erste Atomkraftwerk der DDR beginnt in Rheinsberg zu arbeiten.

1967

Die 5-Tage-Woche mit 43,75 Stunden wird eingeführt. Zugleich werden die Mindestlöhne auf 300,- M angehoben. Der Mindesturlaub wird auf 15 Tage erhöht. – Das erste Klappfahrrad „Mifa" und das Cremespeiseeispulver „Komet" (nur noch mit kalter Milch zu mixen) erscheinen auf dem Markt. – Das Montagemöbel „MDW" wird auf der Leipziger Messe vorgestellt. – Die Zeitschrift „practic", Nachfolgerin von „Modellbau und Basteln", erscheint. – Für Dienstreisende und im Ausland Arbeitende wird die „kleine Devisenfreiheit" eingeführt. Einer begrenzten Gruppe von DDR-Bürgern ist damit der Zugang zu den Intershops eröffnet.

1968

Die volkseigenen Betriebe werden in Kombinaten und die Kaufhäuser im „Kontaktring"-Verbund zusammengeschlossen. – Im Deutschen Fernsehfunk wird die Ratgebersendung „Lexikon der Hauswirtschaft" eingeführt. – Es erscheinen das erste Vollwaschmittel „SPEE" und die Nudelsorte „Spirelli" auf dem Markt. – Der viermillionste Fernsehapparat wird angemeldet. Damit besitzen über 60 Prozent aller Haushalte ein Fernsehgerät. – Die ersten „Goldbroiler"-Gaststätten werden eröffnet. – Die Truppen des Warschauer Vertrages besetzen die CSSR. – Es findet der Volksentscheid über die Verfassung der DDR statt.

1969

Der Deutsche Fernsehfunk beginnt mit Farbsendungen am Wochenende. – Zum 20. Jahrestag der Gründung der DDR wird der Anzug- und Kleiderstoff „Präsent 20" eingeführt. – Die „Jugendmode" entsteht.

1970

Exportwaren werden von jetzt an nicht mehr mit „Made in Germany", sondern mit „Made in GDR" gekennzeichnet. – Auf der 14. Tagung des ZK der SED wird das Reformprogramm NÖS kritisiert. – „Duett"-Zigaretten erscheinen auf dem Markt. Das VEB Nahrungsmittelkombinat „Erich Kuntz" entwickelt neue Erzeugnisse, u.a. Wurzener Kurzkochreis „Kuko" und Instant Reisschleim. – Im Kaufhaus kontext in der Berliner Brüderstraße wird eine Boutique für die Jugendweihe eingerichtet. – Es wird die Anlegepflicht für Autogurte und das Verbot, als Fahrzeugführer unter Alkohol zu stehen, angeordnet. – Im Fernsehen wird die Sendereihe „Das Schlagerstudio" eingerichtet.

1971

Auf dem VIII. Parteitag der SED wird – nunmehr unter Führung von Erich Honecker – die „Einheit von Wirtschafts- und Sozialpolitik" beschlossen, ein Preisstop für Konsumgüter und Dienstleistungen bis 1975 ausgesprochen und die Bildung von Großhandelskombinaten initiiert. Das Fernsehen soll zukünftig unterhaltsamer werden. – Die Delikatessmargarine „Cama" und das leicht lösliche Milchpulver „cafésan" erscheinen auf dem Markt.

1972

Es werden Rentenerhöhung und Mietpreissenkungen für Neubauwohnungen verfügt. – Die „Vergesellschaftung von Privatbetrieben" wird beschlossen. Diese Maßnahme kommt einer Enteignung gleich. Etwa 1600 Produktionsgenossenschaften des Handwerks, 3000 private Handwerker und 5600 halbstaatliche Betriebe sind davon betroffen. – Der visafreie Reiseverkehr mit der CSSR wird eingerichtet. – Das Fernsehen beginnt mit den Unterhaltungssendungen „Tele-Lotto" und „Ein Kessel Buntes".

Bildnachweis

Bundesarchiv Potsdam: Seiten 224, 225, 228
Deutsches Rundfunkarchiv: Seiten 63-71, 73
Claus Dietel: Seiten 60, 61
Sächsisches Staatsarchiv Leipzig: Seiten 152, 153, 216, 217
Stadtmuseum Berlin. Archiv der Sammlung industrielle Gestaltung: Seiten 49-59, 101
Verband der Konsumgenossenschaften - VDK eG: Seiten 9,10, 13-19, 23, 26-30, 39, 41, 44-46, 74, 81, 92, 113-118, 120-123, 126, 127, 132-135, 138, 139, 141, 144, 152, 154, 155, 158, 159, 166, 168, 169, 188, 189
Wolfgang Tessmer: Seiten 194, 195

Die Bildrechte seitens der Archive wurden unbeschadet der Rechte Dritter gewährt. Nicht für alle veröffentlichten Fotos konnte die Urheberschaft eindeutig geklärt werden. Trotz aller Bemühungen gelang es nicht, die Fotografen ausfindig zu machen. Etwaige Ansprüche können gegenüber dem Verlag geltend gemacht werden.

Leihgeber

Archiv des Verbandes der Konsumgenossenschaften, Berlin
Deutsches Historisches Museum, Berlin
Deutsches Hygienemuseum, Dresden
Dokumentationszentrum Alltagskultur der DDR, Eisenhüttenstadt
Jürgen Hartwig
Museum für angewandte Kunst, Gera
Phönix, Berufliches Bildungs- und FörderCentrum gemeinnützige GmbH, Chemnitz
Stadtmuseum Berlin: Sammlung industrielle Gestaltung; Volkskundliche Sammlung und Archiv des Modeinstituts der DDR
Stadtmuseum Brandenburg
Wolfgang Tessmer
Werkbundarchiv, Berlin

Dank für Rat und Tat

Franziska Becker, Berlin-Brandenburgische Geschichtswerkstatt e.V., Falk Blask, G. Duchow, Bettina Düsterhöft, Frau Fischer, Jörg-Uwe Fischer, Familie Franke, Familie Friedrichs, Frau Gebauer, Wolfgang Giese, Petra Gruner, Margot Gruner, Thomas Gubig, Ralf Helmes, Christian Hirte, Wolfgang Kaschuba, Wolfgang Kil, M. Kirschke, Michi Knecht, H. Köpp, Sebastian Köppke, Hein Köster, A. Kolbe, Frau Kreschel, Herr Krummrey, Hartmut Kuhlmann, Anke Leenings, Christa Lorenz, Andreas Ludwig, H. Manger, Marcus Merkel, Oliver Müschke, Isabella-Margarete von Oettingen, Brigitte Paprzycki, Familie Pech, Frau Pollow, Frau Reichardt, Hartmut Reith, Evelyn Riegel, Otto Ringel, Ursula Schenk, Ursula Schmidt, Harry Schübel, S. Sperling, Stiftung Industrie- und Alltagskultur, Familie Stolze, Hanna Schwamberger, Herr Tiegs, Beate Wagner, Jürgen Zipperling